Hans Joachim Kujath (Hg.)

Knoten im Netz

Stadt- und Regionalwissenschaften
Urban and Regional Sciences

herausgegeben vom/edited by

Institut für
Regionalentwicklung und Strukturplanung/IRS
(Erkner bei Berlin)

Band 4

LIT

Hans Joachim Kujath (Hg.)

Knoten im Netz

Zur neuen Rolle der Metropolregionen in der Dienstleistungswirtschaft und Wissensökonomie

LIT

Gedruckt mit der finanziellen Unterstützung des Instituts für Regionalentwicklung
Strukturplanung (IRS), Erkner (bei Berlin)

Bibliografische Information Der Deutschen Bibliothek
Die Deutsche Bibliothek verzeichnet diese Publikation in der Deutschen Nationalbibliografie; detaillierte bibliografische Daten sind im Internet über http://dnb.ddb.de abrufbar.

ISBN 3-8258-7774-4

Grevener Str./Fresnostr. 2 48159 Münster
Tel. 0251–62 03 20 Fax 0251–23 19 72
e-Mail: lit@lit-verlag.de http://www.lit-verlag.de

Hans Joachim Kujath

Einleitung

Metropolregionen – Die Bedeutung von Metropolregionen für die Wissensökonomie

Während städtische Räume in Europa in wiederkehrenden Wellen als Abbilder für Krise, wirtschaftlichen Niedergang und Schrumpfung diskutiert werden (schrumpfende Städte), haben im Kontrast dazu einige Großstädte und ihre Regionen im letzten Jahrzehnt einen unübersehbaren wirtschaftlichen Aufschwung erlebt, der in Wechselwirkung mit der Globalisierung/Europäisierung der wirtschaftlichen Beziehungen und der zunehmenden Wissensbasierung der Wirtschaft gesehen wird. Begriffe wie „global city", „informational city", „technopolis", „knowlwdge city", „transactional metropolis" oder Metropolregion, umschreiben verschiedene Facetten dieses Phänomens. Diese Stadtregionen gelten als Orte des wissensbasierten Wachstums und der Innovation. Darüber hinaus wird angenommen, dass die Entwicklung der Europäischen Union, ihre wirtschaftliche Prosperität, ihre soziale Kohäsion und der internationale kulturelle Transfer in einem direkten Bezug zu einem europäischen System wettbewerbsfähiger Metropolregionen stehen. Umgekehrt wird befürchtet, dass der Aufstieg der Metropolregionen selektive Effekte auslöst und ländliche Räume sowie alte Industriestädte zunehmend in einer sich verstärkenden Wissensökonomie nicht mehr wettbewerbsfähig sein werden.

1 Wissensökonomie als neue Wertschöpfungsquelle für die Metropolregionen

In der Vergangenheit waren Metropolregionen eher durch hauptstädtische Dienstleistungsfunktionen, durch ihre Funktion als Standorte von Unternehmenszentralen oder der Industrie definiert. Gegenwärtig rücken Fragen nach ihrer Bedeutung als Knoten des Informations- und Wissensaustauschs in einer sich globalisierenden, industriellen Arbeitsteilung und nach ihrem Funktionswandel zu Standorten einer neuen „industriellen" Produktion – der Informationsproduktion und Informationsvermarktung in den Vordergrund. Mit dem Begriff *Wissensökonomie* wird eine grundlegende Veränderung in den ökonomischen Strukturen der Metropolregionen beschrieben (Cooke 2002). Wenig Aufmerksamkeit ist bisher dem darin eingeschlossenen Wandel im Umgang mit Informationen und Wissen geschenkt worden. In den älteren Theorien zu Industriedistrikten oder innovativen Produktionsmilieus ist die Verbreitung von Wissen an dessen Kollektivguteigenschaften und an außermarktliche Vermittlungsprozesse, an tägliche Erfahrungen und inkrementelle Lernschritte (learning by doing, learning by using, learning by interacting) gebunden. Die Wissensökonomie in den Metropolregionen lässt sich im Gegensatz zu diesen Lern- und Innovationsansätzen dagegen als ein Wirtschaftszweig umschreiben, der außermarktliche Beschränkungen des Wissenstransfers durchbricht. Wissen wird hier nicht nur als Triebkraft der ökonomischen Entwicklung und als Produktionsfaktor immer wichtiger, sondern im Prozess seiner Nutzung entstehen in immer größeren Mengen marktfähige immateriellen Informationsgüter, die als nützliche Güter sowohl von der Industrie als auch von Haushalten nachgefragt werden. Die Leistungen der Wissensökonomie bestehen also darin, Wissen aus einer Form in eine andere nützliche, vermarktbare Form zu wandeln und dadurch einem großen Kreis von Kunden verfügbar zu machen (Foray, Lundvall 1997).

Wissen wird dadurch auch aus seinen lokalen Bindungen herausgelöst und kann sich in Form von Informationen auf diese Weise rasch transregional ausbreiten. Die neuen Informations- und Kommunikationstechniken bilden dabei wichtige Rahmenbedingungen für den erleichterten Transfer von Informationsgütern. Sie regen gleichzeitig dazu an, mehr Wissen als bisher zu formalisieren und in handelbare Produkte zu verwandeln. Damit die Wissensökonomie eine ähnliche Bedeutung erlangt, wie in der Vergangenheit die materielle industrielle Produktion, müssen gleichzeitig übertragbare Eigentums- und Urheberrechte an Wissen abgesichert werden. Die gegenwärtige Debatte über die Sicherung von „intellectual property rights" mit möglichst globaler Reichweite, d.h. über die Verhinderung unlizensierter Verbreitung, reflektiert die Verschiebung zwischen den Kollektivgut- und Privatguteigenschaften von Informationen und Wissen zugunsten der letzteren. Nur unter den Bedingungen der Handelbarkeit von Eigentumsrechten kann die Wissensökonomie zum Träger metropolitanen wirtschaftlichen Wachstums aufsteigen und eine eigenständige Wirtschaftsbasis in den Metropolregionen bilden (vgl. Arrow 1997).

Mit dem Begriff Wissensökonomie wird kein homogener Wirtschaftssektor bezeichnet, sondern ein breites Spektrum unterschiedlichster Aktivitäten, deren einheitliche funktionalen Merkmale in der Dominanz von Wissensarbeit liegen, die Informationsgüter oder -dienstleistungen produziert (Rubalcaba-Bermejo 1999). Darunter fallen erstens die sogenannten *„global services"*, d.h. die sich im Rahmen der neuen internationalen Arbeitsteilung herausbildenden Kontroll-, Koordinations- und Unterstützungsfunktionen für die sich globalisierenden Wirtschaftsnetze. Sie decken ein breites Spektrum von Dienstleistungen für die transnational agierenden Firmen – häufig multinationale Gesellschaften – ab, z.B. Consulting, juristische Beratung, Werbung und Finanzdienstleistungen und machen die Metropolregionen dadurch zu strategischen Orten der „global economy". Zweitens fallen darunter Firmen der sogenannten *„servindustrial economy"*, d.h. Dienstleister, die eng mit dem verarbeitenden Gewerbe verwoben sind, z.B. Forschungs- und Entwicklungsaufgaben für die Industrie übernehmen. Schließlich gehört hierzu der rasch wachsende Bereich der *„informational industry"*, d.h. der Produktion von Informationsgütern wie Software oder Medienprodukte.

Wie auch immer sich die wirtschaftliche Situation in den Metropolregionen im einzelnen darstellt, es scheint, dass die neue entstehende Wissensökonomie zu einer eigenständigen Wertschöpfungsquelle für die Metropolregionen aufsteigt. Wegen der tendenziellen Kollektivguteigenschaften von Informationsgütern und der nur begrenzten Möglichkeiten sie durch private „property rights" abzusichern, ist diese Wertschöpfungsquelle jedoch davon abhängig, dass es den Firmen gelingt, eine innovationsgetriebene Strategie zu verfolgen, die in relativ kurzen Abständen neue Informationsgüter und -dienstleistungen hervorbringt. Wie kein anderer Regionstyp scheinen die Metropolregionen die hierfür notwendigen Ressourcen bereitzustellen.

2 Funktionale Rolle der Metropolregionen für die Wissensökonomie

Es liegen nur wenige Untersuchungen darüber vor, wie die neuen metropolitanen Ökonomien ihre regionsinternen und regionsübergreifenden Netzwerke organisieren, wie sie sich in die Struktur der jeweiligen Stadtregionen einbinden und wie sie das historisch gewachsene System der Stadtregionen für sich nutzen. Im Zentrum stehen dabei die Fragen: Was bindet die Wissensökonomie an die Metropolregionen oder welche Standorteigenschaften bieten die Metropolregionen für die Wissensökonomie?

In der regionalökonomischen Diskussion werden mit den Begriffen der Lokalisations- und Urbanisationsökonomie oder den „externen" Erträgen ganz allgemein die Vorteile einer räumlichen Konzentration wirtschaftlicher Aktivitäten umschrieben, jedoch keine Antworten darauf gegeben, was die Unternehmen der Wissensökonomie speziell an die Metropolregionen bindet. Dagegen wird in jüngeren wirtschaftsgeographischen und wirtschaftssoziologischen Konzeptionen immer wieder auf die Bedeutung von persönlichen Netzwerken des Wissensaustauschs (Wissensspillovers) verwiesen, die für Innovationsprozesse im allgemeinen und die Wissensökonomie im besonderen besonders wichtig seien. Wissensnetze ließen sich so nur lokal und regional organisieren und seien in regionale Innovationssysteme eingebettet.

Gegen diese Sicht lässt sich einwenden, dass in der Wissensökonomie im Prozess der Informationsproduktion beständig an Personen gebundenes Wissen zu einem im Prinzip vermarktbaren Gut transformiert wird und sich damit aus den Grenzen des regionalen Raumes löst. Die Ursprungsregion droht also ihr Wissensmonopol als komparativen Vorteil tendenziell zu verlieren. Ein solcher Prozess der Standardisierung des Wissens und der Produktion von nützlichen Informationsgütern kann folglich mit einer weiteren und sich letztlich beschleunigenden Destabilisierung selbst bisher wirtschaftsstarker Regionen verbunden sein. Wenn die Standortvorteile der Metropolregionen vorwiegend aus lokalen Wissensressourcen und Wissensspillovers bestehen, müssen die Regionen also Wege finden, ihren für die Wissensökonomie geeigneten Wissenspool beständig zu erneuern und wettbewerbsfähig gegenüber konkurrierenden Regionen zu halten. Dies heißt, die Regionen müssen lernfähig sein, beständig neues Wissens generieren und akkumulieren (Malecki 2000).

Möglicherweise beziehen die Unternehmen der Wissensökonomie ihre Wissensressourcen aber auch aus überregionalen und globalen Quellen. Die funktionale Bedeutung der Metropolregionen läge dann vor allem in ihrer Knotenpunktfunktion innerhalb sich überlagernder Netzwerke des Informations- und Wissensaustauschs. Die Unternehmen wären in diesem Fall nicht oder nur zu einem geringen Teil auf die heimischen Wissensressourcen angewiesen, dafür aber umso mehr auf die physischen Artefakte der Personentransport- und Kommunikationsinfrastruktur (Graham 2002). Nicht die metropolitanen Wissensressourcen, sondern die physische und telekommunikative Erreichbarkeit wären die wichtigsten Standortqualitäten. Metropolregionen wären in diesem Bild offene Systemknoten, die eine besonders reiche Vielfalt an Interaktionsbeziehungen zu den Ökonomien in anderen Regionen aufbauen. Die physische und telekommunikative Erreichbarkeit wären die entscheidenden Vorteile, die die Metropolen erst für den Dienstleistungsaustausch, die Finanzmärkte sowie den Transfer von Informationsgütern interessant machen.

3 Räumliche Umgestaltung der Metropolregionen durch die Wissensökonomie

Verglichen mit den historischen Industriesystemen oder den Verwaltungsmetropolen ist anzunehmen, dass die Entfaltung der Wissensökonomie in den Metropolregionen auch zu dramatischen Veränderungen der regionsinternen Raumnutzungsmuster führen. Diese resultieren aus den funktionalen Logiken dieser Ökonomien und ihren räumlichen Ansprüchen in bezug auf Nähe und Distanz sowie aus den sich daraus ergebenden weiteren Implikationen für die regionalen Immobilienmärkte, Infrastrukturen sowie Anforderungen an die räumliche Planung und Regionalpolitik. Hiervon sind sowohl die metropolitanen Zentren selbst als auch ihr erweitertes Hinterland betroffen.

Grob gegliedert lassen sich raumstrukturierende Elemente identifizieren, die nicht nur die metropolitanen Zentren, sondern auch die suburbanen und disurbanen Räume umgestalten. Dies sind insbesondere die Verkehrs- und Kommunikationsknotenpunkte (Flughafencities und Schaltstellen von Datenhighways), „Marktplätze" für den Wissensaustausch (Messe- und Kongresszentren, Börsen), Forschungs- und Entwicklungskomplexe (Fach/Hochschulen und außeruniversitäre Forschungseinrichtungen, FuE-Unternehmen), Technologieparks (innovative Produktionsunternehmen und spezifische Informationsdienstleister) sowie weitere über die Region verteilte Standorte von Unternehmen der Wissensökonomie (z.B. Finanzdienstleistungen, Softwareentwicklung, Medienproduktion, Kulturwirtschaft).

Obwohl die raumbildenden Funktionen der Wissensökonomie sich deutlich von den traditionellen nationalen metropolitanen Funktionen unterscheiden, ist eine charakteristische Raumstruktur postindustrieller und von Wissensökonomien geprägter Metropolregionen, wenn überhaupt, erst in Umrissen erkennbar. Möglicherweise lässt sich kein einheitliches Muster nachweisen, sondern die Regionen gestalten sich entsprechend ihrer funktionalen Spezialisierungen um. „Gateway-Metropolen" mit einem hohen Anteil von globalen Dienstleistungen der Finanzwirtschaft unterscheiden sich z.B. von „Technopolen", in denen neue wissensintensive Industrien und unternehmensorientierte Informationsdienstleister eng verflochtene Wirtschaftskomplexe, häufig außerhalb des Zentrums der Region, bilden. Diese Wandlungsprozesse lassen sich nicht mehr mit einfachen Begriffen wie Urbanisierung und Suburbanisierung erfassen, sondern als sich überlagernde unterschiedliche Formen einer funktionalen Metropolisierung der gesamten Region.

4 Neue Aufgaben der Raumpolitik und Wandel ihres institutionell organisatorischen Rahmens

Ein weiteres, mit der metropolitanen Entwicklung zusammenhängendes Spezifikum ist die grundlegende Neuorientierung der Regionalpolitik. Parallel und ausgelöst durch die sich interregional und global vernetzenden Wissensökonomien sind die Metropolregionen einem verschärften Standortwettbewerb ausgesetzt, der wiederum zu unterschiedlichsten Bemühungen führt, die regionalen Rahmenbedingungen für diesen Wettbewerb zu optimieren. Selbst die erfolgreichen innovativen Metropolregionen können nicht darauf vertrauen, dass die Märkte und eine kumulative Verstärkung von erfolgreichen wirtschaftlichen Pfaden (Trajektorien) dauerhaft ihren Wettbewerbsvorsprung sichern. Erfolg basiert hier vor allem auf günstigen, die Marktentwicklung stützenden Rahmenbedingungen. Anders gesagt, die Wettbewerbsfähigkeit der Region oder genauer die Fähigkeit der Firmen, in der Region vorhandene Potentiale in eigene Wettbewerbsvorteile zu wandeln, hängt von einer Vielzahl von den Firmen allein nicht unmittelbar produzierbarer *kollektiver* Ressourcen ab. Für die Wissensökonomie als einer „people-driven economy", die von der Gewinnung hochqualifizierter Arbeitskräfte (Talente) lebt (Florida 2001), sind dies neben den materiellen Infrastrukturen des Personen- und Informationstransports sowie der Treffpunkte des Informationsaustauschs (Flughäfen, Datenautobahnen, Autobahnknoten. Messen, Kongresszentren usw.) vor allem personelle Infrastrukturen. Zu diesen personellen Infrastrukturen gehören z.B.

- das in den Metropolregionen gebündelte Forschungs- und Entwicklungspotential (kollektives Wissen),
- ein räumlich geballter Pool von Wissensarbeitern mit einem hohen Bildungs- und Ausbildungsstand (Humankapital),
- eine hohe Dichte und Vielfalt von Beziehungsoptionen zwischen Wissensanbietern und -nachfragern (Wissensnetzwerke),
- die institutionelle Infrastruktur als sozio-politische Unterstützungsstruktur für betriebliche Interaktion, veränderte Arbeitsmarktstrukturen usw.

Es sind diese speziellen kollektiven regionalen Ressourcen, an denen eine an Wettbewerb und Innovation orientierte Regionalpolitik erfolgreich ansetzen kann. Für die Metropolenpolitik gilt es dabei, die vorhandenen und die für die Region zukunftsweisenden Kompetenzfelder zu erkennen und diese mit passenden kollektiven Ressourcen abzusichern.

Die strukturpolitischen Schlussfolgerungen in bezug auf die Förderung der Wissensökonomie und ihrer Spezialgebiete erfordern auch ein grundlegendes Umdenken bei der räumlichen Verteilung von Raumnutzungsrechten sowie bei der Entwicklung von Verkehrs- und Kommunikationsinfrastrukturen. Dabei tritt immer deutlicher eine Konvergenz zwischen wirtschaftsorientierter Regionalpolitik und Raumentwicklungspolitik in den Vordergrund. Konvergenz bedeutet praktisch, bildungs-, wissenschafts-, wirtschafts- und raumentwicklungspolitische Ziele miteinander zu verknüpfen. Wie an wirtschaftsstarken Metropolregionen ablesbar, beeinflusst die Wissensökonomie nicht nur Funktion und Gestalt der metropolitanen Zentren, sondern hat über die Immobilienmärkte weitreichende Veränderungen der Raumnutzung im Umland und teilweise auch in den regionalen Peripherien durchgesetzt. Die Dynamik und Volatilität der Wissensökonomie erzwingen eine Beschleunigung des räumlichen Strukturwandels, der ganze Teilregionen erfasst und zu flexiblen steuernden Eingriffen der räumlichen Planung herausfordern, sei es bei der Produktion neuer Standortzentren für die Wissensökonomie, sei es zur Vermeidung von Investitionsruinen und großen Brachenlandschaften auf der anderen Seite des Strukturwandels.

Die Tatsache, dass sich in den Metropolregionen örtliche/regionale Verhältnisse und globale Beziehungssystem durchdringen, hat ferner zur Konsequenz, dass die Metropolregionen sich zu sehr spezifischen Orten entwickeln, die sich immer weniger in den traditionellen nationalen Bezugsrahmen allein einfügen lassen. Mit dem Begriff „Entgrenzung" wird zum Ausdruck gebracht, dass die Kontrollfunktion der alten territorialen (nationalen) Grenzen geschwächt werden und infolge dessen neuartige Kontrollfunktionen z.B. auf der globalen und europäischen Ebene aber auch auf der Ebene der Metropolregionen entstehen. Durch die Schwächung der nationalen Schutz- und Kontrollfunktionen stehen die Metropolregionen in einem verschärften transnationalen Wettbewerb, der auf der Ebene der Metropolregionen neue Formen politischen Agierens bzw. der Koordination und Kooperation hervorbringt. Wie sich die Metropolregionen letztlich institutionalisieren und inwieweit sie sich auf diese Weise zu relativ eigenständigen politischen Akteuren zwischen dem alten Nationalstaat und den europäischen bzw. globalen Ordnungssystemen etablieren, ist bisher noch nicht entschieden (Keating 1997).

5 Der Aufbau des Buches[1]

Die Themen, die um die neue Rolle der *Metropolregionen in der Wissensökonomie kreisen, werden in vier Kapiteln behandelt. Im Kapitel 1 „Neue wirtschaftliche Funktionen – veränderte Raumstrukturen"* werden theoretische Grundlagen zum Entstehen, dem Standortverhalten und den Austauschsystemen der Wissensökonomie gelegt. Behandelt werden einerseits Fragen zu den Wissensumwandlungsprozessen, die in der Wissensökonomie einen hervorragenden Platz einnehmen und die Wissensökonomie als ein lernendes System darstellen. Zum anderen werden die Metropolregionen als Wissenskontexte und Orte des Lernens diskutiert. Es wird der Frage nachgegangen, welche besonderen Standorteigenschaften die Metropolregionen als Mikrostandorte und als Makrostandorte innerhalb globaler Netze des Wissens- und Informationstransfers besitzen. Dabei wird einerseits den Formen ihrer regionalen und sozialen Einbettung nachgegangen, andererseits die Bedeutung von „geographischem" Kapital als Fundament einer kreativen Metropolis diskutiert.

Kapitel 2 „Empirische Befunde – Metropolregionen in globalen, europäischen und nationalen Netzwerken" legt empirische Ergebnisse zur wirtschaftlichen Rolle der Metropolregionen innerhalb des Systems nationaler und internationaler Stadtregionen vor. Dabei werden die großen deutschen Stadtregionen (Metropolregionen) als räumlicher Ausdruck eines arbeitsteiligen Systems von Branchen analysiert, in dem die Metropolregionen bevorzugte Standorte von unterschiedlichen Branchen der Wissensökonomie sind. Schließlich geht es in diesem Kapitel um den Nachweis von interurbanen wirtschaftlichen Austauschbeziehungen, insbesondere zwischen den führenden Metropolregionen, den „global cities". Aus einer Makroperspektive werden Dienstleistungsverflechtungen im globalen Städtesystem identifiziert und auf dieser eine Hierarchie der „Welt-

[1] Die Beiträge des Buches enthalten überarbeitete Vorträge, die auf der Veranstaltung „Knoten im Netz – zur neuen Rolle der Metropolregionen in der Dienstleistungswirtschaft und Wissensökonomie" am 27./28.2.2003 gehalten worden sind. Sie sind um Beiträge namhafter Metropolen- und Regionalforscher ergänzt worden, die die jeweiligen Kapitel abrunden. (Arndt/Pauly, Helbrecht, Krätke, Mahnken).

stadtvernetzung" nachgewiesen. Diese Untersuchung macht deutlich, dass die Herausforderung für die Metropolregionen darin liegt, eine eigene wirtschaftliche Position und Nische in diesem Netzwerk zu finden.

In *Kapitel 3 „Empirische Befunde – Wandel der Binnenstruktur von Metropolregionen"* wird eine Reihe von Studien vorgestellt, die Hintergründe und Ursachen der Bildung innovativer Cluster der Wissensökonomie in den großen Metropolregionen, aber im Kontrast dazu auch in kleineren Stadtregionen, untersuchen. Ferner wird hier der Frage nachgegangen, ob die Metropolregionen ihre Standortattraktivität für Unternehmen der Wissensökonomie eher aus intraregionalen Verflechtungen (Milieus) beziehen oder aus ihrer Rolle als zentraler Verkehrs- und Kommunikationsknoten sowie als Marktplatz des Wissenstransfers und Informationsaustauschs. Hierzu liefern Analysen von Standortfaktoren, aber auch Analysen der unternehmerischen Beziehungssysteme aufschlussreiche Hinweise.

Das abschließende *Kapitel 4 „Metropolitane Handlungsfähigkeit – Aufgaben, Institutionen, Akteure"* behandelt die regional- und raumentwicklungspolitischen Implikationen dieses durch die Globalisierung und Entwicklung neuer Technologien forcierten wirtschaftlichen Strukturwandels in den Metropolregionen. Es werden zum einen die sich verändernden inhaltlichen Aufgabenstellungen behandelt, die sich aus den besonderen Ansprüchen der Wissensökonomie an den Standort vor allem hinsichtlich *kollektiver* regionaler Ressourcen ergeben und die Metropolen zu „Wissensstädten" aufwerten. Zum anderen werden die Besonderheiten metropolitaner Politik im Spannungsfeld zwischen globaler Verflechtung und nationaler Einbettung diskutiert. Einen breiten Raum nehmen schließlich die Erörterungen metropolitaner Organisationsfähigkeit ein, eine Diskussion, die unter anderem von Ohmae (1995) angestoßen worden ist, der behauptet, unter den Bedingungen der Globalisierung verlören die Nationalstaaten an Einfluss und im globalen Wettbewerb müssten Metropolregionen eigene institutionelle Formen finden, um sich ihre „territoriale" Wettbewerbsfähigkeit zu erhalten.

Literatur:

Arrow, K. (1997): The Production and Distribution of Knowledge. In: Silverberg, G.; Soete, L. (Hrsg.): The Economics of Growth and Technical Change. Technologies, Nations, Agents. Aldershot

Cooke, P. (2002): Knowledge Economies. Clusters, Learning and Cooperative Advantage. London, New York

Florida, R. (2001): Competing in the Age of Talent: Quality of Place in the New Economy. Pittsburgh

Foray, D.; Lundvall, B.-A. (1996): The Knowledge-Based-Economy: From Economics of Knowledge the Learning Economy. In: OECD (Hrsg.): Employment and Growth in the Knowledge-Based Economy. Paris, S. 11-34

Graham, S. (2002): Bridging Urban Digital Divides? Urban Polarisation and Information and Communication Technologies (ICTs). In: Urban Studies 39 (1), S. 33.56

Keating, M. (1997): The Invention of Region: Political Restructuring and Territorial Government in Western Europe. In: Environment and Planning C, 15, S. 383-398

Malecki, E. J. (2000): Creating and Sustaining Competitiveness. Local Knowledge and Economic Geography. In: Bryson, J.R.; Daniels, P. W.; Henry, N.; Pollard, J. (Hrsg.): Knowledge, Space, Economy. London/New York, S. 103-119

Ohmae, K. (1995): The End of the Nation State. The Rise of Regional Economics. New York u.a.

Rubalcaba-Bermejo, L. (1999): Business in European Industry: Growth, Employment and Competitiveness. Brüssel, Luxemburg

Teil 1
Neue wirtschaftliche Funktionen – veränderte Raumstrukturen

Hans Joachim Kujath

1. Die neue Rolle der Metropolregionen in der Wissensökonomie

1 Einleitung

Betrachten wir den wirtschaftlichen Strukturwandel in seinen räumlichen Ausprägungen, so scheint sich vor allem in den Metropolregionen das Bild von der aufkommenden Wissensgesellschaft und des postindustriellen Zeitalters, das in zunehmendem Maße von einer wissensbasierten Dienstleistungswirtschaft geprägt ist, zu verwirklichen. An diesen Orten beobachten wir eine explosionsartige Zunahme neuer Dienstleistungen, die sich auf die Verarbeitung von Wissen, auf die Produktion von „intelligenten" oder Informationen vermittelnden Produkten sowie deren Verteilung spezialisieren. In diesem Zusammenhang richtet sich das Interesse auf die Rolle der metropolitanen Dienstleistungswirtschaft als Träger von Wissen, das für die Organisation und Koordination von sich zunehmend global ausweitenden Stoff- und Informationsströmen benötigt wird. Der in den Metropolregionen konzentrierte „corporate service complex" hält danach spezialisiertes Wissen bereit und produziert Informationen, die von den global agierenden multinationalen Firmen für die Steuerung und Kontrolle ihrer weltweiten wirtschaftlichen Beziehungsnetze nachgefragt werden. Die Metropolregionen definieren sich in diesem Kontext als strategische Orte, an denen sich die Kommando- und Kontrollzentralen transnational agierender Firmen mit den ihnen zugeordneten Dienstleistungskomplexen konzentrieren und von denen aus die miteinander verzahnten globalen Firmennetzwerke koordiniert und kontrolliert werden[1] (Taylor, Walker 2001; Sassen 1999; zusammenfassend Krätke 1997).

[1] Metropolen definierten sich in der Vergangenheit als Bestandteil nationalstaatlicher Zusammenhänge, als Orte nationaler Verwaltungs- und Kontrollfunktionen, als nationale kulturelle und politische Zentren in einem internationalen Beziehungsgeflecht. Die Metropolen neuen Typs lösen sich dagegen aus nationalen Zusammenhängen und wandeln sich zu Knoten der globalisierten Ökonomie, zu wirtschaftlichen Steuerungs- und Dienstleistungszentren mit transnationaler, weltweiter Verflechtung.

Unter einem erweiterten Blickwinkel wird der wirtschaftliche Strukturwandel aber auch mit einem gewaltigen Bedeutungszuwachs von Wissen, intellektuellem Kapital und Wissensarbeit als Quelle von Wohlstand und in diesem Zusammenhang mit einer rasch wachsenden Nachfrage nach unterschiedlichsten Informationsprodukten und Dienstleistungen in Verbindung gebracht. Die metropolitane Dienstleistungswirtschaft liefert in diesen Überlegungen nicht nur Steuerungs- und Organisationswissen für die sich globalisierende Wirtschaft, sondern eine breite Palette an Informationen für unterschiedlichste Ansprüche innerhalb der globalen Wirtschaftszusammenhänge. Zu den Feldern dieser neuen metropolitanen Wirtschaft zählen unter anderem: Organisationsdienstleistungen (Logistik), juristische Dienstleistungen, Managementdienstleistungen, Verwaltung von Informationssystemen, Informationsbeschaffung, Softwareprodukte, Finanzdienstleistungen, Forschung und Entwicklung sowie Blaupausen für technische Produkte, Medienprodukte, Designprodukte, Werbung, Finanzprodukte, Versicherungen, Marketing usw. In einer weit gefassten Definition befassen sich diese Tätigkeiten mit der Produktion, Beschaffung, Zusammenführung, Speicherung, Überwachung, Analyse (Problemanalyse, Problemlösungen) und Verteilung von Informationen (Reich 1991; Dunning 1993). Sie bilden zusammengenommen einen neuen rasch wachsenden Wirtschaftskomplex, der sich unter dem Begriff „*knowledge economy*“ oder *Wissensökonomie* zusammenfassen lässt. (vgl. Dunning 2000; Howells 2000; Malecki 2000; Stiglitz 1999). Die Wissensökonomie ist auf die Erzeugung und Kommerzialisierung von Wissen spezialisiert und trägt so entscheidend zur Verbreitung von neuem Wissen und von Innovationen in den globalen arbeitsteilig organisierten Firmennetzwerken bei. Selbst konzentriert sie sich jedoch an wenigen Orten, in den großen Agglomerationsräumen oder Metropolregionen, was Markusen (1996) veranlasst, vom Paradox des „slippery space“ und der „sticky places“ zu sprechen (vgl. Lo 2001; Audretsch 2000; Antonelli 1998; vgl. auch Brake in diesem Band).

Wie kommt es zu der metropolitanen Spezialisierung auf wissensintensive Wirtschaftsbereiche? Was zeichnet diese Bereiche aus, dass sie zu einer neuen wirtschaftlichen (Export)-Basis der Metropolregionen und zum Träger der räumlichen Dispersion von Innovationen werden? Welche Einflussfaktoren lassen die Metropolregionen zu bevorzugten

Standorten der Wissensarbeit aufsteigen? Im Folgenden gehe ich auf diese Fragen näher ein. In Abschnitt 2 wird zunächst der Frage nachgegangen, welche Bedingungen die Wissensökonomie zur neuen Wachstums- und Exportbasis der Metropolregionen werden lassen. In Abschnitt 3 werden Antworten auf die Frage gesucht, worin die Attraktivität der Metropolregionen als Orte der produktiven Nutzung von Wissen für die Erzeugung von Informationsgütern besteht. Es werden soziale Modelle einer *innerregionalen* Kontextbildung und des *regionalen Lernens* auf ihre Anwendbarkeit für die Metropolregionen und ihre Wirtschaft überprüft. Abschnitt 4 stellt alternative Modelle der ökonomischen Bindung an Metropolregionen vor. Sie beziehen sich auf die globale Vernetzung der Wissensökonomie und betonen die besondere Rolle von Metropolregionen als Ressourcenpools innerhalb globaler Netzwerke des Lernens. Abschließend wird in Abschnitt 5 eine Synthese versucht, indem für verschiedene Spezialfelder der Wissensökonomie unterschiedliche Interaktionszusammenhänge, spezifische Modi des Lernens und ihre jeweils besonderen räumlichen Ordnungen in den Mittelpunkt der Betrachtung rücken.

2 Die Herausbildung der Wissensökonomie in den Metropolregionen

2.1 Wissensökonomie – Ausweitung organisierter Wissensarbeit

Wissen ist zwar in jeder Gesellschaft eine Triebkraft ökonomischer Entwicklung, doch hat sich die Art und Weise der Produktion, Verteilung und Verarbeitung des Wissens in der Wirtschaft im Vergleich zu früheren historischen Epochen dramatisch verändert, und es ist zu vermuten, dass sich hierdurch auch die räumliche Organisation wirtschaftlicher Beziehungen grundlegend wandelt. Diese Veränderung wird mit dem Begriff „knowledge based economy" nur ungenügend erfasst, denn Wissen als Triebkraft ökonomischer Entwicklung wird nicht nur als Produktionsfaktor immer wichtiger, sondern im Prozess seiner Nutzung entstehen in immer größeren Mengen marktfähige immaterielle Informationsgüter, die sowohl von der Industrie als auch von Haushalten nachgefragt werden (Venables 1997: 35; Carter 1996: 63; Stiglitz 1999: 311). Die Leistungen der Wissensökonomie bestehen im Wesentlichen also darin, Wissen aus einer Form in eine andere zu verwandeln und dadurch einem großen Kreis von Kunden verfügbar zu machen.

Polanyi (1958) hat in seinen Überlegungen zum Wechselspiel zwischen den verschiedenen Wissensarten bereits zwischen kodifiziertem (explizitem) Wissen einerseits und personengebundenem „tacit“ (stillschweigendem, implizitem) Wissen andererseits unterschieden. Folgt man seinen Gedanken, ist die Basis all unseres Handelns spezifisches an Personen gebundenes Wissen, das sich Personen aufgrund ihrer Praxiserfahrung und ihres Lernens angeeignet haben. Es ist teilweise schwer artikulierbar und es bezeichnet auch Fähigkeiten, die von den Personen als solche nicht bewusst wahrgenommen werden mehr oder weniger bewusst durch „learning by doing“ oder „learning by interacting“ in sozialer Praxis angeeignet werden (Franz 2002: 44; Howells 2000: 53).

Alles neue Wissen (Ideen) tritt zunächst als implizites Wissen auf, und es ist nur denen bekannt, mit denen es geteilt wird (Malecki 2000: 111). Damit wird angedeutet, dass persönliches Wissen eine soziale Basis hat, d.h. in das Wissen von sozialen Gruppen und Organisationen eingebettet ist, das den Austausch von Wissen und eine Zusammenarbeit von Personen regelt (vgl. Jansen 2004: 5). Der Transfer von persönlichem Wissen zwischen Personen setzt geteilte Konventionen, Ansichten, ein gemeinsames Verständnis und eine gemeinsame Sprache voraus. Jansen (2004) spricht von eingebettetem Wissen. Oder es wird von Kontextwissen gesprochen, um klar zu machen, dass jegliche Kommunikation und jegliche Koordination verteilten Wissens dieses in die sozialen Routinen der Kommunikation eingebetteten Wissens bedarf. Implizites Wissen ist also nicht nur subjektspezifisch, sondern auch kontext- und beziehungsspezifisch, d.h. an soziale Interaktion gebunden.

Foray und Ludvall (1996) meinen ebenfalls, dass implizites persönliches Wissen die wichtigste Ressource der Wissensökonomie ist, sie weisen aber auch darauf hin, dass die modernen Gesellschaften angetrieben werden vom Bemühen, die Grenze zwischen kodifiziertem und personengebundenem Wissen permanent zugunsten des ersteren zu verschieben. Während das wissenschaftliche Erkenntnisinteresse darauf zielt, die Logiken physischer und sozialer Prozesse zu entschlüsseln, werde die Wirtschaft angetrieben, kodifizierbare kausale Logiken zu identifizieren und für Produktionsprozesse und Produkte nutzbar zu machen. Abramovitz und David (1996) meinen, die Kodifizierung sei sowohl Triebkraft als auch die bevorzugte Art und Weise der Ausdehnung unserer Wissensbasis. Mit den neuer IuK-Techniken erhalte diese Tendenz einen zusätzlichen Impuls, weil es auf der Basis dieser Technik möglich und wirtschaftlich noch attraktiver werde, Wissen, das bisher in personengebundener Form verharrt, in eine kodifizierte Form zu transformieren. Ohne die enorme Ausweitung der *Kodifizierung von Wissen*, d.h. ohne seine Umwandlung in ein speicherbares, leicht transferierbares aber auch auf Märkten handelbares Gut, wären auch alle Versuche, Wissen zu einem eigenen wirtschaftlichen Wachstumsträger zu gestalten, chancenlos (Hirsch 1993; Heinrich 2002a).

Durch Kodifizierung entstehen Informationsgüter, die sich präzise beschreiben, speichern und vervielfältigen lassen, bzw. in eine formale, systematische Sprache einfügen lassen, so dass sich diese als Blaupausen, Handlungsanleitungen usw. vervielfältigen und über große Distanzen transferieren lassen. Dadurch verändern sich auch die Regeln und Techniken der Nutzung kodifizierten Wissens: Die Kosten der Akquisition von Wissen und Informationen werden drastisch reduziert, der Transfer, die Reproduktion, der Zugang und die Suche nach Informationen werden in dem Maße erleichtert, wie die Kodifizierungsprozesse voranschreiten. Wissen anwendende Dienstleister überwinden damit schließlich ihre bisher für Dienstleistungen als typisch geltenden und oft beschriebenen ökonomischen und räumlichen Beschränkungen, wie die Simultanität von Produktion und Konsumtion (uno-actu-Prinzip), bzw. die damit verbundene Individualität der Leistungen und den geringen Produktivitätsfortschritt. Allerdings lässt sich kodifiziertes Wissen nicht ohne weiteres auf Märkten austauschen. Wegen seiner tendenziellen Kollektivgut-Eigenschaften hängt die Existenz der Wissensökonomie letztlich von ihrer Fähigkeit ab, die Privatgut-Eigenschaften ihrer speziellen Informationsgüter durch Patente, Copyrights, Urheberrechte mit möglichst globaler Reichweite abzusichern (siehe hierzu auch Abschnitt 3.2).

Der Vorgang der Kodifizierung betrifft sowohl die Personen, deren Know-how, Know-what, Know-why, Know-who expliziert wird (vgl. Lundvall, Johnson 1994), als auch die sozialen Kontexte, die ebenfalls einer Kodifizierung unterzogen werden können und zur Explizierung von

Ebene: Wissensart	individuell	sozial (Gruppe, Organisation)
explizites/kodifiziertes Wissen ↑	z.B. bewusste Konzepte, Texte, Bilder ↑	fixierte Organisationsziele, Regeln, Abmachungen ↑
implizites/stilles (tacit) Wissen	persönliche Fähigkeiten, Ideen, Intuition	kollektive Metaphern, Sinngebilde, Kommunikationsmuster, soziale Routinen

Quelle: eigene Darstellung nach Jansen 2004: 6

Abbildung 1: Umwandlung impliziten Wissens in explizites Wissen auf individueller und kollektiver Ebene

Handlungsregeln, Managementregeln, kurz zur rationalen Strukturierung von Organisationen führen. Nach Willke (2001: 53) bedeutet Kodifizierung der Kontexte, dass „die wirksamen kollektiven Metaphern, Sinngebilde und Kommunikationsmuster an die Oberfläche" gebracht, sichtbar und zur Grundlage bewusster Reflexion gemacht werden. Heidenreich (1997) bezeichnet diesen Vorgang als Schaffung von kognitiven Ordnungen, die er als „institutionell geronnene Formen" von Wissen beschreibt. Wissensumwandlung findet also immer weniger durch die Leistungen einzelner statt, sondern in „Wissensarenen", wie Forschungsinstituten, Dienstleistungsfirmen, High-Tech-Firmen, Projektgruppen usw., in denen die Personen ihr persönliches Wissen teilen und für die Produktion neuer Informationsgüter nutzen. Hierzu zählen auch überbetriebliche Arenen wie z.B. Branchen, Unternehmensnetzwerke und möglicherweise auch regionale und nationale Interaktions- und Austauschstrukturen (Heidenreich 1997: 192; Willke 2001).[2]

[2] Der „Produktionsprozess" von Wissen kann grob in zwei zeitlich nicht immer voneinander trennbare Komplexe unterteilt werden. Dabei sind die Vorgänge der Externalisierung (Kodifizierung) von Wissen und der Internalisierung von Wissen als Wissenstransformationen zu bezeichnen. Der Produktionsprozess stützt sich auf vier Inputquellen (Partner, Zulieferer, Kunden, sonstige Quellen). Der Output entsteht durch Externalisierung von Teilen des impliziten Wissens durch verbale oder nonverbale Kodifizierung/Kommunikation. Für den Wissensproduzenten und -sender sind die Daten externalisiertes Wissens. Für den Wissensempfänger werden durch selektive Auswahl daraus Informationen, die er sich durch Internalisierung als implizites Wissen aneignet.

2.2 Wissensökonomie – Standardisierung der Wissensarbeit

In den betrieblichen „Wissensarenen" werden nicht nur große Wissensmengen verarbeitet, sondern auch spezifische neue Fähigkeiten entwickelt, diese Prozesse *ökonomisch* zu gestalten, d.h. zu *standardisieren*, um Produktivitätsfortschritte und Skalenvorteile zu erzielen und auf diese Weise weit über die Region hinausreichende Informationsmärkte bedienen zu können. Diese veränderten Praktiken und räumlichen Wirkungen der Wissensverarbeitung in der Wirtschaft werden in den wissenschaftlichen Diskussionen häufig noch vernachlässigt (vgl. unter anderem Foray, Lundvall 1996). Die Ökonomisierung der Wissensarbeit ist jedoch der entscheidende „revolutionäre" Schritt, mit dem Wissen systematisch und gezielt in unternehmerische Kalküle eingebaut und globale Informationsmärkte erschlossen werden können. Eine Voraussetzung hierfür ist, dass die Informationsproduktion sich verselbstständigt, oder wie Daniels (1993) erwähnt, die Informationsdienstleister sich von ihren Kunden emanzipieren. Teilt man den Prozess der Kodifizierung und des Wissenstransfers zum Kunden in zwei Teilschritte oder Phasen auf, in die Phase der *Vorkombination*, in der Wissensarbeit relativ unabhängig vom Kunden stattfindet, und in die Phase der *Endkombination,* in der Kunden mehr oder weniger eingebunden sind, wird es möglich, den Standardisierungs- bzw. Ökonomisierungsgrad zu entschlüsseln. Je stärker z.B. die Wissensarbeit in die Endkombination integriert ist, desto mehr wird die Informationsproduktion vom Kunden gesteuert, der sie zu einem individuellen persönlichen Akt mit einem geringen Standardisierungsgrad der Leistungserbringung macht (van Well 2001: 14). Wissensarbeit dieses Typs ist wenig produktiv und entspricht weitgehend den „traditionellen" Dienstleistungen, die in räumlicher Nähe zum Kunden stattfinden. So stellt sich beispielsweise die Unternehmensberatung häufig noch als ein Kodifizierungsprozess dar, der individualisiert stattfindet. In anderen Fällen nimmt dagegen die Vorkombination eine dominante Stellung ein, d.h. ein Informationsprodukt entsteht in relativer Autonomie vom Kunden. Kunden werden erst relativ spät, wenn überhaupt, eingebunden. Als Beispiel werden Datenbankdienste genannt, die ihre Produkte autonom im Sinne der industriellen Güterproduktion erbringen können (van Well 2001: 14). In diesem Fall wird die Kodifizierung zu einem eigenständigen „industriell" organisierten Vorgang, dem die Dienstleistung als eine nicht störende nachgelagerte Leistung folgen kann. Die in der Wissensökonomie beobachtbare Standardisierung der Wissensarbeit, die den Kunden aus dem Kodifizierungsprozess herausdrängt, bezieht sich auf drei logisch miteinander verflochtene Felder:

- *Prozessstandardisierung* als Kodifizierung wissensbasierter Regelsysteme für die Erstellung von Informationsprodukten;
- *Produktstandardisierung* als Kodifizierung von Wissensinhalten, die in ein kodifiziertes immaterielles Endprodukt, in ein Informationsprodukt münden;
- *Interaktionsstandardisierung* als technisch gestützte Kommunikation kodifizierter Wissensbestandteile, z.B. mit Hilfe der IuK-Techniken.

Prozessstandardisierung:
Das Größenwachstum vieler metropolitaner Dienstleister – Betriebe mit mehreren tausend Beschäftigten sind keine Seltenheit mehr - lässt darauf schließen, dass die betrieblichen Prozesse zunehmend nach kodifizierten Regeln gestaltet werden. Prozessstandardisierung bedeutet „organisierte Wissensarbeit" und arbeitsteilige Strukturierung des Prozesses der Wertschöpfung, um die Vorteile interner Arbeitsteilung und Größenvorteile bei der Nutzung des Faktors „Wissen" nutzen zu können (Willke 2001: 20 f.). Dabei wird ab einer gewissen Betriebsgröße z.B. nur noch ein Teil der Beschäftigten mit den Kunden interagieren, während andere mit der Vorbereitung und Erstellung von Informationsprodukten beschäftigt sind (vgl. Heinrich 2002a). Diese Form der Standardisierung lässt sich als Kodifizierung der sozialen Routinen und Kommunikationsmuster eines Unternehmens oder als „Industrialisierung" der Produktionsabläufe interpretieren. Sie verlangt innerbetriebliche Regelsysteme der Kommunikation, gleichsam als gespeichertes Wissen der Organisation, das in den Methoden der Betriebsführung und der Geschäftsprozesse zum Ausdruck kommt.

Im Unterschied zur materiellen Produktion sind hier allerdings nicht die Organisationsformen der industriellen Massenproduktion (Taylorismus) gefragt, sondern Organisationsformen für die Produktion von (immateriellen) Prototypen und von Expertise. Verglichen mit der materiellen Güterproduktion sind die Produkte der Wissensökonomie eher als singuläre Resultate anzusehen, die sich zwar häufig problemlos vervielfältigen (kopieren) lassen, die aber von der inhaltlichen Seite her betrachtet, immer wieder von neuem eine Umgestaltung des Produktionsprozesses verlangen. Es ist folglich nicht zu erwarten, dass sich hier auch nur annähernd ähnlich starre hierarchische Organisationsformen durchsetzen wie in der materiellen industriellen Güterproduktion. Produktivitätssteigerungen durch *Standardisierung des Produktionsprozesses* bedeutet in der Wissensökonomie, intelligente Organisationsformen der Wissensarbeit zu finden. Sie werden von Willke (2001: 26) als organisierte Erfahrungskontexte und Netzwerke beschrieben, in denen Effizienz nicht mehr Ergebnis von hierarchischer Kontrolle, sondern „Resultat einer prekären Kooperation von Wissensträgern" ist. Dunning (2000) weist schließlich darauf hin, dass Firmen zunehmend kooperative Arrangements und Allianzen mit anderen Firmen eingehen, um ihr eigenes Wissen durch Kombination mit der Kompetenz von Partnern effektiv zu nutzen (ähnlich auch Schmid, Krömmelbein 2000; Genosko 2002: 63; Lo 2001: 136 f.).

Produktstandardisierung:
Prozessstandardisierung bedingt in der Regel auch, dass die kundenspezifische individualisierte Leistung sich in die Produktion standardisierter oder teilstandardisierter Güter verwandelt *(Produktstandardisierung)*. Individualisierte Dienstleistungen für Kunden und Güterproduktion für den Markt sind dabei zwei Pole eines Kontinuums der Kodifizierung (z.B. Kleinaltenkamp 1993; Hirsch 1993). Je geringer der Anteil des Kunden an der Erstellung des Produktes ist, desto größer wird die Chance zur Standardisierung nicht nur des Produktionsprozesses (Vorkombination), sondern damit auch der Produkte selbst. Es entstehen Güter, die Eigenschaften eines marktfähigen Gutes annehmen und sich beliebig für einen Massenmarkt vervielfältigen lassen.

Anschaulich wird der Wandel der Dienstleistungen zur Informationsproduktion von Lawson und Lorenz (1999) am Beispiel von technologischen Beratungsfirmen erläutert. Solche Beratungsfirmen sehen ihre Aufgabe darin, für ihre Klienten spezifische Lösungen zu erarbeiten und dabei „tacitly held skills" als Antwort auf ein Problem des Klienten mit verfügbarem kodifiziertem technologischem Wissen zu kombinieren. In kooperativer Zusammenarbeit findet ein Transfer von Wissen zwischen dem Berater und dem Klienten statt. Viele Beraterfirmen können sich aus diesen engen Bindungen an den Klienten lösen, indem sie bestimmte Leistungspakete (Module) entwickeln und gegen Lizenzgebühr ihren Kunden zur Verfügung stellen. Weitergehende Dienstleistungen haben dann nur noch ergänzenden Charakter, z.B. bei der Implementierung der Module. Eine derartige Industrialisierung der Produktion von Informationsgütern bedeutet – ähnlich wie im verarbeitenden Gewerbe –, dass kritische Massen beim Absatz von Informationsgütern und steigende Skalenerträge erreicht werden können, wobei die Instrumente der neuen IuK-Technologien die Möglichkeiten und wirtschaftlichen Anreize zur Standardisierung und Vervielfältigung der Produkte erheblich erweitert haben (Foray, Lundvall 1996).

Interaktionsstandardisierung:
Die Tatsache, dass viele metropolitane Dienstleister weiterhin intensive Kundekontakte pflegen und sich dennoch überregionale Märkte erschließen können, lässt neben der Prozess- und Produktstandardisierung auch auf eine große Bedeutung der *Interaktionsstandardisierung* schließen. Danach streben die Dienstleistungsbetriebe an, auch während des Produktionsprozesses der Informationsgüter ihre Kommunikation mit ihren Kunden zumindest soweit als Austausch kodifizierten Wissens zu organisieren, dass sie längere Phasen ihres kundenspezifischen Leistungsprozesses (Endkombination) via Telekommunikation abwickeln können. So ist unter dem Gesichtspunkt erheblicher Transaktionskosten zu erwarten, dass sich vor allem den überregional agierenden Dienstleistern durch den Fortschritt in den IuK-Technologien und des Internet neue Möglichkeiten der Kommunikation mit ihren Kunden erschließen. IuK-Technologien dürften den persönlichen Austausch jedoch nicht vollständig ersetzen, sondern vermutlich eher die Grundlage für eine räumliche Ausdehnung des persönlichen Kontaktnetzwerkes zu Kunden aber auch Partnern, Zulieferern und anderen Wissenslieferanten bilden. Die IuK-Technologien eröffnen den Unternehmen also die Möglichkeit, einen großen Anteil der persönlichen Kommunikation auf das digitale Medium zu verlagern und persönliche Treffen auf den Austausch wichtigen, nur über persönliche Kommunikation vermittelbaren impliziten Wissens zu beschränken. Die

verkehrstechnischen Innovationen dienen ebenfalls einer Minderung der Transaktionskosten. Sie senken die Kosten für persönliche Treffen und ermöglichen es den Dienstleistungsfirmen, vor allem jenen, die sich auf die Produktion teurer hochspezialisierter und komplexer Wissensgüter spezialisiert haben, ihre Raumbezüge, wenn nicht global, so doch deutlich über den regionalen Rahmen hinaus auszuweiten (vgl. Reich 1991).[3]

Betrachtet man die Leistungsprozesse und Leistungsergebnisse der Wissensökonomie im Vergleich zur materiellen industriellen Produktion, so zerfließen die Grenzen zwischen beiden. Die in der Wissensökonomie beobachtbaren Vorgänge ähneln der industriellen Revolution bei der Erzeugung materieller Güter insofern, als die kundenspezifischen Einzellösungen (bei der materiellen Produktion das Handwerk, bei der Wissensproduktion kundenspezifische Informationslösungen) schrittweise abgelöst werden von einer Industrialisierung bzw. Standardisierung des Umgangs mit den jeweiligen Ressourcen. Im Wettbewerb zwischen den Dienstleistern, so die Hypothese, werden sich langfristig Industrialisierungsprozesse im gesamten Sektor der Informationsdienstleistungen durchsetzen, um Stückkosten zu reduzieren und größere Marktgebiete zu erschließen. Die in den Metropolregionen konzentrierte Dienstleistungswirtschaft wäre demzufolge dabei, durch die Aufspaltung des Leistungsprozesses, d.h. durch Standardisierung und Modularisierung der Wissensumwandlung Produktivitätsreserven zu erschließen, die das für Dienstleistungen typische Bild eines gegenüber dem technischen Fortschritt und Produktivitätswachstum resistenten Bereichs nachhaltig aufbrechen. Alle diese Maßnahmen dürften aus der lokalen und regionalen Dienstleistungswirtschaft eine global agierende Wissensökonomie machen, die Größenwachstum, ähnlich wie bisher in der industriellen Produktion, ermöglicht. Wegen der zunehmenden Handelbarkeit von Informationsprodukten wird vermutet, dass die Wissensökonomie zu den „core-value added activities" aufsteigen kann (Freeman, Soete 1997: 404) und die Metropolregionen zu neuen Wachstumspolen der Produktion und des Handels von Informationsprodukten werden.

---

[3] Nach Daniels (1993) sind durch die IT nicht nur die grenzüberschreitenden Informationsflüsse auf wachsenden Dienstleistungsmärkten dramatisch ausgeweitet worden. Die IT hat auch zahlreiche neue Möglichkeiten für Dienstleistungen geschaffen, die vorher aus Kostengründen und anderen Umständen nicht wettbewerbsfähig waren, wie sich z.B. an den zahlreichen neuen Online-Diensten zeigt.

3 Metropolregionen als Wissenskontexte und Orte des Lernens

3.1 Entstehen regionaler Wissenskontexte

Das ökonomische Gewicht, das die Wissensökonomie inzwischen in den Metropolregionen hat, lenkt den Blick auf die Frage, was die Metropolregionen prädestiniert, zu präferierten Orten der Wissensökonomie aufzusteigen. In den theoretischen Diskursen werden hierzu zwei Modelle diskutiert. Das eine konzentriert sich im wesentlichen auf das Entstehen regionsgebundener Wissenskontexte und darin enthaltener Interaktionszusammenhänge sowie stattfindender Lernprozesse *(Kontextmodell)*, das andere erklärt die Wachstumsdynamik der Metropolregionen mit dem Ressourcenreichtum von Metropolregionen und deren Einbindung in globale Wissensnetzwerke *(Ressourcenmodell)*.[4]

Ausgangspunkt des regionalen Kontextmodells ist die Ansicht, dass alles von den Unternehmen als Ressource benötigte Wissen zunächst lokales Wissen ist, das von Personen erworben und mit anderen ortsgebunden z.B. innerhalb eines Unternehmens oder eines regionalen Kontextes geteilt wird (Malecki 2000). Folgt man den Logiken dieses Modells sind Metropolregionen Orte, an denen Personen und Firmen in räumlicher Nähe ein enges persönliches Netzwerk von Kontakten aufbauen und dieses für die Generierung neuer (umsetzungsfähiger) Ideen nutzen. Metropolregionen bieten eine große Akteursdichte und -vielfalt und damit besonders günstige Voraussetzungen für vielfältige persönliche Kontakte und Kommunikation. Dichte regionale Kommunikationsnetze sind dem Modell zufolge aber auch der Nährboden für das Entstehen von regionalen Wissenskontexten. Diese entstehen als Nebenprodukt des Austausches von personengebundenem Wissen und sind gleichzeitig eine Bedingung für das Gelingen des Wissenstransfers zwischen Personen. Solche Kontexte bilden – wie bereits erläutert – eine kollektive Ressource, die auf gemeinsamen Codes der Verständigung, Ansichten, Spielregeln und Interpretationsweisen beruhen und sich in Prozessen wiederholter Interaktion und Kommunikation unternehmensübergreifend herausbilden

[4] Das zweite Modell wird in Abschnitt 4 diskutiert.

können (Howells 2000: 59; Jansen 2004).[5] Polanyi (1958) bemerkte bereits, dass Märkte für den Transfer des persönlichen Wissens völlig ungeeignet sind, dass sein Transfer vielmehr gebunden ist an eine intelligente Kommunikation, deren Gelingen wiederum von geteilten gemeinsamen Ansichten und Codes der Interpretation abhängen. Zwar lässt sich ein gemeinsamer Wissenskontext auch über große Distanzen aufbauen, jedoch wird vermutet, dass Kontextwissen besonders distanzsensibel ist und dadurch auch der Transfer von persönlichem Wissen mit zunehmender räumlicher Distanz schwieriger wird. Von Hippel (1994) leitet daraus eine starke Bindung des impliziten, stillen (tacit) Wissens an den Ort ab und bezeichnet die lokale Bindung persönlicher Wissensverknüpfungen als „locational stickiness". Damit ist keine räumliche Abschottung gemeint, vielmehr handelt es sich um spezifische örtliche Kontexte, in denen Anregungen aus aller Welt verarbeitet werden (vgl. Läpple 2004). Metropolregionen wären demnach so etwas wie „sticky places" des Wissens und der Wissensanwendung innerhalb eines sich global ausweitenden Netzwerkes von Informationsflüssen (vgl. auch Allan 2000: 31).

In wirtschaftssoziologischen Konzeptionen nimmt die Erörterung der in solche Kontexte eingebetteten persönlichen und zwischenbetrieblichen Netzwerkstrukturen für Innovationen bzw. für die produktive Mobilisierung von Wissen einen breiten Raum ein. Wirtschaftliche Akteure können in solchen regional eingebetteten Netzwerken jedoch weniger Faktenwissen gewinnen, als vielmehr Vorstellungen, Erfahrungen und Werturteile als Hintergrundwissen für ihr Handeln erschließen. „The instinct of many service firms is therefore to make sure that they locate in those places that will give them access to as much information as possible on market needs, client expectations, and business practices and regulations". (Daniels 1993: 114) Diese Argumentation wird insbesondere von Theorien aufgegriffen, die „innovative Milieus" (Camagni 1991; Maillat 1996), „regionale Innovationssysteme" (z.B. Braczyk, Cooke, Heidenreich 1998)

---

[5] Sie gewinnen in dem Maße an Bedeutung wie die ökonomischen Produktionskosten zwischen konkurrierenden Regionen an Einfluss verlieren und nicht-ökonomische Variablen als Einflussgrößen auf die Transaktionskosten hervortreten. Nach Giersch (1996) zählen dazu z.B. Haltungen gegenüber Eigentum und Verträgen, Umgang mit technischem Fortschritt, die Art und Weise der Zusammenarbeit und individuelles Verhalten, das kulturelle Vermögen einer Region.

oder die „institutional thickness" von Agglomerationen (Amin, Thrift 1995) zum Gegenstand haben. Für Unternehmen entstehen danach branchenintern oder branchenübergreifend räumlich konzentrierte Geflechte formeller und informeller Beziehungen, in denen persönliches Wissen ausgetauscht wird. Solche außerhalb ökonomischer Relationen entstehende Kontaktnetzwerke („untraded interdependicies") vermitteln z.B. Zugänge zum Wissen von Konkurrenten, bilden die Grundlage für die Bildung gemeinsamer Überzeugungen über die Durchführbarkeit von Innovationen, befördern Interessenkoalitionen und Kooperationsnetzwerke, erleichtern die Identifizierung von Marktlücken und das frühzeitige Erkennen von Nachfrageveränderungen. Sie gelten als besonders distanzsensitiv und als ein besonderer Standortvorteil der Metropolregionen (Malecki 2000: 110). Die regionalen Kontexte können darüber hinaus auch als Ausschlussmechanismen gegenüber nicht dazugehörigen Firmen wirken, wodurch eine Imitation des regionsspezifischen Pfades der Wissensverwertung durch externe Akteure erschwert wird. Innerhalb der regionalen Diskurse können sich beispielsweise eine besondere Sprache und ein besonderes Vokabular herausbilden, das von den regionalen Akteuren verstanden wird, nicht jedoch ohne weiteres von Akteuren in konkurrierenden Regionen (Saxenian 1992: 97 f.). Daraus können, wenn auch nicht dauerhaft, weitere Wettbewerbsvorteile für die in solche Kontexte eingebundenen Firmen entstehen (Audretsch 2003: 19; Maskell 1999: 50).

3.2 Orte der Wissensgenerierung und des Lernens

Im Kontextmodell ist bisher nicht bedacht worden, dass durch Wissensarbeit beständig an Personen gebundenes Wissen frei verfügbar gemacht wird, d.h. mit universell verfügbaren Codes versehen und damit aus der Bindung des regionalen gesellschaftlichen Raumes gelöst wird. Das Paradoxe der Wissensökonomie ist, dass alle Schritte der Kodifizierung und Standardisierung, die zur wirtschaftlichen Stärkung der Unternehmen und der regionalen Wirtschaftsbasis beitragen, zugleich deren Auflösung zur Folge haben können. Der unmittelbare Effekt auf Unternehmensebene ist, dass Kompetenzen, von denen eine Firma vorher profitiert hat, verloren gehen. Ökonomisch betrachtet besitzt kodifiziertes

Wissen tendenziell Kollektivguteigenschaften (Nicht-Rivalität, Ausschlussprinzip gilt nicht), was dessen unkontrollierte Ausbreitung erleichtert (Arrow 1997: 13). So können nicht nur die Produzenten von *standardisierten Informationsgütern* diese Güter beliebig oft kostengünstig reproduzieren, sondern auch potentielle Kunden. Das Internet hat sich beispielsweise zu einer gigantischen unkontrollierten Maschine für Raubkopien entwickelt. Patentgesetze und Lizenzen können den Zugang der Öffentlichkeit zu Informationsgütern zwar kontrollieren, aber nicht vollständig verhindern (Willke 2001: 65). Auch die *Standardisierung der Produktionsprozesse* führt tendenziell zur Auflösung der Wissenskontexte. Stellvertretend für die Wissensökonomie insgesamt wird dies an den Rationalisierungs- und Automatisierungsbemühungen der Banken deutlich. Nach der Automatisierung des Zahlungsverkehrs führt hier eine neue Rationalisierungswelle zur Bildung sogenannter „Kreditfabriken". In ihnen finden elektronisch gesteuert vollautomatische Bonitätsüberprüfungen und Kreditvergabeentscheidungen statt, die persönliche Kenntnisse und Fähigkeiten von Bankern entbehrlich machen und von den Banken als Instrument der Kostensenkung eingesetzt werden (vgl. Hammer 2004: 39). Solche „Kreditfabriken" können im Prinzip an jedem beliebigen Ort entstehen. Für die Metropolregionen bedeutet dies, dass sie als Kontexte der Informationsproduktion tendenziell ihre herausragende Stellung zu verlieren drohen: „As ubiquities are created, localised capabilities are destroyed". (Maskell et al. 1998: 22 f.) Es stellt sich deshalb die Frage, ob und wenn ja, wie Firmen in einem solchen Prozess permanenter Kodifizierung dauerhaft ihre Wettbewerbsfähigkeit und Regionen ihre Alleinstellungsmerkmale absichern können.

Antworten hierauf finden sich in Modellen, in denen regionale und firmenspezifische Kontextbildung, individuelle Wissensgenerierung und deren Umsetzung in Informationsprodukte als kollektive Lernprozesse oder als *„lernende Ökonomie"* abgebildet werden (Foray, Lundvall 1996). In dem Modell der lernenden Ökonomie als einer dynamischen Form des Kontextmodells sind unternehmerische innovative Aktivitäten, die im Sinne von Schumpeter das Ziel verfolgen, zumindest temporär Monopolgewinne zu erzielen, die treibenden Kräfte (vgl. Dybe 2003: 34; Franz 2002). Da letztlich jedes kodifizierte Wissen nur zeitweilig als privates Gut geschützt werden kann, stehen die Produzenten der Wissensökonomie in ihrem Streben nach Gewinn unter einem ständigen Druck, neue Informationsgüter mit hohem Neuigkeitsgehalt zu kreieren, in der Hoffnung, so die eigene Monopolstellung zumindest für eine gewisse Periode abzusichern.[6] Nur solange das Streben nach Aufrechterhaltung von Wissensvorsprüngen nicht erlahmt, können die Firmen und mit ihnen im Gefolge auch die Metropolregionen als wirtschaftliche Einheiten ihren Vorsprung im globalen Wettbewerb behaupten. Die privilegierte Position der Informationsproduzenten und Metropolregionen innerhalb der globalen Arbeitsteilung ist folglich beständig in Gefahr und beruht letztlich auf dem Eigeninteresse der Wissensökonomie, durch Generierung neuer Ideen die eigene wirtschaftliche Innovationsfähigkeit für neuartige Produkte und Produktionsverfahren zu sichern. Ein solches umfassendes „Wissensmanagement" wird im Modell als das Ergebnis eines dynamischen Prozesses sich wiederholender Wissensumwandlung, der nicht nur den Prozess der Kodifizierung, sondern vier grundlegende Formen der Wissensumwandlung umfasst, dargestellt (vgl. Willke 2001; Nonaka, Takeuchi 1995).

Die *erste Form* der Wissensumwandlung, die Verwandlung von implizitem in explizites Wissen (Kodifizierung, Externalisierung) ist bereits eingehend dargestellt worden. Es handelt sich um den Schlüsselprozess der Wissensumwandlung, denn jede Innovation basiert auf der Schaffung von neuem explizitem Wissen, das in innovative Projekte und Produkte einfließen kann. Die ökonomische Gestaltung dieses Prozesses (Standardisierung) ist das zentrale Anliegen der Wissensökonomie. Sie trägt tendenziell zur Lösung lokaler Bindungen bei und gefährdet auch die implizite Wissensbasis der Firmen. In den Prozessen der Produktion von Informationsgütern werden in einer *zweiten Form* der Umwandlung unterschiedliche Bestandteile vorhandenen expliziten Wissens zusammengeführt (Kombination). Neues kodifiziertes Wissen kann auf diesem Wege durch Hinzufügen, Sortieren oder Kategorisieren entstehen. Auch dieser Umwandlungsprozess spielt im Prozess der Produktion handelbarer Informationsgüter eine zentrale Rolle.

---

6 Gerade auf den Märkten für Informationsgüter ist aber auch das Bemühen zu beobachten, über die Sicherung von so genannten „natürlichen Monopolen" den Markt temporär zu beherrschen, d.h. eine kritische Masse zu erreichen, mit der Konkurrenten aus dem Markt gedrängt werden können (Beispiel Betriebssystem Windows von Microsoft).

Für die Dynamik des gesamten Systems ist die *dritte Form* der Umwandlung von explizitem in implizites Wissen (Internalisierung) von größter Bedeutung. Dies ist ein Prozess durch den explizites Wissen verinnerlicht wird, also in die persönlichen mentalen Modelle eingebaut wird. Durch diese Rückkoppelung werden neue Ideen geboren und persönliche Lernprozesse stimuliert. Im Rahmen der Wissensökonomie werden sowohl von den Kunden als auch von den Produzenten vorher expliziertes Wissen internalisiert und in die eigenen Denkmodelle integriert, um es weiternutzen zu können. So entstehen im Prozess der Kodifizierung und Standardisierung beständig neue personengebundene Kompetenzen sowohl auf der Produzenten- als auch auf der Nachfrageseite. Schließlich sind diese Umwandlungsprozesse auch mit einem Austausch von implizitem Wissen (Sozialisation) als *vierte Form* der Umwandlung verbunden. Damit wird ein Prozess bezeichnet, in dem neben Fakten, Erfahrungen, praktisches Können, mentale Modelle und Werturteile ausgetauscht und geteilt werden. Dadurch entstehen und entwickeln sich betriebliche, unternehmerische und auch regionale Kontexte weiter. Organisatorische und regionale Lernroutinen kommen in Gang, die unternehmerische und regionale Kontexte entstehen lassen und zur Stabilisierung der Kommunikation und Interaktion in den jeweiligen „Wissensarenen" beitragen.

Das Zusammenspiel der vier Umwandlungsformen bildet im Modell einen endogenen, vom wirtschaftlichen Gewinnstreben der Unternehmen angetriebenen Wachstumsmotor für die in den Metropolregionen versammelten Unternehmen. Bezugnehmend auf Nonaka und Takeuchi (1995), Foray und Lundvall (1996) oder Dosi (1996) lassen sich diese Prozesse als ein spiralförmiger Verlauf der Transformation an Personen gebundenen Wissens (tacit knowledge) in kodifiziertes Wissen, gefolgt von einer Rückbewegung zur Praxis, in der neues personengebundenes Wissen und Kontextwissen entstehen, darstellen.[7] Die Wissensökonomie beschleunigt derartige Lernprozesse ganz erheblich: Informationsgüter müssen ihre Abnehmer finden, d.h. sie müssen für die Kunden von Nutzen sein und von diesen interpretiert und bewertet werden und schließlich

[7] Die Autoren betrachten diese Lernprozesse als unternehmensinterne Vorgänge. Ihre Überlegungen lassen sich aber auch auf unternehmensübergreifende wirtschaftliche Austauschprozesse übertragen.

nutzbringend innerhalb der betrieblichen Zusammenhänge angewandt werden. Dieses Wissen steht gleichzeitig aber auch den Wissensproduzenten zur Verfügung, die es – anders als materielle Güter – weiterverwenden und in neue Produkte einbauen können. In den regionalen Kontaktnetzwerken werden dem Kontextmodell folgend die dabei gewonnen neuen Ideen und Erfahrungen kommuniziert, wodurch sowohl das betriebliche Wissenspotenzial zu einem regionalen wird und darüber hinaus der zwischenbetriebliche soziale Zusammenhalt gestärkt wird.

Erfolgreiche Metropolregionen profilieren sich somit als Knoten einer lernenden Ökonomie, oder als „*localities of learning*" (Dosi 1996). Schließlich sind sie Exporteure kodifizierten Wissens, die anderen Regionen beständig neue Ressourcen für wirtschaftliches Wachstum und eigene Lernprozesse zuführen, während sie selbst Empfänger kodifizierten Wissens aus aller Welt sind, das von den ortsansässigen Firmen innerhalb ihrer regionalen Lernkontexte weiterverarbeitet werden kann.

Solche in regionale Kontexte eingebettete Lernroutinen vollziehen sich in der Regel als Kumulierung ähnlich gerichteten Wissens, d.h. Firmen tendieren dazu, aufbauend auf dem in einer Vorperiode entstandenen Know-how, innerhalb ihrer bestehenden Beziehungsnetze und Wissens-

		nach	
		implizites Wissen	**explizites Wissen**
von	**implizites Wissen**	Sozialisierung	Externalisierung
	explizites Wissen	Internalisierung	Kombination

Nach Nonaka, Takeuchi (1995)

Abbildung 2: Formen der Wissensumwandlung in der Wissensökonomie

kontexte zielgerichtet die eigene Wissensbasis weiter zu entwickeln. Es entstehen dadurch Pfadabhängigkeit und regionale Spezialisierungen, welche sich einerseits als eine regionsspezifische Stärke erweisen können, andererseits aber auch eine Quelle von Widerständen gegen neue Problemlösungen außerhalb eingespielter Entwicklungspfade sind. Pfadabhängigkeit erzeugt Widerstände, früher erfolgreiche Routinen aufzugeben, d.h. auch zu „verlernen" und neue Ideen aufzugreifen. In einem solchen Fall können Unternehmen ihre Wettbewerbsfähigkeit verlieren und betroffene Regionen sich als „kartellierte Regionen" tendenziell in eine evolutorische Sackgasse manövrieren, die meist erst dann in eine Auflösung der regionalen Kontexte mündet, wenn das gesamte alte System der regionalen Ökonomie in eine tiefe, ausweglose Krise geraten ist (Kujath 1998).

4 Metropolregionen als Knoten globaler Wissensnetzwerke und Ressourcenpools

4.1 Einbindung der metropolitanen Wirtschaft in globale Wissenskontexte

Ein grundlegender Einwand gegen das Modell des regionalisierten Lernens besteht darin, dass die in den Metropolregionen ansässige Dienstleistungswirtschaft ihre Kontexte des Wissensaustauschs global und nicht regional organisiert. Folglich könnten auch die Lern- und Innovationsprozesse in diesen Regionen nicht das Ergebnis regionsspezifischer Routinen sein. Im Zeitalter der Globalisierung seien vielmehr offene, überregionale Interaktionsmöglichkeiten die Basis erfolgreichen Lernens (vgl. Schamp 2002: 48). Regionale Wissenskulturen mögen sich in Resten innerhalb traditionsgebundener und historisch gewachsener Industriemilieus wie dem „Dritten Italien", Baden-Württemberg oder der dänischen Kleinindustrie erhalten haben. Sie bauen auf kulturellen und sozialen Traditionen und allmählich gewachsenen Fähigkeiten auf. Dagegen gelten regionsgebundene Kontexte und Netzwerke für die Produktion, Diffusion und Absorption von Wissen in der unter ständigem Erneuerungsdruck stehenden metropolitanen Wissensökonomie als kontraproduktiv (vgl. Howells

2000: 50). Verschiedene Untersuchungen zeigen, dass lokal verankerte Netzwerke nicht nur Schwierigkeiten haben, im globalen Innovationswettbewerb mitzuhalten, sondern auch nur wenig externes Wissen integrieren können (Karlsson, Larsson 1993).

Im Gegensatz zur These einer lokalen Natur von innovativen Aktivitäten wird also angenommen, dass die metropolitane Ökonomie sich in einen viel größeren Raum des Wissensaustausches eingebettet sieht. So sehen Nelson (1993) und Lundvall (1995) eine Dominanz nationaler Innovationssysteme und sie vermuten, dass mit der Öffnung der nationalen Systeme im Zuge der Globalisierung diese Kontexte zunehmend durch transnationale abgelöst werden. Amin und Cohendet (1999) betonen, dass für die Identifikation, Aneignung und Zirkulation von implizitem Wissen organisatorische und relationale Nähe häufig wichtiger sei als räumliche Nähe, dass dieses Wissen auch über regionale und nationale Grenzen ausgetauscht werden kann, wenn die Akteure eine gefestigte Gemeinschaft mit ähnlichen Zielen und Regeln bilden. Organisatorische und soziale Bindungen würden in diesen Fällen die geographischen Bindungen ersetzen. Auch Lo (2001: 147) weist auf die abnehmende Bedeutung räumlicher Nähe hin und begründet dies mit dem Vertrauen in die Konventionen einer „moral community“, die überregional angelegt ist.

Metropolregionen sind in dieser Argumentation attraktiv aufgrund ihrer Ressourcenpotenziale und ihrer privilegierten Scharnier- und Knotenfunktion innerhalb globaler Wissensnetzwerke (Castells 2002; Graham, Marvin 1996; Hall 2001). Als strategische Orte übernehmen sie die Funktion, global verteiltes Wissen zusammenzuführen, zu verarbeiten und auch wieder zu verteilen. Sie sind Zentren der Repräsentation, der Interaktion und Innovation innerhalb globaler Wirtschaftsnetzwerke, und sie sind die Triebkräfte der Entwicklung weltweiter Kontaktnetzwerke, innerhalb derer Diskursprozesse gesteuert werden. Die an Intensität rasant zunehmenden Austauschprozesse von Wissen und Informationen verlangen nach zentralen Standorten, die Zugang zu externem Wissen und Überblick über externes Wissen ermöglichen, an denen sich also die globalen Informationsflüsse kreuzen (Heinrich 2002b), aber auch personengebundenes Wissen zusammenführen lässt. Letzteres geschieht dadurch, dass sich die Metropolregionen als Treffpunkte für den Wissensaustausch profilieren, als Tagungs- und Kongressorte, als Orte, an denen persönliches Wissen zu Projekten zusammengeführt wird usw. Damit sind die Metropolregionen weniger Ausdruck von Regionalisierungsprozessen und Orte regional geteilter Konventionen, Ansichten und Sprache, als vielmehr Zentren, die globale Wissenskontexte und Kulturen repräsentieren und von denen aus weltweite soziale Wissensnetzwerke aufgebaut werden.[8] Sie sind in diesem Modell Schaltstellen in weltweiten Netzwerken des Wissensaustauschs.

4.2 Bindungen der Wissensökonomie an den Ressourcenreichtum der Metropolregionen

Wie erklärt sich vor diesem Hintergrund die Bindung der Wissensökonomie an die Metropolregionen? Antworten hierauf können Modelle zur räumlichen Agglomeration von Ressourcen liefern (Ressourcenmodell). Danach bildet die räumliche Ballung von Wissen und Wissensarbeitern, komplementären und konkurrierendenden Firmen sowie Infrastrukturen eine fundamentale Ressource, die von der Wissensökonomie benötigt wird, um Wissen und Informationen aus anderen Regionen absorbieren und verarbeiten zu können (Maskell, Malmberg 1999). Die Metropolregionen sind in diesem Modell nicht „sticky places", weil sie besonders dichte lokale Kontexte für zwischenbetriebliche Kommunikation und lokales Lernen bilden, sondern weil sie spezifische lokal gebundene Ressourcenvorteile bieten.

Von der räumlichen Konzentration dieser Ressourcen gehen spezifische positive „externe Effekte" aus. Informations- und Suchkosten über Mengen und Preise werden reduziert. Räumliche Nähe erleichtert die Akquisition von Wissen über die Entwicklung der globalen Märkte. Nach Heinrich (2002a: 145) erleichtert der verdichtete Raum z.B. eine Beobachtung des Verhaltens anderer Firmen und deren Strategien und trägt

[8] Castells erwähnt in diesem Zusammenhang, dass die Forderung nach starken kulturellen Verbindungen zwischen den Knoten (Metropolregionen) des Raumes der Ströme sich auch in einer Tendenz zur kulturellen Uniformität der neuen Leistungszentren in den verschiedenen Gesellschaften Ausdruck verschafft. Dies findet seinen Niederschlag in einer vereinheitlichten symbolischen Umwelt, durch die die historische Besonderheit jedes einzelnen Ortes verdrängt wird (Castells 2001: 473).

dadurch zur Stabilisierung von Erwartungsbildungen der Firmen bei. Von den räumlich „gepoolten" Ressourcen geht ein Versicherungseffekt für die Transaktionspartner aus (Gleaser 1998). Durch die große Nachfrage- und Angebotsdichte von Arbeitskräften und Unternehmen entstehen vor allem aber kritische Massen, die den „matching process" von Angebot und Nachfrage unterstützen sowie positive Skaleneffekte auslösen, aus der Arbeitsteilung und Produktivitätssteigerungen resultieren (Capello 2001: 3 ff.). Insgesamt führt dies zu einer nachhaltigen Bindung der Wissensökonomie an die Metropolregionen, wodurch den Metropolregionen in einem sich kumulativ entwickelnden Prozess gleichzeitig neue Ressourcen zugeführt werden (Heinrich 2002a: 146).

Arbeitsmarkt als Wissenspool

Zu den wichtigsten Ressourcen der Wissensökonomie zählen zweifellos die in den Metropolregionen konzentrierten spezialisierten Wissensarbeiter, bzw. deren intellektuelles Kapital (vgl. Illeris 1996; Daniels 1993). Darin kommt einerseits zum Ausdruck, dass die Qualität ihres Outputs in besonderem Maße von der Kreativität, dem Qualifikationsniveau und der sozialen Kompetenz der Wissensarbeiter abhängt. Sehr spezifische organisatorische, technische und wissenschaftliche Qualifikationen prägen das Anforderungsprofil an die Wissensarbeiter. Deshalb sind große Arbeitsmärkte für diese Spezialkräfte, wie sie in Metropolregionen existieren, von großem Wert, erleichtern sie doch den sich ständig verändernden „matching process" zwischen unternehmerischen Ansprüchen an Arbeitskräfte und den Fähigkeiten dieser Wissensarbeiter. Krugman (1991) weist auf die für beide Seiten Unsicherheit mindernden Effekte von „labor-pooling" hin. In enger räumlicher Nachbarschaft lassen sich die Suchkosten, die Nachfrage und Angebot an Arbeitskräften in Übereinstimmung zu bringen, wesentlich senken (vgl. O´Sullivan 2000).

Oft wird behauptet, Humankapital sei ein Faktor mit begrenzter Mobilität (vgl. Illeris 1996), doch sind es gerade die hoch und höchst qualifizierten Wissensarbeiter, die zum mobilsten Teil der Arbeitskräfte gehören. Die räumliche Ballung von Betrieben und hochqualifizierten Arbeitskräften ist also nicht Ausdruck mangelnder räumlicher Mobilität von persönlichem, implizitem Wissen, wie im Kontextmodell unterstellt, sondern im Gegenteil das Ergebnis großer Mobilität von Wissen und Kapital, die in einem sich wechselseitig verstärkenden Prozess lokale Bindungen eingehen. Betriebe siedeln sich dort an, wo sie qualifiziertes Personal finden, um den von den Wissensarbeitern repräsentierten lokalen Wissenspool ausschöpfen zu können. Wissensarbeiter zieht es in die Metropolregionen, weil hier die Chancen besonders groß sind, eine passende Beschäftigung zu finden (ebd.: 106) und das eigene Wissen in die Produktion von Informationsgütern einzubringen.

Die räumliche Konzentration der Wissensarbeiter in den Metropolregionen bietet spezifische weitere Vorteile, denn auf den großen metropolitanen Arbeitsmärkten ist die zwischenbetriebliche Fluktuation der Arbeitskräfte relativ groß. Mit dem Wechsel der Wissensarbeiter von einem regionalen Unternehmen zum anderen findet – gleichsam als Nebenprodukt – eine innerregionale Wissensdiffusion statt, indem das in einer Firma aufgebaute implizite Wissen und „neue" Ideen sich mit dem Wechsel von Personen zu einer anderen Firma zum Vorteil der regionalen Wirtschaft ausbreiten können (Audretsch 2003: 18). Dadurch können die Wissensarbeiter ihre Kompetenzen vergrößern und in den Unternehmen werden die Lernprozesse beschleunigt (Cappelin 2003: 68). Dieser Zusammenhang ist aber nicht als geschlossenes regionales System zu interpretieren, denn Metropolregionen sind Anziehungspunkte für Wissensarbeiter aus dem gesamten nationalen Raum und teilweise aus aller Welt.

Zuliefermärkte

Die Herstellung hochkomplexer Informationsgüter erfordert immer häufiger die Zusammenführung hochspezialisierter Inputs aus verschiedenen Wissensbereichen. Zwar hängen hochwertige produktionsbezogene Dienstleistungen nicht mehr von räumlicher Nähe zu den Kunden ab, dafür aber bietet die Nähe von Firmen, die Vorleistungen produzieren, die Produkte weiterverarbeiten oder mit denen man kooperativ Informationsprodukte erstellt, einen wichtigen Standortvorteil. Regionen mit einem großen Bestand an potentiellen Partnern ermöglichen einerseits die Spezialisierung von Firmen auf ein Innovationsfeld und die Erzielung von ökonomischen Skalenvorteilen. Die räumliche Konzentration erleichtere es den Firmen, sich auf Kernkompetenzen zu spezialisieren und andere Funktionen zu externalisieren. Neben den Skaleneffekten sei die Fähigkeit zur Spezialisierung entscheidend (Storper 1997). Je größer und vielfältiger der regionale Produktionskomplex für Informationsgüter ist, desto größer sind die Chancen für eine Spezialisierung und die Realisierung von wirtschaftlichen Größenordnungen. Andererseits würden die komplexen Abläufe der Zusammenführung verschiedener spezialisierter Dienstleistungen in den Metropolregionen wesentlich erleichtert (Daniels 1993: 117).

Kommunikations- und Transportinfrastruktur

Die Wissensökonomie ist nicht nur an die metropolitanen Ressourcen der Wissensverarbeitung gebunden sondern auch an materielle Infrastrukturen, durch die Metropolregionen Kreuzungspunkte des Informations- und Wissensaustausches werden. Explizites Wissen in Form von Daten und Fakten lässt sich leicht über elektronische Netzwerke oder digitale Highways sammeln und verteilen. Hiervon profitieren bereits die Metropolregionen, die im Gegensatz zu vielen anderen Regionen in der Lage sind, die fortgeschrittenste Telekommunikationstechnologien mit höchsten Übertragungskapazitäten anzubieten und sich über diese Systeme mit anderen Metropolen zu vernetzen. Metropolregionen bilden zentrale Knoten im Rückgrat der IuK-Infrastruktur. Zwischen der Geographie der globalen Telekommunikationsdienstleistungen und der Entwicklung großer Stadtregionen, die Knoten in diesem System sind, gibt es folglich eine enge Beziehung (Daniels 1993). Neben der Konzentration von Kommunikationsinfrastrukturen kommt der „konventionellen" Transportinfrastruktur eine besondere Bedeutung zu. Der Kern unseres Wissens, das implizite an Personen gebundene Wissen bedarf zu seiner Verbreitung und Sammlung in der Regel direkter persönlicher Kommunikation. Es wird sich nur an solche Orte leicht transferieren lassen, die gut erreichbar sind. Das metropolitane Netzwerk wirtschaftlicher Beziehungen bedarf also auch des Ausbaus der Metropolen zu leistungsfähigen Infrastrukturknoten des Personentransports (Flughäfen, Bahnhöfe etc.), aber auch zu Treffpunkten von Wissens-Communities (Messe-, Kongress- und Tagungszentren, Hotellerie etc.).

Positive externe Effekte gehen dabei von der Größe der Nachfrage nach Transportleistungen und Angeboten der Telekommunikation aus, denn erst ab einer gewissen Nachfragegröße lohnen sich leistungsfähige Kommunikations- und Verkehrsinfrastrukturangebote zu einer großen Anzahl von Zielen. Je größer die Nachfrage einer Region nach Personentransport- und Kommunikationsleistungen ist, desto mehr und entferntere Ziele lohnt es sich, von einem solchen Standort aus anzusteuern und desto mehr lohnt es sich auch, die Leistungsfähigkeit der entsprechenden Infrastrukturen auszubauen. Hier spielen Unteilbarkeiten bestimmter Infrastrukturen (Telekommunikationsknoten (Server), Flughäfen, Bahnhöfe, Messeplätze etc.) eine entscheidende Rolle. Das Nachfragepotential sowie Unteilbarkeiten der Infrastruktur sind Rahmenbedingungen, durch die Metropolregionen zwangsläufig eine Vorzugsposition als Kommunikations- und Verkehrsknoten erlangen (siehe auch Beitrag von Schmidt in diesem Band).

5 Unterschiedliche Modi des Lernens und Raumansprüche der Wissensökonomie

Ob die Lernroutinen der Wissensökonomie an die metropolitanen Kontexte gebunden sind, ob sie im wesentlichen in überregionale Kontexte eingebettet sind, wodurch die Metropolregionen vor allem zu Ressourcenpools und Schaltstellen des Wissensaustauschs werden, oder ob die verschiedenen Formen in Kombination auftreten, lässt sich nicht eindeutig beantworten. Es scheint vielmehr unterschiedliche Modi des Lernens in den verschiedenen Bereichen der Wissensökonomie zu geben, die möglicherweise verantwortlich für unterschiedliche Muster von Wissenstransfer und -transformation im Raum sind (Dosi 1996: 85). Fuchs und Wolf (1999: 217) meinen, dass erfolgreiche Wirtschaftsregionen durch bestimmte Konstellationen zwischen globalen und regionalen Vernetzungen geprägt sind, wobei die Art und Intensität der Vernetzung sektoral unterschiedlich ausgeprägt sein kann. Im Folgenden werden einige typische Komplexe der Wissensökonomie abgegrenzt, von denen zu vermuten ist, dass sie unterschiedliche Lernroutinen, unterschiedliche Organisationsformen der Produktion von Informationsgütern entwickeln und damit auch unterschiedliche Ansprüche an die Standortqualitäten der Metropolregionen stellen (vgl. Bryson 2000: 157). Es handelt sich um die Schwerpunkte

- Dienstleistungen mit Koordinierungs-, Kontroll- und Steuerungsaufgaben („global services“ „global city“),
- industriebezogene Dienstleistungen und FuE (Technopole),

- Informations-, Medien und Kreativindustrien („media city“, „informational city“).

Wie in den Begriffen „global city“, Technopole oder Medienstadt usw. bereits zum Ausdruck kommt, ist mit jeweils spezifischen Auswirkungen auf die Raum- und Infrastruktur sowie die räumliche Organisation der Wissensgenerierungs- und -umwandlungsprozesse zu rechnen. Jeder dieser drei metropolitanen Wirtschaftskomplexe entwickelt vermutlich sein eigenes, die Räume prägendes, regionales und überregionales Interaktionssystem und hat funktionsspezifische Standortansprüche, die in enger Beziehung zu den Modi der Wissensproduktion, des Wissenstransfers und Lernens stehen.

5.1 Metropolitane Komplexe unternehmensbezogener Dienstleistungen („global services“)

Die am meisten diskutierte Form metropolitaner Spezialisierung ist das Entstehen von den sog. „global cities“. Sassen (1996; 2001) und andere (z.B. Castells 2002), die sich intensiv mit der Entwicklung von Metropolen dieses Typs auseinandergesetzt haben, weisen darauf hin, dass die geographische Dispersion wirtschaftlicher Aktivitäten, die die Globalisierung anzeigt, einen wachsenden Bedarf an zentraler Koordinierung erzeugt, den Bedarf an simultaner Integration dieser verteilten Aktivitäten durch große Unternehmen und an besonderen Standorten, den „global cities“. An diesen Standorten entwickeln sich auch die für Koordination, Kontrolle und Unterstützung des globalen Netzwerkes benötigten Dienstleistungen, die spezifische Intermediärsfunktionen für ihre Auftraggeber übernehmen, wie Informationsbeschaffung, -bündelung und verarbeitung und die teilweise auch als Berater in die Entscheidungsprozesse der Auftraggeber eingebunden werden. Diese Firmen sind darauf spezialisiert, unterschiedliche nationale Rechtssysteme, nationale Rechnungslegungssysteme, Werbekulturen usw. für ihre transnational agierenden Auftraggeber zu vermitteln. Sie stützen also die Transaktionen von Waren und Informationen in einer globalisierten Welt, die nach wie vor durch nationale Transaktionsbarrieren auf vielfältige Weise zerteilt ist.

Von den Dienstleistern werden personengebundenes Wissen und Informationen über die Organisation globaler und unterschiedlicher nationaler Märkte zusammengeführt und zu Beratungsprodukten verarbeitet. Die staatenübergreifenden Vermittlungsfunktionen dieses Dienstleistungstyps haben ein System von globalen Dienstleistungsbeziehungen, von Filialbetrieben und Partnerschaften zur Folge, das grenzüberschreitend mit anderen Städten verknüpft ist. Als Resultat entstehen grenzüberschreitende wirtschaftliche Transaktions-Netzwerke zwischen den Metropolen – ein globales Städtenetz in dem sowohl kodifiziertes Wissen als auch personengebundene Wissensbestände ausgetauscht werden. Nicht zufällig konzentrieren sich in den Metropolregionen Wissensträger aus den verschiedensten globalen Wirtschaftsräumen, was dazu führt, dass einige durch diese Dienstleistungen dominierte Städte sich insgesamt zu Dienstleistungsstädten mit globalen Regelsystemen, Verständigungsformen und Symbolen umgestalten.

Die Lernmodi dieses Typs Wissensökonomie dürften weniger an regionale Kontexte gebunden sein, sondern vielmehr in globale Räume des Lernens eingebettet sein, in denen die Metropolregionen die Funktionen von Ressourcenquellen und Infrastrukturknoten eines globalen Kommunikationssystems übernehmen (vgl. Heinrich 2002b). Die Bindung an ein „sticky local knowledge" (Malecki 2000: 112) hätte für die „global services" prekäre Folgen, weil dadurch eine Dominanz regionaler Kulturen entstünde, die die Aufgabe, weltweite Informationsflüsse zu bündeln und Wissensträger zusammenzuführen, eher behindert. Von den „global services" werden vielmehr Standorte nachgefragt, von denen aus die transregionalen und transnationalen Beziehungsgeflechte und Interaktionen gepflegt werden können, zu Filialen in anderen Metropolen, zu den beratenen Firmen oder zu global verteilten Wissensquellen. Wichtig dürfte deshalb aus der Sicht dieses Typs metropolitaner Ökonomie sein, dass die Metropole die Rolle einer Schaltstelle im globalen Wissensaustausch und der Zusammenführung von Wissen übernehmen kann. Sie muss so attraktiv für Wissensarbeiter und Firmen aus vielen Ländern sein, dass hier eine *global geprägte Wissenskultur* entsteht, die Verbindungen zu den verschiedenen nationalen Wissenskulturen aufrecht erhalten kann. Sie muss darüber hinaus die in Abschnitt 4 beschriebene optimale Ausstattung mit Infrastrukturen der Kommunikation und des Informationsaustauschs bieten und schließlich zu einem internationalen Treffpunkt für Firmen dieses Dienstleistungssegmentes ausgebaut sein.

5.2 Cluster industriebezogener FuE und Dienstleistungen

Sich verstärkende Ansprüche an die Funktionsvielfalt der Produkte haben zur Konsequenz, dass auch die materielle industrielle Produktion, d.h. deren Produktionsverfahren und Produkte in wachsendem Umfang aus „embedded intelligence" besteht. Die materiellen Güter wandeln sich tendenziell zu komplexen wissensbasierten Gütern, deren Weiterentwicklung den verstärkten Einsatz von Forschung und Entwicklung erfordern (Bade 1998; Willke 2001). Solche Leistungen können von den produzierenden Unternehmen in immer geringerem Umfang allein erbracht werden. Zum einen besitzen sie immer seltener die notwendigen Kapazitäten, um die entsprechenden Aufgaben in Eigenleistung zu erfüllen, zum anderen werden betriebliche Aufgaben auf spezialisierte Dienstleister verlagert, um Kosten zu senken. Zu diesen von externen Firmen wahrgenommenen Aufgaben gehören unter anderem FuE-Leistungen, Dienstleistungen für die Produktentwicklung und -verbesserung sowie die Entwicklung technischer Produktionsverfahren.

Ist in den „global services" interaktives Lernen der dominante Modus für Produktentwicklung und Innovation, ist es hier die industriebezogene organisierte Forschung und Entwicklung. Dies impliziert den Aufbau von Forschungs- und Entwicklungsnetzwerken und eine systematische projektorientierte Zusammenarbeit in Expertenteams. Die Lernprozesse finden hier primär innerhalb von Forschungs- und Entwicklungsteams statt, auch um zu vermeiden, dass neues Wissen vorzeitig in den öffentlichen Raum dringt und Wissensvorsprünge verspielt werden (vgl. Kujath 2002: 21 f.). Die Teams bilden räumlich verselbstständigte produktionsbezogene Organisationseinheiten. Sie beziehen ihre Innovationsimpulse vor allem aus der Zusammenarbeit innerhalb der Organisation, aus dem Pool regionaler Kompetenz, der durch Arbeitsplatzwechsel auch zur innerregionalen Wissensdiffusion beiträgt, und nicht zuletzt aus dem Informationsaustausch innerhalb der internationalen Gemeinschaft, d.h. aus nicht örtlichen Netzwerken.

Malecki (2000) weist darauf hin, dass Firmen dieses Typs eine starke Tendenz entwickeln, sich selektiv in Agglomerationsräumen mit ähnlichen Dienstleistungsspezialisierungen zu konzentrieren und auf diese Weise zur Herausbildung von „Technopolen" beitragen. Trotz räumlicher Ballung z.B. in Technologie- und Wissenschaftsparks basiere deren Innovativität jedoch nicht auf lokalen Wissensnetzwerken und Kommunikationskontexten. „Conversely, technopoles tend to be innovative without sufficient interaction to develop a milieu" (Malecki 2000: 111). Auch die Nähe zur Industrie als Kunde verliert an Bedeutung. Denn die Industrie neigt zur räumlichen Dispersion, so dass sich die räumlich nahen Beziehungen zwischen Industriekunden und Dienstleistern lockern und in den Metropolregionen isolierte Cluster der Forschung und Entwicklung sowie der technologie- wie industriebezogenen Dienstleistungen entstehen können. Eine Folge davon ist, dass die Dienstleistungsfirmen sich ebenfalls immer weniger auf lokale Abnehmer beschränken können und sich zunehmend auf überregionale Märkte orientieren (Rubalcaba-Bermejo 1999). Z.B. wird in verschiedenen Studien nachgewiesen, dass Biotechnologieunternehmen zahlreiche Kooperationen sowohl untereinander als auch mit Pharmaunternehmen eingehen, diese aber in der Regel transregional und transnational organisiert sind. Ein zentrales Problem ist dabei, wie im Rahmen des Technologietransfers neben kodifiziertem Wissen auch implizites oder stilles (tacit) Wissen unter den beteiligten Akteuren (zwischen dem Produzenten und dem Kunden) ausgetauscht wird. Über große Distanzen hinweg organisierte gemeinsame FuE-Projekte müssten zumindest zeitweise räumliche Nähe zwischen den Partnern für den Austausch von implizitem Wissen suchen.

Insgesamt scheint sich in diesem Wirtschaftsbereich, ähnlich wie bei den „global services" ein globales Kontextwissen zu entfalten, das eine gemeinsame Perzeption von Problemen und einen Austausch von Wissen innerhalb globaler „communities" erleichtert. Die regionalen Standorte haben darin die Funktion von Ressourcenpools für die hier ansässigen Forschungs- und Entwicklungsteams, die allerdings eine den technologischen Ansprüchen entsprechende andere Zusammensetzung als für die „global services" haben. Besonders gefragt dürften an diesen Standorten Spezialisten mit naturwissenschaftlich-technischer Qualifikation, die Nähe zu öffentlichen Forschungseinrichtungen und Universitäten und eine ausgebaute Kommunikationsinfrastruktur für den regionsübergreifenden Datenaustausch sein.

5.3 Regionale Netzwerke der Informations- und Medienindustrie

Die dritte Spezialisierungsform der metropolitanen Wirtschaft ergibt sich durch Industrialisierungstendenzen im Dienstleistungssektor, die zur Herausbildung eines eigenständigen Bereichs der Produktion und Vermarktung immaterieller Güter führt, zur „informational industry". Wissen wird hier als kodifiziertes Wissen (Information) zu einem Gut, das lagerbar, speicherbar und transportierbar ist. Zu den Produkten der Informationsindustrie gehören z.B. elektronische Handelsplattformen, digitale Logistik- und Beschaffungssysteme, Betriebssysteme der Informationstechnik, Anwendungsprogramme, vor allem aber die „content" Produkte der Medienindustrie und der besonders schnell wachsende Multimedia Bereich (vgl. Sträter 1998; Krätke 2002).

Der Inhalte-Industrie, die sich in den Zentren der Metropolregionen konzentriert, wird eine besondere Affinität zu regionalen Netzwerken des Wissensaustauschs und des Lernens zugeschrieben. Als Begründung für räumlich gebundene Netzwerke gerade in diesem Wirtschaftsbereich wird die Bedeutung des Kontaktreichtums und der Informationsintensität der Metropolregionen, d.h. die vielfältigen Optionen, persönliches, implizites Wissen für die Produktion dieser vom Neuigkeitsgehalt lebenden Güter zu mobilisieren, genannt (Fuchs, Wolf 1999: 196). Iwer und Rehberg (1999: 348) heben für den Multimediasektor die Bedeutung von Szenen und Milieus hervor, die sie als loses Beziehungsgefüge von Klein- und Kleinstunternehmen darstellen. Offensichtlich bildet die Metropolregion für diesen Wirtschaftsbereich den Raum für ein lose geknüpftes Kontaktnetz mit spezifischen geteilten Normen, kollektiven Praktiken und Routinen, die als Kontextwissen präsent sind und den Austausch von stillschweigendem Wissen mit hohem Neuigkeitsgehalt in „untraded interdependencies" möglich machen (Kujath 2000: 41). Anders gesagt: In Regionen mit einer „kritischen Masse" solcher Firmen bildet sich bei aller Konkurrenz zwischen den Firmen und ihren Wissensarbeitern in fortgesetzten und wiederholten Kommunikationsschritten ein gemeinsames Grundverständnis bezüglich sozio-ökonomischer Probleme und Lösungsmuster heraus (vgl. Sträter 1998: 4). Es entsteht auf diese Weise ein komplexes (informelles) Personen- und Informationsnetzwerk, das ständig weiter entwickelt und gepflegt wird. In solche Netzwerke eingebundene Firmen können sich aufeinander verlassen, Informationen austauschen und versuchen, Probleme gemeinsam zu lösen. Räumliche Nähe ist in solchen Netzen ein besonderer Vorteil, denn in den Routinen der alltäglichen Interaktion kann sich dieses System des Austauschs informeller, flüchtiger Informationen leichter strukturieren als über große Distanzen. Die lockeren sozialen Verbindungen gelten als besonders offen für die Entwicklung neuer Ideen (vgl. auch Saxenian 1992: 316 f.; Nohria 1992). Sträter (1998: 45) hebt die sich in solchen Netzen entwickelnden offenen Kommunikationsmuster hervor, die sich zu „Stammtischkulturen", „Informationsbörsen" und „Branchentreffs" ausgestalten und ein örtliches Cluster-Bewusstsein etablieren können.

Typisch für diesen Wirtschaftsbereich ist, dass seine lose geknüpften Netzwerke nicht nur für den Informationsaustausch, sondern darüber hinaus für die Herstellung von kurzfristigen projektbezogenen Kooperationen von großem Wert sind. Wie in kaum einem anderen Bereich werden in der Informationsindustrie (Film, Werbung, Multimedia etc.) Beiträge in Form größerer und kleinerer Projekte abgewickelt. Kurzfristige projektbezogene Kooperationen zwischen spezialisierten Wissensanbietern sind verbreitet, wobei es sich in der Regel nicht nur um temporäre Systeme handelt, sondern um relativ stabile aber dynamische Netzwerkbeziehungen, die sich ohne formale Festlegungen infolge der Zusammenarbeit stabilisieren (vgl. Lutz, Sydow 2002: 74). In solchen Kooperationsprojekten werden Wissensarbeiter mit jeweils spezifischen Kompetenzen, Firmen, mit denen man sich eine Aufgabe teilt, sowie Zulieferfirmen und Vertriebsagenturen zusammengeführt. Die losen regionalen Kommunikationsnetzwerke haben hier die Funktion, schnelle, taktische Kooperationen zu ermöglichen, die häufig auf Vertrauen und mündlichen Vereinbarungen basieren. Sie werden in der Regel von Produzenten oder hauptverantwortlichen Generalunternehmen, die sich auf die Koordination (Netzknüpfer) spezialisiert haben, organisiert (ebd.: 75; Genosko 2002: 63).

Obwohl die Lernroutinen in den Wirtschaftsbereichen der Informations-, Medien- und Kulturindustrie eine ausgesprochen starke regionale

Einbettung aufweisen, sind ihre räumlichen Bezüge zugleich jedoch auch überregional angelegt. Es wird immer wieder darauf verwiesen, dass Firmen dieses Wirtschaftsbereichs besonders dann erfolgreich sind, wenn sie einerseits in regionale Netzwerke eingebettet sind, andererseits aber auch Zugang zu offenen regionsungebundenen Wissensnetzwerken haben (Immerfall 1999: 368). Darüber hinaus ist auch die Verbreitung der Informationsprodukte häufig mit ergänzenden Dienstleistungen und Kundenpflege verbunden, so dass die Absatzbereiche in der Regel den regionalen Raum nur dann überschreiten, wenn die Hersteller- und Kundenbeziehungen sich aus den örtlichen Bindungen lösen lassen. Innerhalb solcher sich enträumlichenden Netzwerke dürften die großen Medienkonzerne, Filmverleihfirmen, Werbeagenturen, Softwareunternehmen usw. eine Anker- und Mittlerfunktion für die oft kleinbetrieblich strukturierte Medien- und Kulturindustrie übernehmen.

6 Zusammenfassung

Wissen und die Prozesse der Wissensumwandlung sind zentrale Faktoren, die zu einer Reorganisation regionalwirtschaftlicher Entwicklung geführt haben und den Metropolregionen eine neue nachhaltige Entwicklungsperspektive bieten. Zunächst wurden die in den Metropolregionen versammelten wissensbasierten Wirtschaftsbereiche als Bestandteil einer sich globalisierenden, industriellen Arbeitsteilung diskutiert. Metropolregionen stellten sich dabei als Orte der Steuerung und Kontrolle der wirtschaftlichen Aktivitäten sowie als Produzenten von Informationsgütern für einen wachsenden Markt dar. Daran knüpfte die Frage an, worin sich die neue metropolitane Wirtschaft von der in traditionellen Dienstleistungsmetropolen unterscheidet. Es wurde auf den Wandel der Dienstleistungswirtschaft verwiesen, die durch Prozess-, Produkt- und Interaktionsstandardisierung ihre dienstleistungsspezifischen Produktivitäts-, Wachstums- und Marktbeschränkungen überwindet und dadurch fähig wird, selbst auf globalen Märkten zu agieren. Die neuen IuK-Techniken wurden als eine wich-

Eine weitere zentrale Frage war, welche spezifischen Standortanforderungen eine primär Wissen als Input nutzende und verarbeitende Industrie, die immaterielle Informationsgüter erzeugt, stellt. Zwei theoretische sich möglicherweise nicht ausschließende Antworten boten sich an: In der einen Argumentation wurde auf die örtliche Bindung von persönlichem, implizitem „tacit" Wissen verwiesen und daraus das Modell einer lokalen „lernenden Ökonomie" abgeleitet. In diesem Modell sind die Metropolregionen, ähnlich wie in den Theorien zu den industriellen Distrikten und innovativen Milieus dargestellt, „sticky places", an örtliche Wissenskontexte gebundene soziale Netzwerke, aus denen sich regionale Wettbewerbsfähigkeit entwickelt. Im zweiten Modell wird demgegenüber ein überregionales Lernnetzwerk angenommen, das sich einerseits auf die Wissensbasis und großen Inputmärkte der Metropolregion stützt, andererseits ökonomisches Lernen nicht an den metropolitanen Raum bindet, sondern die Bedeutung von organisatorischer und relationaler Nähe (z.B. innerhalb eines globalen Verbundes bzw. Kontaktnetzes) als Lernkontext betont. Die Metropolregionen sind auch in diesem Fall ein Wissenspool, der jedoch global verteiltes Wissen zusammenführt und verarbeitet. Die Wettbewerbsfähigkeit der Metropolregionen resultiert in diesem Fall aus ihrer hervorgehobenen Rolle als Ressourcenpool in den globalen Netzen des Wissensaustauschs.

Abschließend ist die Möglichkeit diskutiert worden, ob nicht die verschiedenen Komplexe der Wissensökonomie unterschiedliche Modi des ökonomischen Lernens praktizieren, die sich mal mehr, mal weniger einem der beiden Lernmodelle zuordnen lassen. Dabei sind insbesondere die Kommunikations- und Interaktionsmodi der „global services" eher dem zweiten Modell zuzurechnen, während in vielen Bereichen der Informations- und Kreativindustrie das lokale Wissen und lokale Milieus besonders wichtig zu sein scheinen. Auch die industrieorientierten Dienstleistungen bilden einen eigenen Modus der Lernorganisation. Sie sind nicht nur eng mit ihren Auftragebern verknüpft, sondern organisieren ihre Produktentwicklung und ihre Lernprozesse planmäßig in Teams und Kompetenznetzwerken und sind darüber hinaus häufig auch eng mit Hochschulen und öffentlichen Forschungseinrichtungen verflochten.

Gleichgültig, nach welchem Modell sich die Wissensökonomie räumlich organisiert, Metropolregionen üben in allen Fällen eine Magnetwirkung auf Wissensarbeiter und Kapital (Direktinvestitionen) aus. Es ist deshalb anzunehmen, dass die Metropolregionen auch in Zukunft auf der wirtschaftlichen Gewinnerseite stehen, vorausgesetzt sie schotten sich nicht von den globalen Kontexten ab. Alle betrachteten Wirtschaftsbereiche sind in ihrer Beziehungslogik mehr oder weniger global angelegt. Was sie zu unterscheiden scheint, sind ihre unterschiedlichen Ansprüche an den metropolitanen Standort. Während die einen eher die räumlich konzentrieren Wissensressourcen und die infrastrukturelle Knotenfunktion benötigen, scheinen bei anderen Wirtschaftsbereichen (Medienindustrie) die lokalen Kontexte weiterhin von überragender Bedeutung zu sein. Diese mit der Industrialisierung der Informationsproduktion sich wandelnden Standortansprüche bilden ein lohnendes Feld weiterer zukunftsorientierter Raumforschung.

Literatur

Allan, J. (2000): Power, Economic, Knowledge: Symbolic and Spatial Formations. In: Bryson, J. R.; Daniels, P. W.; Henry, N.; Pollard, J. (Hrsg.): Knowledge, Space, Economy. London, New York, S. 15-33

Amin, A.; Thrift, N. (1995): Gobalisation, Institutional „Thickness" and the Local Economy. In: Healey, P.; Cameron, S.; Davoudi, S.; Graham, S.; Madani-Pour, A. (Hrsg.): Managing Cities. The New Urban Context. West Sussex, S. 91-108

Amin, A.; Cohendet, P. (1999): Learning and Adapting in Decentralised Business Networks. In: Environment and Planning D: Society and Space 17, S. 93-116

Antonelli, C. (1998): Localized Technological Change, New Information Technology and the Knowledge-Based Economy. The European Evidence. In: Evolutionary Economics 8, S. 177-198

Arrow, K. (1997): The Production and Distribution of Knowledge. In Silverberg, G.; Soete, L. (Hrsg.): The Economics of Growth and Technical Change. Technologies, Nations, Agents. Aldershot

Audretsch, D. B. (2000): Knowledge, Globalization and Regions: An Economist´s Perspective. In: Dunning, J. H. (Hrsg.): Regions, Globalization and the Knowledge-Based Economy. Oxford, New York, S. 63-81

Audretsch, D. B. (2003): Globalization, Innovation and the Strategic Management of Places. In: Bröcker, J.; Dohse, D.; Soltwedel, R. (Hrsg.): Innovation Clusters and Interregional Competition. Berlin, Heidelberg, New York, S. 11-27

Bade, F.-J. (1998): Perspektiven der Beschäftigung im Dienstleistungssektor. Abeitspapier 161 des Instituts für Raumplanung. Dortmund

Braczyk, H.-J.; Cooke, P.; Heidenreich, M. (1998): Regional Innovation Systems: The Role of Governance in a Globalized World. London

Bryson, J. R. (2000): Management Consultants and the Shaping of Economic Geographies in Time and Space. In: Bryson, J. R.; Daniels, P. W.; Henry, N.; Pollard, J. (Hrsg.): Knowledge, Space, Economy. London, New York, S. 157-175

Camagni, R. (Hrsg.) (1991): Innovation Networks – Spatial Perspectives. London, New York

Cappelin, R. (2003): Networks and Technological Change in Regional Clusters. In: Bröcker, J.; Dohse, D.; Soltwedel, R. (Hrsg.): Innovation Clusters and Interregional Competition. Berlin, Heidelberg, New York, S. 52-78

Capello, R. (2001). Agglomeration Economies and Urban Productivity. In: Jahrbuch für Regionalwissenschaft. 21. Jahrgang, Heft 1, S. 1-23

Carter, A. P. (1996): Measuring the Performance of a Knowledge-Based Economy. In: OECD (Hrsg.): Employment and Growth in the Knowledge-Based Economy. Paris, S. 61-68

Castells, M. (2001): Das Informationszeitalter I. Der Aufstieg der Netzwerkgesellschaft. Opladen

Castells, M. (2002): Local and Global: Cities in the Network Society. In: Tijdschrift voor Economische en Sociale Geografie, Vol. 93, Nr. 5, S. 548-558, Oxford

Daniels, P. W. (1993): Service Industries in the World Economy. Oxford

Dosi, G. (1996): The Contribution of Economic Theory to the Understanding of a Knowledge-Based Economy. In: OECD (Hrsg.): Employment and Growth in the Knowledge-Based Economy. Paris, S. 81-93

Dunning, J. H. (1993): Multinational Enterprises and the Growth of Services: Some Conceptual and Theoretical Issues. In: Sauvant, K.P.; Mallampally, P. (Hrsg.): International Corporations in Services. London, New York

Dunning, J. H. (2000): Regions, Globalization and the Knowledge Economy: The Issues Stated. In: Dunning, J. H. (Hrsg.): Regions, Globalization and the Knowledge-Based Economy. Oxford, New York, S. 7-41

Dybe, G. (2003): Regionaler wirtschaftlicher Wandel. Die Sicht der evolutorischen Ökonomie und der „Neuen Wachstumstheorie". Reihe Stadt und Regionalwissenschaften des IRS, Bd. 2. Münster, Hamburg, London

Foray, D.; Lundvall, B.-A. (1996): The Knowledge-Based-Economy: From Economics of Knowledge to the Learning Economy. In: OECD (Hrsg.): Employment and Growth in the Knowledge-Based Economy. Paris, S. 11-34

Franz, P. (2002): Faktoren der Wettbewerbsfähigkeit von Regionen. In: Heinrich, C.; Kujath, H. J. (Hrsg.): Die Bedeutung von externen Effekten und Kollektivgütern für die regionale Entwicklung. Reihe Stadt- und Regionalwissenschaften/Urban and Regional Sciences des IRS, Bd 1. Münster, Hamburg, London, S. 39-55

Freeman, C.; Soete, L. (1997): The Economics of Industrial Innovation. 3. Ausgabe. London

Fuchs, G.; Wolf, H.-G.(1999): Regionale und globale Bindungen in der Entwicklung der Multimedia-Produktion. In: Fuchs, G.; Krauss, G.; Wolf, H.-G. (Hrsg.): Die Bindungen der Globalisierung. Interorganisationsbeziehungen im regionalen und globalen Wirtschaftsraum. Marburg, S. 192-223

Genosko, J. (2002): Regionale Netzwerke und regionaler Arbeitsmarkt: Kumulative Prozesse zirkulärerer Verursachung? In: Fischer, J.; Gensior, S. (Hrsg.): Sprungbrett Region? Strukturen und Voraussetzungen vernetzter Geschäftsbeziehungen. Berlin, S. 53-70

Giersch, H. (1996): Economic Morality as a Competitive Asset. In: Hamlin, A.; Giersch, H.; Norton, A.: Marktes, Morals and Community. Center for Independent Studies. Occasional Paper 59.St Leonards (Australia)

Glaeser, E. L. (1998): Are Cities Dying? In: Journal of Economic Perspectives, 12 (2), S. 139-160

Graham, G.; Marvin, S. (1996): Telecommunications and the City. Electronic Spaces, Urban Places. London

Hall, P. (2001): Global City-Regions in the Twenty-First Century. In: Scott, A. J. (Hrsg.): Global City-Regions. Trends, Theory, Policy. Oxford, S. 59-77

Hammer, T. (2004): Automatisch abgelehnt. In „Kreditfabriken" automatisieren die Banken ihre Darlehensvergabe – häufig zum Nachteil der Kunden. In: Die Zeit Nr. 15, S. 39

Heidenreich, M. (1997): Zwischen Innovation und Institutionalisierung. Die soziale Strukturierung technischen Wissens. In: Blättel-Mink, B.; Renn, O. (Hrsg.): Zwischen Akteur und System. Die Organisation von Innovation. Opladen, S. 177-206

Heinrich, C. (2002 a): Lösen IuK-Technologien externe Effekte auf die Raumstruktur aus? In: Heinrich, C.; Kujath, H. J. (Hrsg.): Die Bedeutung von externen Effekten und Kollektivgütern für die regionale Entwicklung. Reihe Stadt- und Regionalwissenschaften/Urban and Regional Sciences des IRS, Bd 1. Münster, Hamburg, London, S. 129-162

Heinrich. C. (2002 b): Intermediärfunktion von Dienstleistungen. Die Vorbereitung von Entscheidungen. Arbeitspapier des Instituts für Regionalentwicklung und Strukturplanung, Erkner b. Berlin

Hirsch, S. (1993): The Globalization of Services and Service-Intensive Goods Industries. In: Sauvant, K., P.; Mallampally, P. (Hrsg.): International Corporations in Services. London, New York

Howells, J. (2000): Knowledge, Innovation and Location. In: Bryson, J. R.; Daniels, P. W.; Henry, N.; Pollard, J. (Hrsg.): Knowledge, Space, Economy. London, New York, S. 50-62

Illeris, S. (1996): The Service Economy. A Geographical Approach. Chichester

Immerfall, S. (1999): Innovation und Vertrauen. Möglichkeiten und Grenzen nationaler und regionaler Produktionssysteme im globalen Wettbewerb. In: Fuchs, G.; Krauss, G.; Wolf, H.-G. (Hrsg.): Die Bindungen der Globalisierung. Interorganisationsbeziehungen im regionalen und globalen Wirtschaftsraum. Marburg, S. 362-374

Iwer, F.; Rehberg, F. (1999): Mythos Region? Clusterstrukturen und Diffusion regionaler Politikmuster unter der Bedingung internationaler Restrukturierung. In: Fuchs, G.; Krauss, G.; Wolf, H.-G. (Hrsg.): Die Bindungen der Globalisierung. Interorganisationsbeziehungen im regionalen und globalen Wirtschaftsraum. Marburg 1999, S. 329-361

Jansen, D. (2004): Networks, Social Capital and Knowledge Production. FÖV Discussion Papers 8

Karlsson, C.; Larsson, J. (1993): A Macro-View of the Gnosjö Entrepreneurial Spirit. In: Entrepreneurship and Regional Development 5, S. 117-139

Kleinaltenkamp, M. (1998): Begriffsabgrenzungen und Erscheinungsformen von Dienstleistungen. In: Bruhn, M.; Meffert, H. (Hrsg.): Handbuch Dienstleistungsmanagement. Wiesbaden, S. 29-52

Krätke, S. (1997): Globalisierung und Stadtentwicklung in Europa. In: Geographische Zeitschrift, Heft 2+3, S. 143-158

Krätke, S. (2002) Medienstadt. Urbane Cluster und globale Zentren der Kulturpolitik. Opladen

Krugman, P. (1991): Geography and Trade. Cambridge, London

Kujath, H. J. (1998): Regionen im globalen Kontext. In: Kujath, H. J. (Hrsg.): Strategien der regionalen Stabilisierung. Wirtschaftliche und politische Antworten auf die Internationalisierung des Raumes. Berlin, S. 13-40

Kujath, H. J. (2000): Die soziale Ordnung von Wirtschaftsregionen. In: Geographische Revue, Jg. 2, Heft 1, S. 31-54

Kujath, H. J. (2002): Netzwerke und Sozialkapital. In: Heinrich, C.; Kujath, H. J. (Hrsg.): Die Bedeutung von externen Effekten und Kollektivgütern für die regionale Entwicklung. Münster, Hamburg, London, S. 17-38

Läpple, D. (2004): Thesen zur Renaissance der Stadt in der Wissensgesellschaft. In: Gestring, N.; Glasauer, H.; Hannemann, C.; Pertowsky, W.; Pohlan, J. (Hrsg.): Jahrbuch StadtRegion 2003, Schwerpunkt: Urbane Regionen. Opladen, S. 61-77

Lawson, C.; Lorenz, E. (1999): Collective Learning, Tacit Knowledge and Regional Innovation Capacity. In: Regional Studies, Vol. 33.4, S. 305-317

Lo, V. (2001): Zwischen regionalen und globalen Beziehungen: Wissensbasierte Netzwerke im Finanzsektor. In: Esser, J.; Schamp, E.W. (Hrsg.): Metropolitane Regionen in der Vernetzung: Der Fall Frankfurt/Rhein/Main. Frankfurt/M., S. 131-153

Lundvall, B.-A.; Johnson, B. (1994): „The Learning Economy". In: Journal of Industry Studies, Vol. 1, No. 2, December, S. 23-42

Lundvall, B.-A. (1995): National systems of Innovation. Towards a Theory of Innovation and Interactive Learning. London, New York

Lutz, A.; Sydow, J. (2002): Content-Produktion in der Region. Zur Notwendigkeit und Schwierigkeit der politischen Förderung einer projektbasierten Dienstleistungsindustrie. In: Fischer, J.; Gensior, S. (Hrsg.): Sprungbrett Region? Strukturen und Voraussetzungen vernetzter Geschäftsbeziehungen. Berlin, S. 71-104

Maillat, D. (1996): Regional Productive Systems and Innovative Milieux. In: OECD (Hrsg.): Networks of Enterprises and Local Development. Paris, S. 157-208

Malecki, E. J.(2000): Creating and Sustaining Competitiveness. Local Knowledge and Economic Geography. In: Bryson, J.R.; Daniels, P. W.; Henry, N.; Pollard, J. (Hrsg.): Knowledge, Space, Economy. London/New York, S. 103-119

Markusen, A. (1996): Sticky Places in Slippery Space: A Typology of Industrial Districts. In: Economic Geography 72(3), S. 293-313

Maskell, P.; Eskilinen, H.; Hannibalsson, I.; Malmberg, A.; Vatne, E. (1998): Competitiveness, Localised Learning and Regional Development: Specialisation and Prosperity in Small Open Economies. London

Maskell, P., Malmberg, A. (1999): The Competitiveness of Firms and Regions. „Ubification" and the Importance of Localized Learning. In: European Urban and Regional Studies 6, S. 9-25

Maskell, P. (1999): Globalisation and Industrial Competitiveness: The Process and Consequences of Ubification. In: Malecki, E. J.; Oinas, P. (Hrsg.): Making Connections and Regional Economic Change. Aldershot, S. 35-59

Nelson, R.R. (Hrsg.) (1993): National Innovation Systems. A Comparative Analysis. New York, Oxford

Nohria, N. (1992): Information and Search in the Creation of New Business Ventures: The Case of the 128 Venture Group. In: Nohria, N.; Eccles, R. G. (Hrsg.): Networks and Organisations. Structure, Form and Action. Boston, S. 240-261

Nonaka, I.; Takeuchi, H. (1995): The Knowledge-Creating Company. How Japanese Companies Create the Dynamics of Innovation. New York, Oxford

O´Sullivan, A. (2000): Urban Economics (Fourth Edition). Irwin McGraw-Hill

Polanyi, M. (1958): Personal Knowledge: Towards a Post-Critical Philosophy. New York

Reich, R. (1991): The Work of Nations, New York

Rubalcaba-Bermejo, L. (1999): Business in European Industry: Growth, Employment and Competitiveness. Brussels, Luxemburg

Sassen, S. (1996): Metropolen des Weltmarkts. Die neue Rolle der Global Cities. Frankfurt/M, New York

Sassen, S. (1999): Kontrollverlust? Der Staat und die neue Geographie der Macht. In: Gewerkschaftliche Monatshefte, 7-8, 50. Jg., S. 447-458

Sassen, S. (2001): Global Cities and Global City-Regions: A Comparison. In: Scott, A.J. (Hrsg.): Global City-Regions. Trends, Theory, Policy. Oxford, S. 78-95

Saxenian, A. L. (1992): Divergent Pattern of Business Organization in Silicon Valley: In: Storper, M.; Scott, A. J. (Hrsg.): Pathways to Industrialization and Regional Development, S. 316-331

Schamp, E.W. (2002): Evolution und Institution als Grundlagen einer dynamischen Wirtschaftsgeographie: die Bedeutung von externen Skalenerträgen für geographische Konzentration. In: Geographische Zeitschrift, 90. Jg. Heft 1, S. 40-51

Schmid, A.; Krömmelbein, S. (2000): Zur Struktur und Funktionsweise von Arbeitsmarktnetzwerken. In: Schmid, A.; Krömmelbein, S. (Hrsg.): Globalisierung, Vernetzung und Erwerbsarbeit. Theoretische Zugänge und empirische Entwicklungen. Wiesbaden, S. 215-242

Soete, L. (1997): Auswirkungen der Globalisierung auf die wirtschaftliche Integration in Europa. In: The ITPS Report 15, S. 7-14

Stiglitz, J. (1999): Knowledge as a Global Public Good. In: Kaul, I.; Grunberg, I.; Stern, M.A. (Hrsg.): Global Public Goods. New York, Oxford, S. 308-325

Storper, M. (1997): The Regional World. Territorial Development in the Global Economy. New York, London

Sträter, B. (1998): Netzwerkstrukturen und Kooperationsbedingungen von Multimedia in der Region München. Arbeitsberichte der Akademie für Technikfolgeabschätzung, Nr. 126

Taylor, P. J. (1997): Hierarchical Tendencies amongst World Cities: A Global Research Proposal. In: cities 14, S. 323-332

Taylor, P. J.; Walker, D. R. R. F. (2001): World Cities: A first Multivariate Analysis of their Service Complexes. In: Urban Studies, Jg. 38, No. 1, S. 23-47

Van Well, B. (2001): Standardisierung und Individualisierung von Dienstleistungen. Zur Organisation wissensintensiver Unternehmensnetzwerke. Wiesbaden

Venables, A. J. (1997): Economic Integration and Centre-Periphery Inequalities: The View from Trade Theory. In: Vossgerau, H.-J. (Hrsg.): Zentrum und Peripherie: zur Entwicklung der Arbeitsteilung in Europa. Schriften des Vereins für Socialpolitik, Vol. 250, Berlin, S. 33-51

Von Hippel, E. (1994): Sticky Information and the Locus of Problem Solving: Implications for Innovation. In: Management Science 40, S. 429-439

Willke, H. (2001): Systemisches Wissensmanagement. Stuttgart

Claus-Friedrich Laaser/Rüdiger Soltwedel

2. Raumstrukturen der New Economy – Tod der Distanz? Niedergang der Städte?[1]

1 Einleitung: E-commerce als raumwirtschaftliches Phänomen

Ein zentrales Merkmal des wirtschaftlichen Strukturwandels in hochentwickelten Industriestaaten liegt darin, dass *Informationen* und *wissensbasierte Dienstleistungen* zu den wichtigsten Wirtschaftsgütern werden. Es wird erwartet, dass mit der Zeit informationsintensive Produkte mehr und mehr jene klassischen Industriegüter als Wachstumsmotor ablösen werden, die traditionell die Beschäftigungsstrukturen, die Arbeitsteilung innerhalb und zwischen Unternehmen, die Unternehmensorganisation und die Arbeitsverhältnisse beherrscht haben.[2] Für diesen auf die Informationsökonomie gerichteten Strukturwandel wirkt das Vordringen der New Economy wie ein Katalysator.[3]

---

1 Dieser Beitrag ist eine frühere und stark gekürzte Version von Dohse et al. (2004). Diese Arbeit ist entstanden im Rahmen des Forschungsprojektes „Raumstruktur und „new economy" – Zur Bedeutung von E-Commerce. Eine Untersuchung der raumwirtschaftlichen Folgen des Vordringens des Internets als Transaktionsmedium", die das Institut für Weltwirtschaft im Auftrag der Wüstenrot Stiftung durchgeführt hat. Die ausführliche Dokumentation der Forschungsergebnisse erfolgt in einer gesonderten Publikation. An dieser Stelle sei der Wüstenrot Stiftung ausdrücklich dafür gedankt, dass sie der Veröffentlichung in diesem Band zugestimmt hat.

2 Klodt et al. (1997) weisen darauf hin, dass die zunehmende Tertiarisierung moderner Volkswirthaften ganz wesentlich auf die „mikroelektronische Revolution" und die durch sie ermöglichten Technologien zurückgeht. Dank dieser Technologien können sich tertiär geprägte Produktionsprozesse in immer mehr Wirtschaftszweigen durchsetzen, die auch über traditionelle Branchengrenzen hinweggehen. Die drastische Verbilligung der Informationsverarbeitung und -übertragung führt zu neuen dienstleistungsintensiven Netzwerken aus spezialisierten Produktionseinheiten, die sich auf ihre jeweiligen Kernkompetenzen konzentrieren.

3 Zu den verschiedenen Erscheinungsformen der „new economy" und den wirtschaftspolitischen Implikationen vgl. Klodt et al. (2003) sowie Stehn (2002) einschließlich der dort zusammengefassten Konferenzbeiträge.

Diese Katalysatorfunktion entspringt vor allem der verstärkten *Nutzung des Internets als Medium*, mit dessen Hilfe online ökonomische *Transaktionen* angebahnt und ausgeführt werden können, was üblicherweise als E-Commerce bezeichnet wird.[4] Bei E-Commerce übernehmen Anwendungen moderner IuK-Technologien wesentliche Funktionen im Produktions- und Vermarktungsprozess von Gütern und Diensten aller Art. Wo immer im Zuge der Wertschöpfungskette Transaktionen stattfinden, entweder in den Lieferanten-Abnehmer-Beziehungen zwischen Unternehmen oder zwischen Großhändlern, Einzelhändlern und Endverbrauchern oder auch innerhalb von Unternehmen, werden die Vertragsanbahnung und teils auch -erfüllung zu einem erheblichen Teil über elektronische IuK-Netze und zunehmend auch über das Internet abgewickelt. Von besonderer Bedeutung sind in diesem Zusammenhang B2B- („business to business") und B2C- („business to consumer") Aktivitäten. Aber nicht nur Markttransaktionen, sondern auch Transaktionen mit dem Staatssektor („government") und selbst innerhalb des öffentlichen Bereichs werden mehr und mehr über elektronische Netze abgewickelt.[5]

Bei der Einordnung von E-Commerce in den Kanon wirtschaftlicher Phänomene sollte man nicht vergessen, dass es sich trotz aller innovativen Geschäftsabwicklung und eingesetzten modernen Technologien nicht um etwas gänzlich Neues handelt. So verbirgt sich hinter den B2B-Transaktionen nichts anderes als der IuK-basierte Warenaustausch zwischen Firmen auf verschiedenen Wertschöpfungsstufen und damit letztlich die inter- und intraindustrielle Arbeitsteilung im Zuge der Weiterverarbeitung von Vorleistungen zu Endprodukten. Bei B2C stellt E-Commerce eine elektronisch basierte Alternative zu den herkömmlichen Ab-

---

4 Vgl. L'Hoest und Schönig (2000: 278). Das Statistische Bundesamt (2003a: 17) definiert E-Commerce als „elektronisch vollzogene Markttransaktionen ... mit dem Austausch von Waren und Dienstleistungen gegen Entgelt – Handel im eigentlichen Sinn. Nicht nur das Angebot erfolgt auf elektronischem Wege, sondern auch die Bestellung der Ware oder Dienstleistung wird über ein elektronisches Netzwerk (z.B. das Internet) veranlasst. Hierbei ist es unerheblich, ob auch die Bezahlung und eventuell die Auslieferung über ein elektronisches Netzwerk erfolgen." ... „Neben den Geschäftsbeziehungen über das Internet verfügen die Unternehmen über Geschäftsbeziehungen auf der Basis von anderen elektronischen Netzwerken. Dabei handelt es sich beispielsweise um EDI (Electronic Data Interchange)." (ebd.: 20).

5 Zur Bedeutung des Internets für den öffentlichen Sektor vgl. Mai (2000: 271).

satzkanälen im Einzelhandel dar und kann als eine neuartige virtuelle Parallele zum klassischen Versandhandel angesehen werden.

Was die Nutzung des Internets nicht nur als Informations- sondern auch als Transaktionsmedium aus raumwirtschaftlicher Sicht so interessant macht, ist der Umstand, dass sie Transaktionen deutlich beschleunigen und damit die raumwirksamen Transaktionskosten (oft einschließlich der „unit transport costs") nachhaltig senken wird. Damit wird sich die Balance der raumwirksamen Kostenfaktoren verändern, welche die räumliche Struktur von Produktion, Vermarktung und Ansiedlung der „old economy" prägen.[6]

Über die Art und Intensität der daraus resultierenden Anpassungsprozesse ist eine intensive akademische Diskussion ausgebrochen. Manche Autoren sehen bei der Diskussion raumwirtschaftlicher Konsequenzen des Internets und vergleichbarer Kommunikationsmittel das „Ende der Geographie", den „Tod der Distanz" oder einen „Niedergang der Städte" zugunsten einer dispersen Verteilung ökonomischer Aktivitäten im Raum kommen – bisherige urbane Zentren würden Teile ihrer Funktionen in der interregionalen Arbeitsteilung verlieren und überkommene Städtehierarchien würden sich nachhaltig verschieben. Die prägnante These vom Tod der Distanz geht auf Cairncross (1997) zurück, wonach im Internetzeitalter die Chancen für eine Verlagerung wirtschaftlicher Aktivitäten an beliebige, auch weit entfernte Orte im Raum stark gestiegen sind. Gilder (1996) geht noch weiter, indem er als Folge der Verbreitung moderner Kommunikationsmittel prognostiziert: „Cities are the leftover baggage from the industrial era". Diese Argumentationslinie läuft letztendlich darauf hinaus, dass eine weite Verbreitung des Internets und von E-Com-

[6] Von den verschiedenen Kostenkategorien, die bei Transaktionen über größere Entfernungen relevant sind – 1. Such- und Informationskosten, 2. die eigentlichen Transportkosten, 3. Kontroll- und Managementkosten und 4. Zeitkosten bei der Erfüllung der Verträge; vgl. dazu Venables (2001) – werden insbesondere die Such- und Informationskosten gesenkt. Eine raumwirtschaftlich wirksame Verringerung von Transaktionskosten durch E-Commerce wird umso geringer ausfallen, je weniger auf die physische Auslieferung mittels IuK-Netze georderter Produkte verzichtet werden kann, die Produkte selbst also nicht digitalisierbar sind. Relative Transportkosten und urbane Strukturen stehen dabei in einer komplexen Wechselwirkung – „... to avoid transportation, mankind invented the city" (Schaeffer, Schar 1975: 12, zitiert nach Gillespie et al. 2000).

merce-Anwendungen über eine Dispersion wirtschaftlicher Aktivität grundsätzlich das Potenzial haben könnte, der neoklassischen These vom Ausgleich regionaler Entwicklungsunterschiede (regionale Konvergenz) neue Nahrung zu geben.

Demgegenüber findet man in der neueren raumwirtschaftlichen Literatur, in der mögliche Auswirkungen neuer Technologien – darunter auch der IuK-Technologien – auf die raumwirtschaftliche Entwicklung diskutiert werden, ein Argumentationsmuster, nach dem die geschilderten These, IuK-Technologien würden das „Ende der Geographie“ bedeuten, für übertrieben gehalten wird. Gillespie et al. (2000: 13) etwa sind der Meinung: „It is our contention that this line of thinking, both as applied to the demise of the city and to the removal of regional development constraints, is profoundly flawed“. Ähnlich kritisch äußert sich Venables (2001: 24): „Although new technologies facilitate the relocation of these activities, the proportion of world GDP that can ‚operate as though geography has no meaning‘ (Cairncross 2001) is likely to be small“. Dabei wird darauf hingewiesen, dass auch im Zeitalter des Internets „distance matters“, dass also die Intensität wirtschaftlicher Transaktionen mit zunehmender Entfernung abnehme. Das gelte für alle Arten von Transaktionen, sei es der reine Warenaustausch, seien es Direktinvestitionen, oder sei es der Technologietransfer (vgl. hierzu Frankel, Rose 2000; Ghemawat 2001: 138; Venables 2001: 5 f.). Dennoch vermuten auch diese Autoren, dass die zunehmende Nutzung des Internets als Transaktionsmedium zwischen Unternehmen (B2B) und zwischen Unternehmen und Konsumenten (B2C) die raumwirksamen Transaktionskosten verringern, zahlreiche wirtschaftliche Transaktionen beschleunigen und damit letztlich auch die räumliche Struktur von Produktion, Warendistribution, Ansiedlung und Wohnen verändern wird.

Als eine Art übergreifende Hypothese über die Spannweite der geschilderten Extrempositionen in der raumwirtschaftlichen Debatte über die Folgen des Internets hinweg kann man festhalten, dass das Vordringen von E-Commerce zwar urbane Strukturen nicht beseitigen, aber wohl doch zu einem beschleunigten räumlichen Strukturwandel Anlass geben wird, der erhebliche Anpassungserfordernisse für Unternehmen und Verbraucher mit sich bringen dürfte. Damit würde die traditionelle Ökonomie durch das Vordringen von IuK-Anwendungen zu Transaktionszwecken zwar nicht in ihren Grundlagen erschüttert, jedoch ergänzt und in zusätzliche neue Bahnen gelenkt. Die neue Ökonomie wirkt dann möglicherweise als Katalysator für bestehende Trends, bedeutet letztlich aber keine revolutionäre Umwälzung (Puchinger 2000).

Räumliche Wirkungen insbesondere in bezug auf die Städtehierarchie können dabei ebenso von einem Vordringen von IuK-Anwendungen im Verhältnis zwischen Staat, Unternehmen und Bürgern – G2B und G2C und ihre Spiegelbilder B2G und C2G –, sowie innerhalb des öffentlichen Sektors und von staatlichen Organisationseinheiten (G2G) ausgehen. Soweit veränderte Transaktionskostenmuster durch IuK-Technologien auch in diesen Beziehungen auftreten, können mit ihnen vergleichbare räumliche Effekte verbunden sein wie mit E-Commerce-Aktivitäten im Unternehmenssektor. Hinter dieser Hypothese steht (i) die grundsätzliche Erkenntnis, dass die Grenzen zwischen staatlichen Gebilden nicht zuletzt von der jeweiligen räumlichen Reichweite des Kollektivgutes „Rechtsstaatliche Ordnung" bestimmt werden, soweit also ein Schutz der Bürger und ein „enforcement" von zivilen und öffentlich rechtlichen Ansprüchen innerhalb einer *Gebietskörperschaft* möglich ist. (ii) Weiterhin stellt sich auch praktisch in vielen Verwaltungseinheiten und in deren Verhältnis zum Bürger die Frage nach einer Erhöhung der Effizienz und einer Senkung der Transaktionskosten. Nach außen hin sollte das eine bürgerfreundlichere Verwaltung bedeuten, im Innern können sich aber ähnliche Rationalisierungserfordernisse einschließlich einer Standortverlagerung stellen wie in privatwirtschaftlich organisierten Unternehmen. (iii) Schließlich wird das Zentrengefüge von Städten in sehr starkem Maße auch von den in ihnen angesiedelten politischen und administrativen Kompetenzen bestimmt, die Spillover-Effekte auf die Ansiedlung von privater Wirtschaftsaktivität ausüben. Sollte ein verstärkter Einsatz von IuK-Techniken zu einer Verlagerung von Entscheidungskompetenzen in andere Zentren insbesondere in einem föderativen System führen, dann hätte das unmittelbare räumliche Konsequenzen für die Städtehierarchie insgesamt.

2 Standortentscheidungen der New Economy Unternehmen

Die Standortentscheidungen von Firmen der eigentlichen New Economy selbst sind offenbar in hohem Maße von räumlicher Nähe zu (a) kaufkräftigen Kunden, (b) eigenen Vorlieferanten und Anbietern von komplementären Leistungen (z.B. Medien) und (c) Finanzinstitutionen geprägt. Die Firmen der *Internetbranche* verhalten sich dabei in ihren Standortentscheidungen offenbar so, wie man es aufgrund raumwirtschaftlicher Hypothesen vermuten kann:[7] Ganz im Sinne dieser Prognosen neigt die Internet-Branche offenbar zu (a) einer starken räumlichen Konzentration in den Zentren, (b) zu einer eher kleinen Unternehmensgröße, (c) zu einer geringen „Fertigungstiefe" (hier zu verstehen als hohe Spezialisierung im Zuge der Wertschöpfungskette) und (d) zu einer intensiven Vernetzung mit anderen Unternehmen der eigenen Branche (Heindl, Pauschert 2000: 179). Für die Internet-Economy im engeren Sinne spielt die Nähe (proximity) zu Kunden und Vorlieferanten weiterhin eine wichtige Rolle und zwar insbesondere hinsichtlich der Komplementaritäten zu Pools mit technischen und künstlerisch-grafisch gut ausgebildeten Arbeitskräften, zur Gestaltung der Inhalte, der Medienwirtschaft, Werbe- und Informationstechnik sowie zur Finanzierung, nicht zuletzt durch Venture-capital-Firmen. Untersuchungen zum Internet-Cluster New York zeigen deutlich, dass trotz der Optionen zur Auflösung der Standortbindung gerade die Internet-Ökonomie selbst in hohem Maße auf diese Komplementaritäten angewiesen ist. Folglich werden Agglomerationen und insbesondere angestammte Medienstandorte eine Magnetwirkung auf die Internet-Ökonomie ausüben (Heindl, Pauschert 2000: 176 ff.).

In eine ähnliche Richtung weisen die Untersuchungen, die von Krafft (2001) im Rahmen des „E-startup.org"-Projekts an der European Business School (EBS) in Oestrich-Winkel zu *Firmenneugründungen in der*

---

[7] Leamer und Storper (2001: 20) erwarten als Folgen des Vordringens von E-Commerce für die Raumstruktur der Internet-Economy im engeren Sinne „(i) clustering of innovative functions, (ii) increases in product variety, (iii) increases in the fineness of the division of labor (roundaboutness) und (iv) disintermediation".

Internet-Ökonomie in Deutschland durchgeführt werden.[8] Bade und Nerlinger (2000) fanden in ihrer Analyse des Ansiedlungsverhaltens von „Business start-ups" in Deutschland, dass diese jungen Unternehmen auffällig häufig auf die Regionen beiderseits des Rheins und südlich bis nach Baden-Württemberg hin konzentriert sind. Ballungen derartiger Unternehmen finden sich insbesondere in den Agglomerationszentren und in der Nähe zu F&E-Einrichtungen.

Matuschewski (2002) untersucht die räumlichen Muster von Firmen der Informationsökonomie in bestimmten deutschen Städten. In einer detaillierten Analyse der Verhältnisse in Hamburg, in Dresden/Ost Sachsen und der „TechnologieRegion Karlsruhe" zeigt sie, dass diese Firmen räumliche Nähe in einer Region als ein stimulierendes Milieu brauchen. Regionale materielle und immaterielle Beziehungen auf kurze Entfernung erweisen sich als eine wichtige Triebfeder einer regionalen Clusterbildung in der Informationsökonomie.

Gillespie et al. (2000: 7 f.) können für das Vereinigte Königreich zeigen, dass die Aktivitäten von *„dot.com"-Unternehmen* eine deutliche Konzentration auf London und die umliegenden Counties („London, the M4 Corridor, East Sussex and the M11 Corridor", ebd.: 8) aufweisen, sich also im unmittelbaren Zentrum oder nahe bei diesem ansiedeln.[9]

Auf *europäischer Ebene* lässt sich nach der Analyse von Koski et al. (2001) ein ausgeprägtes Cluster-Muster für die gesamte *IuK-Branche*, und zwar sowohl für deren Produktions- als auch für Forschungs- und Entwicklungsaktivitäten nachweisen, wobei sich schon bestehende räumliche Konzentrationen offenbar noch verstärken. Das Standortmuster der IuK-Branche in Europa fangen Koski et al. (2001) mit dem Bild der „großen zentralen Banane und der kleinen nordischen Kartoffel" ein. In den skandinavischen Ländern Dänemark, Schweden, Norwegen und Finnland, in denen einige der führenden Telekommunikationskonzerne der

[8] Bei „E-startup.org" handelt es sich um das Promotionsprojekt von Lutz Krafft an der European Business School (EBS) Schloß Reichhartshausen in Oestrich-Winkel. Es wird betreut vom Lehrstuhl für Gründungsmanagement und Entrepreneurship an der EBS (Heinz Klandt). Die Ergebnisse des Projekts werden der interessierten Öffentlichkeit unter der Internetadresse „http://www.e-startup.org/" vorgestellt

[9] Darüber hinaus zitieren Gillespie et al. (2000: 7 f.) eine Reihe weiterer Studien, die zu ganz ähnlichen Ergebnissen kommen.

Welt angesiedelt sind, sind die Verhältnisse ähnlich: Aktivitäten in der „new economy" sind auf die Agglomerationszentren konzentriert; in peripheren Regionen sind derartige Arbeitsplätze kaum angesiedelt (Winther 2001).

Schließlich ist hier auf die Ergebnisse von Halves (2001) zum Ansiedlungsverhalten von *Call-Centern* in Deutschland hinzuweisen. Call-Center übernehmen für Unternehmen durch computergestützten Telefondienst räumlich auslagerbare Aufgaben des Kundendienstes, der Beratung, der Informationsvermittlung und der Kommunikation (Bristow et al. 2000: 519). Call-Center als typische Betriebsstrukturen des Telekommunikationszeitalters sind grundsätzlich „footloose" in Bezug sowohl auf Produktionsstätten als auch Kundenstandorte. Als Folge davon müssten sie eigentlich ein Ansiedlungsverhalten zeigen, das losgelöst von klassischen Standortfaktoren ist. Halves (2001: 105 f.) kann aber zeigen, dass Call-Center ebenfalls zur Bildung von Clustern neigen und nach Erreichen einer „kritischen Masse" von Ansiedlungen weitere Unternehmen hinzukommen. Call-Center zeigen eine deutliche Konzentration auf Agglomerationsräume (mit guter Personalverfügbarkeit), wenn auch bei der Mikrostandortwahl nicht die Stadtzentren dominieren, sondern Stadtrand- oder Stadtumlandlagen (mit niedrigeren Bodenpreisen und guter Verkehrserreichbarkeit). Große Dienstleistungsmetropolen sind ein bevorzugter Standort für einige Arten von Call-Center insbesondere für Telemarketinganwendungen. Chancen außerhalb der eigentlichen Zentren können Regionen mit einem niedrigen relativen Lohn- und Bodenpreisniveau, zugleich aber guter Infrastrukturausstattung sein. Damit bestätigen sich entsprechende Ergebnisse aus dem Vereinigten Königreich: So sind Call-Center nach dortigen Erkenntnissen zwar ebenfalls vergleichsweise „footloose" bei ihrer Standortwahl. Weil diese aber auf Orte mit einem hohen Potenzial von Arbeitskräften mit komplementären skills gerichtet ist, trägt das Vordringen der Call-Center nicht notwendigerweise zum Ausgleich räumlicher Disparitäten in der Beschäftigung bei (Bristow et al. 2000: 534 ff.).

Insgesamt lassen diese Ergebnisse aus der Literatur den Schluss zu, dass sich die räumlichen Muster der „new economy" offenbar denjenigen der „old economy" anpassen, also vorrangig dort ansiedeln, wo bisher schon Agglomerationen vorhanden sind. Man kann dies durchaus als eine

Art von Pfadabhängigkeit interpretieren. Offenbar kehrt sich bei der eigentlichen „new economy“ die Städtehierarchie nicht vollständig um.[10]

3 Die raumstrukturellen Konsequenzen des Internets für die „old economy“

Welche allgemeinen räumlichen Wirkungen – also nicht nur in der „new economy“ selbst, sondern in der gesamten Volkswirtschaft – kann man von einem verstärkten Einsatz des Internets oder anderer IuK-Technologien als Transaktionsmedium für E-commerce erwarten?[11] Um erste Anhaltspunkte für eine Antwort auf diese Frage zu gewinnen, erscheint ein Rückblick sowohl in die Wirtschaftsgeschichte als auch in die inhaltlich verwandte Telematikdebatte der 80er Jahre lohnend. Der Rückblick führt rasch zu der Erkenntnis, dass alles schon einmal da gewesen ist – sowohl die raumüberbrückenden Wirkungen neuer Basistechnologien, die mit Hilfe drastisch sinkender raumwirksamer Transaktionskosten zu neuen Mustern der Arbeitsteilung geführt haben, als auch die Erklärungsansätze, mit denen die Konturen der neuen Raumstrukturen abgeleitet werden können:

- Eine Vorstellung von Richtung und Größenordnung von raumstrukturellen Veränderungen aufgrund des Internets lässt sich im Vergleich zu früheren Basistechnologien gewinnen, mit denen die Raumüberbrückungskosten ebenfalls entscheidend gesenkt wurden, wie die räumliche Verbreitung der Dampfmaschine oder der Bau der Eisenbahnen im 19. Jahrhundert und das Entstehen der Telefon- und sonstigen Telekommunikationsnetze im 20. Jahrhundert.

[10] Diese Einschätzung wird bestätigt durch die eigenen empirischen Untersuchungen im Rahmen des von der Wüstenrot Stiftung in Auftrag gegebenen Projektes. Vgl. hierzu Kapitel 4 in Dohse et al. (2004) und Dohse (2002).

[11] Dabei kann man die Begriffe E-Commerce durchaus weit fassen und auch Transaktionen unter Beteiligung des staatlichen Sektors einbeziehen, die in die Rubrik „E-government“ oder „E-administration“ fallen und analog zu ihren kommerziellen Pendants als G2B und G2C genannt werden können. Denn auch diese Anwendungen im Verhältnis zwischen Staat, Unternehmen und Bürgern können räumliche Wirkungen entfalten, zumal die Standorte ihrer Ausübung eng mit der bestehenden Städtehierarchie zusammenhängen.

– Den theoretischen Hintergrund für die Erklärung der raumwirtschaftlichen Folgen des Internets bildet dabei die sogenannte Telematikdebatte in der Raumwirtschaftslehre, mit der seit etwa 1980 versucht wird, die räumlichen Folgen innovativer Techniken wie der Telekommunikation und der Verbreitung des Computers analytisch in den Griff zu bekommen.

Woran es jedoch noch mangelt, sind umfassende Erklärungen der tatsächlich empirisch zu beobachtenden Veränderungen in der räumlichen Arbeitsteilung, die durch das Internet bedingt sind, und ein Vergleich derartiger Ergebnisse mit den Beobachtungen bei früheren Basistechnologien – immerhin ist der Stützzeitraum für empirische Analysen zum Internet noch recht kurz.[12] Ein Versuch einer ersten empirischen Annäherung soll in diesem Kapitel unternommen werden. Dazu werden kurz die räumlichen Wirkungen früherer Basistechnologien beschrieben (Abschnitt 3.1) und die Aussagen der Telematikdebatte der 80er Jahre vorgestellt (Abschnitt 3.2). Anschließend werden empirische Ergebnisse zu möglichen räumlichen Wirkungen des Internets in der inter- und intraindustriellen Zusammenarbeit von Unternehmen, also im B2B-Segment von E-commerce, präsentiert (Abschnitt 3.3).

3.1 Räumliche Wirkungen von Basistechnologien zur Senkung raumwirksamer Transaktionskosten – historische Erfahrungen

Das, was das Internet heute an sinkenden Kosten der Raumüberwindung zumindest für Informationen mit sich bringen kann, ist grundsätzlich vergleichbar mit den Wirkungen früherer raumrelevanter Basistechnologien:

[12] Zumindest für die empirische Analyse von ökonomischen Wirkungen des Internets ist der Zeitraum seit Mitte der 90er Jahre, als E-Commerce-Lösungen in größerem Stil auftraten als eher kurz anzusehen. Wenn man zudem die vergleichsweise langen Zeiten bedenkt, die eine neue Technologie bis zu ihrer universellen Anwendung benötigt (Hall, Khan 2003), dann erscheint die These nachvollziehbar, dass die eigentlichen Wirkungen des Internets noch ausstehen und sich daher noch nicht in Vergangenheitsdaten widerspiegeln.

- Zuallererst ist an historischen Beispielen die *Ausbreitung der Dampfmaschine* im 19. Jahrhundert zu nennen, die für sich genommen zwar keine raumüberbrückende Technologie darstellt, deren Erfindung und Einsatzreife aber die Energieversorgung ubiquitär verfügbar machte. Rosenberg und Trajtenberg (2001) können nachweisen, dass der zunehmende Einsatz der Dampfmaschine in den Vereinigten Staaten zugleich deglomerierende und agglomerierende Effekte hatte. *Deglomerierend* wirkte der Umstand, dass die Zahl geeigneter Standorte für die Industrieproduktion rapide zunahm, weil die räumliche Beschränkung einer Bindung an die Verfügbarkeit von Wasserkraft entfiel. Nunmehr kamen viel mehr Standorte für die Ansiedlung von Produktionsstätten der Industrie in Frage. Umgekehrt wirkte die Dampfmaschine aber auch *agglomerierend*, weil ihre Anwendung erhebliche Skalenerträge in der Produktion und damit eine Steigerung der optimalen Betriebsgröße erzwang. Dadurch förderte sie im Sinne von Krugman (1991) eine Konzentration der neu entstehenden Industrieproduktion in großen urbanen Zentren, nicht aber an der ländlichen Peripherie, entsprechende Bevölkerungswanderungen und Divergenzprozesse im Wachstum zugunsten der großen Zentren (Rosenberg, Trajtenberg 2001: 44).
- Ganz ähnliche duale Entwicklungsprozesse löste auch der *Eisenbahnbau* im 19. Jahrhundert aus. Hier besteht übrigens eine zusätzliche Ähnlichkeit zur Entwicklung der New Economy, nämlich in der anfänglichen Börseneuphorie, die dann später vom Konkurs der meisten notierten Gesellschaften abgelöst wurde. Was die räumlichen Wirkungen angeht, so ermöglichten die Eisenbahnen einen dramatischen Fall der Transportkosten im engeren Sinne,[13] der neue Räume erschloss und seinerzeit zu einem „Tod der Distanz" beitrug. Agglomerierend wirkte dabei der Umstand, dass die großen Zentren nunmehr rasch und zu niedrigen Kosten mit allen lebenswichtigen Produkten aus der ländlichen Peripherie versorgt werden konnten, dass dank der neuen Transportoptionen in den Zentren Skalener-

[13] Gegenüber den Kosten für Güter- und Personentransporte mittels Kähnen auf Wasserstraßen oder Kutschen und Fuhrwerken sanken die beim Eisenbahntransport aufzuwendenden Beträge auf rund 1/10 des Ausgangswerts (Quarck 1929: 163).

träge in der Produktion von Industriegütern genutzt werden konnten und dass auch ein Massentransportmittel im Personenverkehr zur Verfügung stand. Zur Deglomeration trugen die Eisenbahnen demgegenüber durch ihre Eigenschaft bei, durch die vergleichsweise schnellen Transporte die Zeitzonen entlang ihrer Strecken zu synchronisieren. Dadurch konnten sich die räumliche Arbeitsteilung über größere Entfernungen als zuvor ausbreiten und auch weiter entfernte Standorte dem räumlichen Wettbewerb aussetzen (Coyle 2000).

– Demgegenüber wird die *Verbreitung des Automobils und mit ihm des Straßenbaus* als der Auslöser par excellence für deglomerierende Wirkungen einer Querschnittstechnologie angesehen. Zweifellos hat kaum ein anderer Faktor auf das Erscheinungsbild städtischer Strukturen – Städtehierarchien wie interne Stadtstrukturen – eingewirkt wie das Automobil. Die Trennung von Standorten des Arbeitens und Wohnens, die Suburbanisierung und der „urban sprawl", also das Wuchern der Städte in ihr Umland, sind Ausdruck eines räumlichen Strukturwandels, der sich an den Anforderungen einer effektiven Nutzung der individuellen motorisierten Fortbewegung orientiert.[14] „Urban sprawl" ist sicherlich als ein Ausdruck einer zumindest kleinräumigen Dezentralisierung anzusehen. Stellt man aber die Dezentralisierung, die durch das Automobil ermöglicht wurde, in den Zusammenhang mit den Wirkungen sinkender Transportkosten im Modell von Krugman (1991), so müssen auch bei der Nutzung des Automobils parallel stattfindende Agglomerationsprozesse ins Kalkül gezogen werden: Es waren vornehmlich bestimmte Funktionen, die nicht auf die Nutzung von Skalen- und Verbundvorteilen angewiesen waren, die dezentralisiert wurden, nämlich etwa die des

[14] Glaeser und Kahn (2003: 2) fassen dies folgendermaßen zusammen: „...while many factors may have helped the growth of sprawl, it ultimately has only one root cause: the automobile. Suburbia, edge cities and sprawl are all the natural, inexorable, result of the technological dominance of the automobile." Zugleich wenden sich Glaeser und Kahn aber auch dagegen, diese Entwicklungen pauschal abzuwerten und als schädlich hinzustellen, wie dies häufig in der raumplanerischen Debatte geschieht: „...sprawl's negative quality of life impacts have been overstated. Effective vehicle pollution regulation has curbed emissions increases associated with increased driving. The growth of edge cities is associated with increases in most measures of quality of life." (ebd.)

Wohnens „in grünen Vorstädten“. Demgegenüber erlaubten es die säkular sinkenden Transportkosten, solche Funktionen zu zentralisieren, bei denen geringe Stückkosten aufgrund von Skalen- und Verbundvorteilen zu erzielen waren. Zugleich ist die empirische Beobachtung von Glaeser und Kahn (2003: 43 f.) für die USA zu berücksichtigen, dass in neu gebildeten „edge cities“ wiederum eine Ballung stattfindet, wenn im Zuge des „urban sprawl“ Arbeitsplätze aus den alten Zentren zu den Wohnstandorten wandern und diese eine gewisse kritische Masse überschreiten, ab der sich neue Subzentren bilden. Räumliche Nähe ist dann doch wieder von Bedeutung, wenn auch an anderen Orten als zuvor. Hinzu kommt eine weitere Beobachtung: „Urban sprawl“ ist ein Phänomen innerhalb von Metropolregionen, nicht aber zwischen ihnen und weiter entfernten peripheren Regionen, vor denen sie ihren Vorsprung im Entwicklungsniveau und im Agglomerationsgrad behalten.

– Auch die Verbreitung des *Telefons und der zugehörigen Kommunikationsnetze* im 20. Jahrhundert war wiederum mit simultan ablaufenden agglomerierenden und deglomerierenden Wirkungen verbunden. Die Nutzung der neuen Technologie im Raum begünstigte zunächst die Agglomerationen und begann mit kommerziellen Anwendungen in den großen Zentren. Erst später im Zuge der Ausreifung und sinkender Kosten der Kommunikationseinrichtungen und -dienste wurde das Telefon zunehmend sowohl im privaten Rahmen als auch in peripheren Regionen genutzt, bis es zu einer ubiquitären Einrichtung wurde. Gleichzeitig erlaubte die Nutzung des Telefons aber, zahlreiche kommerzielle Aktivitäten im Raum zu dezentralisieren, insbesondere physische Produktionsaktivitäten, die nun aus der Ferne kontrolliert werden konnten (Fritsch, Ewers 1985: 34; Henckel et al. 1984: 64). Ebenso verliefen dann auch die Diffusionsprozesse der auf dem Telefon aufbauenden innovativen Techniken, wie z.B. des Mobilfunks (Rauh 1999).

Insgesamt zeigt dieser Blick zurück auf andere raumrelevante Basistechnologien, dass in Folge des verstärkten Einsatzes dieser Techniken offensichtlich stets sowohl agglomerierende als auch deglomerierende Wirkungen auftraten, teilweise sogar parallel. Zugleich ergab sich dabei aber keine nachhaltige Minderung der Bedeutung von Zentren, zumindest nicht in solchen großen Ländern wie den Vereinigten Staaten oder dem stark zentralistischen Frankreich.

3.2 Die Telematikdebatte

Der Eindruck, dass durch das Auftreten des Internets als Instrument zur Anbahnung und Abwicklung wirtschaftlicher Transaktionen nicht etwas völlig neues entstanden sei, verstärkt sich noch, wenn man die raumwirtschaftlichen Erklärungsansätze betrachtet, mit denen seit Mitte der 80er Jahre versucht wurde, erwartete räumliche Wirkungen der sich immer weiter ausbreitenden Telekommunikationstechnologien abzuschätzen. Seinerzeit wurde die so genannte *Telematikdebatte* geführt, die nach potenziellen räumlichen Konsequenzen einer fortschreitenden Kombination von innovativer *Tele*kommunikationstechniken und Computer gestützter Automation (also Infor*matik*) suchte.[15] Im Ergebnis zeigte auch diese Debatte, dass der Einsatz solcher Techniken sowohl mit zentralisierenden als auch dezentralisierenden Tendenzen in Verbindung gebracht wird:

- Eine Dezentralisierung würde vorwiegend *standardisierte Produktionsaktivitäten* betreffen, die aus der Ferne kontrolliert werden könnten und für deren Ansiedlung und Verknüpfung mit anderen Stufen der Wertschöpfungskette durch den Einsatz der Telematik der Entfernungswiderstand sinken würde.
- Dagegen würden sich *Managementaktivitäten*, die persönliche „face-to-face"-Kontakte erfordern, in Zentren konzentrieren.
- Demnach könne von Telematikanwendungen eine *Polarisierung der Raumstrukturen* erwartet werden, bei der sowohl Agglomerationszentren als auch die Peripherie – wenn auch völlig verschiedene – Aktivitäten anziehen würden, während die Auswirkungen für die

[15] Der Begriff Telematik umfasst dabei praktisch alle über Telekommunikationsnetze ablaufende automatische Kommunikations-, Mess-, Reglungs- und Steuerungsprozesse. Er ist damit weiter definiert als der im Verkehrswesen verwendete gleichlautende, aber engere Begriff, der sich nur auf die automatische Fernsteuerung von Verkehrsströme mit Hilfe von Verkehrsbeeinflussungsanlagen bezieht.

Standorte zwischen diesen Extremen nicht sicher zu bestimmen seien.[16]

Die Telematikdebatte der 1980er Jahre liefert damit nicht nur ähnliche Ergebnisse wie die Erkenntnisse aus der Betrachtung früherer raumwirksamer Basistechnologien, sondern sie stellt zudem auf ein zentrales Argument ab, das auch in der heutigen raumwissenschaftlichen Diskussion über die Folgen des Internets wieder im Blickpunkt steht: das Erfordernis von *„face-to-face"-Kontakten* für die Anbahnung und Abwicklung komplexer wirtschaftlicher Transaktionen, während standardisierbare Aktivitäten problemlos über Telekommunikationsnetze abgewickelt werden können.

In gewisser Weise war die Telematikdebatte ihrer Zeit voraus. Jene potenziellen Wirkungen, die sie für die Raumstrukturen voraussagte, konnten sich zu jener Zeit aufgrund eines in den meisten Industrieländern noch streng regulierten Telekommunikationswesens mit unterentwickelter (weil durch übermäßige Regulierung und zu weit reichenden staatlichen Einfluss behinderter) technologischer Leistungsfähigkeit noch nicht entfalten. Die Telematikdebatte wurde daher bald in den Hintergrund gedrängt von der Diskussion über eine umfassende Deregulierung von Netzindustrien, zu denen auch die elektronische Kommunikation über weite Distanzen gehörte, mit dem Ziel, deren Effizienz durch Liberalisierung und Privatisierung zu erhöhen.[17] Diese Deregulierung von Netzindustrien, die sich seit Mitte der 80er Jahre in fast allen OECD-Staaten früher oder später einstellte, führte nicht nur zu einer massiven Senkung der Kosten der Raumüberbrückung durch spürbar niedrigere Kosten im Transportsektor und stark sinkende Telekommunikationskosten. Sie heizte durch das Zulassen von mehr Wettbewerb auch den technologischen und organisatorischen Fortschritt im Telekommunikationswesen an. Die moderne Multimediawelt und das Verschmelzen von Netzen, Diensten und Inhal-

16 Vgl. insbesondere Fritsch und Ewers (1985: 50-52) zum deutschen Beitrag zur Telematik-Debatte sowie Picot (1985), Marti und Mauch (1984) und Goddard et al. (1983) zur internationalen Diskussion.

17 Vgl. zur Deregulierungsdebatte Soltwedel et al. (1986; 1987), Deregulierungskommission (1990; 1991) sowie speziell zur Telekommunikation Klodt et al. (1995).

ten, das die Multimedia-Industrie mehr und mehr kennzeichnet (König 1999: 174), wäre in der Ära des staatlichen Telekommunikationsmonopols kaum denkbar gewesen. Das Internet und die mit ihm einhergehenden Mehrwertdienste und neuen Geschäftsmodelle konnten sich letztlich nur im institutionellen Umfeld eines liberalisierten Telekommunikationswesens zu einem wichtigen, die räumlichen Produktions- und Verbrauchsstrukturen prägenden Faktor, entwickeln. Die Wirkungen des Internets können nun wiederum mit den bekannten Ansätzen der früheren und zwischenzeitlich in den Hintergrund gedrängten Telematikdebatte erklärt werden.

Dabei lässt sich aus dem Vergleich mit den zitierten historischen Beispielen anderer raumrelevanter Basistechnologien der Schluss ziehen, dass es weniger die raumüberbrückende Eigenschaft des Internets als einer modernen IuK-Technologie an sich ist, die zu einer stärkeren Agglomeration und Deglomeration zur gleichen Zeit führen könnte, sondern eher der „quantitative Sprung" mittels der neuen Technik: Denn das Internet ist räumlich und funktional universell einsetzbar, es wird zu einer umfassenden und mit geringem Aufwand in allen erdenklichen Aufgabenbereichen mit telematischen Anforderungen einsetzbaren Prozessinnovation und kreiert durch neue Geschäftsmodelle und Dienstleistungen zugleich Produktinnovationen. Ähnlich wie die anderen zitierten raumrelevanten Basistechnologien kann das Internet, die auf ihm aufbauenden Anwendungen und die Digitalisierung der transportierten Informationen über Prozess- und Produktinnovationen das gesamtwirtschaftliche Produktionspotenzial und die Produktivität erhöhen sowie in räumlicher Perspektive die traditionellen Grenzen der Geographie hinausschieben. Mit dem Internet und seinen vielfältigen Anwendungen können sich daher nun wohl erstmals spürbare räumliche Veränderungen in der Geographie der Produktion, der Arbeitsteilung, des Verbrauchs von Gütern und Diensten sowie der Ansiedlung von Unternehmen und Haushalten ergeben, wie sie von der Telematikdebatte quasi vorzeitig für frühere Generationen von weniger universellen Kommunikationstechniken vorausgesagt wurden.

Es ist deshalb in diesem Zusammenhang nicht verwunderlich, wenn neuere Erklärungsansätze zu den potenziellen räumlichen Wirkungen des Internets parallel zu den Thesen der traditionellen Telematikdebatte verlaufen. So betonen Leamer und Storper (2001), dass zahlreiche ökonomische Transaktionen einen hohen Gehalt an *komplexem und nicht kodifizierbarem Wissen* enthalten, der nur durch persönliche Kontakte von Angesicht zu Angesicht vermittelt werden kann. Letztlich betreffe es jede neu angeknüpfte Geschäftsbeziehung, insbesondere aber solche im Zusammenhang mit innovativen Produkten, dass ein Vertrauensverhältnis aufgebaut werden, gegenseitiges Verstehen von gebundenen Vertragsbestandteilen entstehen müsse und langfristige Kooperations- und Marktbeziehungen entwickelt werden sollten, was zumindest in der Anfangsphase nur durch persönliche Begegnung auf engem Raum verwirklicht werden könne.[18] *Bekannte, standardisierte und einfach kodifizier- und wieder dechiffrierbare Informationen* dagegen können leicht über IuK-Netze versandt und vom Empfänger problemlos umgesetzt werden. Wirtschaftliche Aktivitäten, die einen hohen Anteil derartiger einfacher Informationen enthalten, können sehr viel leichter ihren Standort wechseln (oder sich einen beliebigen Standort mit IuK-Anschluss suchen) als die erst genannte Art, die auf persönlichen Kontakt angewiesen ist.

Damit liegen Leamer und Storper (2001) sehr nahe bei den früheren Aussagen der Telematikdebatte, die ebenfalls die Notwendigkeit persönlicher Kontakte bei bestimmten Aktivitäten als entscheidend für potenzielle Raumwirkungen identifizierte (vgl. z.B. Picot 1985: 491). Persönliche Kommunikation mit einem Austausch komplexen Wissens seien erforderlich

- beim Eingehen, Glaubhaftmachen und Weiterentwickeln von sozialen Kontakten und Institutionen wie Treu und Glauben,
- beim Lösen komplexer Probleme mit Externalitätencharakter und
- wenn zur Problemlösung eine stärker differenzierte Informationsverarbeitung mit umfassenden Abwägungen und einer Einbeziehung von Erfahrungswerten (fuzzy logic) notwendig sei. Derartige Transaktionen können nur in räumliche Nähe, also bei Ballung wirtschaftlicher Aktivitäten abgewickelt werden.

[18] Hinter dem Aufbau eines Vertrauensverhältnisses steht der Versuch, glaubhaft und kontrollierbar zu machen, dass jeder Partner einer Markttransaktion oder eines Kooperationsabkommens durch den Einsatz von Zeit und Ressourcen gewillt ist, das gemeinsame Projekt zu einem gutem Abschluss zu bringen. Damit argumentieren Leamer und Storper (2001) implizit auf einer institutionenökonomischen Basis.

Ganz ähnlich verlangt auch die Vermittlung von gebundenem, stillschweigendem Wissen (*tacit knowledge*) nach räumlicher Nähe. Nach Audretsch und Thurik (2000: 8ff) hat der technische und organisatorische Fortschritt bei IuK-Netzen und -Diensten zwar die Grenzkosten der Übermittlung einfacher Informationen drastisch gesenkt, so dass Entfernung für solche kodifizierbaren Informationen in der Tat keine entscheidende Rolle mehr spielt. Dagegen haben die Grenzkosten der Vermittlung[19] gebundenen Wissens durch die IuK-Revolution keinesfalls abgenommen – sie steigen weiterhin deutlich mit zunehmender Entfernung. Damit geht eine Veränderung der Preisrelationen zwischen wirtschaftlichen Aktivitäten einher, die entweder viel oder wenig an gebundenem Wissen erfordern. Komparative Vor- und Nachteile unterschiedlicher Standorte verändern sich dadurch dahingehend, dass die Kosten traditioneller Produktionsfaktoren (Boden, Kapital, Arbeitskräfte) an Einfluss verlieren und statt dessen die Kosten von Innovationsaktivitäten in den Vordergrund rücken. Die Vermittlung von gebundenem Wissen, das unerlässlich gerade für Innovationsaktivitäten ist, bleibt an wenigen Standorten lokalisiert, während andere Faktoren stärker räumlich verteilt sind. Der Erfolg der Wissensvermittlung ist weiterhin (und in Relation zur Kombination mit den anderen Faktoren sogar stärker) an eine kurze Entfernung und die persönliche Begegnung gebunden. Nähe zu Quellen der Wissensvermittlung wird nach den Überlegungen von Audretsch und Thurik (2000) entscheidend für wirtschaftlichen Erfolg und die Anziehungskraft einer Region für mobile Ressourcen.

Die synoptische Betrachtung der Ergebnisse der Telematikdebatte und aktueller Hypothesen zu möglichen räumlichen Wirkungen des Internets liefert letztlich die übereinstimmende Schlussfolgerung, dass die Unterscheidung zwischen komplexem, gebundenem Wissen, das nur

---

[19] Im Englischen ist zwar in beiden Fällen von „transmitting" die Rede, die unterschiedliche deutsche Wortwahl, Informationen zu übermitteln, Wissen dagegen zu vermitteln, macht schon deutlich, dass bei Wissen im Gegensatz zu einfachen Informationen ein komplexer Prozess des Lernens und Verstehens im Spiel ist. Wenn im Folgenden von „Wissen" die Rede ist, dann ist stets gebundenes Wissen in Form von *„tacit knowledge"* gemeint. Im Gegensatz dazu stehen *einfache, standardisierte Informationen*.

in räumlicher Nähe vermittelt werden kann, und standardisierten, kodifizierbaren Informationen, die leicht über IuK-Netze über weite Entfernungen übermittelt werden können, einen Ansatz zur Unterscheidung räumlicher Wirkungen des Internets bietet: Räumliche Ballungen (Cluster) ökonomischer Aktivität werden weiterhin dort dominieren, wo die Vermittlung gebundenen Wissens besonders wichtig ist und/oder Informationen nur schwierig zu digitalisieren sind. Wenn dagegen Informationen, die zum Aufbau und erfolgreichen Abschluss einer Transaktion benötigt werden, standardisiert sind und leicht digitalisiert und kodifiziert werden können, dann kann das Vordringen des Internets als Transaktionsmedium für die entsprechenden Transaktionen in der Tat räumliche Konsequenzen, etwa der Verlagerung von Produktionsstätten an andere Standorte, bedeuten.

Eine Cluster-Bildung aufgrund der Notwendigkeit, komplexes Wissen auszutauschen, wird häufig im Zusammenhang mit der Nutzung neuen technischen Wissens und der Produktion innovativer Güter vorherrschen. Üblicherweise wird ein solches Informationsmuster bei Forschungsaktivitäten zu erwarten sein, die daher zur Clusterbildung neigen, wobei Forschungs- und Bildungseinrichtungen als Kristallisationskerne fungieren und die Nutzung von Spillover-Effekten erlauben. In den Fällen jedoch, in denen sich Informationen auch bei den Transaktionen mit nachgelagerten Produktionsstufen (B2B) oder mit Verbrauchern (B2C) schwer standardisieren lassen, sind Vertriebs- und Beratungsstandorte nahe bei den Endverbrauchern notwendig. Es wird eine eher disperse Standortstruktur – zumindest in bezug auf die Vermarktung der Güter und Dienste – bestehen bleiben.[20] An den Stellen der Wertschöpfungskette, wo der komplexe Informationsaustausch am meisten zum Erfolg der Transaktion beiträgt, werden auch die Ballungseffekte auftreten. Für die Analyse der Raumwirkungen von E-Commerce heißt das: Man muss den Prozess der Informationsübermittlung in der Wertschöpfungskette genauer betrachten, um Vorstellungen von den Konsequenzen der IuK-Technologien für die Entwicklung von Städten zu erhalten und um Aussagen treffen zu

---

[20] Diese Hypothese, die aus der Diskussion der Triebkräfte eher großräumiger Standortverlagerungen gewonnen werden kann, dürfte auch für die Analyse innerstädtischer Raumwirkungen von Bedeutung sein.

können, welche Rolle Agglomerationen auch künftig in der Entstehung neuen Wissens und als Motor der Wirtschaftsentwicklung spielen werden.

3.3 Zur Empirie: Veränderungen der Städtehierarchie aufgrund von IuK-Anwendungen?

Hinsichtlich einer empirischen Untersuchung der Wirkungen von IuK-Technologien auf die räumliche Struktur der Wirtschaft stellten sich zunächst die Fragen: Mittels welcher Größen können solche Wirkungen am besten gemessen werden? Welche Parameter sind dabei zu berücksichtigen?

Nähert man sich einer Antwort auf diese Fragen von der Seite der Eigenschaften von IuK-Technologien, so lässt sich festhalten, dass sie – und insbesondere das Internet – aufgrund ihrer Eigenschaft, die Kosten der Raumüberbrückung zu vermindern, insgesamt große Chancen für Firmen und ganze Branchen bieten, interne Unternehmensabläufe umzuorganisieren. Das betrifft etwa das Eingehen und die Erfüllung vertraglicher Bindungen zu Lieferanten (B2B) ebenso wie zu Abnehmern der eigenen Leistungen (B2B oder B2C), den Aufbau und die Pflege von horizontalen und vertikalen Kooperationen mit anderen Firmen oder die völlig neue Strukturierung von ganzen Wertschöpfungsketten. Dies wird zu Produktivitätserhöhungen führen, die bisher wegen prohibitiv hoher Kommunikations-, Zeit- und Kontrollkosten nicht genutzt werden konnten (Porter 2001). Dabei erzeugt das Internet sowohl neue Geschäftsmodelle als auch zahlreiche Optionen, die „front end"-Produktivität durch Prozessinnovationen zu erhöhen. Das gilt letztlich für praktisch alle Branchen und Unternehmen, wenn auch mit unterschiedlicher branchenspezifischer Intensität.

In *räumlicher Perspektive* können sich die durch Internet-Anwendungen bedingten Produkt- und Prozessinnovationen in mehreren Dimensionen niederschlagen, vor allem in

– vollständigen oder teilweisen Verlagerungen von Firmensitzen, insbesondere dort, wo die unternehmerischen Anweisungs- und Kontrollfunktionen aus der Ferne über IuK-Netze wahrgenommen werden können,[21]

- einem „outsourcing" von Aktivitäten, die zweckmäßigerweise billiger oder besser von externen Anbietern erledigt werden können, während sich das betrachtete Unternehmen auf die eigenen Kernkompetenzen zurückzieht,
- neuen Geschäftsbeziehungen über elektronische Marktplätze und Internet-Handelsportale mit weiter entfernt liegenden Partnern als zuvor oder
- neuen Kooperationsbeziehungen mit anderen Firmen, wobei auch strategische Allianzen eingegangen werden oder zusätzliche Firmenübernahmen stattfinden.

Insgesamt kann das zu völlig neuen räumlichen Mustern der Arbeitsteilung, der inner- und zwischenbetrieblichen Organisation sowie von Markt- und Kooperationsbeziehungen führen. Die Geographie der Firmen, aber auch diejenige der Beziehungen zwischen dem Unternehmenssektor und den Verbrauchern wird neu gestaltet.

Damit sind allerdings nur die allgemein denkbaren Entwicklungstendenzen beschrieben. Inwieweit sich diese in der Realität tatsächlich durchsetzen können, ist eine empirische Frage. Die Aufgabe empirischer Forschung über die Auswirkungen des Internets auf die Raumstruktur besteht dabei darin, die theoretischen Überlegungen zum Charakter der bei einer Transaktion zu übermittelnden und auszutauschenden Informationen – ein hoher Anteil an gebundenem Wissen an den gesamten Information macht räumliche Verlagerungen weniger, ein niedrigerer dagegen

[21] Derartige räumliche Veränderungen sind im Übrigen schon bei früheren Generationen von IuK-Technologien zu beobachten, wie dem Einsatz von „electronic data interchange" (EDI) über fest geschaltete Leitungen zwischen Firmenstandorten. EDI wurde von Unternehmen schon vor dem Internet eingesetzt, um räumlich entfernte Produktionsstätten zu steuern und zu kontrollieren. Nunmehr kann das Internet als eine modernere, für neue Partner offene IuK-Netzarchitektur teilweise solche Steuer- und Kontrollfunktionen von festen EDI-Verbindungen übernehmen. Für die empirische Analyse impliziert das, dass bei Verlagerungen nicht trennscharf unterschieden werden kann, ob sie auf EDI-Netze oder das Internet zurückzuführen sind. Festhalten kann man aber, dass die relative Bedeutung des Internets im Zeitablauf zunimmt.

macht sie eher wahrscheinlich – mit aussagekräftigem Datenmaterial zu verknüpfen. Hierbei begegnet man allerdings mehreren Hindernissen:

- Den größten Teil der räumlichen Auswirkungen des Internets haben wir noch vor uns, Vergangenheitsdaten helfen also nur in eingeschränktem Maße weiter.
- Hinsichtlich verfügbarer Vergangenheitsdaten ist der zeitliche Stützzeitraum noch recht kurz.
- Auf gesamtwirtschaftlicher Ebene liegen aussagekräftige Daten bislang nicht vor.[22]
- Soweit in der Literatur zu räumlichen Effekten entweder des Internets oder seiner Vorläufer als telematisch wirkendem Transaktionsinstrument Daten erhoben und ausgewertet worden sind, handelt es sich entweder um Fallstudien für einzelne Unternehmen, Unternehmenskonglomerate oder um Befragungen unter betroffenen Unternehmen, die aber naturgemäß in ihrer Fallzahl und ihren räumlichen Bezügen nur Ausschnitte aus einem möglichen Gesamtbild liefern können.

Trotz dieser Schwierigkeiten lassen sich empirisch einige bemerkenswerte Erkenntnisse für Deutschland und andere Industriestaaten gewinnen, die sich recht gut in Übereinstimmung mit den oben angeführten analytischen Ansätzen bringen lassen.

3.3.1 Fallstudien zu IuK-bedingten Veränderungen der Unternehmensgeographie

Hinweise auf explizite räumliche Wirkungen von IuK-Anwendungen als Querschnittstechnologie lassen sich aus *Untersuchungen von Fallbeispielen* der Standortwahl für Betriebsstätten international tätiger Unternehmen im Zuge der weiteren Verbreitung von IuK-Anwendungen gewinnen. Grentzer (1999: 199 ff.) gelangt in seiner Fallstudie über die

[22] Das Statistische Bundesamt (2003a; 2003b) bietet seit neuestem lediglich Datenmaterial zur Technikabsorption und IuK-Nutzung nach Branchen und Unternehmensgrößen an.

Auswirkungen von verstärkten IuK-Anwendungen auf die „Unternehmensgeographie“ der Siemens AG und ihrer Betriebsstätten im In- und Ausland zu sehr differenzierten Ergebnissen. Es zeigt sich, dass IuK-geförderte Globalisierung und Regionalisierung offenbar gleichzeitig ablaufen. (i) Während standardisierte Produktionsaktivitäten von ihren traditionellen Standorten an solche mit geringeren Faktorkosten weiterwandern, übernehmen deren alte Standorte neue Aufgaben, die aus den Zentren ausgelagert werden. Dabei können die alten Standorte im Inland „... unter Nutzung von Global Sourcing mithilfe von I&K-Technologien ...“ durchaus erhalten werden. (ii) In den Agglomerationszentren bilden sich verstärkt branchenübergreifende Cluster von Konzernzentralen oder Forschungs- und Entwicklungsstandorten, die nur noch die Kernkompetenzen umfassen, während sekundäre Standorte durchaus frühere Headquarterfunktionen übernehmen können, sofern diese lediglich einen Austausch kodifizierbarer Informationen über IuK-Netze erfordern. Damit zeigt sich, dass traditionelle Standorte als solche häufig bestehen bleiben, dabei aber ihren funktionalen Charakter wandeln.

Eine *Querschnittsbefragung* unter im Rhein-Main-Gebiet tätigen Unternehmen aller Branchen und Größenklassen haben Caspar et al. (2000: 71 ff.) unternommen. Die Autoren haben Firmen dieser Region danach befragt, inwieweit der verstärkte Einsatz von modernen IuK-Anwendungen zu einer funktionalen Dezentralisierung der Unternehmensgeografie und zu zunehmenden Kooperationen zwischen Firmen führen und dabei explizit räumliche Aspekte berücksichtigt. So sollten die befragten Firmen zum einen angeben, ob die IuK-Anwendungen lediglich lokal (innerbetrieblich an einem Standort) genutzt werden oder ob sie einen Betrieb mit anderen Betrieben desselben Unternehmens an anderen Standorten oder gar mit Betrieben anderer Unternehmen vernetzen, und zum anderen, wo die jeweiligen Kommunikationspartner angesiedelt sind. Caspar et al. (2000: 78-86) kommen bei der Auswertung ihrer Befragung zum Ergebnis, dass (i) nur eine Minderheit von Unternehmen IuK-Anwendungen entweder zur Dezentralisierung von eigenen Funktionen oder zur Kooperation mit anderen Unternehmen einsetzt, dass aber größere Unternehmen weit häufiger von dieser Möglichkeit Gebrauch machen. (ii) In den Fällen, in denen IuK-Anwendungen zur Dezentralisierung genutzt wurden, betraf das vorwiegend die Funktionen Produktion, Nutzung komplementärer Dienste, Controlling und Datenverarbeitung. Dies geschah meist über Marktbeziehungen, seltener durch Verlagerung eigener Standorte. (iii) In vertikalen Beziehungen innerhalb der Wertschöpfungskette waren IuK-Anwendungen sehr viel häufiger zu finden als in horizontalen Allianzen. (iv) Knapp 40 Prozent der mittels der IuK-Anwendungen vernetzten Kommunikationspartner – eigene Firmenstandorte ebenso wie Fremdfirmen – waren ebenfalls im Rhein-Main-Gebiet ansässig, während die Zahl außerhalb gelegener Kommunikationspartner rasch und signifikant mit der Entfernung abnahm. Caspar et al. schließen daraus, dass betriebliche Funktionen auch im Zeitalter verstärkten Einsatzes von Kommunikationstechniken im Produktionsprozess mehr oder minder stark lokalisiert bleiben - das regionale Muster dominiert über die Entfernung. Die These, IuK mache betriebliche Funktionen im Produktionsprozess generell und ohne Unterschied mehr und mehr „footloose", lässt sich auf der Basis ihrer Erhebung nicht stützen.

In einer ergänzenden Studie kommen Caspar et al. (2002: 349 f.) zu dem Ergebnis, dass ihre Erhebung eher auf eine *Polarisierung der Regionen* hinauslaufe, indem das Rhein-Main-Gebiet als hochentwickelte Region hochqualifizierte Arbeitskräfte aus anderen Regionen anziehe und nur bei weniger qualifizierten Beschäftigten ein Beschäftigungsabbau in Kombination mit einer Dezentralisierung von betrieblichen Funktionen festgestellt werden könne. Die Autoren verweisen ferner auf einen positiven Beschäftigungseffekt, der mit der Option zur Nutzung direkter Kommunikation – also „face-to-face" ohne IuK-Netze – innerhalb des Rhein-Main-Gebiets verbunden sei (ebd.: 350).

Insgesamt zeigen diese Arbeiten recht deutlich, dass die verstärkte Anwendung von IuK-Technologien entgegen den ursprünglichen Befürchtungen keineswegs zu einer Dispersion von wirtschaftlicher Aktivität im Raum auf Kosten urbaner Zentren führt, sondern deren Position im Gegenteil möglicherweise noch stärkt, und zwar überall dort, wo die Zentren ihre Stärken als Orte der Ballung von Wissen ausspielen können. Dabei muss es nicht nur die Ballung von Wissen allein sein, die erfolgversprechend für das Wachstum der Städte ist, sondern auch die richtige Zusammensetzung des Wissens und des dort angesiedelten Humankapitals. Wenn man hier zusätzlich die Ergebnisse einer neuen Studie von Drennan (2002) für die Informationsökonomie in den Metropolregionen der USA heranzieht, so findet man dort das ökonometrisch gestützte Ergebnis, dass Städte, die sich dort auf die Informationsökonomie oder auf unternehmensbezogene Dienstleistungen spezialisiert haben, in Bezug auf Bevölkerungs-, Beschäftigungs- und Einkommenswachstum Vorteile vor solchen Städten haben, die sich weniger intensiv auf einen Sektor bzw. auf die Produktion von Waren oder konsumentenorientierte Dienste spezialisiert haben. Es kommt nach dieser Studie also offensichtlich beim regionalen Wachstum mehr auf eine deutliche Spezialisierung auf moderne Produktionsdienstleistungen an als auf die Vielfalt in der regionalen Produktpalette.

3.3.2 Untersuchungen zum Wandel der Spezialisierungsmuster von Städten an Hand von Beschäftigungsstrukturen

Um die bisherigen räumlichen Wirkungen eines verstärkten Einsatzes von IuK-Anwendungen auf die Unternehmensgeografie der „alten Ökonomie" in Deutschland empirisch zu überprüfen, benötigte man eigentlich einen bundesweit erhobenen Datensatz entsprechend der nur im Rhein-Main-Gebiet angestellten expliziten Befragung nach IuK-bedingten Dezentralisierungstendenzen von Caspar et al. (2000; 2002). Derartige Daten liegen aber nicht vor, auch nicht im Rahmen der neuen Erhebungen des Statistischen Bundesamtes.[23] Eine eigene bundesweite Befragung hätte im Rahmen der hier verfolgten Fragestellung einen unverhältnismäßig hohen Aufwand verursacht und hätte möglicherweise auch wenig Erfolg gehabt, weil dabei durchaus sensible Firmeninterna angesprochen werden. Daher ist hier ein anderer Weg verfolgt worden, indem versucht wurde, aus verfügbaren amtlichen Daten, die nur mittelbar mit der Fragestellung verknüpft sind, eine Approximation der Ergebnisse der Wirkungen von IuK auf die Unternehmensgeografie der „alten Ökonomie" zu erreichen.

Die forschungsleitende Hypothese lautete, dass die verstärkte Verwendung des Internets als Transaktionsmedium Spuren in den *regionalen funktionalen Beschäftigungsstrukturen verschiedener Typen von Stand-*

[23] In der Datenerhebung des Statistischen Bundesamts (2003a: Tab. A 12) findet sich lediglich eine Unterscheidung der Besteller im B2B- und B2C-E-Commerce nach inländischen Abnehmern, solchen aus EU-Staaten und solchen von außerhalb der EU.

orten hinterlassen müsste, und zwar entlang der Grenzlinie zwischen gebundenem Wissen und kodifizierbaren Informationen, die bei der Produktion und Vermarktung von Gütern und Diensten ausgetauscht werden müssen:

- Da die Nutzung von B2B-Anwendungen im Produktionsprozess die Kosten der Raumüberwindung von Informationen senkt, dies aber vorwiegend bei kodifizierbaren Informationen, müssten gerade solche Produktionen „footloose“ werden, bei deren Produktion überwiegend derartige kodifizierbare Informationen benötigt werden.
- Produktionsaktivitäten, die einen hohen Anteil an gebundenem Wissen enthalten, dürften dagegen eher zu einer räumlichen Konzentration in den Zentren neigen.

Zwar kann man nicht den spezifischen Informationsgehalt der Transaktionen selbst beobachten, wohl aber die Qualifikation und die spezifische Funktion der Beschäftigten, die an einem Standort im jeweiligen Produktionsprozess eingesetzt sind. Das Verhältnis von unterschiedlichen Qualifikationsstufen bzw. Berufsgruppen zueinander an verschiedenen Standorttypen dient dabei als eine Annäherung an das Verhältnis der Anteile gebundenen Wissens zu einfachen Informationen im jeweiligen Produktionsprozess. Daher wurde hier versucht, einen Eindruck vom durch das Internet bedingten räumlichen Wandel der funktionalen Beschäftigungsstrukturen anhand eines regional und berufsgruppenspezifisch tief disaggregierten Datensatzes der sozialversicherungspflichtig Beschäftigten zu gewinnen.

Angeregt wurde diese Untersuchung durch zwei verwandte Ansätze in der Literatur, (i) eine neue Analyse von Duranton und Puga (2001) über den Wandel der sektoralen und der funktionalen regionalen Spezialisierung in Metropolregionen verschiedener Größe in den Vereinigten Staaten und (ii) die Analysen der langfristigen Veränderungen des räumlichen Musters der Humankapitalintensität von Beschäftigten in Deutschland durch Franz-Josef Bade von der Universität Dortmund und verschiedener Mitautoren.[24]

[24] Vgl. Bade und Schönert (1997), Bade und Niebuhr (1999), Bade und Nerlinger (2000), Bade et al. (2000) sowie Bade (2001).

Die Hypothese von Duranton und Puga (2001) besagt, dass sich in historischer Betrachtung durch die Fortschritte in der IT-Technik und den drastischen Fall der Preise für Telekommunikation ein Bedeutungswandel in den Spezialisierungsstrukturen von Städten ergeben hat:

– Früher – bei hohen Kommunikationskosten – waren Unternehmenshauptquartiere und Produktionsstandorte meist aus Kostengründen an einem Standort vereint. Unter diesen Umständen ergaben sich *sektorale* Spezialisierungsmuster von Städten als Produktionsstandorte, sofern dort nur Agglomerationsvorteile in der entsprechenden Branche hinreichend ausgeprägt waren. Derartige Agglomerationsvorteile lassen sich sowohl für die Managementfunktion (Nähe zu branchenspezifischen unternehmensbezogenen Dienstleistern) als auch für die eigentlichen Produktionsaktivitäten (Nähe zu wichtigen komplementären Zulieferern und anderen lokalisierten Faktorinputs, die für die jeweilige Branche erforderlich sind) ableiten.
– Bei sinkenden Kommunikationskosten, die unterhalb eines bestimmten Schwellenwertes eine Kontrolle aus der Ferne erlauben, kann eine räumliche Trennung von Management- und Produktionsaktivitäten lohnend werden. Unter diesen Umständen verändert sich das sektorale Spezialisierungsmuster in ein *funktionales*. Hauptquartiere von Unternehmen unterschiedlicher Branchen ballen sich an Standorten mit einem reichhaltigen Angebot an unternehmensbezogenen Dienstleistern, die Produktionsstätten dagegen werden nach Faktorkostenüberlegungen etwa wegen ballungsbedingt höherer Boden- und Lebenshaltungskosten in Zentren weiter an die Peripherie verlagert. Bei vorhandenen Lokalisationsvorteilen ergeben sich Cluster von Produktionsstätten an bestimmten Standorten außerhalb der Zentren; ohne solche Vorteile ergibt sich dagegen ein mehr disperses Standortmuster der Produktionsstätten. Generell werden die Lokalisationsvorteile in der Produktion geringer sein als bei Managementfunktionen, so dass Hauptquartiere in Agglomerationen angesiedelt werden, Produktionsstandorte dagegen außerhalb von diesen.

Duranton und Puga (2001) können ihre Hypothese mit empirischem Material aus den Vereinigten Staaten in den vergangenen 40 Jahren, also der Phase, in der sich die Telekommunikation durchgesetzt hat, untermauern: Die sektorale Spezialisierung hat danach für alle Größenklassen von Städten abgenommen, Dagegen hat sich die funktionale berufsgruppenbezogene Spezialisierung gemessen an der Relation von höheren Angestellten zu Arbeitnehmern in Fertigungstätigkeiten für große und kleinere Stadtregionen auseinander entwickelt. Für kleinere Stadtregionen bis 1,5 Mill. Einwohner hat diese Relation zwar ebenfalls abgenommen, für größere Stadtregionen jenseits dieses Schwellenwerts hat sie jedoch deutlich zugenommen. Dabei hat sich diese Entwicklung in jüngerer Zeit, als neuere Telekommunikationstechniken verstärkt Einzug hielten, sogar noch beschleunigt (vgl. Tabelle 3.1).

Städteklassen nach Bevölkerungszahl[a]	Sektorale Spezialisierung[b]			Funktionale Spezialisierung auf Managementtatigkeiten im Vergleich zu Fertigungstätigkeiten[c]			
	1977	**1987**	**1997**	**1950**	**1970**	**1980**	**1990**
5 Mio. – 19.397.717	0,375	0,369	0,348	10,2%	22,4%	30,8%	39,0%
1,5 Mio. – 4.999.999	0,287	0,275	0,257	0,3%	16,7%	21,7%	25,7%
500.000 – 1.499.999	0,352	0,338	0,324	–10,9%	–10,0%	–5,0%	–2,1%
250.000 – 499.999	0,450	0,409	0,381	–9,7%	–9,7%	–10,9%	–14,2%
75.000 – 249.999	0,499	0,467	0,432	–2,1%	–6,6%	–12,7%	–20,7%
67 – 75.000	0,708	0,692	0,661	–4,0%	–33,7%	–40,4%	–40,5%

a) Bevölkerungszahl von Metropolregionen (in Agglomerationen; New England County Metropolitan Area in New England), bzw. Städten (außerhalb der Agglomerationen) mit identischen Bezugsregionen je Städteklasse für alle Datensätze der Tabelle auf der Basis des Decennial Census 2000.

b) Medianwert eines Giniindex für jede Städteklasse, der die lokale und die nationale Verteilung der Beschäftigtenanteile der Industriezweige auf 2-steller SIC-Ebene miteinander vergleicht. Wenn s_h und $\bar{s}_h$ die lokalen und nationalen Beschäftigungsanteile des Sektors h darstellen, dann errechnet sich der Giniindex der sektoralen Spezialisierung als $\frac{1}{2}\sum_h |s_h - \bar{s}_h|$. Bei vollständiger lokaler Spezialisierung im Gegensatz zum Grad der nationalen Spezialisierung nimmt er einen Wert von nahe 1 an, während er gegen 0 tendiert, wenn die lokale Beschäftigung ähnlich gleichmäßig über verschiedene Sektoren verteilt ist wie die nationale Beschäftigung.

c) Prozentuale Abweichung der Bevölkerungsklasse vom nationalen Durchschnitt der Anzahl von Managementangestellten je Fertigungsarbeiter (Präzisionsfertigung, Produktion, Herstellung oder Montage).

Quelle: Duranton and Puga (2001, S. 2)

Tabelle 3.1: Entwicklung der sektoralen und funktionalen Spezialisierung von Städten und Stadtregionen in den Vereinigten Staaten 1950-1990 nach Duranton und Puga (2001)

Die Duranton-Puga-Hypothese beruht darauf, dass fallende Kosten der Raumüberwindung – auch dank fortschreitender Telekommunikationstechnik und verbesserter Telematikanwendungen – von einem bestimmten Schwellenwert ab eine räumliche Trennung von Management- und Fertigungstätigkeiten rentabel machen. Managementtätigkeiten hängen in starkem Maße von persönlicher (face-to-face) Kommunikation ab und sind von brachenübergreifenden Urbanisierungsvorteilen geprägt, etwa im Falle von unternehmensbezogenen Dienstleistungen. Derartige Tätigkeiten werden sich daher in Metropolen ballen, in denen mehr und mehr Unternehmenshauptquartiere angesiedelt sind.

Fertigungstätigkeiten im Rahmen des Produktionsprozesses dagegen hängen weniger von Urbanisierungsvorteilen, sondern mehr von Faktorkostengesichtspunkten ab, gegebenenfalls noch von branchen-internen Lokalisationsvorteilen. Fertigungsstätten sind dabei an einer Vielzahl von im Raum verteilten Standorten angesiedelt, insbesondere auch abseits der ganz großen Agglomerationsräume. Wenn sich Managementtätigkeiten in den Zentren ballen und Fertigungstätigkeiten eher abseits dieser ansiedeln, wird sich das sektorale Spezialisierungsmuster zurückbilden, während sich das funktionale Spezialisierungsmuster der Zentren im Zeitablauf mehr und mehr von demjenigen in den Regionen abseits der Zentren unterscheidet.

Vergleicht man die Ergebnissen von Duranton und Puga (2001) für die Vereinigten Staaten mit den Analysen von Bade et al. (1997; 1999; 2000) sowie Bade (2001) für Deutschland, dann gewinnt man zunächst den Eindruck, als würden in Deutschland andere Verhältnisse herrschen: Beim Bade-Ansatz wird die räumliche Verteilung des Humankapitals, gemessen anhand der Qualifikationen der Arbeitnehmer oder ihrer Berufsgruppenzugehörigkeit nach der Statistik der sozialversicherungspflichtig Beschäftigten untersucht. Dabei werden Zeitreihen für die regionale Verteilung von verschiedenen Berufsgruppen nach verschiedenen Raumtypen (Agglomerationszentren, zentrennahe Regionen, verdichtete Regionen und ländliche Peripherie) aufgestellt. Die verschiedenen Analysen kommen übereinstimmend zu dem Ergebnis, dass (a) in Deutschland nach wie vor ein räumlicher Dekonzentrationsprozess der Beschäftigung von den Zentren hin zu zentrenfernen Regionen stattfindet, (b) dieser Prozess nicht auf Produktionsaktivitäten und Fertigungstätigkeiten beschränkt ist sondern alle Berufsgruppen von hochqualifizierten Arbeitnehmern, einschließlich solcher in Forschung und Entwicklung, einschließt, (c) die räumliche Verlagerung von Arbeitsplätzen nicht an den Rändern der Zentren Halt macht, sondern bis zur absoluten Peripherie reicht und (d) Beschäftigungsunterschiede zwischen den Agglomerationszentren und der Peripherie abnehmen (vgl. Bade et al. 2000: 21-22).

Diese empirischen Ergebnisse der Verlagerung von Arbeitsplätzen aller Berufsgruppen Richtung Peripherie scheinen den amerikanischen von Duranton und Puga (2001) geradewegs zu widersprechen. Bei näherer Betrachtung zeigt sich aber, dass auch in den Analysen des Bade-Ansatzes Hinweise zu finden sind, die für Deutschland ebenfalls eine Veränderung der funktionalen Spezialisierung der verschiedenen Typen von Städten vermuten lassen. Bade und Schönert (1997: 78) und Bade et al. (2000: 22) verweisen darauf, dass die *absolute Zahl* von hochqualifizierten Beschäftigten in den Zentren noch zunimmt, wenn auch deutlich weniger als an der Peripherie; im Verein mit dem nach wie vor großen Niveauunterschied im Anteil der Hochqualifizierten an den gesamten Beschäftigten zwischen Zentren und Peripherie könnte es sein, dass auch der *Anteil* der Hochqualifizierten in den Zentren noch leicht zunimmt. Darüber hinaus kommt Bade (2001: 357) auf durchaus vom allgemeinen Trend abweichende Ergebnisse für die spezielle Berufsgruppe von Angestellten, die dem Bereich „*strategische Unternehmensplanung*" zugerechnet werden können, also etwa Spezialisten für Unternehmensberatung, Wirtschaftsprüfung und Rechtsberatung. Bei diesen Angestellten ist der Dezentralisierungsprozess weitaus weniger ausgeprägt, und hier sind es vor allem die Randregionen von Agglomerationszentren, welche die größten Beschäftigungszuwächse aufweisen.

Nimmt man beide Qualifikationen beim Bade-Ansatz zusammen, könnte in Deutschland durchaus eine ähnliche Entwicklung zu beobachten sein wie in den Vereinigten Staaten, es könnte also sein, dass das *Verhältnis* von Beschäftigten der unternehmensnahen Dienstleistungen im Vergleich zu Fertigungstätigkeiten in den großen Agglomerationszentren hierzulande ebenfalls deutlich zunimmt. Es ist im übrigen dieses Verhältnis zwischen beiden Tätigkeitsgruppen, das Duranton und Puga (2001) untersucht haben. Diese Vermutung wird durch unsere eigenen empirischen Arbeiten in Dohse et al. (2004) sowie Bode et al. (2004) bestätigt.

3.3.3 Untersuchungen zum Einfluss von Telekommunikations- und Medieninfrastruktur auf die Unternehmensgeographie

Explizit raumdifferenzierende Effekte könnte man dann vermuten, wenn die *Infrastrukturausstattung in der Telekommunikation* signifikante Ausstattungsunterschiede zwischen Zentren und der Peripherie aufweist und diese Unterschiede sich auch im Zeitablauf nicht nennenswert verringern. In diesem Fall würden periphere Standorte sowohl in der Anwendung des Internet als Transaktionsmedium als auch in der Ansiedlung von Internet-Unternehmen benachteiligt sein.

Empirisch ergibt sich z.B. für das Vereinigte Königreich oder Frankreich in der Tat eine räumliche Differenzierung des verstärkten Einsatzes von E-Commerce daraus, dass die Ausstattung mit Telekommunikationsinfrastruktur und deren Leistungsfähigkeit anders als eigentlich zu erwarten nicht ubiquitär ist und deren Leistungen nicht überall zu den gleichen Kosten erhältlich sind, sondern einen Bias zugunsten der bisherigen Agglomerationszentren aufweist. Dies dürfte auch durch die Rentabilitätsüberlegungen von konkurrierenden Infrastrukturanbietern nach der Deregulierung und Privatisierung in der Telekommunikation verstärkt worden sein. Diese Anbieter werden ohne spezifische staatliche Fördermaßnahmen Rentabilitätsüberlegungen vor Aspekte der Daseinsvorsorge stellen. Periphere Standorte werden daher wohl auf absehbare Zeit eine schlechtere Infrastrukturausstattung aufweisen als Zentren.[25] Damit ergeben sich Pfadabhängigkeiten aus der Raumstruktur der „old economy" zugunsten traditioneller Zentren relativ zu bisher peripheren Standorten und ländlichen Räumen.

[25] Rauh (1999: 64) verweist in diesem Zusammenhang auf den Faktor Zeit. So haben sowohl der Ausbau der Telekommunikationsinfrastruktur in den neuen Bundesländern nach der deutschen Einheit als auch der Aufbau der Infrastruktur für die Mobilfunknetze in ganz Deutschland trotz des Ziels flächendeckender Bedienung einige Zeit in Anspruch genommen, wobei stets die Ballungsgebiete gegenüber „Funklöchern" an der Peripherie im Vorteil waren. Bei gegebener Technologie für die Infrastruktur ebnen sich solche Unterschiede zumindest in einem hochentwickelten Industrieland mit nur moderatem Stadt-Land-Gefälle stets ein, zumal wenn noch eine Universaldienstverpflichtung besteht. Bei raschem und sich vielleicht gar beschleunigendem technischen Fortschritt können freilich solche Differenzen von Generation zu Generation der verwendeten Übertragungstechnologie weitergegeben werden.

Gillespie et al. (2000: 53 ff.) haben herausgefunden, dass sich nicht zuletzt angeregt durch aktive Maßnahmen der Regionalförderung in Form einer Subventionierung des Ausbaus der Telekommunikationsinfrastruktur im Vereinigten Königreich Call-Center vereinzelt auch in Randregionen in Schottland angesiedelt, dort allerdings auch bisher die stärker urban ausgerichteten Zentren bevorzugt haben. Die Initiative zur Förderung der Telekommunikationsinfrastruktur in ländlichen Räumen könnte nach Gillespie et al. (2000) partiell erfolgreich sein. Zugleich warnen die Autoren aufgrund ihrer empirischen Erkenntnisse aber auch vor eventuellen Rückschlägen für die peripheren Regionen: Die Call-Center erweisen sich als wenig in die regionale Wirtschaft der peripheren Regionen eingebettet und sind daher auch dort gleichermaßen auf Abruf angesiedelt. Technische Neuerungen im IuK-Sektor könnten dann rasch zu einem Abwandern führen.

Malecki (2002: 419) kommt in seiner Analyse der ökonomische Geografie der Internet-Infrastruktur in den Vereinigten Staaten zu dem Ergebnis, dass die räumlichen Muster der Einrichtungen der Netzinfrastruktur, Internetknoten und Serverstandorte genau demjenigen der „old economy" folgt und die Städtehierarchie zwischen Zentren und Peripherie unangetastet lässt.

Da die Essenz des Internets darin besteht, Informationen zu verbreiten, sind die „hubs" des Internets eingebettet in die wichtigsten Informationssysteme, welche die Grundlage der wirtschaftlichen Aktivität und der Institutionen der Metropolregionen bilden. Dies ist, so Castells (1999), natürlich nicht unbedingt gleichbedeutend damit, dass das Internet ein diesen Regionen eigenes Phänomen ist: „there is no centrality but nodality, based on network geometry" (zitiert nach Zook 2001: 27). Dabei ist es wiederum nicht ausgemacht, wie das Rennen im Wettbewerb letztlich ausgeht und welche Region im Zeitablauf die Nase vorn haben wird. Aber gleichwohl spricht „the highly urban basis" (ebda.) dieses Netzwerks für die eher die Städtehierarchie stabilisierende Wirkung des Netzwerks als für die Dezentralisierung fördernde Natur des Internets. Malecki (2002: 410) zeigt zudem, dass die höchste Dichte der Infrastrukturversorgung (gemessen an der „bandwidth on Internet backbones") von 1997 bis 2000 nahezu unverändert auf die gleichen zehn „metropolitan areas" entfällt. Er schließt sich in seiner Erklärung Gilbert und Villeneuve (1999: 115) an: Nicht die Technologie per se macht dynamisch, sondern dynamische Regionen sind fähiger, aus diesen Technologien Nutzen zu ziehen als weniger dynamische.[26]

Betrachtet man die Nachfrageseite nach IuK-Anwendungen und insbesondere nach Leistungen des Internets, so zeigt sich auch hier, dass der Einsatz von IuK-Anwendungen für Transaktionszwecke und die Akzeptanz des Internets in urbaner Atmosphäre offenbar höher sind. Sowohl in regionaler Perspektive als auch einkommens- und altersgruppenspezifisch lässt sich ein *„digital divide“* zugunsten der Ballungsgebiete, höherer Einkommen und der jüngeren Generation feststellen (Coppel 2000; OECD 2000). Solange dieser fortbesteht, werden vorhandene räumliche Agglomerationsmuster stabilisiert. Im „digital divide“ spiegeln sich letztlich die Raumstrukturen der „old economy“ wieder. Hierbei können Migrationsprozesse zu zirkulären Verstärkungen einer Polarisierungstendenz im „digital divide“ beitragen, wenn etwa die Jungen aus zurückgebliebenen Regionen abwandern und nur die Alten mit wenig Beziehungen zur neuen Technologie dort zurückbleiben.

Ein weiteres Argument muss man in diesem Zusammenhang berücksichtigen: Ausstattungsunterschiede lassen sich grundsätzlich in regionale Preisdifferentiale übersetzen. Nach der Liberalisierung der Telekommunikation kann grundsätzlich jedes Unternehmen an jedem Standort die gewünschte Ausstattung erhalten, wenn es dafür bezahlt. Natürlich wird sich bei signifikanten Kostenunterschieden in der Nutzung von Telekommunikationsdiensten und des Internets ein raumdifferenzierender Effekt einstellen. International etwa zeigt sich nicht zuletzt aufgrund der unterschiedlich weit voran geschrittenen Liberalisierung der Telekommunikationsmärkte ein deutlicher „digital divide“ sowohl hinsichtlich des Anschlusses an moderne IT-Netze als auch hinsichtlich der Nutzungskosten des Internets (Coppel 2000; Hudson 2000; OECD 2000). Aber die

[26] Letztlich bestimmt die „absorptive capacity“ (Cohen, Levinthal 1990) einer Region, welchen Nutzen sie aus einer neuen Technologie zieht.

sehr ausgeprägten internationalen Unterschiede in den Nutzungskosten lassen sich nicht im selben Maße auf die regionale Ebene übertragen.[27]

Daher stellt sich die Frage nach der *marginalen Verbesserung in ländlichen Regionen in Relation zu urbanen Regionen*, bzw. ob nicht noch feststellbare Ausstattungsunterschiede in der Infrastruktur letztlich so gering sind, dass sie auf Ansiedlungsentscheidungen keinen entscheidenden Einfluss ausüben.

So kann Halves (2001: 104) in seiner schon zitierten Studie zum Ansiedlungsverhalten der Call-Center zeigen, dass die *Telekommunikationskosten bei diesen Unternehmen als Standortfaktor zunehmend an Bedeutung* verlieren, insbesondere nachdem im Anschluss an die Liberalisierung von 1998 die Verbindungsentgelte drastisch abgenommen haben. Spiegelbildlich sollte dies auch für die Internetnutzung insgesamt gelten. Grundsätzlich nämlich bietet E-Commerce für periphere Standorte langfristig den Vorteil, dass sowohl vielfältige Informationen[28] als auch ein reichhaltiges Warensortiment ubiquitär verfügbar werden, selbst wenn dessen Bestandteile mit spezifischen Informationen (after sales service) verknüpft sind, vorausgesetzt, dass die Informationen kodifizierbar sind und die eigentlichen Transportkosten nicht prohibitiv hoch sind.

4 Zusammenfassung

Das neue Transaktionsmedium Internet hat eine hitzige Debatte um den räumlichen Strukturwandel ausgelöst. Manche Autoren sehen gar das „Ende der Geographie", den „Tod der Distanz" oder einen „Niedergang der Städte" zugunsten einer dispersen Verteilung ökonomischer Aktivitä-

[27] Rauh (1999: 64 f.) findet in seiner Analyse der regionalen Telekommunikationsströme keine stichhaltigen Hinweise dafür, dass in Deutschland derzeit Ausstattungsmerkmale der Netze und Telekommunikationskosten einen signifikanten Standortnachteil begründen können. Es kann aber ein deutsches bzw. europäisches Spezifikum sein, dass aufgrund von Universaldienstverpflichtungen Anbieter ihre Dienste regional preislich kaum differenzieren. In den USA lassen sich zumindest aufgrund unterschiedlicher Regulierungssysteme der einzelnen Bundesstaaten oder unterschiedlicher regionaler Wettbewerbsintensität durchaus Fälle einer stärkeren regionalen Preisdifferenzierung ausmachen.

[28] Vgl. dazu etwa Zappacosta (2001a; 2001b).

ten im Raum kommen – bisherige Zentren würden Teile ihrer Funktionen verlieren, überkommene Städtehierarchien würden sich nachhaltig verschieben. Dem steht die Hypothese gegenüber, dass das Vordringen von E-Commerce zwar zu einem beschleunigten räumlichen Strukturwandel Anlass geben werde, der erhebliche Anpassungserfordernisse für Unternehmen und Verbraucher mit sich bringen dürfte, dabei aber die traditionellen urbanen Strukturen weitgehend intakt lassen werde. Die Mechanismen und „Gesetze" der traditionellen Ökonomie würden danach durch das Vordringen von IuK-Anwendungen zu Transaktionszwecken nicht in ihren Grundlagen erschüttert. Beide Hypothesen implizieren, dass Raumordnung und Städteplanung vor Herausforderungen stehen, die Weichen so zu stellen, dass der in jedem Fall beschleunigte Strukturwandel bewältigt werden kann.

Ergebnisse vorliegender Fallstudien und Befragungen zu IuK-bedingten Veränderungen der Unternehmensgeografie sowie ökonomische Analysen zu den räumlichen Wirkungen von Basistechnologien, die dem Internet gleich die Transaktionskosten dramatisch gesenkt haben (Dampfmaschine, Eisenbahn, Telefon, Automobil) wurden ausgewertet: Sie zeigen, dass die Durchdringung der Wirtschaft mit neuen Basistechnologien einschließlich verstärkter IuK-Anwendungen zwar zur räumlichen Auslagerung bestimmter betrieblicher Funktionen Anlass gibt, insbesondere der eigentlichen Produktionsaktivitäten, sekundärer Managementaktivitäten und komplementärer Dienste. Es zeigt sich in den vorliegenden Untersuchungen freilich auch, dass die Unternehmenszentralen und primären Managementaktivitäten in der Informationsgesellschaft mit ihren zahlreichen Kommunikationsoptionen eher zur Konzentration neigen – sowohl in Bezug auf Kernkompetenzen als auch räumlich in den größeren Agglomerationsräumen. Hinzu kommt: Die Dezentralisierung bei den komplementären Funktionen reicht nach den Fallstudien und Befragungen offenbar nicht bis an die absolute Peripherie, sondern findet eher in der Nachbarschaft der Zentren statt. Offensichtlich führen IuK-Anwendungen nur zu einer moderaten Dezentralisierung, bei der aber zugleich die relative Bedeutung insbesondere größerer Städte betont wird.

Unsere eigenen empirischen Arbeiten – auf die in diesem Beitrag nicht im Einzelnen eingegangen werden kann (vgl. hierzu Dohse et al. 2004) – stützen die These, dass sich bei stark und nachhaltig sinkenden räumlichen Transaktionskosten das lange Zeit dominierende sektorale Spezialisierungsmuster in ein funktionales wandelt. Hauptquartiere von Unternehmen unterschiedlicher Branchen ballen sich an Standorten mit einem reichhaltigen Angebot an unternehmensbezogenen Dienstleistern, die Produktionsstätten dagegen werden nach Faktorkostenüberlegungen – etwa wegen ballungsbedingt höherer Lebenshaltungskosten in den Zentren, niedrigerer Bodenpreise und Arbeitskosten in weniger verdichteten Räumen – weiter an die Peripherie verlagert. Bei vorhandenen Agglomerationsvorteilen ergeben sich Cluster von Produktionsstätten an bestimmten Standorten außerhalb der Zentren; ohne solche Vorteile ergibt sich ein eher disperses Standortmuster der Produktionsstätten. Generell werden die Agglomerationsvorteile in der Produktion geringer sein als bei Managementfunktionen, so dass Hauptquartiere in Agglomerationen angesiedelt werden, Produktionsstandorte dagegen außerhalb von diesen.

Mit diesen Ergebnissen sehen wir die Vermutung bestätigt, dass die verstärkte Verwendung des Internets als Transaktionsmedium Spuren in den regionalen funktionalen Beschäftigungsstrukturen verschiedener Typen von Standorten hinterlassen wird, und zwar entlang der Grenzlinie zwischen gebundenem Wissen und kodifizierbaren Informationen, die bei der Produktion und Vermarktung von Gütern und Diensten ausgetauscht werden müssen: Produktionsprozesse, für die vorwiegend kodifizierbare Informationen wichtig sind, verlieren in starkem Maße ihre Raumbindung und werden „footloose“. Produktionsaktivitäten, die einen hohen Anteil an gebundenem Wissen („tacit knowledge“) enthalten und die der persönlichen („face to face“) Kontakte bedürfen, werden dagegen eher zu einer räumlichen Konzentration in den Zentren neigen. Die Ergebnisse deuten darauf hin, dass die New Economy bestehende regionale Disparitäten (die „technologische Lücke“ zwischen Zentrum und Peripherie) trotz der Dezentralisierung von standardisierten Fertigungstätigkeiten eher verschärft als vermindert. Dies bedeutet, dass die Attraktivität der Metropolen längerfristig nicht sinken dürfte.

Literatur

Audretsch, D. B.; Thurik, A. R. (2000): What's wew about the New Economy? Sources of Growth in the Managed and Entrepreneurial Economies. ERIM report series research in management: Strategy and entrepreneurship, 2000-45. Erasmus Research Institute of Management, Erasmus Universiteit Rotterdam

Bade, F.-J.; Schönert, M. (1997): Regionale Unterschiede und Entwicklungstendenzen in der Qualität der Arbeitsplätze. Geographische Zeitschrift, 85 (2+3). S. 67-80

Bade, F.-J.; Niebuhr, A. (1999): Zur Stabilität des räumlichen Strukturwandels. Jahrbuch für Regionalwissenschaften 19. S. 131-156

Bade, F.-J.; Nerlinger, E. A. (2000): The Spatial Distribution of New Technology-based Firms: Empirical Results for West-Germany. Papers in Regional Science 79 (2). S. 155-176

Bade, F.-J.; Niebuhr, A.; Schönert, M. (2000): Spatial Structural Change - Evidence and Prospect – HWWA Discussion Paper 87. Hamburg: Hamburgisches Welt-Wirtschafts-Archiv (HWWA)

Bade, F.-J. (2001): Regionale Entwicklungstendenzen und Unterschiede des Humankapitals. In: Eckey, H.-F. et al. (Hrsg.): Ordnungspolitik als konstruktive Antwort auf wirtschaftspolitische Herausforderungen. Festschrift zum 65. Geburtstag von Paul Klemmer. Stuttgart. S. 337-361

Bade, F.-J.; Laaser, C.-F.; Soltwedel, R. (2004): Urban Specialization in the Internet Age-Empirical Findings for Germany. Kiel Working Paper Nr. 1215. Kiel Institute for World Economics

Bristow, G.; Munday, M.; Gripaios, P. (2000): Call Centre Growth and Location: Corporate Strategy and the Spatial Division of Labor. Environment and Planning A 32 (3). S. 519-538

Cairncross, F. (1997): The Death of Distance: How the Communications Revolution Will Change Our Lives. Boston

Cairncross, F. (2001): The Death of Distance 2.0; how the Communications Revolution will Change our Lives. Cambridge

Caspar, J.; Heinrich C.; Köck, N.; Krömmelbein, S.; Schmid, A. (2000): Unternehmensvernetzung und regionale Beschäftigung am Beispiel der Region Rhein-Main. In: Krömmelbein,S.; Schmid, A. (Hrsg.): Globalisierung, Vernetzung und Erwerbsarbeit. Theoretische Zugänge und empirische Entwicklungen. Wiesbaden. S. 73-128

Caspar, J.; Krömmelbein, S.; Schmid, A. (2002): Regionale Beschäftigungseffekte der neuen Informations- und Kommunikationstechnologien in der Rhein-Main-Region. In: Fischer, J.; Gensior, S. (Hrsg.): Sprungbrett Region? Strukturen und Voraussetzungen vernetzter Geschäftsbeziehungen. Berlin. S. 329-352

Castells. M. (1999): The Culture of Cities in the Information Age. Paper prepared for the conference Frontiers of the Mind in the Twenty-First Century, Library of Congress, Washington D. C., June 14-18

Cohen, W. M.; Levinthal, D. A. (1990): Absorptive Capacity: A New Perspective on Learning and Innovation. Administrative Science Quarterly 35. S. 128-135

Coppel, J. (2000): E-commerce: Impacts and Policy Challenges. Organisation for Economic Cooperation and Development, Economics Department Working Paper Nr. 252. Paris: OECD

Coyle, D. (2000): Radio Talk on the New Economy. Essay on BBC Radio Four's „The World Tonight" on Friday 11 February 2000. Downloaded from Internet-site http://dialspace.dial.pipex.com/diane.coyle/worldtonight.htm

Deregulierungskommission (Unabhängige Expertenkommission zum Abbau Marktwidriger Regulierungen) (1990): Marktöffnung und Wettbewerb, Teil 1: Deregulierung als Programm? Das Versicherungswesen, das Verkehrswesen. Bonn

Deregulierungskommission (Unabhängige Expertenkommission zum Abbau Marktwidriger Regulierungen) (1991): Marktöffnung und Wettbewerb, Teil 2: Die Stromwirtschaft; das technische Prüfungs- und Sachverständigenwesen; die Märkte für Rechtsberatung und Wirtschaftsberatung; das Handwerk; der Arbeitsmarkt. Bonn

Dohse, D. (2002): The Spatial Structure of the New Economy in Germany. Paper presented at the 42nd Congress of the European Regional Science Association (ERSA) „From Industry to Advanced Services - Perspectives of European Metropolitan Regions“ in Dortmund 27-31. August 2002. University of Dortmund: Congress CD-ROM

Dohse, D.; Laaser, C.-F.; Schrader, J.-V.; Soltwedel, R. (2004): Räumlicher Strukturwandel im Zeitalter des Internets – Eine Untersuchung der raumwirtschaftlichen Folgen des Vordringens des Internets als Transaktionsmedium. In: Wüstenrot Stiftung (Hrsg.): Räumlicher Strukturwandel im Zeitalter des Internets – Neue Herausforderungen für Raumordnung und Stadtentwicklung. Wiebaden, S. 11-143

Drennan, M. P. (2002): The Information Economy and American Cities. Baltimore

Duranton, G.; Puga, D. (2001): From Sectoral to Functional Urban Specialisation. CEPR Discussion Paper 2971. London: Centre for Economic Policy Research (CEPR)

Frankel, J. A.; Rose, A. K. (2000): Estimating the Effect of Currency Unions on Trade and Output. CEPR Discussion Paper 2631. London: Centre for Economic Policy Research (CEPR)

Fritsch, M.; Ewers H.-J. (1985): Telematik und Raumentwicklung – Mögliche Auswirkungen neuer Telekommunikationstechniken auf die Raumstruktur und Schlußfolgerungen für die raumbezogene Politik. Kleine Schriften der Gesellschaft für Regionale Strukturentwicklung. Bonn

Ghemawat, P. (2001): Distance Still Matters. The Hard Reality of Global Expansion. Harvard Business Review (Sept.). S. 137-147

Gilbert, A.; Villeneuve, P. (1999): Social Space, Regional Development, and the Infobahn. Canadian Geographer 43. S. 114-117

Gilder, G. (1996): Forbes ASAP, February 27th: 56

Gillespie, A.; Richardson, R.; Cornford, J. (2000): Regional Development and the New Economy. Centre for Urban and Regional Development Studies (CURDS), University of Newcastle Upon Tyne: Draft Paper. Erschlossen über: http://www.ncl.ac.uk/curds

Glaeser, E. L.; Kahn, M. E. (2003): Sprawl and Urban Growth. Preliminary Manuscript of a Chapter for Volume IV of the Handbook of Urban and Regional Economics. Downloaded from Internet-Site. http://econ.pstc.brown.edu/faculty/henderson/handbook.html

Goddard, J. B.; Gillespie, A. E.; Thwaites, A. T.; Robinson, J. F. (1983): Study of the Effects of New Information Technology on the Less Favoured Regions of the Community. Final Report for the Directorate General for Regional Policy of the Commission of the European Communities. Centre for Urban and Regional Development Studies (CURDS), University of Newcastle upon Tyne

Grentzer, M. (1999): Räumlich-strukturelle Auswirkungen von IuK-Technologien in transnationalen Unternehmen. Geographie der Kommunikation, 2. Münster

Hall, B. H.; Khan, B. (2003): Adoption of New Technology. NBER Working Paper 9730. Cambridge, MA: National Bureau Of Economic Research. Downloaded from Internet-site http://www.nber.org/papers/w9730

Halves, J.-P. (2001): Call Center in Deutschland. Räumliche Analyse einer standortunabhängigen Dienstleistung. Bonner Geographische Abhandlungen 104. St. Augustin

Heindl, H.; Pauschert, D. (2000): Analysen zu den Grundlagen der „New Economy": Benchmarking und Internet Ökonomie. In: Witt, F. H. (Hrsg.): Unternehmung und Informationsgesellschaft : Management - Organisation – Trends. Reinhard Rock zum 60. Geburtstag. Wiesbaden, S. 169-184

Henckel, D.; Nopper, E.; Rauch, N. (1984): Informationstechnologie und Stadtentwicklung. Schriften des Deutschen Instituts für Urbanistik 71. Stuttgart u.a.

Hudson, H. E. (2000): Extending Access to the Digital Economy to Rural and Developing Regions. In: E. Brynjolfsson and B. Kahin (Hrsg.): Understanding the Digital Economy: Data, Tools, and Research. Cambridge, et al. S. 261-291

Klodt, H.; Laaser, C.-F.; Lorz, J.-O.; Maurer, R. (1995): Wettbewerb und Regulierung in der Telekommunikation. Kieler Studien 272. Tübingen

Klodt, H.; Maurer, R.; Schimmelpfennig, A. (1997): Tertiarisierung in der deutschen Wirtschaft. Kieler Studien 283. Tübingen

Klodt, H.; Buch, C. M.; Christensen, B.; Gundlach, E. u.a. (2003): Die neue Ökonomie: Erscheinungsformen, Ursachen und Auswirkungen. Eine Heinz Nixdorf Studie. Kieler Studien 321. Berlin und Heidelberg

Koski, H.; Rouvinen, P.; Ylä-Anttila, P. (2001): ICT Clusters in Europe. The Great Central Banana and the Small Nordic Potato. UNU/WIDER Discussion Paper 2001/6. Helsinki: United Nations University World Institute for Development Economics Research

König, R. (1999): Vom Leitbild zum konkreten Handeln – Leistungsfähige Infrastruktur. In: Mäding, H. (Hrsg.): Zwischen Überforderung und Selbstbehauptung – Städte unter dem Primat der Ökonomie. Difu-Beiträge zur Stadtforschung 27. Berlin

Krafft, L. (2002): Ergebnisse des Forschungsprojekts „E-startup.org", durchgeführt an der European Business School, Schloß Reichartshausen, Oestrich-Winkel. Erschlossen über Internet-Site http://www.e-startup.org/ergebnis.htm

Krugman, P. R. (1991): Geography and Trade. Cambridge

Leamer, E. E.; Storper, M. (2001): The Economic Geography of the Internet Age. NBER Working Paper Series Nr. 8450. National Bureau of Economic Research. Cambridge

L'Hoest, R.; Schonig, W. (2000): Die Internet-Wirtschaft als Reformmotor der Wirtschafts- und Sozialpolitik. Wirtschaftsdienst 80 (5), S. 277-283

Mai, S. (2000): Prognosen zum E-Commerce – Ungewißheiten über das zukünftige Potenzial des elektronischen Handels. Zeitschrift für Wirtschaftspolitik 49 (3), S. 267-284

Malecki, E. J. (2002): The Economic Geography of the Internet Infrastructure. Economic Geography 78 (4. Oct.), S. 399-424

Marti, P.; Mauch, S. (1984): Wirtschaftlich-räumliche Auswirkungen neuer Komunikationsmittel, Schlußbericht. Nationales Forschungsprogramm „Zentren-Peripherie", Projekt 4.507. Arbeitsberichte des nationalen Forschungsprogramms „Regionalproblem in der Schweiz", 46. Bern und Zürich: Infras

Matuschewski, A. (2002): Regional Embeddedness of Information Economy Enterprises in Germany. Paper presented at the 42nd Congress of the European Regional Science Association (ERSA) „From Industry to Advanced Services – Perspectives of European Metropolitan Regions“ in Dortmund 27-31 August 2002. University of Dortmund: Congress CD-ROM

Organisation for Economic Cooperation and Development (OECD) (2000): ICTs, E-Commerce and the Information Economy. OECD Information Technology Outlook 5. Paris: OECD

Picot, A. (1985): Integrierte Telekommunikation und Dezentralisierung in der Wirtschaft. In: Kaiser, W. (Hrsg.): Integrierte Telekommunikation. Vorträge des vom 5.-7.11.1984 in München abgehaltenen Kongresses. Telecommunications. Veröffentlichungen des Münchner Kreises, Übernationale Vereinigung für Kommunikationsforschung, 11. Berlin u.a., S. 484-498

Porter, M. E. (2001): Strategy and the Internet. Harvard Business Review (March), S. 63-78

Puchinger, K. (2000): Entwicklungstrends von Standortfaktoren in städtischen Agglomerationen. Ein Grundlagenpapier im Rahmen von TECNOMAN-Regional-Wien. INTERREG IIc CADSES Cooperation. Wien. Erschlossen über Internet-Site http:/www.tecnoman.net/06infopack/downloads standortfaktoren grundlagenpapier.pdf

Quarck, M. (1929): Die Entwicklung des Handels, Transports und Verkehrs in Deutschland. Geschichte des Deutschen Verkehrsbundes, Bd. I. Berlin

Rauh, J. (1999): Telekommunikation und Raum. Informationsströme im internationalen, regionalen und individuellen Beziehungsgefüge. Geographie der Kommunikation, 1. Münster

Rosenberg, N.; Trajtenberg, M. (2001): A General Purpose Technology at Work: The Corliss Steam Engine in the Late 19th Century US. NBER Working Paper 8485. Cambridge, MA: National Bureau Of Economic Research. Downloaded from Internet-site http://www.nber.org/papers/w8485

Schaeffer, K. H.; Schar, E. (1975): Access for All: Transportation and Urban Growth. Harmondsworth

Soltwedel, R.; Busch, A.; Groß, A.; Laaser, C.-F. (1986): Deregulierungspotenziale in der Bundesrepublik. Kieler Studien 202. Tübingen

Soltwedel, R.; Busch, A.; Groß, A.; Laaser, C.-F. (1987): Zur staatlichen Marktregulierung in der Bundesrepublik. Kieler Sonderpublikationen. Kiel: Institut für Weltwirtschaft

Statistisches Bundesamt (2003a): Informations-Technologie in Unternehmen. Ergebnisse einer Pilotstudie für das Jahr 2002. Wiesbaden. Erschlossen über das Internet (http://www.destatis.de/presse/deutsch/pk/2003/iuk_unternehmen.pdf)

Statistisches Bundesamt (2003b): Informations-Technologie in Haushalten. Nutzung von Informations- und Kommunikationstechnologien in privaten Haushalten – Ergebnisse einer Pilotstudie für das Jahr 2002. Wiesbaden. Erschlossen über das Internet (http://www.destatis.de/presse/deutsch/pk/2003/iuk_privat.pdf)

Stehn, J. (2002): Macro- and Microeconomic Policy in the New Economy: Introduction and Overview. In: Siebert, H. (Hrsg.): Economic Policy Issues in the New Economy. Berlin, Heidelberg Springer, S. viii-xi

Venables, A. J. (2001): Geography and International Inequalities: the Impact of New Technologies. LSE Centre for Economic Performance Discussion Paper 507. London: London School of Economics and Political Science. Downloaded from Internet-site http://cep.lse.ac.uk/pubs/download/dp0507.pdf

Winther, L. (2001): The Spatial Structure of the New Economy in the Nordic Countries. Nordregio Working Paper 2001:10. Stockholm

Zappacosta, M. (2001): Anschluss für alle: die Rolle von IKT bei der Entwicklung in ländlichen und abgelegenen Regionen. IPTS Report, Deutsche Ausgabe (Jul.), S. 4-11

Zook, M. A. (2001): Old Hierarchies or Networks of Centrality? The Global Geography of the Internet Content Market. American Behavioral Scientist 44 (10). Erschlossen über das Internet (http://www.zooknic.com/info/Zook-ABS-2001.pdf)

Gerhard Krauss

3. Regionale und soziale Einbettung von Wissensökonomien in Metropolregionen

1 Einleitung

Der folgende Beitrag beschäftigt sich mit der sozialen und institutionellen Einbettung wissensorientierter Interaktionsräume in Metropolregionen. Dabei wird im Folgenden die These vertreten, dass Metropolregionen durch ihre geschichtliche und soziale Entwicklung und ihre relationale Position in einem internationalen Beziehungssystem bzw. -netz von Regionen geprägt werden; die Relationen zwischen den Regionen ändern sich in der Regel nicht sprunghaft und radikal, sondern entwickeln sich inkremental im Rahmen einer pfadabhängigen Entwicklung.[1] Entsprechend ist davon auszugehen, dass sich ein Entwicklungspfad auch hinsichtlich der Pflege, Weiterentwicklung und Weitergabe von kontextspezifischem Wissen, das mehr den Charakter impliziter, unausgesprochener Handlungsanweisungen für den Umgang, die Absicherung und Nutzung kollektiver Wissensbestände hat, nachzeichnen lassen müsste. Dieses gewinnt zunehmend an Bedeutung. Gleichzeitig ist es auch in immer größerem Maße Einflüssen aus überregionalen Interaktionsbeziehungen ausgesetzt.

2 Wissensökonomie

In der Wissensökonomie erhalten die urbanen Dienstleistungszentren und die tertiarisierten Industrieregionen besondere Aufmerksamkeit. In ihrer spezifischen Stellung spiegeln sich einige wesentliche Anforderungen der Wissensökonomie wider. Diese beziehen sich:

---

[1] Hierauf deuten die von Martin Heidenreich am Beispiel der territorialen Ungleichheiten in der erweiterten EU herausgearbeiteten Befunde, welche die Dauerhaftigkeit der europäischen Zentrum-Peripherie-Beziehungen belegen (Heidenreich 2003b).

- erstens auf neue Formen der Wissensproduktion und dabei insbesondere der verstärkten Kombination von globaler Vernetzung und regionaler/lokaler Einbettung (vgl. Heidenreich 2000);
- zweitens auf eine stärkere Wissensbasierung wirtschaftlichen Handelns generell, was heißt: Selbstreflexivität, permanente Überprüfung und Infragestellung etablierter Handlungsanleitungen und kollektiver Interpretationen des Wirtschaftsgeschehens, sowie eine hohe Experimentier- und Korrekturbereitschaft (vgl. Stehr 1994; Heidenreich 2003a);
- drittens auf eine zunehmende Bedeutung wissensbasierter Dienstleistungen, denn der Erfolg technischer Innovationen setzt vielfach soziale und organisatorische Innovationen voraus (und hier können kompetente, spezialisierte Dienstleister den Unternehmen wichtige Hilfestellung leisten). Zusammengenommen läuft dies auf eine Institutionalisierung von Lernmöglichkeiten hinaus, die in organisatorische Felder (DiMaggio, Powell 1983: 148) eingebettet sind. Hierbei entwickeln und verändern sich Organisationen aufgrund von Lernprozessen ständig weiter, was wiederum den Ausgangspunkt weiterer, künftiger Lernprozesse bilden kann.

Ein wichtiges Merkmal von Wissensökonomien ist das Phänomen, dass die wissensbasierten Kompetenzen und die kollektiven Wissensbestände in aller Regel räumlich, d.h. regional oder sogar lokal konzentriert sind. Zwei wichtige Regionstypen, die in diesem Zusammenhang zu unterscheiden wären, sind urbane Dienstleistungszentren einerseits und tertiarisierte Industrieregionen andererseits (vgl. Heidenreich 2003b). Die wissensintensiven unternehmensorientierten Dienstleistungen scheinen vor allem in einigen zentralen Metropolregionen konzentriert zu sein, die sich weiter ausdifferenzieren und ein Spektrum von international offenen, heterogenen Metropolregionen wie z.B. London oder Paris bis zu regional stärker abgeschlossenen oder auf sich selbst bezogenen Regionen abdecken (vgl. Simmie et al. 2002). In letzteren Regionen spielen regionale, historisch gewachsene und formalisierte Netzwerke oftmals eine herausragende Rolle (Beispiel Region Stuttgart).

Die empirische Beobachtung, dass regionale und lokale Interaktionsräume – gerade auch in einer globalisierten Weltwirtschaft – eine zentrale

Bedeutung für die Pflege bestimmter Kompetenzen in wissensintensiven und technologieorientierten Wirtschaftsfeldern zu spielen scheinen, verweist darauf, dass das wirtschaftliche Handeln sozial überformt und wiederum in soziale Strukturen eingebettet ist (vgl. Granovetter 1985). Dies steht im Widerspruch zu der These klassischer Ökonomen, wirtschaftliches Handeln könne erfolgreich aus sozialen Beziehungen herausgelöst werden.[2] Diese soziale Einbettung hat eine räumliche Ausprägung: Sie bezieht sich auf bestimmte sozio-territoriale Räume, welche soziale Praktiken vorstrukturieren (Giddens 1997). Es spricht also wenig für die These einer „Enträumlichung des Sozialen" (Ulrich Beck) oder einer ausschließlich funktional differenzierten Weltgesellschaft (Niklas Luhmann) (siehe Heidenreich 2003b).

Dies sind auch die Schlussfolgerungen, die aus der Forschung zu regionalen Innovationssystemen zu ziehen sind. Diese in der zweiten Hälfte der 90er Jahre begonnene Forschungsrichtung lieferte zahlreiche Hinweise für die These einer institutionellen Pfadabhängigkeit regionaler innovationsorientierter Handlungsräume. Die These unterstreicht, dass Innovationen in einen bestimmten räumlichen, soziokulturellen und institutionellen Kontext eingebettet sind, der eine bestimmte Geschichte hat. Wenn dieser Forschungsrichtung der Verdienst zukommt, auf die Bedeutung regionaler Interaktionsräume für die Produktion und Verwertung neuen Wissens aufmerksam gemacht zu haben, so liegen allerdings die Schwächen des theoretischen Konzeptes darin, einerseits die in der Wissensökonomie empirisch beobachtbaren, mit beschleunigtem Innovationstempo einhergehenden, prozesshaften Veränderungsdynamiken angemessen erfassen zu können, und andererseits überregionalen Zusammenhängen gerecht zu werden. Eine Lösungsmöglichkeit besteht hier darin, den Fokus auf die institutionellen Regulationsstrukturen sozialer Interaktionsräume zu legen und eine gewisse Offenheit bzw. überregionale oder internationale Einbettung dieser Räume anzunehmen (die gleichwohl variieren kann). Dies bietet den Vorteil, statische Erklärungsmodelle zu vermeiden und zugleich Interdependenzen zwischen Interaktionsräumen Rechnung tragen zu können. Denn urbane Dienstleistungszentren auf der

2 Man denke in diesem Zusammenhang an die Diskussion dieser Problematik bei Polanyi (2001[1944]).

einen und industrielle Wirtschaftsregionen auf der anderen Seite können nur schwerlich isoliert voneinander gesehen werden; sie sind vielmehr aufeinander bezogen. In diese Richtung deuten neben der räumlichen Nähe beider Regionstypen auch Phänomene wie die zunehmende Komplementarität und Verschmelzung von Dienstleistungen und Industrieprodukten, sowie die Tertiarisierungstendenzen in der Industrie und die „Industrialisierung“ der Dienstleistungen (Gallouj 2002).

3 Metropolregionen – zentrale Orte des Lernens in der Wissensökonomie?

Inwieweit können sich nun die Metropolregionen als verdichtete Sozialräume zu zentralen Orten des Lernens in der Wissensökonomie entwickeln? Zunächst ist ihre Ausgangssituation natürlich von ihrer pfadabhängig entstandenen, relativen Position im Gesamtsystem der international eingebetteten Regionen abhängig. Die sozial-räumliche Einbettung des Innovationshandelns mag ein wichtiger Vorteil sein, indem sie ein aufeinander Aufbauen von bestimmten Kompetenzen ermöglicht und Spezialisierungspfade erleichtert. Von großer Bedeutung sind die dabei entstehenden „Sozialisationseffekte“, über die den Wirtschaftsakteuren ein kontextspezifisches, nichthandelbares Wissen vermittelt wird, welches sich in einer Art „praktischer Intelligenz“ manifestiert – eine Art impliziter Handlungssinn, der die Akteure in die Lage versetzt, in ihrem Wirtschaftsbereich (in Abhängigkeit von ihrer jeweiligen Position) intelligent zu agieren. Bestimmte innovationsförderliche Verhaltensweisen können schließlich zusätzlich institutionell abgesichert sein, z.B. über regionale Institutionen. Allerdings ist damit nicht völlig ausgeschlossen, dass es Beispiele nicht-pfadabhängiger Entwicklungen gibt. In manchen Fällen können einzelne Ereignisse völlig neue Entwicklungen etwa in Regionen mit geringer Institutionendichte anstoßen, und neue Pfade erschaffen – quasi fast „aus dem Nichts“. Beispiele hierfür lassen sich unter den jüngeren Hochtechnologieregionen finden (ein gutes Beispiel ist hierfür der Aufstieg der Biotechnologieindustrie in San Diego).

Die neue Rolle der Metropolregionen im Dienstleistungsbereich erklärt sich nicht zuletzt aus den grundlegenden Fortschritten bei den

Dienstleistungsinnovationen: So ermöglichen neue IuK-Technologien und die Standardisierung von Wissen zunehmend einen Handel mit anspruchsvollen Dienstleistungen über die Region hinaus. Auf der anderen Seite nutzen die Dienstleister in unterschiedlichem Maße auch regionsexterne und globale Informationsquellen, wofür sie ein einschlägiges kontextspezifisches Wissen benötigen, welches nur über längerfristige Sozialisation und Erfahrungen im Austausch mit anderen zentralen Akteuren aus der Region (oder von außerhalb) erworben werden kann – das also Ergebnis eines Akkumulationsprozesses ist.

Generell lässt sich festhalten: Erstens bilden regionale, institutionell stabilisierte Interaktionsräume eine zentrale Arena für die Nutzung und Pflege von Wissen (allerdings überlagert durch überregionale Wirtschaftsbeziehungen); zweitens gibt es historisch entstandene, sich durchaus dynamisch weiter entwickelnde, regional geprägte Handlungsstile im Umgang mit Risiken, welche einerseits von den Akteuren über Sozialisation weitergetragen und andererseits über institutionelle Strukturen stabilisiert werden. Das Spektrum reicht hier von der Förderung eines Experimentierens mit neuen Innovationsansätzen bis hin zu einer ausschließlich erfahrungsbasierten Pflege, Weiterentwicklung und Nutzung akkumulierten Wissens. Wohlgemerkt hängt die konkrete Ausprägung noch von weiteren Faktoren wie konjunkturellen bzw. außerregionalen Einflüssen ab, aber offensichtlich unterscheiden sich unterschiedliche Orte prinzipiell in der Art und Weise wie kollektive Wissensbestände gepflegt, weiterentwickelt und wirtschaftlich genutzt werden. Dies verweist somit drittens auf die grundlegenden Dilemmata innovativen Handelns (vgl. Heidenreich 2003c): Über Jahre akkumuliertes Erfahrungswissen kann aufgrund von Pfadabhängigkeiten zu Verriegelungseffekten und Lernbarrieren führen, eine zu radikale Abkehr von bisherigem Erfahrungswissen kann demgegenüber mit hohen Risiken verbunden sein und die Sicherung der kollektiven Wissensbestände gefährden. In manchen Regionen (wie beispielsweise Silicon Valley) wird die Experimentierfreudigkeit bis zum Extrem getrieben, und die Konsequenzen von Misserfolgen und Scheitern werden entsprechend abgefedert. Allerdings ist die Grenze zu völlig irrationalen Unternehmenskonzepten und Strategien leicht überschritten, mit teilweise gravierenden wirtschaftlichen Auswirkungen auf die kurz- und mittelfristigen Entwicklungsperspektiven ganzer Wirtschaftsbereiche. Auf der anderen Seite entsteht dadurch wiederum neues Erfahrungswissen und eine relativ hohe Dynamik bei der Erneuerung von kollektivem Erfahrungswissen.

4 Wissensbasierte unternehmensorientierte Dienstleister in Metropolregionen: Zwei empirische Beispiele

Auch für die einzelnen Unternehmen ist es nicht immer einfach, diesen Spagat zwischen unternehmensbezogenem sowie kollektivem Erfahrungswissen einerseits und der Verfolgung völlig neuer Perspektiven zu finden. Dies soll im Folgenden anhand zweier Unternehmensbeispiele verdeutlicht werden. Beide sind Unternehmen, die in Metropolregionen ihren Sitz haben und die qualitativ hochwertige, unternehmensbezogene Dienstleistungen anbieten.

Bei dem ersten Beispiel handelt es sich um einen global operierenden, wissensbasierten Informationsdienstleister, der im Umfeld der Filmindustrie in Hollywood angesiedelt ist (vgl. Krauss 2002: 45 f.). Dies ist ein kleines aber feines, hochspezialisiertes Dienstleistungsunternehmen mit lediglich einer Handvoll Mitarbeitern. Die Informationsdienstleistung besteht darin, filmbezogene Informationen für Investoren aufzubereiten und diese teuer über das Internet zu verkaufen (der Dienst liefert laufend aktualisierte online-Informationen). Es geht dabei im Wesentlichen um Informationen zu den Filmrechten, die für Investoren ebenso wie für Händler, nationale und internationale Vertriebshäuser, Produktionshäuser und Filmfestivals von Interesse sind. Vertriebsunternehmen, die nach neuen Filmen für internationale oder für bestimmte geographisch eingegrenzte Märkte suchen, können den Dienst nutzen, um ihre eigenen Mitarbeiter in der Informationsbeschaffung zu entlasten, so dass diese sich vorab informiert auf die eigentlichen Verhandlungen und Beziehungen zu Produzenten, die Filminhalte und die Auswahl der Filme konzentrieren können. Die Entwicklungs- und Einkaufsabteilungen der Filmunternehmen wiederum haben aufgrund der Informationen bessere Chancen, sich die besten Filme noch vor Beginn des eigentlichen Wettbewerbs sichern zu können.

Bei genauerer Betrachtung der Unternehmenstätigkeit und der nötigen Informationsbeschaffungsarbeit wird deutlich, dass die benötigten Informationen keinesfalls einfach zu besorgen sind. Die Informationsbeschaffung erfordert eine rege Reisetätigkeit; zwei Mitarbeiter (die Unternehmensgründer und Geschäftsführer/Inhaber) sind jeweils sechs Monate ihrer Jahresarbeitszeit auf Reisen zu Filmfestivals unterwegs. Die Informationsbeschaffung kennt dabei prinzipiell keine geographischen Grenzen. Aber es ist für das Unternehmen extrem wichtig, selber in Person einer der beiden Chefs vor Ort physisch vertreten zu sein, um persönliche Kontakte zu Filmproduzenten zu pflegen.

Das Unternehmen könnte heute theoretisch an einem beliebigen Ort angesiedelt sein, allerdings gilt für seine Entstehung und Entwicklung eine soziale Pfadabhängigkeit: So war die langjährige Sozialisation der Unternehmensgründer in der räumlich konzentrierten Filmindustrie in Hollywood eine wichtige Vorbedingung, um die betreffende Nische eines hochspezialisierten wissensintensiven Informationsdienstleisters entdecken und ein entsprechendes Unternehmen mit Erfolg entwickeln zu können.

Mit dem Aufkommen des Internets fand sich das Unternehmen dann einer neuen Herausforderung und zugleich Chance gegenüber: Die neuen IuK-Technologien ermöglichten eine zeitnahe, ortsungebundene Leistungserbringung über Internet für Kunden auf der ganzen Welt. Im Unterschied zu heute war allerdings damals die Integration der Internet-Technologie in der Pionierphase des World Wide Web in der zweiten Hälfte der 90er Jahre noch mit verhältnismäßig großen technologischen und ökonomischen Unsicherheiten verbunden, weshalb das Unternehmen einen technologisch und ökonomisch stärkeren Partner benötigte. Andererseits gab es faktisch keinen Weg vorbei an der neuen Technologie: Es bestand ein hoher Druck, in die neue Technologie investieren zu müssen, da die bisherige Arbeitsweise mit konventionellen Mitteln (mit der Fax-Technologie als wesentlichem Übertragungsmedium von Informationen) an eine Grenze gelangte und in Konkurrenz zu internetbasierten Techniken geriet. Gerade ein wissensbasierter Informationsdienstleister konnte das neue Medium Internet nur schwerlich umgehen. Unklarheit herrschte zum damaligen Zeitpunkt jedoch über tragfähige Geschäftsmodelle rein internetbasierter Dienstleistungsunternehmen. Deshalb suchte das Unternehmen nach einem Partner. Ein vermeintlich starker Partner wurde in einem internetbasierten Filmportal gefunden, dessen Dienstleistungen scheinbar eine optimale Ergänzung der von dem Unternehmen angebotenen Informationsdienstleistungen darstellten.

Dieses Beispiel illustriert das Dilemma des Unternehmens, entweder ein erfahrungsgestütztes, bislang erfolgreiches Unternehmenskonzept mit eher konservativen Strategien weiterzutragen, um damit die Risiken zu reduzieren, was allerdings mit dem Preis von Stagnation und dem Risiko neuer Konkurrenz durch internetbasierte Jungunternehmen hätte bezahlt werden müssen, oder aber die neue Technologie zu assimilieren, was mit hohen Risiken verbunden war, da dem Unternehmen hierfür die eigene technologische Kompetenz und die nötigen Ressourcen fehlten, sowie auch die wirtschaftlichen Ertragsaussichten der neu aufkommenden Geschäftsmodelle im Internetbereich noch sehr unsicher waren. Durch die Fusion mit dem internetbasierten Partner wurde schließlich das Unternehmen von dem Platzen der Internetblase genauso schwer getroffen, wie die meisten anderen Internetunternehmen und stand in seiner kritischen Phase nahe an der Unternehmensinsolvenz. Für das Überleben des Unternehmens war letztlich seine Ausgangsbasis entscheidend, um an ein historisch gewachsenes, im Rahmen der regional konzentrierten Filmindustrie in Los Angeles (Hollywood) entwickeltes wissensbasiertes Unternehmenskonzept anknüpfen zu können, das sich allerdings im Laufe der Jahre von seinem regionalen Entstehungsort gelöst hat und inzwischen eher als Bestandteil einer sehr stark internationalisierten Filmbranche verstanden werden kann.

Ein zweites Beispiel ist das einer auf den Biotechnologiebereich spezialisierten Risikokapitalgesellschaft mit Sitz in Paris. Diese Gesellschaft ist ebenfalls ein Unternehmen für qualitativ hochwertige, wissensbasierte Dienstleistungen, für dessen Entstehung der regionale Kontext, vor allem aber auch die nationale und internationale Stellung der betreffenden Region eine wichtige Rolle gespielt hat. Die Spezialisierung dieses Finanzdienstleisters auf ein bestimmtes Hochtechnologiefeld ist historisch aus einer öffentlichen Investitionsgesellschaft für junge Technologieunternehmen hervorgegangen. Die strategischen Veränderungen, die der späteren Spezialisierung vorausgegangen sind, erfolgten schrittweise, setzten verschiedene Lernprozesse voraus und manifestierten sich auch in einem organisatorischen Wandel bzw. der Gründung neuer Organisationen. Ursprünglich auf Investitionen in junge, innovative Unternehmen eines reiferen Technologiesektors ausgerichtet, wurde bald erkannt, dass hier kaum Wachstums- und somit Profitchancen vorhanden waren. Dies führte nach und nach zu einer Neuausrichtung auf wachstumsträchtige, neue Hochtechnologiesektoren. Mit der zunehmenden Ausweitung der Investitionen auf junge Hochtechnologiesektoren wie der Biotechnologie wurde ein weiterer Lernprozess in Gang gesetzt, als dessen Folge sich zunehmend die Auffassung durchsetzte, dass ein wesentliches Element der angebotenen Dienstleistung darin bestehen müsse, die internationale Ausrichtung und Expansion der jungen Technologieunternehmen zu unterstützen und zu fördern.

Da Risikokapitalfinanzierungen statistisch in vielen Fällen mit Misserfolg konfrontiert sind, zwingt dies die Risikokapitalgesellschaften einerseits, sich in stark expandierenden Märkten positionieren zu müssen, um die vielen Misserfolge durch einige wenige große (bzw. wenigstens mittelgroße) Erfolge kompensieren zu können. Je mehr sie sich nun aber auf junge Hochtechnologiefirmen mit starken Wachstumspotenzialen konzentrieren, um so eher und schneller befinden sie sich andererseits auch auf internationalen und globalen Märkten (die in vielen Fällen von US-amerikanischen Firmen dominiert werden). Daher wird die internationale Öffnung von Beginn an zu einem entscheidenden Kriterium, das über die Erfolgsaussichten der jungen Hochtechnologieunternehmen entscheidet. Dies erfordert folglich eine entsprechende Ausrichtung des Wissensmanagements der unterstützenden Risikokapitalgesellschaft.

Um junge Hochtechnologieunternehmen bei ihrer internationalen Expansion unterstützen zu können, musste sich die hier betrachtete Risikokapitalgesellschaft ein Beziehungsnetzwerk auf internationaler Ebene aufbauen, und zwar mit folgenden Zielen:

- Zum einen, aus Kooperationen zu lernen (gemeinsame Investitionen mit amerikanischen Fonds in den USA; dabei genügten bereits verhältnismäßig kleine Investitionen, um einen Austausch von Know-how zu fördern);
- Zum anderen, potenzielle Koinvestoren für künftige Engagements in Europa zu erschließen (Schaffung von freundschaftlichen Beziehungen zu wichtigen Risikokapitalgesellschaften in den USA);
- und schließlich, junge europäische Biotechnologieunternehmen leich-

ter in die USA „exportieren“ und über den Börsengang an der NASDAQ einen Rückfluss des investierten Kapitals plus eventueller Kapitalgewinne realisieren zu können.

In dem Beispiel dieser Risikokapitalgesellschaft spielt wie in dem vorangegangenen Beispiel des wissensbasierten Informationsdienstleisters die sozial-räumliche Einbettung in verschiedener Hinsicht eine Rolle. So wurde deutlich, dass sie vor allem für die Entstehung der Unternehmen in einem bestimmten regionalen, institutionellen und wirtschafts- bzw. industriespezifischem Kontext, d.h. für die Entstehungsgeschichte der Unternehmen, von Bedeutung ist. Dies gibt ein gewisses Möglichkeitsspektrum vor und bildet den Ausgangspunkt künftiger Pfadabhängigkeiten. Die Beziehung der Unternehmen zu ihrer Ursprungsregion kann sich jedoch im Laufe der Zeit dynamisch wandeln und lockern – auch wenn der konkrete Standort für das jeweilige Unternehmen nach wie vor aufgrund von weicheren, weniger fassbaren Faktoren wichtig bleibt. In unserem zweiten Unternehmensbeispiel war die Risikokapitalgesellschaft über die schrittweise Diversifikation eines ursprünglich auf einen reifen Industriesektor spezialisierten (öffentlichen) Investmentfonds in Paris entstanden. Die Entwicklung erfolgte hier von einer ursprünglichen Ausrichtung auf die Elektrobranche, über den Elektroniksektor, bis hin zur IuK-Branche und letztlich zur Biotechnologie. Dies war in dem Umfeld in Frankreich und Paris relativ riskant, da es hier noch keine entwickelten Netzwerke der Risikokapitalbranche gab und die in diesem Bereich notwendige internationale Orientierung keinesfalls selbstverständlich war. Die Fähigkeit, einschlägiges Wissen von außerhalb der Region erschließen zu können, war für die Gesellschaft von existenzieller Bedeutung (sehr viel wichtiger beispielsweise als für amerikanischer Risikokapitalgesellschaften, die bereits auf vorhandenem Know-how und Erfahrungswissen aufbauen konnten). Die erfolgreiche Realisierung der internationalen Öffnung und Vernetzung führte in diesem Beispiel dazu, dass letztendlich globale und überregionale Lernbeziehungen in den Vordergrund traten. Der Standort Paris erhält dann vor allem eine geostrategische Bedeutung aufgrund seiner Stellung innerhalb Frankreichs und in der EU, um in Reichweite zu den wichtigsten europäischen Biotechnologiestandorten zu sein.

5 Fazit

Zusammenfassend kann aus diesen Überlegungen abgeleitet werden, dass Wissensökonomien in Metropolregionen zunächst einmal als historisch gewachsene wirtschaftliche Aktivitäten, in international verflochtene sozio-territoriale Interaktionsräume eingebettet sind. Sie besetzen jeweils bestimmte relationale Positionen im Gesamtsystem der Regionen, wobei diese relationalen Positionen ebenfalls eine Vorgeschichte haben und einem pfadabhängigen Wandel unterliegen. Vieles spricht dafür, dass die Hervorbringung neuen Wissens, die Pflege, Weiterentwicklung und wirtschaftliche Nutzung kollektiver Wissensbestände nicht zuletzt auch auf vorangegangenen Sozialisations- und Lernprozessen aufbauen, die sich überwiegend in einem geographisch näher eingrenzbaren sozialen Interaktionsraum abspielen. Man könnte dies vielleicht als sozialräumlich eingebettete Kompetenz charakterisieren. Weiter lässt sich hier eine zunehmende Kreuzung regionaler mit überregionalen Interaktionsarenen, Interdependenzen und Sozialisationsprozessen beobachten, was durch die neuen IuK-Technologien und verbesserte nationale wie internationale Verkehrsanbindungen erleichtert und unterstützt wird, wobei auch dies wiederum pfadabhängig ist. So ist zu erwarten, dass die vorher schon nach außen offeneren, stärker für internationale Informationsflüsse empfänglichen Regionen weiterhin ihren Vorsprung bei ihrer internationalen Öffnung beibehalten werden (vgl. Simmie et al. 2002).

Oftmals werden die Akteure durch regionale Institutionen unterstützt. Von Bedeutung ist hierbei, welche Rolle diese Institutionen in der Praxis konkret ausfüllen. Institutionen begünstigen zunächst einmal nicht Innovationen, sondern die Fortführung etablierter Pfade bzw. diejenigen Unternehmen, die etablierte Muster weiterführen. Auf der anderen Seite müssen sich die Wirtschaftsakteure auch von unveränderlichen Regeln lösen können, was wiederum die Frage nach institutionalisierten Lernmöglichkeiten aufwirft. Bei der Weiterentwicklung und Nutzung des kollektiven Wissens sind schließlich zwei gegensätzliche Ziele in Einklang zu bringen: Einerseits der Aufbau auf akkumuliertem Erfahrungswissen und andererseits die systematische Infragestellung erfahrungsgestützter und den Akteuren selbstverständlich erscheinender Handlungsmuster bzw. Handlungsabläufe. Die zukünftige Entwicklung der Metropolregionen wird letztlich von dem richtigen Mischungsverhältnis aus beidem abhängen.

Literatur

Block, F. (2001): Introduction by Fred Block. In: Polanyi, K.: The Great Transformation, Boston, S. XViii-XXXiX

DiMaggio, P.; Powell, W. (1983): The Iron Cage Revisited: Institutional Isomorphism and Collective Rationality in Organizational Fields. In: American Sociological Review 48 (April), S. 147-160

Gallouj, F. (2002): Innovation in Services and the Attendant Old and New Myths. In: Journal of Socio-Economics 31, S. 137-154

Giddens, A. (1997): Die Konstitution der Gesellschaft. Grundzüge einer Theorie der Strukturierung. Frankfurt/M.

Granovetter, M. (1985): Economic Action and Social Structure: The Problem of Embeddedness. American Journal of Sociology 91, 3 (November), S. 481-510

Heidenreich, M. (2000): Regionale Netzwerke in der globalen Wissensgesellschaft. In: Weyer, J. et al. (Hrsg.): Soziale Netzwerke. Konzepte und Methoden der sozialwissenschaftlichen Netzwerkforschung, München/Wien, S. 87-110

Heidenreich, M. (2003a): Die Debatte um die Wissensgesellschaft. In: Böschen, S.; Schulz-Schaeffer, I. (Hrsg.): Wissenschaft in der Wissensgesellschaft, Opladen *(im Erscheinen)*

Heidenreich, M. (2003b): Territoriale Ungleichheiten in der erweiterten EU. In: Kölner Zeitschrift für Soziologie und Sozialpsychologie, Jg. 55, Heft 1, S. 31-58

Heidenreich, M. (2003c): The Dilemmas of Regional Innovation Systems. In: Cooke, P.; Heidenreich, M. (Hrsg.): Regional Innovation Systems. The Role of Governances in a Globalized World (2nd Edition), London, S. 498-534

Krauss, G. (2002): Risiko, Misserfolge und Entwicklungsbrüche junger E-Commerce-Unternehmen in wissensbasierten Wirtschaftsfeldern in Kalifornien. (Arbeitsbericht Nr. 225 der Akademie für Technikfolgenabschätzung in Baden-Württemberg), Stuttgart

Polanyi, K. (2001 [1944]): The Great Transformation, Boston

Simmie, J.; Sennett, J.; Wood, P.; Hart, D. (2002): Innovation in Europe: A Tale of Networks, Knowledge and Trade in Five Cities. In: Regional Studies, Vol. 36, S. 47-64

Stehr, N. (1994): Arbeit, Eigentum und Wissen. Zur Theorie von Wissensgesellschaften, Frankfurt/M.

Ilse Helbrecht

4. Geographisches Kapital – Das Fundament der kreativen Metropolis

1 Unter bayerischem Himmel

Es geschah in München am helllichten Tage. Und die Idee war nicht einmal neu. Mitten im Stadtteil Schwabing in bester Innenstadtrandlage, umgeben von Straßencafés, Altbauten mit Stuck an der Decke und repräsentativer Fassade, ganz in der Nähe von Mode-Boutiquen, Antiquitätenläden, Szenekneipen und begehrten Einkaufsmöglichkeiten der Stadt lokalisiert ein Industriekonzern sein urbanes Design Center. Am 12. Dezember 2003 eröffnet der Ingolstädter Automobilkonzern Audi in der Schwabinger Kurfürstenstraße 24 sein „Konzept Design München" (Concept Design Munich). Walter Maria de'Silva, der Chefdesigner bei Audi, freut sich öffentlich über das moderne Designstudio mit Loftatmosphäre. Sechs Monate dauerte der Umbau, ehe die Räumlichkeiten in Größe, Zuschnitt, Funktionalität und Ausdruck den Vorstellungen des Autoherstellers entsprachen. Die Markengruppe Audi, zu der auch SEAT und Lamborghini gehören, hat ihren Design-Vordenkern eine Art urbanes, intellektuelles Wohnzimmer geschaffen mit entspannt-konzentriertem Innovationspotenzial. Ziel und Aufgabe der Designer von „Konzept Design München" ist es, mitten im Herzen der Stadt an den Rändern der kreativen Möglichkeiten der Gegenwart zu arbeiten. Sie sollen hier Lösungen entwickeln, weit über die Grenze des heute Denkbaren hinaus. Nicht das konkrete Design einzelner Serien soll in Schwabing entstehen, sondern die Identität und vitale Zukunftskonzeption der Automarken Audi, SEAT und Lamborghini, also Visionen von Autos der übernächsten Generation.

Eine solche Entwicklung der Städte zur kreativen Metropolis ist nicht neu. Schon 1983, vor gut zwanzig Jahren, eröffnete Audi sein erstes Designstudio in Schwabing in einer ehemaligen Autowerkstatt. Was nun unter dem Namen „Konzept Design München" firmiert ist also eine Modernisierung, eine zeitgemäße Erweiterung einer schon seit zwei Jahrzehnten gepflegten Idee: die räumliche Verankerung der Kreativzellen zur

Erfindung hochwertiger Konzept- und Produktdesigns in den hochwertigen Lagen und Milieus einer urbanen Stadt. Diese Standortwahl ist ein bedeutendes unternehmerisches Statement zur Rolle von Städten in Wissensgesellschaften. Denn das Maß, in dem Prozesse der Wissensproduktion auch in Zeiten von Globalisierung und Digitalisierung an das Städtische als einem konkreten Ort – und nicht etwa dem virtuellen Raum im Internet – gebunden sind, wird ausschlaggebend sein für die Konturen der Stadt- und Regionalentwicklung von Morgen. Die Anziehungskraft der Städte, ihre magnetische Wirkung als Kreativzentren, wird mit darüber entscheiden, ob sie trotz gestiegener technischer Möglichkeiten zur Dezentralisierung der Gefahr der Auflösung, Ausuferung und Abwärtsentwicklung widerstehen.

Warum also wählt ein Konzern wie Audi die Mitte Münchens als Standort für sein innovatives Designteam? Ich möchte in diesem Text mögliche Gründe erörtern, warum Prozesse der Wissensproduktion weiterhin nicht nur standortgebunden, sondern zu Teilen sogar stadtspezifisch sind. Hierbei werde ich neben der Bedeutung der in der Literatur viel beachteten Netzwerkbeziehungen (soziales Kapital) eine andere Kategorie zur Erklärung der Standortgebundenheit von Prozessen der Wissensherstellung verwenden: das ‚geographische Kapital'. Während die (bekannten) Überlegungen zum sozialen Kapital vor allem die wachsende ökonomische Rolle der Stadt als institutionellen Knotenpunkt und sozialen Treff betonen, beleuchtet der (unbekanntere) Begriff des geographischen Kapitals die zunehmende Bedeutung von Stadtgestalt und Stadtästhetik für Prozesse der Wissensproduktion. Der Begriff des geographischen Kapitals führt gedanklich die gesellschaftlich produktive Rolle der Stadtlandschaft, der Skyline, der Stadtästhetik und Stadtgestalt in gegenwärtige Metropolitanisierungsprozesse ein. Der Rede vom geographischen Kapital liegt die Beobachtung zu Grunde, dass seit den 1980er Jahren vor allem Städte mit besonderen städtebaulichen, landschaftlichen und stadträumlichen Ausstattungsmerkmalen aufstrebende Gewinnerzentren der Gegenwart sind. Die Physis der Stadt ist deshalb in meinen Augen die bisher noch unterbeleuchtete Kategorie in den gegenwärtigen Diskursen zur Rolle der Stadt in der Wissensgesellschaft. Doch wie ist das Zusammenspiel von physischen Standortvoraussetzungen (geographischem Kapital) und geistiger Wissensproduktion tatsächlich zu denken?

2 Städte und Wissensproduktion

Die Frage nach dem Zusammenhang zwischen der Wissensproduktion und den bestmöglichen Standortvoraussetzungen hierfür, der Rolle und den Standortvorteilen wie auch -nachteilen der Stadt, hat die Stadt- und Regionalforschung in den letzten beiden Jahrzehnten intensiv beschäftigt. Die intellektuelle Herausforderung und Schwierigkeit im Umgang mit den Standortvoraussetzungen der Wissensproduktion, also der Geographie des Wissens, ergibt sich aus deren immateriellem Charakter. Es bestehen große logische Probleme, überhaupt kausale Zusammenhänge zwischen der geistigen und damit standortungebundenen Tätigkeit des Denkens und der physisch-materiellen Ausstattung von Städten oder Regionen herzustellen. Denken ist prinzipiell überall möglich: unter der Dusche, im Kaufhaus, auf der Schaukel im Garten, auf einer Almhütte, im Gewühl des Alexanderplatzes oder im Wohnzimmer im 22. Stock eines Hochhauses in Berlin Marzahn. Gedacht wird immer dort, wo Denker sind. Warum und wie also sollte das Wissen wachsen und sich Denken fördern lassen durch die physische Verankerung des Denkenden in einer bewusst als ‚Denkraum' gestalteten räumlichen Umwelt? Und was wären ‚Denkräume', also privilegierte Standorte der Wissensproduktion, die den Prozess der Wissensbildung nähren? (vgl. hierzu ausführlich Helbrecht 2004)

Die gängige Antwort der Forschung hierauf lautet derzeit: Wissensgenerierung ist keine einsame Tätigkeit. Die Herstellung, Evaluierung und Verbreitung von Wissen ruht auf dem erfolgreichen Fluss von Informationen zwischen verschiedenen Akteuren. Wissensgenerierung wird im Wesentlichen als das Ergebnis sozialer Interaktionen gesehen. Entscheidend für die Innovationsfähigkeit einzelner Betriebe und ganzer Branchen, einzelner Städte oder ganzer Nationen ist die Qualität der Verflechtungsbeziehungen zwischen den verschiedenen an der Wissensproduktion Beteiligten. Versteht man Wissensgenerierung dergestalt als einen sozialen Prozess, so ist dieser im Wesentlichen davon abhängig, inwieweit sich das Wissen überhaupt zwischen den verschiedenen Beteiligten transportieren lässt.

Nicht jede Form von Wissen ist leichterdings von Mensch zu Mensch oder von einer Institution zur anderen zu übermitteln. Nur so genanntes explizites Wissen, das kodifizierbar ist und zum Beispiel wie Schulwissen unterrichtet werden kann, ist leicht in Büchern, Computern oder Filmen festzuhalten. Solcherart kodifiziertes Wissen ist weltweit verfügbar (so man Zugang zu den Quellen wie Bibliotheken oder Internet hat). Daneben jedoch verfügt der Mensch sehr viel subtiler über implizites, stillschweigendes Wissen (tacit knowledge). Es ist an die Person gebunden und von dieser zum Teil unbewusst inkorporiert, so dass sie es weder kodifizieren noch artikulieren noch mittels Medien (Bücher, Filme) weitergeben kann. Ein klassisches Beispiel hierfür ist die Fertigkeit des Fahrrad-Fahrens (Polanyi, Prosch 1996). Das lernt man nicht durch theoretische Beschreibungen über den maximal möglichen Neigungswinkel in einer Kurve, sondern nur, indem man es tut – und dabei auch mal auf die Nase fällt. Stillschweigendes Wissen ist persönlich. Es ist einem derart tief in Fleisch und Blut übergegangen, dass man selbst kaum weiß, was geschieht, wenn man es tut und welchen Wissensschatz man verwendet, wenn man über ihn verfügt. Medizinstudenten lernen an den Universitäten, was man im Hörsaal über Organe und Entzündungen lehren kann. Der Lerneffekt bleibt größtenteils auf explizites Wissen beschränkt. Die diagnostische Fähigkeit eines geübten Mediziners, anhand des individuellen Krankheitsbildes eines Patienten vom Symptom auf die Ursache zu schließen, bildet sich in jahrelanger Praxis als Ergebnis der Erfahrung erst langsam heraus. Sie ist als persönliche Fachkompetenz personengebundenes, implizites Wissen. Dieses wird an Hochschulen fast nicht gelehrt, obwohl es ganz entscheidend die Güte, Präzision und den Erfolg der ärztlichen Kunst bestimmt.

Wesentlich für einen konstruktiven Umgang mit Wissen, die Entdeckung von Neuem wie auch die Anwendung von Bekanntem, ist stets eine Kombination von beidem, von artikulierbarem und stillschweigendem Wissen. Der Wunsch der Wissensgesellschaft, das implizite Wissen als hochkarätiges Erfahrungswissen möglichst intensiv zu nutzen, erfordert die direkte persönliche Begegnung. Dies ist ein Grund, warum trotz hoch entwickelter Informations- und Kommunikationstechniken weiterhin Face-to-Face Interaktion so notwendig ist.

Eben diese unterschiedlichen Eigenschaften der Transferierbarkeit von Wissen sind für die Stadtforschung ein wesentlicher Ausgangspunkt für die Suche nach einem kausalen Zusammenhang zwischen Standorten und der Förderung der Wissensproduktion. Dabei lässt sie sich zunehmend von einer systemischen Perspektive leiten. Das heißt, sie geht von der Annahme aus – die generell für beide Arten des Wissens gilt –, dass je höher die Kontaktdichte der Akteure ist, und je besser die verschiedenen Wissens- und Informationsströme miteinander verbunden sind, destso innovations- und lernfähiger sind sowohl die einzelnen Beteiligten wie auch der gesamte Standort, sei es eine Stadtregion oder eine Nation. „Die verschiedenen regionalwissenschaftlichen Ansätze, welche den Innovationsprozeß in den Mittelpunkt der Analyse stellen, konzentrieren sich auf die institutionellen Bedingungen der Wissensgenerierung und des Lernens in regionalen Produktionssystemen. Dabei wird der Innovationsprozeß als Ausdruck eines *interaktiven Lernprozesses* verstanden". (Krätke 2002: 22, Hervorhebung im Original) Um die Funktionsweise interaktiver Lernprozesse theoretisch zu fassen, bestehen konkurrierende konzeptionelle Überlegungen zu Produktionsclustern, industriellen Distrikten, kreativen Milieus und lernenden Regionen.

Die Idee der Produktionscluster beruht auf der Beobachtung, dass die Wettbewerbsfähigkeit von Nationen in engem Zusammenhang mit sektoraler und regionaler Spezialisierung steht. Es wird argumentiert, dass die Transaktionskosten durch die räumliche Konzentration von Branchen und Betrieben, die der gleichen Wertschöpfungskette angehören, reduziert werden. Einzelne Betriebe, die auf ähnlichen Märkten agieren, können die Kosten für die Absorption von neuem Wissen reduzieren, wenn sie sich in Clustern ansiedeln. Kostspielige Lernprozesse ruhen dann nicht nur allein auf den Schultern eines einzelnen Betriebs, jeder einzelne Akteur kann in kumulativen Prozessen durch die lokale Verdichtung von Spezialwissen und Spillover-Effekten profitieren (Tichy 2001: 186 f.).

Im Theoriestrang der ‚lernenden Region' wird ebenfalls argumentiert, dass Innovationen das Ergebnis kumulativer Lernprozesse zwischen verschiedenen Kooperationspartnern sind. Die Lernfähigkeit der Akteure in einer Region wird gesehen als Voraussetzung und Resultat von Innovationskraft. Dabei spielen neben den Unternehmungen der Wirtschaft auch öffentliche und private Vereine, Verbände, Kammern, Universitäten ebenso wie bürgerschaftliche Organisationen eine zentrale Rolle. Das Zusammenspiel all dieser Institutionen wird mit dem Begriff der institutionellen Dichte gefasst (Keeble et al. 1999). Da die Kooperationsbereitschaft so vieler unterschiedlicher Partner nicht von vornherein gegeben ist, sondern sich erst langsam in evolutionären Prozessen herausbildet, ist Regionalentwicklung pfadabhängig und bedarf einer besonderen lokalen Kooperationskultur, damit Regionen als geschmeidige Innovationssysteme funktionieren. Die ‚Gleitschmiere' hierfür sind sozialkulturelle Eigenschaften wie etwa Kontaktfreude, Vertrauen, regional geteilte Werte oder eine gemeinsame Sprache. Diese Aspekte der Wissensgenerierung stellt der Ansatz des kreativen Milieus in den Mittelpunkt. Hier wird das soziale Klima betrachtet, das als Innovationsatmosphäre begrenzend oder fördernd auf die Innovationsfähigkeit von Städten und Regionen wirkt.

Der kurze Überblick zeigt: Die genannten Theorieansätze blicken von unterschiedlichen Standpunkten aus auf das immer wieder gleiche Phänomen. Sie gehören der gleichen Konzeptfamilie an. Sie alle teilen die institutionelle Perspektive und betrachten grundwegs den *sozialen Charakter* der Generierung des Wissens. Die Herstellung von Wissen wird konzipiert als kollektives Projekt. Deshalb werden sie als institutionentheoretische Ansätze bezeichnet. Der gemeinsame Fokus dieser Ansätze ist:

- Die Entstehung von Wissen wird als ein kumulativer Prozess betrachtet, der von der Vernetzung unterschiedlicher Akteursgruppen profitiert.
- Im Mittelpunkt der Betrachtung stehen die Voraussetzungen, die für die erfolgreiche Kooperation der Akteure wesentlich sind. Empirisch wie theoretisch wird das Wechselspiel zwischen räumlicher Nähe, sozialer Nähe (zum Beispiel Alter, Bildung, Geschlecht, Herkunft) und institutioneller Nähe (beispielsweise formelle Allianzen) untersucht.
- Mit dem Fokus auf kollektive Lernprozesse wird die früher übliche Unterscheidung zwischen der Erfindung, Absorption und der Verbreitung des Wissens aufgehoben.

Die institutionelle Perspektive wirft einen erhellenden Blick auf das Verhältnis von Wissen und Standort. Die Bedeutung sozialer Netzwerke führt dazu, dass Wissen zu Teilen auch heute noch – trotz Globalisierung und Internet – lokal verankert ist. Agglomerationsräume sind demnach geeignete Standorte der Wissensproduktion, weil sie Treffpunkte bieten und Gelegenheiten schaffen zu sozialer Interaktion. Aber würden wir bei diesem Gedankengang stehen bleiben, so wäre die Wissensökonomie nur insofern lokal verankert, als sie eines Mindestmaßes an räumlicher Nähe bedarf, um die nötige soziale Kontaktdichte zu gewährleisten. Städte im europäischen Sinne würden demnach zur Wissensproduktion gar nicht gebraucht. Wissen wäre nur insofern ein lokales Gewächs, als es Produkt zeit-, kosten- und mühesparender verkehrlicher Erreichbarkeit ist.

Das aber ist eine zweifach verkürzte Interpretation dessen, wie das Wissen in die Welt kommt und welche Rolle die Stadt dabei spielt. Erstens reduziert der institutionelle Ansatz die Stadt als Standort der Wissensproduktion auf die nüchterne Rolle als Knotenpunkt in einem Netzwerk von Akteuren, Informationsflüssen und Tauschbeziehungen. Städte werden repräsentiert wie leere Hutschachteln, die – als Behälter quasi seelenlos – das eigentlich Wesentliche der Akteure, Institutionen und Treffpunkte nur enthalten. Stadtleben, Stadtarchitektur, Stadtfaszinationen realer Städte mit all ihrer lockenden, physisch-sinnlichen Präsenz tauchen nicht auf. Es gibt kein München mit seinen eindrucksvollen Prachtstraßen, keine Schwabinger Kurfürstenstraße, keinen Bonner Hofgarten, keine urbanen Plätze Berlins, keine Bremer Schlachte und keine Hamburger Hafencity. Es gibt weder hässliche Straßenecken noch interessante Viertel, es gibt keine Gerüche, keine Blicke, keine Mauern, keine verwirrenden Altstadtgrundrisse, keine Stadttore, keine Kirchen und keinen blauen Himmel, in den Turmspitzen hineinragen. In der Institutionenökonomie fehlt fast alles, was an der Stadt physiognomisch wahrnehmbar ist und ihr „geographische Substanz“ verleiht (Lautensach 1953: 9). Der institutionentheoretische Ansatz kennt Urbanität nicht und ignoriert die faszinative Macht der Sinne im Stadtleben. Verkennt er damit nicht auch eine der schöpferischsten Möglichkeiten des Wirkens in der Stadt?

Zweitens tauchen in der institutionellen Perspektive die eigentlichen Träger des Wissens und seine Schöpfer, die Individuen, nicht auf. Sie sind nur als Schatten ihrer selbst präsent. Sie üben allein soziale Rollen im Rahmen ihrer institutionellen Funktionen und der Zugehörigkeit zu bestimmten Akteursgruppen aus. Dies ist erstaunlich realitätsfremd. Denn ebenso wie das soziale Umfeld Einfluss nimmt auf die Kreativität und Lernfähigkeit jedes Einzelnen, so ist jedes Kollektiv bei der Suche nach einer Idee auf die Tatkraft und den Einfall eines Individuums angewiesen. Es ist der einzelne Mensch, der denkt. Anderes ist schon aus physiologischen Gründen nicht möglich, weshalb Kreativität und Wissensgenerierung immer auch – bei aller sozialen Konstruiertheit und Eingebundenheit – eine Individualleistung ist. Georg Simmel (1992: 51) hat dieses Wechselverhältnis zwischen Individualität und Vergesellschaftung als „soziales Apriori" bezeichnet: „daß der Einzelne mit gewissen Seiten nicht Element der Gesellschaft ist, bildet die positive Bedingung dafür, daß er es mit anderen Seiten seines Wesens ist". Dieser wechselseitige Sachverhalt gilt für die Produktion von Wissen ganz besonders. Die Generierung von Wissen auf kollektive Lernprozesse zu verkürzen, beruht auf einem einseitigen Verständnis des Prozesses, der Denken heißt. Denken ist nicht nur ein soziales Produkt, sondern gleichzeitig ein viel persönlicherer Vorgang, als wir oftmals bereit sind, uns einzugestehen. Die Produktion von Wissen ist im Kern nicht nur ein organisatorisches oder institutionelles Problem. Die Herstellung von Wissen ist im strengen Sinne eigentlich gar kein Produktionsprozess. Sie ist ein geschenktes Vermögen, das auf zutiefst Menschlichem beruht.

Für den einzelnen Menschen, der solcherart Träger und (Mit-)Schöpfer des Wissens ist, ist die Stadt weit mehr als nur ein Knotenpunkt mit der Gelegenheit zu sozialer Interaktion. Es gilt also, den Zusammenhang zwischen Individualität, schöpferischer Tätigkeit und der Stadt zu verstehen. Warum finden kreative Menschen – nicht nur als vernetzte Akteure sondern gerade auch als Individuen – häufig in Städten ihre geeigneten Stätten der Kreativität?

Um hierauf Antworten zu suchen, müssen wir zunächst den Charakter kreativer Tätigkeiten in der heutigen Wirtschaft und Gesellschaft reflektieren. Lassen Sie uns noch einmal gemeinsam der eingangs ausgelegten Fährte von „Konzept Design München" folgen und „die Kreativen" in den Blick nehmen. Wer sind die Kreativen? Welche Rolle spielen sie im Wirtschaftsprozess? Und was lässt sich aus ihren Bedürfnissen nach einem spezifischen Standort in München Schwabing zur Förderung der Wissensproduktion allgemeiner für die Agglomerationsneigungen der tertiärisierten Wissensgesellschaft lernen?

3 Die Stadt und die Ökonomie der Zeichen

Wir leben in einer Ökonomie der Zeichen. Kaum etwas hat das globale Wirtschaftssystem in den letzten beiden Jahrzehnten so sehr verändert, wie die zunehmende Bedeutung von Images, Produktidentitäten, Ästhetik und Design. Die britischen Soziologen Scott Lash und John Urry (1994) beobachten die wachsende Design-Orientierung der Wirtschaft als Konvergenz von Ökonomie und Kultur und nennen die Zusammenführung der beiden Bereiche die „Ökonomie der Zeichen". In der Zeichenökonomie werden kulturelle Elemente vermehrt zu einem integralen Bestandteil der Wirtschaft. Die Wirtschaft wird kulturalisiert, die Kultur wird ökonomisiert (vgl. Scott 2000). Fünf Phänomene verdeutlichen das gewandelte Wechselverhältnis zwischen Wirtschaft und Kultur: die Entstehung von Käufermärkten, die Herausbildung von Konsumkulturen, der Zeichenwert von Produkten, die Rolle intermediärer Instanzen sowie der Aufschwung der Kulturindustrie.

Käufermarkt: Im Wirtschaftssystem hat der Konsum eine führende Rolle eingenommen. Noch bis Ende der 1970er Jahre konnten die Hersteller das Marktgeschehen durch ihr Angebot an standardisierten Produkten weitgehend bestimmen (Verkäufermarkt). Die Kunden mussten diejenigen Standardmodelle kaufen, die von der Konsumgüterindustrie massenhaft fabriziert und angeboten wurden (z.B. VW-Käfer). Schon seit Beginn der 1980er Jahre hat sich das Verhältnis von Angebot und Nachfrage deutlich gewendet. Das Auftreten individueller Kundenbedürfnisse und segmentierter Zielgruppen wird als „consumer revolution" beschrieben (Marshall, Wood 1995: 158). Man spricht von Käufermärkten, weil die Veränderungen auf der Nachfrageseite neue Wettbewerbsstrategien von Seiten der Anbieter erzwingen. Anstelle der Kostenvorteile der Massenproduktion setzt die Verbrauchsgüterindustrie zunehmend auf Flexibilitätsvorteile durch viele individuelle Produkte. Die Entwicklung zum Käufermarkt verändert die Betriebsstrukturen, die Produktions- und Logistiksysteme (just-in-time). Die Wirtschaftsakteure versuchen der veränderten Marktsituation mit neuen Unternehmensführungskonzepten gerecht zu werden. Die konsequente Ausrichtung des Unternehmens auf die wechselnden Verbraucherbedürfnisse hat zum Aufschwung des Marketings als betriebswirtschaftlicher Leitlinie geführt. Marktbeobachtung und Trendforschung erarbeiten strategische Grundlagen der Produktdifferenzierung.

Konsumkulturen: „You are what you buy" ist ein weit verbreitetes Motto in der Konsumforschung. Lebensstilgruppen und Konsumkulturen der neuen Mittelschicht kaufen Hüte, Tische oder Kugelschreiber nicht allein aufgrund ihres Gebrauchs- und Tauschwertes. Vielmehr ist, oftmals angetrieben von dem sozialen Bedürfnis nach Distinktion, die kulturelle Bedeutung von Konsumgütern das eigentliche Verkaufsargument. Mit der Kaufentscheidung für eine Automarke, einen BMW, Golf oder Toyota, werden auch Identitäten und Gruppenzugehörigkeiten symbolisiert. Konsumentscheidungen sind auch Geschmacksentscheidungen, die sozial klassifizieren (vgl. Bourdieu 1987). Mit der Wahl von Turnschuhmarken, Fahrradmodellen und Haarschnitten gibt der Kunde ein Statement ab über seine persönliche und soziale Identität. Konsumgüter sind für ihre Besitzer – mal als Statussymbole, Kultgegenstände oder Abgrenzungssymbole – symbolisches Kapital im Konkurrenzkampf um gesellschaftliche Anerkennung. Ein solches Identitätsspiel mit Gebrauchsgegenständen haben wohlhabendere Schichten lange schon betrieben. Im Zuge des gestiegenen Wohlstands erhalten Konsumgüter auch für breite Schichten einen expressiven, darstellenden Charakter. Sie geben dem Lebens- und Wertemodell des Konsumenten Ausdruck. Der „gute Geschmack" hat sich demokratisiert.

Zeichenwert: Unterschiedliche Konsumenten fragen unterschiedliche Konsumgüter nach. Um die Bedürfnisse differenzierter Zielgruppen zu bedienen, reicht es nicht aus, wenn die Konsumgüterindustrie nur Hoch- und Niedrigpreissegmente vorhält. Vielmehr muss sie schon bei der Gestaltung der Produkte die feinen Geschmacksunterschiede der Verbraucher im Auge haben. Ästhetische Produktdifferenzierung ist hierfür bedeutend, manchmal sogar entscheidender als die Preispolitik. Der Verkaufserfolg von Gütern und Dienstleistungen wird zunehmend davon bestimmt, inwieweit sie die Bedürfnisse gesellschaftlicher Gruppen nach sozialer Abgrenzung und lebenskultureller Unterscheidung erfüllen. Konsumgüter sind Mittel zur Schaffung von Identität und Bedeutung (Hutton 2000).

Eine solche Aufgabenstellung ist eindeutig kulturell und mit rein technologischen Produktinnovationen nicht zu bewältigen. Hier sind die Gestaltungsgrenzen technischer Ingenieurskunst erreicht. Um die Ansprüche segmentierter Zielgruppen zu bedienen, spielen neben dem Preis (Tauschwert) und der Leistung (Gebrauchswert) vor allem die Identität und Ästhetik (Zeichenwert) eine große Rolle. Der Verkaufserfolg von Autos oder Sofas beruht zunehmend auf ihrem ästhetischen Gehalt. Produktinnovationen richten sich deshalb vielfach auf das Image, den Stil und das Design. Da der Zeichenwert für den Kauf oder Nicht-Kauf von Konsumgütern mitentscheidend ist, muss er systematisch bei der Gestaltung von Produkten berücksichtigt werden. Sowohl die Konsumgüterindustrie als auch die Dienstleistungswirtschaft kulturalisieren ihre Produkte schon in der Herstellung bewusst. Nur mit einer breiten, stets wechselnden Produktpalette lassen sich neue Marktgebiete eröffnen und die wechselnden Konsumidentitäten befriedigen.

Intermediäre Instanzen: Der Aufschwung des Zeichenwerts verändert die Prinzipien, nach denen Märkte funktionieren. Solange Anbieter und Kunde vorwiegend über den Preis und die Leistung von Waren verhandelten, diente der klassische Markt als Treffpunkt für den Austausch. Versucht die Industrie jedoch, Produkte mit hohem Zeichenwert zu verkaufen, so werden intermediäre Instanzen notwendig, die zwischen Anbietern und Nachfragern vermitteln. Die intendierten Bedeutungen, der Symbolcharakter und die Identitäten der Konsumgüter müssen dem Käufer verständlich gemacht werden. Welchen Sinn und welche Botschaft soll welche Marke transportieren? Die Promotion der Produktbedeutung übernimmt die Werbung. Sie versucht, Güter sozial zu positionieren. Durch Kampagnen zum Image und der Reputation eines Produktes werden Stellenwert und Marktanteile einzelner Konsumgüter erhöht. Werbung, Marketing und Medien sind deshalb zentrale Schaltstellen der Ökonomie der Zeichen. Ihre Aufgabe ist es, die Bedeutungen von Waren und Dienstleistungen zwischen Produzenten und Konsumenten zu kommunizieren. Sie leisten die Vermittlungsarbeit, um den symbolischen Wert einer Diesel-Jeans, der A-Klasse von Mercedes oder bestimmter Shampoo-Marken zu verdeutlichen. In der Zeichenökonomie hängt der Erfolg der Konsumgüterindustrie zu großen Teilen davon ab, ob es den intermediären Instanzen gelingt, kulturelle Prozesse zu verstehen. Nur so können sie Zielgruppenbedürfnisse vorhersagen, Produktimages gestalten und Konsumkulturen beeinflussen.

Kulturindustrie: Die veränderte Aufgabenstellung der Wirtschaft, zunehmend Zeichen zu produzieren, führt die Kulturindustrie beispielhaft vor. Kulturindustrie ist ein beschreibender Begriff, der im weiteren Sinne diejenigen Wirtschaftsbereiche umfasst, die kulturelle Güter wie Filme und Seifenopern, DVDs oder Musik-CDs herstellen. Neben der Kulturalisierung der Konsumgüterindustrie und Dienstleistungswirtschaft ist die Kulturindustrie selbst im Aufschwung. Allein in Kanada hat sich die Zahl der Beschäftigten in der Filmindustrie und angelagerten Wirtschaftszweigen von ca. 60.000 im Jahr 1990 auf ca. 137.800 im Jahr 2002 mehr als verdoppelt. Das geschätzte Umsatzvolumen des Weltfilmmarktes im vergangenen Jahr (2003) betrug ca. 60 Milliarden US Dollar. Kulturelle Güter wie Talkshows, Bücher oder Video-Spiele haben die besondere Eigenschaft, dass ein großer Teil ihres Gebrauchswertes auf der Neuheit und Differenz zu anderen gleichartigen Produkten beruht. Kulturelle Güter werden hergestellt, indem man einen kulturellen Code (ein Drehbuch, ein Gedicht, einen Song, ein Sendeformat) erfindet. Sie werden verbraucht, indem man sie dekodiert. Produkte der Kulturindustrie sind soziale Positionierungsgüter par excellance. Lebensstilgruppen und soziale Schichten legen großen Wert darauf, sich durch einen spezifischen Kulturkonsum, Musik-, Film- und Literaturgeschmack voneinander zu unterscheiden (vgl. Bourdieu 1987). Deshalb ist die Kulturindustrie ein führender Sektor im Zuge der Kulturalisierung von Wirtschaft und Gesellschaft. Aufgrund des puren Umgangs mit Identitäten, Sinn und Bedeutung verkörpert sie die Ökonomie der Zeichen in Reinform.

Insgesamt verändern Käufermärkte, Konsumkulturen, Zeichenwerte, intermediäre Instanzen und das Wachstum der Kulturindustrie die Aufgabenstellung, Struktur und Funktionsweise der Wirtschaft grundlegend. Der gemeinsame Nenner dieser pluralen Entwicklungen besteht darin, dass zunehmend Zeichen produziert und konsumiert werden (vgl. Lash, Urry 1994: 4). Ein neuer Kern der Ökonomie gruppiert sich in der Industrie wie auch in der Dienstleistungswirtschaft um die Produktion, Zirkulation und den Konsum von Zeichen. Die Welt der Waren wird zu einer

Sinnenwelt, die den Kunden auf Sinnreisen lockt und schickt. Die hochgradig differenzierte Warenwelt wird von den Nutzern verwendet wie ein Text der sozialen Welt. Konsumgüter werden von Konsumkulturen gelesen und interpretiert. Wer bist Du, der Du dieses Hemd trägst? Das Interpretieren der gesellschaftlichen Bedeutung von Gebrauchsgegenständen ist ein kultureller Prozess. Die Zeichenökonomie transformiert Konsumgüter in kulturelle Botschaften. Die Kommunikation von Bedeutung ist dabei immer auch eine Auseinandersetzung um Sinn und Prestige. Kunden kaufen Güter, konsumieren Dinge und Dienste und verständigen sich dabei gleichzeitig sozial, politisch und ökonomisch über Macht, Rang und (im doppelten Sinne) Gehalt.

Die Prozesse der Kulturalisierung der Wirtschaft und der Ökonomisierung der Kultur kann man unter dem Begriff der Ökonomie der Zeichen zusammenfassen. Damit basiert der wirtschaftliche Erfolg heute vermehrt auf den sozialen und kulturellen Kompetenzen der Wirtschaftsakteure. Die Produktion von Zeichen ist ein kultureller Prozess. Er bedarf der kulturellen Kompetenz auf Seiten der Produzenten wie auch der Konsumenten. Ökonomisches Handeln ist somit nicht nur sozial eingebettet, wie dies im Zuge der Debatten zu Netzwerkbeziehungen, Kooperationsmodi oder der Rolle der Unternehmenskultur in der Industrie- und Dienstleistungsforschung oftmals diskutiert wird (vgl. Glückler, Bathelt 2003: 174 f.). Ökonomisches Handeln ist vielmehr per se *soziales Handeln*. Wirtschaftlicher Erfolg ist zentral auf die sozialen und kulturellen Kompetenzen der Wirtschaftsakteure angewiesen. Die Produktion von Zeichen ist – ebenso wie das Lesen derselben – ein kultureller Prozess. Er basiert auf der kulturellen Kompetenz der Produzenten und Konsumenten.

4 „Look and Feel“ als Standortfaktor

Was bedeuten diese Veränderungen der Wirtschaft für die Geographie der Gesellschaft? Welche Rolle haben Städte in der Ökonomie der Zeichen? Ich denke: Die Schwabinger Location von „Konzept Design München“ kann als Beispiel gelten. Was der Konzern Audi hier sucht und für einen Teil seines Designteams in dem ockerfarbenen Haus in der Schwabinger

Kurfürstenstraße 24 gefunden hat, lässt sich konzeptionalisieren unter den Begriffen des ‚geographischen Kapitals' und des ‚Look and Feel' des Standortes (vgl. Helbrecht 1998, 1999, 2001). Der ‚Look and Feel' von Standorten ist ein wesentlicher Schlüssel zum Verständnis der Rolle der Städte in der Wissensgesellschaft. Die neuen Agglomerationslogiken in der Wissensgesellschaft (z.B. von Audi Design in München/Schwabing) fußen auf der Wahrnehmung von Standorten im Hinblick auf ihre Qualitäten als Denkräume (vgl. Helbrecht 2004). Was bedeutet dies?

Von 1996 bis 1998 habe ich in Vancouver (Kanada) und München empirische Untersuchungen zur Standortwahl und Standortwahrnehmung kreativer Dienstleister durchgeführt. Exemplarisch für die Agglomerationslogiken der Ökonomie der Zeichen wurden vier Berufsgruppen untersucht: Werbeagenturen, Modedesigner, Innenarchitekten, Graphik-Designer (vgl. Helbrecht 1999). In beiden Städten wurden insgesamt 98 qualitative Interviews (46 in Vancouver, 52 in München) mit Inhabern, Selbstständigen und Angestellten der kreativen Dienstleistungsbetriebe geführt. Aufbauend auf den Ergebnissen der qualitativen Interviews wurde in beiden Städten 1996 (Vancouver) bzw. 1998 (München) eine repräsentative Fragebogenerhebung bei den gleichen Branchen durchgeführt.[1] Die Ergebnisse der Studien in beiden Städten sind auf eindringliche Weise kohärent und weisen in die gleiche Richtung. Sie zeigen Erklärungswege auf, warum ein besonderer Typus von Städten unter den Bedingungen der Ökonomie der Zeichen zu den bevorzugten Standorten der Wissensproduktion wird.

---

[1] In Vancouver wurden 1996 alle 513 dort ansässigen Firmen in den Bereichen Werbung, Grafik-Design, Innenarchitektur bzw. -gestaltung und Mode-Design angeschrieben und die Unternehmensleiter zu den betrieblichen Erfolgsfaktoren, fachlichen Spezialisierungen und Standortfaktoren befragt (Rücklaufquote 48,7 Prozent). In München wurde 1998 von der Grundgesamtheit der 2973 Betriebe eine Zufallsauswahl von 1000 Betrieben erstellt und diese mit dem gleichen, ins Deutsche übersetzten Fragebogen postalisch befragt (Rücklaufquote 34,1 Prozent). Ich danke der Deutschen Forschungsgemeinschaft für die großzügige finanzielle Unterstützung und Hayley Britton, Anne-Marie Bouthillette, Petra Hartnagel und Michael Reiter für ihre Mitarbeit.

5 „Man muss da sein, wo ich glaube, dass ich eben am produktivsten bin“

„Man muss da sein, wo ich glaube, dass ich eben am produktivsten bin“ (M 36: 13). Mit dieser Aussage brachte einer der befragten Unternehmensleiter in München die Motive seiner Standortwahl auf den Punkt. Seine Worte bekräftigen die Rationalität des Verhaltens und drücken aus, dass das Standortwahlverhalten kreativer Dienstleistungsbetriebe von den gleichen Motiven und rein betriebswirtschaftlichen Interessen geleitet ist, wie die Standortwahlprozesse in den übrigen Branchen und Wirtschaftszweigen auch: nämlich ökonomischen Gewinn zu machen. Die räumliche Organisation der Wissensgesellschaft ist auch unter den Bedingungen einer Ökonomie der Zeichen hochgradig effizient und von der Suche nach einzelbetrieblichen (Standort-)Vorteilen in Zeiten intensivierter Konkurrenz und globalen Wettbewerbs geprägt. Wir leben nicht in einem Land und einer Zeit, wo Milch und Honig fließen und die Betriebe – vermeintlich, wie es die These von den ‚weichen' Standortfaktoren in den 1980er und 1990er Jahren Glauben machen wollte – ihre Standorte nach dem Freizeitwert auswählen. Nein. Kein Biergarten, keine After-Work-Party und keine Theateraufführung sind so überzeugend, dass sie gleich in so hohem Maße die Entscheidung der Betriebe für oder gegen eine Region oder Stadt beeinflussen könnten. Was Audi mit seiner Design-Abteilung in München sucht, hat nicht nur mit dem Freizeitwert der bayerischen Landeshauptstadt zu tun, sondern viel strikter mit der Arbeitsatmosphäre in der Stadt. „Man muss da sein, wo ich glaube, dass ich eben am produktivsten bin“. Deshalb wandern Betriebe.

Die Mobilität der Betriebe steigt, das haben bundesweite, repräsentative Untersuchungen des emnid Instituts im Auftrag des difu in den 1990er Jahren ergeben (vgl. Grabow, Henckel, Hollbach-Grömig 1995). Gleiches zeigt sich auch in den von mir in Vancouver und München untersuchten Branchen. Gut drei Viertel (76,6 Prozent) der in der Befragung untersuchten Betriebe in Vancouver hat seit der Gründung schon einmal den Standort gewechselt. Die Umzugshäufigkeit der Betriebe in jüngerer Zeit nimmt stetig zu. Die kreativen Dienstleister in München weisen eine ähnlich hohe räumliche Entwicklungsdynamik auf. Hier haben innerhalb von nur fünf Jahren (1993-1998) mehr als zwei Drittel der befragten Betriebe den Standort gewechselt. Die extrem hohe Umzugsquote verdeutlicht: Die Suche nach einem optimalen Standort ist eine intensiv genutzte, unternehmensstrategische Möglichkeit, um die Betriebskosten zu senken, wie auch die Betriebseffizienz zu steigern.

In diesem Kontext (erhöhte Mobilität, globaler Wettbewerb) ist es beinahe erstaunlich, dass die Standortstrategie der Betriebsinhaber, Geschäftsführer und Selbstständigen in den kreativen Branchen nun nicht darauf abzielt, besonders kostengünstige Lagen zu wählen und stets die Betriebskosten durch jeden Umzug zu minimieren. Vielmehr gilt, wie sich am Beispiel von München und Vancouver zeigt, dass eher die kostspieligen Wirtschaftsstandorte in den jeweiligen Ländern und innerhalb dieser wiederum relative Hochpreislagen in großer Nähe zu den Innenstädten gesucht werden (vgl. Krätke 2002: 153 ff.). Obwohl gerade kreative Dienstleister wie Werbeagenturen, Modedesigner, Grafikdesigner und Innenarchitekten ihre Produkte mühelos durch Datenfernübertragung an ihre Kunden verschicken könnten und somit relativ frei in der Standortwahl sind, bevorzugen sie zentral gelegene Standorte in den boomenden Wirtschaftsmetropolen des Landes. Die Agglomerationsneigung der wissensintensiven Branchen ist nicht geschwunden; doch auf welchen Logiken einer wissensbasierten Agglomerationsökonomie beruht sie? Erste Antwortrichtungen weisen die vorliegenden empirischen Ergebnisse der qualitativen und quantitativen Befragungen.

Aus Sicht der Unternehmer beruht die Rationalität der Standortwahl in Städten auf einer komplexen Abwägung unterschiedlicher Faktoren. So haben in der Rangierung der Standortfaktoren die Kosten für die Miete des Büros einen sehr hohen Stellenwert (vgl. Abb. 1, Abb. 2). Die Befragten Dienstleister in München wie in Vancouver sehen die Kosten für die Miete ihres Büroraumes als wichtigsten (Vancouver) bzw. zweitwichtigsten (München) Standortfaktor an. 92,8 Prozent der Betriebe in Vancouver und 77 Prozent der Betriebe in München geben an, dass der Mietpreis wichtig bzw. sehr wichtig war für die Auswahl des Standortes. Dieses Ergebnis ist angesichts der Ansiedlung nahezu aller Betriebe in den Kernstadtgebieten sehr plausibel. Für Unternehmen, die sich in ihrer Standortwahl auf die Hochpreislagen der Innenstadt und ihrer Randgebiete in den expandierenden Metropolen ihrer Nation konzentrieren, ist die Büromiete zwangsläufig ein wichtiger Engpassfaktor und damit bedeutender Aspekt der Standortwahl. Kreative Dienstleister sind – ebenso wie die übrigen Felder der Ökonomie der Zeichen – metropolitane Branchen. So sind Boden- und Mietpreise zentrale Größen ihrer Standortwahl. Die Mietpreishöhe und die gesteigerte Nachfrage nach Büroraum in Metropolen sind Agglomerationsnachteile. Sie wirken demnach als Push-Faktoren, die die Betriebe (theoretisch) aus den Städten treiben und sie zumindest an den Stadtrand drängen (sollten). Deshalb bieten sie keinerlei Erklärung für die große Agglomerationsneigung der Zeichenproduzenten und ihre fortgesetzte Hinwendung zu den Kernstädten.

Betrachtet man die weiteren Standortfaktoren, die aus Sicht der untersuchten Betriebe eine entscheidende Rolle spielen, so lichtet sich der Nebel. Neben dem Push-Faktor ‚Miete' werden von den befragten Geschäftsinhabern, Selbstständigen und Partnern kreativer Unternehmen eine Reihe von positiven Aspekten der Standortwahl genannt. Sie können als Pull-Faktoren des Urbanen gelten. Einer von ihnen fällt beim Blick auf die Befragungsergebnisse in München und Vancouver sofort auf: „sich wohlfühlen am Standort" erreicht in München mit 89,1 Prozent Zustimmung als „wichtiger" bzw. „sehr wichtiger" Aspekt zur Auswahl des Firmensitzes den Platz Nr. 1. In Vancouver wird der gleiche Faktor der Standortwahl, der in englischer Übersetzung als „Look and Feel of the Location" firmiert, ebenfalls als ein sehr bedeutendes Element der Standortwahl gesehen und gelangt auf Platz 3 der Standortfaktorenliste. Der „Look and Feel" eines Standortes bzw. das „sich Wohlfühlen" sind begriffliche Kategorien, die bisher in den wirtschaftsgeographischen und regionalwissenschaftlichen Überlegungen zur Erklärung der neuen Agglomerationsökonomien der Wissensgesellschaft unvertraut sind. Sie spielen kaum eine Rolle. Dies verweist jedoch auf eine entscheidende Lücke in der bisher in der Stadt- und Regionalforschung vorzufindenden Argumentation.

Während nämlich die Überlegungen zur Netzwerkökonomie allein auf die Rolle der Stadt als Knotenpunkt der Wissensproduktion rekurrieren, zeigt sich in diesen empirischen Ergebnissen eine weitere wichtige Facette urbaner Wissensökonomien: die anziehende oder abstoßende Rolle der Stadtlandschaft als sinnlich wahrnehmbare Standortqualität, als „Look and Feel". Diese sinnlich wahrnehmbare Umgebungsqualität hat offensichtlich entscheidende Wirkung auf die befragte Unternehmerschaft.

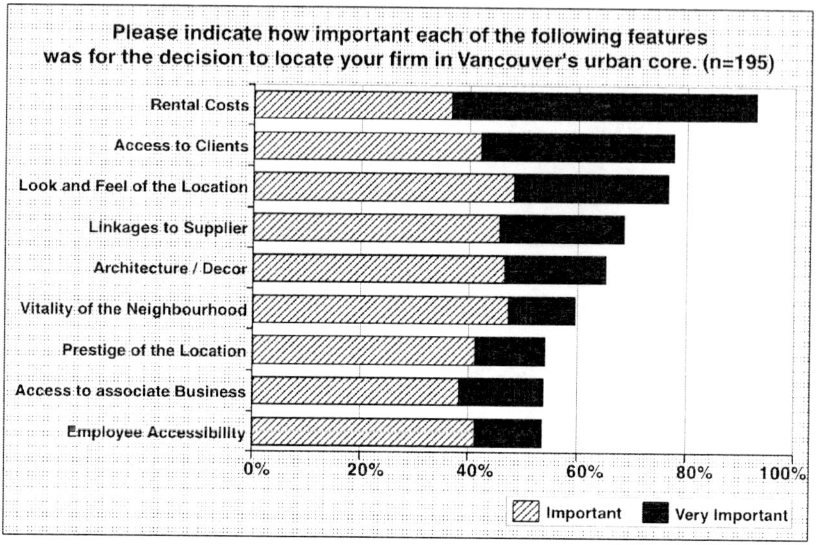

Quelle: eigene Erhebungen

Abbildung 1: Standortfaktoren kreativer Dienstleister in Vancouver 1996

Der „Look and Feel" eines Bürogebäudes, Straßenzuges, eines Stadtteiles und der gesamten Stadt sind, das zeigen die Befragungsergebnisse, bedeutende Auswahlkriterien für die Wahl des Sitzes eines Betriebes. Gerade bei dem „Look and Feel" kommt es auf die Qualitäten der sinnlichen Ausstrahlung und physiognomisch wahrnehmbaren Ausstattung des Stadtraumes an.

Was aber ist der „Look and Feel", der als „sich Wohlfühlen am Standort" offenbar in beiden Untersuchungsstädten eine immense Bedeutung für die Ansiedlung und das Wachstum kreativer Branchen und Betriebe hat?

Bevor ich näher auf die Rolle des „Look and Feel" eingehe, möchte ich kurz die weiter genannten Faktoren in den beiden Grafiken zum Standortverhalten der Betriebe erläutern. So erkennt man beim Blick auf die Ranglisten der Standortfaktoren, dass die institutionentheoretisch bedeutsamen Aspekte der Standortwahl, nämlich das Vorhandensein qualifizierter Mitarbeiter („Erreichbarkeit für Angestellte") sowie die „Nähe

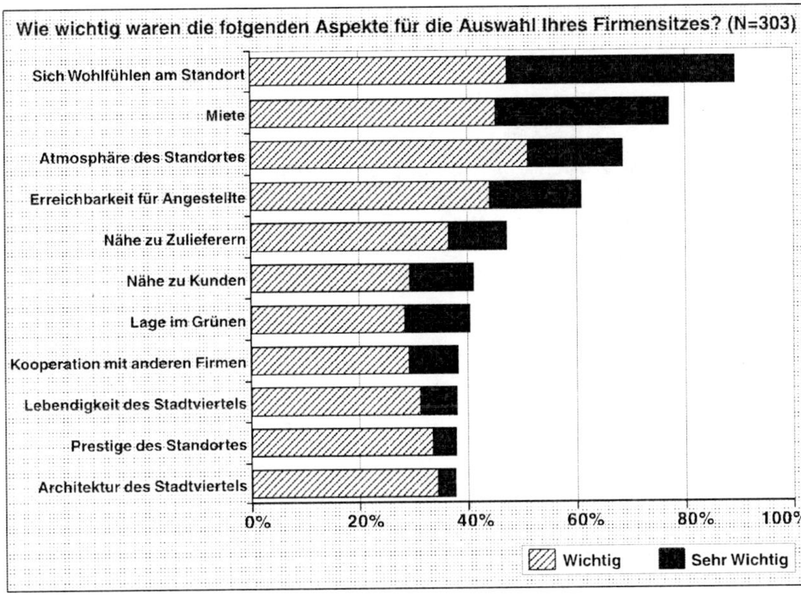

Quelle: eigene Erhebungen

Abbildung 2: Standortfaktoren kreativer Dienstleister in München 1998

zu Zulieferern", die „Nähe zu Kunden" und die „Kooperation mit anderen Firmen", sehr wohl wichtig bzw. sehr wichtig für die Standortwahl sind. Insofern sind die gegenwärtig in der Literatur verbreiteten Erklärungsansätze durchaus praktisch relevant und ebenso theoretisch tragfähig (vgl. Grabher 2002). Nur sind sie eben alleine aus Sicht der Betriebe noch nicht die entscheidenden Kriterien für die Auswahl von München bzw. Vancouver als Firmensitz. Vielmehr sind vollkommen andere Faktoren, die auf die Wahrnehmung von Standorten und Stadtqualitäten aus einer sehr subjektiven Sicht zielen („sich Wohlfühlen", „Look and Feel"), mindestens gleich bedeutend. Dies spiegelt sich insbesondere in den Zahlen der Münchner Befragungsergebnisse wider. In München ist für die befragten Betriebe eindeutig das „sich Wohlfühlen am Standort" der primäre Grund, warum ein Firmensitz gewählt wird. Und nach der Miete, als Push-Faktor auf Platz Zwei, taucht in der bayerischen Landeshauptstadt auf Platz Drei der Rangliste mit 68,6 Prozent Zustimmung erneut die

„Atmosphäre des Standorts" als nur subjektiv zu empfindender Faktor der Wahrnehmung und Beschreibung einer Standortqualität auf.

Eine detaillierte Analyse der Datensätze aus den Betriebsbefragungen in beiden Städten zeigt, dass die Bedeutung einer Reihe von Standortfaktoren je nach Branchenzugehörigkeit, Betriebsgröße oder Standort schwankt. So ist für Grafik-Designer zum Beispiel der Faktor „Nähe zu den Zulieferern" bzw. „linkage to suppliers" in München und Vancouver besonders wichtig. Die große Bedeutung der Nähe zu Zulieferern für Grafik-Designer ist plausibel, weil sie in ständigem Kontakt mit Druckereien und Lithographischen Anstalten stehen. Auch die Betriebsgröße hat Einfluss auf die Gewichtung der Standortfaktoren. So messen kleine Unternehmen in Vancouver mit einem Jahresumsatz (1995) bis zu 250.000 kanad. Dollar dem Zugang zum Arbeitsmarkt (employee accessibility) einen durchschnittlichen Wert zu. Dieser Wert steigt für mittlere Unternehmen (bis 1 Mio. kanad. Dollar Jahresumsatz) auf den Wert 3,5 an auf einer Skala von 1 (sehr unwichtig) bis 5 (sehr wichtig), bei den großen Betrieben ab einer Million Umsatz auf 3,7. Solche deutlichen, plausiblen Unterschiede in der unternehmerischen Wahrnehmung und Bewertung von Standorten zeigen sich für alle untersuchten Standortfaktoren – mit einer Ausnahme: dem Standortfaktor „Look and Feel" bzw. „sich Wohlfühlen". Bei diesem Kriterium der Standortwahl sind sich alle Befragten unabhängig vom Alter der Befragten, der Branche, der Betriebsgröße einig. Das Standortverhalten kreativer Dienstleister ist in Bezug auf „Look and Feel" und „sich Wohlfühlen" kohärent. So wird das sich Wohlfühlen in München einstimmig von fast allen Unternehmensleitern, Selbstständigen und Geschäftsführern auf allen räumlichen Maßstabsebenen als zentral und erstrangig erachtet. Dies wurde empirisch in der quantitativen Befragung durch die differenzierte Untersuchung der Kriterien der Standortwahl sowohl bei der a) Auswahl des Bürogebäudes, b) des Stadtteils sowie c) der Gesamtstadt erhoben.

Eine Korrelationsanalyse zum Einfluss betrieblicher Strukturen auf die Bedeutung des „Look and Feel-Faktors" in Vancouver erbringt ebenfalls keinerlei signifikante Unterschiede. Der Standortfaktor „Look and Feel" ist gleichermaßen bedeutend für:

- Firmenhauptsitze, Selbstständige und Filialbetriebe,
- Firmenneugründungen und alteingesessene Betriebe,

- große (Umsatz über 1 Mio. K-$), mittlere (Umsatz bis 1 Mio. K-$) und kleine Betriebe (Umsatz bis 0,250 K-$),
- Betriebe, die einen lokalen Markt bedienen, Kunden in der Provinz British Columbia haben, Kanada weit agieren oder exportorientiert sind,
- junge (25-34 Jahre), mittlere (35-54 Jahre) und ältere Unternehmensleiter (über 55 Jahre).

Der größte Engpassfaktor der Wissensökonomie ist das Wissen selbst. Wissen lässt sich nicht abbauen wie Kohle. Wissen muss hergestellt werden, jedoch lässt es sich nicht ernten wie Obst von Bäumen oder produzieren wie Autos in der Fabrik, noch ist es experimentell im Labor zu generieren. Wer je Wissen produzieren wollte und dafür eine Idee suchte und von ihr gefunden wurde, erkennt, Wissen und Ideen herzustellen unterliegt einer ganz anderen Ressourcenökonomie. Wissen und Ideen lassen sich nicht technisch machen, sondern sie wachsen unter Menschen. Darum ist ein geeigneter Ort, sie zu produzieren, in der Stadt.

In fast allen meiner qualitativen Interviews betonen die Gesprächspartner in München und Vancouver über alle Maßen, wie wichtig die besondere Look and Feel-Standortqualität für den Erfolg ihrer Firma ist. Jedoch fällt es ihnen gleichermaßen schwer, genauer zu beschreiben, was eine besondere Lage auszeichnet und was an ihr so attraktiv und betriebswirtschaftlich bedeutend ist. Das folgende Zitat einer Grafik-Designerin steht exemplarisch für die Antworten vieler der Gesprächspartner auf die Frage, warum sie gerade diesen Standort als Firmensitz gewählt haben:

> „... I don't know, it's hard to describe. I just feel it, I just know when I see a place, I immediately know whether I like it or I don't. I just know it" (V 12, 11).

Entgegen den meisten theoretischen Vorüberlegungen in der Literatur zu den Kriterien der betrieblichen Standortwahl scheint – neben der Funktionalität und Bezahlbarkeit – ein dezidiert subjektives Erfassen der auch atmosphärischen Standortqualitäten im Vordergrund zu stehen. Die Gesprächspartnerin weiß einfach sofort („I just know"), wenn sie die Gesamtstadt, einen Stadtteil oder ein Gebäude sieht, was als Firmensitz in Betracht kommt und welche Lage nicht. So antwortet beispielsweise ein Werbetexter auf die Frage, ob der „Look and Feel" des Standortes wichtig sei, um Anregungen für die eigene Arbeit zu gewinnen, folgendes:

> „Yeah, well, I don't think so. It is not direct inspiration or anything like that. It just makes you feel good, it makes you concentrate on your work because you feel good. That's why I like this location" (V 3, 24).

„It makes you feel good" ist ein stetig wiederkehrendes Motiv in den mündlichen Standortbeschreibungen kreativer Dienstleister im Expertengespräch. Offensichtlich werden von den Unternehmensleitern und Beschäftigten bestimmte Gebiete in der Stadt bewusst ausgewählt und geschätzt, weil sie einen positiven Effekt auf das Wohlbefinden haben. Kreative Dienstleister orientieren sich in der Wahrnehmung und Bewertung von Räumen zu einem Großteil an der dezidiert subjektiven Wirkung eines Gebäudes, eines Straßenzugs, eines Stadtteils oder der Landschaftsästhetik der gesamten Stadt. Hinter dem subjektiven Urteil verbirgt sich ein ausgesprochen betriebswirtschaftlich rationales Motiv: Je besser man sich aufgrund der räumlichen Umgebung fühlt, umso höher ist die Konzentration („it makes you concentrate on your work"). Viele Gesprächspartner sprechen von der gesteigerten Produktivität:

> „You know if you feel good about where you are you're obviously going to be more productive and happier and more creative, so the space feels good. Why do you feel really good when you live in a house that overlooks the ocean? Because it feels good. And that just makes you so much more creative and inspires your work" (V 32, 8).

Die zentrale Möglichkeit zur Steigerung der Produktivität in wissensintensiven Branchen und Betrieben liegt in der Steigerung der Leistungskraft der Mitarbeiterschaft. Es ist ihre Schaffenskraft, die gezielt gefördert werden muss, um den Output der Wissensproduktion zu erhöhen. Der Ausstoß menschlicher Gehirne an Ideen lässt sich jedoch nicht mit Gedankensport, Nervenfutter oder Kreativitätsspritzen einfach stimulieren. Gehaltserhöhungen oder Zielvereinbarungen haben ebenfalls nur begrenzte Wirkung auf geistiges Vermögen. Eben an dieser Stelle gewinnen Umwelten, also auch Stadtlandschaften, Kulturlandschaften und Naturlandschaften eine ganz neue Bedeutung. Sie können als Kontextfaktoren eine Ressource der Wissensproduktion sein, wenn sie über den richtigen „Look and Feel" verfügen.

„Man muss da sein, wo ich glaube, dass ich eben am produktivsten bin." (M 36, 13) – Diese unternehmerische Handlungsmaxime der Standortwahl ist ebenso einfach wie weitreichend. Standortentscheidungen sind als strategische Unternehmensentscheidungen auf Effizienzsteigerung ausgerichtet. Nichts anderes ist auch bei den kreativen Dienstleistern in München und Vancouver der Fall. Allerdings sind sie Pioniere bei der Entwicklung neuer Beurteilungskriterien von Standorten. Sie wählen ihren Firmensitz – neben traditionellen Faktoren wie Miete, Nähe zu Kunden und Zulieferern – anhand eines weiteren, zusätzlichen Faktors aus: dem „Look and Feel" bzw. dem „Sich-Wohlfühlen". In vollständiger Konsequenz wenden die befragten Selbstständigen und Betriebe das Urteilskriterium „Look and Feel" nicht nur für die eigene Stadtbeurteilung und Standortwahl an. Vielmehr bewerten sie auf ähnlicher Grundlage auch zu Teilen die Qualität und Zukunftsfähigkeit benachbarter Städte und Regionen. Auf die Frage, ob der „Look and Feel of the Location" auch generell zur Beurteilung der Standortqualitäten anderer Regionen anwendbar sei, sagt ein Werber in Vancouver:

> „Oh yes, completely, that's why when I go back to Toronto, I feel visually deprived. You know, being in a creative business, visual stimulation is very important, and you take that away – I was so depressed last time I was in Toronto, really, I came home early" (V 11, 24).

6 Geographisches Kapital – Raum als Ressource

Bisherige Erklärungsansätze in der Literatur begründen die wachsende Rolle der Stadt in der Wissensgesellschaft vor allem mit ihrer großen Bedeutung für den Handel, Austausch und Transport von Wissen und Informationen zwischen verschiedenen Akteuren. Sie betrachten Wissensproduktion als sozialen Lernprozess und damit quasi als kollektives Projekt. Die Rolle der Stadt bestehe darin, zufällige, unvorhergesehene Begegnungen durch einen Reichtum an potenziellen Treffpunkten zu ermöglichen. „Hinter der Häufung der zufälligen Widerfahrnisse, wie sie die Komplexität einer Großstadt mit sich bringt, steckt also eine reale Zunahme von Handlungsoptionen". (Joas 2002: 67) Ähnlich argumentiert der Hamburger Ökonom Dieter Läpple (2003), wenn er Metropolen die Rolle von Risikominderern in der globalen Ökonomie zuschreibt. „Für den ‚entgrenzten' und deregulierten Wirtschaftsbereich der Wissensproduktion hat die städtische Konzentration von verwandten Betrieben und deren Beschäftigten die Funktion eines ‚Zufallsgenerators' für Kontakte, Informationen und Gelegenheiten. Für die Betriebe eröffnet dies vor allem die Möglichkeit einer *Reduktion von Risiken*". (Läpple 2003: 71, Hervorhebung im Original) Es stehe uns eine „Renaissance der Städte" bevor. Denn Städte seien geeignete und notwendige „Rückbettungskontexte" für Menschen und Betriebe als Gegengewicht zu den entankernden Mechanismen der Globalisierung. Ähnliches wurde zuvor von dem kalifornischen Geographen Michael Storper (1997: 21) unter dem Begriff der „untraded interdependencies" vertreten. Städte und Regionen seien als Kontaktbörsen und soziale Knotenpunkte zunehmend (bzw. weiterhin) ökonomisch interessant, getreu nach dem Motto: „What can people be paying Manhattan or downtown Chicago rents *for*, if not for being near to other people?" (Lukas 1988: 39, Hervorhebung im Original)

Schon in den 1920er Jahren kritisiert Alfred North Whitehead in seinem grundlegenden Werk über „Wissenschaft und die moderne Welt", dass die moderne Urbanisierung den Zusammenhang zwischen Mensch und Umwelt, zwischen individueller Leistungsfähigkeit und ästhetischer Umgebungsqualität zu sehr außer acht lasse: „Die beiden Übel sind: die Missachtung der wahren Relation zwischen Organismus und Umwelt; und die Gewohnheit, den inneren Wert der Umgebung außer acht zu lassen". (Whitehead 1988: 227) Was Whitehead früh erkannte, ist heute zum drängenden Engpass geworden. Das einstmals missachtete Feld des „inneren Wertes der äußeren Umgebung" ist in der Gegenwart ein bedeutender Standortfaktor. Wissensbasierte Betriebe suchen gezielt Orte mit besonderem „Look and Feel". Denn sie brauchen sehr viel mehr zur Produktion des knappen Gutes Wissen, als nur Kontakte zu Kunden, Zulieferern und anderen Dienstleistern. Bestimmte Qualitäten der räumlichen Umgebung müssen hinzutreten, damit Kreativität und Schaffensdrang ungehindert fließen können.

Die Reduktion der Rolle der Stadt auf die „Möglichkeit einer Reduktion von Risiken“ (Läpple), auf das Vorhandensein von „untraded interdependencies“ (Storper) oder die Nähe zu „other people“ (Lukas) erscheint deshalb alleine nicht ausreichend. Die Tatsache, dass Institutionen gegenseitige Nähe suchen, um in gemeinsamen Lernprozessen Wissen zu produzieren, erklärt den Bau von Konferenzzentren, Flughäfen und die Entstehung des Forschungscampus, aber nicht die Notwendigkeit der Stadt für die Wissensgesellschaft. Die Tatsache, dass räumliche Nähe eine Zugangserleichterung zu sozialer und institutioneller Nähe darstellt, ist nur eine Teilerklärung des Bedarfs der Wissensgesellschaft nach fortgesetzter Agglomeration.

Die Standortwahl wissensbasierter Betriebe beruht neben all diesem zentral auf dem Kriterium des „Look and Feel“. Denn Wissensproduktion ist nicht nur ein sozialer Lernprozess, der von dem Zufallsreichtum der Großstadt profitiert. Wissensproduktion braucht auch den Einfallsreichtum der Individuen. Sie nährt sich auch von den Denkräumen der beteiligten Personen und deren subjektivem Gewinn des Wohnens, Arbeitens und Daseins in der Stadt. Denn Raum ist nicht nur Kontext, sondern eine Dimension menschlichen Handelns. Raum kann nie Ursache gesellschaftlicher Verhältnisse sein, aber stets eine Bedingung und Ressource.

Die Rolle der Stadt als Zufallsagentur sozialer Kontakte wie auch die hervorgehobene Bedeutung von atmosphärischen Standort- und Gestaltqualitäten des „Look and Feel“ ergänzen sich als Standortfaktoren wechselseitig. So suchen die kreativen Dienstleister in München und Vancouver in ihren jeweiligen Städten, Stadtteilen, Straßenzügen und Büroräumen eine ausgewogene Balance aus der Nähe zu Kunden, Zulieferern und Kooperationspartnern wie auch Wohlfühlräumen und „Look and Feel“ für den geistigen Schöpfungsprozess.

Rolf Lindner (2003: 52) spricht von dem „Habitus der Stadt“, um den Charakter von Orten und die lokalen Dispositionen ihrer Bewohner zu beschreiben. So findet er in einem „kleinen ‚Spiel mit Bourdieu'“ (Lindner 2003: 48), dass Städten in der Wahrnehmung von außen bestimmte „Eigenschaften“ zugeordnet sind, etwa Stuttgart als kleinbürgerlich und bieder, Frankfurt dynamisch und arbeitsam oder Essen als industriell. Jedoch bleibt Lindners Blick auf städtische Atmosphären geprägt von der soziologisch-anthropologisch motivierten Sicht auf das Soziale. Es werden Lebensstile, Schichten, Klassen – im Schema von Bourdieus Habitusformen – in ihrer räumlichen Verteilung untersucht. So entsteht eine Skizzierung der „Städte als Geschmackslandschaften" (Lindner 2003: 50), die sich kulturell so ausdifferenzieren wie ihre Bewohner. Im originellen Transfer von Pierre Bourdieus Konzept des Habitus nun auf die Stadt erreicht Rolf Lindner eine interessante Charakterisierung von Orten mit Mitteln des sozialen, kulturellen, symbolischen Kapitals. Jedoch setzt er die Stadt zu rasch mit ihren Bewohnern gleich. Indem er die Geschmackskulturen seiner Bewohner schon zum „geographischen Kapital" eines Ortes erklärt (ebd.: 53), verschenkt er die eigentliche Tragweite des Begriffs. Statt dessen schlage ich vor, das Wort geographisches Kapital tatsächlich für die Beschreibung von Räumen (Orten, Landschaften) als potenzielle Ressourcen menschlichen Handelns zu verwenden.

Geographisches Kapital beruht auf der gesellschaftlichen Verwertbarkeit und Verwertung von geographischer Substanz. Geographische Substanz, das sind nach Lautensach (1953) jene Bestandteile der Erdoberfläche, die physiognomisch wahrnehmbar sind, wie z.B. Strände, Wälder, urbane Plätze, Dörfer, Flusslandschaften, Berghänge, Gipfel, Hochhaussiedlungen, Straßennetze, Büroparks, Deiche, Landschaftsgärten, Rathäuser und auch das Meer. Diese geographische Substanz ist für sich unbedeutend. Sie wird erst in ihrer gesellschaftlichen Wahrnehmung und Konstruktion für den Menschen relevant. Geographische Substanz erhält erst als soziale Konstruktion, in der gesellschaftlichen Kommunikation, Nutzung und Bewertung sozial zugesprochene Bedeutung und damit Sinn. Geographische Substanz wird durch die Zuschreibung von Werten (Gebrauchswert, Tauschwert, Zeichenwert) zu gesellschaftlich nutzbarem geographischen Kapital. Dabei ist geographisches Kapital – wie die übrigen Kapitalarten nach Bourdieu (2001: 309 f.) auch – für gesellschaftliche Gruppen ebenso wie Individuen eine Ressource im Kampf um Profit, Macht und Anerkennung. Aus Sicht der Individuen und der Gesellschaft kann ein Standort oder eine Stadt, eine Region oder die Zugehörigkeit zu einer Nation dreifach verschiedenartigen Ressourcencharakter bergen: als Raum (Space), als Ort (Place), als Landschaft (Landscape).[2]

1. Der Begriff Raum (Space) meint die objektiven, physisch-messbaren Eigenschaften von Gebieten. Raum ist geometrisch in Distanzen, Flächen, Höhen und Tiefen zu beschreiben. Lagebeziehungen, infrastrukturelle Ausstattung und die verkehrliche Erreichbarkeit von Standorten gehören ebenso dazu wie das Vorhandensein von Bodenschätzen oder die Bevölkerungsdichte. Raum beschreibt die messbaren, zählbaren, berechenbaren Dimensionen gesellschaftlich in Wert gesetzter Gebiete. Das geographische Kapital von Räumen kann in Preisen, Entfernungen, mathematischen Gleichungen oder Formeln ausgedrückt werden.
2. Der Begriff Ort (Place) verweist zumeist auf die lokal (oder regional, national) spezifischen sozialen Gegebenheiten, sozialen Beziehungen und Identitäten, die von Individuen und Gesellschaften in bestimmten Gebieten konstruiert, erfahren und gelebt werden. Historische Entwicklungen, politische Regulierungen, kulturelle Werte, ökonomische und soziale Praktiken spielen hier eine bedeutende Rolle (vgl. Johnston et al. 2000: 528). Orte sind räumliche Umwelten, strukturiert und erfüllt mit gesellschaftlichem Werden, mit sozialen Mustern und menschlichen Bewertungen. Orte sind geographisches Kapital für ihre Bewohner, das sich z.B. im Verfügen oder Nicht-Verfügen über Wissensschätze, ökonomische Praktiken oder Normen bezahlt machen kann.
3. Der Begriff Landschaft (Landscape) wird verwendet, um die Wirkung der geographischen Substanz auf die Wahrnehmungen, Denkweisen und Lebensbetrachtungen von Individuen, Gruppen oder Gesellschaften zu beschreiben. Oftmals sind starke subjektive Gefühle, hoch normativ aufgeladene Bilder und Bewertungen mit der

[2] Wie so oft bei dem Versuch der Klassifizierung sind die Grenzen zwischen den konstruierten Begriffen auch in diesem Falle nicht messerscharf. Raum, Ort und Landschaft beschreiben zwar drei deutlich unterschiedliche Perspektiven des gesellschaftlichen Umgangs, der gesellschaftlichen Wahrnehmung und Nutzung von geographischer Substanz. Jedoch ist eine Überlappung der drei analytischen Differenzierungen unvermeidbar, wenn man ihre Anwendung im Konkreten überprüft. Die drei Kategorien schaffen Ordnung, sie bieten jedoch keine scharfen Grenzen.

> Betrachtung von Erdteilen, Städten oder Regionen verbunden. „A landscape is a cultural image, a pictorial way of representing, structuring or symbolising surroundings". (Daniels, Cosgrove 1992: 1) Kulturlandschaften und Naturlandschaften kann man aus Sicht der Subjekte auch „als atmosphärisch erlebte Umgebung definieren". (Hasse 2004: 2) Die Empfindungen, die wir mit Landschaften wie z.B. der Nordseeküste, der Hamburger Reeperbahn, dem Brandenburger Tor oder der Zugspitze verbinden, sind nicht nur subjektiv anrührend und bewegend. Sie sind als geographisches Kapital auch von hohem Zeichen-, sogar Gebrauchs- und auch Tauschwert. Landschaften sind geographisches Kapital, das in der Vermarktung und Repräsentation von Stadtregionen nach außen (z.B. Tourismusmarketing) wie auch im inneren, subjektiven Erleben des Einzelnen (wohlfühlen) von Bedeutung ist.

Der Dreiklang von ‚Raum-Ort-Landschaft' (Space-Place-Landscape) bildet ein gedankliches Gerüst, mit dem Geographen versuchen, Prozesse der Umweltaneignung, die Rolle von Stadt-, Regions- und Nationenbildungen in unterschiedlichen Gesellschaften zu beschreiben. Dieser dreifache Reichtum der Raumbegriffe in der Geographie wird in der Anwendung auf Fragen der Wissensgesellschaft noch nicht vollständig genutzt. Denn in der Literatur zur Wissensgesellschaft wird bisher stets nur die Rolle der Stadt als Raum (Erreichbarkeiten, Knotenpunkt) und Ort (soziale Beziehungen, institutionelle Dichte, kreatives Milieu) betont. Die Rolle der Städte als Landschaften, als physisch-materielle Gegebenheiten und damit zugleich atmosphärisch wahrgenommene Umgebungen wird selten reflektiert. Damit fehlt ein entscheidender Ansatz zur Erklärung der Attraktion der Stadt in der Wissensökonomie. Denn Wissensproduktion ist ein schöpferischer Prozess, der von idealen Rahmenbedingungen und deshalb auch den dreifachen Möglichkeitsräumen des Städtischen (Space, Place und Landscape) profitiert. Stadtlandschaften sind deutlich mehr als nur eine Rahmung des Sozialen. Die gebaute Umwelt ist eine dauerhafte Befragung und Rückversicherung der Individuen und der Gesellschaft durch die Materialität und Persistenz des gelebten Seins (vgl. Molotch 2003: 187). Erst im Gebauten wird Kulturelles, Soziales, Ökonomisches, Politisches evident. Ja, durch das Bauen, Wohnen, Raum begreifen gelangt der Mensch erst zu sich selbst. So fordert und befindet Martin Heidegger in seiner Existenzialphilosophie, dass erst im Räume fügen, im Bauen, im bei den Dingen sein, das Menschsein möglich wird (Heidegger 2000: 44 f.). Schließlich gelange im Wohnen der Mensch erst zu sich selbst, indem er sich – im vollen Wort- und Wahrheitssinn – einrichtet in dieser Welt.

Graf Karl von Dürckheim (1932) schlug dafür den Begriff „gelebter Raum" vor. „Der gelebte Raum ist für das Selbst Medium seiner leibhaftigen Verwirklichung, Gegenform oder Verbreiterung, Bedroher oder Bewahrer (...) Erfüllungsort und Entfaltungsmöglichkeit, Widerstand und Grenze, Organ und Gegenspieler dieses Selbst". (Dürckheim 1932: 389) Gelebte und erlebte Räume werden also konstruiert, erfahren und gefüllt von lebendigen Subjekten. Gelebte Räume ändern sich mit den Menschen, die sich in ihnen aufhalten und sich zugleich in ihnen begegnen. Jeder Raum, jede Stadt- oder Naturlandschaft kann in der seelischen Wirklichkeit des Individuums zum gelebten Raum werden, auch München, Leipzig, Köln. Städte sind der Möglichkeitsraum, den nicht nur Individuen für sich als gelebten Raum empfinden, sondern den zugleich ein gesellschaftliches Kollektiv für sich entwirft und damit auch sich selbst „entgegen wirft". In ihren Städten begegnet und schafft eine Nation ihr physisch verdichtetes, gebautes Selbst.

Dürckheim (ebd.: 413) geht weiter noch in seiner Argumentation. Räume haben für die sie bewohnenden, durchschreitenden Individuen unterschiedliche „Vitalqualitäten (...). So ist es deutlich, wie die vitale Gesamthaltung sich verändert, wenn man aus dem Hause hinaustritt ins Freie, von der Straße abzweigt ins Feld, wenn man eintritt in einen Wald oder die letzten Häuser verlassend nun hinausgeht in freies Land oder wenn man in der Stadt von einer verkehrsreichen Straße einbiegt in einen stillen Winkel. Hier überall schnappt gleichsam der ganze Mensch in seiner Vitalität in eine neue Form. Es erfüllt sich sein ganzes Wesen mit einem veränderten Zumutesein. Es spannt und löst sich das gesamte Gefüge seiner vitalen Funktionen zu einer jeweils bestimmten Gesamthaltung, in der er sich als Ganzes bewahrt und zugleich in bestimmter Weise entfaltet, sich verschließt und öffnet, eindringt in das Herum und sich zurückhält, jeweils gemäß den besonderen Möglichkeiten und Grenzen, die der gegenwärtige Raum für ihn bedeutet und gemäß den besonderen Einstellungen und Gerichtetheiten, die er als dieser Mensch zu dieser Stunde mitbringt".

Henri Lefebvre (2003) konstatiert in seinem zum Klassiker gewordenen Buch „The Urban Revolution", dass der Mensch nicht anders könne als poetisch zu wohnen. Er beschreibt „habiting" (wohnen) als wesentliches Verhältnis des Menschen zur (Um)Welt. Eine urbane Gesellschaft würde dem Habiting zunehmend statt/Stadt geben. Habiting aber ist eine neue englische Übersetzung des alten, von Martin Heidegger entlehnten existenzphilosophischen Begriffs vom Wohnen. Der Mensch wohnt in der Stadt, das möchte Henri Lefebvre zuerst betonen. Indem er physisch wohnt, eröffnen sich ihm geistige Möglichkeiten: „Der Mensch kann nicht bauen und wohnen, das bedeutet also ein Haus wirklich besitzen, in dem er lebt, ohne nicht auch noch etwas mehr (oder weniger) zu besitzen als sich selbst: seine Beziehung zu den Möglichkeitsräumen und der Imagination". (Lefebvre 2003: 82, Übersetzung I.H.) Lefebvre sagt aufgrund dieser Beziehung zwischen den schöpferischen Möglichkeiten und dem urbanen Wohnen im Jahre 1970 schon voraus, dass menschliche Gesellschaften sich zu urbanen Gesellschaften zukünftig entwickeln werden. Den Prozess des globalen Stadtwachstums nennt er urbane Revolution. Während zu industrieller Zeit – so führt Lefebvre aus – Stadtraum rein funktional als Fläche für Straßen, Fabriken, Häuser geometrisch abgezirkelt, vermessen und gehandelt wurde, gewinnen die Orte (Places) und Landschaften (Landscapes) in Städten der Wissensgesellschaft eine neue Bedeutung. Es werden nicht nur mehr Räume vermessen und die Stadt auf geometrisch Messbares reduziert. Städte werden nun – so Henri Lefebvres Zukunftsvision – bewohnt in vollem, umfänglich Heideggerschen Sinne. Wohnen im Raum, Städte als gelebte Räume treten in den Vordergrund. Was Lefebvre 1970 als Zukunftsmusik schon beschrieb, ist heute teilweise eingekehrt. Wir sind Zeitzeugen einer neuen Sicht des Städtischen, die es zwar immer schon in der Menschheitsgeschichte gab, die jedoch bisher sozial und wirtschaftlich als unbedeutend galt. Dies ändert sich. Ganz gegenwärtig tritt mit dem Wandel zur Wissensökonomie die Beziehung zwischen Wohnen und Möglichkeitsraum, Habitat und Imagination in den Vordergrund. Der „Look and Feel" als Standortfaktor, so wie er sich in München und Vancouver heute schon zeigt (und bald auch andernorts), weist auf eben jenes hin. Gesucht wird von den Kreativen eine Verbindung zum gelebten Raum. Die geographische Standortwahl wird betriebswirtschaftlich inszeniert und instrumentalisiert als (auch) mentale Lokalisation. Die Stadt wird evaluiert als Schöpfungsstätte, als „transforming form" (ebd.: 174). Denn darin, Gedankenräume zu öffnen durch die dargebotene Übermacht sinnlicher Erfahrung, sind manche Städte meisterhaft. „The urban could also be defined as a place of desire ... where Eros and Logos can (possibly) be found side by side". (Lefebvre 2003: 176)

Erfolgreiche Standortplaner, Bürgermeister, Wirtschaftsförderer von konkurrenzfähigen Städten in der Wissensgesellschaft des 21. Jahrhunderts ahnen dieses. Sie pflegen solches und (er)arbeiten ihren besonderen lokalen „Look and Feel". Auch Audi setzt mit „Konzept Design München" auf solch eine positive betriebliche Wirkung der Ansiedlung der Design Abteilung in dem besonderen Standortumfeld der besonderen Stadt. Sie wählen München, wählen Schwabing, sie lassen ihre Designer in der Kurfürstenstraße 24 nieder. Dies nicht nur, um erreichbar zu sein und schnellen Zugriff zu haben auf Zeitgeist, Zulieferer und Kunden. Vielmehr sind es ihre Designer selbst, die von der Stadt erreicht werden sollen. Das landschaftliche Motiv (Landscape) tritt zu dem gewählten Raum (Space) und Ort (Place) hinzu. Ein Umfeld wird gewählt, das – in der Hoffnung und im Kalkül der Standortplaner und Betriebsleiter – Einfluss auf die mentale Verfasstheit und Produktivität der Angestellten hat. Die Produktivität der Individuen soll gestärkt werden. Die Designer werden den Strömungen und Wirkungen des „Look and Feels" eines urbanen Umfelds ausgesetzt. Die geographische Substanz der Stadt soll wirken – fördernd, freisetzend aber auch entlastend – auf die Schaffenskraft des Einzelnen. Und damit natürlich auch auf seine Leistungsfähigkeit im Betrieb.

7 Die Heimat der Wissensgesellschaft: Die kreative Metropolis

„Jedes Geheimnis, jedes Wissen ist in seiner Gesellschaft geborgen; jede menschliche Gesellschaft ist Wissensgesellschaft, seit Jahrmillionen. Jede hütet ihre Überlieferungen, und seien sie des Teufels, verwaltet oder mehrt ihren Schatz, stellt, was sie weiß, auf Dauer.

> Jede lebt von ihrem Wissen seit dem Zuhauen handlicher Chopper, der frühesten Domestikation von Tieren, dem aller ersten Anbau von Getreide bis zu den gigantischsten Unternehmungen zur Erforschung der Erde und des Kosmos. Und eine jede dürstet nach Wissen, das ihr über andere Macht verleiht". (Fried 2002: 17)

Man wird die räumliche Konfiguration der Wissensgesellschaft nur begreifen können, wenn man den Menschen als Schöpfer des Wissens besser versteht. In diesem Gedankenzusammenhang liegen die Stärken einer geographischen Analyse darin, uns der räumlichen Bedingtheiten und Ressourcen menschlichen Seins erinnernd zu vergegenwärtigen. Denn menschliches Sein ist bedingt und gefördert durch Umstände, durch Umgebungen, durch Umwelten. Durch und durch Mensch zu sein, dazu bedarf es einer Welt. Wesentliche Bestandteile der Wissensproduktion – als Beschränkungen wie auch als Ressourcen – sind deshalb die städtischen, regionalen oder nationalen Kontexte, in die Individuen und ihre Ideen gestellt sind. Städte und Regionen sind für die Wissensgesellschaft in Form von Räumen, Orten oder Landschaften (Space, Place, Landscape) geographisches Kapital.

Stadtgestaltung zur Wissensbildung, also Urbanisierung als innovationssteigernde Strategie ist dabei keinesfalls eine Erfindung der Neuzeit. Schon in der Antike waren die Städte Zentren der Wissensproduktion. Der Begriff Metropolis geht zurück auf die griechische Antike, in der eine Metropolis eine „Mutterstadt" war, von der aus andere Städte gegründet wurden. Auch die moderne, industrielle Metropolis umfasste eine expandierende Kernstadt, die die umliegenden Gemeinden bis hin zur Annektion dominierte (vgl. Isin 1996: 100). Nach den bis hierher vorgetragenen Überlegungen ist es sinnvoll, an dem Begriff der „Metropolis" auch in der Wissensgesellschaft festzuhalten in der umgewandelten Fassung einer „kreativen Metropolis". Die neue Zentralität der (Kern)Städte beruht auf den besonderen Agglomerationsbedürfnissen und -logiken wie auch dem urbanen Begehren der wissensgesellschaftlichen Akteure. Aus der ehemaligen industriellen Maschinenstadt *Metropolis*, wie Fritz Lang sie in seinem filmischen Meisterwerk 1926 darstellte, ist eine neue Menschenstadt geworden: die kreative Metropolis. Ihr Erfolg gründet sich – neben den Netzwerkökonomien – zu einem wesentlichen Teil auf einer dezidiert subjektiven Wahrnehmung und Bewertung der gelebten Räume und erlebten Stadtlandschaften, dem „Look and Feel". Erfolgreiche Städte in Wissensgesellschaften evozieren und stimulieren durch ihren „Look and Feel". Sie verfügen über ein hohes Maß an geographischem Kapital, das Menschen und Betriebe anlockt und verführt, hier produktiv zu sein, zu arbeiten, zu kommunizieren und zu bleiben. Städte sind bei Leibe nicht nur Knotenpunkte oder Zufallsgeneratoren einer komplex organisierten Wissensgesellschaft. Städte sind in kreativen Köpfen und bedeuten ihnen mehr noch: Sie entwickeln sich zur kreativen Metropolis, weil sie dem schöpferischen Menschen ein Zuhause geben.

Literatur

Bourdieu, P. (1987): Die feinen Unterschiede. Kritik der gesellschaftlichen Urteilskraft. Frankfurt/M.

Bourdieu, P. (2001): Meditationen. Zur Kritik der scholastischen Vernunft. Frankfurt/M.

Daniels, S; Cosgrove, D. (1992): Introduction: Iconography and Landscape. In: Cosgrove, D.; Daniels, S. (Hrsg.): The Iconography of Landscape. Cambridge, S. 1-10

Dürckheim, K. G.v. (1932): Untersuchungen zum gelebten Raum. Erlebniswirklichkeit und ihr Verständnis. Systematische Untersuchungen II. In: Krüger, F. (Hrsg.): Neue Psychologische Studien, Bd. 6. München, S. 383-480

Fried, J. (2002): Erfahrung, Wissen und Gesellschaft – Erfahrungen der Wissensgesellschaft. In: Killius, N.; Kluge, J.; Reisch, L. (Hrsg.): Die Zukunft der Bildung. Frankfurt/M., S. 14-44

Glückler, J.; Bathelt, H. (2003): Relationale Wirtschaftsgeographie: Grundperspektive und Schlüsselkonzepte. In: Gebhardt, H. et al. (Hrsg.): Kulturgeographie. Aktuelle Ansätze und Entwicklungen. Heidelberg, Berlin, S. 171-190

Grabher, G. (2002): The Project Ecology of Advertising: Talents, Tasks, and Teams. In: Regional Studies 36, S. 245-262

Grabow, B.; Henckel, D.; Hollbach-Grömig, B. (1995): Weiche Standortfaktoren. Stuttgart – Schriften des Instituts für Urbanistik 89

Hasse, J. (2004): „Landschaftskultur". Integrales Moment von Bau-, Stadt- und Lebenskultur. In: Wolkenkuckucksheim 8, H. 2, S. 1-26. Internet-Journal: http://www.tu-cottbus.de/BTU/Fak2/TheoArch/wolke/deu/Themen/032/Hasse/hasse.htm

Heidegger, M. (2000): Bauen Wohnen Denken. In: Führ, E. (Hrsg.): Bauen und Wohnen. Martin Heideggers Grundlegung einer Phänomenologie der Architektur. Münster, S. 31-49 (Original von 1951)

Helbrecht, I. (1998): The Creative Metropolis. Services, Symbols, and Spaces. In: Wolkenkuckucksheim, International Journal of Architectural Theory 3, H. 1. Internet-Journal: http://www.theo.tu cottbus.de/wolke/Xpositionen/Helbrecht/helbrecht.html

Helbrecht, I. (1999): Die kreative Metropolis. Habilitationsschrift, TU München

Helbrecht, I. (2001): Postmetropolis: Die Stadt als Sphinx. In: Geographica Helvetica 56, S. 214-222

Helbrecht, I. (2004): Denkraum Stadt. In: Siebel, W. (Hrsg.): Die europäische Stadt. Frankfurt/M., S. 422-432

Hutton, T. A. (2000): Reconstructed Production Landscapes in the Postmodern City. Applied Design, Intermediate Services, and Flexible Specialisation. In: Urban Geography 21, S. 285-317

Isin, E. F. (1996): Metropolis Unbound. Legislators and Interpreters of Urban Form. In: Caulfield, J.; Peake, L. (Hrsg.): City Lives and City Forms. Critical Research & Canadian Urbanism. Toronto, S. 98-127

Jacobs, J. (1985): Cities and the Wealth of Nations – Principles of Economic Life. New York

Joas, H. (2002): Wertevermittlung in einer fragmentierten Gesellschaft. In: Killius, N.; Kluge, J.; Reisch, L. (Hrsg.): Die Zukunft der Bildung. Frankfurt/M., S. 58-77

Johnston, R. et al. (Hrsg.) (2000): Dictionary of Human Geography. Blackwell

Keeble, D.; Lawson, C.; Moore, B.; Wilkinsons, F. (1999): Collective Learning Processes, Networking and 'Institutional Thickness' in the Cambridge Region. In: Regional Studies 33, S. 319-332

Krätke, S. (2002): Medienstadt. Urbane Cluster und globale Zentren der Kulturproduktion. Opladen

Läpple, D. (2003): Thesen zu einer Renaissance der Stadt in der Wissensgesellschaft. In: Gestring, N. et al. (Hrsg.): Jahrbuch StadtRegion 2003. Opladen, S. 61-78

Lash, S.; Urry, J. (1994): Economies of Signs & Space. London

Lautensach, H. (1953): Über die Begriffe Typus und Individuum in der geographischen Forschung. Kallmünz/Regensburg. Münchner Geographische Hefte 3

Lefebvre, H. (2003): The Urban Revolution. Minneapolis (Original von 1970)

Lindner, R. (2003): Der Habitus der Stadt – ein kulturgeographischer Versuch. In: Petermanns Geographische Mitteilungen 147, S. 46-53

Lukas, R. E. (1988): On the Mechanics of Economic Development. In: Journal of Monetary Economics 22, S. 3-42

Marshall, N.; Wood, P. (1995): Services & Space. Key Aspects of Urban and Regional Development. London

Molotch, H. (2003): Where Stuff Comes From. How Toasters, Toilets, Cars, Computers, and Many Other Things Come to Be As They Are. New York, London

Polanyi, M.; Prosch, H. (1996): Meaning. Chicago, London

Scott, A. J. (2000): The Cultural Economy of Cities. Essays on the Geography of Image-Producing Industries. London, Thousand Oaks, New Delhi

Simmel, G. (1992): Soziologie. Untersuchungen über die Formen der Vergesellschaftung, Gesamtausgabe Bd. 11. Frankfurt/M (Original von 1908)

Storper, M. (1997): The Regional World. Territorial Development in a Global Economy. New York, London

Tichy, G. (2001): Regionale Kompetenzzyklen – Zur Bedeutung von Produktions- und Clusteransätzen im regionalen Kontext. In: Zeitschrift für Wirtschaftsgeographie 45, S. 181-201

Whitehead, A. N. (1988) Wissenschaft und moderne Welt. Frankfurt/M. (Original von 1925)

Teil 2
Empirische Befunde – Metropolregionen in globalen, europäischen und nationalen Netzwerken

Stefan Krätke

5. Wissensintensive Wirtschaftsaktivitäten im Regionalsystem der Bundesrepublik Deutschland: Clusterpotenziale und Beitrag zur regionalen Wirtschaftsleistung

Ausgehend von der These, dass im Rahmen einer zunehmend innovations-getriebenen Ökonomie und eines Bedeutungszuwachses von wissensintensiven Aktivitätszweigen der Wirtschaft die Entwicklungsaussichten von Städten und Regionen von Potenzialen der interaktiven Wissensgenerierung und Lernfähigkeit der regionalwirtschaftlichen Akteure bestimmt sind, werden in neuerer Zeit in der Wirtschaftsgeographie und Regionalforschung die Perspektiven einer „wissensbasierten" Regionalentwicklung thematisiert (Asheim 1996; Scheff 1999; Malecki, Oinas 1999; Keeble, Wilkinson 2000; Cooke 2002; Lo, Schamp 2003; Matthiesen 2003). Diese regionalwissenschaftliche Debatte verweist auf den Stellenwert von Wissensressourcen sowie Forschungs- und Bildungsinfrastrukturen, auf die Bedeutung der interaktiven Wissensgenerierung in Unternehmensnetzwerken für die Innovations- und Wettbewerbsfähigkeit der Regionen und nicht zuletzt auf Ansatzpunkte zur Stärkung der Entwicklungsaussichten von Städten und Regionen durch die Entwicklung von wissensintensiven Aktivitätszweigen der Regionalwirtschaft. Die Rede von „wissensbasierten" Aktivitätszweigen der Wirtschaft ist allerdings mit Abgrenzungsproblemen verbunden: Hier werden meist die Produzenten und Dienstleister von Informations- und Kommunikationstechnologie und anderen „neuen" Industrien mit hohem Anteil von Forschungs- und Entwicklungsaktivitäten wie z.B. die Biotechnologie und darüber hinaus die qualifizierten Unternehmens-Dienstleistungen aufgeführt, doch haben zweifellos auch die „klassischen" technologieintensiven Industrien wie z.B. der Fahrzeug- und Maschinenbau eine hochentwickelte Wissensbasis, und auch die Standortzentren traditioneller arbeitsintensiver Industrien verfügen über differenzierte Innovationsfähigkeiten, wie die regionalwissenschaftliche Debatte über „industrielle Distrikte" herausgearbeitet hat (Asheim 1996; Cooke 2002). Die wissensintensiven Wirtschaftsaktivitäten lassen sich also nicht ganz trennscharf abgrenzen, gleichwohl ist es vertretbar, Aktivitätszweige der Industrie mit hohem Anteil von Forschungs- und Entwicklungsaktivitäten zur Generierung von neuem Wissen technologischer Art ebenso wie jene Wirtschaftsaktivitäten, bei denen die Generierung und wirtschaftliche Nutzung von spezifischem Wissen zentralen Stellenwert haben (wie z.B. spezialisierte Unternehmensdienste im Bereich Organisationsmanagement, Ingenieurdienstleistungen oder die von „kreativem Wissen" abhängige Kulturökonomie und Medienwirtschaft), als die Kernbereiche des Sektors wissensintensiver Wirtschaftsaktivität zu begreifen. Da die unterschiedlichen Wirtschaftszweige durch *verschiedenartige Kombinationen* von technologischem, organisatorischem und kreativem Wissen gekennzeichnet sind (Krätke 2003) und in neuen branchenübergreifenden Querschnittsaktivitäten wie z.B. Multimedia gerade die Kombination von technologischem und kreativem Wissen zum Entwicklungsfaktor wird, sollte eine einseitige Technologie-Zentrierung der Debatte um wissensintensive Wirtschaftsaktivitäten vermieden werden.

Nach einführenden Hinweisen auf den Stellenwert von Wissensgenerierung und wissensintensiven Wirtschaftsaktivitäten in neueren Konzepten der Regionalwissenschaft wird in diesem Beitrag die räumliche Organisation von wissensintensiven Aktivitätszweigen im Stadt- und Regionalsystem der Bundesrepublik Deutschland dargestellt. Ausgangspunkt der empirischen Analyse ist die Identifizierung von charakteristischen räumlichen Mustern der Verteilung von wirtschaftlichen Aktivitätszweigen in der Bundesrepublik. In diesem Schritt werden Gruppierungen von Aktivitätszweigen ermittelt, unter denen die wissensintensiven Zweige deutlich hervortreten. Die regionalen Konzentrationen solcher Aktivitätszweige können als Clusterpotenziale betrachtet werden. Die stärksten Clusterpotenziale wissensintensiver Aktivitäten finden sich in den Metropolregionen der Bundesrepublik, wobei sich relevante Abweichungen der ökonomischen „Profile" von Metropolregionen in den alten und den neuen Bundesländern zeigen lassen.

Städte und Regionen mit starken Clusterpotenzialen in den wissensintensiven Zweigen werden heute als Zentren mit strukturstarken Entwicklungspotenzialen angesehen, doch war in der Regionalwissenschaft bisher die Auffassung verbreitet, dass die regionale Wirtschaftsleistung insbesondere der metropolitanen Standortzentren vor allem von ihren Headquarter-Funktionen und ansässigen Großunternehmen sowie von der Konzentration von unternehmensbezogenen Dienstleistungen bestimmt sei. Vor diesem Hintergrund wird die empirische Analyse in einem weiteren Schritt auf die Fragestellung konzentriert, welchen Beitrag die regionale Konzentration wissensintensiver Wirtschaftsaktivitäten zur regionalen Wirtschaftsleistung in der Bundesrepublik erbringt, und zwar im Verhältnis zum Beitrag anderer regional konzentrierter Funktions- bzw. Aktivitätsgruppen der Wirtschaft. Im Ergebnis zeigt sich, dass die wissensintensiven Zweige zusammen einen signifikanten Beitrag zur regionalen Wirtschaftsleistung erbringen, aber die regionale Konzentration von Großunternehmen (Headquarter-Funktionen) nach wie vor großen Einfluss auf die regionale Wirtschaftsleistung hat.

1 Die Bedeutung von wissensintensiven Wirtschaftsaktivitäten in neueren Konzepten der Regionalwissenschaft

In räumlicher Perspektive wurden insbesondere Metropolregionen und Großstädte seit jeher als Zentren der Wissensgenerierung und Hervorbringung von Innovationen betrachtet (Crevoisier 1999; Cooke, Davies, Wilson 2002). Unter den Bedingungen fortschreitender Globalisierungsprozesse wird heute aber die Herausbildung einer „globalisierten Informationsgesellschaft“ erwartet, in der auf Basis neuer Informations- und Kommunikationstechnologien ein weltweiter Fluss von Information und Wissen die Raumbindungen wirtschaftlicher Aktivitätszweige zunehmend auflöst. Demgegenüber scheinen gerade im Bereich wissensintensiver Aktivitätszweige die Raumbindungen der Wirtschaftsakteure (Krätke 2001; Bathelt, Glückler 2002) eher zuzunehmen: Hierbei ist die Unterscheidung von Wissensarten ausschlaggebend, insbesondere die Unterscheidung zwischen Information als kodifiziertem und daher leicht transferierbarem Wissen, und nicht-kodifiziertem bzw. „implizitem“ Wissen, das als praktisches Erfahrungswissen nur im persönlichen Kontakt vermittelt werden kann (Storper 1997; Mayer-Haßelwander 2000). Insofern können trotz globalisierter Informationsflut regionsspezifische Wissensressourcen im Sinne gesellschaftlich produzierter Standortvorteile einen bedeutsamen Potenzialfaktor für die regionale Entwicklung darstellen. Diese Argumentation wird heute in Erklärungsansätzen für regionale Innovationsnetzwerke und Clusterbildungen ausdrücklich einbezogen (Cooke 2002; Keeble, Wilkinson 2000; Malecki, Oinas 1999; Sternberg 1999). Für den Zusammenhang zwischen Wissensgenerierung, Innovation und Regionalentwicklung ist dabei der Punkt entscheidend, dass den Clustern im Sinne von regional vernetzten Ensembles von spezialisierten Unternehmen eine „kollektive Effizienz" zugeschrieben wird, die aus unternehmensexternen Skalenvorteilen der Produktion, aus Transaktionskostenersparnissen infolge räumlicher und kultureller Nähe der zusammenwirkenden Unternehmen und aus dynamischen Agglomerationsvorteilen der Wissensgenerierung im Sinne erhöhter Lernfähigkeit und erleichterter Innovationsverbreitung im regionalen Ensemble der Unternehmen hervorgeht (Krätke 2001; Schamp 2002a; Heinrich, Kujath 2002).

Neuere Ansätze der Regionalwissenschaft stellen den *Innovationsprozess* in den Mittelpunkt der Analyse (Koschatzky 2001) und konzentrieren sich auf die institutionellen Bedingungen der Wissensgenerierung in regionalen Produktionssystemen. Dabei wird der Innovationsprozess als Ausdruck eines interaktiven Lernprozesses verstanden, der zwischen Unternehmen sowie zwischen diesen und weiteren Organisationen des wirtschaftlichen und gesellschaftlichen Umfeldes stattfindet (Lundvall 1988). In diesem Kontext wird dem interaktiven Lernen eine räumliche Verankerung zugeschrieben und der Wissensaustausch im regionalen Beziehungsnetz der Akteure als Basis eines *regionalen* Innovationssystems herausgestellt (Bracyk, Cooke, Heidenreich 1998; Ratti, Bramanti, Gordon 1997; Grotz, Schätzl 2001). In ähnlicher Weise stellt das Konzept der „lernenden Region" heraus, dass Unternehmen im Innovationswettbewerb auf ihr regionales Umfeld angewiesen seien im Sinne der Vernetzung mit anderen Akteuren bei interaktiven Lernprozessen (Scheff 1999; Sternberg 1999; Specht 1999; Schamp 2000). Darüber hinaus werden regional konzentrierte Wissensressourcen und Bedingungen der Wissensgenerierung in der Theorie der *regionalen Clusterbildung* thematisiert: Unter Clustern versteht man räumliche Konzentrationen von Unternehmen und weiteren Akteuren einer bestimmten Wertschöpfungskette (z.B. Filmproduktion, Automobilbau usw.). Bestimmungsfaktoren der *regionalen*

Clusterbildung sind die Vorteile geographischer Nähe und Verdichtung von Unternehmen in jenen Aktivitätszweigen, deren Entwicklung in besonderem Maße von *spezifischen* Wissensressourcen, spezifischen Qualifikationen/Kompetenzen, vielseitigen Interaktionserfordernissen bei der Generierung neuen Wissens zur Erstellung von Spezialprodukten und -dienstleistungen (häufig nach besonderen Anforderungen der Kunden) und spezifischen institutionellen Infrastrukturen abhängig ist (Porter 1998; 2001; Rehfeld 1999; Keeble, Wilkinson 2000; Dybe, Kujath 2000; Krätke, Scheuplein 2001; Krätke 2001; Plattner 2001). So befördern gerade die Handlungsbedingungen von *wissensintensiven* Aktivitätszweigen im Sinne von Produktionszweigen mit starkem Innovationswettbewerb und hohem Anteil von Forschungs- und Entwicklungsaktivitäten oder schnellen Produktzyklen die lokale oder regionale Clusterbildung von Unternehmen (Cooke 2002).

In vielen Industrieländern sind Metropolregionen und große Städte die Standortzentren für neue „wissensbasierte" Wertschöpfungsketten und innovationsstarke Produktionscluster im Bereich der Informations- und Kommunikationstechnologie, der Medizintechnik und Biotechnologie, der Medienwirtschaft usw. (Scott 1988; Veltz 1996; Berg, Braun, Winden 2001; Cooke, Davies, Wilson 2002; Krätke 2002; Cooke 2003). Solche urbanen „knowledge cluster" sind häufig nicht nur durch *regionale* Beziehungsnetze gekennzeichnet, sondern auch durch starke *überregionale* Verbindungen zu den Innovationszentren anderer Regionen, und zwar auch im globalen Maßstab (Rehfeld 2001; Krätke 2002a). Die globalen Verbindungen werden vor allem durch die „global players" der jeweiligen Wertschöpfungsketten hergestellt, die in regionalen Clustern häufig als fokale Unternehmen fungieren und ihre weiträumig ausgreifenden Standortnetze bevorzugt in den führenden regionalen Clustern eines Aktivitätszweiges verankern (Krätke 2002; Lo, Schamp 2003). Auf diese Art und Weise werden spezifische regionale Wissens- und Kreativitätsressourcen mit Informationen und Wissensvorräten aus anderen, geographisch eventuell weit entfernten Regionen verknüpft. Die Entwicklungschancen und Innovationskapazitäten regionaler Cluster hängen also nicht nur von ihren *regionsinternen* Vernetzungsqualitäten ab, sondern zugleich von ihrer Einbindung in supraregionale und globale Netzwerke.

2 Wissensintensive Wirtschaftsaktivitäten im Regionalsystem der Bundesrepublik Deutschland

Die räumliche Organisation von wissensintensiven Aktivitätszweigen im Stadt- und Regionalsystem der Bundesrepublik Deutschland lässt sich empirisch über die Identifizierung von charakteristischen räumlichen Mustern der Verteilung von wirtschaftlichen Aktivitätszweigen erfassen. Zu diesem Zwecke wurde eine kommerzielle Firmendatenbank (nähere Angaben im Folgenden) bezüglich der Unternehmensstandorte von insgesamt 26 Aktivitätszweigen in den Kreisen und kreisfreien Städten der Bundesrepublik ausgewertet. Die Firmendatenbank ermöglicht eine sehr feingliedrige Gruppierung von Wirtschaftsaktivitäten, doch mussten für diese Analyse Gruppierungen gewählt werden, in denen die kleinteilige Raumgliederung nach Kreisen mit Bezug auf die Unternehmenszahlen angemessen repräsentiert wird. Die ausgewählten Aktivitätszweige sind in der folgenden tabellarischen Aufstellung mit den jeweiligen NACE-Codes (Wirtschaftszweig-Systematik) und Untergruppen verzeichnet.

Für zwei der Aktivitätszweige Biotechnologie und Multimedia enthielt die Hoppenstedt-Firmendatenbank keine Information; diese beiden für unsere Untersuchung relevanten Aktivitäten wurden gesondert erfasst durch die Auswertung eines vom „Verband der Biologen“ erstellten Verzeichnisses der Biotechnologie-Unternehmen (VdBiol 2003) und der im „Medienhandbuch“ (2002) erfassten Multimedia-Firmen in der Bundesrepublik.

Zur Datenbasis

Die Untersuchung der „ökonomischen Profile“ von Städten und Regionen der Bundesrepublik Deutschland basiert auf der detaillierten Auswertung einer der größten kommerziellen Firmendatenbanken der Bundesrepublik (Hoppenstedt-Firmendatenbank), die im Jahre 2002 rund 150.000 Unternehmen erfasst. Vor der Auswertung der Firmendatenbank wurde die *räumliche* und *sektorale* Repräsentativität der Daten überprüft: Deutlich überrepräsentiert sind in der Firmendatenbank die Unternehmen in den Rechtsformen AG und GmbH, die mit Bezug auf die Gesamtzahl der

NAME (Kürzel)	Inhalt /Aktivitätszweige (NACE-Code)
C1AUTO	Kraftfahrzeugbau (= Zweig 34) 2002
C2IUK	Informations- u. Kommunikationstechnik (= Zweige 30 Büromasch./DV-Geräte, 32 Rundfunk-, Fernseh-u.Nachrichtentechnik) 2002
C3MEDIZ	Medizintechnik (= Zweige 33101, 33102, 33103, 33104) 2002
C4SOFT	Software-Entwicklung (= Zweig 72202) 2002
C5CHEM	Chemie-Industrie (= Zweig 24 ohne Pharma-Industrie: 24410 / 24420) 2002
C6MEDIEN	Medienwirtschaft (= Zweige Verlag 22111-22150, 92401, 92402; Film/TV 92111-92202; Kulturproduktionen 92311-92325) 2002
C7WERBE	Werbewirtschaft (= Zweige 74401, 74402) 2002
C8MASCHI	Maschinenbau (= Zweige 29; Automatisierungstechnik 33203, 33300; Elektromotorenbau 31100) 2002
C9MOEBEL	Möbel-Industrie (= Zweige 36111-36143) 2002
C10TEXTI	Textil- und Bekleidungsindustrie (= Zweige 17, 18) 2002
C11OPTIK	Optik-Industrie und feinmechan.-optische Messtechnik (= Zweige 33401-33403, 33202) 2002
C12STAHL	Metallerzeugung u. -bearbeitung (= Zweig 27) 2002
C13ORGDI	"Organisationsmanagement" = qualifizierte Unternehmensdienste (= Zweige 72 Auswahl, ohne Softwareentw., 74 Auswahl ohne Werbung, ohne Immobilienfonds, Reinigungs- u. Sicherheitsdienste, Arbeitskräftevermittlung, fotografisches Gewerbe) 2002
C14FUEDI	"F & E Dienste, Ingenieurdienste" = qualifizierte Unternehmensdienste (= Zweige 73, 74 Auswahl Ingenieur- u.a. qualifizierte technische Dienste ohne Architekturbüros/bautechnische Fachplanung) 2002 (F & E = Forschung und Entwicklung)
C18TRANS	Transport- u. Verkehrs-Dienstleistungen (= Zweige 60 Auswahl ohne Taxibetriebe u. Seilbahnen; Zweige 61, 62, 63 Auswahl ohne Parkhäuser u. Reisebüros) 2002
C19HOLZ	Holzindustrie (= Zweig 20) 2002
C20PAPIE	Papierindustrie (= Zweig 21) 2002
C21DRUCK	Druckgewerbe (= Zweige 22210-22250) 2002
C23ERNAE	Ernährungsgewerbe (= Zweig 15) 2002
C24ELEKT	Elektro-Industrie - Elektrische Ausrüstungen (= Zweige 31200, 31300, 31400, 31610, 31620; ohne Elektro-Motorenbau u. Lampenherstellg.) 2002
C25KUSTO	Kunststoffindustrie (= Zweige 25210, 25220, 25230, 25241) 2002
C26METAL	Metallindustrie - Herst.v.Metallerzeugnissen (= Zweig 28) 2002
C27MESS	Mess- u. Kontrolltechnik (elektrisch) (= Zweig 33201) 2002
C29PHARM	Pharmazeutik sowie Forschung u. Entwicklung im Bereich Medizin (= Zweige 24410, 24420; 73104 ohne Verbände u.ä. Organis.) 2002
C31BIOTE	Anzahl Unternehmen Biotechnologie 2003 (aus Spezialverzeichnis: vdbiol-Verzeichnis): darin Sparte Medizin/Pharma bzw. "rote Gentechnik", Sparte "weitere Biotechnologie" bzw. "weiße Gentechnik", und Sparte "Labortechnik/Apparate"
C34MULTI	Anzahl Unternehmen Multimedia-Sektor 2002 aus Spezialverzeichnis (Medienhandbuch): darin Sparten Multimedia, MM-Design, MM-Producer, Internet-Provider, Internetservice, Online-Design, Online-Dienste

Tabelle 1: Ausgewählte wirtschaftliche Aktivitätszweige für die Regionalanalyse

steuerpflichtigen Wirtschaftseinheiten einen Anteil von 0,2 Prozent (AG) und 15,4 Prozent (GmbH) haben, in der Firmendatenbank dagegen einen Anteil von 2,8 Prozent (AG) und 50,9 Prozent (GmbH) der erfassten Unternehmen erreichen. Insgesamt sind in der Datenbank (Stand 2/2002) 77 Prozent der Aktiengesellschaften und 17 Prozent der GmbH's der Bundesrepublik erfasst. Ferner sind die relativ umsatzstarken Unternehmen in hohem Maße repräsentiert: Die Firmendatenbank erfasst 39 Prozent aller Unternehmen der Bundesrepublik mit mehr als 50 Mio EUR Umsatz. Darüber hinaus sind in der Datenbank 17 Prozent aller Unternehmen des Verarbeitenden Gewerbes der Bundesrepublik repräsentiert, und 28 Prozent aller Unternehmen der forschungs- und entwicklungsintensiven Industrien (Chemische Industrie, Maschinenbau, DV-Geräte, Elektrotechnik, Nachrichtentechnik, Medizintechnik, Messtechnik, Optik, Fahrzeugbau). Mit Bezug auf die Gesamtzahl der steuerpflichtigen Wirtschaftseinheiten in der Bundesrepublik sind in der Firmendatenbank die meisten Zweige der F&E-intensiven Industrien etwas überrepräsentiert, während „traditionelle" Industriezweige mit relativ geringen F&E-Aktivitäten (wie z.B. das Ernährungsgewerbe, Holzgewerbe, Glasgewerbe, Herstellung von Metallerzeugnissen) eher unterrepräsentiert sind. In sektoraler Perspektive sind in der Firmendatenbank die Dienstleistungen *insgesamt* schwächer repräsentiert als ihrem Anteil an der Gesamtzahl der steuerpflichtigen Wirtschaftseinheiten in der Bundesrepublik entsprechen würde. Das gilt insbesondere für Handel, Gastgewerbe, Verkehrsdienstleistungen und haushaltsbezogene Dienste. Dagegen sind die *unternehmensbezogenen* Dienste, insbesondere das Kredit- und Versicherungsgewerbe sowie die sog. Dienstleistungen für Unternehmen im Verhältnis zu ihrem Anteil an allen steuerpflichtigen Wirtschaftseinheiten in der Firmendatenbank nur ganz geringfügig unterrepräsentiert. So zeigt die Datenbank einen recht hohen Erfassungsgrad bei Industrieunternehmen (insbesondere F&E-intensive Aktivitätszweige) und Unternehmensdiensten. Diese Aktivitätszweige sind wiederum für die Untersuchung der ökonomischen „Profile" von Städten und Regionen von größter Relevanz. Man kann davon ausgehen, dass die Firmendatenbank vor allem jene Unternehmen erfasst, die in *überregionalen* Marketingaktivitäten engagiert sind. Vermutlich sind gerade solche Unternehmen in der Lage, im Rahmen von regionalen Clusterpotenzialen die Rolle von Kernunternehmen einer Clusterbildung zu spielen oder eine „fokale" Position einzunehmen.

Für eine Untersuchung der ökonomischen „Profile" von Regionen und Städten der Bundesrepublik ist auch die *räumliche Repräsentativität* der Firmendatenbank zu prüfen: Hier ist zunächst festzustellen, dass die deutschen *Bundesländer* weitgehend entsprechend ihrem Anteil an der Gesamtzahl der steuerpflichtigen Wirtschaftseinheiten in der Bundesrepublik erfasst sind. Auch die Unternehmen der *neuen Bundesländer* im Osten Deutschlands sind in der Firmendatenbank durchgehend ihrem Anteil entsprechend repräsentiert (bzw. sogar geringfügig überrepräsentiert). Darüber hinaus wurde die Repräsentativität der Datenbank auf der *Kreisebene* geprüft, wobei der Anteil eines Kreises an allen erfassten Unternehmen mit dem Anteil des betreffenden Kreises an der Gesamtzahl der *Erwerbstätigen* verglichen wurde. Die *durchschnittliche Abweichung* zwischen dem Erwerbstätigenanteil eines Kreises und seinem Anteil an den in der Firmendatenbank erfassten Unternehmen beträgt 0,04 Prozent-Punkte, und es gibt insgesamt nur wenige „Ausreißer"-Kreise und kreisfreie Städte mit deutlich höheren Abweichungen. Ferner gibt es fünf Kreise (von insgesamt 440), für die in der Datenbank keine Ergebnisse enthalten sind. Die festgestellten Abweichungen auf der Kreisebene sind stark korreliert mit dem Anteil der Kreise an den Großunternehmen bzw. Unternehmen mit mehr als 50 Mio. EUR Umsatz: Kreise mit einer relativ hohen Zahl von umsatzstarken großen Unternehmen müssten einen höheren Anteil an den Erwerbstätigen aufweisen als ihrem Anteil an allen Unternehmen entspricht. Die Korrelation der Kreisanteile an den umsatzstarken großen Unternehmen mit den *Abweichungen* zwischen Unternehmensanteil und Erwerbstätigenanteil der Kreise (s.o.) beträgt +0.63, d.h. die Abweichungen der Kreisergebnisse sind tatsächlich in hohem Maße auf diesen Einflussfaktor zu beziehen. Insgesamt können die Ergebnisse der Datenbankauswertung also auch auf der relativ kleinräumigen Ebene von Kreisen und kreisfreien Städten verwendet werden, ohne sich der Gefahr grober Verzerrungen auszusetzen. Die Firmendatenbank ermöglicht es, ein kleinräumig repräsentatives Bild der Verteilung von Wirtschaftsaktivitäten im Territorium der Bundesrepublik zu zeichnen. Damit ist diese Datenbasis ein geeigneter Ausgangspunkt für die Identifizierung von Clusterpotenzialen und die Herausarbeitung der ökonomischen Profile von Städten und Regionen der Bundesrepublik.

2.1 Hauptkomponentenanalyse der Verteilung von Wirtschaftsaktivitäten im Regionalsystem der Bundesrepublik

Aus der Datenbankauswertung und der gesonderten Ermittlung für Biotechnologie- und Multimedia-Firmen gewinnt man eine Matrix von 435 Raumeinheiten (Kreise und kreisfreie Städte) und 26 wirtschaftlichen Aktivitätszweigen. Mit Hilfe einer Hauptkomponentenanalyse (Backhaus et al. 2000) wurden charakteristische Gruppierungen von Aktivitätszweigen herausgearbeitet, die unterschiedliche Muster der räumlichen Verteilung im Stadt- und Regionalsystem der Bundesrepublik aufweisen: Das Verfahren (Hauptkomponentenanalyse mit Varimax-Rotation) extrahiert 4 Komponenten, die hier als *Profil-Faktoren der regionalen Wirtschaftsstruktur* bezeichnet werden und zusammen 76,4 Prozent der Varianz der Matrix-Daten erfassen. Für die inhaltliche Interpretation der Gruppierungen wurden nur Aktivitätszweige mit einem Komponentenwert von mehr als 0,5 herangezogen:

Profil-Faktor 1 umfasst (bei einem Varianz-Anteil von 25,9 Prozent) die Aktivitätszweige Werbewirtschaft, Multimediawirtschaft, Medienwirtschaft, Druckgewerbe, Organisationsdienstleistungen, Chemieindustrie, Ernährungsgewerbe, Transportdienstleistungen; ferner drei Aktivitätszweige, die zugleich in Profil-Faktor 2 (und dort mit einem höheren Komponentenwert) enthalten sind: Software-Entwicklung, F&E-Dienstleister, und Biotechnologie. Profil-Faktor 1 beinhaltet überwiegend die *prominenten Wirtschaftskomplexe urbaner Zentren*, insbesondere die verschiedenen Aktivitätszweige des Mediensektors und den Komplex der qualifizierten Unternehmensdienste im Bereich des Organisationsmanagements. Von den elf konstitutiven Aktivitätszweigen dieses Profil-Faktors können darüber hinaus mindestens sieben den wissensintensiven Aktivitätszweigen zugerechnet werden (drei davon wie gesagt mit Überschneidung zum Profil-Faktor 2). Somit ist dieser Profil-Faktor in hohem Maße von wissensintensiven Wirtschaftsaktivitäten geprägt. In *räumlicher* Perspektive werden jene Kreise und kreisfreien Städte, deren Wirtschaftsstruktur in starkem Maße von den Aktivitätszweigen des Profil-Faktors 1 geprägt ist, über die in der Hauptkomponentenanalyse ermittelten „Faktorwerte" der einzelnen Raumeinheiten identifizierbar. Die höchsten Faktorwerte des

Profil-Faktors 1 werden erwartungsgemäß in den Kernstädten der Metropolregionen der Bundesrepublik erreicht, insbesondere in Hamburg, Frankfurt-Main, München, Düsseldorf und Köln, Berlin, Stuttgart.

Profil-Faktor 2 umfasst (bei einem Varianz-Anteil von 21,3 Prozent) die Aktivitätszweige Biotechnologie, Informations- und Kommunikationstechnik, Optische Industrie, Pharma-Industrie, Medizintechnik, Mess- und Regeltechnik, Software-Entwicklung, F&E-Dienstleister; darüber hinaus umfasst dieser Profil-Faktor auch den Aktivitätszweig Medienwirtschaft, der zugleich in Profil-Faktor 1 (und dort mit einem höheren Komponentenwert) enthalten ist. Der Profil-Faktor 2 ist ausschließlich von *wissensintensiven Wirtschaftsaktivitäten* geprägt. Alle der in diesem Faktor zusammengezogenen neun Aktivitätszweige sind den wissensintensiven Aktivitätszweigen zuzurechnen. Dieser Profil-Faktor repräsentiert somit in besonderem Maße die „wissenszentrierten Regionalökonomien" der Bundesrepublik Deutschland. In *räumlicher* Perspektive werden Kreise und kreisfreie Städte, deren Wirtschaftsstruktur in starkem Maße von den Aktivitätszweigen des Profil-Faktors 2 geprägt ist, wieder über die von der Hauptkomponentenanalyse ausgegebenen „Faktorwerte" der einzelnen Raumeinheiten identifizierbar. Die höchsten Faktorwerte des Profil-Faktors 2 werden in Berlin, München (Stadt und Landkreis München sowie Starnberg), Tuttlingen (Zentrum für Medizintechnik), im Raum Karlsruhe, Wetzlar/Giessen und Göttingen, sowie in Dresden und Jena ausgewiesen. Hohe Faktorwerte für die Gruppe der wissensintensiven Wirtschaftsaktivitäten werden also nur in bestimmten Kernstädten von Metropolregionen erreicht. Insgesamt ist der Profil-Faktor 2 vor allem in ausgewählten *urbanen Wirtschaftszentren* (und ihren angrenzenden Umlandkreisen) stark ausgeprägt, so dass bei den wissensintensiven Aktivitätszweigen eine räumliche Konzentration auf *städtische* Standortzentren klar erkennbar wird (was in der weiter unten dargestellten *absoluten* Konzentration wissensintensiver Aktivitäten im Stadt- und Regionalsystem der Bundesrepublik noch deutlicher hervortritt). Es ist bereits aufschlussreich, dass eine Hauptkomponentenanalyse regionaler Wirtschaftsstrukturen die wissensintensiven Aktivitätszweige als charakteristische Gruppierung (Profil-Faktor) herauskristallisieren kann, die sich auch in ihrem räumlichen Muster (in der Bundesrepublik) von anderen Aktivitäts-Gruppen unterscheidet.

Profil-Faktor 3 umfasst (bei einem Varianz-Anteil von 17,0 Prozent) die Aktivitätszweige Fahrzeugbau, Maschinenbau, Elektrotechnik, Kunststoff-Industrie, Stahlerzeugung und Herstellung von Metallerzeugnissen. Es handelt sich überwiegend um die klassischen *„technologie-zentrierten" Aktivitätszweige* der Industrie, die einen hohen Anteil an der Wirtschaftsleistung in der Bundesrepublik haben. In *räumlicher* Perspektive werden die höchsten Faktorwerte des Profil-Faktors 3 in Teilräumen der Rhein-Ruhr-Agglomeration (Mettmann, Wuppertal, Ennepe-Ruhr-Kreis, Märkischer und Oberbergischer Kreis) und ihren östlich angrenzenden Kreisen (Olpe, Siegen) ausgewiesen; zweitens die Kreise des Agglomerationsraumes Stuttgart zuzüglich der angrenzenden Kreise von Heilbronn und Karlsruhe; ferner tritt in Baden-Württemberg der Schwarzwald-Baar-Kreis mit einem hohen Faktorenwert hervor. Insgesamt sind die technologie-zentrierten Aktivitätszweige der bundesrepublikanischen Industrie nicht primär in städtischen Wirtschaftszentren oder Kernstädten von Agglomerationsräumen bestimmend, sondern in den Randzonen bzw. Umlandkreisen ausgewählter Ballungsgebiete der Bundesrepublik (vor allem Rhein-Ruhr und Raum Stuttgart).

Profil-Faktor 4 umfasst (bei einem Varianz-Anteil von 12,0 Prozent) die Aktivitätszweige Textil- und Bekleidungsindustrie, Möbelindustrie, Holzindustrie und Papierindustrie. Hier werden also die *„traditionellen" Industriezweige*, die eine vergleichsweise geringe Intensität von Forschungs- und Entwicklungsaktivitäten aufweisen und überwiegend zu den „arbeitsintensiven" Produktionszweigen gehören, zusammengefasst. Im Regionalsystem der Bundesrepublik werden die höchsten Faktorwerte des Profil-Faktors 4 im Agglomerationsraum Bielefeld bzw. den Kreisen Herford, Lippe, Gütersloh (Zentren der Möbelindustrie) und den angrenzenden Kreisen Minden-Lübecke, Osnabrück, Steinfurt, sowie im Kreis Borken ausgewiesen; zweitens zeigen sich hohe Faktorwerte in Teilräumen von Baden-Württemberg, wo insbesondere der Ortenaukreis, Zollernalbkreis, Rems-Murr-Kreis, Ostalbkreis und der Raum Heilbronn hervortreten; ferner erstreckt sich ein „Band" von Kreisen mit hohen Faktorwerten bei traditionellen arbeitsintensiven Industriezweigen von Bamberg und Coburg (Bayern) bis zum Vogtlandkreis und Mittleren Erzgebirgskreis im Süden des Bundeslandes Sachsen. Die traditionellen arbeitsintensiven Aktivitätszweige der bundesrepublikanischen Industrie sind überwiegend in Räumen *außerhalb* von Metropolregionen und städtischen Wirtschaftszentren der Bundesrepublik ein prägender Faktor der regionalen Wirtschaftsstruktur.

Fazit: Unter den hier herausgearbeiteten Profil-Faktoren der regionalen Wirtschaftsstruktur gibt es zwei, die von wissensintensiven Aktivitätszweigen dominiert sind, und diese sind vor allem in den Kernstädten von Metropolregionen sowie in sonstigen städtischen Wirtschaftszentren der Bundesrepublik ein prägendes Element der Regionalökonomie. In den Kernstädten von Metropolregionen sind vor allem die wissensintensiven qualifizierten Unternehmensdienste im Bereich Organisationsmanagement und die verschiedenen Aktivitätszweige des Mediensektors ein profilbildender Faktor. Jener Profil-Faktor, der ausschließlich von wissensintensiven Zweigen der Industrie und von den F&E-Diensten konstituiert wird (Profil-Faktor 2), ist auch in einigen „mittelgroßen" städtischen Wirtschaftszentren stark ausgeprägt, was darauf hindeutet, dass auch Städte außerhalb von Metropolräumen die Chance haben, im Bereich wissensintensiver Wirtschaftsaktivitäten ein entwicklungsträchtiges Kompetenzfeld auszubauen. Die wissensintensiven Wirtschaftsaktivitäten bilden somit in ihrer Kombination von wissensintensiven Produktionsaktivitäten und qualifizierten Dienstleistungen den strukturellen Kern der städtischen Ökonomien. Diese Aktivitätszweige sind für das Entwicklungspotenzial urbaner Wirtschaftszentren von größter Bedeutung (Cooke, Davies, Wilson 2002; Schamp 2001, 2002b) und können bei entsprechender Förderung und Pflege der Wissensbasis (u.a. der Forschungs- und Bildungsinfrastrukturen) und der spezifischen Kompetenzfelder von Stadtregionen im Rahmen einer zunehmend wissensbasierten und innovationsgetriebenen Ökonomie als „Motoren" der regionalwirtschaftlichen Entwicklung fungieren.

3 Regionale Wirtschaftszentren mit starken Clusterpotenzialen in wissensintensiven Aktivitätszweigen

Über die Darstellung von Profil-Faktoren der regionalen Wirtschaftsstruktur hinaus ist die Frage nach evtl. *Clusterbildungen* im Bereich der wissensintensiven Wirtschaftsaktivitäten relevant, wobei zunächst die *absolute und relative Konzentration* von Unternehmen solcher Aktivitätszweige in Teilräumen der Bundesrepublik ermittelt werden müsste. Das lässt sich mit der Datenbasis dieser Untersuchung annäherungsweise leisten. Die räumliche Identifizierung bzw. *„Einkreisung“ potenzieller Cluster* darf allerdings nicht verwechselt werden mit einer *Qualitätsanalyse* von regionalen Clustern (Krätke, Scheuplein 2001), welche die Funktionsdifferenzierung sowie die Dichte und Struktur der Transaktions- und Kommunikations-Beziehungen zwischen den regionalen Cluster-Akteuren (Firmen und Institutionen) thematisieren müsste. Dies liegt aber jenseits des thematischen Fokus dieses Beitrags. Zum Konzept und Begriffsinhalt der regionalen Clusterbildung sei auf die Ausführungen im ersten Abschnitt dieses Beitrags verwiesen. Hinsichtlich der festgestellten regionalen Konzentrationen von Unternehmen der wissensintensiven Aktivitätszweige wird im Folgenden vorsichtigerweise von *Clusterpotenzialen* gesprochen. Damit wird zum Ausdruck gebracht, dass die regionale Konzentration ein relevantes Kriterium für Clusterbildungen, aber für sich genommen keine hinreichende Basis für die Identifizierung von „funktionstüchtigen“ regionalen Clusterformationen darstellt. Zudem geht die Identifizierung von Clusterpotenzialen von regionalen Konzentrationen in 26 wirtschaftlichen Aktivitätszweigen aus, d.h. von Branchenkonzentrationen, die nicht unbedingt den für die Clusterbildung relevanten Wertschöpfungsketten entsprechen diese Branchenkonzentrationen sind jedoch ein geeigneter *Suchraum*, in dem die speziellen Wertschöpfungsketten zum größten Teil eingeschlossen sind.

Die Auswertung der Firmendatenbank hinsichtlich der regionalen Verteilung von Unternehmen ausgewählter Wirtschaftsaktivitäten ermöglicht eine (näherungsweise) Darstellung der absoluten Konzentration von Unternehmen wissensintensiver Aktivitätszweige in den Kreisen und kreisfreien Städten der Bundesrepublik. Für einen dieser Aktivitätszweige – die Softwareentwicklung – wird zunächst die regionale Verteilung der

Unternehmen auf Kreisebene in einer „Punktdichten-Karte" dargestellt (Abb. 1). Die in der Firmendatenbank erfassten Unternehmen der Software-Entwicklung (Anzahl 2.189) sind hier in ihrer Verteilung auf Kreisebene dargestellt und gemäß den Anteilen der Kreise auf die Gesamtzahl der in der Umsatzsteuerstatistik 2000 verzeichneten Firmen der Software-Entwicklung (Anzahl 11.880) hochgerechnet worden. Dabei wird angenommen, dass die aus der Datenbankauswertung hervorgehende Verteilung auf Kreisebene auch für die Gesamtzahl der Unternehmen dieses Aktivitätszweiges repräsentativ ist (zur Repräsentativität der Firmendatenbank vgl. oben).

Die räumliche Verteilung von Unternehmen dieser wissensintensiven Wirtschaftsaktivität im Territorium der Bundesrepublik Deutschland zeigt eine ganz deutliche (absolute) Konzentration auf städtische Wirtschaftszentren, insbesondere Kernstädte von Metropolräumen und weitere kreisfreie Städte. Die Softwareentwickler ballen sich besonders im Raum Hamburg, Berlin, München, Frankfurt-Main, Düsseldorf-Essen-Köln, Karlsruhe, Stuttgart, Nürnberg und Dresden. Dieses räumliche Verteilungsmuster bestätigt wiederum die These, dass wissensintensive Aktivitätszweige der Wirtschaft in besonderem Maße die urbanen Ökonomien prägen, wobei die Metropolräume als herausragende Standortzentren fungieren.

Um den *Kontrast* zwischen der räumlichen Ordnung wissensintensiver Aktivitätszweige und dem Verteilungsmuster anderer Wirtschaftsaktivitäten exemplarisch zu verdeutlichen, wird die räumliche Verteilung von Unternehmen der Möbelindustrie in der Bundesrepublik als Punktdichtenkarte (nach gleichem Verfahren wie beim Aktivitätszweig Softwareentwicklung) dargestellt (Abb. 2). Die Möbelindustrie gehört zu den eher „traditionellen" industriellen Produktionsaktivitäten mit vergleichsweise geringer F&E-Intensität. Dieser Produktionszweig hat drei auffällige regionale Konzentrationen: Unternehmen der Möbelindustrie ballen sich erstens im Raum Herford, Lippe, Minden-Lübecke und Gütersloh (Kreise nahe der Stadt Bielefeld); zweitens in Teilräumen von Baden-Württemberg, insbesondere im Rems-Murr-Kreis, in Esslingen, Böblingen, Calw (Kreise in der Nähe oder angrenzend an Stuttgart), sowie im Zollernalbkreis und Ortenaukreis; drittens findet sich eine auffällige regionale Konzentration im Raum Coburg/Lichtenfels (Bayern). Das räumliche Verteilungsmuster dieses Aktivitätszweiges der Wirtschaft zeigt zwar

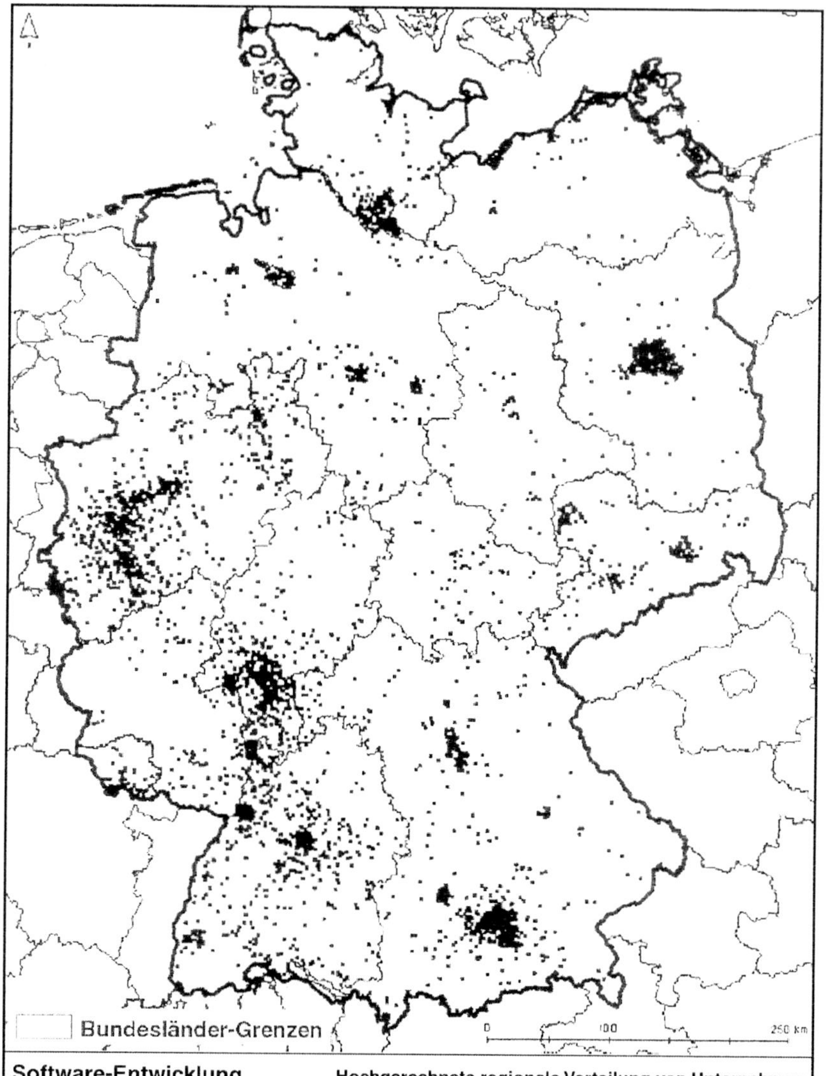

Abbildung 1: Software-Entwicklung – Regionale Verteilung von Unternehmen auf Kreisebene (2002):

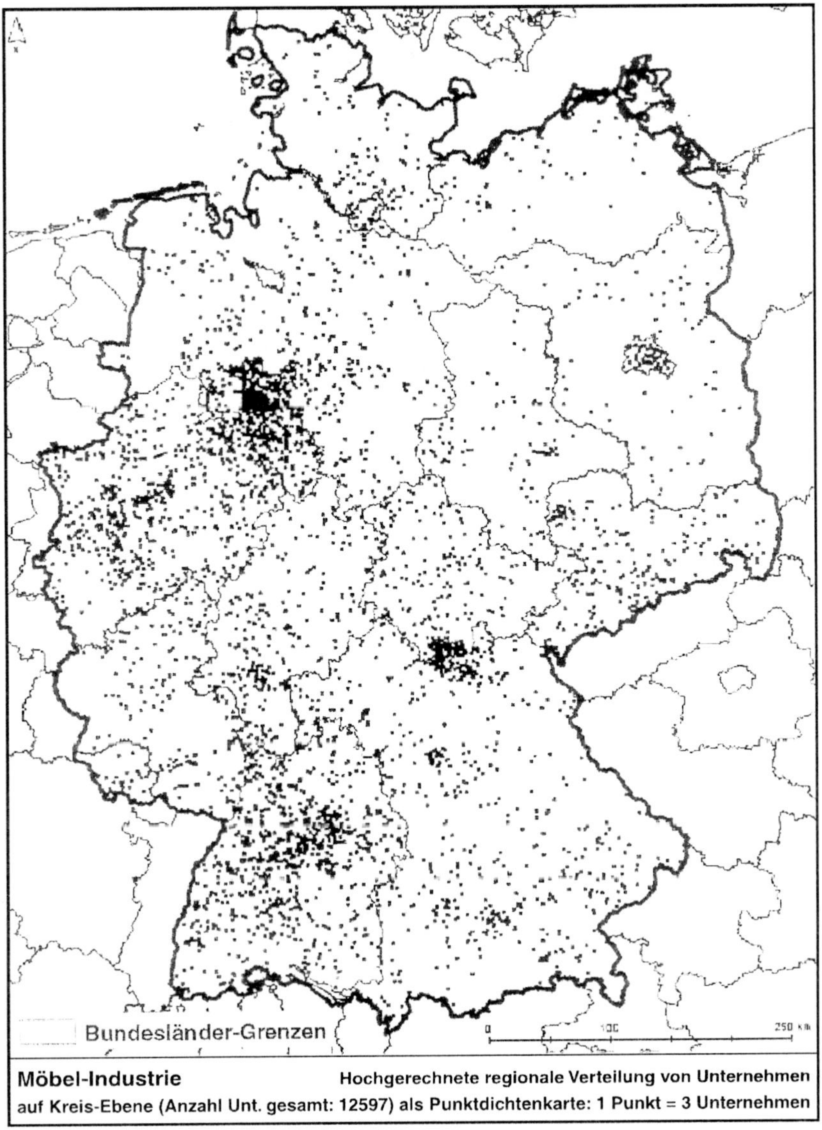

Abbildung 2: Möbel-Industrie – Regionale Verteilung von Unternehmen auf Kreisebene (2002):

mehrere charakteristische regionale Ballungen, die auf eine Clusterbildung der Möbelindustrie in bestimmten Räumen der Bundesrepublik hindeuten – diese Clusterpotenziale sind aber offensichtlich *nicht* auf die großen metropolitanen Wirtschaftszentren des Landes konzentriert. Jenseits der besagten Clusterbildungen zeigt das räumliche Verteilungsmuster der Möbelindustrie eine relativ starke räumliche Streuung über die verschiedenen Teilräume des Landes.

Werden die verschiedenen *wissensintensiven Aktivitätszweige* des Profil-Faktors 2 (vgl. oben) *zusammengefasst* und in ihrer Verteilung auf Kreisebene dargestellt (Abb. 3), kristallisieren sich die regionalen Wirtschaftszentren mit starken Clusterpotenzialen in wissenszentrierten Aktivitätsfeldern heraus. Die Klassifizierung von Raumeinheiten wurde dabei nach dem Maße der Standardabweichung von Unternehmenszahlen auf Kreisebene vorgenommen. Als Räume mit besonders starker (absoluter) Konzentration wurden jene Kreise klassifiziert, die mehr als 3 bzw. 2 bis 3 Standardabweichungen über dem Mittelwert aller Kreise liegen. Diese Raumeinheiten umfassen jeweils mehr als 274 bzw. 196 bis 274 Unternehmen aus den wissensintensiven Aktivitätsfeldern (des Profil-Faktors 2). Dabei zeigen in einigen Fällen auch *angrenzende* Kreise eine deutliche absolute Konzentration von Unternehmen der betreffenden Aktivitätszweige (z.B. im Raum Düsseldorf, Frankfurt-Main, Stuttgart, München).

Die *Anzahl* der in einer Standortregion präsenten Unternehmen bestimmter Aktivitätszweige ist für das Potenzial zur Clusterbildung höchst relevant. Zwar lässt sich eine „kritische Masse" von Unternehmen, die für die Formierung eines Clusters mit relativ stabiler Wachstumsdynamik erforderlich sind, kaum hinreichend quantifizieren (Krätke 2002), gleichwohl ist *das Potenzial* zur Clusterbildung stärker ausgeprägt in einer Region, wo z.B. 200 und mehr spezialisierte Firmen eines Aktivitätszweiges angesiedelt sind, als in einer Region mit z.B. 20 Unternehmen des betreffenden Aktivitätsfeldes. Die Stärke der absoluten Konzentration von Unternehmen auf regionaler Ebene ist sowohl für die Chancen der Formierung von intensiv vernetzten Clustern als auch für die Chancen der Nutzung von positiven Effekten des „unrelated clustering" (d.h. der regionalen Konzentration von Unternehmen ohne ausgeprägte Vernetzung zwischen den Firmen) relevant. Die im Profil-Faktor 2 zusammengefassten wissensintensiven Aktivitätszweige können den Rahmen für die Formierung spezieller Cluster (z.B. Medizintechnik-Cluster) bilden, und es gibt darüber hinaus innerhalb dieser Gruppierung von Aktivitätszweigen diverse *Querverbindungsmöglichkeiten* – z.B. zwischen der Biotechnologie, Medizintechnik und Pharmaindustrie oder zwischen F&E-Diensten und Softwareentwicklern usw.

Regionale Wirtschaftszentren mit besonders starken Clusterpotenzialen in wissenszentrierten Aktivitätsfeldern sind in der Bundesrepublik in erster Linie die Zentren der Metropolräume Hamburg, München, Berlin, Frankfurt-Main, Stuttgart, Düsseldorf/Essen/Köln, Dresden und Leipzig (Abb. 3). In weniger starkem Maße zeigen auch die Städte bzw. Stadtregionen Karlsruhe, Hannover, Bremen, Göttingen, Nürnberg und Freiburg auffällige Konzentrationen von Unternehmen der wissensintensiven Wirtschaftsaktivitäten.

Bemerkenswert ist die relativ starke Position der Metropolräume in *Ostdeutschland* bei den Clusterpotenzialen: Berlin, Dresden und Leipzig gehören heute zu den führenden Zentren wissensintensiver Aktivitätszweige der bundesrepublikanischen Wirtschaft (mit Bezug auf die zusammengefassten Aktivitäten Biotechnologie, Medizintechnik und Pharmazeutik, I&K Technologie, Softwareentwicklung, F&E-Dienste, Messtechnik und Optik). Soweit die Prognose eines „sektoralen" Strukturwandels in Richtung einer zunehmend wissenszentrierten Ökonomie zutrifft (Cooke 2002), in der die wissensintensiven Aktivitätszweige die Wachstumsfelder der Zukunft darstellen, verfügen die großen urbanen Wirtschaftszentren Ostdeutschlands also über eine gute Ausgangsbasis im Sinne starker Clusterpotenziale in eben diesen Wachstumsfeldern.

Für die in wissensintensiven Produktions- und Dienstleistungsaktivitäten ausgeprägte Tendenz zur regionalen Clusterbildung gibt es mehrere *Begründungslinien*: Die regionale Konzentration von Unternehmen und Institutionen einer Wertschöpfungskette erleichtert den Zugang zu nicht-kodifiziertem bzw. implizitem Wissen, das im Innovations- und Qualitätswettbewerb eine strategische Ressource darstellt und damit den Regionen, die solche Ballungen von Unternehmen (Clusterpotenziale) aufweisen, eine günstige Entwicklungsbasis und besondere Attraktionskraft für wissens- und innovationsintensive Wirtschaftsaktivitäten gibt.

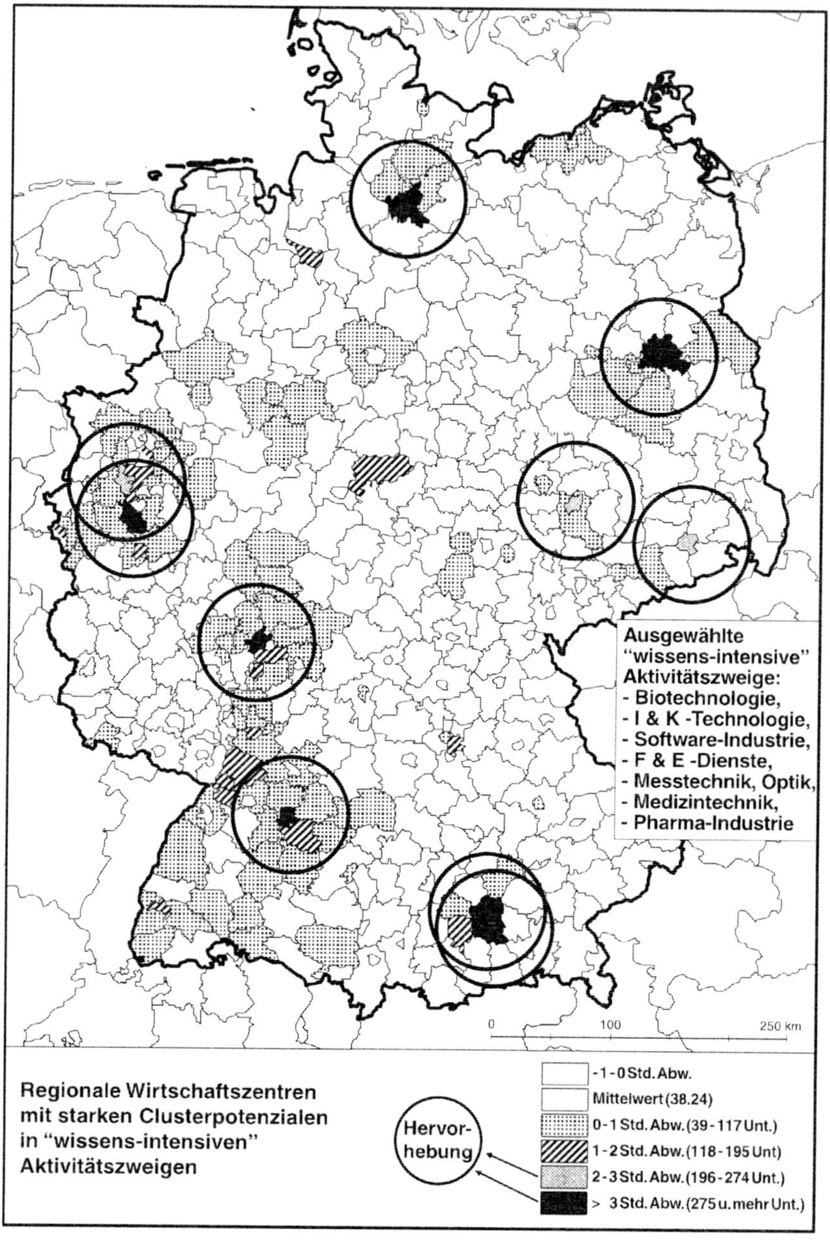

Abbildung 3: Regionale Wirtschaftszentren mit starken Clusterpotenzialen in „wissens-intensiven" Aktivitätszweigen (2002)

Darüber hinaus lässt sich spezifisches Wissen durch die Zusammenarbeit der Akteure eines regionalen Clusters mobilisieren: die Interaktion zwischen Produzenten, Kunden, Dienstleistern, Forschungseinrichtungen usw. schafft regional „gebundene" Wissensressourcen, die wiederum eine bedeutende Innovationsressource bilden (Koschatzky 2001). Auf diese Weise können vor allem in den wissensintensiven Aktivitätszweigen einer Regionalwirtschaft spezifische Standortvorteile geschaffen werden. Für die langfristige Innovations- und Wachstumsdynamik von Unternehmen und Regionen ist aber auch die Verknüpfung der regionalen mit nationalen und globalen Organisationsnetzen von Bedeutung, da supraregionale Verbindungen für die Aufnahme *externer* Innovationsimpulse benötigt werden. Eine weitere Begründung von Clusterbildungen geht aus von der Feststellung (die in diesem Beitrag für die Bundesrepublik Deutschland genauer belegt wurde), dass viele Cluster von wissensintensiven Wirtschaftsaktivitäten an große Städte und Metropolregionen gebunden sind, dass in diesen metropolitanen Clustern aber die lokale bzw. regionale Vernetzung der Unternehmen häufig nur schwach ausgeprägt ist („*unrelated clustering*"; vgl. Veltz 1996). In einem von Unsicherheiten über den Bezug von spezifischem Wissen, spezifischen Zulieferungen, spezialisierten Arbeitskräften usw. geprägten Handlungskontext verfügen Standorte in Metropolregionen und städtischen Wirtschaftszentren über *risikomindernde* Vorteile für Unternehmen (Schamp 2000). In dieser Begründungslinie wird somit die Bedeutung der „Urbanisationsvorteile" für die Generierung, den Austausch und die Aneignung von neuem Wissen sowie für den Zugang zu spezifischen Ressourcen herausgestellt.

Im Unterschied zu der hier herausgestellten Stärke der urbanen Zentren und Metropolräume im Bereich wissensintensiver Wirtschaftsaktivitäten hat die Regionalwissenschaft seit langer Zeit die „Headquarter-Cities", welche eine Konzentration der Entscheidungszentralen und Hauptverwaltungen von Großunternehmen aufweisen, als die „führenden" urbanen Wirtschaftszentren des Regionalsystems betrachtet, deren besondere Wirtschaftskraft nicht zuletzt auf ihrer externen Kontrollkapazität gegenüber Tochter- und Beteiligungsgesellschaften sowie Zweigbetrieben in anderen Regionen basiert. Ein Vergleich zwischen der relativen Konzentration von Großunternehmen mit externen Kontrollpotenzialen und der relativen Konzentration wissensintensiver Wirtschaftsaktivitäten in den Metropolräumen der Bundesrepublik Deutschland kann den Kontrast von Headquarter-Cities und urbanen „knowledge clusters" exemplarisch verdeutlichen. Relative Konzentration wird dabei als Standortquotient ausgedrückt, der den Anteil von Unternehmen eines bestimmten Aktivitätszweiges in einer Region ins Verhältnis setzt zum Anteil der Unternehmen dieses Aktivitätszweiges in einem übergeordneten Bezugsraum (hier: der Bundesrepublik Deutschland). Ein Standortquotient > 1 zeigt dann eine (mehr oder weniger starke) relative Konzentration in der betreffenden Region an. Als „Metropolräume" wurden für diese Analyse *Kernräume* von Metropolregionen der Bundesrepublik ausgewertet: Hamburg, Berlin, München (Stadt und Kreis München), Stuttgart (zus. mit Esslingen), Frankfurt-Main (zus. mit Darmstadt, Stadt und Kreis Offenbach sowie Main-Taunus-Kreis), Düsseldorf/Essen/Köln (zus. mit Leverkusen und Kreis Mettmann).

Nach dem Maß der relativen Konzentration sind die führenden Headquarter-Cities des deutschen Regionalsystems die Kernstädte von Metropolräumen in Westdeutschland. Die Standortquotienten für Großunternehmen (d.h. Unternehmen mit mehr als 50 Mio EUR Umsatz), insbesondere Großunternehmen mit externen Kontrollkapazitäten (d.h. Unternehmen mit Tochter- und Beteiligungsgesellschaften oder Zweigbetrieben in anderen Regionen) erreichen besonders hohe Werte in München (Stadt und Landkreis München zusammen), Stuttgart/Esslingen, Frankfurt-Main, Düsseldorf/Essen/Köln, und Hamburg (Abb. 4).

Demgegenüber sind Headquarter-Funktionen und externe Kontrollkapazitäten in den Metropolräumen *Ostdeutschlands* ganz erheblich unterrepräsentiert. Die Standortquotienten für Berlin, Dresden und Leipzig liegen sogar weit *unter* dem Bundesdurchschnitt, was für große urbane Wirtschaftszentren eigentlich ganz ungewöhnlich ist, und mit der historischen Entwicklung des ehemals geteilten Landes und der besonderen Art und Weise der Restrukturierung von Eigentums- und Kontrollverhältnissen im ostdeutschen Unternehmenssektor während der sog. Transformationsphase zusammenhängt. Mit Bezug auf die Headquarter-Funktionen von Großunternehmen zeigen die Metropolräume Ostdeutschlands also eine sehr schwache Position im Vergleich zu den urbanen Wirtschaftszentren ausgewählter Metropolräume Westdeutschlands.

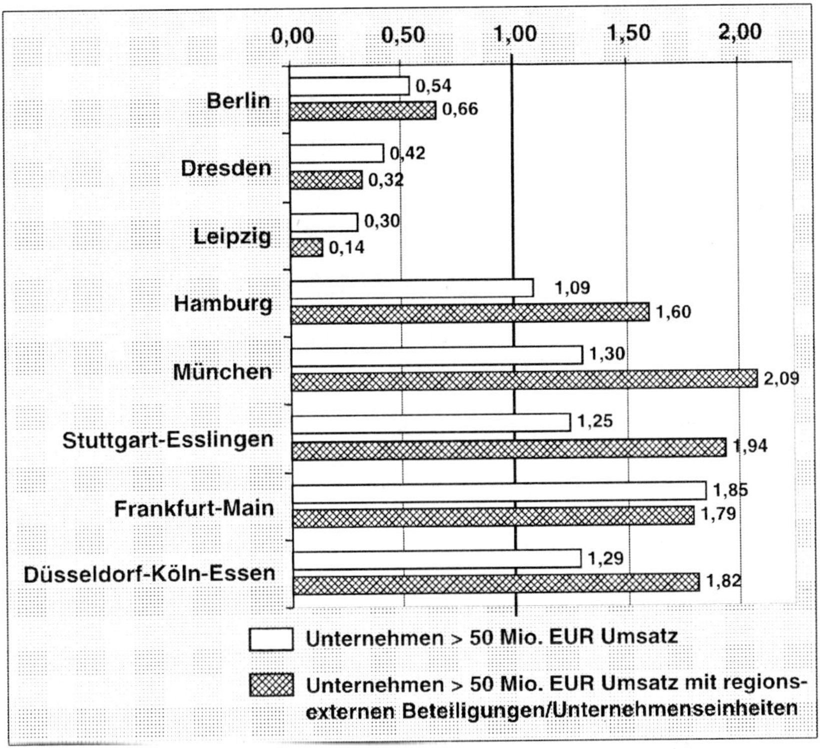

Abbildung 4: Regionale Wirtschaftszentren in Deutschland: „Headquarter-Cities" Relative Konzentration von Großunternehmen und externer Kontrollkapazität in ausgewählten Metropolräumen 2002 (Bundesrepublik gesamt = 1,00)

Ein ganz anderes Bild zeigt die relative Konzentration *wissensintensiver* Wirtschaftsaktivitäten in den Metropolräumen der Bundesrepublik Deutschland: Erstens bestätigt sich die (mit Bezug auf absolute Konzentration hervorgehobene) starke Position von urbanen Wirtschaftszentren Ostdeutschlands, und zweitens ist die *relative* Konzentration der wissensintensiven Aktivitätszweige (Profil-Faktor 2) in Berlin, Dresden und Leipzig sogar stärker als in den meisten Metropolräumen Westdeutschlands, wobei nur der Raum München ähnlich hohe Standortquotienten wie die großen Wirtschaftszentren in Ostdeutschland erreicht (Abb. 5).

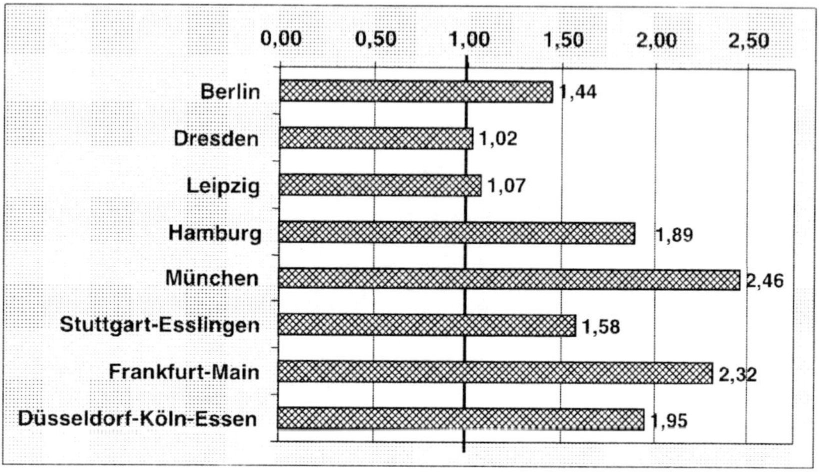

Abbildung 5: Wirtschaftszentren der Bundesrepublik: Relative Konzentration von wissensintensiven Aktivitätszweigen (Profil-Faktor 2) in ausgewählten Metropolräumen 2002 (Bundesrepublik gesamt = 1,00)

Zwar sollte der Maßstab relativer Konzentration nicht überbewertet werden, doch bekräftigt dieser Befund noch einmal ganz eindrücklich, in welchen Aktivitätsfeldern der Wirtschaft die großen urbanen Zentren Ostdeutschlands über starke Clusterpotenziale verfügen. Daraus ergibt sich ein positiver Anknüpfungspunkt für „wissenszentrierte" regionalwirtschaftliche Entwicklungsstrategien der Metropolräume in Ostdeutschland, zu denen dann nicht nur die Stärkung von Unternehmenskonzentrationen wissensintensiver Aktivitätszweige gehört, sondern auch eine clusterorientierte Politik der Intensivierung und Verdichtung von regionalen Akteursnetzwerken und nicht zuletzt der Ausbau und die Pflege der regionalen Forschungs- und Bildungsinfrastrukturen.

Bei der Analyse der Profil-Faktoren der regionalen Wirtschaftsstruktur (vgl. oben) war ein Teil der wissensintensiven Aktivitätszweige auch im Profil-Faktor 1 enthalten, insbesondere die qualifizierten Unternehmensdienste im Bereich des Organisations-Managements und verschiedene Teilsektoren der Medienwirtschaft. Diese Gruppe von Wirtschaftsaktivitäten zeigte eine überaus starke Konzentration in den großen städtischen Wirtschaftszentren und Metropolräumen der Bundesrepublik. Da die relative Konzentration der Medienwirtschaft im Regionalsystem der Bundesrepublik bereits an anderer Stelle genauer dargestellt wurde (Krätke: 2002), soll hier noch die relative Konzentration der qualifizierten Unternehmensdienste in ausgewählten Metropolräumen gezeigt werden, um das Gesamtbild der regionalen Verteilung wissensintensiver Wirtschaftsaktivitäten im Territorium der Bundesrepublik zu vervollständigen. Die qualifizierten Unternehmensdienste gehören (ebenso wie die im Profil-Faktor 2 enthaltenen F&E-Dienste) zu den Kernaktivitäten einer wissensintensiven Ökonomie. In dieser Untersuchung wurden die qualifizierten Unternehmensdienste für das Organisations-Management von den Aktivitäten des Finanzsektors (die häufig ebenfalls den wissensintensiven Dienstleistungen zugerechnet werden) unterschieden und die regionalen Konzentrationen *ohne* Einbeziehung von Unternehmen des Finanzsektors ermittelt. Die höchsten Standortquotienten für qualifizierte Unternehmensdienste sind in der Bundesrepublik in jenen Metropolräumen ausgewiesen, die zuvor als die führenden „Headquarter-Cities" des Regionalsystems identifiziert worden sind: Frankfurt-Main und München bilden nach dem Maße relativer Konzentration die Spitzengruppe, gefolgt von Hamburg und Düsseldorf/Köln/Essen. Der Raum Stuttgart-Esslingen weist im Vergleich zur Stärke seiner „Headquarter-Funktionen" keine entsprechend auffällige Konzentration von qualifizierten Unternehmensdiensten auf. Die großen urbanen Wirtschaftszentren *Ostdeutschlands* zeigen in diesem Zweig wissensintensiver Aktivitäten durchweg eine geringere Konzentration als die Zentren in Westdeutschland. Berlin erreicht unter den ostdeutschen Zentren den höchsten Standortquotienten und hat gegenüber den Metropolräumen Westdeutschlands aufgeholt, was mit der für die Ansiedlung/Expansion überregional orientierter Unternehmensdienste zugkräftigen Hauptstadt-Funktion zusammenhängt. Insgesamt zeigt aber die relative Konzentration qualifizierter Unternehmensdienste in Metropolräumen der Bundesrepublik eine deutliche Korrespondenz zur Stärke der Headquarter-Funktionen (vgl. oben). Bei diesen speziellen Zweigen wissensintensiver Aktivität deutet die regionale Konzentration der Unternehmen auf den engen Funktions- und Entwicklungszusammenhang zwischen qualifizierten Unternehmensdiensten und den Zentralen von Großunternehmen hin, wobei die spezialisierten Dienste, die Unternehmenszentralen und der Finanzsektor zusammen *metropolitane Komplexe* „strategischer" Unternehmensaktivitäten bilden.

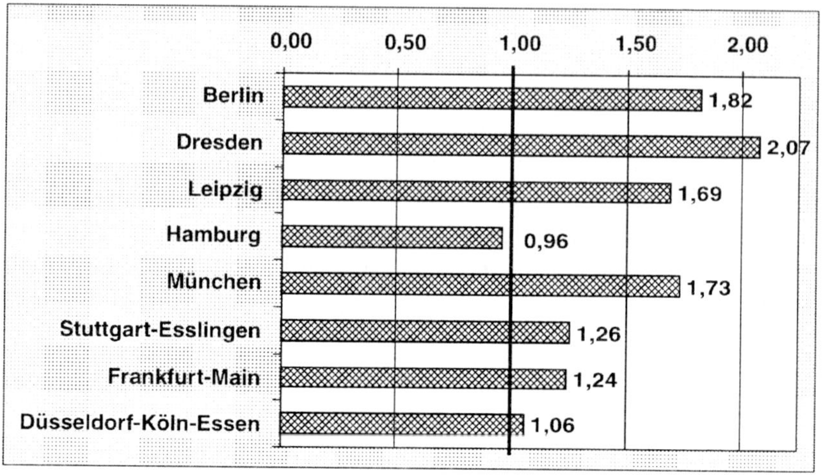

Abbildung 6: Wirtschaftszentren der Bundesrepublik: Relative Konzentration von qualifizierten Unternehmensdiensten (Kernaktivität im Profil-Faktor 1) in ausgewählten Metropolräumen 2002 (Bundesrepublik gesamt = 1,00)

4 Der Beitrag wissensintensiver Aktivitätszweige zur regionalen Wirtschaftsleistung

Die Kernstädte der Agglomerationsräume der Bundesrepublik und insbesondere die urbanen Zentren der Metropolregionen sind die Räume mit der höchsten Wirtschaftsleistung (gemessen an der Bruttowertschöpfung der Kreise und kreisfreien Städte in absoluten Beträgen). Es wurde gezeigt, dass eben diese urbanen Wirtschaftszentren zugleich die stärksten Clusterpotenziale in den wissensintensiven Aktivitätszweigen der Wirtschaft aufweisen. Dieser Befund reicht aber nicht aus, um die regionale Wirtschaftsleistung in erster Linie einer Konzentration von wissensintensiven Wirtschaftsaktivitäten zuzuschreiben. Es gibt in den urbanen Wirtschaftszentren des Landes auch Unternehmen aus klassischen „technologiezentrierten" Industriezweigen, die häufig eine höhere Bruttowertschöpfung (je Unternehmen) aufweisen als die Unternehmen wissensintensiver Aktivitätszweige. Darüber hinaus wurde in der Regionalwissenschaft bisher die hohe regionale Wirtschaftsleistung der metropolitanen Standortzentren vor allem auf ihre „Headquarter-Funktionen“ und ansässigen Großunternehmen zurückgeführt. Bei den Großunternehmen können unternehmens-interne Skalenerträge (aus Größenvorteilen der Produktion) eine vergleichsweise hohe Bruttowertschöpfung mit sich bringen. Im Zusammenhang mit Headquarter-Funktionen und einer funktionalen räumlichen Arbeitsteilung können die in Metropolregionen angesiedelten Großunternehmen mit externen Kontrollpotenzialen durch unternehmensinterne Transfers aus den regionsextern lokalisierten Unternehmenseinheiten (Krätke 1995) ihre Wirtschaftsleistung mit Bezug auf die Standortregion des Headquarters „überhöht“ ausweisen.

Die hohe regionale Wirtschaftsleistung von Metropolräumen kann somit auf eine Reihe verschiedener *Einflussfaktoren* bezogen werden: Dazu gehören die regionale Konzentration von Großunternehmen, der Beitrag unterschiedlicher Gruppen von *regional konzentrierten* Wirtschaftsaktivitäten und der Beitrag von sonstigen Wirtschaftsaktivitäten. Die regionalen Konzentrationen bestimmter Aktivitätszweige wurden in dieser Untersuchung als „Clusterpotenziale“ bezeichnet. Für urbane Wirtschaftszentren und Metropolregionen ist charakteristisch, dass sie in vielen Fällen über *multiple* Clusterpotenziale verfügen, so dass die Metropolregionen auch als „Super-Cluster“ zu bezeichnen sind.

Gegebenen regionalen Clusterformationen, bei denen sich ein Clusterpotenzial zum „funktionstüchtigen“ Cluster mit ausgeprägten regionalen Interaktionsbeziehungen ausgebildet hat, wird eine erhöhte Produktivität zugeschrieben, die sich wiederum in einer erhöhten regionalen Wirtschaftsleistung niederschlagen musste. Die gesteigerte Produktivität regionaler Cluster ist auf drei Effekte zu beziehen: Erstens können die in einer Clusterformation präsenten Großunternehmen, die häufig als fokale Unternehmen eines Clusters fungieren, unternehmens-*interne* Skalenerträge erzielen. Zweitens können die regionalen Clusterunternehmen *zusammen* unternehmens-*externe*, aber mit Bezug auf den gegebenen Aktivitätszweig „*branchen*“-*interne* Skalenerträge realisieren, wobei die hier angesprochene *kollektive* Effizienz bzw. die wirtschaftlichen Vorteile der Clusterbildung im Einzelnen bereits weiter oben angeführt wurden. Drittens können die regionalen Cluster-Unternehmen in bestimmten Regionstypen auch unternehmens- *und* branchen-*externe* Skalenerträge erzielen, indem sie sich die *Vielfalt* der insbesondere in Ballungsräumen und Metropolregionen präsenten Wirtschaftsaktivitäten zunutze machen: Die vorteilhafte Nutzung solcher „Urbanisationseffekte" kann z.B. den erleichterten Bezug von verschiedensten Dienstleistungen, die für den betreffenden Aktivitätszweig des Clusters selbst unspezifisch sind, oder die Nutzung eines großen und nach Qualifikationen ausdifferenzierten regionalen „Pools" von Arbeitskräften usw. einschließen (Scott 1988; Storper 1997). Unternehmens- *und* branchen-*externe* Skalenerträge können zudem aus der Nutzung möglicher Querverbindungen zu *anderen* in einer Standortregion präsenten Clusterformationen erwachsen – wie z.B. ein Multimediacluster von der Verbindung mit einem in derselben Region existierenden Cluster der Informations- und Kommunikationstechnologie und/oder einem Cluster der Medien- und Kulturökonomie profitieren kann, oder ein Biotechnologiecluster von der Präsenz eines Clusters der Medizintechnik und/oder der Pharmaindustrie im gleichen Raum. Insofern könnte eine Region mit *multiplen* Clusterpotenzialen eine nochmals erhöhte Produktivität erreichen. Multiple Clusterpotenziale weisen vor allem die Metropolregionen und großen urbanen Wirtschaftszentren auf. Weil es *verschiedene* Quellen für externe Skalenerträge gibt – neben der aktiven regionalen Vernetzung von Clusterfirmen im Bereich von Transaktionsbeziehungen gehören dazu wie gesagt auch regional verdichtete Informations- und Wissensressourcen, die Möglichkeiten der Risikominderung, der Nutzung von differenzierten Arbeitsmarkt- und Qualifikationspools, eine spezifische institutionelle Dichte usw. – können die identifizierten Clusterpotenziale auch dann zu einer erhöhten regionalen Produktivität und Wirtschaftsleistung beitragen, wenn kein Nachweis von regionalen Vernetzungen im Bereich der Transaktionsbeziehungen präsentiert wird. Insgesamt lassen sich also eine Reihe von Begründungen für die These anführen, dass Regionen mit starken und multiplen Clusterpotenzialen – als näherungsweise „Einkreisung" von Regionen, die aus ihren Potenzialen zum Teil auch funktionstüchtige Cluster gebildet haben tendenziell eine höhere Wirtschaftsleistung erreichen als Regionen ohne Clusterpotenziale in den betreffenden Aktivitätszweigen.

Vor diesem Hintergrund wird die Analyse im Folgenden auf die Fragestellung gerichtet, welchen Beitrag die regionale Konzentration wissensintensiver Wirtschaftsaktivitäten zur regionalen Wirtschaftsleistung in der Bundesrepublik erbringt, und zwar im Verhältnis zum Beitrag anderer regional konzentrierter Aktivitätszweige und Funktionen der Wirtschaft. Zu diesem Zweck wurde eine *Regressionsanalyse* durchgeführt (Backhaus et al. 2000).

Da die zuvor erörterten Einflussfaktoren der regionalen Wirtschaftsleistung nicht direkt messbar sind, müssen sie in näherungsweise aussagekräftige Indikatoren „übersetzt" werden: Für die regionale Wirtschaftsleistung, die im Regressionsmodell als *abhängige* Variable fungiert, wird als Indikator die Bruttowertschöpfung des Jahres 2000 in den Kreisen herangezogen. Die *unabhängigen* Variablen für den Einfluss von Clusterpotenzialen im Bereich der vier Profil-Faktoren der regionalen Wirtschaftsstruktur (vgl. oben) werden auf Basis der Unternehmenszahlen der betreffenden Aktivitätszweige in den Kreisen ermittelt. Die vier Profil-Faktoren stehen für die regionale Verteilung bestimmter Gruppen von Aktivitätszweigen in den Kreisen und kreisfreien Städten der Bundesrepublik. Aus diesen Daten lassen sich Variablen für den Einfluss von *Clusterpotenzialen* auf die Wirtschaftsleistung der Regionen (im Sinne von unternehmens-*externen*, aber im gegebenen Aktivitätszweig *„branchen"-internen* Skalenerträgen, die in den Clusterformationen einer Region erzielt werden können) extrahieren. Die vier Profil-Faktoren erfassen regionale Unternehmenskonzentrationen anhand der *Gesamtzahl von Unternehmen* in verschiedenen Gruppierungen wirtschaftlicher Aktivitätszweige (Faktoren). Um die These zu prüfen, dass Regionen mit starken Clusterpotenzialen tendenziell eine höhere Wirtschaftsleistung erreichen als Regionen ohne Clusterpotenziale in den betreffenden Aktivitätszweigen, muss eine Abgrenzung von Regionen mit „starken" Clusterpotenzialen erfolgen. Sie wären von jenen Regionen abzugrenzen, die in einem Aktivitätszweig nur eine relativ geringe Anzahl von Unternehmen aufweisen. Als ein *Abgrenzungskriterium*, das für alle einbezogenen Gruppierungen der Wirtschaftsaktivitäten verwendbar ist, wird hier die Standardabweichung der Unternehmenszahlen in den Raumeinheiten herangezogen. Als Regionen mit starken Clusterpotenzialen werden dabei jene Raumeinheiten klassifiziert, in denen die Zahl der Unternehmen (in einer bestimmten Gruppe der wirtschaftlichen Aktivitätszweige) mehr als eine Standardabweichung über dem Mittelwert aller Raumeinheiten liegt. In absoluten Zahlen sind dies Raumeinheiten, welche bei den Aktivitätszweigen von FAKTOR1 zusammen 180 und mehr Unternehmen aufweisen, bei FAK-

TOR2 zusammen 118 und mehr Unternehmen, bei FAKTOR3 insgesamt 124 und mehr Unternehmen, usw. Es handelt sich also jeweils um absolute Größenordnungen einer regionalen Zusammenballung von Unternehmen, die ein ausreichendes Potenzial für die Clusterbildung repräsentieren. Mit dem angegebenen Grenzwert können nun neue Variablen gebildet werden, die bei jeder Gruppe der wirtschaftlichen Aktivitätszweige (Faktoren) für die einzelnen Raumeinheiten nur jene Unternehmenszahlen ausweisen, die den Schwellenwert erreichen. In die neuen Variablen CPFAK1, CPFAK2, CPFAK3, CPFAK4 gehen also nur noch Unternehmen aus dem Bereich starker Clusterpotenziale ein, während die Unternehmen in den Raumeinheiten ohne Clusterpotenzial (bzw. mit Potenzialen, die unter dem Schwellenwert für „starke" Clusterpotenziale bleiben) unberücksichtigt bleiben.

Der Einfluss von Großunternehmen, die unternehmens-*interne* Skalenerträge erzielen können, wird näherungsweise mit Hilfe des Indikators „Anzahl Unternehmen des produzierenden Gewerbes mit mehr als 500 Beschäftigten" erfasst. Schließlich wird der Einfluss von branchen- und cluster-*übergreifenden* „Urbanisationsvorteilen" auf die regionale Wirtschaftsleistung (im Sinne der Möglichkeit, in den Ballungsräumen zusätzlich unternehmens- *und* branchen-*externe* Skalenerträge zu erzielen) mit Hilfe des Indikators „Anzahl Erwerbstätige pro Quadrat-Kilometer" einbezogen.

Alle verwendeten Variablen wurden für das Regressionsmodell zunächst einer Transformation in den natürlichen Logarithmus (ln) der Variablenwerte unterzogen, um angesichts der „schiefen" Verteilung der originalen Variablenwerte (hohe Werte in nur wenigen Raumeinheiten) die Voraussetzung der Linearität in den Parametern der Analyse gewährleisten zu können. Das Ergebnis der Regressionsanalyse mit *schrittweiser* Einbeziehung der Variablen LNBWS00 (Bruttowertschöpfung insgesamt in DM), LNCPFAK1 bis LNCPFAK4 (Anzahl Unternehmen in „starken" Clusterpotenzialen der Aktivitätszweige von Profil-Faktor 1 - Profil-Faktor 4), LNERWKM2 (Erwerbstätige pro km^2), und LNU500 (Anzahl Unternehmen > 500 Beschäftigte im Produzierenden Gewerbe) ist in Tabelle 2 zusammengefasst. Insgesamt erfasst diese Analyse 76,1 Prozent der Varianz der Variablenwerte aller 435 Raumeinheiten.

Die Regressionsanalyse weist für *alle einbezogenen* Variablen jeweils einen *signifikanten Einfluss* auf die regionale Differenzierung der Wirtschaftsleistung auf der Maßstabsebene von Kreisen und kreisfreien Städte aus. Es ist bereits ein bemerkenswertes Ergebnis, wenn sich – neben dem in der Regionalforschung bekannten Einfluss der Agglomeration von Einwohnern/Erwerbstätigen und der regionalen Konzentration von Großunternehmen zeigen lässt, dass auch die *Clusterpotenziale* in den vier charakteristischen Gruppen von Aktivitätszweigen einen signifikanten Einfluss auf die regionale Differenzierung der Wirtschaftsleistung haben. Die in der Ergebnistabelle ausgewiesenen „standardisierten Beta-Koeffizienten" können als Maß für die *Stärke* des Beitrags der verschiedenen Einflussfaktoren zur Differenzierung der Wirtschaftsleistung im Regionalsystem interpretiert werden (Tab. 2).

Modell		Nicht standardisierte Koeffizienten		Standardisierte Koeffizienten	T	Signifikanz
		B	Standardfehler	Beta		
6	(Konstante)	6,691	,076		87,878	,000
	LNU500	,430	,026	,532	16,722	,000
	LNERWKM2	,130	,017	,212	7,670	,000
	LNCPFAK2	,071	,021	,117	3,469	,001
	LNCPFAK1	,077	,024	,111	3,285	,001
	LNCPFAK3	,044	,014	,098	3,151	,002
	LNCPFAK4	,038	,017	,066	2,222	,027
Abhängige Variable: LNBWS00						

Tabelle 2: Ergebnis der Regressionsanalyse von Einflussfaktoren der regionalen Differenzierung der Wirtschaftsleistung in der Bundesrepublik Deutschland

Den stärksten Beitrag zur regionalen Differenzierung der Wirtschaftsleistung zeigt die Variable LNU500, welche für den Einfluss von Großunternehmen mit dem Potenzial zur Erzielung unternehmensinterner Skalenerträge steht, und in zweiter Linie die Variable LNERWKM2, die als Indikator für den Beitrag von „Urbanisationseffekten" aus der räumlichen Verdichtung von Erwerbstätigen (und Einwohnern) interpretierbar ist. Die in LNCPFAK2 und LNCPFAK1 enthaltenen Clusterpotenziale, welche in LNCPFAK2 ausschließlich und in LNCPFAK1 überwiegend *wissensintensive Aktivitätszweige* der Regionalwirtschaft repräsentieren (vgl. oben), zeigen demgegenüber immer noch einen starken Einfluss auf die regionale Differenzierung der Wirtschaftsleistung im Territorium der Bundesrepublik. Einen schwächeren (aber gleichwohl signifikanten) Beitrag leisten die von LNCPFAK3 und LNCPFAK4 repräsentierten Aktivitätszweige der Wirtschaft, d.h. die „technologiezentrierten" und die traditionellen arbeitsintensiven Aktivitätszweige der Industrie (vgl. oben). Insgesamt spiegeln diese Ergebnisse auch das Faktum wider, dass die urbanen Wirtschaftszentren und insbesondere die Kernstädte von Metropolregionen die höchste absolute Wirtschaftsleistung ausweisen, und zugleich jene Raumeinheiten repräsentieren, in denen gerade die wissens-intensiven Aktivitätszweige der Wirtschaft am stärksten konzentriert sind. Neben den regionalen Konzentrationen von Großunternehmen (Headquarter Cities) und den urbanen Agglomerationen von Erwerbstätigen haben also vor allem die regionalen *Clusterpotenziale in wissensintensiven Aktivitätszweigen* der Wirtschaft einen herausragenden Einfluss auf die regionale Differenzierung der Wirtschaftsleistung in der Bundesrepublik.

Es wurde bereits herausgestellt, dass die Metropolregionen und großen urbanen Wirtschaftszentren in vielen Fällen einen Standortraum für *multiple* Clusterpotenziale bilden. Derartige Räume können als „Super-Cluster" fungieren, und dabei unternehmens- *und* branchen-*externe* Skalenerträge aus der Nutzung möglicher Querverbindungen zu anderen in der Region präsenten Clusterformationen erzielen (vgl. oben). Insofern könnten *multiple* Clusterpotenziale in erheblichem Maße zur regionalen Differenzierung der Wirtschaftsleistung beitragen.

Um diesen Einfluss zu prüfen, wurde mit den Daten dieser Untersuchung eine neue Variable LNCPMULT gebildet, bei der für jeden der einbezogenen 26 Aktivitätszweige (vgl. Tab. 1) zunächst geprüft wird, in welchen Raumeinheiten die Zahl der Unternehmen mehr als 1 Standardabweichung über dem Mittelwert aller Raumeinheiten liegt. Wird in einer Raumeinheit *in mindestens zwei Aktivitätszweigen* ein in diesem Sinne starkes Clusterpotenzial identifiziert, werden alle Unternehmen aus den betreffenden Clusterpotenzialen für die Raumeinheit aufsummiert, um die verschiedenen Größenordnungen multipler Clusterpotenziale zu berücksichtigen. Die Unternehmen in Raumeinheiten mit nur einem *singulären* Clusterpotenzial bleiben hierbei unberücksichtigt. Anschließend wurden die Variablenwerte wieder einer Transformation nach dem natürlichen Logarithmus (ln) unterzogen. Die schrittweise Regressionsanalyse mit den Variablen LNU500, LNERWKM2 und LNCPMULT erfasst insgesamt 76,4 Prozent der Varianz der Variablenwerte und zeigt einen *signifikanten* Einfluss aller einbezogenen Variablen (Tab. 3).

Modell		Nicht standardisierte Koeffizienten		Standardisierte Koeffizienten	T	Signifikanz
		B	Standardfehler	Beta		
3	(Konstante)	6,616	,073		91,083	,000
	LNU500	,388	,027	,479	14,462	,000
	LNCPMULT	,114	,011	,327	10,298	,000
	LNERWKM2	,142	,016	,233	8,778	,000
Abhängige Variable: LNBWS00						

Tabelle 3: Regressionsanalyse des Einflusses von multiplen Clusterpotenzialen auf die regionale Wirtschaftsleistung in der Bundesrepublik Deutschland

In der Ergebnistabelle ist der stärkste Einfluss auf die regionale Differenzierung der Wirtschaftsleistung wieder für die regionalen Konzentrationen von Großunternehmen (Variable LNU500) ausgewiesen. An zweiter Stelle folgt der Beitrag von *multiplen* Clusterpotenzialen (LNCPMULT). Einen schwächeren, gleichwohl signifikanten Beitrag weist diese Regressionsanalyse wieder für die „Urbanisationseffekte" aus der räumlichen Agglomeration von Erwerbstätigen aus (LNERWKM2). Als *Variante* dieser Regressionsanalyse wurde auch der Einfluss von Headquarter-Funktionen und externen Kontrollkapazitäten einer Region geprüft, indem als Hilfsindikator die „Anzahl Unternehmen (aller Aktivitätszweige) mit mehr als 50 Mio EUR Umsatz (pro Jahr) und mit Tochter- u. Beteiligungsgesellschaften und/oder Zweigbetrieben in anderen Regionen" herangezogen wurde (auf Basis der Firmendatenbankauswertung 2002). Unternehmensinterne Skalenerträge können ja auch über die Zentralen von umsatzstarken Großunternehmen realisiert und über regionsexterne (aber unternehmensinterne) Kontrollbeziehungen erhöht werden. Dabei wurde die auf Großunternehmen der Industrie orientierte Variable

LNU500 durch die (ebenfalls logarithmisch transformierte) Variable LNEX100 ersetzt, die umsatzstarke Großunternehmen *aller Branchen* umfasst und mit dem Kriterium regionsexterner Tochter-, Beteiligungs- und Zweig-Unternehmen eher den Einfluss von Headquarter-Funktionen und externen Kontrollkapazitäten in die Analyse aufnimmt. Das Ergebnis dieser zweiten Analysevariante zeigt keine wesentlichen Änderungen (gegenüber der ersten Variante), wobei die Variable LNEX100 mit einem ähnlich starken Einfluss (standardisierter Beta-Koeffizient = 0,474) wie die Variable LNU500 an die erste Stelle rückt, gefolgt vom Beitrag multipler Clusterpotenziale (Beta-Koeffizient = 0,332) und der Erwerbstätigen-Dichte (Beta-Koeffizient = 0,218). Die regionale Verteilung der Variablenwerte für LNU500 und LNEX100 weist offenbar ein ganz ähnliches Muster auf, und regional konzentrierte Headquarter-Funktionen von umsatzstarken Großunternehmen haben (in Verbindung mit externen Kontrollkapazitäten) nach wie vor einen signifikanten Einfluss auf die Wirtschaftskraft der Regionen. Als Gesamtergebnis lässt sich allerdings festhalten, dass die regionale Differenzierung der Wirtschaftsleistung in der Bundesrepublik nicht zuletzt von *multiplen Clusterpotenzialen* geprägt ist, die eine besondere Stärke von Ballungsräumen und Metropolregionen darstellen.

Nachdem gezeigt wurde, dass die Clusterpotenziale in *wissensintensiven Aktivitätszweigen* in hohem Maße zur regionalen Differenzierung der Wirtschaftsleistung im Territorium der Bundesrepublik beitragen (Tabelle 2), sollen abschließend noch ausgewählte „*Erfolgsindikatoren*" der Räume mit starken Clusterpotenzialen herausgestellt werden. Insgesamt wurden 26 Raumeinheiten (Kreise und kreisfreie Städte) mit *starken* Clusterpotenzialen in wissensintensiven Aktivitätszweigen der „Faktor 2"-Gruppierung identifiziert (vgl. oben), die in Tab. 4 aufgelistet sind. Darin sind zusätzlich jene 13 Raumeinheiten markiert (mit *), die *zugleich* starke Clusterpotenziale in Aktivitätszweigen der „Faktor 1"-Gruppierung aufweisen, in der ebenfalls mehrere wissensintensive Aktivitätszweige (wie z.B. Medienwirtschaft und qualifizierte Unternehmensdienste im Bereich Organisationsmanagement) enthalten sind. Die 26 aufgelisteten Raumeinheiten schließen dabei 13 von insgesamt 15 Räumen mit starken Clusterpotenzialen in der „Faktor 1"-Gruppierung mit ein.

Name der Raumeinheit *(Kreise und kreisfreie Städte):*		
Aachen (Stadt)	Frankfurt-Main *	Leipzig
Berlin *	Freiburg im Breisgau	München (Stadt) *
Bonn	Göttingen	München (Landkreis) *
Bremen *	Hamburg *	Nürnberg *
Darmstadt	Hannover *	Offenbach (Landkreis)
Dresden	Heidelberg	Starnberg
Düsseldorf *	Karlsruhe (Stadt)	Stuttgart *
Essen *	Karlsruhe (Landkreis)	Mettmann
Esslingen *	Köln *	

Tabelle 4: Auflistung der Räume mit starken Clusterpotenzialen in wissensintensiven Aktivitätszweigen (Gruppierung Faktor 2)

Mehrere der hier verzeichneten Kreise und kreisfreien Städte bilden *zusammenhängende* Räume – z.B. Düsseldorf/Mettmann/Essen; Stuttgart/Esslingen; Frankfurt-Main/LkOffenbach/Darmstadt; München/Starnberg), in denen sich mehrere starke Clusterpotenziale *räumlich* miteinander verbinden.

Die ausgewählten „*Erfolgsindikatoren*" werden in Tab. 5 in Form eines *Vergleichs von Mittelwerten* in den 26 Räumen mit starken Clusterpotenzialen in wissensintensiven Aktivitätszweigen (Gruppierung Faktor 2) mit den restlichen 409 Räumen ohne derartige Potenziale (bzw. mit Potenzialen, die unter dem Schwellenwert für „starke" Clusterpotenziale bleiben) dargestellt. Dabei wird mit dem sog. „T-Test" die Wahrscheinlichkeit geprüft, dass sich die beobachtete Differenz *zufällig* ergibt (bzw. die Populationsmittelwerte dieser beiden „Stichproben" von Raumeinheiten gleich sind). Nahezu alle in der Tabelle ausgewiesenen Differenzen sind auf dem 1 Prozent-Niveau signifikant, eine weitere auf dem 5 Prozent-Niveau, so dass die Wahrscheinlichkeit zufälliger Differenzen höchst gering ist. Allerdings bedeuten signifikante Mittelwertdifferenzen keine *kausale* Verbindung zwischen starken Clusterpotenzialen (im Bereich wissensintensiver Aktivitäten) und den Erfolgsgrößen; vielmehr können diese Clusterpotenziale *wie auch andere* Merkmale der betreffenden Raumeinheiten und die hier ansässigen Unternehmen *anderer* Aktivitätszweige zu den Erfolgsgrößen beitragen.

Die regionalen Daten zur Wertschöpfung, Produktivität, Exportleistung und Erwerbstätigendichte wurden der Gemeinschaftsveröffentlichung der Statistischen Landesämter „Statistik Regional 2002" entnommen. Da der Mittelwertvergleich 26 Räume mit starken Clusterpotenzialen im Bereich wissensintensiver Aktivitätszweige dem Rest der Regionen (Kreise) gegenüberstellt, und die 26 hervorgehobenen Räume vor allem urbane Wirtschaftszentren der Bundesrepublik (insbesondere Kernstädte von Metropolräumen) repräsentieren, könnte eingewandt werden, dass der Vergleich in erster Linie die Differenzen zwischen urbanen Wirtschaftszentren und ländlichen Kreisen, Umlandkreisen der Städte usw. hervorhebt, und die Bedeutung von Clusterpotenzialen überzeichnet wird. Aus diesem Grunde wurde der Mittelwertvergleich zusätzlich nur für kreisfreie Städte (einschließlich Stadtstaaten) durchgeführt, um der Frage nachzugehen, ob sich die Differenzen im Bereich der „Erfolgsindikatoren" auch feststellen lassen, wenn man *nur die Städte* der Bundesrepublik betrachtet (und dabei die 19 Städte mit starken Clusterpotenzialen bei wissensintensiven Aktivitäten den anderen 93 Städten gegenüberstellt). Die Daten zu diesem Städtevergleich sind in der Ergebnistabelle (Tab. 5) jeweils in Klammern (in der zweiten Zeile) festgehalten. Tatsächlich sind die (nachfolgend beschriebenen) Differenzen mit nur einer Ausnahme auch auf der Ebene des Städtevergleichs signifikant, so dass sie nicht gesondert erläutert werden.

Der Mittelwertvergleich erbringt folgende *Ergebnisse*: Die Räume mit starken Clusterpotenzialen in wissensintensiven Aktivitätszweigen sind im Vergleich zu den anderen Raumeinheiten nicht nur durch eine wesentlich höhere *Wirtschaftsleistung* gemessen am Betrag der regionalen Bruttowertschöpfung (BWS2000) charakterisiert, sondern auch durch eine signifikant höhere regionale *Produktivität,* wie die Differenz bei der Bruttowertschöpfung je Erwerbstätigen im Jahre 2000 in EUR (BWSERW00) anzeigt.

Die 26 Raumeinheiten mit starken Clusterpotenzialen in wissensintensiven Aktivitätszweigen haben ferner eine überaus hohe Exportleistung (EXPOPG00) gemessen am Auslandsumsatz im Produzierenden Gewerbe in 1.000 EUR im Jahr 2000. Die Mehrzahl der in Faktor 2 zusammengefassten wissensintensiven Aktivitätszweige sind in der gebräuchlichen Systematik der Wirtschaftszweige dem Produzierenden Gewerbe zugeordnet. Der Mittelwertvergleich (Tab. 5) zeigt, dass die 26 Räume

	FAKTOR 2	N	Mittelwert	T	Sig. (2-seitig)	Mittlere Differenz
BWS2000	**1**	**26** (19)	**21051** (25039)	4,757 (4,415)	0,000 (0,000)	17791 (21110)
	0	**409** (93)	**3260** (3928)			
BWSERW00	**1**	**26** (19)	**56051** (54148)	4,920 (3,295)	0,000 (0,001)	11972 (7581)
	0	**409** (93)	**44079** (46567)			
EXPOPG00	**1**	**26** (19)	**4212430** (4925768)	3,343 (2,804)	0,003 (0,011)	3350775 (3764092)
	0	**409** (93)	**861655** (1161676)			
BWERPG00	**1**	**26** (19)	**61506** (62733)	6,741 (2,760)	0,000 (0,007)	16492 (10251)
	0	**409** (93)	**45013** (52482)			
BWPG9600	**1**	**26** (19)	**16,27** (14,46)	2,351 (0,256)	0,019 (0,798)	6,23 (1,00)
	0	**409** (93)	**10,04** (13,45)			
VGNACH96	**1**	**26** (19)	**20** (19)	6,576 (5,599)	0,000 (0,000)	15 (15)
	0	**409** (93)	**5** (4)			
DINACH96	**1**	**26** (19)	**54** (64)	5,526 (5,045)	0,000 (0,000)	50 (59)
	0	**409** (93)	**4** (5)			
NACH96	**1**	**26** (19)	**74** (83)	6,101 (5,251)	0,000 (0,000)	65 (74)
	0	**409** (93)	**9** (9)			
ERWKM2	**1**	**26** (19)	**1217** (1559)	6,662 (6,093)	0,000 (0,000)	987 (811)
	0	**409** (93)	**230** (748)			

Tabelle 5: Mittelwertvergleich (T-Test) für wirtschaftliche Merkmale von Regionen mit starken Clusterpotenzialen in wissensintensiven Aktivitätszweigen

mit starken Clusterpotenzialen in wissensintensiven Aktivitätszweigen im Vergleich zu den anderen Raumeinheiten auch eine signifikant höhere *Produktivität im Produzierenden Gewerbe* ausweisen (BWERPG00: Bruttowertschöpfung je Erwerbstätigen im Produzierenden Gewerbe 2000 in EUR), und darüber hinaus einen wesentlich höheren prozentualen *Produktivitätszuwachs* im Zeitraum 1996-2000 (BWPG9600), gemessen an der Veränderung der Bruttowertschöpfung je Erwerbstätigen im Produzierenden Gewerbe. Der Produktivitätszuwachs ist der einzige Indikator, für den sich *auf der Ebene des Städtevergleichs* (Werte in Klammern) *keine signifikante* Differenz zwischen den Vergleichsgruppen feststellen lässt. Man kann daraus schließen, dass der Produktivitätszuwachs im Produzierenden Gewerbe vor allem ein Merkmal von Städten in der Bundesrepublik ist – *unabhängig* davon, ob sie Clusterpotenziale in wissensintensiven Aktivitätszweigen aufweisen oder nicht.

Bei der Auswertung der Firmendatenbank, auf der diese Untersuchung basiert, wurden auch Variablen extrahiert, welche die *Dynamik von Unternehmensneugründungen* in den Regionen erfassen können: Nach dem Gründungsdatum wurde für alle Raumeinheiten die Zahl der Unternehmen ermittelt, die im Zeitraum von 1997-2002 gegründet wurden (und im Jahre 2002 am Markt präsent waren). Diese Daten werden hier als Indikator für die Zahl „junger" Unternehmen in den Regionen verwendet, und nach groben Kategorien der Wirtschaftszweigsystematik in die Bereiche „Verarbeitendes Gewerbe" und „Unternehmensdienste" (NACE: Zweige 72, 73, 74) aufgegliedert. Offenbar sind die Räume mit einer starken Konzentration von wissensintensiven Aktivitäten durch *eine signifikant höhere Zahl von Unternehmens-Neugründungen* insgesamt (Variable NACH96) gekennzeichnet, und ebenso ist die Zahl der „jungen" Unternehmen im Bereich des Verarbeitenden Gewerbes (VGNACH96) wie auch im Bereich der Unternehmensdienste (DINACH96) in diesen Räumen signifikant höher als in den restlichen Raumeinheiten. Nach den hier angeführten Erfolgsindikatoren repräsentieren die 26 besonders wissensintensiven Räume also zusammen eine Gruppe von besonders strukturstarken Regionalwirtschaften. Ihre vergleichsweise hohe Erwerbstätigendichte gemessen an der Zahl der Erwerbstätigen je Quadratkilometer (ERWKM2) zeigt wiederum an, dass die wissensintensiven Aktivitäten vor allem in Kernräumen von Metropolregionen und urbanen Wirtschaftszentren der Bundesrepublik konzentriert sind. So bringt diese Untersuchung viele Belege für die These, dass die wissensintensiven Aktivitätszweige die „Stadtindustrien der Zukunft" darstellen.

5 Zusammenfassung

Dieser Beitrag beinhaltet eine „Meta"-Studie über die räumliche Organisation von wissensintensiven Aktivitätszweigen der Wirtschaft im Stadt- und Regionalsystem der Bundesrepublik Deutschland. Die regionalen Konzentrationen solcher Aktivitätszweige werden als Clusterpotenziale betrachtet und nach verschiedenen Kriterien dargestellt. Die stärksten Clusterpotenziale wissensintensiver Aktivitäten finden sich in den Kernstädten von Metropolregionen und weiteren urbanen Wirtschaftszentren der Bundesrepublik. So stellen die wissensintensiven Aktivitätszweige im Rahmen einer zunehmend innovationsgetriebenen Ökonomie die „Stadtindustrien der Zukunft" dar. Darüber hinaus wird die Analyse auf die Fragestellung konzentriert, welchen Beitrag die regionale Konzentration wissensintensiver Aktivitäten zur regionalen Differenzierung der Wirtschaftsleistung in der Bundesrepublik erbringt. Dabei zeigt sich, dass die Clusterpotenziale in wissensintensiven Aktivitätszweigen einen signifikanten Beitrag zur regionalen Wirtschaftsleistung erbringen, aber die regionale Konzentration von Großunternehmen und Headquarter-Funktionen nach wie vor großen Einfluss auf die regionale Wirtschaftsleistung hat.

Neben den skizzierten empirischen Analyseergebnissen liefert diese Studie Anregungen zur Neufassung bzw. inhaltlichen Erweiterung von Konzepten der „Potenzialfaktoren" regionaler Entwicklung: In traditionellen Konzepten umfassen die verschiedenen Bestandteile des Entwicklungspotenzials einer Region neben den „natürlichen" Faktoren (Umwelt, Flächen- und Landschaftspotenzial) und der geographischen Lage insbesondere das Infrastrukturpotenzial sowie das Kapital- und Arbeitskräftepotenzial (Biehl 1975; Thoss 1984). Regionalforscher betrachten meist auch die sektorale Wirtschaftsstruktur einer Stadt oder Region als Potenzialfaktor, wogegen allerdings eingewandt wurde, dass die Wirtschaftsstruktur nicht das Potenzial, sondern eine bestimmte *Art seiner Verwendung* beschreibe (Biehl 1991). Demgegenüber ist diese Studie im Blick auf die Potenzialfaktoren der Städte und Regionen von der Theorie regionaler Clusterbildung ausgegangen und erörterte neben der ungleichmäßigen Verteilung von Clusterpotenzialen im Regionalsystem der Bundesrepublik auch den Einfluss von Clusterpotenzialen auf die Produktivität und Wirtschaftsleistung der Regionen. Mit Bezug auf die verschiedenen Produktivitätseffekte von Clustern wird dabei gerade die Organisationsform bzw. „Art und Weise der Verwendung" von Kapital und Arbeit in den Regionen thematisiert. Offenbar verfügen die Städte und Regionen mit starken Clusterpotenzialen in bestimmten Aktivitätszweigen über ein besonderes regionales Entwicklungspotenzial. Dies gilt im Rahmen einer innovationsgetriebenen Wirtschaft heute insbesondere für Clusterpotenziale in den wissensintensiven Aktivitätszweigen. Die Entwicklung von Clusterpotenzialen in besonderen Aktivitätszweigen der Regionalwirtschaft ist aber im Kern ein Ausdruck von *gesellschaftlich produzierten Standortvorteilen*, die im Verhältnis zu anderen Potenzialfaktoren eine zunehmend größere Bedeutung für die regionale Entwicklung erlangt haben.

Literatur

Asheim, B. (1996): Industrial Districts as „Learning Regions": a Condition for Prosperity. In: European Planning Studies, Vol. 4, S. 379-400

Backhaus, K.; Erichson, B.; Plinke, W.; Weiber, R. (2000): Multivariate Analysemethoden. Eine anwendungsorientierte Einführung. 9. Aufl. Berlin/Heidelberg/New York

Bathelt, H.; Glückler, J. (2002): Wirtschaftsgeographie. Ökonomische Beziehungen in räumlicher Perspektive. Stuttgart

Berg, L.v.d.; Braun, E.; Winden, W.v. (2001): Growth Clusters in European Cities: an integral Approach. In: Urban Studies, Vol. 38, Nr. 1, S. 185-200

Biehl, D. (1975): Bestimmungsgründe des regionalen Entwicklungspotenzials – Infrastruktur, Agglomeration und sektorale Wirtschaftsstruktur. Tübingen

Biehl, D. (1991): The Role of Infrastructure in Regional Development. In: Vickerman, R. W. (Hrsg.): Infrastructure and Regional Development. London, S. 9-35

Braczyk, H.-J.; Cooke, P.; Heidenreich, M. (Hrsg.) (1998): Regional Innovation Systems. London

Cooke, P. (2002): Knowledge Economies. Clusters, Learning and Cooperative Advantage. London

Cooke, P. (2003): Biotechnology Clusters, Big Pharma and the Knowledgedriven Economy. In: International Journal of Technology Management, Vol. 25, S. 65-81

Cooke, P.; Davies, C.; Wilson, R. (2002): Innovation Advantages of Cities: From Knowledge to Equity in Five Basic Steps. In: European Planning Studies, Vol. 10, Nr. 2, S. 233-250

Crevoisier, O. (1999): Innovation and the City. In: Malecki, E.; Oinas, P. (Hrsg.): Making Connections. Technological Learning and Regional Economic Change. Aldershot, S. 61-79

Dybe, G.; Kujath, H.-J. (2000): Hoffnungsträger Wirtschaftscluster. Unternehmensnetzwerke und regionale Innovationssysteme: Das Beispiel der deutschen Schienenfahrzeugindustrie. Berlin

Grotz, R.; Schätzl, L. (Hrsg.) (2001): Regionale Innovationsnetzwerke im internationalen Vergleich. Münster

Heinrich, C.; Kujath, H.-J. (Hrsg.) (2002): Die Bedeutung von externen Effekten und Kollektivgütern für die regionale Entwicklung. Münster

Keeble, D.; Wilkinson, F. (Hrsg.) (2000): High-Technology Clusters, Networking and Collective Learning in Europe. Aldershot

Koschatzky, K. (2001): Räumliche Aspekte im Innovationsprozess. Ein Beitrag zur neuen Wirtschaftsgeographie aus der Sicht der regionalen Innovationsforschung. Münster

Krätke, S. (1995): Stadt – Raum – Ökonomie. Einführung in aktuelle Problemfelder der Stadtökonomie und Wirtschaftsgeographie. Basel/Boston/Berlin

Krätke, S. (2001): Institutionelle Ordnung und soziales Kapital der Wirtschaftsregionen: Zur Bedeutung von Raumbindungen im Kontext der Globalisierung. In: Geographische Zeitschrift, Jg. 89, Nr. 2/3, S. 145-166

Krätke, S. (2002): Medienstadt. Urbane Cluster und globale Zentren der Kulturproduktion. Opladen

Krätke, S. (2002a): Die globale Vernetzung von Medienzentren. Zur Diversität von Geographien der Globalisierung. In: Geographische Zeitschrift, Jg. 90, Nr. 2, S. 103-123

Krätke, S. (2003): Kreatives Wissen in stadtregionaler Perspektive – Medienwirtschaft im Metropolenraum Berlin. In: Matthiesen, U. (Hrsg.): Stadtregion und Wissen. Analysen und Plädoyers für eine wissensbasierte Stadtpolitik. Opladen, S. 93-107

Krätke, S.; Scheuplein, C. (2001): Produktionscluster in Ostdeutschland. Methoden der Identifizierung und Analyse. Hamburg

Lo, V.; Schamp, E.W. (Hrsg.) (2003): Knowledge, Learning, and Regional Development. Münster

Lundvall, B.A. (1988): Innovation as an Interactive Process: from User-Producer Interaction to the National System of Innovation. In: Dosi, G.; Freeman, C.; Nelson, R. (Hrsg.): Technical Change and Economic Theory. London, S. 349-369

Malecki, E.; Oinas, P. (Hrsg.) (1999): Making Connections. Technological Learning and Regional Economic Change. Aldershot

Matthiesen, U. (Hrsg.) (2003): Stadtregion und Wissen. Analysen und Plädoyers für eine wissensbasierte Stadtpolitik. Opladen

Mayer-Haßelwander, F. (2000): Linkages und implizites Wissen als Determinanten wirtschaftlicher Entwicklung. Eine theoretische Analyse illustriert am Beispiel Ostdeutschland. Marburg

Medienhandbuch (2002): www.medienhandbuch.de (15.12.2002)

Plattner, M. (2001): Cluster-Evolution im Produktionssystem der ostdeutschen Halbleiterindustrie. Münster

Porter, M. E. (1998): Clusters and Competition: New Agendas for Companies, Governments, and Institutions. In: Porter, M. E.: On Competition. Boston, S. 197-287

Porter, M. E. (2001): Regions and the New Economics of Competition. In: Scott, A. J. (Hrsg.): Global City-Regions. Trends, Theory, Policy. Oxford, S. 139-157

Ratti, R.; Bramanti, A.; Gordon, R. (Hrsg.) (1997): The Dynamics of Innovative Regions. The GREMI Approach. Aldershot

Rehfeld, D. (1999): Produktionscluster. Konzeption, Analysen und Strategien für eine Neuorientierung der regionalen Strukturpolitik. München

Rehfeld, D. (2001): Global Strategies Compared: Firms, Markets and Regions. In: European Planning Studies, Vol. 9, No. 1, S. 29-46

Schamp, E. W. (2000): Vernetzte Produktion. Industriegeographie aus institutioneller Perspektive. Darmstadt

Schamp, E. W. (2001): Reorganisation metropolitaner Wissenssysteme im Spannungsfeld zwischen lokalen und nicht-lokalen Anstrengungen. In: Zeitschrift für Wirtschaftsgeographie, Jg. 45, S. 231-245

Schamp, E. W. (2002a): Evolution und Institution als Grundlagen einer dynamischen Wirtschaftsgeographie: Die Bedeutung von externen Skalenerträgen für geographische Konzentration. In: Geographische Zeitschrift, Bd. 90, Nr. 1, S. 40-52

Schamp, E.W. (2002b): Globalization and the Reorganization of a Metropolitan Knowledge System: the Case of Research and Development in Frankfurt/Rhein-Main, Germany. In: Hayter, R. (Hrsg.): Knowledge, Industry and Environment. Aldershot, S. 355-375

Scheff, J. (1999): Lernende Regionen. Regionale Netzwerke als Antwort auf globale Herausforderungen. Wien

Scott, A. J. (1988): Metropolis: from the Division of Labour to Urban Form. Berkeley/Los Angeles/London

Specht, J. (1999): Industrielle Forschung und Entwicklung: Standortstrategien und Standortvernetzungen. Am Beispiel der Regionen Rhein-Main, Bodensee, Dresden. Münster

Sternberg, R. (1999): Innovative Netzwerke und Regionalentwicklung. In: ARL (Hrsg.): Europäische Einflüsse auf die Raum- und Regionalentwicklung. Hannover, S. 78-105

Storper, M. (1997): The Regional World: Territorial Development in a Global Economy. New York/London

Thoss, R. (1984): Potenzialfaktoren als Chance selbstverantworteter Entwicklung der Regionen. In: Informationen zur Raumentwicklung, Nr. 1-2/1984

VdBiol (2003): BIG – Biofirmen-Internet-Gateway (Firmenliste Life Sciences). www.vdbiol.de/firmen/search_intro.html (4.2.2003)

Veltz, P. (1996): Mondialisation, villes et territoires. L'économie d' archipel. Paris

Kurt Geppert

6. Die Position Berlins in der Hierarchie der europäischen Wirtschaftszentren

1 Einleitung

Die wirtschaftlichen Aktivitäten in der Europäischen Union sind räumlich stark konzentriert. Auf drei Prozent der Gesamtfläche wird die Hälfte des Bruttoinlandsprodukts erzeugt. Die wirtschaftlichen Zentren – im Folgenden auch als Ballungsräume oder Agglomerationen bezeichnet – sind aus zwei Gründen Gegenstand vieler Untersuchungen. Zum einen spielen sie offenbar eine besondere Rolle im Gesamtgefüge der Wirtschaft. Dies kommt nicht nur in ihrem Anteil an der Produktion, sondern auch in ihrer Funktion als Steuerungs- und Innovationszentren zum Ausdruck. Zum anderen stehen die Agglomerationen untereinander in Kooperations- und Konkurrenzbeziehungen, und es ist aus übergeordneter wie aus regionaler Sicht von Interesse, nach welchen Mechanismen sich das Netz oder die Hierarchie der Wirtschaftszentren bildet und verändert.

Berlin war nach dem Zweiten Weltkrieg jahrzehntelang von diesem Netzwerk weitgehend abgeschnitten. Die Stadt muss jetzt ihre Rolle in Europa neu finden. Sie ist dabei in einer paradoxen Situation: Als Ort von Wissenschaft und Kultur sowie als politisches Zentrum Deutschlands genießt sie weltweit Aufmerksamkeit, als großstädtischer Wirtschaftsstandort dagegen betritt sie die europäische Bühne praktisch als Neuling. Wie sind die Aussichten Berlins, einen angemessenen Platz in der europäischen Städtehierarchie zu finden?

2 Die großen Agglomerationen Europas

Als treibende Kräfte der räumlichen Ballung der Wirtschaft führen klassische wie neuere Standorttheorien vor allem Transportkosten, betriebliche Skalenerträge, lokal gebundene externe Effekte, „thick labour markets“

und den Zugang zu öffentlichen Gütern, z.B. Infrastruktur, an. Die Wirksamkeit dieser Faktoren ist in einer Vielzahl von empirischen Untersuchungen nachgewiesen worden, auch wenn über die Bedeutung der einzelnen Einflüsse und ihr Verhältnis zueinander durchaus keine Einigkeit besteht. Insgesamt erreichen die Agglomerationseffekte eine beträchtliche Größenordnung: Die Elastizität der Arbeitsproduktivität europäischer Regionen in Bezug auf die regionale Beschäftigtendichte beträgt 4,5 Prozent (Ciccone 2002). Das heißt, mit einer Verdoppelung der regionalen Beschäftigtendichte (Erwerbstätige bezogen auf die Fläche) erhöht sich im Durchschnitt die regionale Arbeitsproduktivität um 4,5 Prozent. Auch wenn man in einer solchen Analyse andere wichtige Faktoren wie die nationale Zugehörigkeit der Regionen und ihre geografische Lage berücksichtigt, zeigt sich ein deutliches Produktivitätsgefälle zwischen Agglomerationen und weniger verdichteten Gebieten (Geppert, Gornig, Stephan 2003). Ein großer Teil dieser regionalen Unterschiede in der wirtschaftlichen Leistungsfähigkeit dürfte daraus resultieren, dass sich hochrangige Unternehmensfunktionen, und damit hoch entlohnte Tätigkeiten, auf die großen Städte und ihr unmittelbares Umland konzentrieren (vgl. z.B. Rebitzer 1995). Diese Aktivitäten profitieren offenbar in besonderem Maße von Agglomerationseffekten.

Im Folgenden wird nur die Spitze der räumlichen Produktivitätshierarchie, die großen Ballungsräume, näher betrachtet. Diese werden hier definiert als Regionen, die über ein urbanes Zentrum mit mindestens einer halben Million Einwohnern verfügen und die als Gesamtregion mindestens eine Million Einwohner aufweisen. Nebeneinander liegende Ballungsräume, bei denen auch die Zentren nicht weit voneinander entfernt sind, werden dabei zusammengefasst. Diese obere Schicht des europäischen Städtesystems wird nach den Merkmalen Größe und geografische Lage, Wirtschaftskraft und Wirtschaftsstruktur skizziert und es wird versucht, die Position Berlins in diesem System zu bestimmen. Schließlich werden einige Schlussfolgerungen bezüglich der Entwicklungsperspektiven Berlins gezogen.

2.1 Einwohnerzahl und geografische Lage

Die Gruppe der großen Agglomerationen Europas in der hier verwendeten Abgrenzung ist in sich sehr heterogen. Die bevölkerungsreichste Region ist 17 mal so groß wie die kleinste. In der Karte 1 sind die auf der Basis von NUTS 3-Regionen[1] abgegrenzten Agglomerationen nach Größenklassen dargestellt (siehe auch Übersichten 1 und 2). Die Ballungsräume der mittel- und osteuropäischen Beitrittsländer sind nur in Umrissen wiedergegeben, weil Bevölkerungszahlen für die NUTS 3-Ebene noch nicht durchgängig zur Verfügung stehen. Es lassen sich vier Gruppen von EU15-Ballungsräumen unterscheiden:

(1) Das Zentrum des EU15-Gebiets wird geprägt von einem Dreieck großer Agglomerationen: London, Rhein/Ruhr, Paris – mit zusammen 43 Mill. Einwohnern. Mehr als 11 Prozent der gesamten Bevölkerung der EU leben in diesen vier Regionen.

(2) In derselben Größenordnung gibt es nur noch einen weiteren Ballungsraum, die Region Mailand mit knapp 8 Mill. Einwohnern. Nicht zuletzt deshalb wird Norditalien bei wirtschaftsgeografischen Abgrenzungen häufig in die Kernregion der EU eingeschlossen.

(3) An der inneren Peripherie der EU15 befindet sich eine Reihe von mittleren Agglomerationen, die alle um 5 Mill. Einwohner haben. Zu dieser Gruppe gehört auch die Region Berlin.

(4) Ballungsräume mit deutlich weniger als 4 Mill. Einwohnern sind über das gesamte Gebiet der EU verstreut, allerdings bei weitem nicht gleichmäßig. Die Länder bzw. Regionen an der äußeren Peripherie (Finnland, Schweden, Dänemark, Griechenland, Süditalien, Südspanien, Portugal, Irland, Schottland) verfügen meist nur über eine solche Agglomeration. Ähnliches gilt aber auch für Frankreich, wo die Region Paris eine absolut dominante Stellung einnimmt und andere größere Zentren kaum zulässt.

---

1 Die europäische Statistik bietet Informationen für drei Ebenen der „Systematik der Gebietseinheiten für die Statistik" (NUTS). Für Deutschland gelten z.B. folgende Abstufungen: NUTS 1 = Bundesländer, NUTS 2 = Regierungsbezirke, NUTS 3 = Kreise.

Die Agglomerationen mit Bevölkerungszahlen um 5 Mill. (vgl. Übersicht 2) liegen zwar innerhalb der EU relativ peripher, mit Ausnahme Neapels sind sie aber alle Hauptstädte des jeweiligen Landes und/oder gewachsene wirtschaftliche Zentren. Einige dieser Regionen haben in den letzten Jahrzehnten stark unter der Schrumpfung traditioneller Industrien gelitten (vor allem Liverpool-Manchester, Birmingham), inzwischen schei-

Nr.	Region	Nr.	Region	Nr.	Region
1	Wien	15	Bilbao	29	Neapel
2	Brüssel	16	Madrid	30	Palermo
3	Stuttgart	17	Barcelona	31	Amsterdam
4	München	18	Valencia	32	Rotterdam
5	Nürnberg	19	Malaga	33	Lissabon
6	Berlin	20	Sevilla	34	Helsinki
7	Bremen	21	Paris	35	Stockholm
8	Hamburg	22	Lyon	36	Newcastle-M'brough
9	Frankfurt	23	Marseille	37	Liverpool-Manchester
10	Hannover	24	Dublin	38	Leeds-Sheffield
11	Köln-Düsseldorf	25	Turin	39	Birmingham
12	Ruhr	26	Genua	40	London
13	Kopenhagen	27	Mailand	41	Glasgow
14	Athen	28	Rom		
42	Sofia	50	Krakau		
43	Prag	51	Warschau		
44	Tallin	52	Kattowitz		
45	Budapest	53	Posen		
46	Vilnius	54	Bukarest		
47	Riga	55	Ljubljana		
48	Breslau	56	Bratislava		
49	Lodz				

Die Agglomerationen sind auf der NUTS-3-Ebene abgegrenzt. Einbezogen sind Regionen, die über ein urbanes Zentrum mit mindestens 500 000 Einwohnern verfügen und die als Gesamtregion mindestens 1 Mili. Einwohner haben. Bei England wurden in drei Fällen (Nr. 36, 37, 38) jeweils zwei benachbarte Agglomerationen zusammengefasst. Die Nummern in dieser Übersicht entsprechen denen in den Karten 1 bis 3.

Quelle: DIW Berlin 2003

Übersicht 1: Große Agglomerationen in der EU

nen sie aber den strukturellen Erneuerungsprozess weitgehend bewältigt und zu neuer Dynamik gefunden zu haben (vgl. Abschnitt 2.2). Die Region Berlin teilt zwar mit den anderen Agglomerationen dieser Größenordnung die periphere Lage in der EU; diese wird sogar noch verschärft durch die wirtschaftliche Schwäche im weiteren Umfeld. Es fehlt bisher aber an einer Kompensation dafür. Berlin ist erst seit Kurzem wieder Hauptstadt und seine Position als wirtschaftliches Zentrum hat es nach dem Zweiten Weltkrieg verloren (Gornig, Häußermann 2002).

Sowohl die theoretische als auch die empirische regionalökonomische Forschung liefern allerdings Hinweise darauf, dass von der Osterweiterung der EU auf längere Sicht positive wirtschaftliche Impulse auf die Region

Region	Bevölkerung	Region	Bevölkerung	Region	Bevölkerung
London	18 586	Rotterdam	3 388	Kopenhagen	1 789
Paris	10 964	Hamburg	3 206	Sevilla	1 679
Mailand	7 746	Lissabon	3 199	Genua	1 629
Köln-Düsseldorf	7 235	Stuttgart	2 594	Lyon	1 582
Ruhr	6 141	Amsterdam	2 511	Hannover	1 404
Neapel	5 787	München	2 399	Helsinki	1 371
Madrid	5 087	Newcastle-M'brough	2 272	Nürnberg	1 266
Berlin	5 068	Turin	2 215	Malaga	1 252
Liverpool-Manchester	4 963	Wien	2 167	Palermo	1 240
Rom	4 817	Valencia	2 140	Bremen	1 193
Birmingham	4 735	Bilbao	2 062	Dublin	1 097
Barcelona	4 644	Brüssel	1 966		
Frankfurt	3 711	Marseille	1 840	Alle Agglomerationen	147434
Athen	3 450	Glasgow	1 830	Eu15	376 000
Leeds-Sheffield	3 417	Stockholm	1 793	Agglo in % von Eu15	39,2
Zur Regionenabgrenzung siehe Übersicht 1.					

Quelle: DIW Berlin 2003

Übersicht 2: Bevölkerung der großen europäischen Agglomerationen im Jahr 2000 (1.000 Personen)

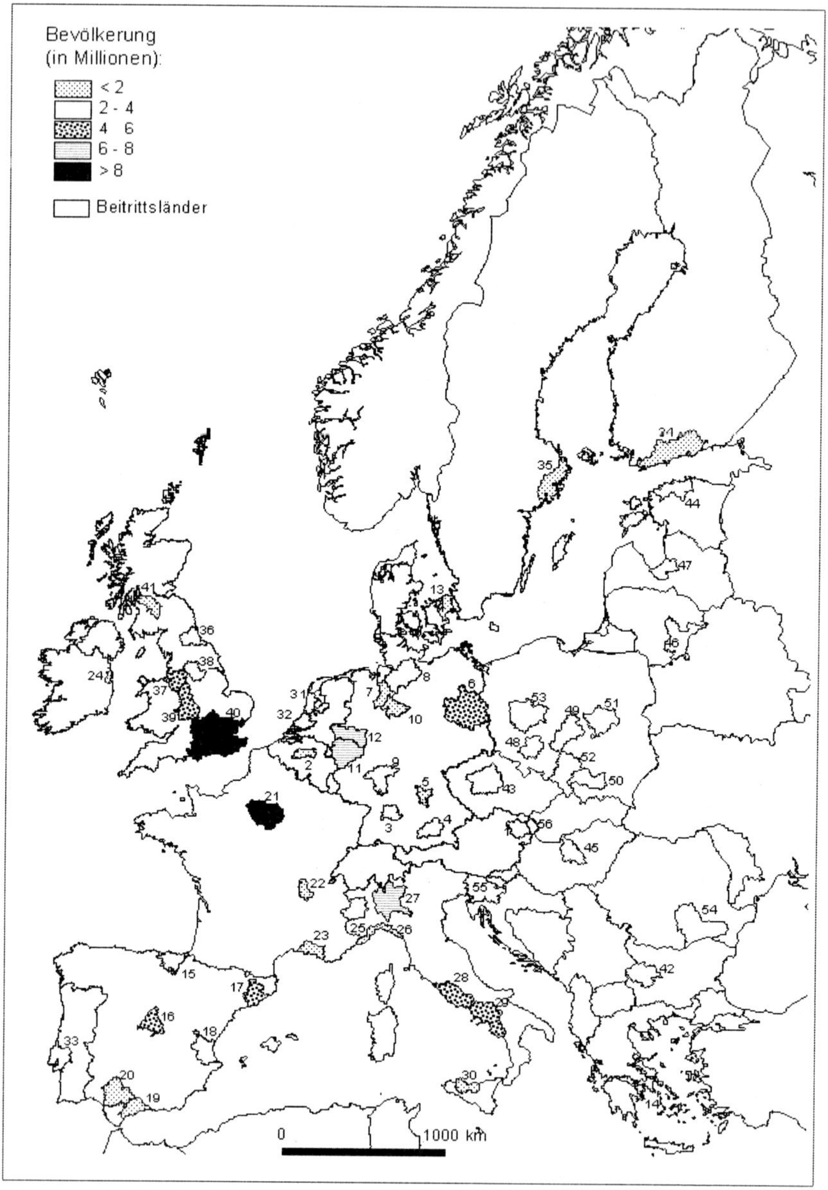

Karte 1: Bevölkerung in europäischen Agglomerationen im Jahr 2000

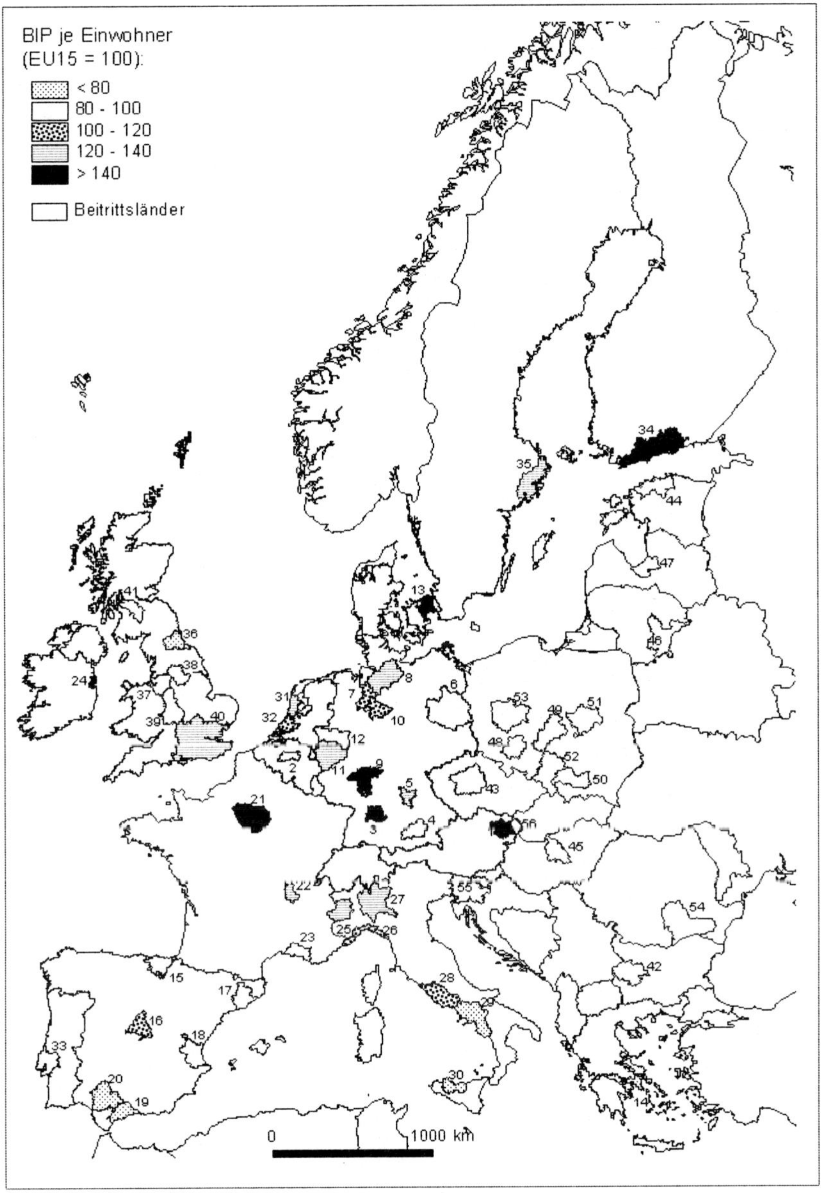

Karte 2: Bruttoninlandsprodukt je Eionwohner in europäischen Agglomerationen im Jahr 2000

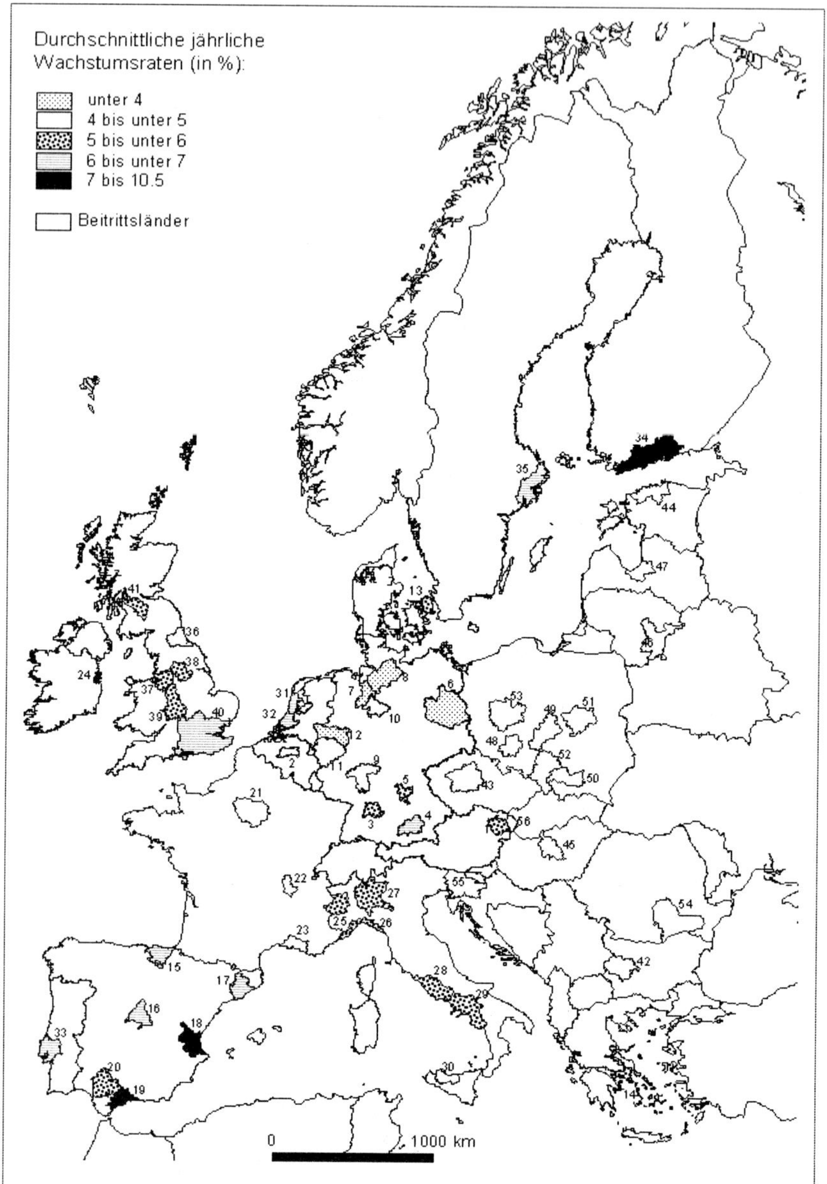

Karte 3: Wachstum des Bruttoinlandprodukts je Einwohner in europäischen Agglomerationen 1995-2000

Berlin ausgehen werden (Duranton, Puga 2000; Hanson 2000). Mit der Vergrößerung des Marktgebiets wird die Region vor allem als Standort für die Produktion hochwertiger Waren und Dienstleistungen attraktiver.

2.2 Wirtschaftskraft

Die wirtschaftliche Potenz der europäischen Agglomerationen ist außerordentlich unterschiedlich, die Disparitäten sind sogar größer als zwischen den Ländern der EU. Das Bruttoinlandsprodukt (BIP) je Einwohner war im Jahr 2000 in der Region München mit rund 42.000 KKS[2] dreimal so hoch wie im Raum Malaga. In der Karte 2 sind die Agglomerationen nach ihrer Wirtschaftskraft dargestellt. Es zeigen sich verschiedene, sich überlagernde Muster:

- Zentrum - Peripherie. Die Agglomerationen im europäischen Zentralraum weisen in der Tendenz eine höhere Wirtschaftskraft auf als diejenigen an der Peripherie.
- Groß - klein. Die großen Ballungsräume sind tendenziell auch solche mit relativ hoher Wirtschaftskraft.
- Nord - Süd. Es gibt ein deutliches Nord-Süd-Gefälle in der Wirtschaftskraft der Ballungsräume.

Diese Muster gelten aber alle nur in der Tendenz. Es gibt jeweils etliche Ausnahmen, und das Gesamtbild ist eher diffus. Wesentlich klarer wird es indes, wenn man die nationale Ebene berücksichtigt. Die Hauptstädte der EU-Länder sind fast durchgängig auch die führenden nationalen wirtschaftlichen Zentren, und ihre Wirtschaftskraft liegt deutlich über dem Durchschnitt der EU. Zwei Länder weichen davon ab: Italien und Deutschland. Wirtschaftlich führend in Italien ist zwar mit Abstand die Region Mailand, aber auch das Bruttoinlandsprodukt je Einwohner Roms übersteigt den EU-Durchschnitt noch um fast ein Fünftel. Die einzige deutli-

---

2 Um den Regionalvergleich um Differenzen im Preisniveau zwischen den EU-Ländern zu bereinigen, wird das BIP mit Hilfe von Kaufkraftparitäten umgerechnet. Das Ergebnis sind BIP-Werte zu Kaufkraftstandards (KKS). Diese unterscheiden sich bei den meisten Ländern nicht sehr stark von den BIP-Werten in Euro.

che Ausnahme von der „Hauptstadtregel" ist Deutschland. Hier gibt es eine ganze Reihe von sehr einkommensstarken Ballungsräumen, vor allem im Süden. Die Hauptstadtregion ist dagegen wirtschaftlich relativ schwach. Das Bruttoinlandsprodukt je Einwohner Berlins ist um rund 15 Prozent niedriger als im EU-Durchschnitt.

Aus der Karte 2 lässt sich eine weitere Schlussfolgerung bezüglich der räumlichen Verteilung der Wirtschaftskraft ziehen. Der Durchschnittswert für die EU wird offenbar so stark von den relativ wenigen Agglomerationen an der Spitze der Einkommenshierarchie geprägt, dass nicht nur ländliche Gebiete, sondern auch viele Ballungsräume deutlich hinter diesem Durchschnitt zurückbleiben. Bei den Agglomerationen, deren Wirtschaftskraft unter dem EU-Durchschnitt liegt, handelt es sich zum einen um Regionen in den südeuropäischen Ländern und zum anderen um altindustrialisierte Regionen in Großbritannien und Deutschland. Hinzu kommt als Sonderfall die Region Berlin, die mit den Folgen der langjährigen Teilung zu kämpfen hat.

Bei der *Entwicklung* der Wirtschaftskraft zeigen sich ganz klare nationale Muster (Karte 3). Die Wachstumsraten der Agglomerationen in den Jahren 1995 bis 2000 spiegeln die Unterschiede in der wirtschaftlichen Dynamik der einzelnen EU-Länder wider. Innerhalb der Länder hat es dabei kaum Veränderungen in der relativen Position der Ballungsräume zueinander gegeben, zum Teil haben sich die Unterschiede zwischen ihnen noch vergrößert. Dies gilt für England und noch mehr für Deutschland. Das Süd-Nord-Gefälle beim wirtschaftlichen Wachstum in Deutschland ist wieder stärker geworden, nachdem es sich in der ersten Hälfte der 90er Jahre abgeflacht hatte. Im Zeitraum 1995 bis 2000 haben sich die süddeutschen Agglomerationen deutlich dynamischer entwickelt als die norddeutschen. Die Region Berlin ist mit einer jährlichen Wachstumsrate des nominalen BIP je Einwohner von 2,1 Prozent unter allen europäischen Agglomerationen mit Abstand am langsamsten gewachsen.

Obwohl die Regionen auf der iberischen Halbinsel aufgeholt haben, ist auch auf europäischer Ebene die Hierarchie der Ballungsräume in Bezug auf die Wirtschaftskraft weitgehend stabil geblieben. In der Abbildung 1 werden die Rangfolgen der Jahre 1995 und 2000 gegenübergestellt. Die Regionen Dublin und Helsinki haben ihre Positionen stark verbessert, während Berlin zurückgefallen ist. An der Spitze steht weiterhin mit deutlichem Abstand München. Die Stabilität der Einkommenshierarchie mag über eine so kurze Periode betrachtet nicht überraschen, eine Analyse der Regionalentwicklung in Europa für einen deutlich längeren Zeitraum – 1980 bis 2000 – führt aber zu einem ganz ähnlichen Bild (Geppert, Happich, Stephan 2004). Die Verschiebungen in der Einkommensverteilung der Agglomerationen sind dabei zwar etwas größer, insgesamt zeigt sich aber keine eindeutige Tendenz zur Einebnung der Unterschiede zwischen den europäischen Ballungsräumen. Die Wahrscheinlichkeit, dass eine Region ihre Position in kurzer Zeit wesentlich verbessern kann, ist vor diesem Hintergrund als nicht sehr hoch einzuschätzen.

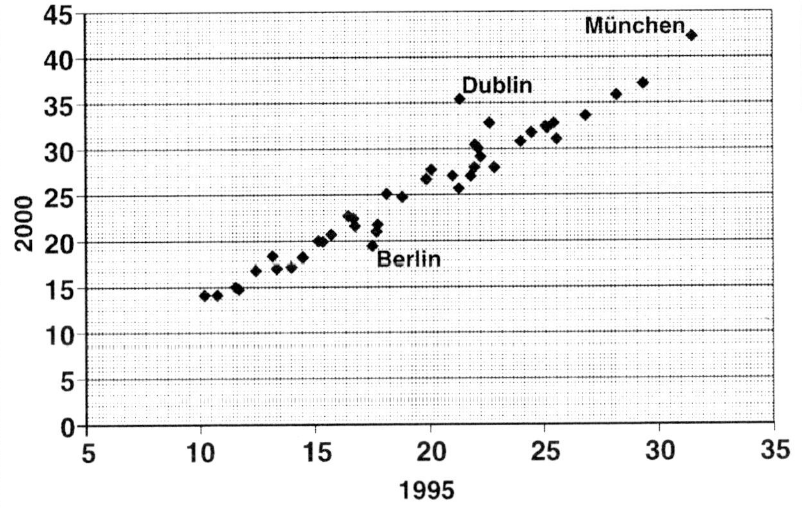

Die Agglomerationen sind hier auf der Basis von NUTS-3-Regionen abgegrenzt. Einbezogen sind Regionen, deren Kernstädte mehr als 500 000 Einwohner haben. Benachbarte Kernstädte mit einzeln weniger als 500 000 Einwohnern wurden zusammengefasst.

Quellen: REGIO-Datenbank; Berechnungen des DIW Berlin

Abbildung 1: Bruttoinlandsprodukt je Einwohner in europäischen Agglomerationen 1999 und 2000, in Kaufkraftstandards

Für die Beurteilung der wirtschaftlichen Perspektiven von Städten und Ballungsräumen ist indes nicht nur die Analyse der Veränderungsprozesse innerhalb des Netzes der Agglomerationen von Bedeutung. Mindestens genauso wichtig ist, wie sich die wirtschaftlichen Zentren im Verhältnis zu den übrigen, weniger verdichteten oder ländlichen Regionen entwickeln. Nach einer häufig anzutreffenden These wird die Entwicklung der Informations- und Kommunikationstechnologien zur wirtschaftlichen Aushöhlung der großen Agglomerationen führen: „Traditional high-density cores are becoming increasingly obsolete as major employment centres“

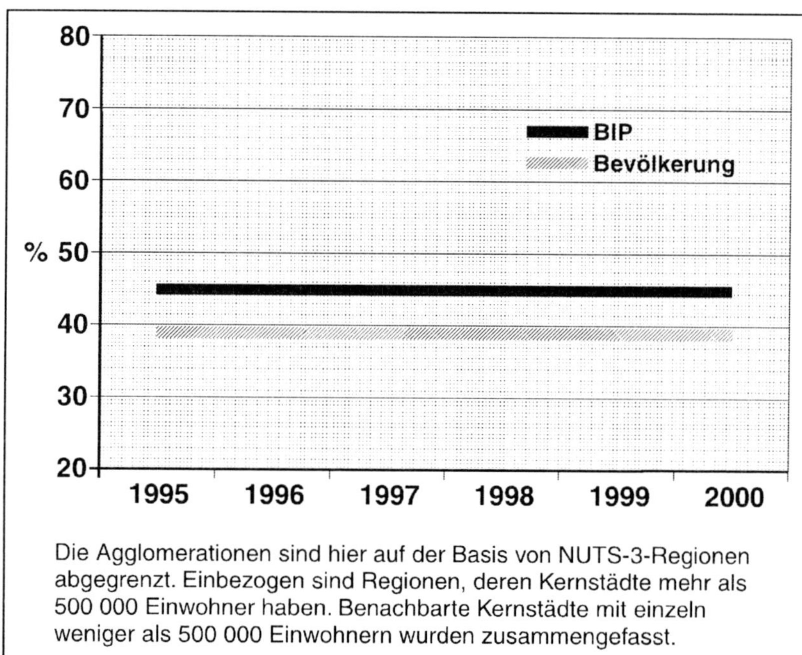

Quellen: REGIO-Datenbank; Berechnungen des DIW Berlin

Abbildung 2: Anteil der Agglomerationen am Bruttoinlandsprodukt und an der Bevölkerung der EU-15 insgesamt

(Gordon et al. 1998: 1038) und „ ... non-core and non-metropolitan locations are becoming attractive substitutes because of vastly cheaper communications“ (S. 1053). Für eine solche Entwicklung gibt es allerdings bisher noch keine Anzeichen, eher im Gegenteil. Sowohl in den USA als auch in Europa haben die großen Ballungsräume ihre ökonomische Stellung in den letzten Jahren noch ausbauen können. Ihr Anteil am gesamten Bruttoinlandsprodukt der EU ist von 44,9 Prozent im Jahr 1995 auf 45,4 Prozent im Jahr 2000 gestiegen und ihr Bevölkerungsanteil blieb konstant bei 39,2 Prozent (Abbildung 2). Dies deckt sich mit den Ergebnissen einer ganzen Reihe von empirischen Untersuchungen zur Regionalentwicklung in Europa: Die Unterschiede im Pro-Kopf-Einkommen zwischen den Staaten der EU sind deutlich kleiner geworden, innerhalb der Nationen haben die wirtschaftlichen Disparitäten in den letzten 20 Jahren aber eher zugenommen – ganz im Gegensatz zur Konvergenzaussage der traditionellen neoklassischen Wachstumstheorie (z.B. Martin 2001; Puga 2001).

Auch für Deutschland kann eine Tendenz zur räumlichen Konzentration wirtschaftlicher Aktivitäten gezeigt werden. Der über Jahrzehnte anhaltende Prozess der Dezentralisierung kam Mitte der 90er Jahre zum Stillstand, in letzter Zeit hat er sich sogar in sein Gegenteil verkehrt. Von 1998 bis 2002 nahm die Beschäftigung in den großen Ballungsräumen deutlich stärker zu als in Deutschland insgesamt. Noch bemerkenswerter ist, dass die Kernstädte, die lange die eindeutigen Verlierer im räumlichen Strukturwandel waren, die günstigste Entwicklung aufwiesen. Die großen Städte dürften zwar besonders von dem übersteigerten Boom der „New Economy“ profitiert haben; darauf deutet zumindest die starke Beschäftigungsexpansion in den Jahren 2000 und 2001 hin. Dies allein kann aber die Positionsverbesserung der Städte nicht erklären, denn im Jahr 2002, als in der Internetwirtschaft längst Ernüchterung eingekehrt war, stellten sich die alten räumlichen Entwicklungsmuster nicht einfach wieder ein. Der Beschäftigungsrückgang im Jahr 2002 gegenüber 2001 war in den großen Städten und in den Ballungsräumen insgesamt deutlich schwächer als in den übrigen Gebieten des Landes (Geppert, Gornig 2003).

Von einem „New Urban Revival“[3] zu sprechen, mag angesichts der kurzen Periode, auf die sich die Diagnose des Trendwechsels stützt, verfrüht erscheinen. Die bisher verfügbaren Daten liefern aber deutliche Hinweise darauf, dass die urbanen Zentren Deutschlands im Begriff sind, ihre Stellung in der räumlichen Arbeitsteilung zu stabilisieren und auszubauen. Entscheidend dafür ist, dass die großen Städte und Agglomerationen noch mehr als früher von der Expansion hochwertiger Dienstleistungen profitieren, während sie weniger als früher unter dem Verlust an industriellen Produktionsstätten leiden. Sie werden also mehr als je zuvor zu Dienstleistungsmetropolen.

2.3 Wirtschaftsstruktur

Auf europäischer Ebene sind die Informationen zur Wirtschaftsstruktur der Regionen bislang sehr begrenzt. Eine einigermaßen befriedigende sektorale Disaggregation gibt es nur für NUTS 2-Regionen, für Großbritannien fehlen derartige Angaben völlig. Dennoch lässt sich ein durchaus aussagefähiges Strukturbild der europäischen Agglomerationen zeichnen. Zwischen diesen Regionen gibt es eine ausgeprägte sektorale Spezialisierung (Tabelle 1 und Abbildung 3). So lag der Industrieanteil an der Bruttowertschöpfung im Jahr 1999 in der Region Stuttgart bei 34 Prozent, in Brüssel dagegen bei 9,5 Prozent. Ähnlich groß sind die regionalen Unterschiede in den anderen Sektoren, und dies obwohl die Ballungsräume hier auf NUTS-2-Ebene und damit relativ großräumig abgegrenzt sind.

Von der Sektorstruktur der Agglomerationen kann allerdings nicht ohne weiteres auf deren Wirtschaftskraft und Dynamik geschlossen werden. Vier der fünf Regionen mit den höchsten Industrieanteilen an der Bruttowertschöpfung gehören zu den wirtschaftsstärksten in Europa, und alle fünf Regionen sind im Zeitraum 1995 bis 2000 überdurchschnittlich gewachsen. Standort von Industrieunternehmen zu sein, ist also für Städte und Ballungsräume keineswegs per se von Nachteil. Auf der anderen Seite sind Finanzdienste kein Garant mehr für stetiges und hohes Wachs-

[3] Dieser Begriff wurde ursprünglich für die zwischenzeitliche wirtschaftliche Erholung der Städte der USA in den 80er Jahren geprägt (vgl. Frey 1993).

Industrie	Handel, Gastgewerbe, Verkehr	Finanz- und Unternehmens-dienste	Staatl. und priv. Konsumdienste
Stuttgart (34)	**Athen (32)**	**Frankfurt (40)**	**Berlin (30)**
Mailand (28)	**Madrid (28)**	**Paris (40)**	**Neapel (28)**
Turin (27)	**Amsterdam (28)**	**Brüssel (38)**	**Athen (25)**
Barcelona (27)	**Helsinki (28)**	**München (37)**	**Rom (25)**
München (21)	**Lissabon (28)**	**Stockholm (35)**	**Rotterdam[1] (24)**

Die Agglomerationen sind auf der Basis von NUTS-2-Regionen abgegrenzt; für Großbritannien sind keine sektoral disaggregierten Wertschöpfungsdaten verfügbar. Aufgeführt sind die Regionen, bei denen die jeweiligen Sektoren im interregionalen Vergleich die höchsten Anteile an der regionalen Gesamtwertschöpfung haben.
( ) Sektoranteile an der Bruttowertschöpfung in %.
1 Die Agglomeration Rotterdam enthält auch den niederländischen Regierungssitz Den Haag.

Quellen: DIW Berlin

Tabelle 1: Sektorstruktur der Bruttowertschöpfung in europäischen Agglomerationen 1999

tum. Zwischen dem regionalen Gewicht der Finanzdienste und dem Niveau der Wirtschaftskraft gibt es zwar eine deutliche positive Korrelation, die wirtschaftliche Dynamik war aber von 1995 bis 2000 in der Mehrzahl der in Tabelle 1 aufgeführten Zentren von Finanz- und Unternehmensdiensten unterdurchschnittlich. Die strukturellen Anpassungsprozesse im Finanzsektor ändern allerdings nichts daran, dass die Produktion überregional gehandelter Dienstleistungen weiter stark wächst und dass dabei

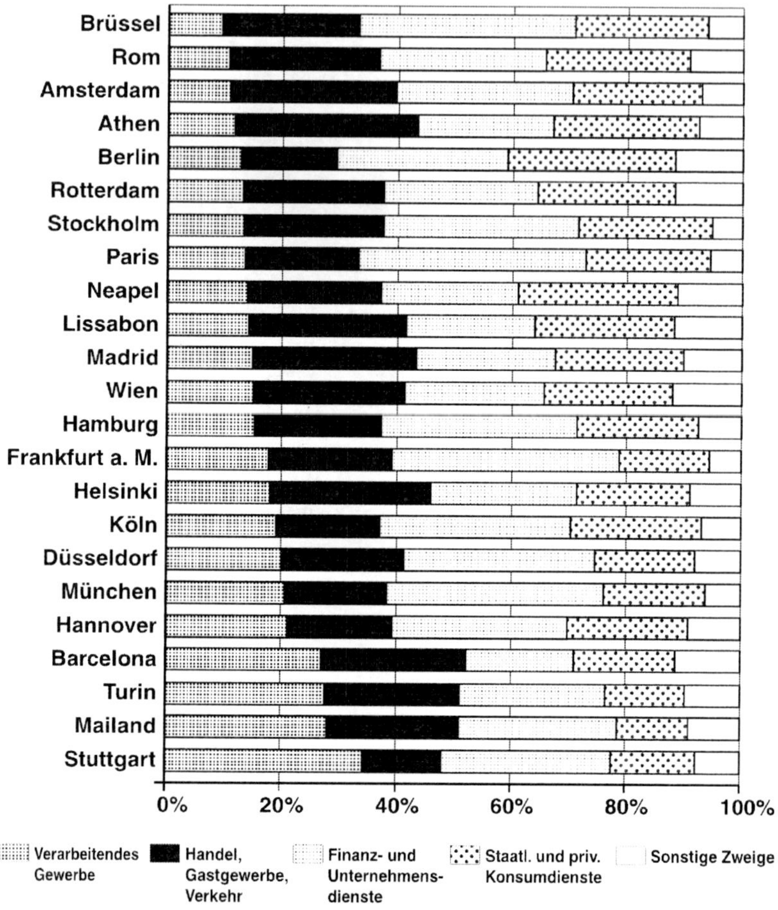

Die Agglomerationen sind auf der Basis von NUTS-2-Regionen gebildet. Bei zu enger Abgrenzung sind NUTS 2 Regionen zusammengefasst worden, z. B. Berlin und Brandenburg. Einbezogen sind Regionen, deren Kernstädte mehr als 500 000 Einwohner haben. Eine Reihe von Agglomerationen konnte hier nicht berücksichtigt werden, weil entweder keine sektoralen Daten zur Verfügung standen (Großbritannien) oder weil die regionale Gliederung nicht geeignet war, z. B. im Falle von Dublin und Bremen.

Sonstige Zweige: Land- und Forstwirtschaft, Bergbau, Gewinnung von Steinen und Erden, Energie und Wasserversorgung, Baugewerbe.

Quellen: REGIO-Datenbank; Berechnungen des DIW Berlin

Abbildung 3: Sektorstruktur der Bruttowertschöpfung in europäischen Agglomerationen 1999

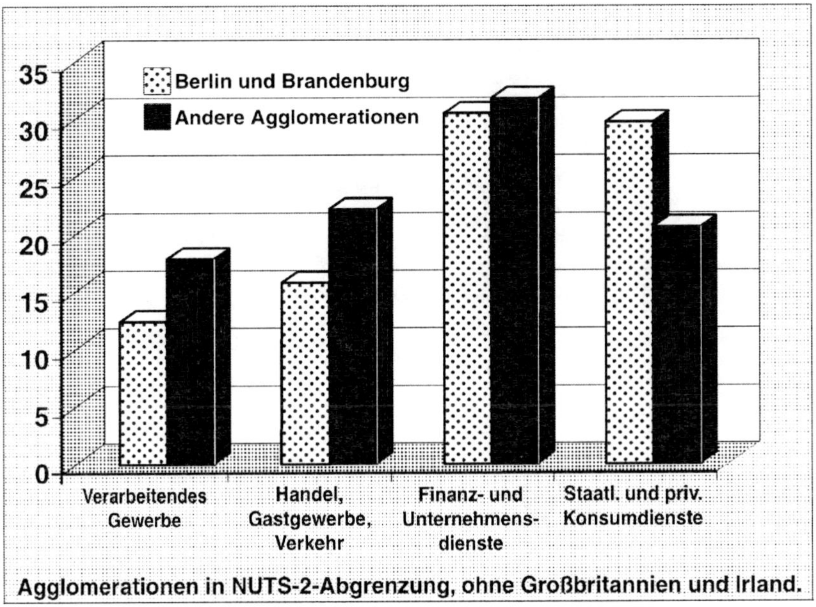

Quellen: REGIO-Datenbanken; Berechnungen des DIW Berlin

Abbildung 4: Sektorstruktur der Bruttowertschöpfung in der Region Berlin und anderen Agglomerationen 1999

große Städte und Agglomerationen nach wie vor die bevorzugten Standorte sind. Empirische Studien zur räumlichen Verteilung der Wirtschaftsaktivitäten in Europa zeigen zudem, dass die Regionen im Zentrum der EU besonders von der Expansion marktbestimmter Dienstleistungen profitieren (Brülhart, Träger 2003).

Der Strukturvergleich zwischen der Region Berlin – auf NUTS 2-Ebene besteht sie aus Berlin und Brandenburg – mit den anderen europäischen Agglomerationen zeigt, dass die Region immer noch viel zu schwach in die überregionale Arbeitsteilung eingebunden ist. Das verarbeitende Gewerbe sowie Handel, Gastgewerbe und Verkehr tragen wesentlich weniger zur gesamten Wertschöpfung bei als in den Vergleichsregionen (Abbildung 4). Bei Finanz- und Unternehmensdiensten sieht das Bild auf den ersten Blick zwar günstiger aus, zu berücksichtigen ist aber, dass in der Region Berlin einfache Unternehmensdienste relativ stark,

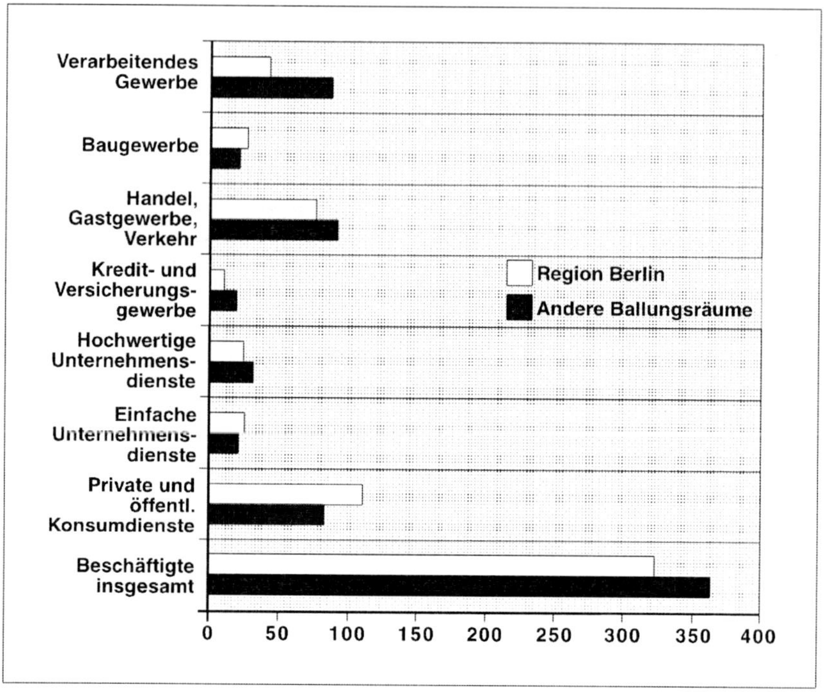

Quellen: Statistik der sozialversicherungspflichtig Beschäftigten; Berechnungen des DIW Berlin

Abbildung 5: Beschäftigte[1] nach Wirtschaftszweigen in der Region Berlin und in anderen deutschen Ballungsräumen[2], je 1.000 Einwohner

hochwertige dagegen relativ schwach vertreten sind (zur funktionalen Struktur der Berliner Wirtschaft im deutschen und europäischen Vergleich siehe auch Krätke 2001). Ein wesentlich höheres Gewicht als in anderen Agglomerationen haben im Raum Berlin die staatliche Verwaltung sowie öffentliche und private Konsumdienste (z.B. Erziehung, Bildung, Gesundheits- und Sozialwesen, Medien, Kultur). In diesem sehr heterogenen Sektor gibt es durchaus Dienstleistungen, die überregional ausgerichtet

[1] Sozialversicherungspflichtig Beschäftigte, d.h. ohne Beamte, geringfügig Beschäftigte und Selbständige.

[2] Regionen, deren Kernstädte mehr als 500 000 Einwohner haben; NUTS 3-Abgrenzung.

sind und weiter stark wachsen dürften, insgesamt wird es hier aber – auch aufgrund der prekären Finanzlage der Region – eher zu Einschränkungen kommen.

Tiefergehende Strukturanalysen sind auf europäischer Ebene mit den verfügbaren statistischen Informationen nicht möglich. Für Deutschland gestattet aber die Beschäftigtenstatistik eine wesentlich differenziertere Darstellung regionaler Strukturen. Nimmt man den Beschäftigtenbesatz (Beschäftigte je 1.000 Einwohner) im Durchschnitt der anderen deutschen Ballungsräume als Maßstab, so fehlen der Region Berlin rund 200.000 Arbeitsplätze. Überregional orientierte Aktivitäten sind in Berlin nach wie vor zu schwach ausgeprägt. Dies wird deutlich an den relativ niedrigen Beschäftigtenzahlen im verarbeitenden Gewerbe, im Bereich Handel, Gastgewerbe, Verkehr sowie in Finanz- und hochwertigen Unternehmensdiensten. Vergleichsweise groß ist in Berlin dagegen das Gewicht von Sektoren, die ihre Leistungen vorwiegend im lokalen Rahmen absetzen – Baugewerbe, einfache Unternehmensdienste und Konsumdienste. Der Entwicklung dieser Branchen sind durch die lokale Kaufkraft enge Grenzen gesetzt. Zusätzliche wirtschaftliche Dynamik kann die Region nur durch den Ausbau überregional orientierter Aktivitäten gewinnen. Bei grober Sektorbetrachtung ist davon bisher kaum etwas zu erkennen, allenfalls kann von einer Verlangsamung des weiteren Zurückfallens der Region Berlin gesprochen werden.

Zu einer deutlich optimistischeren Sicht gelangt man allerdings, wenn man die Sektorstrukturen und vor allem das Wachstum im Dienstleistungsbereich differenzierter betrachtet. Berlin zählt bei vielen überregionalen Dienstleistungen zu den dynamischsten Standorten in Deutschland. Beschäftigungsgewinne im Zeitraum 1998 bis 2002 von fast 95 Prozent in der Werbung und jeweils gut 40 Prozent bei Film und Fernsehen sowie den Wirtschaftsorganisationen sind bundesweit unerreicht. Deutlich über den Durchschnittswerten für Deutschland insgesamt und für die anderen Großstädte liegt Berlin auch in den Bereichen Informations- und Kommunikationstechnologie, Beherbergungsgewerbe und Verlagswesen. Mit Beschäftigungszuwächsen von gut 85 Prozent bei den Softwarehäusern, über 22 Prozent bei den Hotels und knapp 15 Prozent bei den Verlagen lässt Berlin die meisten anderen Großstadtregionen in der Entwicklungsdynamik hinter sich (Geppert, Gornig 2003).

3 Schlussfolgerungen

Die europäischen Großstädte und Agglomerationen haben nichts von ihrer Attraktivität als Unternehmensstandorte eingebüßt. Sie haben ihre Position in der räumlichen Arbeitsteilung in den letzten Jahren sogar noch verbessern können. Im Zeitraum von 1995 bis 2000 wuchs das Bruttoinlandsprodukt je Einwohner in den großen Ballungsräumen jährlich um 5,3 Prozent; in den übrigen Regionen der EU war das Wachstum mit durchschnittlich 4,9 Prozent deutlich geringer. Deutschland war über lange Zeit eines derjenigen europäischen Länder, in denen räumliche Dekonzentrationstendenzen stark ausgeprägt waren. In den letzten Jahren hat es hier aber offenbar eine Trendwende gegeben. Die Beschäftigung expandiert seit Ende der 90er Jahre in den großen Agglomerationen stärker als in den weniger verdichteten und den ländlichen Gebieten. Bemerkenswert ist dabei vor allem, dass sich die Kernstädte sogar noch günstiger entwickelt haben als das Stadtumland. Anbieter von wissens- und kommunikationsintensiven Dienstleistungen, die gesamtwirtschaftlich ein immer höheres Gewicht bekommen, wählen unverändert oder sogar verstärkt Städte als ihre Standorte. Trotz großer Fortschritte bei der Informationsübertragung sind räumliche Nähe und persönliche Kontakte für diese Branchen offenbar immer noch zentrale Standortfaktoren. Für Berlin, das sich zu einer europäischen Dienstleistungsmetropole entwickeln will und dabei auf wissens- und kommunikationsintensive Aktivitäten setzen muss, sind dies günstige Rahmenbedingungen.

Gegenwärtig rangiert die Region Berlin freilich in der Hierarchie der großen europäischen Agglomerationen weit hinten, und auch das Wachstum war hier in den letzten Jahren vergleichsweise schwach. Es spricht wenig dafür, dass sich die Position Berlins sprunghaft verbessert. Die Analyse hat vielmehr gezeigt, dass die europäische Städtehierarchie im Zeitverlauf sehr stabil ist. Sieht man von Ausnahmeerscheinungen wie dem rasanten Wachstum der Region Dublin ab, so gibt es nur wenige Verschiebungen in der Rangfolge und diese sind zu einem großen Teil durch makroökonomische, nationale Einflüsse bedingt.

Dies bedeutet allerdings nicht, dass Berlin nicht aufholen kann. Vielmehr sind deutliche Anzeichen für eine Trendwende in der wirtschaftlichen Entwicklung der Region erkennbar. Viele Dienstleistungssektoren haben in den vergangenen Jahren in Berlin wesentlich stärker expandiert als in anderen Großstädten. Besonders günstig sind die Standortbedingungen Berlins offenbar für die Branchen Informationstechnologie, Medien, Werbung, Wirtschaftsorganisationen und Tourismus. Auf diesen Gebieten verfügt die Stadt inzwischen über erhebliche Kapazitäten, so dass sich branchenübergreifende Produktionscluster und kumulative Wachstumsprozesse herausbilden können. Große Potenziale liegen im Zusammenwirken von kommerziellen Aktivitäten und den in Berlin stark ausgebauten öffentlichen Bereichen Kultur und Wissenschaft. Solche Vernetzungen existieren bereits. Sie können noch wesentlich intensiviert und erweitert werden, beispielsweise zwischen Informationswissenschaften, Datenverarbeitung und neuen Medien, zwischen Geisteswissenschaften, Werbung und Wirtschaftsorganisationen, zwischen Kultur und Tourismus. Wirtschaftspolitische Strategien für Berlin müssen sich auf diese Entwicklungspotenziale konzentrieren.

Literatur

Brülhart, M.; Träger, R. (2003): An Account of Geographic Concentration Patterns in Europe. Paper presented at the ERSA 2003 Congress, Jyväskylä, Finland

Ciccone, A. (2002): Agglomeration Effects in Europe. In: European Economic Review, Vol. 46, S. 213-227

Duranton, G.; Puga, D. (2000): Diversity and Specialisation in Cities: Why, Where and When Does it Matter? In: Urban Studies, Vol. 37, S. 533-555

Frey, W. H. (1993): The New Urban Revival in the United States. In: Studies, Vol. 30, Nr. 4/5, S. 741-774

Geppert, K.; Gornig, M.; Stephan, A. (2003): Regional Productivity Differences in the European Union. DIW-Discussion Papers

Geppert, K.M; Gornig, M. (2003): Die Renaissance der großen Städte – und die Chancen Berlins. In: Wochenbericht des DIW, Nr. 26/2003

Geppert, K.; Happich, M.; Stephan, A. (2004): Regional Convergence in the European Union. DIW Berlin (mimeo)

Gordon, P.; Richardson, H. W.; Yu, G. (1998): Metropolitan and Non-Metropolitan Employment Trends in the US: Recent Evidence and Implications. In: Urban Studies, Vol. 35, Nr. 7, S. 1037-1057

Gornig, M.; Häußermann, H. (2002): Berlin: Economic and Spatial Change. In: European Urban and Regional Studies, Vol. 9(4), S. 331-341

Hanson, G. H. (1999): Market Potential, Increasing Returns, and Geographic Concentration. University of Michigan (mimeo), November

Krätke, S. (2001): Berlin: Towards a Global City? In: Urban Studies, Vol. 38, S. 1777-1799

Martin, R. (2001): EMU versus the regions? Regional Convergence and Divergence in Euroland. In: Journal of Economic Geography, Vol. 1, S. 51-80

Puga, D. (2001): European Regional Policies in Light of Recent Location Theories. CEPR Discussion Paper, Nr. 2767

Rebitzer, D. W. (1995): Internationale Steuerungszentralen. Nürnberger Wirtschafts- und Sozialgeographische Arbeiten, Band 49

Michael Hoyler

7. Finanzmetropolen im globalen Städtesystem: weltweite Vernetzungen und das Beispiel London/ Frankfurt

„So etwas wie eine einzelne *Global City* gibt es nicht; die *Global City* ist definitionsgemäß Teil eines Netzwerks von Städten." (Sassen 2001: 13)

1 Einleitung

Die gewagte These vom „Ende der Geographie", wie sie beispielsweise von O'Brien (1992) mit Bezug auf die transnationale Integration von Finanzmärkten formuliert wurde, hat nicht nur unter Geographen rasch zu Widerspruch geführt. Denn Globalisierung muss keineswegs einen Bedeutungsverlust von Raum und Geographie nach sich ziehen; die Intensivierung transnationaler Verflechtungen bewirkt vielmehr eine ständige Neubewertung und Umstrukturierung räumlicher Konfigurationen (Cox 1997; Johnston, Taylor, Watts 2002). So haben sich durch die rasante Entwicklung der Informations- und Kommunikationstechnologien zwar viele Bereiche im Finanzwesen virtualisiert, dadurch aber nicht generell zu einer Enträumlichung geführt (vgl. z.B. Grote, Lo, Harrschar Ehrnborg 2002). Insbesondere für hochspezialisierte wissensorientierte Dienstleistungen lässt sich eine zunehmende Konzentration in einigen wenigen Städten und Stadtregionen – häufig als „Weltstädte", „global cities" oder „global city regions" bezeichnet – beobachten, für die in der Literatur ein Bündel von Faktoren verantwortlich gemacht wird: neben Agglomerationsvorteilen sind dies insbesondere die Notwendigkeit von face-to-face Kontakten bei der Produktion komplexer Dienstleistungen, aber auch die symbolische Bedeutung prestigeträchtiger Standorte (Meusburger 2000).

Weltstädte wurden bislang überwiegend in ihrer innerstädtischen Entwicklung oder im Vergleich einzelner herausragender Städte betrachtet. Dieser Beitrag stellt einen neuen Ansatz in der vergleichenden Metropolenforschung vor, der das Augenmerk auf die globale Vernetzung von Städten und Stadtregionen richtet und erstmals einen konzeptionell schlüssigen Weg zur empirischen Erfassung von Beziehungen zwischen bedeutenden Städten unter den Bedingungen ökonomischer Globalisierung vorschlägt.[1] Zunächst werden „Weltstädte" als globale Dienstleistungszentren konzeptionalisiert, die in unterschiedlichem Maß in transnationale Personal-, Kommunikations- und Finanzströme eingebunden sind. Ausgehend von den Standortstrategien großer wissensintensiver Dienstleistungsfirmen (aus den Bereichen Banken- und Versicherungswesen, Wirtschaftsprüfung, Rechtsberatung, Unternehmensberatung und Werbung) wird in einem zweiten Schritt der Grad der globalen Vernetzung für über 100 Städte bestimmt und daraus eine Typologie weltweiter „Knoten im Netz" abgeleitet, die spezifische regionale und sektorale Muster aufzeigt. Am Beispiel der Finanzmetropolen London und Frankfurt wird abschließend der anhaltende Einfluss historisch gewachsener „nationaler" Städtesysteme auf die globale Vernetzung diskutiert.

2 Metropolen als globale Dienstleistungszentren

Ausgangspunkt der hier vorgestellten Netzwerkkonzeptionalisierung sind jüngere Arbeiten über so genannte „Weltstädte" oder „Global Cities", in welchen die Rolle von Städten als Schaltzentralen der Weltwirtschaft thematisiert wird. Weltstadtforschung steht – im Gegensatz zum eher demographischen Ansatz der Arbeiten zu „Megacities" – in der Tradition funktionaler Ansätze der interdisziplinären Stadtforschung. An dieser Stelle kann keine detaillierte Genealogie dieser Forschungstradition geleistet

[1] Der Aufsatz stellt Ergebnisse verschiedener Studien der Globalization and World Cities Study Group (GaWC) vor, einer von Professor Peter Taylor an der Loughborough University (UK) begründeten Forschergruppe, die neue Formen globaler Stadtentwicklung und interurbaner Verflechtungen unter Globalisierungsbedingungen untersucht. Die empirischen Ergebnisse basieren zum Großteil auf kollaborativen Forschungsprojekten; die her erläuterte Konzeptionalisierung eines „Weltstadtnetzwerks" wurde von Peter Taylor entwickelt (ausführlich siehe Taylor 2004). Das virtuelle Zentrum von GaWC stellt zahlreiche Research Bulletins und weiterführende Informationen bereit: http://www.lboro.ac.uk/gawc/.

werden (siehe Beaverstock, Smith, Taylor 1999 für einen ersten Versuch), sondern nur kurz auf zentrale Thesen einiger paradigmatisch wirkender Arbeiten verwiesen werden.

Obgleich der Begriff der Weltstadt im Sinne einer weit ausstrahlenden Konzentration kultureller und politischer Macht spätestens mit Goethe Verbreitung findet (Gottmann 1990: 18), wurde er erst mit der Publikation von Peter Halls Studie „The World Cities" (1966) nachhaltig in die jüngere Stadtforschung eingeführt. Darin verglich Hall die Metropolregionen London, Paris, Randstad Holland, Rhein-Ruhr, Moskau, New York und Tokio, die er aufgrund der Bündelung höchstrangiger Funktionen in den Bereichen Politik, Wirtschaft, Finanzwesen, Kommunikation, Bildung, Kultur und Technologie an der Spitze einer globalen Städtehierarchie sah, ohne jedoch eine konzeptionelle Brücke zwischen Weltstadtentwicklung und Internationalisierung von wirtschaftlichen Aktivitäten zu schlagen. Dieser, für die jüngere Weltstadtforschung entscheidende, Konnex wurde durch die Arbeiten von John Friedmann (Friedmann 1986; Friedmann, Wolff 1982) prominent vollzogen, der mit seiner Weltstadthypothese in den 1980er Jahren Weltstädte im Kontext der neuen internationalen Arbeitsteilung als Kontrollzentren des globalen Kapitals interpretierte. In Weltstädten konzentrieren sich, so Friedmann, die Unternehmenszentralen großer multinationaler Konzerne, die mit ihren Entscheidungsbefugnissen weltweit verteilte Produktionsstandorte kontrollieren. Damit wurde die Einbindung einer Stadt in die Weltwirtschaft zum entscheidenden Kriterium ihres Weltstadtstatus.

Die Stadtsoziologin Saskia Sassen richtet das Augenmerk in ihrem einflussreichen „Global City"-Ansatz (1991) auf den Aspekt der zunehmenden Ausgliederung nicht-routinisierbarer zentraler Management-, Koordinations- und Finanzierungsaufgaben an wissensintensive Dienstleistungsanbieter. Weltstädte oder „Global Cities" werden als Orte der Produktion solch hochspezialisierter unternehmensorientierter Dienstleistungen interpretiert, wie sie z.B. von großen Finanzdienstleistern, Unternehmensberatungen, Wirtschaftsprüfern, Anwaltskanzleien oder Werbeagenturen erbracht werden. Diese Firmen bilden häufig räumlich eng begrenzte Dienstleistungscluster (vgl. z.B. Taylor et al. 2003), nicht zuletzt da für die Gestaltung komplexer Dienstleistungen in einer von hoher Unsicherheit und Geschwindigkeit gekennzeichneten Umgebung nach wie vor persönliche Zusammentreffen eine entscheidende Rolle spielen. Orientierungskontakte und Vertrauensbildung zwischen den Akteuren dienen nicht nur der Minimierung von Risiken, zugleich verbreiten sich in Clustern ähnlicher Firmen Nachrichten und Gerüchte, finden ständig beabsichtigte aber auch unvorhergesehene Lernprozesse statt, entwickeln sich gemeinsame Wertvorstellungen und Handlungsstrategien. Storper und Venables haben diesem Phänomen kürzlich einen prägnanten Namen gegeben: „buzz" (Storper, Venables 2003).

Manuel Castells schließlich lenkt den Blick in „The Rise of the Network Society" (1996) – Band 1 seiner monumentalen Trilogie über das Informationszeitalter – weg von den Städten, dem „space of places" und hin zum Zwischenraum der Ströme und Verflechtungen, den er als „space of flows" bezeichnet – konstituiert durch globale Kapital- und Informationsströme, aber auch Bewegungen von Menschen, Gütern und Symbolen, die keineswegs eine Enträumlichung menschlicher Aktivitäten zur Folge haben, wohl aber, so Castells, eine neue Raumlogik begründen.

Alle diese Arbeiten haben entscheidende Beiträge für eine Konzeptionalisierung von Weltstädten geliefert; zugleich beschränken sie sich aber auf eine kleine Auswahl von Städten, die an der Spitze einer weltweiten Hierarchie gesehen werden. Ein Defizit fällt besonders ins Gewicht: obgleich Weltstädte sich durch ihre Position in einem weltweiten Netz von Strömen (Güter, Informationen, Menschen, Ideen) definieren, gibt es kaum empirische Untersuchungen über die Vernetzung selbst. Dies liegt sicherlich in erster Linie an einem Datenproblem: Aussagen über die transnationalen Verflechtungen zwischen einzelnen Städten, über Austauschbeziehungen und Datenströme, sogar über Migrationsbewegungen zwischen Städten, sind kaum zu erhalten. Um dennoch Einblick in urbane Verflechtungsbeziehungen zu gewinnen, wird gelegentlich auf die Auswertung von Daten über den internationalen Flugverkehr zurück gegriffen. Eine solche Vorgehensweise ist allerdings in ihrer Aussagekraft getrübt, da touristisch motivierte Flüge vom Geschäftsreiseverkehr nicht getrennt werden können, und bekannte Urlaubsziele deshalb in ähnlicher Weise wie wichtige Metropolen in der Analyse erscheinen (vgl. Keeling 1995: 126). Die meisten vergleichenden Studien greifen deshalb auf Attributdaten wie die Zahl von Unternehmenssitzen, Größe des Finanzzentrums oder Ausstattung mit technischer Infrastruktur zurück, die jedoch strenggenommen keine Aussagen über relationale und hierarchische Beziehungen zwischen Städten zulassen. An diesem empirischen Defizit setzt der Weltstadtnetzwerkansatz der *Globalization and World Cities Study Group* an.

3 Zur Vernetzung globaler Dienstleistungszentren: Der Ansatz von GaWC

GaWC folgt Sassen und Castells in ihren Konzeptualisierungen von Weltstädten als globalen Dienstleistungszentren, die stark miteinander verflochten sind. Anders als bei Sassen, die sich in ihrer richtungweisenden Arbeit „The Global City“ auf die drei führenden Zentren der großen Wirtschaftsräume – London, New York und Tokio – beschränkt, steht bei GaWC der Versuch im Vordergrund, Weltstädte als Bestandteile eines den Globus umspannenden *relationalen Systems* empirisch fassbar zu machen. Der Zugang erfolgt dabei über global agierende Dienstleistungsfirmen und ihre transnationalen Organisationsnetzwerke.

Netzwerkmodell und „GaWC 100“

Die Produzenten wissensintensiver Dienstleistungen bilden den Kern des globalen Dienstleistungskomplexes in Weltstädten. Durch unterschiedliche Expansions- und Standortstrategien versuchen sie, ihren Kunden, oft international agierende multinationale Unternehmen, einen möglichst „weltweiten“ Service anzubieten, um dem Bedürfnis nach sachkundiger Beratung in verschiedenen regulativen Umfeldern gerecht zu werden und orts- und landesspezifische Wissensressourcen bereitstellen zu können (Charlton 2003). Diese Strategie manifestiert sich nicht zuletzt in der öffentlichen Selbstinszenierung dieser Firmen: „Because business doesn't stop at 5 p.m. in your time zone, you need a law firm that works 24 hours a day. A firm whose capabilities don't stop at domestic borders. A firm whose dedication to client service is a global priority. [...] Because we have locations worldwide we are able to offer you outstanding service wherever your business and legal needs take you.“ (http:/www.dorseylaw.com, 21.2.2003)

Unternehmen wie Dorsey & Whitney werben offensiv mit einem internationalen Standortnetz; kaum ein Internetauftritt, der nicht den Globus oder zumindest eine Weltkarte auf der Einstiegsseite präsentiert. Während Wirtschaftskanzleien nicht nur in Deutschland lange Zeit auf einen Ort beschränkt waren, ist der Ausweis möglichst vieler Standorte in unterschiedlichen Ländern und Zeitzonen nun zu einem Gütesiegel geworden. Denn nur wer weltweit schnell kompetente Teams mit dem jeweils vor Ort notwendigen Wissen mobilisieren kann, ist als Berater für große Unternehmen gefragt, wenn beispielsweise grenzüberschreitende M&A Aktivitäten geplant werden. Weltweite Vernetzung und lokale Verankerung gehen dabei Hand in Hand. Durch die Etablierung und Aufrechterhaltung zahlreicher Standorte schaffen international tätige Dienstleistungsanbieter ein Netz von Dienstleistungszentren, das im Ansatz von GaWC als „Weltstadtnetzwerk" bezeichnet wird. Es lässt sich formal konzeptionalisieren als ein Netzwerk mit drei Ebenen (Taylor 2001; vgl. Abb. 1):

- der Weltwirtschaft als Ebene, auf der Dienstleistungen erbracht werden,
- den Städten als Knotenpunkten, an denen wissensintensive Dienstleistungen produziert werden,
- den Firmen als Akteuren.

Städte werden in diesem Netzwerkansatz folglich als Knotenpunkte gedacht, an denen sich die Standortnetze globaler Dienstleistungsfirmen kreuzen. Der Fokus der Betrachtung liegt hier also nicht auf den *intraurbanen* Kontakten unternehmensorientierter Dienstleister (die gleichwohl ein wesentlicher Grund für die Konzentration von Dienstleistungsfirmen innerhalb einer Stadt sind), sondern auf der externen Vernetzung zwischen Dienstleistungskomplexen in verschiedenen Weltstädten. Um diese *interurbanen* Verflechtungsbeziehungen empirisch zu erfassen, wurden Daten über weltweite Bürostandorte sowie die Funktion und Größe einzelner Büros für 100 der größten global agierenden Dienstleistungsfirmen erhoben: die „GaWC 100" (Taylor, Catalano, Walker 2002a).

Diese Firmendaten bilden die Basis der vorgestellten Untersuchungen zum globalen Städtenetz. Insgesamt wurden Unternehmen aus sechs Branchen erfasst, für die jeweils mehr als zehn global agierende Firmen identifiziert werden konnten. Voraussetzung für die Berücksichtigung bei

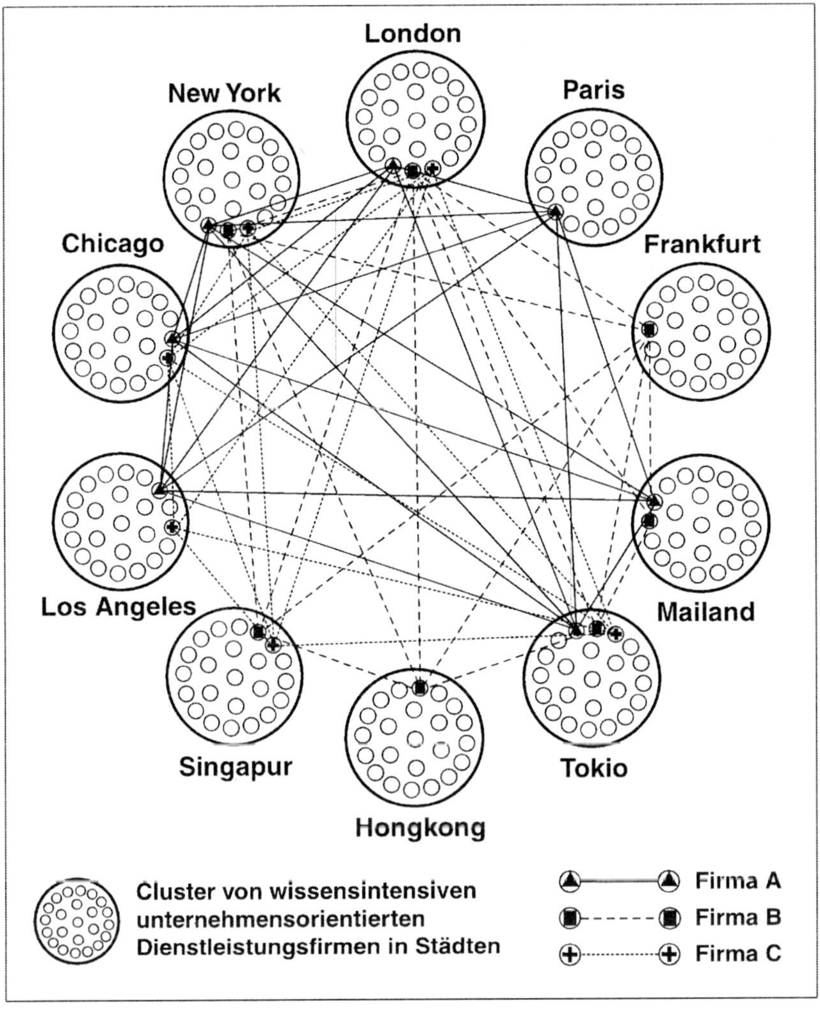

Abbildung 1: Ausschnitt aus dem Weltstadtnetzwerk: Bürostandorte dreier Dienstleistungsfirmen in zehn Weltstädten (nach Taylor 2001: 185)

der Datenerhebung im Jahr 2000 war, dass ein Unternehmen mit Büros in mindestens 15 Städten vertreten sein musste und mindestens ein Büro in jeder der drei „Globalisierungsarenen“ Nordamerika, Europa und pazifisches Asien unterhielt. Bei der Auswahl wurden Ranglisten der größten Firmen in jedem Bereich zugrunde gelegt und Unternehmen nach ihrer Position auf diesen Listen sowie nach der Verfügbarkeit von Informationen aufgenommen. Insgesamt wurden Daten für 23 Banken, 11 Versicherungen, 18 Wirtschaftsprüfungsfirmen, 16 Wirtschaftskanzleien, 17 Unternehmensberatungen und 15 Werbeagenturen erhoben (vgl. Taylor, Catalano, Walker 2002c; Appendix A). Die Datensammlung wurde auf insgesamt 315 Städte beschränkt, um einerseits alle potenziell wichtigen Dienstleistungszentren zu erfassen, andererseits aber Orte mit praktisch vernachlässigbarer Präsenz auszuschließen.

Da es keine direkt vergleichbaren standardisierten Daten zu Größe und Funktionen der Firmen an einzelnen Standorten gibt, musste für jedes der 100 Unternehmen die firmeneigene Website durchgesehen und verfügbare Informationen über die Präsenz an verschiedenen Standorten gesammelt werden, die aus anderen Quellen wie Geschäftsberichten ergänzt wurden (Taylor, Catalano, Walker 2002a). Erfasst wurden zum einen Angaben über die Größe eines Büros, idealerweise über die Zahl der dort tätigen Professionals und zum anderen überregionale, koordinierende Funktionen eines Büros. Um diese Informationen in ein einheitliches Format zu überführen, wurde eine 6-Punkte-Skala entwickelt: von 0 (keine Präsenz) bis 5 (Hauptverwaltung). Als Ergebnis eines Evaluierungsprozesses wird jeder Firma für jede Stadt ein Wert zugeordnet, der als „Dienstleistungswert“ bezeichnet wird. So entsteht eine Datenmatrix von 315 Städten x 100 Firmen mit 31.500 Dienstleistungswerten von 0 bis 5. Diese Matrix bildet den Ausgangspunkt für alle weiteren Analysen (Taylor 2004).

Grad der globalen Vernetzung

Auf der Grundlage dieser Daten kann ein Maß für den *Grad der globalen Vernetzung* jeder Stadt entwickelt werden. Dazu werden die Dienstleistungswerte der Firmen für jedes der möglichen Städtepaare multipliziert. Die Summe aller so berechneten Werte für eine Stadt definiert den Grad ihrer globalen Vernetzung (Taylor, Catalano, Walker 2002a: 2371-2372), wobei London den höchsten Vernetzungswert erzielt. Aufgrund der einfacheren Lesbarkeit wird der Grad der globalen Vernetzung deshalb als Proportion des Londoner Werts dargestellt. Insgesamt 123 Städte erreichen einen Wert, der über einem Fünftel des Werts von London liegt (Abb. 2). Festzuhalten bleibt, dass auf *Informationsströme* zwischen den untersuchten Städten nur *indirekt* – über die Standortnetze der berücksichtigten Dienstleistungsfirmen – geschlossen werden kann. Mit dieser Analyse werden jedoch zum ersten mal vergleichende Aussagen über die Vernetzung einer Vielzahl von Städten weltweit möglich, die auf einer klaren Konzeptionalisierung basieren und sich nicht im Vergleich von territorial definierten Attributdaten erschöpfen.

Eine genauere Betrachtung von Abb. 2 zeigt die ungleiche Verteilung der wichtigsten Knoten des Weltstadtnetzwerks. Zwar sind alle Kontinente in dieses System integriert, die stärker vernetzten Städte liegen in der Mehrzahl aber in der nördlichen Hemisphäre und konzentrieren sich in Nordamerika, Westeuropa und dem pazifischen Asien. Die historische Bedeutung der europäischen Städte als Ausgangspunkte global umspannender Wirtschaftsaktivitäten spiegelt sich bis heute in der Vielzahl von Dienstleistungszentren mit unterschiedlichen Graden weltweiter Vernetzung, wogegen im pazifischen Asien nur wenige Städte integriert sind, diese aber mit durchweg hoher Konnektivität. Außerhalb der drei heute weltwirtschaftlich dominanten Regionen gibt es keine größere Konzentration von stark vernetzten Städten; vielfach sind hier Hauptstädte gleichzeitig auch die einzig global vernetzten Dienstleistungszentren eines Landes oder einer Region.

Zahlreiche weiterführende Analysen der Konfiguration des Weltstadtnetzwerks sind mit diesen Daten möglich (für eine Synthese siehe Taylor 2004). So kann der Grad der globalen Vernetzung auf zweierlei Weise weiter differenziert werden: zum einen, indem die unterschiedlichen Teilsektoren des Dienstleistungskomplexes einzeln betrachtet werden. Damit lassen sich globale Geographien der funktionalen Spezialisierung von Weltstädten aufzeigen, z.B. als Finanzzentren. Zum zweiten kann über eine Analyse von Machtbeziehungen im Weltstadtnetzwerk eine weiterführende Typologie von „Knoten im Netz" abgeleitet werden (Taylor, Walker, Catalano, Hoyler 2002).

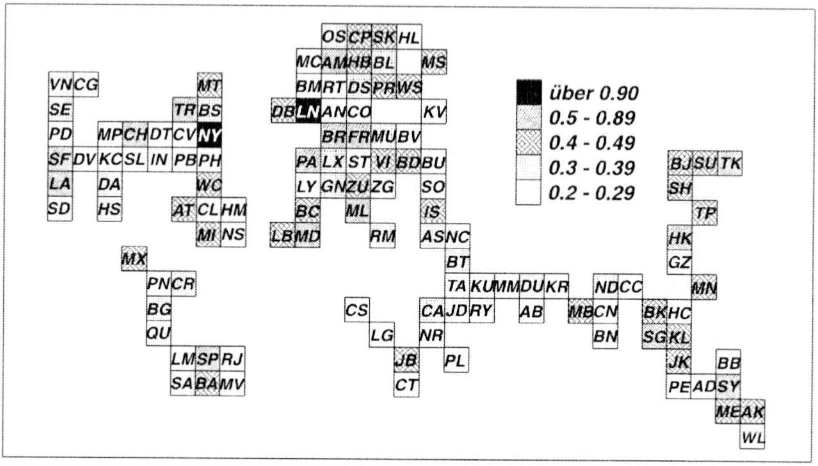

Legende

AB Abu Dhabi; AD Adelaide; AK Auckland; AM Amsterdam; AS Athen; AT Atlanta; AN Antwerpen; BA Buenos Aires; BB Brisbane; BC Barcelona; BD Budapest; BG Bogota; BJ Peking; BK Bangkok; BL Berlin; BM Birmingham; BN Bangalore; BR Brüssel; BS Boston; BT Beirut; BU Bukarest; BV Bratislava; CA Kairo; CC Kalkutta; CG Calgary; CH Chicago; CL Charlotte; CN Chennai; CO Köln; CP Kopenhagen; CR Caracas; CS Casablanca; CT Kapstadt; CV Cleveland; DA Dallas; DB Dublin; DS Düsseldorf; DT Detroit; DU Dubai; DV Denver; FR Frankfurt; GN Genf; GZ Guangzhou; HB Hamburg; HC Ho Chi Minh Stadt; HK Hongkong; HL Helsinki; HM Hamilton (Bermuda); HS Houston; IN Indianapolis; IS Istanbul; JB Johannesburg; JD Djidda; JK Jakarta; KC Kansas City; KL Kuala Lumpur; KR Karachi; KU Kuwait; KV Kiew; LA Los Angeles; LB Lissabon; LG Lagos; LM Lima; LN London; LX Luxemburg; LY Lyon; MB Mumbai; MC Manchester; MD Madrid; ME Melbourne; MI Miami; ML Mailand; MM Manama; MN Manila; MP Minneapolis; MS Moskau; MT Montreal; MU München; MV Montevideo; MX Mexiko Stadt; NC Nikosia; ND New Delhi; NR Nairobi; NS Nassau; NY New York; OS Oslo; PA Paris; PB Pittsburgh; PD Portland; PE Perth; PH Philadelphia; PN Panama Stadt; PR Prag; QU Quito; RJ Rio de Janeiro; RM Rom; RT Rotterdam; RY Riad; SA Santiago; SD San Diego; SE Seattle; SF San Francisco; SG Singapur; SH Schanghai; SK Stockholm; SL St Louis; SO Sofia; SP Sao Paulo; ST Stuttgart; SU Seoul; SY Sydney; TA Tel Aviv; TP Taipeh; TR Toronto; VI Wien; VN Vancouver; WC Washington DC; WL Wellington; WS Warschau; ZG Zagreb; ZU Zürich

Abbildung 2: Grad der globalen Vernetzung der 123 wichtigsten Knoten im Weltstadtnetzwerk (nach Taylor, Catalano, Walker 2002a: 2374)

4 Machtbeziehungen im Weltstadtnetzwerk

Globale Kommandozentren

In welchen Städten konzentriert sich die Entscheidungsgewalt der betrachteten Dienstleistungsfirmen? Lediglich in 21 der 123 wichtigsten Knoten befinden sich Hauptverwaltungen der GaWC 100 (Abb. 3). London und New York führen dabei mit weitem Abstand, gefolgt von Chicago. Auffallend ist die extreme Konzentration in Westeuropa und Nordamerika (je 10); Tokio ist das einzige globale Kommandozentrum außerhalb dieser Regionen. Die Steuerung und Kontrolle der Firmen im Weltstadtnetzwerk hat sich keineswegs globalisiert, sondern bleibt fest in der westlichen Welt verankert.

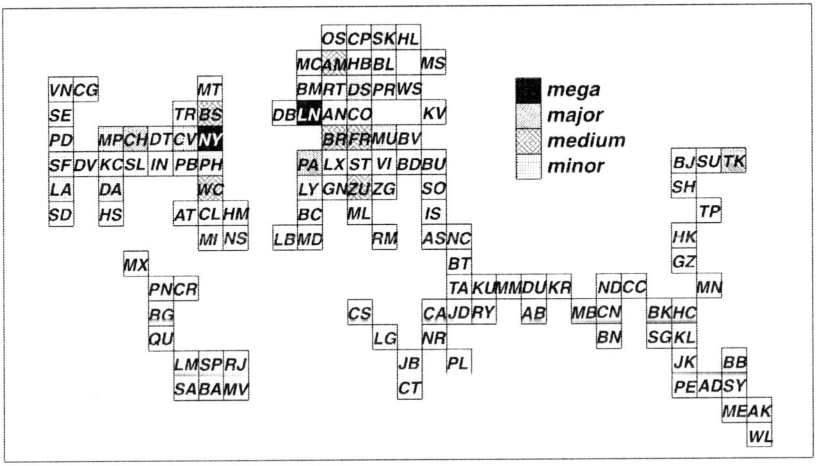

Abbildung 3: Globale Kommandozentren im Weltstadtnetzwerk (nach Taylor, Walker, Catalano, Hoyler 2002: 237)

Regionale Kommandozentren

Während Hauptverwaltungen häufig auch die Geschichte eines Unternehmens widerspiegeln, können regionale Verwaltungen als Teil der Standortstrategie einer Firma gesehen werden. Städte mit mehr als einem regionalen/transnationalen Büro sind in Abb. 4 dargestellt. London führt mit 25 solcher Büros und deckt damit Europa, den mittleren Osten und Afrika ab, gefolgt von Hongkong (China), New York (USA) und Miami (Lateinamerika). Singapur, Tokio und Sao Paulo nehmen ebenfalls einen wichtigen Platz als regionale Kommandozentren ein. Obgleich in dieser Analyse kleinere regionale Zentren in der südlichen Hemisphäre identifiziert werden können, zeigt sich im Fall von London und Miami, dass Kontrolle auch auf der regionalen Ebene von dominanten Zentren außerhalb der eigentlichen Region ausgeübt wird.

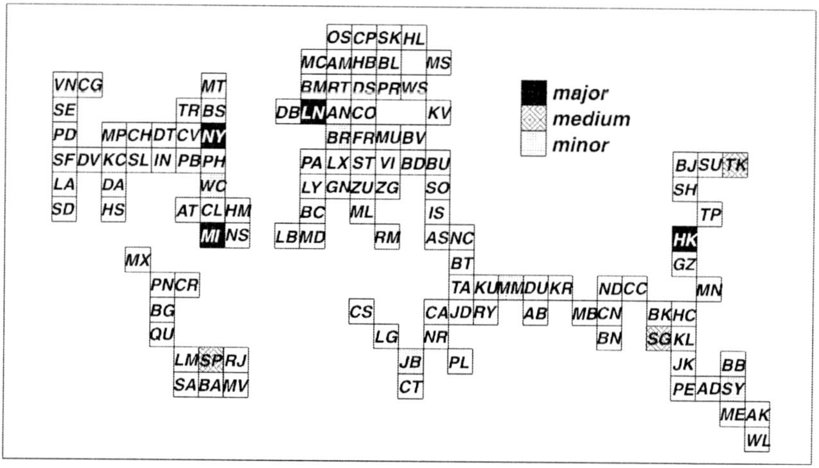

Abbildung 4: Regionale Kommandozentren im Weltstadtnetzwerk (nach Taylor, Walker, Catalano, Hoyler 2002: 238)

Stark vernetzte Gateways

Die Anwesenheit von globalen oder regionalen Unternehmenszentralen ist allerdings nicht das einzige wichtige Kriterium für die Einbindung einer Stadt in das Weltstadtnetzwerk. Zahlreiche Städte gewinnen ihre Bedeutung durch ihre *Position im Netz* und nicht als Headquarter-Standort. Weltweit gesehen weist beispielsweise Hongkong nach London und New York den stärksten Grad der globalen Vernetzung auf, obwohl sich dort keine Kommandofunktionen konzentrieren. In dieser Stadt trifft spezialisiertes Wissen über den chinesischen Markt mit der spezifischen ökonomischen Expertise internationaler Dienstleistungsfirmen zusammen. Stark vernetzte Gateways zeichnen sich damit durch eine *Übersetzungsfunktion* zwischen nationalen bzw. regionalen Märkten und globalen Informationsströmen aus. Abb. 5 zeigt die 35 am stärksten vernetzen Städte, in denen keine Hauptverwaltungen der GaWC 100 angesiedelt sind. Dies sind Orte, an denen Dienstleister vertreten sein müssen, um nationale und

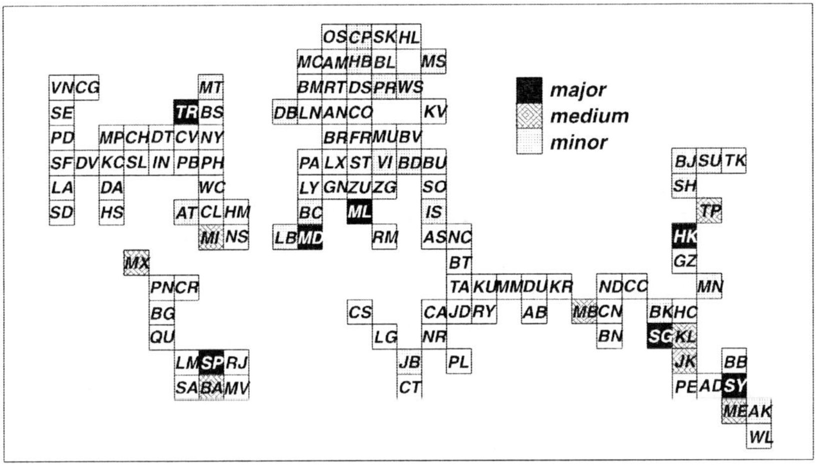

Abbildung 5: Stark vernetzte Gateways im Weltstadtnetzwerk (nach Taylor, Walker, Catalano, Hoyler 2002: 239)

regionale Märkte zu erschließen. Die Machtposition dieser Städte unterscheidet sich damit von der direkten Machtausübung, die aus den oben beschriebenen Kommandozentren heraus ausgeübt wird: hier wird nicht „Macht über" im Sinne der Ausübung von Kontrolle innerhalb einer hierarchischen Unternehmensordnung beschrieben, sondern Macht durch strategische Positionierung der Stadt im Netzwerk (Allen 1997).

Bedeutende Knoten im Weltstadtnetzwerk

In Zusammenfassung der Analyse von Machtbeziehungen im Weltstadtnetzwerk identifiziert Tab. 1 die bedeutendsten Knoten nach sieben Kriterien, die sich alle aus den Verflechtungsbeziehungen der Städte ableiten. „Stark vernetzte Finanzzentren", „dominante Zentren" und „aufstrebende Gateways" stellen neben den oben vorgestellten Typen von Weltstädten weitere Möglichkeiten der Differenzierung dar (Taylor, Walker, Catalano, Hoyler 2002). Die 31 genannten Städte gehören in mindestens einer Kategorie zu den bedeutendsten Knoten; viele vereinen jedoch mehrere Funktionen auf sich. London, New York und Tokio erscheinen auch hier als führende Weltstädte: sie sind umfassende Dienstleistungsmetropolen, Finanzzentren sowie globale und regionale Kommandozentren ersten Ranges – die „global cities" der Sassenschen Analyse. Gleichzeitig werden aber die vielfältigen Nischen sichtbar, die einzelne Knoten im globalen Städtesystem einnehmen können, beispielsweise als funktional spezialisierte Zentren für einzelne Branchen oder als Gateways zu nationalen bzw. regionalen Märkten.

Das entscheidende Ergebnis der Weltstadtnetzwerkanalyse von GaWC ist demnach nicht in der Identifizierung der führenden Weltstädte zu suchen, sondern im Aufzeigen der Diversität, die sich hinter dem Weltstadtbegriff verbirgt. Neben hierarchischen Tendenzen wird die fortdauernde Regionalität von Verflechtungsbeziehungen auch unter Bedingungen der Globalisierung sichtbar. Damit bestätigt die differenzierte Analyse des Weltstadtnetzwerks auf Grundlage der Unternehmensdaten der GaWC 100 die Ergebnisse explorativer Studien, die mit Hilfe eines weniger umfangreichen Datensatzes erstmals regionale Konfigurationen der Weltstadtbildung zur Diskussion stellten (Taylor, Hoyler 2000; Taylor, Doel, Hoyler, Walker, Beaverstock 2001; Taylor, Hoyler, Walker, Szegner 2001).

Zahlreiche weiterführende Analysen sind mit diesen Netzwerkdaten möglich (z.B. Taylor, Catalano, Walker 2002b; 2002c; Derudder, Taylor, Witlox, Catalano 2003). So können beispielsweise die globalen Verflechtungsbeziehungen einzelner Städte bestimmt und visualisiert werden (Taylor 2003a) oder Standortschwerpunkte einzelner Branchen untersucht und weltweite Muster spezialisierter Dienstleistungsfunktionen aufgezeigt werden (Taylor 2004). Die Methodik ist dabei keineswegs auf die sechs

STADT	Stark vernetzte Weltstädte (Abb. 2)	Stark vernetzte Finanzzentren (Abb. 6)	Dominante Zentren (ohne Abb.)	Globale Kommandozentren (Abb. 3)	Regionale Kommandozentren (Abb. 4)	Stark vernetzte Gateways (Abb. 5)	Aufstrebende Gateways (ohne Abb.)
Amsterdam				X			
Boston				X			
Brüssel				X			
Buenos Aires						X	
Caracas							X
Chicago	X	X	X	X			
Frankfurt		X	X	X			
Hongkong	X	X	X		X	X	
Jakarta		X				X	
Kuala Lumpur						X	
London	X	X	X	X	X		
Los Angeles	X						
Madrid		X				X	
Mailand	X					X	
Melbourne						X	
Mexico City						X	
Miami					X	X	
Moskau							X
Mumbai						X	
New York	X	X	X	X	X		
Paris	X	X	X	X			
Peking							X
Sao Paulo					X	X	X
Seoul							X
Singapur	X	X			X	X	
Sydney						X	
Taipei						X	
Tokio	X	X	X	X	X		
Toronto	X					X	
Washington DC				X			
Zürich				X			X

Tabelle 1: Bedeutende Knoten im Weltstadtnetzwerk (nach Taylor, Walker, Catalano, Hoyler 2002: 240)

Ausgangsbranchen beschränkt. Der zunächst bewusst gewählte Fokus auf einen engen Kern unternehmensorientierter Dienstleister wird zunehmend erweitert, wie die Arbeiten von Krätke über die Medienbranche (Krätke 2002; Krätke, Taylor 2002) und Taylor zu den Organisationsnetzwerken von NGOs (Taylor 2003b) illustrieren. Damit wird es möglich, zu einem umfassenderen Weltstadtprofil zu gelangen und alternative Geographien der Vernetzung aufzuzeigen. Zudem kann durch ein langfristiges Monitoring von Kontraktionen und Expansionen der Organisationsnetze der untersuchten Firmen auch auf die sich wandelnde Bedeutung einzelner Knoten geschlossen werden (Taylor, Catalano, Gane 2002). Nicht zuletzt zeigt die weitergehende Analyse, dass gewachsene Strukturen „nationaler" Städtesysteme maßgeblich die Positionierung einzelner Städte und ihre Verflechtungsbeziehungen im globalen Rahmen mitbestimmen (Beaverstock, Hoyler, Pain, Taylor 2001).

5 Finanzzentren im Weltstadtnetzwerk – das Beispiel London/Frankfurt

Dies kann besonders eindrucksvoll anhand der führenden europäischen Finanzmetropolen London und Frankfurt aufgezeigt werden. Wird zunächst der globale Grad der Vernetzung auf Basis der 23 Finanzdienstleister in den GaWC 100 bestimmt, erhalten wir eine Rangliste der in ihrem Bankensektor am stärksten vernetzten Weltstädte (Abb. 6). Die so bestimmten Top 20 der Finanzzentren zeigen deutliche Positionsveränderungen gegenüber dem über alle Sektoren bestimmten Grad der Vernetzung (Abb. 2). Das pazifische Asien erscheint als Region mit der größten Präsenz gut vernetzter Finanzzentren. Zwar bleiben London und New York unverändert an der Spitze, Tokio aber gewinnt als Finanzzentrum und steigt auf Platz drei auf, während Frankfurt von Platz 14 auf Platz 7 vorrückt. Andere Städte mit breiterem Profil wie Paris, Los Angeles oder Chicago verlieren als Finanzzentren einige Rangplätze.

Das Beispiel London/Frankfurt verdeutlicht dabei, wie trotz aller Globalisierung und Intensivierung weltweiter Austauschbeziehungen staatliche Rahmenbedingungen und historisch gewachsene Funktionsverteilungen im nationalen Städtesystem die globale Vernetzung einzelner Städte beeinflussen. Im polyzentrischen deutschen Städtesystem hat sich Frankfurt als spezialisiertes Finanzdienstleistungszentrum zwar von Hamburg, München, Düsseldorf und Berlin abgesetzt, kann aber bei weitem nicht die dominante Rolle Londons im Vereinigten Königreich ausgleichen. Tabelle 2 zeigt, wie London als Primatstadt letztlich fast alle höherwertigen unternehmensbezogenen Dienstleister vor Ort vereinigt und dadurch die globale Vernetzung des Landes dominiert.

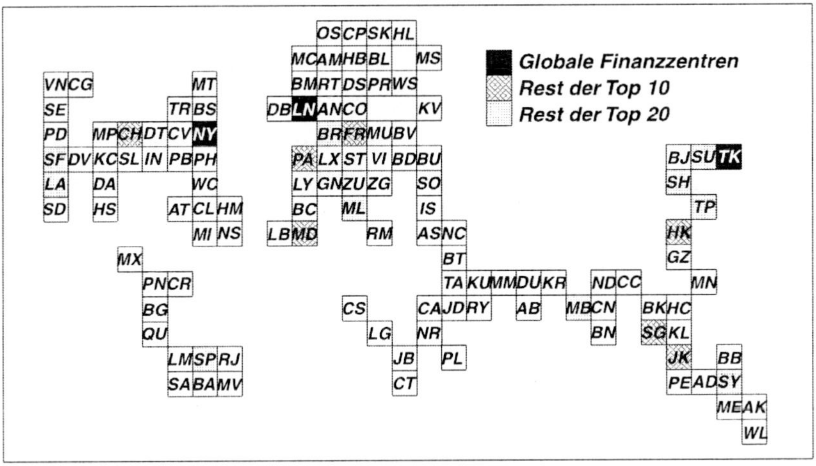

Abbildung 6: Stark vernetzte Finanzzentren im Weltstadtnetzwerk (nach Taylor, Walker, Catalano, Hoyler 2002: 236)

Vereinigtes Königreich			Deutschland		
Globaler Rang	Stadt	Wert	Globaler Rang	Stadt	Wert
1	London	1.00	14	Frankfurt	0.57
101	Manchester	0.23	48	Hamburg	0.40
106	Birmingham	0.22	49	München	0.40
135	Bristol	0.18	50	Düsseldorf	0.39
137	Leeds	0.18	51	Berlin	0.37
138	Glasgow	0.18	74	Stuttgart	0.27
145	Edinburgh	0.17	92	Köln	0.25
187	Belfast	0.14	158	Dresden	0.16
191	Nottingham	0.13	162	Leipzig	0.16
207	Newcastle	0.12	212	Hannover	0.11

Tabelle 2: Globale Vernetzung britischer und deutscher Städte (nach Beaverstock, Hoyler, Pain, Taylor 2001: 5)

6 Fazit

Der Beitrag hat sich aus einer Makroperspektive mit der Frage nach der Veränderung von Raumstrukturen befasst und einen neuen Ansatz zur Identifizierung von Verflechtungen im globalen Städtesystem vorgestellt. Das gezeichnete Bild ist dabei trotz der festgestellten historischen Kontinuitäten keineswegs statisch, sondern in hohem Maße von Standortentscheidungen globaler Dienstleistungsfirmen abhängig. Die Herausforderung für Städte und Metropolregionen liegt darin, die eigene Position und Nische in diesem Netzwerk realistisch einzuschätzen und nicht einem idealisierten und an den „großen Drei" orientierten „Global City"-Modell nachzueifern.

Literatur

Allen, J. (1997): Economies of Power and Space. In: Lee, R.; Wills, J. (Hrsg.): Geographies of Economies. London, S. 59-70

Beaverstock, J. V.; Hoyler, M.; Pain, K.; Taylor, P. J. (2001): Comparing London and Frankfurt as World Cities: a Relational Study of Contemporary Urban Change. London: Anglo-German Foundation for the Study of Industrial Society

Beaverstock, J. V.; Smith, R. G.; Taylor, P. J. (1999): A Roster of World Cities. In: Cities, 16 (6), S. 445-458

Castells, M. (1996): The Rise of the Network Society. Oxford

Charlton, P. (2003): The Globalization of Law. GaWC Annual Lecture 2003 (http://www.lboro.ac.uk/gawc/lecture.html)

Cox, K. R. (Hrsg.) (1997): Spaces of Globalization: Reasserting the Power of the Local. New York

Derudder, B.; Taylor, P. J.; Witlox, F.; Catalano, G. (2003): Hierarchical Tendencies and Regional Patterns in the World City Network: a Global Urban Analysis of 234 Cities. In: Regional Studies, 37 (9), S. 875-886

Friedmann, J. (1986): The World City Hypothesis. In: Development and Change, 17 (1), S. 69-84

Friedmann, J.; Wolff, G. (1982): World City Formation. An Agenda for Research and Action. In: International Journal of Urban and Regional Research, 6 (3), S. 309-344

Gottmann, J. (1990): Since Megalopolis: the Urban Writings of Jean Gottmann. Baltimore

Grote, M. H.; Lo, V.; Harrschar-Ehrnborg, S. (2002): A Value Chain Approach to Financial Centres – the Case of Frankfurt. In: Tijdschrift voor Economische en Sociale Geografie, 93 (4), S. 412-423

Hall, P. (1966): The World Cities. London

Johnston, R. J.; Taylor, P. J.; Watts, M. J. (Hrsg.) (2002): Geographies of Global Change: Remapping the World. Oxford, 2. Aufl.

Keeling, D. J. (1995): Transport and the World City Paradigm. In: Knox, P. L.; Taylor, P. J. (Hrsg.): World Cities in a World-System. Cambridge, S. 115-131

Krätke, S. (2002): Die globale Vernetzung von Medienzentren. Zur Diversität von Geographien der Globalisierung. In: Geographische Zeitschrift, 90 (2), S. 103-123

Krätke, S.; Taylor, P. J. (2002): A World Geography of Global Media Cities. GaWC Research Bulletin 96. (http:/www.lboro.ac.uk/rb/rb96.html)

Meusburger, P. (2000): The Spatial Concentration of Knowledge: Some Theoretical Considerations. In: Erdkunde, 54, S. 352-364

O'Brien, R. (1992): Global Financial Integration: the End of Geography. London

Sassen, S. (1991): The Global City: New York, London, Tokyo. Princeton

Sassen, S. (2001): Global City. Einführung in ein Konzept und seine Geschichte. In: Peripherie, 81/82, S. 10-31

Storper, M.; Venables, A. J. (2003): BUZZ: Face-to-Face Contact and the Urban Economy. (http://econ.lse.ac.uk/staff/ajv.pdf)

Taylor, P. J. (2001): Specification of the World City Network. In: Geographical Analysis, 33 (2), S. 181-194

Taylor, P. J. (2003a): GaWC Atlas of Hinterworlds. (http://www.lboro.ac.uk/gawc/visual/hwatlas.html)

Taylor, P. J. (2003b): Geography of Global Civil Society: Non-Governmental Organizations in the World City Network. GaWC Research Bulletin 119 (http://www.lboro.ac.uk/gawc/rb/rb107.html)

Taylor, P. J. (2004): World City Network: a Global Urban Analysis. London

Taylor, P. J.; Beaverstock, J. V.; Cook, G.; Pandit, N.; Pain, K.; Greenwood, H. (2003): Financial Services Clustering and its Significance for London. London

Taylor, P. J.; Catalano, G.; Gane, N. (2002): A Geography of Global Change: Cities and Services, 2000-01. GaWC Research Bulletin 77 (http://www.lboro.ac.uk/gawc/rb/rb77.html)

Taylor, P. J.; Catalano, G.; Walker, D. R. F. (2002a): Measurement of the World City Network. In: Urban Studies, 39 (13), S. 2367-2376

Taylor, P. J.; Catalano, G. ; Walker, D. R. F. (2002b): Exploratory Analysis of the World City Network. In: Urban Studies, 39 (13), S. 2377-2394

Taylor, P. J.; Catalano, G.; Walker, D. R. F. (2002c): Multiple Globalizations: Regional, Hierarchical and Sector Articulations of Global Business Services through World Cities. GaWC Research Bulletin 55 (http://www.lboro.ac.uk/gawc/rb/rb55.html)

Taylor, P. J.; Doel, M. A.; Hoyler, M.; Walker, D. R. F.; Beaverstock, J. V. (2001): World Cities in the Pacific Rim: a New Global Test of Regional Coherence. In: Singapore Journal of Tropical Geography, 21 (3), S. 233-245

Taylor, P. J.; Hoyler, M. (2000): The Spatial Order of European Cities under Conditions of Contemporary Globalisation. In: Tijdschrift voor Economische en Sociale Geografie, 91 (2), S. 176-189

Taylor, P. J.; Hoyler, M.; Walker, D. R. F.; Szegner, M. J. (2001): A New Mapping of the World for the new Millennium. In: The Geographical Journal, 167 (3), S. 213-222

Taylor, P. J.; Walker, D. R. F.; Catalano, G.; Hoyler, M. (2002): Diversity and Power in the World City Network. In: Cities, 19 (4), S. 231-241

Petra Jähnke/Manuela Wolke

8. Berlin und München – Metropolregionen als vernetzte Informationsdienstleistungsstandorte?

1 Einleitung

Metropolen bzw. Metropolregionen zeichnen sich gegenüber anderen Regionen vor allem durch die globale Orientierung der Vernetzungen der in ihr ansässigen ökonomischen und intermediären Akteure aus. Neben dem Phänomen einer sich offensichtlich zunehmend globalisierenden Welt ist die aktuelle Entwicklung jedoch auch von einem fast als säkular zu bezeichnenden Prozess des Überganges von einer Industrie- zu einer dienstleistungsdominierten Wissens- und Informationsgesellschaft gekennzeichnet.

Verschiedene Diskurse stellen die metropolenbildende Rolle von unternehmensbezogenen Dienstleistern mit deren vielfältigen wertschöpfungsbezogenen und darüber hinaus gehenden regionalen und globalen Beziehungen in den Mittelpunkt ihrer Betrachtungen. Heute bilden diese Unternehmen den dynamisch wachsenden Teil des Dienstleistungssektors in Metropolregionen. Dabei führen zunehmende Spezialisierungen sowie die verstärkte Notwendigkeit der Aktivierung impliziten Wissens zur Intensivierung der Beziehungen zwischen Dienstleiter und Kunde und dies z.T. auch in räumlicher Hinsicht. Der Einsatz von IuK-Technologien und die Ubiquität von Standortfaktoren befördern dagegen die zeitliche und räumliche Entkopplung von Dienstleistungsproduktion und -konsumtion, und es bildet sich eine eigenständige Dienstleistungsraumstruktur heraus.

Diese komplexen Prozesse zu untersuchen und zu erklären war Ziel des 2002 abgeschlossenen IRS-Projektes „Metropolregionen unter dem Einfluss der Dienstleistungswirtschaft: Organisation, Mobilität und Kommunikation". Ausgewählte empirische Ergebnisse, bezogen auf die zwei untersuchten Fallregionen Berlin und München, sollen hier vorgestellt werden. Dabei steht die Frage nach den funktional-räumlichen Verflechtungsbeziehungen metropolitaner wissensbasierter unternehmensbezogener Dienstleister, die wir als Informationsdienstleistungen abgegrenzt und als Informationsdienstleister bezeichnet haben, im Mittelpunkt. Wir beschränken uns auf die Kunden- und Zulieferbeziehungen, wohl wissend, dass noch andere, mit der Erbringung von Informationsdienstleistungen im Zusammenhang stehende Verflechtungen von Bedeutung sind. Diese werden in weiteren Beiträgen in diesem Band diskutiert (z.B. Schmidt) bzw. sind Gegenstand der laufenden Forschung am IRS.

Im Folgenden wird zunächst auf aktuelle Debatten der Metropolenforschung eingegangen, und es werden Bezüge zum wirtschaftsstrukturellen Wandel hergestellt. Nach Ausführungen zum methodischen Vorgehen, zu den Datengrundlagen und zur Typisierung von Informationsdienstleistern folgen ausgewählte Ergebnisse der 2002 durchgeführten Unternehmensbefragung. Im Mittelpunkt der Analyse steht die Frage nach den Bindungen dieser Dienstleister an ihre Standorte und deren wertschöpfungsbezogenen Verflechtungsbeziehungen. Abschließend wird ein Resümee gezogen und weiterführender Forschungsbedarf skizziert.

2 Veränderte Standort- und Verflechtungsmuster metropolitaner unternehmensbezogener Dienstleister

2.1 Wandel der raumstrukturierenden Wirkung von Dienstleistungen

Antworten auf die Frage, welche veränderten raumstrukturierenden Wirkungen von den neuen unternehmensbezogenen Dienstleistern ausgehen, lassen sich finden, wenn deren Verflechtungs- und Standortstrukturen in einen historischen Kontext gestellt werden. Die Industrialisierung brachte Agglomerationen von Produktionsstandorten hervor, ergänzt durch dienstleistende Funktionen und begleitet von einer starken Verstädterung (Grabow et al. 1995: 73). Dienstleistungen hatten in diesem System keine eigene raumstrukturiende Bedeutung, da sie entweder als produktionsorientierte Dienstleistungen noch weitgehend innerhalb der Betriebe organisiert waren bzw. als konsumorientierte Dienstleistungen in einer Abhängigkeit zur Anzahl der Einwohner bzw. der örtlichen Kaufkraft standen (Häußermann, Siebel 1995: 93). Heute dagegen wird Dienstleistungen eine eigene raumstrukturierende Wirkung zugeschrieben (vgl. Hall 2001). Zwar steht ein großer Teil unternehmensbezogener Dienstleistungen noch in einem (auch in räumlicher Hinsicht) symbiotischen Verhältnis zu den Kunden, insbesondere im verarbeitenden Gewerbe (Blotevogel 1998: 44). Zunehmend ist aber auch eine Loslösung von den Orten der industriellen Produktion zu beobachten, und es bilden sich eigenständige Raumstrukturen der Dienstleistungsverflechtungen heraus (Häußermann, Siebel 1995: 94). Diese neuen Dienstleister sind z.T. auf räumlich vermittelten Austausch angewiesen, der weit über lokale „face-to-face“-Kontakte bei der Dienstleistungserstellung hinausgehen kann (ebd.: 95).

Als wichtige Faktoren der Agglomeration unternehmensbezogener Dienstleistungen gelten heute nicht nur und immer weniger die Nähe zu Kunden, sondern auch die Nähe zu hochrangiger Infrastruktur sowie die Verfügbarkeit spezifischer städtischer Standortbedingungen (Humankapital, Partner) und nicht zuletzt weiche regionale Standortfaktoren (Lebensqualität, Image). Räumliche Unterschiede in den Standortprofilen der Dienstleistungswirtschaft werden außerdem auf eine Unterscheidung nach „back offices“ (Routinetätigkeiten) und „front offices“ zurückgeführt. Letztgenannte werden differenziert nach:

- einfachen bis mittleren, häufig nachgefragten Dienstleistungen (stark absatzorientiert mit der Notwendigkeit zur „face to face“-Kommunikation),
- hochspezialisierten Dienstleistungen (mit stark überregionaler Nachfrage) sowie
- international hochspezialisierten Dienstleistungen (von ausländischen Unternehmen gegründet) (Blotevogel 1998: 43).

Neben Globalisierungsprozessen lassen die Informations- und Wissensbasierung sowie der durch IuK-Technologien induzierte Strukturwandel im Dienstleistungssektor weitere Veränderungen der Standortanforderungen und somit der Verflechtungs- und Vernetzungsbeziehungen vermuten (vgl. Jähnke 2002b). Zum einen wird dienstleistungsrelevantes Wissen (Wissen als in Erfahrung eingebettete Informationen, Willke 1998: 12) von den Akteuren in zunehmendem Maße aus kodifizierten (global) verfügbaren Informationen generiert. Zum anderen wächst die Bedeutung impliziten Erfahrungswissens, welches heute zu großen Teilen in metropolitane unternehmensbezogene Dienstleistungen eingeht.

2.2 Enträumlichung versus Verstärkung der Raumbindung

Diese unterschiedlichen Formen der Wissensmobilisierung im Dienstleistungssektor lassen sich zu zwei gegensätzlichen Raumbindungsthesen zusammenfassen (vgl. Jähnke 2002b). Einerseits befördert die zeitliche und räumliche Entkopplung von Dienstleistungsproduktion und -konsumtion, dass kodifiziertes Wissen weltweit kommuniziert und zu geringer werdenden Kosten generiert bzw. wie im Falle von bestimmten IT-Dienstleistungen standardisiert angeboten wird (z.B. Jähnke 2002a). In diesem Prozess verlieren dienstleistungstypische Merkmale wie die räumliche Nähe zu Kunden, die Individualität der Kundenlösung und die persönliche Interaktion an Bedeutung. Diese Tendenz kann in einer „Enträumlichungsthese" zusammengefasst werden.[1] Sie wird von zahlreichen Autoren, verstärkt seit Anfang der 90er Jahre, vertreten. Dabei wird insbesondere an die Forschungsarbeiten von Castells (1989) und den von ihm definierten „space of flows" angeknüpft. Für diese Unternehmen werden vermutlich dienstleistungstypische Standortpräferenzen bedeutungslos.

Andererseits erfordern die wachsende Spezialisierung unternehmensbezogener Dienstleistungen sowie neue Produktentstehungsprozesse eine Intensivierung informeller Vernetzungen. Dienstleistungen, die der Bearbeitung komplexer Aufgabenstellungen dienen, haben in der Regel einen hohen Problemstrukturierungs- bzw. Problemlösungsanteil. Sie sind auf die Aktivierung impliziten Wissens angewiesen. Für sie sind räumliche Nähe oder persönliche Kontakte von besonderer Bedeutung, was mit der Bildung von „sozialem Kapital" und spezifischen Formen von Netzwerken verbunden ist (vgl. Jansen 2000). Daraus lässt sich als Gegenentwurf eine „Raumbindungsthese" ableiten. Sie bezieht sich auf einen Bedeutungszuwachs von regionalen Bindungen und intraregionalen Vernetzun-

---

1 Diese Entwicklungsprozesse werden z.T. in engem Zusammenhang mit den Konsequenzen der Globalisierung und den daraus folgenden veränderten Entwicklungsbedingungen von Metropolregionen gesehen (z.B. Knox 1994).

gen. Dabei wird in der Regel räumliche Nähe betont, insbesondere von solchen Ansätzen, die „kreative/innovative Milieus" (z.B. Ache 2000) oder „regionale Innovationssysteme" (z.B. Fritsch et al. 1998) in den Mittelpunkt stellen. Unternehmensbezogene Dienstleister präferieren in diesem Zusammenhang vermutlich Standorte mit spezifischen Kunden, Zulieferern und/oder Partnern in ihrer Nähe.

3 Zum Zusammenhang von Metropolentwicklung und Strukturwandel im Dienstleistungssektor

Aus den beiden Thesen lassen sich Erklärungen zu den aktuellen wirtschaftlichen und sozialen Veränderungsprozessen in den Metropolen und den sie umgebenden Regionen sowie zu den raum- und siedlungsstrukturellen Konsequenzen ableiten (Jähnke 2002b). So verknüpfen neue Modelle der Metropolen- bzw. Stadtentwicklung, wie „world/global city" (z.B. Sassen 1991; Knox, Taylor 1995; Friedmann 1995), „informational city/network society" (Castells 1989, 1996), „edge city" (Garreau 1991), „Zwischenstadt" (Sieverts 1997) und „Netzstadt" (z.B. Baccini, Oswald 1997; Baccini, Oswald, Michaelis 2003; Venturi 2001), raumwirtschaftliche und stadtstrukturelle Erklärungsansätze, die insbesondere die neuen Informations- und Kommunikationstechnologien sowie den Aufstieg der Informationsdienstleistungen und Informationswirtschaft berücksichtigen. Dieser Wandlungsprozess wird in der „world-city"- bzw. „global-city"-Forschung diskutiert. Aber auch für weitere Metropolentypen, wie die „technopoles of the world" und die „informational cities" ist die Rolle der Dienstleistungsökonomien Gegenstand von Theoriedebatten bzw. empirischen Analysen. Diese Metropolendiskurse, die Aussagen zu städtökonomischen, raumfunktionalen und auch sozialräumlichen Veränderungsprozessen in Metropolregionen treffen, werden im folgenden näher betrachtet.

3.1 Technopolis-Region

Das Konzept der „technopolis“ ist mit der „technological revolution“, Prozessen der wirtschaftlichen Globalisierung und der Entwicklung einer „informational economy“ verknüpft (Castells, Hall 1994). Es leitet sich aus einem wirtschaftlichen Entwicklungsprozess ab, der „high-technology“-Industrien zum Beispiel im IT-Bereich hervorbringt, welche Innovation und Produktion in regionalen Zentren „räumlich dezentrieren“, die transnational integriert sind (Lüthje 2001: 54). Metropolen sind nur ein Typus der „technopoles of the world“, wobei zwischen den „alten“ Metropolen bzw. Hauptstädten, die ihre führende „technological role“ behalten haben und den neu hinzugekommenen „technological-industrial“ Metropolen unterschieden wird (Castells, Hall 1994: 11). Besondere Bedeutung gewinnt die Metropole als „innovatives Milieu“, wobei Universitäten und wissenschaftlich-technische Innovationen zu entscheidenden Produktionsfaktoren in der Metropolregion werden (ebd.: 144 ff.).

In Technopolen verorten sich wissensintensive unternehmensbezogene Dienstleistungen in reorganisierten Forschungs-, Entwicklungs- und Produktionsprozessen des sekundären Sektors neu (z.B. Bernady, Loinger 1997). Moderne Informations- und Kommunikationstechnologien, verbunden mit flexibilisierten bzw. projektorientierten Formen der Produktion und des Absatzes von Waren bzw. Gütern, fördern dabei sowohl die Entwicklung von Netzwerktechnologien als auch neuer Produktentstehungsprozesse (z.B. Naschold et al. 1999). Die regionale Dimension erlangt bei diesem Typ einen besonderen Stellenwert, da zahlreiche Forschungseinrichtungen und Technologiefirmen sich im metropolitanen Umland konzentrieren. Castells und Hall betonen in diesem Zusammenhang auch die besondere Rolle staatlicher Forschungs- und Technologiepoltik, verbunden mit entsprechenden Standortentscheidungen bzw. Ansiedlungen in Metropolregionen (Castells, Hall 1994: 189).

Die „technopolis“-Regionen sind zum Teil einem erheblichen räumlichen und sozialen Restrukturierungsprozess ausgesetzt. Während alte Produktionsstandorte sich zu Orten verändern, an denen wissensintensive Dienstleister, FuE-Unternehmen und weitere Spezialisten in enger räumlicher Nachbarschaft an der Konzipierung neuer Prototypen arbeiten, ist die Produktion selbst nur noch selten in der Region lokalisiert (Kujath

2001). Daraus ergeben sich weitreichende Konsequenzen für die Formierung und Segmentierung der Arbeitsmärkte (Lüthje 2001).

3.2 Informational-City-Region

Das Konzept der „informational city" (Castells 1989) sieht in Netzwerken die neue Struktur der Ökonomie (bzw. Gesellschaft). Es fokussiert, stärker als in der „world city"- bzw. „global city"-Forschung herausgearbeitet, auf die Zusammenhänge von Informations- bzw. Wissenszugängen und sozialen Beziehungen bzw. Netzwerken, in die die neuen Informationsökonomien eingebunden sind. Castells vertritt die These, dass Raumbindungen („space of places") für diese Regionen keine Rolle mehr spielen und führt den „space of flows" ein, in dem zum Ausdruck kommt, dass Informationen und Wissen globalisiert sind. Die Zugehörigkeit zum Informationsnetz löst nach Castells traditionelle Identitätsbezüge über reale Räume ab: „(...) the symbolic making of such spaces by the new monumentality of abstraction, making the local of the space of flow meaningfully meaningless, both in their internal arrangement and in their architectural form". (Castells 1999: 56) Das von der „informational city" beschriebene Raummodell wird durch die (virtuelle) Vernetzung dezentralisierter Standorte bzw. Akteure erzeugt. Es kann in seinen geographischen Dimensionen nur in größeren räumlichen Ausdehnungen erfasst werden, die über lokale und regionale Dimensionen hinausreichen (vgl. auch Steinbicker 2001: 85f.).

3.3 Global City-Region bzw. World City-Region

Die „world city"- bzw. „global city"-Forschung erklärt die neue Rolle dieser Metropolen aus der internationalen Arbeitsteilung und aus veränderten Akkumulations- und Globalisierungslogiken. In diesen Konzepten werden die neuen Dienstleistungen als globale Vermittler von Informationen und Wissen herausgearbeitet. Die Metropolen werden mit ihrer Hilfe zu „command points". Sie sind die „Produktionsorte" für spezielle globale Dienstleistungen und Finanzprodukte und zugleich transnationale

Marktplätze für diese Produkte (Sassen 1996: 77). Der diesen Metropolentyp prägende unternehmensbezogene Dienstleistungssektor wird in seiner Funktion (räumlich und funktional) „unabhängig“ vom verarbeitenden Gewerbe betrachtet, so dass für die Konkurrenzfähigkeit der „world cities“ bzw. „global cities“ die Zusammensetzung des Produktionssektors in der Metropolenregion von nachrangiger Bedeutung ist (Krätke 1993, 2002).

„Global cities“ sind durch eine Konzentration von Unternehmenszentralen in Verbindung mit Dienstleistungsangeboten und Informations- bzw. Kommunikationstechnologien in einer neuen Qualität gekennzeichnet (Sassen 1995). Finanz- und Produktionsdienstleistungen („financial“ und „producer services“) stellen dabei eine eigenständige produktive Aktivität dar, die „Kontrollkapazität“ („control capability“) schafft (Friedmann 1995: 31). Ihre räumliche Verortung ergibt sich aus der vielschichtigen Verknüpfung mit globalen Akteuren und nationalen Institutionen und resultiert in einem Komplex von (hochwertigen) Unternehmensdienstleistungen („corporate service complex“) für transnational agierende Unternehmen, die sowohl mit internationalen Rechtssystemen als auch nationalen Gesetzeslagen und kulturellen Normen und Werten vertraut sind (Sassen 1999: 450 f.).

Da diese Dienstleister ebenso Bestandteil überregionaler Netzwerkstrukturen sind, leitet sich die Knotenpunktfunktion der Metropolen auch aus der metropolitanen Dienstleistungswirtschaft selbst ab. Außerdem stehen in der „global city“-Forschung heute nicht nur die Metropolen selbst mit ihrem „external information exchanges“ (Hall 2001: 72) im Mittelpunkt der Betrachtungen, sondern auch ausgedehnte „global city regions“ (Scott 2001).

4 Informationsdienstleister in den Metropolregionen Berlin und München – Methodisches Vorgehen

4.1 Definition und Abgrenzung von Informationsdienstleistern

Zur Definition bzw. Abgrenzung von informationsorientierten, metropolitanen, unternehmensbezogenen Dienstleistern wurde im IRS ein eigener Ansatz entwickelt, der auf einer Kombination von Aspekten zur Spezifik von Informationsdienstleistern, zu ihrer Unternehmensorientierung sowie zu metropolitanen Funktionalitäten basiert und zusammenfassend eine enumeratorische Definition entlang der statistischen Wirtschaftsbereichssystematik ermöglicht.

Informationsdienstleistungen in der Wirtschaftsstatistik

In der Wirtschaftsstatistik werden Wirtschaftsunternehmen anhand von Produkteigenschaften den drei bzw. vier Wirtschaftssektoren (primärer, sekundärer, tertiärer und quartärer) zugeordnet.

Die in Deutschland seit 1998 verwendete Wirtschaftszweigsystematik WZ93, die deutsche Variante der NACE-Systematik, ermöglicht nicht nur weitaus besser internationale Vergleiche, sondern trägt vor allem auch den wirtschaftsstrukturellen Veränderungen im sogenannten tertiären und quartären Sektor Rechnung. Sie bildet für empirische Studien über den Dienstleistungssektor eine der wichtigsten Arbeitsgrundlagen. Die systematische Untergliederung nach Wirtschaftssektoren bzw. -bereichen orientiert sich an den jeweils erzeugten Produkten und deren spezifischen Eigenschaften, so dass der Dienstleistungssektor über das Produkt bzw. Gut Dienstleistung abgegrenzt wird. Daher werden alle Unternehmen, deren Endprodukt in Form einer Dienstleistung erbracht wird, unabhängig ob für andere Unternehmen oder auch für Nicht-Unternehmen, zum tertiären Sektor gerechnet. Das Gut Dienstleistung, als entscheidendes Auswahlkriterium für die Zuordnung eines Unternehmens zum tertiären Sektor, wird über die klassischen Produkteigenschaften der Dienstleitung in Abgrenzung zum materiellen Warenprodukt definiert.[2]

Dienstleister, die Informationen beschaffen, produzieren, zusammenstellen, speichern, überwachen, interpretieren und analysieren (Dunning 1993) werden als Informationsdienstleister bezeichnet. Die Abgrenzung basiert auf einem ganz spezifischen Endprodukt, dem Gut Information. Informationen sind speicher- und handelbar, immateriell und nicht

[2] Die Definition für das Produkt Dienstleistung erfolgt über die Eigenschaften immateriell, unsichtbar, vergänglich, intangibel, nicht-handelbar, mangelnde bzw. keine Lagerbarkeit und Transportfähigkeit, nicht verschleißbar, Gleichzeitigkeit von Produktion und Konsum (uno-actu-Prinzip), hoher Anteil von Humankapital und geringer Anteil von Sachkapital (Peter 1997; Reske 1990; Sauvant, Mallampally 1993).

verschleißbar und können auch ohne Interaktion mit dem Kunden erstellt werden. Mit diesem Dienstleistertyp – dem Informationsdienstleister – gerät die Abgrenzung von Wirtschaftssektoren über Produkteigenschaften jedoch zunehmend in Konflikt. So wird kontrovers diskutiert, inwiefern die klassischen Dienstleistungseigenschaften für Informationsdienstleistungen noch Bestand haben. Lagerbarkeit wird durch elektronische Speicherung erreicht, elektronische Datenverarbeitung erlaubt den Transport und damit den überregionalen Handel von Informationen (Aharoni 1993; Glasmeier, Howland 1994; Görgens 1975; Rubalcaba-Bermejo 1999; Sauvant 1993). Umschrieben werden solche Phänomene mit Begriffen wie „disembodiment effect“. Und nicht zuletzt wird mit der stetig wachsenden Nutzung moderner IuK-Technologien gerade im Bereich der Informationsdienstleistungen das uno-actu-Prinzip als Grundmerkmal für Dienstleistungen zunehmend in Frage gestellt. Durch die Konkurrenz der beiden Definitionen für die Dienstleistung einerseits und das Produkt Information andererseits befinden sich Informationsdienstleistungen im Spannungsfeld zwischen Dienstleistungserbringung und Informationsproduktion (siehe hierzu Heinrich 2000a; Kujath in diesem Band). In der amtlichen Wirtschaftsstatistik wird dieser Entwicklung bisher kaum Rechnung getragen.

Unternehmensorientierung[3] von Informationsdienstleistungen

Auch bei der Frage nach der Unternehmensorientierung von Informationsdienstleistern zeigt sich, dass das spezifische Produkt Information neue Fragen bei der Beurteilung von wirtschaftlichen Aktivitäten aufwirft. So kann die im englischsprachigen Raum übliche Untergliederung in „producer services“ wie Bank-, Versicherungs-, Ingenieur-, Rechts-, und Beratungsdienstleistungen und „consumer services“, welche Dienstleistungen für Endverbraucher umfassen nicht ohne weiteres übernommen werden, da sie aufgrund von Überschneidungen zwischen den beiden Kategorien unscharf bleibt (Kulke 1998). Ähnliches gilt für das von Almus, Egeln, Engel (1999) verwendete Entscheidungskriterium für Unternehmensnähe. Sie verwenden das „Prinzip der überwiegenden Leistungen“. Unternehmensnähe ist danach dann gegeben, wenn im Branchendurchschnitt Leis-

---

[3] Unternehmensorientiert, unternehmensbezogen und unternehmensnah werden in diesem Beitrag als synonyme Begriffe verwendet.

tungen überwiegend für andere Unternehmen und nicht für Privathaushalte oder Organisationen erbracht werden.[4]

Auch die in der Studie des ifo Instituts (Koll et al. 1997) vorgenommene Klassifizierung der Dienstleistungen in produktionsorientierte, distributive, konsumbezogene, soziale und staatliche Dienstleistungen ist für die Operationalisierung von Unternehmensorientierung von Informationsdienstleistern wenig praktikabel.[5] Analog orientiert sich auch die in der offiziellen Wirtschaftsstatistik vorgenommene Aufspaltung in distributive, gesellschaftsbezogene, personenbezogene und unternehmensbezogene Dienstleistungen vorrangig an dem Kundenspektrum. Gerade für Dienstleistungen, deren Produkt eine Information ist, sind zunehmend mehrere Kundengruppen relevant, so dass die Abgrenzung zwischen personen- und unternehmensbezogener Dienstleistung immer schwieriger wird. Als Beispiele seien Rechtsberatung, Finanzdienstleistung aber auch Dienstleistungen aus dem Bereich der sogenannten TIME-Industrie (Telekommunikation, Information, Medien und Elektronik) genannt.

Metropolitane Funktionen

Da metropolitane Funktionen eng mit Dienstleistungen im Bereich der Informationsverarbeitung und Wissensgenerierung verbunden sind (vgl. Blotevogel 1998; Taylor, Catalano, Walker 2002), haben wir zusätzliche, ganz spezifische Eigenschaften metropolitaner Informationsdienstleister herausgearbeitet. Dazu gehört, dass sie zur Produktion von explizitem Wissen beitragen, Innovationsträger sind oder als Intermediäre bzw. Makler von Informationen Kontroll- bzw. Entscheidungsfunktionen übernehmen bzw. beeinflussen (vgl. Kujath et al. 2001).

---

4 Unternehmensnah sind danach Dienstleister aus den Bereichen Datenverarbeitung, Forschung und Entwicklung, Rechts-, Steuer- und Unternehmensberatung, Wirtschaftsprüfung, Markt- und Meinungsforschung, Werbung, technische Beratung und Planung, Auskunfts- und Schutzdienste, Beteiligungsgesellschaften, Gebäudereinigung und Arbeitnehmerüberlassung, Vermietungsgewerbe von Maschinen ohne Vermietung von Gebrauchsgütern sowie neue Unternehmen der Abfallwirtschaft.

5 So zeichnet sich die der Unternehmensorientierung am ehesten vergleichbare Kategorie der produktionsorientierten Dienstleister nach diesem Ansatz vor allem dadurch aus, dass die Dienstleistung in den Produktionsprozess von Waren eingeht. Informationsdienstleistungen können jedoch auch in die Erstellung anderer Dienstleistungen einfließen und damit nicht ausschließlich der Warenproduktion dienen.

Zusammenfassend wurde von uns der nach der WZ93 deutlich umfassendere Bereich der unternehmensbezogenen Dienstleister anhand der Definition Informationsdienstleister, Unternehmensorientierung sowie Erfüllung metropolitaner Funktionen auf ausgewählte Teilbereiche der Wirtschaftsabteilungen reduziert, aber auch im Hinblick auf den Bereich Verlags- und Druckwesen erweitert. Die Definition umfasst somit:[6]

- Verlags- und Druckgewerbe, Vervielfältigung von bespielten Ton-, Bild- und Datenträgern,
- Film- und Videofilmherstellung, Hörfunk- und Fernsehanstalten, Herstellung von Hörfunk- und Fernsehprogrammen, Korrespondenz- und Nachrichtenbüros sowie selbständige Journalisten,
- Kredit- und Versicherungsgewerbe und damit verbundene Tätigkeiten,
- Rechts-, Steuer- und Unternehmensberatung, Markt- und Meinungsforschung, Architektur- und Ingenieurbüros, Technische, physikalische und chemische Untersuchung und Werbung sowie sonstige Dienstleistungen für Unternehmen,
- Datenverarbeitung und -banken,
- Forschung und Entwicklung,
- Erwachsenenbildung,
- Interessenvertretungen.

4.2 Funktionale Typen von Informationsdienstleistern

Wie bereits in den Kapiteln 2 und 3 angedeutet, ist die Informationsdienstleistungswirtschaft nicht nur sektoral, sondern auch funktional ein inhomogener Wirtschaftsbereich. Im Folgenden wird zur Strukturierung der inneren Differenzierung unternehmensbezogener Informationsdienstleister eine Typisierung vorgenommen. Sie orientiert sich an den bereits

[6] Die WZ 93 unterteilt als Feingliederungen die Wirtschaftsbereiche (WB) in Zweisteller und darunter nochmals in Dreisteller. Die Auswahl und abschließende enumeratorische Festlegung der für uns im Weiteren verwendeten Wirtschaftsbereiche als „metropolitane, unternehmensorientierte Informationsdienstleister" erfolgte auf der Basis der statistischen Wirtschaftsgliederung der Dreisteller.

in Kapitel 3 diskutierten funktionalen Verflechtungsmustern spezifischer Metropolentypen. Diese erfolgt einerseits quer zur Branchenstruktur und andererseits entlang funktionaler Interaktionsstrukturen zwischen dem Informationsdienstleister und Kunden. Bezugspunkte bilden insbesondere spezifische Kundenprofile, Interaktionsformen und Produktstrategien.

Typ 1 – „servindustrial economy“:

Die Entwicklung dieses Informationsdienstleistungstyps resultiert aus einer Anreicherung von Produkten und Wertschöpfungsprozessen mit Informations- und Dienstleistungsanteilen. Dadurch verschwimmen die Grenzen zwischen den sekundären und tertiären Wirtschaftssektoren. Es kommt zu einer Tertiärisierung und Informatisierung der Produktion (vgl. auch Heinrich 2002b).

Unternehmen dieses Typs arbeiten vorrangig mit dem verarbeitenden Gewerbe zusammen und tragen durch ihre Dienstleistung zu Innovationen in diesem Sektor bei. Ihre Kunden sind die Produktionsstätten bzw. deren vor- und angelagerte Entwicklungsbereiche. Sowohl ausgegründete F&E-Abteilungen der Industrie als auch „spin offs“ aus dem wissenschaftlichen Bereich universitärer und außeruniversitärer Einrichtungen sowie Neugründungen gehören zu diesem Typ. Es ist zu vermuten, dass die Wissensgenerierung und die Dienstleistungserbringung bei diesem Unternehmenstyp einen relativ hohen Grad an Kommunikation mit den Kunden sowie Zulieferern bzw. Partnern erfordert. Diese Interaktionsform kann beispielsweise durch Teamarbeit bzw. spezifische Projektstrukturen besonders erfolgreich realisiert werden und findet ihre institutionelle Verankerung häufig in Kooperationsbeziehungen, einer Form der (wirtschaftlichen) Zusammenarbeit, die auf gegenseitigem Vertrauen basiert. Diese Symbiose von Industrie und Dienstleistungen ist charakteristisches Merkmal für Metropolregionen, die sich als Technopolis-Regionen profilieren (vgl. Kap. 3).

Typ 2 – „informational industry“:

Ein durch IuK-Technologien unterstützter Strukturwandel in Richtung einer Industrialisierung von Informationsdienstleistungen führt zur Entstehung eines sogenannten quartären Sektors. In ihm erfolgt die Informationsproduktion zunehmend nach der arbeitsteiligen Logik der industriellen Produktion. Das immaterielle Produkt Information kann ohne Mengenbegrenzungen über beliebig große Distanzen hinweg transportiert werden (vgl. Heinrich 2002b).

Dienstleister dieses Typs zeichnen sich nicht durch ein spezifisches Kundenprofil, sondern durch den hohen Standardisierungsgrad ihres Informationsproduktes aus. Mit Hilfe moderner IuK-Technologien kann das Informationsgut weltweit gehandelt werden. Der für Dienstleister typische intensive „face-to-face"- Kundenkontakt verliert an Bedeutung.[7] Die „informational industry" wird vor dem Hintergrund der Informatisierung aller Arbeits- und Lebensbereiche der Gesellschaft vor allem mit dem Metropoltyp „informational city" verbunden (vgl. Kap. 3).

Typ 3 – „global services":
Durch die neue internationale Arbeitsteilung entsteht ein weiterer Dienstleistungstyp. Hochspezialisiert, an zentralen Knotenpunkten im Netz weltweiter Güter-, Kapital-, Informations- und Personenströme konzentriert, stellt er die Infrastruktur globaler Transaktionen her und schafft Kontrollkapazitäten (vgl. Heinrich 2002c).

Dieser Dienstleistungstyp zeichnet sich durch ein ganz spezifisches Kundenprofil aus. Sein „Informationsprodukt" wird vor allem von global agierenden Unternehmenszentralen, Holdings sowie der Finanzwirtschaft nachgefragt. Von der industriellen Produktion selbst sind diese Dienstleister dagegen weitestgehend abgekoppelt. In der sich globalisierenden Ökonomie übernehmen sie damit auch (indirekt) Intermediärs-, Makler- und Vermittlungsfunktionen (unter Umständen mit weiteren metropolitanen Zulieferern/Partnern) für Kunden in Metropolregionen. Die „global services" werden wie kein anderer Typus neuer unternehmensbezogener Dienstleistungen als metropolitanes Alleinstellungsmerkmal der „global cities" bzw. „world cities" diskutiert (vgl. Kap. 3).

7 Im Rahmen der Zuordnung der befragten Betriebe zu diesem theoretisch abgeleiteten Informationsdienstleistungstyp ergab sich eine innere Differenzierung die, je nach Stärke der Merkmalsausprägungen, in einer Unterscheidung in einen a-Typ (stark – am Rand des Informationsdienstleistungsclusters) sowie einen b-Typ (mittel – im Inneren des Informationsdienstleistungsclusters) besteht: IDL-Typ 2a („informational industry – Rand") und IDL-Typ 2b („informational industry – innen").

Die Zuordnung der befragten Informationsdienstler im Rahmen der empirischen Analysen macht die Abgrenzung eines weiteren Typs neuer Informationsdienstleister erforderlich.

Typ 0 – „Mischtyp neuer Informationsdienstleister":
Dies sind unternehmensbezogene Dienstleister, die Merkmale mehrerer Typen, d.h. sowohl des Typs 1 und/oder 2 und/oder 3, aufweisen. Sie sind damit keinem der drei neuen Informationsdienstleistungstypen eindeutig zuordenbar und werden daher zu einem Mischtyp zusammengefasst.[8]

Typ 4 – „klassische Informationsdienstleister":
Dies sind Unternehmen, die nicht durch die oben genannten Merkmale charakterisiert sind, d.h. sie sind weder auf ein bestimmtes Kundenspektrum fixiert, noch weist ihre Dienstleistung einen hohen Standardisierungsgrad auf. Ihre Produkte und der Prozess der Leistungserbringung entsprechen noch am ehesten den klassischen Dienstleistungsmerkmalen.

Die definierten Informationsdienstleistungstypen „servindustrial economy", „informational industry" und „global services" sowie der „Mischtyp" werden in diesem Beitrag als neue Informationsdienstleister zusammengefasst. Als Referenztyp fungiert der klassische Dienstleistungstyp, der mit Informationsverarbeitung und Wissensgenerierung verbundene Dienstleistungen für Unternehmen erbringt.

4.3 Datenerhebung und Raumabgrenzung

Basierend auf diesen Definitionen wurde eine sekundärstatistische Analyse zur Gruppe der Informationsdienstleister für die Metropolregionen München und Berlin anhand ausgewählter Indikatoren erstellt. Dies ermöglicht zwar einen Überblick und Vergleich der Wirtschaftsstrukturen der beiden Metropolregionen, Aussagen zu spezifischen funktional-räumlichen Beziehungsmustern der Dienstleistungstypen sind jedoch nicht

[8] Auch bezogen auf die Charakterisierung von Metropolregionen sind sie somit nicht zuordenbar.

möglich. Im Frühjahr 2002 wurde daher gemeinsam mit der Humboldt-Universität zu Berlin eine Primärdatenerhebung in Form einer standardisierten, schriftlichen Befragung von unternehmensbezogenen Informationsdienstleistern in den Metropolregionen Berlin und München zu ihren Verflechtungsstrukturen durchgeführt.

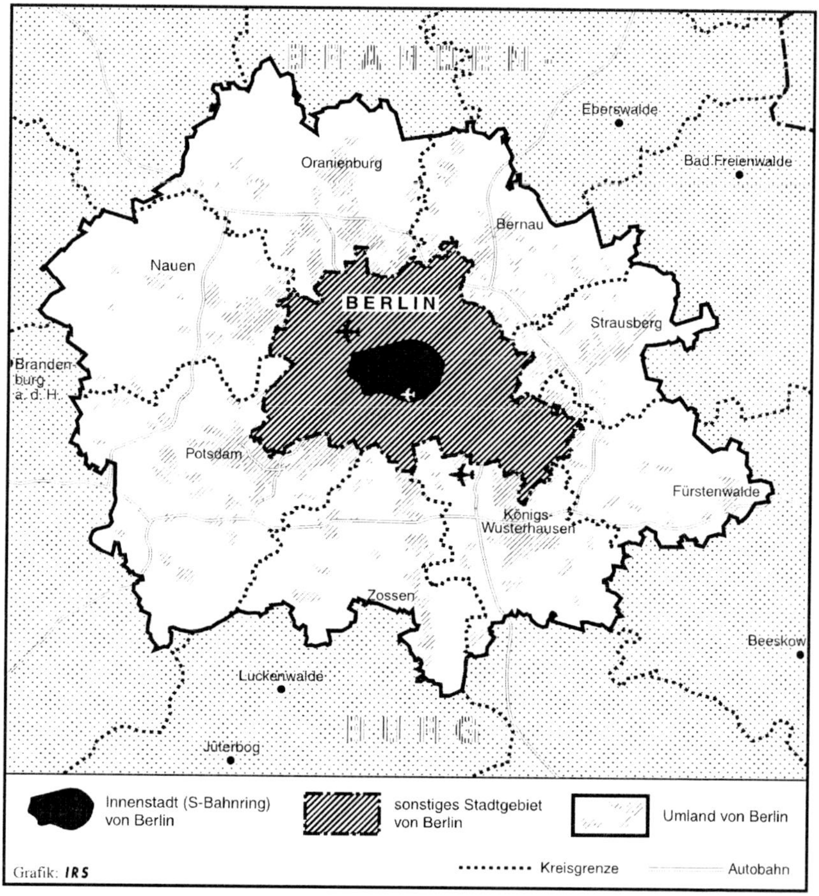

Quelle: IRS

Abbildung 1a: Räumliche Abgrenzung und innere Differenzierung der Metropolregion Berlin

Die Auswertung der Primärdaten erfolgte insbesondere entlang der theoretisch abgeleiteten Unternehmenstypisierung. Für die Analyse der unternehmensbezogenen Verflechtungstrukturen wurde ein Ansatz entwickelt, der Raumbindung relational definiert (vgl. dazu Jähnke 2002b, 2003): Räumliche Bindungen der Dienstleistungsunternehmen resultieren danach

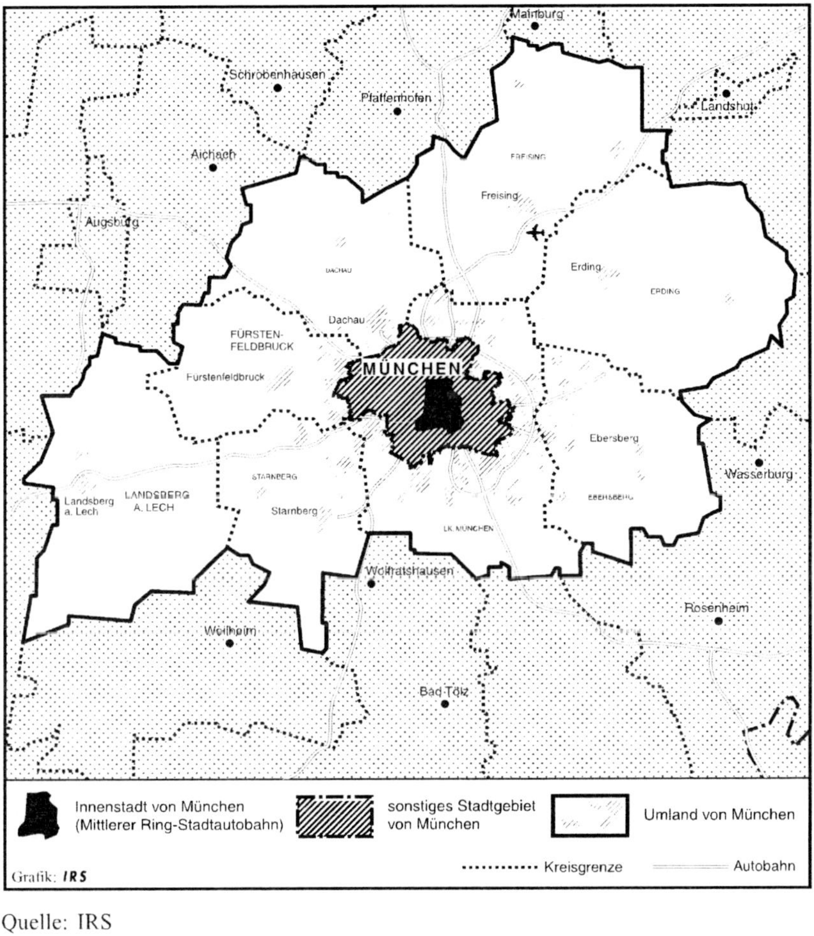

Quelle: IRS

Abbildung 1b: Räumliche Abgrenzung und innere Differenzierung der Metropolregion München

sowohl aus ihren Fixierungen an spezifische Standorte als auch aus der Reichweite, dem Charakter und der Intensität funktionaler Beziehungen bzw. informeller Vernetzung mit Kunden, Zulieferern, Partnern und Informationsquellen. Dies ermöglicht es, unterschiedliche Faktoren der Raumbindung (wie Nähe, Kommunikation und Interaktion) sowie, differenziert nach regional bzw. überregional, Orte der Raumbindung (wie Innenstadt, sonstiges Stadtgebiet und Umland sowie andere Metropolregionen) und räumliche Beziehungen (wie standörtlich, lokal bzw. regional und deutschlandweit, EU-weit und global) zu unterscheiden.

Über ein mehrstufiges Quotierungsverfahren mit Zufallsauswahl wurde pro Region eine Stichprobe von 3.000 Unternehmen gezogen. Basis waren IHK-Unternehmensverzeichnisse sowie Unternehmensadressdateien kommerzieller Anbieter. An der Befragung haben insgesamt 1.080 Unternehmen teilgenommen, davon 447 aus der Region Berlin und 633 aus der Region München. Die Rücklaufquote betrug für die Region Berlin 15 Prozent und für die Region München 20 Prozent. Trotz leichter Verzerrungen bezüglich der Schichtungskriterien kann von einer repräsentativen, ca. 1-Prozent-Stichprobe bezogen auf die Grundgesamtheit, ausgegangen werden.

Die Raumzuschnitte der zwei Metropolregionen basieren auf administrativen Grenzen. Die Metropolregion Berlin ist identisch mit dem „engeren Verflechtungsraum Brandenburg/Berlin", der von beiden Bundesländern im Rahmen der gemeinsamen Landesplanung verbindlich festgelegt wurde. Sie umfasst die Stadt Berlin, die kreisfreie Stadt Potsdam sowie ca. 200 Umlandkommunen. Die Abgrenzung der Metropolregion München orientiert sich dagegen an der Planungsregion München, zu der neben der Stadt München der Landkreis München und die Kreise Fürstenfeldbruck, Dachau, Freising, Erding, Ebersberg, Starnberg und Landsberg a. Lech gehören. Für die Sekundärdatenanalyse konnte jedoch nur zwischen den Arbeitsamtsbezirken München und Freising differenziert werden (vgl. Abbildung 1a und 1b).

5 Informationsdienstleister in den Metropolregionen Berlin und München – Analyseergebnisse

Während die Sekundärdatenanalyse die generelle Bedeutung des Wirtschaftsbereichs der Informationsdienstleiter in den beiden Metropolregionen betrachtet, bildet die Primärdatenanalyse die Grundlage für die Beantwortung weiter gehender Forschungsfragen zu den unternehmerischen Verflechtungsmustern im Raum. Durch die Auswahl der beiden Fallregionen kann sowohl die Frage nach typspezifischen Standort- und Interaktionsmustern beantwortet als auch ein Regionsvergleich durchgeführt werden.[9]

5.1 Beschäftigtenstruktur in den Metropolregionen

Beide Metropolregionen Berlin und München konstituieren sich aus einer dominanten Kernstadt und einem damit verflochtenem Umland, wobei sie sich jedoch siedlungsstrukturell gravierend voneinander unterscheiden. So leben von den 4,4 Millionen Einwohnern der Metropolregion Berlin rund drei Viertel in der Kernstadt, in der Metropolregion München mit rd. 2,5 Mill. Einwohnern verteilt sich die Wohnbevölkerung dagegen paritätisch auf Kernstadt (1,2 Mill.) und Umland (1,3 Mill.). Die darüber hinaus auch wirtschaftsräumlich und geopolitisch sehr unterschiedliche Entwicklung der beiden Regionen innerhalb der letzten Jahrzehnte lässt sie daher als interessante Kontrastfälle erscheinen.

Wie stellt sich der Sektor der Informationsdienstleistungen sowohl generell als auch in seiner inneren Differenzierung in den beiden Untersuchungsregionen dar? Gemessen an dem Indikator der sozialversicherungspflichtig Beschäftigten waren im Jahr 2000 in der Region Berlin rund 1,426 Millionen und in der Region München rd. 1,045 Millionen

[9] Die Typspezifik ist in dieser empirischen Studie als unabhängige Variable, neben weiteren wie der Region, der Branche, Größe und Alter des Unternehmens, gesetzt.

Arbeitnehmer beschäftigt[10]. In beiden Regionen wird die Wirtschafts- und Beschäftigtenstruktur vom tertiären Sektor geprägt. Dies belegt der hohe Beschäftigtenanteil dieses Sektors, gemessen an allen SV-Beschäftigten, von 76 Prozent in der Region Berlin bzw. 72 Prozent in der Region München. Die Tatsache, dass gerade im Dienstleistungsbereich neben den sozialversicherungspflichtig Beschäftigten auch viele Selbständige, mithelfende Familienangehörige und Teilzeitangestellte bzw. Geringverdiener tätig sind, bestärkt zusätzlich die herausragende Bedeutung des Dienstleistungssektors. Die Beschäftigtenanteile geben zwar keine Auskunft über die Wirtschaftskraft des jeweiligen regionalen tertiären Sektors, aber sie sind Beleg für seine durchaus vergleichbare Bedeutung für beide Regionen.

Basierend auf der amtlichen wirtschaftsstatistischen Gliederung des Dienstleistungssektors in distributive, gesellschaftsbezogene, personenbezogene und unternehmensbezogene Dienstleistungen waren im Jahre 2000 in beiden Metropolregionen jeweils etwa 260 Tausend Arbeitnehmer bei unternehmensbezogenen Dienstleistern sozialversicherungspflichtig beschäftigt. Wird die in diesem Beitrag eingeführte Definition für unternehmensbezogene Informationsdienstleister (siehe Kap. 4) herangezogen, so erhöht sich die Anzahl für die Region Berlin auf 348 Tausend und für die Region München auf 326 Tausend Arbeitnehmer. Damit war im Jahr 2000 jeder vierte sozialversicherungspflichtig beschäftigte Arbeitnehmer der Region Berlin und jeder dritte der Region München bei unternehmensbezogenen Informationsdienstleistern tätig. In beiden Regionen sind die unternehmensbezogenen Informationsdienstleister somit ein zentraler Bestandteil der jeweiligen metropolitanen Wirtschaftsstruktur. Die statistischen Daten geben darüber hinaus auch Auskunft über die räumliche Verteilung der Arbeitsplätze innerhalb der beiden Regionen. So besteht in beiden ein Tertiärisierungsgefälle, ausgehend von der Kernstadt in den Umlandbereich. Das für die gesamte Metropolregion Berlin annähernd ausgeglichene Verhältnis der sozialversicherungspflichtig Beschäftigten

[10] Die inhaltliche Gliederung der Sekundärdaten der amtlichen Arbeitsmarktstatistik basiert auf der WZ93. Da diese auf der hier vorgenommenen kleinräumigen Betrachtungsebene nur bis zum sogenannten Zweisteller verfügbar sind, kann die nachfolgende Abgrenzung nur bedingt mit der von uns vorgenommenen Definition (siehe Kap. 4) übereinstimmen.

im sekundären Sektor zu denen im Bereich der unternehmensbezogenen Informationsdienstleister von jeweils ca. 24 Prozent variiert bei kleinräumiger Betrachtung deutlich: In der Kernstadt Berlin sind 26 Prozent aller sozialversicherungspflichtig Beschäftigten bei unternehmensbezogenen Informationsdienstleistern tätig, im Umland von Berlin dagegen nur noch 18 Prozent. Dieses Phänomen ist in abgeschwächter Form auch für die Region München nachweisbar.

Noch deutlicher wird dieses Gefälle, wenn der absolute Arbeitsplatzbesatz betrachtet wird. In der Region Berlin zeigt der Vergleich der insgesamt sozialversicherungspflichtig Beschäftigten in der Kernstadt (1.124 Tausend) mit denen des Umlandes (302 Tausend) die Dominanz der Stadt Berlin als Arbeitsort. Das Arbeitsplatzverhältnis liegt bei 1:4, d.h. auf einen Arbeitsplatz im Umland kommen 3-4 Arbeitsplätze in der Kernstadt. Im Bereich der unternehmensbezogenen Informationsdienstleister verschiebt sich mit einem Verhältnis von 1:5 das Arbeitsplatzangebot noch stärker zugunsten der Kernstadt. Das betrifft insbesondere das Verlags- und Druckgewerbe (1:10), das Kredit- und Versicherungsgewerbe (1:8) sowie den Bereich Datenverarbeitung und Datenbanken (1:9). In der Region München sind die Differenzen mit einem Verhältnis des Arbeitsplatzbesatzes von 1:11 für alle sozialversicherungspflichtig Beschäftigten noch größer als in der Region Berlin. Im Bereich der unternehmensbezogenen Informationsdienstleister (1:23) weist die Region München ein wesentlich stärkeres Gefälle im Arbeitsplatzbesatz auf und hier vor allem im Bereich Kultur, Sport und Unterhaltung (1:91). Auch die Arbeitsplatzverteilung im Bereich Datenverarbeitung und Datenbanken unterscheidet sich mit einem Verhältnis von 1:19 bzw. im Bereich Erziehung und Unterricht mit 1:9 ganz deutlich vom Gesamtverhältnis zugunsten der Kernstadt München.

Die unternehmensbezogenen Dienstleister sind also insbesondere für die Kernstädte ein prägender Wirtschaftsbereich. Im Umland dominieren dagegen neben dem sekundären Sektor gleichrangig die Bereiche der distributiven und in der Region Berlin zusätzlich die gesellschaftsbezogenen Dienstleistungen. Diese räumlich variierende Präsenz der unternehmensbezogenen Informationsdienstleister ist vermutlich auf die jeweils spezifischen Standortanforderungen sowohl des Dienstleistungssektors als auch des sekundären Sektors zurückzuführen.

5.2 Standortmuster der Dienstleistungsunternehmen

Bevor im Weiteren, gestützt auf detaillierte Daten der Primärerhebung, typspezifische Standort- und Interaktionsmuster betrachtet werden, ist zunächst nach der Existenz und räumlichen Verteilung der Dienstleistungstypen zu fragen: Lassen sich die von uns definierten Informationsdienstleister in hinreichend großer Anzahl wiederfinden? Gestützt auf die Primärerhebung ist diese Frage eindeutig mit Ja zu beantworten (vgl. Abbildung 2).

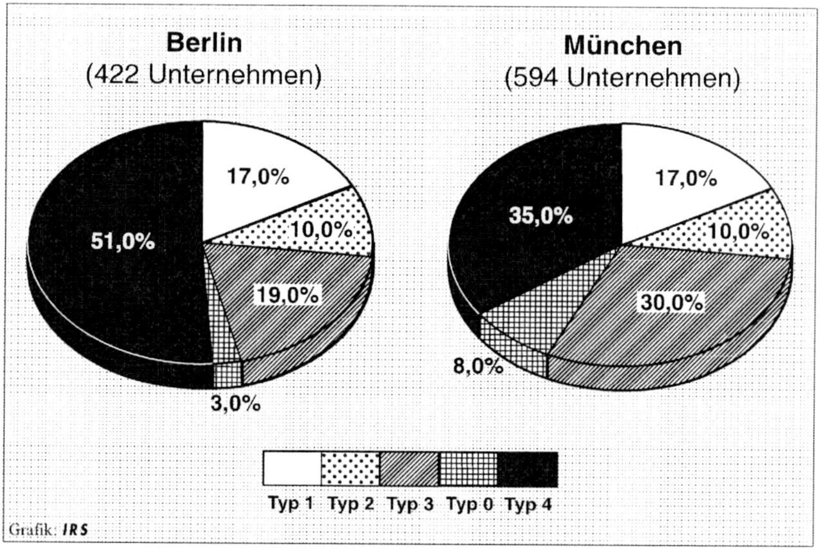

Quelle: IRS - Unternehmensbefragung 2002

Abbildung 2: Unternehmenstypen in den Regionen Berlin und München

Das Ergebnis belegt sogar, dass die Dienstleistungsstruktur beider Metropolregionen in starkem Maße durch die neuen Informationsdienstleister (Typ 0-3) geprägt ist, wobei jedoch regionale Unterschiede hervortreten:

- In der Region Berlin ist jedes zweite Unternehmen ein klassischer Dienstleister (Typ 4), für den die „face-to-face“ Kontakte eine hohe Bedeutung haben. In der Münchener Region ist es dagegen nur etwa jedes dritte.
- Berlin weist gegenüber München vor allem bei den „global services“ einen vergleichsweise niedrigen Anteil auf. Die funktionalen Verflechtungen der Dienstleistungsregion Berlin zu den für diesen Typ spezifischen Kunden wie Zentralen und Holdings sowie Finanzwirtschaft muss somit im Vergleich zu München noch relativ unentwickelt sein. Berlin ist also weniger durch den Metropolentyp der „global city“ geprägt als München.
- Erstaunlich ist ferner, dass in beiden Regionen der Anteil der Dienstleister, die als „servindustrial economy“ bezeichnet wurden, annähernd identisch ist und dies, obwohl gerade in der Region Berlin weite Teile der Industrie weggebrochen sind. Eine mögliche Erklärung ist, dass sich diese vor allem mit der Industrie verflochtenen Unternehmen aus der Berliner Region heraus stark überregional vernetzen, d.h. Berlin als Standort für die Dienstleister attraktiv ist, während die dazugehörige Industrie hier keine optimalen Standortvoraussetzungen mehr vorfindet (Deindustrialisierung).

Die Standortmuster weisen deutliche regionale Besonderheiten auf. So gibt es in der Region Berlin, ausgehend von der Innenstadt hin zum Umland, ein Konzentrationsgefälle in der räumlichen Verteilung der Unternehmen analog zu den Aussagen auf der Ebene der Arbeitsplätze. In München sind die Unternehmen dagegen auch im Umland stark vertreten (Abbildung 3), was nicht nur auf eine im Vergleich zur Berliner Region weit fortgeschrittene Suburbanisierung von Informationsdienstleistungen, sondern auch auf Unternehmen mit vielen Beschäftigten in der Kernstadt verweist, denn der Arbeitsplatzbesatz ist dort deutlich höher als im Umland (s.o.).

Die definierten Informationsdienstleistungstypen unterscheiden sich insbesondere durch differierende Kundenspektren und Interaktionsformen. Daher kann vermutet werden, dass sie spezifische Standortanforderungen haben und sich dies in der innerregionalen räumlichen Standortverteilung widerspiegelt. Dies ist aber nicht der Fall. Für alle drei Raumkategorien

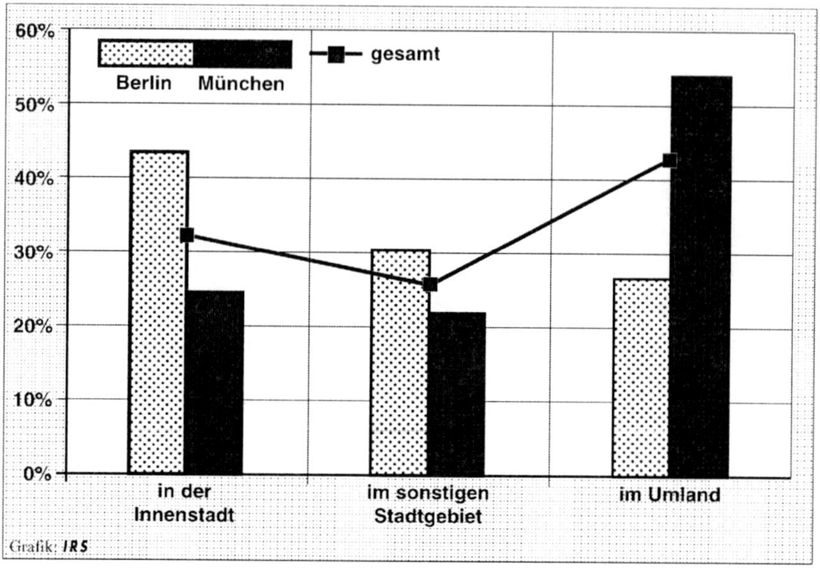

Quelle: IRS - Unternehmensbefragung 2002

Abbildung 3: Betriebsstandorte der befragten Informationsdienstleister

Innenstadt, sonstiges Stadtgebiet und Umland zeichnet sich eher ein regionsspezifisches als ein typabhängiges Standortmuster ab. So verteilen sich in der Region München die Unternehmen aller Typen in fast gleichen Proportionen zueinander über die drei Teilräume (vgl. Abbildung 4). In der Region Berlin sind dagegen vor allem die Unternehmen des Typs „global services" (Typ 3) im Umland deutlich unterrepräsentiert (vgl. Abbildung 4).

Dieser empirische Befund für die Region Berlin scheint die These zu stützen, dass „global services" in der Regel zentrale Standorte bevorzugen und der andersartige Befund in München auf spezifische regionalökonomische Entwicklungen verweist, die die Firmen verstärkt in den suburbanen Raum gedrängt haben.

Zusammenfassend ist festzuhalten, dass Unternehmen aller Typen in beiden Regionen ansässig sind. Von den befragten Informationsdienstleistern gehören in Berlin etwa die Hälfte und in der Region München mehr als

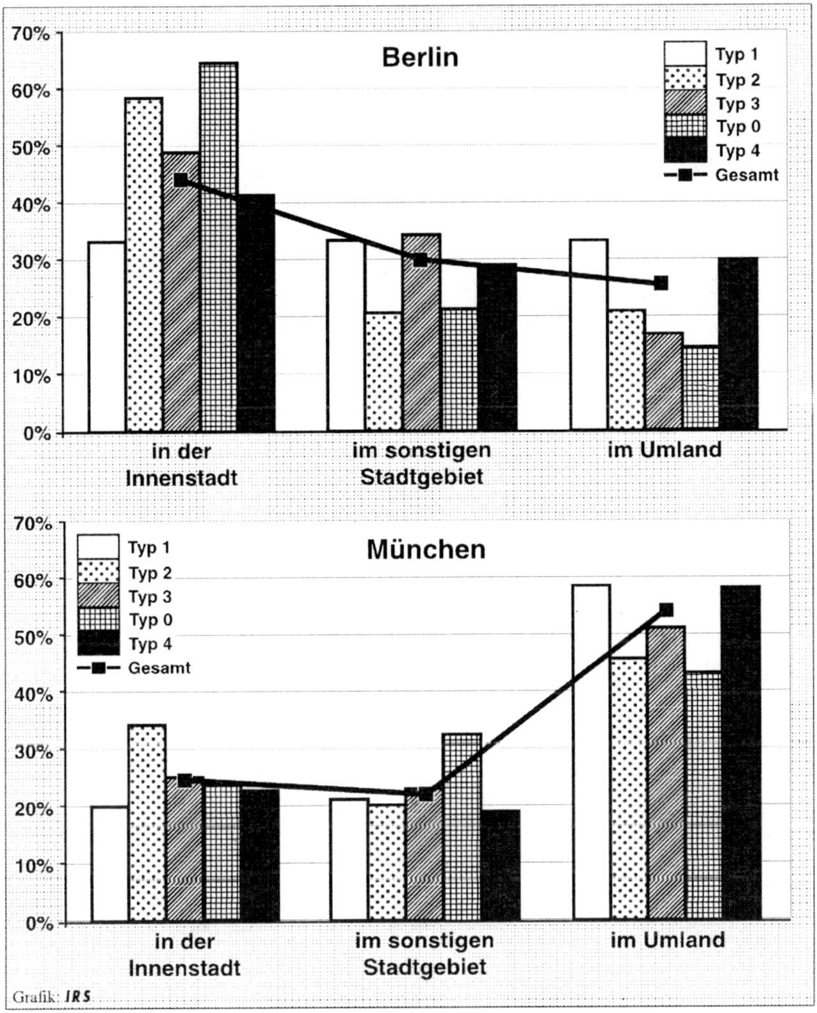

Quelle: IRS - Unternehmensbefragung 2002

Abbildung 4: Berlin und München - Räumliche Verteilung der Unternehmenstypen

zwei Drittel zu den neuen metropolitanen Informationsdienstleistern. Die räumliche Verteilung der Unternehmen ist nicht über ein typspezifisches Standortverhalten zu erklären, vielmehr scheinen weitere vor allem regionsspezifische Faktoren und das jeweilige regionale Entwicklungsniveau der Dienstleistungswirtschaft von Bedeutung zu sein.

5.3 Räumliche Verflechtungsmuster der Dienstleistungsunternehmen[11]

Für beide Metropolregionen konnte nachgewiesen werden, dass neue Informationsdienstleister diese zwar prägen, deren innerregionale Standortverteilung aber nicht typabhängig ist. Gilt dies für die räumlich-funktionalen Beziehungen der Informationsdienstleister ebenso, und folgen aus der unterschiedlichen Standortverteilung im Berliner und Münchener Raum auch regionsspezifische Differenzierungen in den regionalen bzw. überregionalen Verflechtungsmustern?

Reichweite der Kundenverflechtungen

Knapp zwei Drittel aller befragten Unternehmen haben wenigstens einen Kunden „anderswo in Deutschland". Damit tragen die Informationsdienstleister in großem Maße zu einer überregionalen/nationalen Verflechtung ihrer Sitzregion bei, wogegen die internationalen Verflechtungen in ein „anderes EU-Land" sowie in das „sonstige Ausland" eher schwach ausgeprägt sind (siehe Abbildung 5). Neben dieser Ausdehnung der Reichweite funktionaler Beziehungen ist aber auch eine ausgeprägte Bindung an Kunden in der eigenen Standortregion nachweisbar. So haben mehr als 40 Prozent aller Unternehmen wenigstens einen regionalen Abnehmer. Für sie scheint die Verflechtung mit Kunden in räumlicher Nachbarschaft nicht an Bedeutung verloren zu haben.

[11] Der Diskussion überregionaler Kundenverflechtungen im Zusammenhang mit den Beziehungen der Informationsdienstleister zu Zulieferern, Partnern und Informationsquellen widmet sich auch der Beitrag von Schmidt in diesem Band.

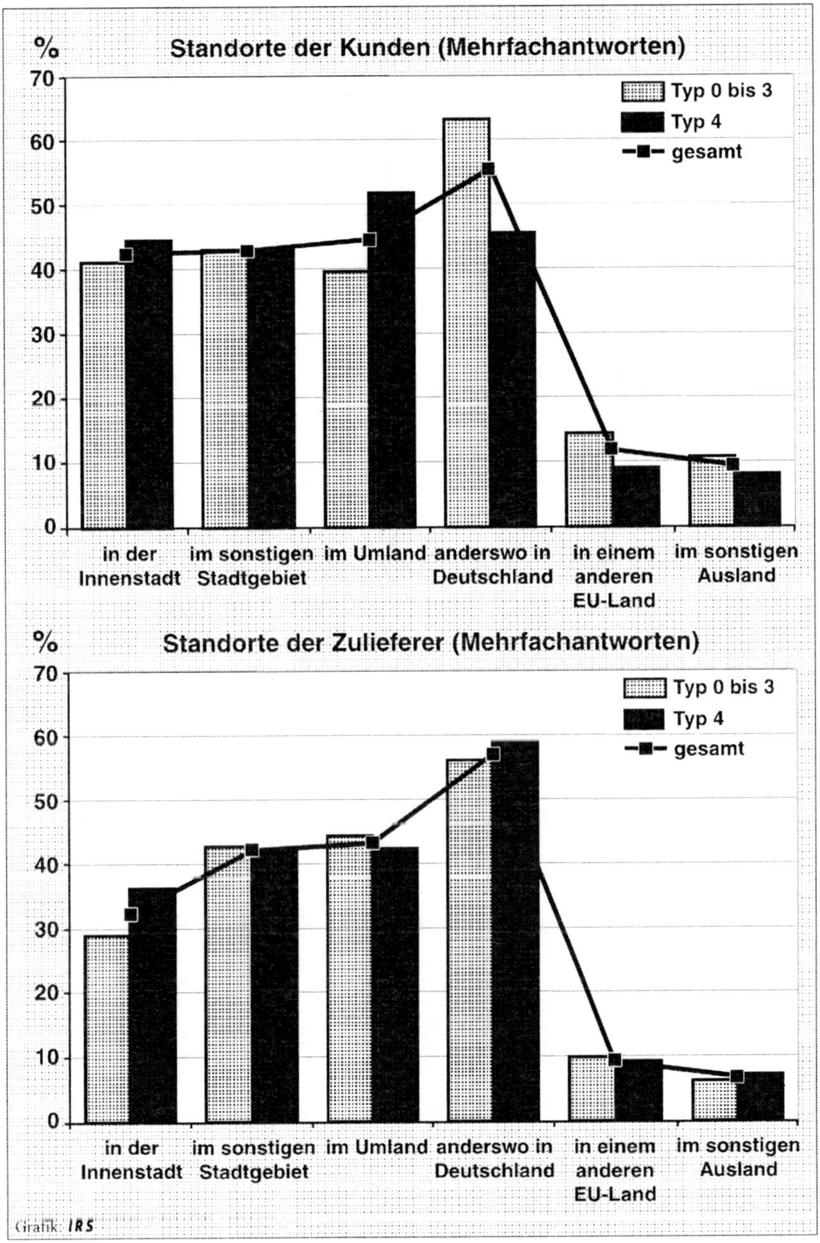

Quelle: IRS - Unternehmensbefragung 2002

Abbildung 5: Kunden und Zulieferer - Standorte nach Raumkategorien und neuen/klassischen Informationsdienstleistern

Gilt diese Aussage für die neuen und klassischen Informationsdienstleister in gleichem Maße? Während die klassischen Informationsdienstleister zu rund 45 Prozent Beziehungen zu Kunden anderswo in Deutschland haben, sind es bei der Gruppe der neuen Informationsdienstleister über 60 Prozent. Ähnlich sind die prozentualen Differenzen bei den Beziehungen zu Kunden im Ausland. Hinsichtlich der Kundenbeziehungen im regionalen Kontext verteilen sich die Anteile jedoch genau umgekehrt. Bezogen auf die regionalen Kundenstandorte „in der Innenstadt", „im sonstigen Stadtgebiet" und „im Umland" haben die klassischen Informationsdienstleister gegenüber den neuen Informationsdienstleistungen relativ höhere Kundenanteile. Allerdings sind die Unterschiede nicht so groß, dass die beiden Gruppen sich in ihren Kundenbeziehungen als gegensätzliche Typen darstellen. Vielmehr wird deutlich, dass auch die neuen Informationsdienstleister nach wie vor eine starke Bindung an ihre Standortregion als Absatzmarkt aufweisen, aber auch die klassischen Dienstleister nicht nur an das regionale Kundenspektrum gebunden sind.

Innerhalb der Gruppe der neuen Informationsdienstleister gibt es unterschiedliche Beziehungsmuster. Beim Typ „servindustrial economy" (Typ 1) zeichnet sich beispielsweise ab, dass die Unternehmen vergleichsweise geringe Kundenanteile in der Innenstadt (weniger als ein Drittel) und auch anderswo in Deutschland (unter 60 Prozent) haben, dafür aber auf den größten Anteil bei „Kunden im Umland" (mehr als 50 Prozent, ähnlich wie klassische Informationsdienstleister) verweisen können. Dies scheint logisch, denn Produktionsbetriebe als typische Abnehmer befinden sich in der Regel außerhalb der städtischen Zentren im suburbanen Raum. Unternehmen des Typs „global services" (Typ 3) haben dagegen mit rund 50 Prozent den höchsten Kundenanteil in der Innenstadt. Dies sind vermutlich die Unternehmenszentralen bzw. deren Filialen, die bevorzugt zentrale Standorte wählen und ihre regionalen Dienstleister in räumlicher Nähe an sich binden. Die Befunde für Dienstleister der „informational industry" (Typ 2) spiegeln wider, dass sich die Unternehmen dieses Typs vermutlich am weitesten aus einem räumlich engen Beziehungsgeflecht von Kunden und Dienstleistern gelöst haben: Eine Teilgruppe hat die wenigsten Kunden im sonstigen Stadtgebiet außerhalb der Innenstadt (Typ 2a), die andere weist den höchsten Anteil von Kunden in einem anderen EU-Land auf (Typ 2b). Statistisch lässt sich nur ein schwacher Zusammenhang zwischen Informationsdienstleistungstyp und Reichweite der Kundenbeziehungen nach zusammengefassten Raumkategorien – nur in der Region, überwiegend in der Region, sowohl innerhalb und außerhalb der Region, überwiegend außerhalb der Region, nur außerhalb der Region – nachweisen (vgl. Abbildung 6).

Reichweite der Zuliefererverflechtung

Fast zwei Drittel der von uns befragten Informationsdienstleister haben Zuliefererbeziehungen, wobei der Anteil von Unternehmen, die auf solche funktionalen Beziehungen zurückgreifen, bei den neuen Informationsdienstleistern etwas höher ausfällt als bei den klassischen. Signifikant unterschiedliche Muster lassen sich aber kaum noch ausmachen (vgl. Abbildungen 5 und 6). Bei den Zuliefererbeziehungen dominieren – ebenso wie bei den Kundenbeziehungen – die nationalen und insbesondere regionalen Verflechtungen gegenüber den internationalen. Damit bestimmen sowohl räumlich enge Verflechtungen als auch größere Reichweiten die Zuliefererbeziehungen von klassischen und neuen Informationsdienstleistern. Allerdings zeigen sich bei einer differenzierten Typbetrachtung heterogenere räumliche Beziehungsmuster. Am deutlichsten wird dies bei Unternehmen der „informational industry" (Typ 2): Einerseits haben sie starke nationale Verflechtungen mit Zulieferern (Typ 2a), andererseits stehen sie für den höchsten Anteil bei Zuliefererbeziehungen in der Innenstadt (Typ 2b).

Kunden- und Zuliefererverflechtung nach Fallregionen

Der im Vergleich mit der Region München höhere Anteil Berliner Informationsdienstleister, die ausschließlich Kunden in der Innenstadt, im sonstigen Stadtgebiet bzw. im Umland aufweisen, deutet – auch mit Blick auf die Dominanz klassischer Informationsdienstleister, auf räumlich begrenztere Dienstleistungsmärkte hin. So hat etwas mehr als die Hälfte der Unternehmen in der Region Berlin angegeben, wenigstens einen der drei wichtigsten Kunden in der Innenstadt zu haben. Bei den Zuliefererbeziehungen zeichnet sich für Berlin gegenüber München dagegen eine stärkere Verflechtung mit externen Dienstleistern deutschlandweit ab. Für Münchener Unternehmen dominieren „Kunden anderswo in Deutschland". Im Gegensatz zu Berlin bedienen die Informationsdienstleister der Mün-

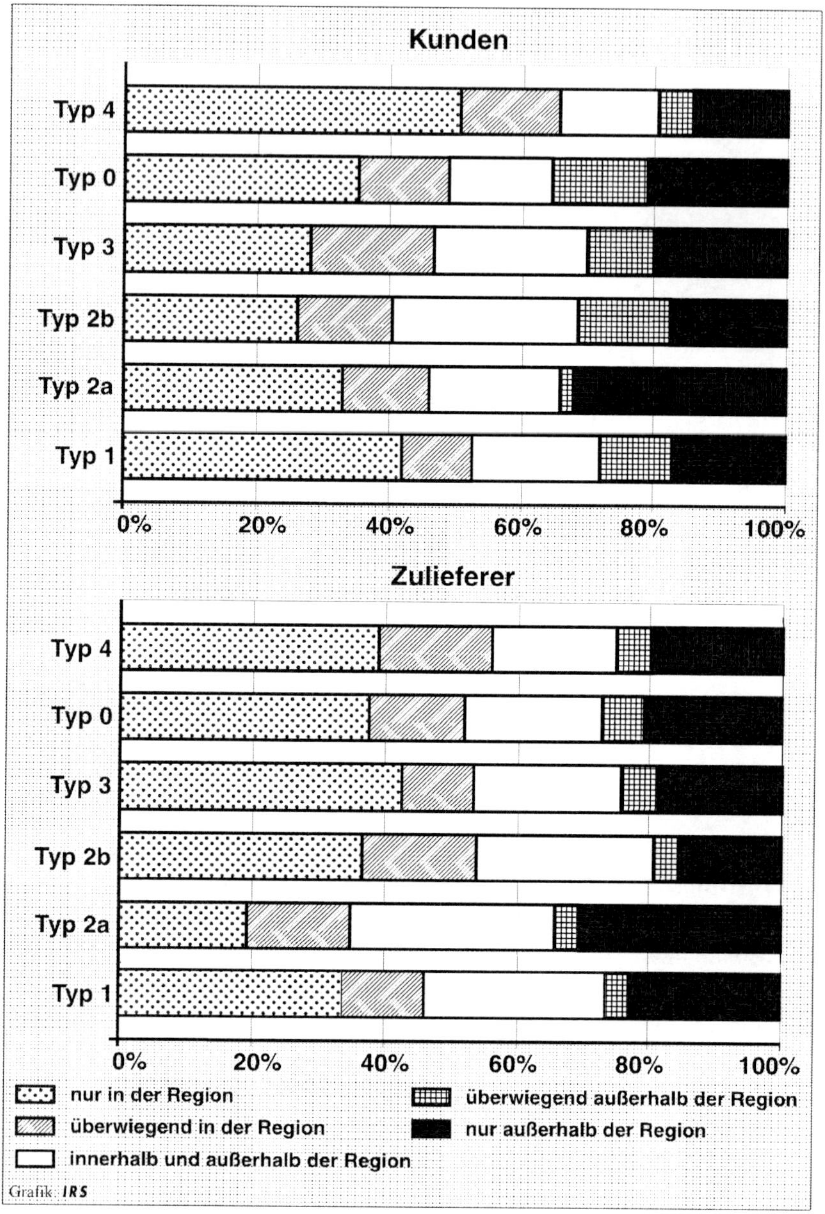

Quelle: IRS - Unternehmensbefragung 2002

Abbildung 6: Kunden- und Zuliefererbeziehungen – Reichweite nach zusammengefassten Raumkategorien und Unternehmenstypen

chener Region einen ausgedehnteren nationalen und internationalen Kundenkreis und sind bei den Zuliefererbeziehungen innerhalb der Kernstadt weniger verflochten.

Statistisch ist ein Zusammenhang zwischen Regionszugehörigkeit und Reichweite der Raumbindung nach zusammengefassten Raumkategorien (s.o.) nachweisbar. So hat in Berlin rund die Hälfte aller Informationsdienstleister ihre Kunden und ca. 30 Prozent ihre Zulieferer ausschließlich in der Region. In München sind es dagegen rund 40 Prozent aller Informationsdienstleister, die ihre Kundenbeziehungen, sowie 40 Prozent, die ihre Zuliefererbeziehungen ausschließlich in der Region abwickeln. Während in München die Zulieferer die Nähe zu ihren großen und dichten Absatzmärkten in der Metropolregion suchen, ist die Berliner Region diesbezüglich weniger vernetzt, was fehlende Angebote vermuten lässt. Diese Unterschiede zwischen den Regionen bei der Reichweite der Kunden- und Zuliefererbeziehungen deuten auf die bereits erwähnten regionsspezifischen Einflussfaktoren hin und sind vermutlich vor allem der historischen Entwicklung geschuldet.

Innerregionale Verflechtungs- und Standortstrukturen

Die Analyse der räumlichen Dimension innerregionaler Verflechtungen belegt an Stelle der vermuteten Typabhängigkeiten signifikante Zusammenhänge zwischen den Standorten der Dienstleister und Kunden bzw. Zulieferer innerhalb der Stadtregion. Vor allem bei neuen Informationsdienstleistern lässt sich dies für die Innenstadt und das sonstige Stadtgebiet nachweisen (vgl. Abbildung 7).

Damit ergibt sich die Frage: Wie weit sind Informationsdienstleiter und Kunden bzw. Zulieferer in der jeweiligen Metropolregionen tatsächlich räumlich voneinander entfernt? Mehr als drei Viertel der Unternehmen haben als Entfernung ihrer regionalen Kunden „weiträumig“ angegeben, und dies gilt in der Metropolregion Berlin fast ebenso wie in München (vgl. Abbildung 8). Damit sind für die Kundenbeziehungen, die nach unseren Befragungsergebnissen bei allen Informationsdienstleistungstypen immer noch mit einem hohen „face-to-face“-Anteil verbunden sind, Mobilitätsformen relevant, die an entsprechende Infrastrukturen und Standortfaktoren geknüpft sind, denn man sitzt nicht (mehr) „nebenan“. Es wird ferner deutlich, dass sich die tatsächliche Distanz zu regionalen

Kunden nach den definierten Entfernungskategorien – standörtlich: fußläufige Nähe (bis 1 km), lokal: nahräumliche Nähe (1 bis 5 km) bzw. regional: weiträumige Nähe (mehr als 5 km) – weitgehend unabhängig von der Regions- bzw. der Informationsdienstleistungstypzugehörigkeit darstellt.

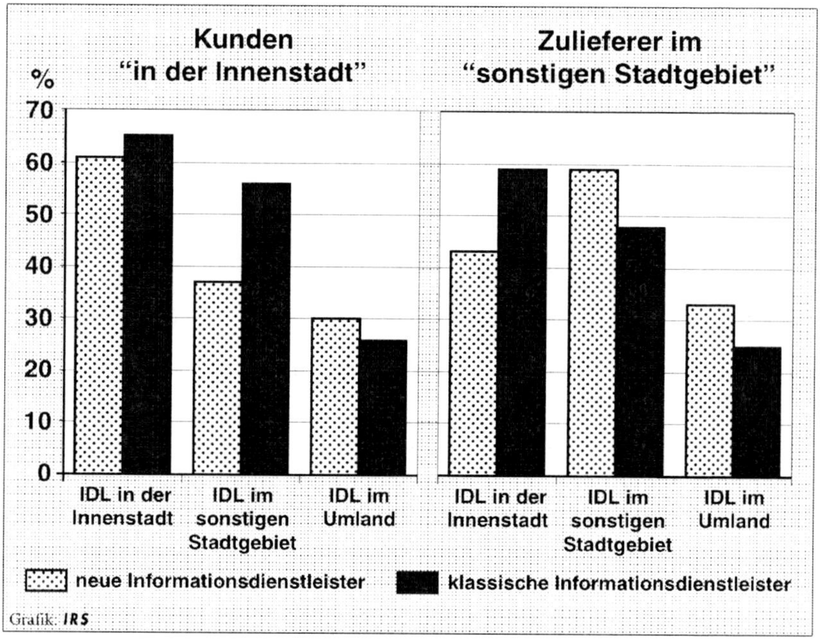

Quelle: IRS - Unternehmensbefragung 2002

Abbildung 7: Regionale Kunden- und Zuliefererbeziehungen - Faktor Nähe nach Standorten der Informationsdienstleister sowie neuen/klassischen Informationsdienstleistern

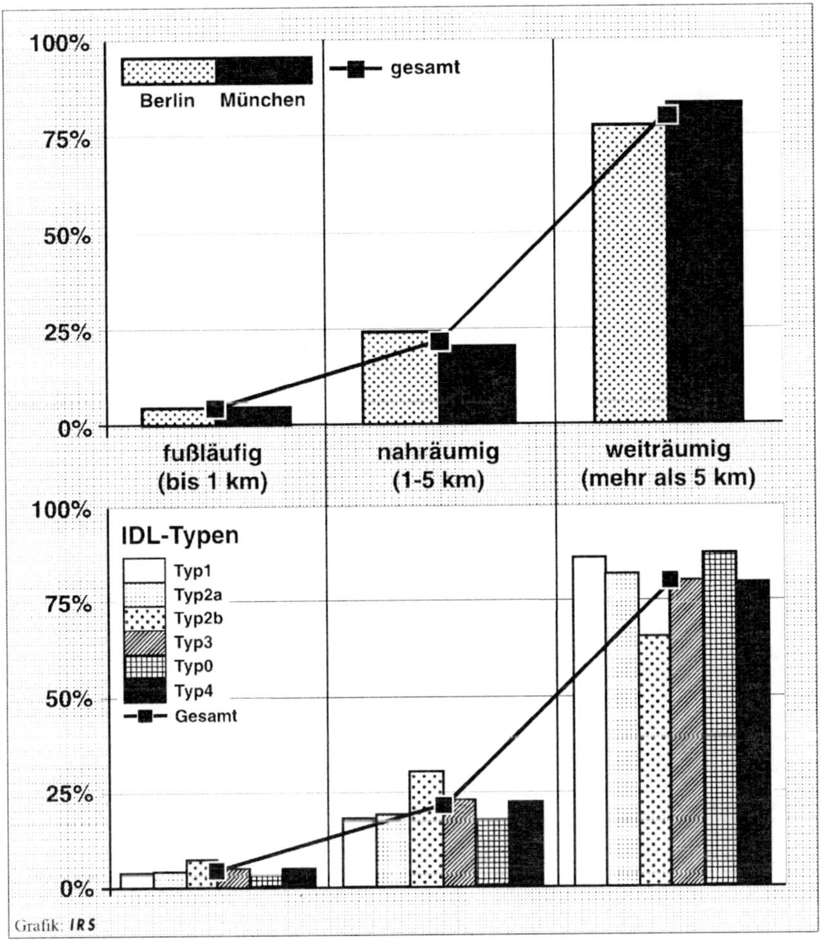

Quelle: IRS - Unternehmensbefragung 2002

Abbildung 8: Regionale Kundenbeziehungen - Faktor Nähe nach Entfernungskategorien sowie Regionen und Unternehmenstypen

6 Resümee und Ausblick

Im Jahr 2000 waren im Raum Berlin jeder vierte und im Raum München jeder dritte sozialversicherungspflichtig Beschäftigte bei unternehmensbezogenen Informationsdienstleistern tätig. Die untersuchten Fallregionen stellen somit sowohl regional als auch überregional vernetzte Informationsdienstleistungsstandorte dar. Dabei haben die neuen Informationsdienstleister vergleichsweise häufiger überregionale Kundenbeziehungen als klassische Informationsdienstleister. Die räumliche Reichweite der Zulieferbeziehungen ist stärker durch die Regionszugehörigkeit determiniert. Ein Bedeutungsverlust funktionaler regionaler Bindungen ist insgesamt sowie regional differenziert (d.h. getrennt nach München und Berlin) nicht nachweisbar. So kann bei den neuen Informationsdienstleistern nicht von einer Loslösung aus räumlich-funktionalen Bindungen an die eigene Metropolregion ausgegangen werden, denn nur eine vergleichsweise kleine Gruppe weist ausschließlich überregionale funktionale Verflechtungen aus. Auch wenn der Anteil von Unternehmen, die neue Informationsdienstleistungen im Berliner Raum erbringen, deutlich geringer ausfällt als in München, sind diese in ihren Kundenbeziehungen ähnlich überregional. Die Loslösung aus räumlich-funktionalen Zusammenhängen durch Ausdehnung der Dienstleistungsmärkte sowie die Vertiefung der regionalen Verflechtungsstrukturen sind in den untersuchten Regionen gleichzeitig stattfindende raumwirksame Prozesse, die offensichtlich die neue Wettbewerbsfähigkeit eines Großteils der Informationsdienstleister ausmachten. Für die regionalen Kunden- bzw. Zuliefererbeziehungen ist räumliche Nähe in beiden Regionen weniger in Form von standörtlichen bzw. lokalen Fühlungsvorteilen sondern mehr als regionaler und damit organisatorisch-funktionaler Zusammenhang bedeutsam.

Sowohl Berlin als auch München definieren sich heute als „Wissensstädte". Sie verbinden dies vor allem mit ihrem FuE-Potenzial im universitären, außeruniversitären bzw. privaten Bereich und verorten es in unterschiedlichen stadträumlichen „Clustern". Ein wesentlicher Unterschied besteht darin, dass Berlin zwar auf eine sehr hohe FuE-Beschäftigtendichte (Anteil der FuE-Beschäftigten an der Gesamtzahl der Beschäftigten, vgl. auch Kühn 2003) verweisen kann, diese aber vor allem – und im Gegensatz zu München – durch öffentlich finanzierte Forschungseinrichtungen entsteht. Aber nicht nur im FuE-Beschäftigtenbereich gibt es Differenzen. So kann mit diesem Beitrag ein weiterer Unterschied zwischen den beiden Metropolregionen herausgearbeitet werden. Er besteht in der inneren Struktur sowie in der Verortung und der Verflechtung des Informationsdienstleistungssektors: Im Berliner Raum sind Informationsdienstleister stärker in der Kernstadt konzentriert und auf den regionalen Markt orientiert, aber mit Zulieferern weniger regional verflochten. Außerdem fällt der Anteil neuer Informationsdienstleister in der Metropolregion Berlin im Vergleich zu München deutlich geringer aus.

Abschließend sei vermerkt, dass dieser Beitrag nur auf ausgewählte empirische Befunde zur Frage der Standortmuster und Raumbindungen metropolitaner Informationsdienstleister eingeht und deshalb auf weitere Untersuchungen bzw. Veröffentlichungen verwiesen werden muss (z.B. Kujath und Schmidt in diesem Band sowie Jähnke 2004 und Schmidt, Wolke 2004). Ein spezielles weiterführendes Forschungsinteresse gilt differenzierteren Typisierungsansätzen des Informationsdienstleistungssektors. Dies wird beispielsweise im Rahmen einer Dissertation auf der Basis der vorliegenden Befragungsdaten umgesetzt.[12] Außerdem werden – angeregt durch die Projekte im IRS – durch andere Forschungseinrichtungen ähnliche Unternehmensbefragungen in weiteren deutschen Metropolregionen durchgeführt, was neue Optionen zur Weiterführung der Untersuchungen eröffnet.[13]

[12] Das Dissertationsvorhabens von Petra Jähnke, angesiedelt an der HU Berlin, hat den Titel „Raumbindungen wissensintensiver unternehmensbezogener Dienstleistungen und deren Implikationen für Politik und Planung“ (vgl. auch www.irs-net.de).

[13] Beispielsweise hat das ZIT (Zentrum für Interdisziplinäre Technikforschung) an der Universität Darmstadt im Rahmen seiner Forschungen im Jahre 2003 bei Informationsdienstleistern in der Rhein-Main-Region mit einem analogen Fragebogen eine Primärerhebung durchgeführt.

Literatur

Ache, P. (2000): Cities in Old Industrial Regions between Local Innovative Milieu and Urban Governance – Reflections on City Region Governance. In: Europan Planning Studies, Vol. 8, Nr. 6, S. 693-709

Aharoni, Y. (1993): Ownership, Networks and Coalitions. In: Sauvant, K. P.; Mallampally, P. (Hrsg.): International Corporations in Services. In: United Nations Library on Transnational Corporations 12. London, New York

Almus, M.; Egeln, J.; Engel, D. (1999): Determinanten regionaler Unterschiede in der Gründungshäufigkeit wissensintensiver Dienstleister. In: ZEW Discussion Paper Nr. 99-22, Mannheim

Baccini, P.; Oswald, F. (1997): Netzstadt – Transdisziplinäre Methode zum Umbau urbaner Systeme. Zürich

Baccini, P.; Oswald, F.; Michaelis, M. (2003): Netzstadt. Zürich

Bernardy, de M.; Loinger, G. (1997): Technopolis and Serendity. The Adjustment Effects Created by Nancy-Brabois and ZIRST Technological Parks: A Comparison. In: Ratti, R.; Bramanti, A.; Gordon, R. (Hrsg.): The Dynamics of Innovative Regions. The GREMI Approach. Aldershot, Brookfield, Singapore, Sydney, S. 237-262

Blotevogel, H. H. (1998): Europäische Metropolenregion Rhein-Ruhr. In: ILS-Schriften Nr. 135. Dortmund

Castells, M. (1999): Europan Cities – The Informational Society and the Global Economy. In: Legates, R. T.; Stout, F. (Hrsg.): The City Reader. London, New York, S. 556-567

Castells, M. (1996): The Rise of the Network Society. Vol. I: The Information Age: Economy, Society and Culture. Oxford

Castells, M.; Hall, P. (1994): Technopoles of the World, The Making of 21th Century Industrial Complexes. London, New York

Castells, M. (1989): The Informational City. Oxford, Cambridge

Dunning, J. H. (1993): Multinational Enterprises and the Growth of Services: Some Conceptual and Theoretical Issues. In: Sauvant, K. P.; Mallampally, P. (Hrsg.): International Corporations in Services. London, New York, Bd. 12, S. 34-74

Friedmann, J. (1995): Ein Jahrzehnt der World City-Forschung. In: Hitz, H. et al. (Hrsg.): Capitales Fatales – Urbanisierung und Politik in den Finanzmetropolen Frankfurt und Zürich. Zürich, S. 22-44

Fritsch, M.; Koschatzky, K.; Schätzle, L.; Sternberg, R. (1998): Regionale Innovationspotentiale und innovative Netzwerke. In: Raumordnung und Raumplanung, Heft 4, S. 243-251

Garreau, J. (1991): Edge City – Life on the New Frontier. New York

Glasmeier, A.; Howland, M. (1994): Service-Led Rural Development: Definitions, Theories and Empirical Evidence. In: International Regional Science Review 16 (1-2), S. 197-229 (Nachdruck in: Bryson, J. R.; Daniels, P. W. (Hrsg.) (1998): Service industries in the global economy 2. Cheltenham, Northampton)

Görgens, E. (1975): Die Drei-Sektoren-Hypothese. In: WISU, Heft 6, S. 287-292

Grabow, B. et al. (1995): Weiche Standortfaktoren. In: Schriften des Difu, Band 89. Stuttgart, Berlin, Köln

Hall, P. (2001): Global City-Regions in the Twenty-First Century. In: Scott, A. J. (Hrsg.): Global City-Regions. Oxford, S. 59-77

Häußermann, H.; Siebel, W. (1995): Dienstleistungsgesellschaften. Frankfurt/M.

Heinrich, C. (2002a): Die Herausbildung von Dienstleistungs- und Informationssektor im ökonomischen Strukturwandel: Entwurf und Gegenentwurf. Unveröffentlichtes Manuskript. Erkner

Heinrich, C. (2002b): Business Services Acting as Intermediaries in Decision-Making. Paper zum Vortrag auf dem Workshop „Entrepreneurship in the Modern Space-Economy" vom 10. bis 11. Juni 2002 im Tinbergen Instituut in Amsterdam (NL)

Heinrich, C. (2002c): Intermediärfunktion von Dienstleistungen. Die Vorbereitung von Entscheidungen. Unveröffentlichtes Manuskript. Erkner

Jähnke, P. (2004): Raumbindungen von Informationsdienstleistern in Metropolregionen – die räumliche Dimension funktionaler Beziehungen. In: IRS Working Paper 1/2004. Unveröffentlichtes Manuskript. Erkner

Jähnke, P. (2003): Neue Informationsdienstleistungen: enträumlicht oder raumgebunden? In: RAUM, ÖIR (Österreichisches Institut für Raumplanung), Heft 50, Juni 2003, S. 42-43

Jähnke, P. (2002a): IT-Dienstleister – Vernetzungspotenziale und Raumansprüche. In: Grabow, B. (Hrsg.): Ökonomie im (Schlepp-)Netz – 2. Werkstattbericht „E-Shopping und Kommunen". In: Materialien des Deutschen Instituts für Urbanistik (Difu) 1/2002. Berlin, S. 143-159

Jähnke, P. (2002b): Restructuring of Spatial Relations of Business Services in Metropolitan Regions – a Research Project. In: ERSA, GfR, Universität Dortmund (Hrsg.): From Industry to Advanced Services – Perspectives of European Metropolitan Regions. 42nd Congress of the European Science Association (ERSA) in Dortmund. Congress CD-ROM 2002 bzw. www.ersa2002.org

Jansen, D. (2000): Netzwerke und soziales Kapital. In: Weyer, J. et al. (Hrsg.): Soziale Netzwerke. München, Wien, Oldenburg, S. 35-62

Knox, P. L. (1994): Urbanisation. Englewood Cliffs

Knox, P. L.; Taylor, P. J. (Hrsg.) (1995): World Cities in a World System. Cambridge

Koll, R.; Nam, C. W.; Kiemer, K. (1997): Dienstleistungsstandort Bayern. In: ifo Studien zur Regional- und Stadtökonomie 10, ifo Institut für Wirtschaftsforschung. München

Kühn, M. (2003): Wissenschaftsstädte – Wissenschaftsparks. Wissensbasierte Siedlungsstrukturen in deutschen Stadtregionen. In: Raumforschung und Raumordnung 3, S. 139-149

Kujath, H. J. (2001): Regionen im globalen Kontext. Strategien für unterschiedliche Regionstypen. In: Publikationsreihe Innovationen für Regionen (Institut für regionale Innovationen). Wien

Kujath, H. J.; Arndt, M.; Heinrich, C.; Jähnke, P.; Wolke, M. (2001): Die Restrukturierung der Dienstleistungsökonomien europäischer Metropolregionen und ihre wirtschafts- und sozialräumlichen Folgen. In: IRS Working Paper. Unveröffentlichtes Manuskript. Erkner

Kulke, E. (1998): Unternehmensorientierte Dienstleistungen. In: Kulke, E. (Hrsg.): Wirtschaftsgeographie Deutschland. Gotha, Stuttgart, S. 183-198

Krätke, S. (2002): Medienstadt – Urbane Cluster und globale Zentren der Kulturproduktion. Opladen

Krätke, S. (1993): Stadtsystem im internationalen Kontext und Vergleich. In: Roth, R.; Wollmann, H. (Hrsg.): Kommunalpolitik – Politisches Handeln in den Gemeinden. Opladen, S. 176-193

Lüthje, B. (2001): Standort Silicon Valley, Ökonomie und Politik der vernetzten Massenproduktion. Frankfurt, New York

Naschold, F.; Jürgens, U.; Lippert, I.; Rennecke, L. (1999): Vom chandlerianischen Unternehmensmodell zum Wintelismus? Ausgangsüberlegungen für ein Projektvorhaben über veränderte Governanceformen in der internationalen InfoCom und Automobilindustrie. WZB Discussion Paper FS2 99-204. Berlin

Peter, M. (1997): Industriewirtschaft – Dienstleistungswirtschaft: Eine vergleichende Untersuchung verschiedener Definitionssysteme synthetischer Strukturen im Hinblick auf ihre Eignung zur Darstellung und Analyse der wirklichen strukturellen Veränderungen in Volkswirtschaften. Idstein

Reske, J. (1990): Dienstleistungen im Strukturwandel – Auswirkungen auf Wirtschaft und Gesellschaft. In: Daimler-Benz-AG – Arbeitsberichte aus der Forschung. Berlin

Rubalcaba-Bermejo, L. (1999): Business Services in European Industry: Growth, Employment and Competitiveness. In: Europäische Kommission. Brüssel, Luxemburg

Sassen, S. (1999): Kontrollverlust? Der Staat und die neue Geographie der Macht. In: Gewerkschaftliche Monatshefte, Nr. 7-8, S. 447-457

Sassen, S. (1996): Metropolen des Weltmarkts: Die neue Rolle der Global Cities. Frankfurt/M., New York

Sassen, S. (1995): Global City – Hierarchie, Maßstab, Zentrum. In: Hitz, H. et al. (Hrsg.): Capitales Fatales: Urbanisierung und Politik in den Finanzmetropolen Frankfurt und Zürich. Zürich, S. 45-60

Sassen, S. (1991): The Global City: New York, London, Tokyo. Princeton

Sauvant, K. P. (1993): The Fradability of Services. In: Sauvant, K. P.; Mallampalli, P. (Hrsg.): International Corporations in Services. In: United Nations Library on Transnational Corporations 12. London, New York

Sauvant, K. P.; Mallampally, P. (1993): Introduction: Transnational Corporations in Services. In: Sauvant, K. P.; Mallampally, P. (Hrsg.): International Corporations in Services. In: United Nations Library on Transnational Corporations 12. London, New York

Schmidt, S.; Wolke, M. (2004): Berlin und München als Standorte wissensintensiver Dienstleister – Verflechtungsmuster, Interaktionsstrukturen und metropolitane Standortanforderungen. In: Matthiesen, U. (Hrsg.): Stadtregion und Wissen. Analysen und Plädoyers für eine wissensbasierte Stadtpolitik. Wiesbaden, S. 123-147

Scott, A. J. (2001) (Hrsg.): Global City-Regions. Oxford

Sieverts, T. (1997): Zwischenstadt. Braunschweig, Wiesbaden

Steinbicker, J. (2001): Zur Theorie der Informationsgesellschaft – Ein Vergleich der Ansätze von Peter Drucker, Daniel Bell und Manuel Castells. Opladen

Taylor, P. J.; Catalano, G.; Walker, D. R. F. (2002): Multiple Globalisations: Regional, Hierarchical and Sector Articulations of Global Business Services through World Cities. In: Globalization and World Cities Study Group and Network (GaWC) Research Bulletin 55, www.ibora.ac.uk

Venturi, M. (2001): Die Form der Veränderung. In: Rietdorf, W. (Hrsg.): Auslaufmodell Europäische Stadt? Neue Herausforderungen und Fragestellungen am Beginn des 21. Jahrhunderts. Berlin, S. 131-155

Willke, H. (1998): Systemisches Wissensmanagement. Stuttgart

Suntje Schmidt

9. Metropolregionen als Hubs globaler Kommunikation und Mobilität in einer wissensbasierten Wirtschaft?

1 Einleitung

Der wirtschaftliche Strukturwandel von der produktionsorientierten hin zu einer stärker dienstleistungs- und wissensbasierten Wirtschaft hat auch die Debatten um die Rolle von Metropolen intensiviert. Erste Thesen vom Bedeutungsverlust metropolitaner Räume lassen sich zunächst nicht bestätigen. Vielmehr scheint sich abzuzeichnen, dass gerade Metropolen auch unter sich verändernden wirtschaftlichen Bedingungen eine Schlüsselrolle übernehmen. Worin diese Schlüsselrolle besteht und welche veränderten Funktionen und Anforderungen damit verbunden sind, wird derzeit viel diskutiert. Damit einher geht auch eine erneute Evaluierung klassischer Standortfaktoren, wie beispielsweise die Bedeutung von Kommunikations- und Verkehrsinfrastrukturen als möglicherweise wettbewerbsentscheidende Faktoren in nationalen und internationalen Kontexten.

In diesen Zusammenhang greifen auch Diskussionen um die Wirkung moderner Informations- und Kommunikationstechnologien (IuK-Technologien) ein. Von Auflösung der Städte und Untergang der Metropolen ist teilweise die Rede. Aktuelle Entwicklungen zeigen zwar, dass bestimmte Funktionen zur Dekonzentration neigen, weil die raumüberwindenden Eigenschaften der IuK-Technologien Agglomerationsvorteile zum Teil aufheben können (z.B. Auslagerung standardisierbarer Produktionsfunktionen) (Flöting 2002: 25). Jedoch zeichnen sich andere Funktionen, vor allem die der Steuerung und Organisation, eher durch Konzentrationsprozesse aus (ebd.). Auch die These des „death of distance" (Cairncross 1997) – dem Bedeutungsverlust physischer Distanzen aufgrund der sinkenden Transportkosten (ebd. 1997: xi) – und der damit einhergehenden räumlichen Ausbreitung wirtschaftlicher Aktivitäten auch in periphere Regionen hat sich in der Realität bisher nicht bestätigt. Gleichwohl sind es moderne IuK-Technologien, die den wirtschaftlichen Strukturwandel und damit verknüpfte Veränderungen in den räumlichen Beziehungen vorantreiben.

Auch wenn das Ausmaß des raumstrukturellen Einflusses von IuK-Technologien umstritten ist, so ist der wirtschaftliche Strukturwandel und damit verbunden der Bedeutungsgewinn unternehmensorientierter Dienstleistungen eng an diese Technologien gebunden. Da eine Konzentration höherwertiger Dienstleistungen in Metropolregionen zu beobachten ist, soll der vorliegende Beitrag auf die Rolle von Metropolregionen in einer dienstleistungsbasierten Wirtschaft eingehen. Das erste Kapitel wird theoretische Überlegungen zur Knotenfunktion von Metropolregionen sowie zu den Raumansprüchen unternehmensorientierter Dienstleister darstellen. Der zweite Teil basiert auf empirischen Ergebnissen einer Unternehmensbefragung, die im Rahmen der Institutsforschung des IRS durchgeführt wurde. Die Ergebnisse werden die Beziehungsnetze unternehmensorientierter Dienstleister in Metropolregionen in den Mittelpunkt stellen, um daraus Rückschlüsse auf Standortanforderungen der wissensbasierten Dienstleistungswirtschaft an Metropolregionen abzuleiten. Abschließend wird auf die Rolle von metropolitanen Standortqualitäten in einer wissensbasierten Wirtschaft eingegangen.

2 Theoretische Ansätze

2.1 Metropolregionen als globale Hubs

Wenn Metropolregionen als „Hubs“ bezeichnet werden, dann verweist diese Zuordnung auf eine gewisse Stellung dieser Städte im nationalen bzw. internationalen Städtesystem. Oft scheinen die Bezeichnungen „Hub“ und „Node“ fast synonym verwendet zu werden, jedoch besteht im Englischen zwischen diesen beiden ein deutlicher Unterschied. Während „Node“ einfach mit „Knoten“ übersetzt werden kann, verweist der Begriff „Hub“ auf eine weitergehende, ja sogar höherwertige Bedeutung. Während die Bezeichnung eines Ortes als Knoten lediglich darauf hindeutet, dass dieser Ort von gewisser infrastruktureller Bedeutung ist, schließt die Bezeichnung „Hub“ eine Bewertung ein: unter „Hub“ ist ein „Knoten“ zu verstehen, der einen Mittelpunkt, eine Drehscheibe oder einen zentralen Verkehrsknoten darstellt. Inwieweit können Metropolregionen in einer wissensbasierten Wirtschaft eine derartige Hub-Funktion einnehmen? Werden in ihnen tatsächlich verschiedene Kommunikations-, Beziehungs- und Verkehrsnetze gebündelt, miteinander verknüpft und weiträumig neu verteilt?

Blotevogel (2002) verweist darauf, dass sich in einer Metropole unterschiedlichste gesellschaftliche, wirtschaftliche und politische Funktionen ballen. Sie sind überwiegend großstädtisch geprägte Siedlungsräume und Standorte supranationaler Steuerungs-, Kontroll- und Dienstleistungsfunktionen (Blotevogel 2000: 147), Innovations- und Wettbewerbsfunktionen sowie Gateway-Funktionen (Blotevogel 2002: 1 f.).[1] Hochspezialisierte unternehmensorientierte Dienstleister konzentrieren sich beispielsweise im „Finanz-Dienstleistungskomplex“. Gleichzeitig können durch die hohe Dichte und Vielfalt an Dienstleistern Zeitvorteile bei der Verfügbarkeit von Informationen bzw. beim Zugang zu ihnen entstehen, die vor allem auf wettbewerbsintensiven und innovativen Märkten zu entscheidenden Standortvorteilen führen (Blotevogel 2000: 147 f.). Es werden also drei entscheidende Funktionen von Metropolen unterstrichen: Sie sind Knoten internationaler Verkehrs-, Handels- und Informationsströme, Keimzellen innovativen Wirtschaftswachstums und politische sowie wirtschaftliche Steuerungszentralen.

Häußermann (2000) hingegen hebt hervor, dass die Definition von Metropolen immer schwieriger wird, zumal die Zuordnung von Metro-

[1] Diese Bündelung von Funktionen wird sichtbar durch den Sitz von nationalen und internationalen Unternehmenszentralen, Einrichtungen des Finanzwesens und unternehmensorientierte Dienstleistungen (z.B. Spezialanwälte, Computerspezialisten, Wirtschaftsprüfer, Finanzdienstleister), Regierungssitze und Sitze supranationaler Organisationen, Einrichtungen für wirtschaftlich-technische Innovationen (Universitäten, F&E Einrichtungen), Einrichtungen für soziale und kulturelle Innovationen (kulturelle Einrichtungen, Orte der Kommunikation), Verkehrsknoten (vor allem Flughafen), Medien, Messen, Ausstellungen etc.

polen bisher jeweils unter verschiedenen Bezugssystemen erfolgt ist.[2] Auch die heute gängigen wirtschaftsgeographischen Zugänge, die Metropolregionen wichtige Funktionen im globalen Wirtschaftssystem zuschreiben und sie als „Hubs" von Kommunikation und Mobilität verstehen, können seiner Meinung nach keine genauen Abgrenzungsmerkmale definieren. Er begründet dies damit, dass solche Ansätze ein hierarchisches Organisationsprinzip unterstellen (Häußermann 2000: 74), sich jedoch in vielen Ländern insbesondere nach dem Zweiten Weltkrieg und vor dem Hintergrund der zunehmenden Globalisierung der Wirtschaft ein dezentral angelegtes Städte- und Wirtschaftssystem ausgebildet hat. Unternehmen haben auf den Globalisierungsdruck und vor dem Hintergrund der zunehmenden Bedeutung wissensintensiver Tätigkeiten im Zusammenhang mit dem wirtschaftstrukturellen Wandel mit einer zunehmenden Vernetzung untereinander, mit der Delegation von Verantwortungen und Entscheidungen und der Aufgabe hierarchisch angelegter Unternehmensstrukturen reagiert, weil Hierarchien im Gegensatz zu Netzwerken nicht ausreichend flexibel auf sich ständig ändernde Anforderungen und den Bedeutungsgewinn von Innovationen reagieren können. Dies ist nach Häußermann (2000) auch übertragbar auf Städtesysteme: „Nicht ein Zentrum, sondern viele Zentren; nicht hierarchische Kommunikation, sondern Vernetzung; nicht zentral gesteuerte Arbeitsteilung, sondern Entfaltung der verschiedenen Begabungen im Wettbewerb und in arbeitsteiliger Kooperation – das sind die Organisationsmodelle in postfordistischen Umwelten." (Häußermann 2000: 74)

Dies bedeutet aber nicht, dass es in einem solchen System keine Orte mit besonderer Bedeutung gibt. Gerade eine sich zunehmend vernetzende Wirtschaft braucht Lokalitäten des Wirtschaftens, die besonderen Anforderungen gerecht werden müssen. Orte, die dichte Kommunikationsbeziehungen ermöglichen, in denen Informationsströme zusammenfließen, die die Netzwerkbildung unterstützen: Orte also, die den

[2] Diese Argumentation illustriert er anhand der Metropolenzuordnung von Paris und Berlin. Während Paris bereits seit Mitte des 19. Jahrhunderts als Metropole angesehen werden kann, weil hier „Macht, Luxus und Kunst [...] zu einer beispielhaften repräsentativen Kultur, die bis heute Aufmerksamkeit erregt, [verschmolzen], wären für Berlin die Attribute Technik, Licht und Massenkultur zu nennen." (Häußermann 2000: 71)

Wissenstransfer bündeln und weiträumig organisieren. In diesem Sinne tragen sie eine „Knotenfunktion" in sich, das heißt, in ihnen überlagern sich unterschiedlichste Netzwerke, die durch besondere „links" miteinander verknüpft werden. Ob diese Orte zwangsläufig als Metropolen zu bezeichnen sind, lässt Häußermann jedoch offen.

Während Blotevogel unterschiedlichste höchstwertige Funktionsballungen in Metropolregionen beschreibt und Häußermann auf besondere Orte verweist, die eine zunehmend vernetze Wirtschaft und Gesellschaft stützen, scheint beiden Autoren gemein, dass Interaktion und Kommunikation für die Bedeutung von Metropolregionen eine besondere Rolle spielen. So rücken nicht nur verkehrstechnische Netze in den Blickpunkt, sondern auch virtuelle Netze, die sich auf IuK-Technologien stützen. Der Aufbau und die effiziente Nutzung von Verkehrsinfrastrukturen ermöglichen es, ein räumlich weit gespanntes Beziehungsnetz aufzubauen. Metropolregionen übernehmen Hub-Funktionen, dass heißt, sie sind über Schnellbahnverbindungen oder Fluglinien direkt mit weit entfernt liegenden Regionen verbunden. Aufgrund der Unteilbarkeit hochleistungsfähiger Infrastrukturen konzentrieren sich die zentralen Schaltstellen dieser technischen Netzwerke an solchen Orten, in denen eine entsprechende Nachfrage zu finden ist. Durch die hohe Dichte von Unternehmen und die Vielfalt ihrer überregionalen – teilweise globalen – Wirtschaftsbeziehungen ist die Nachfrage nach solchen Infrastrukturen in Metropolregionen am höchsten. Flughäfen und Bahnhöfe mit internationalen und nationalen Direktverbindungen, aber auch Autobahnanschlüsse können demnach die Netzbildungsfähigkeit von Unternehmen erhöhen (Kawka, Komar, Ragnitz, Rosenfeld 2003: 34 f.) und tragen somit zur räumlichen Ausdehnung wirtschaftlicher Beziehungen – nicht nur bezüglich des Absatzmarktes, sondern vor allem auch in Bezug auf Zuliefererverflechtungen – bei, weil sich Wegzeiten entscheidend verkürzen. Nähe ergibt sich nicht mehr nur aus kurzen physischen Distanzen, sondern kann hauptsächlich auf kurze Wegzeiten zurückgeführt werden.

Neben der Verkehrsinfrastruktur bündelt sich auch hochleistungsfähige Telekommunikation in Metropolregionen. Ähnlich wie Flugverbindungen verbinden hochleistungsfähige Leitungen zunächst die physischen Zentren eines Landes bzw. mehrerer Länder. Dadurch wird das Netz als „backbone"-Struktur aufgebaut, welches sich an bereits bestehenden

Wegesystemen orientiert (z.B. Bahn- und Wasserwege, Autobahnen) (Sassen 2000; Gepts 2002). Erst von dort aus werden solche globalen Netze mit kleineren lokalen oder regionalen Netzen verbunden. Am Beispiel seiner Untersuchung von Weltstädten bringt Rimmer dies wie folgt auf den Punkt: „Telecommunication networks are interlinked in world cities because they interconnect headquarter functions, financial activities, and high – level tertiary institutions with multinationals business and producer organizations (e.g. consulting and advertising).“ (Rimmer 1998: 450)

Aufgrund dieser Hub-Funktion sind Metropolen nicht nur Knoten, von denen aus Wissen und Informationen in die globalen, regionalen und globalen Netzwerke eingespeist werden. Sie profilieren sich in dieser Funktion auch als zentrale Lokalitäten, an denen Wissen und Informationen zusammengeführt und vor Ort in Form persönlicher Interaktion ausgetauscht werden. Metropolen bieten nicht nur räumliche Nähe zu einer Vielzahl von Akteuren, die den Aufbau vertrauensvoller Beziehungen und den Zugang zu relevanten Informationen entscheidend vereinfachen (Lo 2001: 132), sondern auch Einrichtungen der Kontaktaufnahme zu Akteuren. Fachveranstaltungen, Messen und Kongresse, die eine derartige Kontaktaufnahme, Wissensdiffusion und den Zugang zu externen Wissensquellen unterstützen, finden konzentriert in Metropoleregionen statt, weil diese aufgrund der hochwertigen Infrastrukturausstattung für ein großes Publikum erreichbar sind. In Metropolregionen werden demnach Informations- und Wissensströme gebündelt, miteinander verbunden und an andere Regionen angeschlossen. Das Vorhandensein sich überlagernder infrastruktureller Netzwerke sowie konkrete Treffpunkte der Wissensökonomie (Messen, Kongresse, Tagungszentren etc.) schaffen also günstige Vorraussetzungen sowohl für den Aufbau überregionaler Netzwerke als auch für die Profilierung der Metropolen als zentrale Orte der Zusammenführung von Wissen.

2.2 Metropolenregionen als Orte von lokalen Netzwerken der Wissensproduktion

Wie die Ausführungen zur Rolle von Metropolregionen gezeigt haben, sind diese unter anderem durch die hohe Dichte an unternehmensorientierten Dienstleistungen charakterisiert. Deren Bedeutung liegt in der Organisation des wirtschaftlichen Austausches und der „Erleichterung der Anpassung an die sich wandelnden wirtschaftlichen Bedingungen." (Lo 2001: 131) Darüber hinaus sind sie Generatoren und Bereitsteller von Wissen. Um dies zu gewährleisten, benötigen sie Zugang zu externen Wissensquellen und müssen spezielle Mechanismen entwickeln, um sich diesen Zugang zu sichern. Hierzu zählen zum einen informelle Mechanismen, wie „learning by doing" oder „learning by interacting". Zum anderen bilden sich auch formalisierte Mechanismen der Wissensproduktion heraus. Hierzu zählen privatwirtschaftliche Forschungs- und Entwicklungsaktivitäten sowie universitäre und wissenschaftliche Tätigkeiten. Es stellt sich in diesem Zusammenhang die Frage, wie die Unternehmen ihren Wissensinput generieren und woher sie das Wissen beziehen. Park (2000) verweist auf drei Möglichkeiten von Spillovereffekten des Wissens, die für die Wissensgenerierung durch Unternehmen von Bedeutung sind. So sind die Unternehmen einerseits in der Lage, in anderen Firmen entwickelte Technologien und Innovation zu adaptieren (= Imitation). Darüber hinaus bilden sie Netzwerke und Kooperationen untereinander sowie mit öffentlichen Institutionen und Hochschulen, woraus sich Synergieeffekte für die jeweils beteiligten Partner ergeben können (=Innovation durch Kooperation). Die dritte Möglichkeit der Nutzung von Wissensspillovern ergibt sich aus der Neugründung von Firmen durch Wissensarbeiter aus Universitäten und anderen Forschungseinrichtungen (Park 2000: 6 f.).

Jansen (2004) setzt sich mit den Organisationsformen von Wissensproduktion und -spillovern auseinander und verweist auf die Schwächen starrer und hierarchischer Organisationsstrukturen, die für die Wissensökonomie kontraproduktiv seien. Hierarchische Strukturen behindern ihrer Meinung nach die für die Wissensarbeit notwendige Flexibilität, die zur Entwicklung neuer, innovativer Ideen und Produkte notwendig ist (Jansen 2004: 9). So können durch Routinetätigkeiten zwar Skaleneffekte genutzt werden, wobei hierfür auf existierendes Wissen zurück gegriffen wird, neues Wissen jedoch auf diese Weise nur selten erschlossen werden kann. Hierfür scheinen Netzwerke, in denen verschiedene Organisationen und Institutionen problembezogene Verbünde bilden, besser geeignet.

Netzwerke sind in diesem Zusammenhang als multilaterale Beziehungen zu verstehen, die nicht nur durch den Wettbewerb, sondern auch durch Kooperation der Beteiligten geprägt sind. Dadurch können die Ressourcen der kooperierenden Unternehmen erweitert werden, wodurch sich Vorteile beim Innovationsprozess und Wissenstransfer ergeben (Kawka, Komar, Ragnitz, Rosenfeld 2003: 33 f.). Sie sind also Organisationsstrukturen, mit deren Hilfe unternehmensorientierte Dienstleister erleichterten Zugang zu externen Wissensquellen erhalten können. Der Austausch zwischen den Akteuren ist verglichen zu hierarchischen Strukturen einfacher, weil der Austausch auf „gleicher Augenhöhe" erfolgt und problemspezifisch ausgehandelt werden kann (Lo 2001: 134 f.). Gleichzeitig sind diese Netzwerke als dynamisch und temporär anzusehen, weil sie je nach Transaktion bzw. Problembezug neu gebildet werden müssen bzw. können, so dass auf diesem Weg jeweils Spezialisten zusammen geführt werden (vgl. Grabher 2002; Lo 2001). Vor allem für Klein- und Mittelunternehmen ist eine derartige Struktur der Kooperation von Vorteil, weil sie so in vorher nicht zugängliche Informationsflüsse eingebunden werden (Kawka, Komar, Ragnitz, Rosenfeld 2003: 33 f.).

Derartige Innovationsnetzwerke scheinen an räumlich begrenzte Kontexte wie die Metropolregionen gebunden zu sein. Zwar haben sich unternehmensorientierte Dienstleister von dem die personenbezogenen Dienstleistungen charakterisierenden *uno-actu* Prinzip teilweise gelöst, d.h. zu den Kunden häufig regionsübergreifende Beziehungsnetze aufbauen können, doch scheint weiterhin die Notwendigkeit zu bestehen, mit anderen Akteuren in für die Produktion und Umsetzung neuen Wissens in neue nützliche Produkte innerhalb räumlich eng geknüpfter Netzwerke zu interagieren. Bezogen auf die räumliche Dimension einer in Netzwerken organisierten Wissensarbeit wird vielfach darauf verwiesen, dass Wissen relativ immobil und daher stark regional gebunden ist. Wissensspillover scheinen nach Park (2000: 7) nur regional nutzbar. So sei innovatives Wissen mit „trial and error"-Prozessen verbunden, zu deren Problemlösung eine enge Interaktion zwischen und ein persönlicher Kontakt zu beteiligten Akteuren unumgänglich ist. Darüber hinaus scheint die räumliche Diffusion regional produzierten Wissens nur begrenzt möglich, weil einerseits der Zugang zu Wissen aus anderen regionalen Netzwerken aufgrund fehlenden Vertrauens erschwert wird, andererseits Außenstehende aus dem gleichen Grund und zur Sicherstellung der eigenen Wettbewerbsfähigkeit nur schwer Zugang zu entsprechenden Netzwerken erhalten.

In der Wissensökonomie[3] muss es, dieser Argumentation folgend, Orte geben, die einerseits Zugang zu Wissen gewährleisten und andererseits die Bildung von Netzwerken begünstigen. Milieutheoretiker argumentieren, dass für den Aufbau von Netzwerken Vertrauen durch eine enge „face-to-face" Kommunikation *die* zentrale Voraussetzung für den Erfolg der wirtschaftlichen Beziehungen in Netzwerken ist. Sie rücken damit den Faktor der räumlichen Nähe zu Netzwerkpartnern in den Mittelpunkt, weil „Innovationen […] in kreativen Milieus [=Interaktion mit anderen Unternehmen oder Institutionen, Ergänzung durch Autorin] durch kollektive Lernprozesse [entstehen], die durch einen kontinuierlichen Erfahrungsaustausch sowie eine gezielte Korrektur und Erweiterung des Wissens befördert werden." (Haas, Lindemann 2003: 4) Darüber hinaus könne räumliche Nähe zwischen den beteiligten Partnern Informations-, Kosten- und Wettbewerbsvorteile fördern (Koschatzky 2003: 14).

2.3 Metropolregionen als Knoten überregionaler Netzwerke der Wissensproduktion

Der anscheinend schwere Zugang zu Wissen, die Immobilität neuen Wissens sowie die Notwendigkeit des persönlichen Austausches scheinen zu unterstreichen, dass wissensbasierte Netzwerke überwiegend eine regionale Dimension haben. Jedoch wird diese Argumentationsweise auch angezweifelt. Einerseits würde die Wissensproduktion aus überwiegend regionalen Ressourcen heraus die Gefahr bergen, durch den zunehmenden Vertrauensaufbau regionale Beziehungen zu verstärken und den Einfluss neuer/kreativer Ideen erschweren. Zum anderen fehlt der Austausch mit anderen Regionen, so dass Informationen zum Erschließen neuer Märkte schwer zugänglich werden. Dies zusammen kann dazu führen, dass sich eine Region in eine negative „lock-in"-Situation bewegt und regionales Wachstum nur begrenzt möglich ist.

3 Zur Definition und Erklärung siehe den Beitrag von Kujath in diesem Band.

Es könnte also sein, dass die Faktoren, die die räumliche Ballung der Wissensökonomie begründen, nicht dieselben Faktoren sind, die den Innovationsprozess in der Produktion von Wissensgütern erklären. Abhängig von den Möglichkeiten der Rationalisierung einzelner Arbeitsschritte oder aber der Standardisierung von Dienstleistungsprodukten, der Interaktion oder von Prozessen lässt sich z.B. die räumliche Dimension der vernetzten Wissensarbeit über den regionalen Rahmen ausweiten (vgl. hierzu den Beitrag von Kujath in diesem Band). Hieraus würden sich auch veränderte Ansprüche an die Standorte der Dienstleistungsunternehmen in Bezug auf ihre Kunden, Zulieferer, Partner oder Informationsquellen ergeben. Malmberg und Power (2004) weisen nicht nur auf verschiedene Studien hin, in denen sich regionale Innovationsnetzwerke nicht nachwiesen ließen, sondern stellen auch die Hypothese auf, dass regionale Cluster und regionale Innovationssysteme in erster Linie nicht als ein System miteinander regional interagierender Firmen zu verstehen seien. Vielmehr handele es sich um eine räumliche Agglomeration von Menschen, Qualifikationen und Kompetenzen. Die Standortattraktivität von Metropolregionen ergäbe sich danach nicht aus den in Milieutheorien postulierten regionalen Austauschprozessen. Im Gegenteil: die dynamischsten und erfolgreichsten Region bezögen ihre Innovationsimpulse aus globalen Interaktionsbeziehungen, wobei die Herausforderung der Unternehmen in den Regionen nicht darin bestehe, sich lokal zu vernetzen, sondern sich in die globalen Wissensströme einzuklinken.

In diesem Zusammenhang ergäbe sich die Attraktivität der Metropolregionen weniger aus innerregionalen Wissensnetzwerken als vielmehr aus dem großen regionalen Potential an hochqualifizierten Arbeitskräften (Wissensarbeitern), Experten und Spezialisten. Als Wissensträger verfügen sie über spezifisches Wissen und zeichnen sich durch individuelle Fähigkeiten und Kenntnisse aus: Sie verfügen also über „tacit" und implizites Wissen (weiterführende Auseinandersetzungen hierzu siehe Kujath in diesem Band; Matthiesen, Bürkner 2003) und sind durch Lernprozesse in der Lage, ihren Bestand an Wissen ständig zu erweitern. Da aber implizites Wissen an Personen und deren Mobilitätsbereitschaft gebunden ist und darüber hinaus schwer zugänglich ist, kann die Verfügbarkeit von Humankapital einen starken Einfluss auf Standortentscheidungen von Dienstleistern ausüben. Eine große Dichte dieser Ressource ist in Metropolregionen zu finden. Durch die Hochschulen, Universitäten und FuE-Einrichtungen werden qualifizierte Wissensarbeiter aus- und weitergebildet. Darüber hinaus erhöht aber auch die hohe Dichte von Unternehmen die Fluktuation von Wissensträgern zwischen den einzelnen Betrieben und Unternehmen. Lo unterstreicht beispielsweise die besondere Bedeutung von Metropolregionen als Standorte für unternehmensorientierte Dienstleister, weil sie dort einen vielfältigen und diversifizierten Expertenpool finden (Lo 2001: 138; vgl. auch Fromhold-Eisebith 1995: 40). Darüber hinaus ergeben sich aus der räumlichen Konzentration Wissensspillovers durch direkte Kommunikation zwischen den Wissensarbeitern und Arbeitsplatzwechsel, welche eine spontane Diffusion von Wissen zwischen den regionalen Unternehmen bewirken kann (Kawka, Komar, Ragnitz, Rosenfeld 2003: 30 ff.). Aber diese regionale Innovations- und Wissensdiffusion dürfte ihre wichtigsten Inputs hauptsächlich aus den globalen „links" beziehen (Malmberg, Power 2004: 284 f.).

2.4 Untersuchungsfragen

Die drei vorangehenden Kapitel haben dargelegt, dass sich in der wissenschaftlichen Literatur zum Teil gegensätzliche Erklärungsansätze für eine Konzentration von Dienstleistungsaktivitäten in Metropolregionen finden lassen. Keiner der beiden Ansätze hat sich bisher als allgemeingültig durchsetzen können, weil empirische Untersuchungen die Hubfunktion von Metropolregionen, metropolitane Milieus und auch globale Wissens- und Innovationsnetze belegen. Vermutlich sind die metropolitanen Standortvorteile aber gerade eine Verbindung von allen dreien, weil die Hubfunktionen die überregional organisierte Wissensgenerierung und -verbreitung fördern, überregionale Wissensnetzwerke aber erst in bestimmten sozioökonomischen lokalen Kontexten aktiviert werden können. Diese nur an zentralen Schaltstellen konzentrierte Verbindung verschiedener metropolitaner Funktionen ermöglicht es vermutlich den wirtschaftlichen Akteuren, innovative wirtschaftliche Impulse im Vergleich zu anderen Regionen schneller umzusetzen.

Zusammenfassend lässt sich feststellen, dass sich die Potentiale der Metropolräume für die wissensbasierte Wirtschaft möglicherweise auf folgende Schwerpunkte konzentrieren (Sassen 2000; Floeting 2002):

- Regionale Wissensspillovers und Wissensdiffusion aufgrund der hohen Informationsdichte,
- Zugang zu hochleistungsfähigen Telekommunikationsnetzen,
- Zugang zu einem überdurchschnittlichen Angebot an traditioneller Verkehrsinfrastruktur,
- damit erleichterter Zugang zu globalen Innovations- und Wissensnetzen,
- Zugang zu regional konzentriertem hochqualifizierten Humankapital,
- Knoten im globalen backbone-Netz der Telekommunikation und der technischen Vernetzung unterschiedlicher Infrastruktureinrichtungen (Hub-Funktion),
- und damit auch Knoten der Kontrolle und Steuerung globaler Wirtschaftsprozesse.

Vor dem Hintergrund der hier vorgestellten Überlegungen wird sich die Darstellung der empirischen Befunden auf folgende Fragestellungen konzentrieren:

- Welche räumliche Dimension können Beziehungsnetze in der Wissensproduktion von unternehmensorientierten Dienstleistern annehmen?
- Welche Rolle spielen persönliche Kontakte innerhalb des unternehmensrelevanten Netzwerkes (in Bezug auf Kunden, Zulieferer, Partner, Informationsquellen) und wie werden diese durch moderne IuK-Technologien beeinflusst?
- Welche Bedeutung wird der physischen und „virtuellen“ Verkehrs- und Kommunikationsinfrastruktur beigemessen und wie tragen diese zur Rationalisierung/Standardisierung der Wissensarbeit bei?
- Wie schlagen sich die Ansprüche, die sich aus den Verflechtungen der Dienstleister ergeben, in ihren Standortanforderungen nieder?

3 Empirische Befunde: Global-Lokal-Glocal?

Im Jahr 2002 wurde in den Metropolregionen München und Berlin eine schriftliche Unternehmensbefragung im Rahmen des Leitprojektes „Metropolen unter dem Einfluss der Dienstleistungswirtschaft: Organisation, Mobilität und Kommunikation" am Leibniz-Institut für Regionalentwicklung und Strukturplanung (IRS) durchgeführt.[4] Über eine kausalanalytische Auswertung der Interaktionsmuster und -netzwerke von unternehmensorientierten Dienstleistungsunternehmen sind die räumliche Dimension der Netzwerke und deren Ursachen untersucht worden.[5] In dieser Untersuchung stehen die interorganisationalen Beziehungen zwischen den Dienstleistungsunternehmen (hochwertige unternehmensorientierte Informationsdienstleister) und ihren Kunden, Partnern, Zulieferern und Informationsquellen, die darin eingebetteten Kommunikationsstrukturen sowie die durch die Interaktion ausgelösten Mobilitätsformen im Zentrum. Im Folgenden werden für die Beziehungstypen die räumlichen Interaktionsmuster und die damit verknüpften Standortmuster der Wissensökonomie in beiden Stadtregionen vorgestellt.

3.1 Kundenbeziehungen

Die Lage der Kunden lässt Rückschlüsse darüber zu, ob es den Dienstleistern möglich ist, ihr Produkt über größere räumliche Entfernungen abzusetzen und zum Beispiel zur Steigerung der Bruttowertschöpfung der Region beizutragen, um so mehr noch, wenn andere Teile des Netzwerkes innerhalb der eigenen Region lokalisiert sind. Die Lage der Kunden gibt damit auch Auskunft darüber, inwieweit die Nähe zu den Kunden ein zwingender Grund für die Bindungen der Informationsdienstleister an die Metropolregionen ist.

---

4 Vgl. Beitrag Jähnke, Wolke in diesem Band zur Methodik und Auswahl der Untersuchungsregionen.

5 Die Daten der Primärerhebung der schriftlichen Unternehmensbefragung wurden mit gängigen statistischen Verfahren analysiert (z.B. Kontingenzanalyse). Die hier vorgestellten Untersuchungsergebnisse beziehen sich ausschließlich auf aussagekräftige, signifikante Zusammenhänge.

Die Auswertung zeigt, dass über die Hälfte der unternehmensorientierten Dienstleistungen überregionale Kundenbeziehungen aufgebaut haben. Dadurch verliert die Nähe zu Kunden als Standortfaktor für diese Unternehmen an Bedeutung. Mit der Exportfähigkeit des Dienstleistungsproduktes ergibt sich auch die Möglichkeit, Dienstleistungen nicht nur national, sondern auch international zu vermarkten, um über diesen Prozess zur weiteren Globalisierung von Wirtschaftsbeziehungen beizutragen. Allerdings vermarktet nur ein relativ kleiner Teil der befragten Unternehmen Dienstleistungen in das Ausland: Etwa 15 Prozent der Dienstleister mit Kunden außerhalb der eigenen Region exportieren in das nichteuropäische und 20 Prozent in das europäische Ausland. Der überwiegende Teil der exportorientierten Dienstleister hat Kundenbeziehungen innerhalb von Deutschland aufgebaut.

Der relativ kleine im Ausland lokalisierte Kundenanteil widerlegt allerdings nicht die These, dass Informationsdienstleiser die Globalisierung weiter vorantreiben können. Die Untersuchungsergebnisse belegen deutlich, dass die Kunden der exportorientierten Dienstleister häufig Unternehmenszentralen, Tochterunternehmen von Konzernen oder Großunternehmen sind. Diese in der Unternehmenshierarchie weit oben stehenden Kunden sind unter Umständen selbst in globale Beziehungsgeflechte involviert, so dass diese Dienstleister wahrscheinlich indirekt über die Kunden in globale Wirtschaftsverflechtungen eingebunden sind.

Unabhängig davon, ob die Dienstleistungen national oder international exportiert werden, befindet sich ein hoher Anteil der Kunden ebenfalls in Metropolregionen, was die zentrale Rolle der Metropolregionen sowohl als Produktionsstätte als auch als Absatzmarkt in einer wissensbasierten Wirtschaft unterstreicht. In ihnen werden wichtige Funktionen der wissensintensiven Wirtschaft gebündelt, neu organisiert und weiträumig verteilt.

3.2 Beziehungen zu Partnern, Zuliefern und Informationsquellen

Aus regionalwirtschaftlicher Perspektive betrachtet wären die überregional organisierten Kundenbeziehungen um so wertvoller, je stärker die Dienstleistungsproduktion auf regionalen Ressourcen basiert. Dies wäre dann auch eine mögliche Erklärung dafür, dass die Dienstleister trotz überregionaler Kundennetzwerke in den Metropolregionen ein besonderes Standortpotential sehen.

Setzt man die Beziehungen zu Partnern, Zulieferern und Informationsquellen in Relation zu der räumlichen Organisation der Kundenbeziehungen, lassen sich die räumlichen Strukturen der Dienstleistungsproduktion und -distribution rekonstruieren. Hierbei zeichnet sich ab, dass überregionale Kundenbeziehungen häufig auch mit überregional angelegten Partner-, Zulieferer- und Informationsbeziehungen einhergehen: Informationsdienstleister, die ausschließlich oder überwiegend überregional organisierte Kundenbeziehungen aufgebaut haben, zeichnen sich analog dazu auch durch überwiegend überregional organisierte Beziehungen zu ihren Partnern, Zulieferern und Informationsquellen aus. Zur genaueren Untersuchung dieses Zusammenhangs wurden die einzelnen Beziehungsgefüge in einer Hilfsvariablen[6] zusammen gefasst. Die Relationen zwischen dieser Hilfsvariablen und dem Kundennetzwerk zeigen deutlich, dass exportorientierte Dienstleister auch ihr übriges unternehmensrelevantes Netzwerk überregional organisiert haben. Oder anders ausgedrückt, werden Dienstleistungsprodukte über große Marktgebiete vertrieben, so werden auch die „Rohstoffe" bzw. Inputfaktoren aus größeren Einzugsgebieten bezogen (vgl. Tabelle 1). Dieser Tatbestand stellt zumindest für diese Gruppe von Dienstleistern Annahmen zu innovativen Produktionsmilieus in Frage, die sich ja gerade dadurch auszeichnen, dass die Güterproduktion und Dienstleistungen sich vorwiegend auf regionale Wissensnetze und Wertschöpfungsketten stützen.

[6] Diese Hilfsvariable fasst die räumliche Verortung von Zulieferern/externen Dienstleistern, Partnern und Informationsquellen zusammen.

	Lage der Kunden:					
	alle in Region	**Über-wiegend in Region**	**innerhalb und außerhalb Region**	**Über-wiegend außerhalb Region**	**alle außerhalb Region**	**Gesamt**
Ausschließlich regionales Netzwerk	**49,90%**	18,30%	12,00%	5,60%	6,20%	26,90%
Überwiegend regionales Netzwerk	24,70%	**45,80%**	28,60%	19,40%	10,60%	25,80%
Ausgeglichenes/ diversifiziertes Netzwerk	13,30%	24,60%	**33,70%**	25,00%	20,50%	21,00%
Überwiegend überregionales Netzwerk	4,50%	5,60%	13,70%	**37,50%**	22,40%	12,10%
Ausschließlich überregionales Netzwerk	7,70%	5,60%	12,00%	12,50%	**40,40%**	14,20%

Quelle: Unternehmensbefragung 2002, IRS

Tabelle 1: Organisation des unternehmensrelevanten Netzwerkes

Die in Tabelle 1 dargestellten Untersuchungsergebnisse zeigen, dass sich zwar alle drei in der Theorie vertretenen Formen der globalen, lokalen/ regionalen bzw. globalen/lokalen Organisation von unternehmensrelevanten Netzwerken in der Dienstleistungsbranche nachweisen lassen, jedoch gerade regionale Beziehungen für die globale Organisation von Kunden-Dienstleisterbeziehungen offenbar nur eine untergeordnete Rolle spielen. Es dominieren vielmehr Formen der überwiegend globalen oder überwiegend regionalen/lokalen Organisation.

Vor allem die Dienstleistungsunternehmen, die ihr Netzwerk überregional organisiert haben, müssen sich von den klassischen Dienstleistungsmerkmalen gelöst haben. So belegen die Untersuchungsergebnisse auch, dass die räumliche Nähe zu den Akteuren des unternehmensrelevanten Netzwerkes (Kunden, Zulieferer, Fachhochschulen, Kooperationspartner) als Standortfaktoren nur noch eine untergeordnete Rolle spielen (Loslösung vom uno-actu-Prinzip). Diese Prozesse der Loslösung von klassischen Dienstleistungsmerkmalen und der räumlichen Ausdehnung der Beziehungsgefüge können beispielsweise durch Rationalisierungstendenzen bei der Dienstleistungserstellung ermöglicht werden. Rationalisierungspotentiale bzw. Optimierungsmöglichkeiten können sich in diesem Zusammenhang z.B. durch die Standardisierung des Dienstleistungsproduktes, der Interaktion oder aber des Prozesses der Dienstleistungserstellung.

Auch die Rolle von Metropolregionen muss unter diesen Bedingungen Veränderungen unterliegen: Für die überwiegend regional agierenden Akteure bieten sie womöglich weiterhin einen Pool kreativer und innovativer Inputfaktoren, oder senken Transaktionskosten für die Beschaffung und den Austausch von Informationen und Wissen (Daniels 1993). Dies scheinen jedoch für überwiegend überregional agierende Unternehmen weniger die ausschlaggebenden Faktoren für die Standortwahl in Metropolregionen zu sein. Zwar suchen auch sie nach Möglichkeiten der Kostenminimierung, doch finden sie in den Metropolregionen offensichtlich nicht die Zuliefer- und Wissensnetze („Rohstoffe") für die Dienstleistungserstellung. Vielmehr scheint es die nicht ubiquitär verfügbare Dichte von Verkehrs- und Kommunikationsinfrastrukturen zu sein, die ihnen von diesen Standorten aus eine überregionale Organisation, Bündelung und Verknüpfung ihrer Netzwerke ermöglicht und folglich auch zur Senkung von Transaktionskosten beiträgt. Somit scheint aus ihrer Sicht die Rolle der Metropolregionen in der Bereitstellung der benötigten Infrastrukturen zu liegen. Es sind in diesem Zusammenhang vor allem die schnellen, überregionalen Verkehrsverbindungen (Fernbahn, Autobahnanschluss, Flughafen), deren Zugang in den Metropolregionen verfügbar ist. Basierend auf der Unternehmensbefragung lässt sich auch diese Vermutung anhand starker Zusammenhänge zwischen der Bedeutung der infrastrukturellen Standortfaktoren und der räumlichen Dimension der unternehmensrelevanten Netzwerke nachweisen. Erwartungsgemäß ist die Anbindung an den Luftverkehr für die überregional vernetzten Unternehmen verglichen mit weniger weiträumig vernetzten Unternehmen von größerer Bedeutung bei der Bewertung dieses Standortfaktors. Ein ähnliches Bild ergibt sich auch bei der Gegenüberstellung der räumlichen Dimension der Netzwerke und der Standortfaktoren „Fernbahnanbindung" sowie „Autobahnanschluss".

3.3 Auswirkungen von Standardisierungsprozessen auf die Interaktionsstrukturen der exportorientierten Dienstleistungswirtschaft

Wenn Informationsdienstleister offensichtlich in der Lage sind, exportfähige Informationsprodukte zu erstellen, stellt sich weiter die Frage, wie der Export von Dienstleistungen unterstützt werden kann und welche metropolitanen Standortqualitäten dazu auf welche Weise beitragen können. Ausgehend von der These, dass Rationalisierungsprozesse eine Ausweitung von Marktgebieten unterstützen, sollen die folgenden Abschnitte darauf eingehen, welche Formen der Rationalisierung die Dienstleister in den untersuchten Metropolen beschreiten.

Produktstandardisierung

Wenn sich – ähnlich wie in der industriellen Produktion – Skaleneffekte durch eine Standardisierung des Dienstleistungsproduktes realisieren lassen, könnte eine persönliche Interaktion mit den Kunden stark reduziert werden. Die Erstellung der Dienstleistung wäre nicht mehr an das dienstleistungsspezifische Verhältnis zwischen Kunden und Dienstleister gebunden, weil die Dienstleistung nicht mehr für einen bestimmten Kunden, sondern für einen Markt erstellt wird. Dadurch würde auch der Standortfaktor der räumlichen Nähe zu den Kunden keinen starken Einfluss auf Standortentscheidungen haben.

Jedoch konnte die Hypothese, unternehmensorientierte Dienstleister würden bereits im großen Umfang standardisierte Produkte entwickeln und national oder international vertreiben, nicht bestätigt werden. Der überwiegende Teil der befragten Informationsdienstleister (70 Prozent) entwickelt individuelle Kundenlösungen, unabhängig davon, ob sich der Kunde innerhalb oder außerhalb der eigenen Region befindet (vgl. Abbildung 1). Ebenfalls unzutreffend ist die These, dass mit zunehmendem Standardisierungsgrad des Produktes IuK-Technologien stärker genutzt werden. Daher ist zu vermuten, dass Informationsdienstleister nach anderen Wegen suchen, die Produktion von Informationsgütern zu rationalisieren, oder individuelle Kundenlösungen mit einer gewissen Standardisierung zu verbinden.

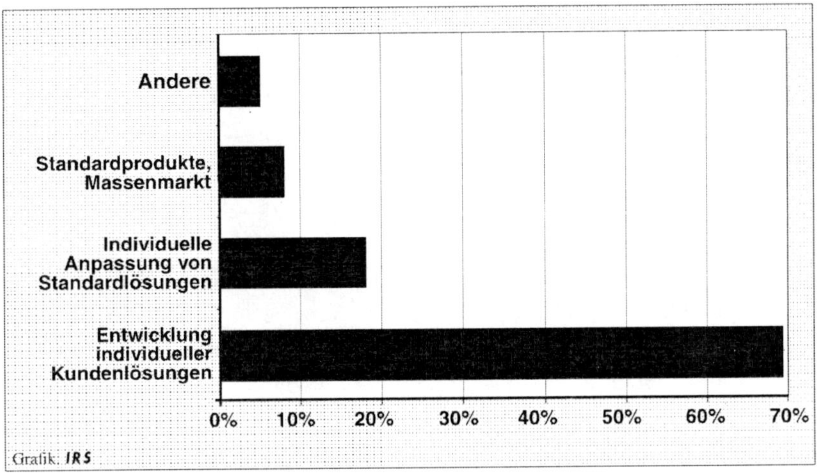

Quelle: Unternehmensbefragung 2002, IRS

Abbildung 1: Produktstandardisierung

Standardisierung der Kundenbeziehung (Stammkunden)

Ein möglicher Standardisierungseffekt könnte darin bestehen, dass durch den Aufbau von Stammkundenbeziehungen ein standardisiertes Kontextwissen aufgebaut wird. Tatsächlich hat die Mehrzahl der befragten Unternehmen Kundenbeziehungen zu Stammkunden aufgebaut: Bei etwa 50 Prozent der Unternehmen liegt der Stammkundenanteil bei über 80 Prozent, weitere 20 Prozent verfügen über einen Stammkundenanteil von 60 Prozent bis 80 Prozent. Der Vorteil dieser engen Kunden-Dienstleisterbeziehung liegt im Aufbau gegenseitigen Vertrauens und des „sich Kennens". Ansichten, Sichtweisen und Umgangsregeln können mit den Kunden abgestimmt und angeglichen werden, wodurch die Zusammenarbeit über große Distanzen vereinfacht wird. Darüber hinaus kann ein gemeinsamer Wissenspool aufgebaut werden, über den sowohl Kunden als auch Dienstleister verfügen und auf den sie zurückgreifen können. Bestimmte Bedingungen der Dienstleistungserstellung müssen nicht in kurzen Abständen neu ausgehandelt werden, andere Dienstleistungen können einfacher und schneller erbracht werden, weil aus früheren Aufträgen notwendiges Vorwissen beim Dienstleister bereits vorhanden ist. Diese Überlegungen führen zu der Hypothese, dass überregional agierende Dienstleister einen vergleichsweise höheren Stammkundenanteil aufgebaut haben als Dienstleister mit einem kleineren Einzugsbereich, weil sie dadurch den Kundenkontakt minimieren können.

Diese Hypothese kann ebenfalls widerlegt werden. Vielmehr deutet sich interessanterweise genau eine entgegengesetzte Tendenz an. Der Stammkundenanteil bei exportierenden Dienstleistern (48 Prozent haben einen Stammkundenanteil von über 80 Prozent) ist sogar etwas niedriger als der der Dienstleister, die regionale Kundenbeziehungen aufgebaut haben (57 Prozent haben einen Stammkundenanteil von über 80 Prozent). Ebenfalls nicht bestätigt werden kann, dass der persönliche Kontakt zu den Kunden bei Dienstleistern mit einem hohen Stammkundenanteil an Bedeutung verliert.

Der Aufbau von Stammkundenbeziehungen unterstützt demnach nicht den Aufbau überregionaler Kundenbeziehungen. Vielmehr sind die regional agierenden Unternehmen stärker in geregelte Kunden-Dienstleisterbeziehungen eingebunden. Möglicherweise können sie andere Formen der Standardisierung nicht für sich nutzbar machen, ihre Wissensprodukte sind zu stark auf einen bestimmten Kunden, eine Kundenanforderung oder an einen durchgehenden persönlichen Kundenkontakt gebunden, so dass sie feste Kundenbeziehungen aufgebaut haben. Daher wird für diese Dienstleister die Nähe zu ihren Kunden auch weiterhin ein bedeutender Standortfaktor sein. Im Gegensatz dazu sind bei den überregional agierenden Dienstleistern die Kundenbeziehungen weniger fest. Sie müssen sie in der Lage sein, Kunden in unterschiedlichen Regionen neu zu akquirieren und persönlich erreichen zu können.

Interaktionsstandardisierung durch IuK-Technologien

Bisher ist man davon ausgegangen, dass die Dienstleistungserstellung – auch bei unternehmensorientierten Dienstleistern – durch eine enge Kooperation zwischen unterschiedlichen Akteuren, vor allem aber durch die enge Zusammenarbeit zwischen Kunden und Dienstleistern geprägt ist. Der zunehmende Einsatz von IuK-Technologien sowie der weit verbreitete Zugang zu ihnen führte zu der These, dass nicht nur die Auflockerung und eine damit verbundene räumliche Ausweitung dieser engen Kunden-Dienstleisterbeziehung, sondern sogar die Auflösung dieser klassischen Beziehungsstrukturen zu erwarten ist.

Für den Kontakt zu ihren Kunden nutzen auch die befragten Dienstleister IuK-Technologien im großen Umfang: Fast 80 Prozent der befragten Dienstleister setzen IuK-Technologien bei der Kommunikation mit den Kunden häufig bis immer ein (vgl. Quelle: Unternehmensbefragung 2002, IRS Abbildung 2). Verglichen hierzu werden IuK-Technologien für den Kontakt zu Zulieferern/externen Dienstleistern sowie Kooperations- und Unternehmenspartnern etwas seltener eingesetzt, doch auch hier sind es immer noch etwa 70-73 Prozent der Unternehmen, die diese Technologien häufig bis immer nutzen. Deutlich geringer dagegen sind elektronische Medien als Informationsquellen, die „nur" von knapp über 60 Prozent der Unternehmen in diesem Zusammenhang genutzt werden.

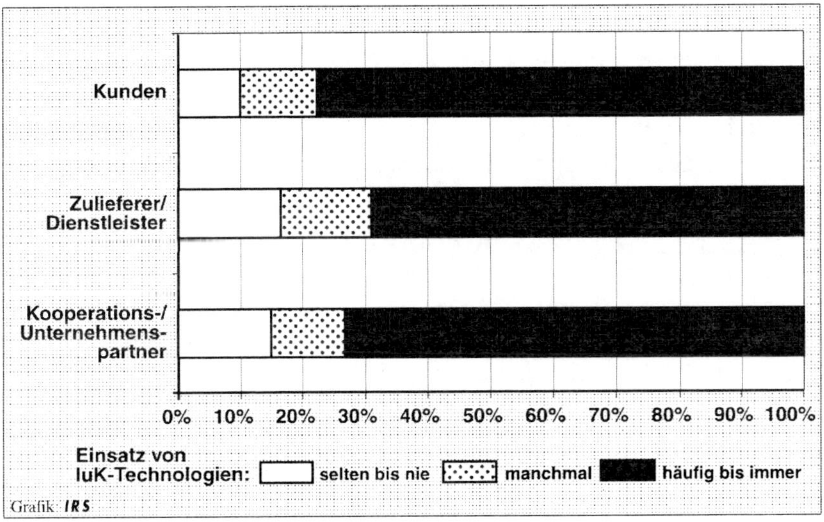

Quelle: Unternehmensbefragung 2002, IRS

Abbildung 2: IuK-Technologien als Mittel der Kommunikation mit Kunden, Zulieferern/externen Dienstleistern und Kooperations- und Unternehmenspartnern

Nicht zu bezweifeln ist demnach, dass IuK-Technologien eine zentrale Rolle in der Kommunikation spielen. Offen bleibt jedoch, ob diese technischen Möglichkeiten tatsächlich einen Einfluss auf die Exportfähigkeit von Dienstleistungen und damit auf die räumliche Ausdehnung des Interaktionssystems nehmen bzw. ob in diesem Zusammenhang die Bedeutung persönlicher Kontakte abnimmt.

Die Untersuchungsergebnisse zeigen deutlich, dass persönliche Kontakte nicht an Bedeutung verlieren. In allen Phasen der Dienstleistungserstellung sowie deren Vorbereitung und der nachträglichen Betreuung der Kunden spielen persönliche Kontakte für etwa 90 Prozent aller befragten unternehmensorientierten Dienstleister eine sehr wichtige bis wichtige Rolle. Darüber hinaus lässt sich beobachten, dass mit zunehmender Bedeutung persönlicher Kontakte die Nutzung von elektronischen Medien als Kommunikationsmittel sogar noch leicht zunimmt. Demgegenüber steigt mit zunehmender Entfernung zu den Kunden die Häufigkeit der Nutzung von IuK-Technologien (vgl. Abbildung 3).

Möglicherweise deutet sich darin bereits eine erste Standardisierung der Interaktion an. Wenn man IuK-Technologien als Hilfsmittel der Kommunikation betrachtet, dann sind sie als Ergänzung zur persönlichen Interaktion anzusehen, über die alle leicht kodifizierbaren Teile der Kommunikation ausgetauscht werden können, während sich die persönlichen Kontakte auf die schwer kodifizierbaren Teile des Wissens konzentrieren. Dabei verlieren persönliche Kundenkontakte nicht an Bedeutung, aber deren Anzahl kann insgesamt reduziert werden. Die Bedeutung von IuK-Technologien liegt demnach darin, dass sie „face-to-face"-Kontakte ergänzen und intensivieren und sie somit effizienter machen. Dadurch eröffnet sich für die Informationsdienstleister die Möglichkeit, Beziehungen zu Kunden außerhalb der eigenen Region leichter aufzubauen und zu erhalten.

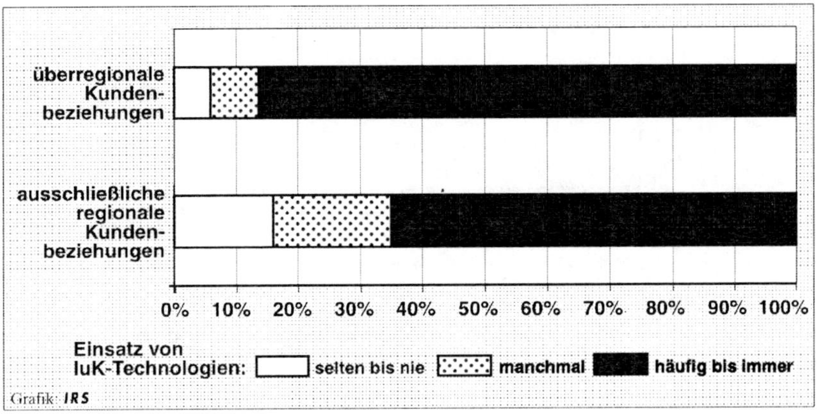

Quelle: Unternehmensbefragung 2002, IRS

Abbildung 3: Lage der Kunden und Häufigkeit der IuK Nutzung

Ausgehend von folgender Zusammensetzung einer Geschäftsreise: 1. Vorbereitung, 2. Anfahrt, 3. Treffen mit Kunden, 4. Rückfahrt, 5. Nachbereitung bieten IuK-Technologien die Möglichkeit, die Zeit der Phasen 1, 3 und 5 zu verkürzen, weil die leicht kodifizierbaren Teile der Kommunikation bereits über IuK-Technologien kommuniziert werden können. Parallel dazu bieten überregionale Schnellverbindungen (Fernbahn und Flug) die Möglichkeit, die Reisezeit zu verkürzen. Beides in Kombination – und die Möglichkeit, durch den Einsatz elektronischer Medien einen Teil der Geschäftsreisen zu ersetzen – ermöglicht es (bei gleichbleibendem Zeitbudget), weiter entfernt liegende Kontakte wahrzunehmen. Diese Form der *Interaktionsstandardisierung* kann durch einen Zusammenhang zwischen der Nutzung von Fernverbindungen (Fernbahnen und Flugzeugen) und der Nutzung von IuK-Technologien nachgewiesen werden: Unternehmen, die Flugverbindungen und Fernbahnen als Verkehrsmittel für Dienstreisen nutzten, setzen häufiger als andere Unternehmen IuK-Technologien als Kommunikationsmittel mit den Kunden ein (vgl. Abbildung 4).

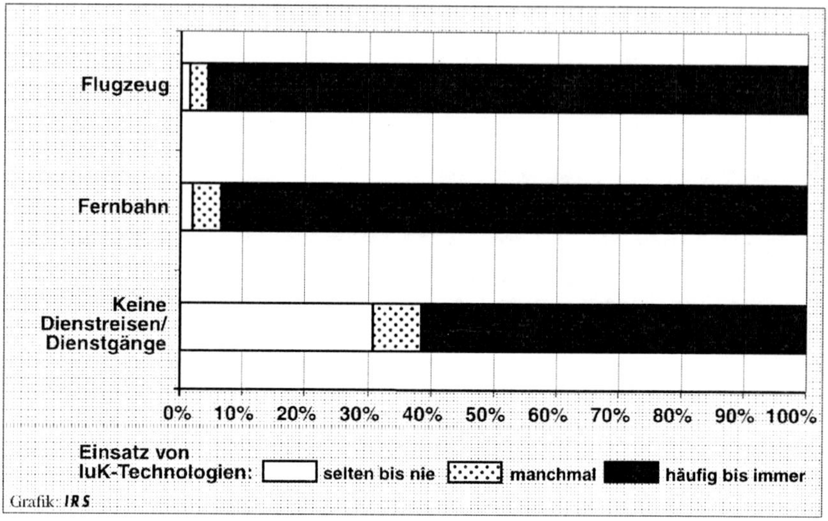

Quelle: Unternehmensbefragung 2002, IRS

Abbildung 4: Interaktionsstandardisierung

IuK-Technologien sind demnach ein unerlässlicher Bestandteil der Kommunikation mit Kunden. Bereits bei Standortentscheidungen ist die Telekommunikationsinfrastruktur *die* herausragende Einflussgröße: Etwa 85 Prozent aller befragten Unternehmen bewerten die Telekommunikationsinfrastruktur als wichtig bis sehr wichtig für ihren Standortent.

Zusammenfassend kann man aus unseren Untersuchungsergebnissen schließen, dass IuK-Technologien mittlerweile unerlässlich für die Aufrechterhaltung der Kommunikation zwischen Kunden und Dienstleistungsunternehmen sind. Es können Verbindungen und Kontakte eingegangen werden, die vom eigenen Standort aus räumlich weit entfernt sind und eine unmittelbare Nähe zu den Kunden nicht mehr für die Ansiedlung von Dienstleistungsunternehmen voraussetzen.

Jedoch tragen IuK-Technologien nicht notwendigerweise zur Aufgabe des metropolitanen Standortes bei. Ganz im Gegenteil, weiterhin bieten Metropolregionen entscheidende Vorteile in der Infrastrukturausstattung, die es den Unternehmen ermöglicht, weiter entfernt liegende Kontakte aufrecht zu erhalten, wobei unterschiedliche Transportmöglichkeiten genutzt werden können, die aber erst in Verbindung mit IuK-Technologien eine Standardisierung der Interaktion ermöglichen. Da sich die überregionalen Kunden in der Regel ebenfalls in Metropolregionen befinden, bestätigt sich darüber hinaus die These, dass Metropolen die Funktion von zentralen Knoten in einem Backbone-System von Beziehungen sind, welche durch die Interaktionsstandardisierung noch gestärkt wird.

Prozessstandardisierung

Die oben dargestellten Ausführungen zu Standardisierungsmöglichkeiten haben bereits die Bedeutung der IuK-Technologien belegt: Zusammen mit einer qualitativ hochwertigen Ausstattung mit Verkehrsinfrastrukturen sind sie Grundvoraussetzung für die Interaktionsstandardisierung, besonders in ihrer Eigenschaft als Kommunikationshilfsmittel. Sie tragen aber auch entscheidend zur Modernisierung der Transportmittel selbst bei (Telematik), was die Raumüberwindung für Unternehmen vereinfacht. Während über diese Möglichkeiten die Organisation des unternehmensrelevanten Netzwerkes rationalisiert werden kann, können aber auch Produktions- und Verarbeitungsvorgänge innerhalb von Unternehmen durch IuK-Technologien unterstützt (beispielsweise hat die Einführung moderner Text- und Datenverarbeitung die Produktion, Verarbeitung und Speicherung von Informationen und Wissen revolutioniert) und somit innerbetriebliche Standardisierung und Arbeitsteilung ermöglicht werden.

Die Prozessstandardisierung kann nur indirekt über die Befragungsergebnisse nachgewiesen werden. Hierbei wird eine enge Korrelation zwischen Betriebsgröße, Produktivitätszuwächsen durch Prozessstandardisierung und Interaktion eines vergleichsweise kleinen Teils der Beschäftigten mit Kunden unterstellt. Demgegenüber ist ein relativ großer Teil der Belegschaft mit der Erstellung der Dienstleistung befasst. Durch eine innere Arbeitsteilung werden so Produktionsprozesse in einzelne, voneinander trennbare Bereiche aufgespaltet, wodurch vor allem innerbetriebliche Transaktionskosten gesenkt werden können, weil sich einzelne Mitarbeiter auf ihre Kernkompetenzen konzentrieren können.

Eine Analyse der Größenstruktur der Dienstleistungsunternehmen in Bezug zu den Standorten der Kunden bestätigt den oben beschriebenen Zusammenhang. So steigt der Anteil der Unternehmen, die ihre Leistungen für Kunden außerhalb der eigenen Region erstellen, mit zunehmender Zahl der Beschäftigten deutlich (vgl. Abbildung 5). Ein ähnlich signifikanter Zusammenhang zeigt sich parallel dazu auch bezüglich der Ausdehnung des weiteren unternehmensrelevanten Netzwerkes (Zulieferer/ externe Dienstleister, Partner, Informationsquellen). Auch hier weitet sich der Einzugsbereich mit zunehmender Betriebsgröße der Dienstleister stark aus.

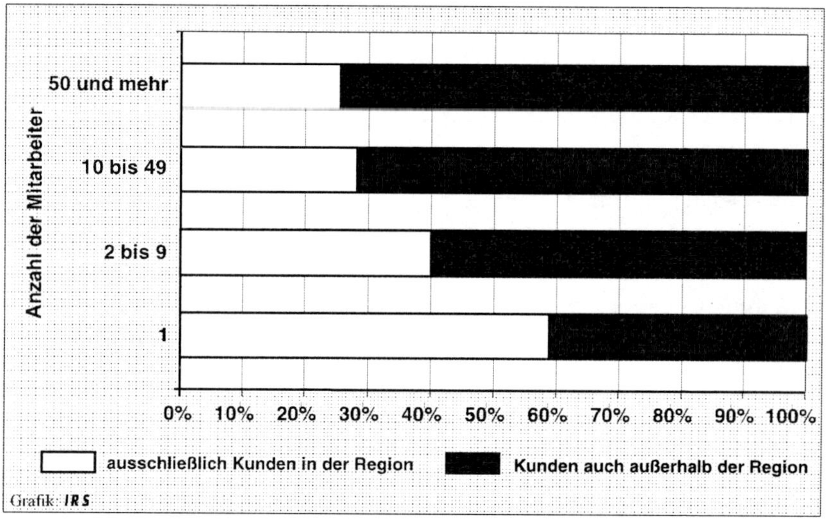

Quelle: Unternehmensbefragung 2002, IRS

Abbildung 5: Standorte der Kunden nach Betriebsgröße der Dienstleistungsunternehmen

Möglicherweise bieten demnach interne *economies of scope*[7] *and scale*[8] größeren Betrieben die Möglichkeit, nicht nur ihr Marktgebiet, sondern ihr gesamtes Beziehungssystem überregional zu organisieren.

Allerdings scheinen die Möglichkeiten zur Expansion der Mitarbeiterzahlen bei Dienstleistungsunternehmen (noch) begrenzt: Etwa die Hälfte der befragten Unternehmen hat zwei bis neun Mitarbeiter, während etwas mehr als ein Viertel der Dienstleister Größenstrukturen von über zehn Mitarbeitern aufgebaut hat. Eine Beschränkung der Expansion mag an den relativ hohen innerbetrieblichen Transaktionskosten zur Koordination der Zusammenarbeit liegen. So werden die Dienstleistungen wahrscheinlich überwiegend in Projektarbeit erstellt, wobei in regelmäßigen Abständen die einzelnen Arbeitsschritte aufeinander abgestimmt werden müssen. Gerade dieser Abstimmungsprozess ist wahrscheinlich mit persönlichen Projekttreffen verbunden, die zu einem hohen Personalaufwand führen. Dennoch belegen einige wenige Beispiele, dass durchaus auch größere Strukturen (in Einzelfällen mit mehreren tausend Arbeitnehmern) möglich sind. Solche Beobachtungen können nur durch verhältnismäßig flache innerorganisatorische Hierarchien erklärt werden, die es ermöglichen, projektabhängige Bearbeitungsteams zu bilden, die sich je nach Projekt und Dienstleistung immer wieder neu zusammensetzen. Unterstützt wird die innerbetriebliche Arbeitsteilung und Prozessstandardisierung vor allem durch den Einsatz moderner IuK-Technologien, insbesondere durch die Daten- und Informationsverarbeitung. So können beispielsweise mit deren Hilfe Daten- und Informationspools innerhalb von Unternehmen aufgebaut werden, welche den innerbetrieblichen Austausch kodifizierten Wissens erleichtern.

Die anscheinend verstärkte Nutzung von IuK-Technologien deutet sich auch in der Kommunikation mit anderen Bereichen des unternehmensrelevanten Beziehungsgefüges an, denn der Einsatz von IuK-Technologi-

[7] Der überwiegende Teil der befragten Unternehmen entwickelt individuelle Kundenlösungen. Dennoch wird in diesem immer wieder neu angeschobenen Entwicklungsprozess auf gemeinsame Ressourcen zurückgegriffen. Dies kann durch eine arbeitsteilige Erstellung von Dienstleistungsprodukten dazu führen, dass trotz zunehmender Produktvielfalt Kostenvorteile realisiert werden.

[8] Eine höhere Mitarbeiterzahl bietet die Möglichkeit zur Ausweitung der Produktion, d.h. ein Unternehmen ist durch arbeitsteilige Prozesse in der Lage, die Anzahl der „Dienstleistungsprodukte" zu erhöhen.

en als Kommunikationsmittel steigt, je stärker sich eine innerbetriebliche Arbeitsteilung andeutet. Abbildung 6 verdeutlicht den verstärkten Einsatz von IuK-Technologien mit zunehmender Betriebsgröße bei der Kommunikation mit den Kunden. Ein ähnliches Bild ergibt sich auch bei der Darstellung dieses Zusammenhanges in Bezug auf die restlichen Größen des Beziehungsgefüges.

Jedoch verliert der persönliche Kontakt mit den Kunden nicht an Bedeutung. Mitarbeiter größerer Unternehmen reisen sogar häufiger zum Standort der Kunden als Mitarbeiter kleinerer Unternehmen, obwohl ihre Kunden im Durchschnitt weiter vom eigenen Betriebsstandort entfernt liegen. Auch dies wird durch die innerbetriebliche Prozessstandardisierung ermöglicht, da die Reisetätigkeit auf wenige Mitarbeiter beschränkt bleibt und durch die immer weiter sinkenden Reisekosten die Transaktionskosten für den Austausch mit den Kunden auf ein Minimum reduziert werden können.

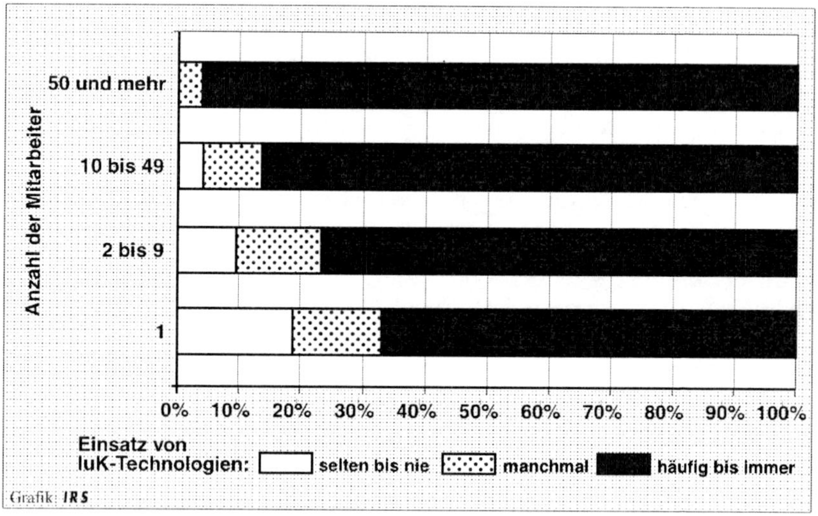

Quelle: Unternehmensbefragung 2002, IRS

Abbildung 6: Einsatz von IuK-Technologien nach Größe der Dienstleister

Zusammenfassend kann man also feststellen, dass es überwiegend die Möglichkeiten der Standardisierung der Interaktion und der innerbetrieblichen Prozesse sind, durch die vor allem größere Dienstleistungsunternehmen ihr gesamtes Beziehungsnetz räumlich ausweiten und im Gegenzug ganz spezifische metropolitane Standortanforderungen ausgebildet haben.

3.4 Synthese: Knotenfunktion der Metropolen als ein entscheidendes Standortkriterium

Die Infrastrukturausstattung innerhalb einer Region sowie die Nähe zu den Kunden galten bislang als die wichtigsten Standortkriterien bei der Standortwahl von Dienstleistungsunternehmen. Dadurch war einerseits die eigene Erreichbarkeit sowie die Erreichbarkeit der Kunden sicher gestellt, aber auch der Transport der Produkte, die Anlieferung von Rohstoffen/Material, sowie die Gewährleistung der persönlichen Interaktion mit den Kunden, was vor allem zur Senkung der Transaktionskosten der Unternehmen beiträgt. Allerdings zeigen die Untersuchungsergebnisse, dass Informationsdienstleister zwar gehobene Ansprüche an die Infrastrukturausstattung der Region stellen, aber andere Kriterien eine übergeordnetere Rolle spielen. Im Rahmen der Unternehmensbefragung wurden Ansprüche an den Mikrostandort (z.B. Grundstücks- und Büropreise, Verfügbarkeit von Gewerberaum, Erreichbarkeit des Standortes mit ÖPNV), die Infrastrukturausstattung, Faktoren der räumlichen Nähe zu weiteren öffentlichen und privaten Akteuren sowie weiche Standortfaktoren untersucht.

Zu den zentralen Untersuchungsergebnissen zählt, dass Faktoren der räumlichen Nähe zu Kunden, Zulieferern, externen Dienstleistern, Kooperations- und Unternehmenspartnern, Fach- und Hochschulen sowie Forschungseinrichtungen für die Dienstleistungsunternehmen eine untergeordnete Rolle bei der Wahl ihrer Standorte spielen. Differenziert man zusätzlich die Standortanforderungen der Unternehmen nach deren Betriebsgröße, also nach deren Möglichkeiten der innerbetrieblichen Arbeitsteilung, so bestätigt ein Ranking der Standortfaktoren die Ansprüche an den Unternehmensstandort, die sich aus den Standardisierungsprozessen ergeben (vgl. Tabelle 2). Nur noch für die sehr kleinen Unternehmen gehört die Nähe zu den Kunden zu den fünf bedeutendsten Standortfaktoren. Im Gegensatz dazu kommt der lokalen und der überregionalen Anbindung des Standortes bei den größeren Unternehmen eine vergleichsweise größere Bedeutung zu. Das bedeutet also, dass sich die Ansprüche an den Standort der Unternehmen aus der räumlichen Dimension ihrer Beziehungsgeflechte erklären lassen.

	1 Mitarbeiter	*2-9 Mitarbeiter*	*10-49 Mitarbeiter*	*50 und mehr Mitarbeiter*
1	Tele-kommunikations-infrastruktur	Tele-kommunikations-infrastruktur	Tele-kommunikations-infrastruktur	Verfügbarkeit qualifizierter Arbeitskräfte
2	Büromieten	Büromieten	Verfügbarkeit qualifizierter Arbeitskräfte	Tele-kommunikations-infrastruktur
3	Autobahn-anschluss	Image des Standortes	Büromieten	Büromieten
4	Nähe zu Kunden	Arbeitsweise von Politik und Verwaltung	S-Bahn-/U-Bahn-Anbindungen des Betriebsstandortes	S-Bahn-/U-Bahn-Anbindungen des Betriebsstandortes
5	S-Bahn-/U-Bahn-Anbindungen des Betriebsstand ortes	Autobahn-anschluss	Arbeitsweise von Politik und Verwaltung	Luftverkehrs-anbindung

Quelle: Unternehmensbefragung 2002, IRS

Tabelle 2: Standortranking

Unabhängig von der Größe der Unternehmen kommt der Telekommunikationsinfrastruktur eine herausragende Bedeutung zu. Dieses Ergebnis überrascht insofern, als eine Grundausstattung mit Telekommunikationsausstattungsmerkmalen in den Regionen flächendeckend gegeben ist. Wenn aber unternehmensorientierte Dienstleister ihre Ansprüche an die Ausstattung ihres Standortes mit Einrichtungen der Telekommunikationsinfrastruktur besonders herausstellen, dann scheint eine Grundausstattung nicht mehr ihren Bedürfnissen zu genügen. Zu vermuten ist daher, dass sie vor allem besondere Anforderungen an die Kapazität der Netze, also an Übertragungsraten und -geschwindigkeiten, möglicherweise auch an die Sicherheit der Übertragungsnetze stellen.

Entscheidend für die Wahl des Betriebsstandortes scheint zusätzlich die unternehmensspezifische Art der Wissensorganisation und des Wissensmanagements. Hierbei spielt die Frage nach Möglichkeiten der ständigen Erneuerung des Wissens- und Informationspools des Unternehmens eine zentrale Rolle. Die vorangestellte Untersuchung zur räumlichen Dimension der Beziehungsnetze hat bereits verdeutlicht, dass vor allem überregional agierende Unternehmen auch auf ein weiträumiges Netz an Beziehungen zur Erstellung der Dienstleistung angewiesen sind. Um dies zu gewährleisten, stellen sie besondere Ansprüche an die Infrastrukturausstattung ihres Standortes. Möglichkeiten der Standardisierung der Interaktion vereinfachen und rationalisieren den Zugang zu externen Wissensquellen und unterstützen die räumliche Ausdehnung der Beziehungen, gehen aber einher mit sehr spezifischen und gehobenen Ansprüchen an die überregionale Anbindung des Unternehmensstandortes.

Ferner ist nicht das bereits kodifizierte und frei verfügbare Wissen von besonderer Bedeutung für die wissensintensiven Dienstleister, sondern vielmehr noch nicht kodifiziertes, und somit noch nicht öffentlich zugängliches Wissen, welches besonders wertvoll für die Wissensproduzenten ist. Persönliches *tacit* oder *impliziertes* Wissen – also persönliche Erfahrungen, Fähigkeiten und Kenntnisse – sichern die ständige Erneuerung und Erweiterung des Wissenspools sowie einen wertvollen Wissensvorsprung vor Konkurrenten. Quelle dieses besonderen Wissensbestandteils sind die qualifizierten Mitarbeiter der Dienstleister.

Dieser besondere Anspruch spiegelt sich naturgemäß vor allem bei den größeren Unternehmen wider (vgl. Abbildung 7 und Tabelle 2). Durch die innerbetriebliche Organisation der Arbeitsteilung – der Teilung der Dienstleistungserstellung in einzelne, möglicherweise sehr spezialisierte Arbeitsschritte – werden sehr spezifische Anforderungen an das Qualifikationsprofil der Mitarbeiter im Unternehmen gestellt. Metropolregionen bieten dank ihrer großen Bandbreite an Einrichtungen der Forschung- und Entwicklung, Universitäten und Fach-/Hochschulen eine besondere Dichte an qualifiziertem Humankapital. Aber auch andere Unternehmen sind Quelle der Weiterentwicklung, Spezialisierung und Qualifizierung der Mitarbeiter. Die vergleichsweise hohe Dichte an Unternehmen gleicher oder ähnlicher Branchen in Metropolregionen erhöht zudem die Fluktuation von Mitarbeitern zwischen den Unternehmen. Hierüber wird der

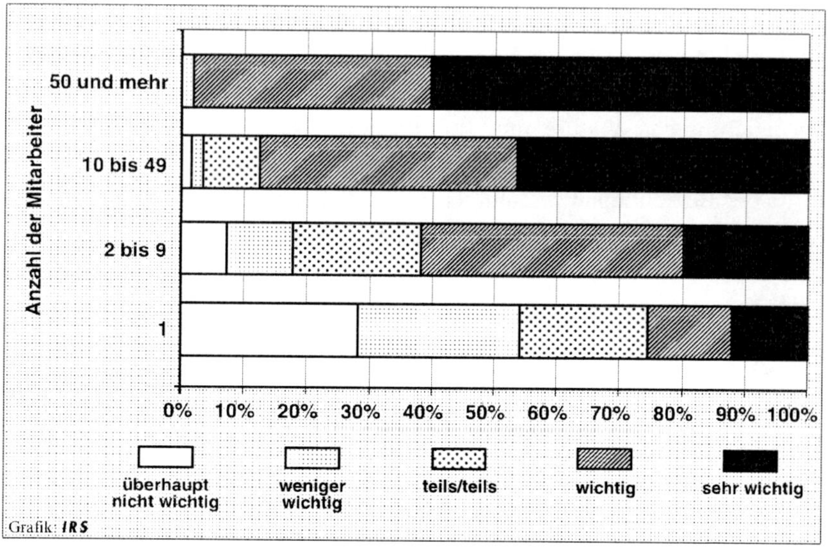

Quelle: Unternehmensbefragung 2002, IRS

Abbildung 7: Verfügbarkeit qualifizierter Arbeitskräfte

ständige Wissensfluss zwischen Unternehmen und die fortwährende Weiterentwicklung des Humankapitals gefördert.

Der Wettbewerbsvorteil von Metropolregionen liegt daher auch in ihrem umfangreichen und vielfältigen Angebot an qualifizierten Wissensarbeitern, der dazu führt, dass die Metropolen besonders attraktiv für Informationsdienstleister sind – umgekehrt aber auch Zuzügler über ihren vielfältigen und diversifizierten Arbeitsmarkt anziehen und darüber den ständigen Zufluss neuer Wissensträger und -produzenten sichern. Metropolregionen bündeln nicht nur Infrastruktureinrichtungen, sondern auch das für die Wissensproduktion benötigte Wissenspotential und Humankapital. Aber nur die größeren Dienstleister verfügen über die finanziellen Ressourcen, ihren Standort innerhalb der Metropolregion optimal zu wählen. Denn unter den Bedingungen der guten überregionalen infrastrukturellen Erschließung und der guten Erreichbarkeit sowie der lokalen Attraktivität des Unternehmensstandortes aus Sicht der Arbeitnehmer (zu „look and feel" siehe auch Helbrecht in diesem Band sowie Helbrecht 1998) sind nur sie in der Lage, einen Standort im Zentrum der Region zu wählen.

Auch hier bestätigt sich – wie bereits in der Beziehungsanalyse –, dass weniger die innerregionale Vernetzung bzw. regionale Milieus entscheidende Attraktivitätsmerkmale sind. Wissensmilieus scheinen vielmehr ebenfalls überregional organisiert zu sein, da nur so neues/„frisches" Wissen in die Dienstleistungskreisläufe eingebunden werden kann.

4 Zusammenfassung

Unumstritten ist im Zuge des wirtschaftlichen Strukturwandels die wachsende Bedeutung von unternehmensorientierten Dienstleistungen. Damit einher geht auch eine Veränderung wirtschaftsräumlicher Strukturen. Denn, obwohl ähnlich wie in der industriellen Produktion auch in der Dienstleistungswirtschaft Prozesse der Standardisierung die Dienstleistungserstellung rationalisieren, bewirken diese nicht unbedingt weiträumige Dezentralisierungstendenzen, wie sie sich in der industriellen Produktion abzeichnen. Im Gegenteil: vielmehr scheinen Tendenzen der zunehmenden Zentralisierung wirtschaftlicher Dienstleistungsaktivitäten mit einer Dezentralisierung und räumlichen Ausdehnung der Märkte einherzugehen. Grund für diese Zentralisierungstendenzen sind die damit einhergehenden sehr spezifischen Standortansprüche vor allem größerer Dienstleister, die nur in Metropolregionen erfüllt werden können. Hierbei wird die Standortwahl durch die räumliche Dimension des unternehmensrelevanten Beziehungsnetzes und damit einhergehend der Organisation der Wissens- und Informationsbeschaffung und -verarbeitung bestimmt. In diesem Zusammenhang ist es nicht das kodifizierte, öffentlich zugängliche Wissen, sondern der Zugang zu nicht kodifiziertem „tacit knowledge" oder implizitem Wissen, der als beschränkender Faktor Standortentscheidungen beeinflusst. Aus Sicht der Metropolen wird deren Wettbewerbsfähigkeit durch mögliche Wissenssvorsprünge (getragen durch qualifizierte und spezialisierte Arbeitskräfte und einen ständigen Austausch von Wissen) und die Sicherstellung des Zuganges zu nicht kodifiziertem Wissen beeinflusst.

Die in diesem Beitrag vorgestellten empirischen Ergebnisse zeigen eines deutlich: Dienstleister, die ein überregionales Kundennetz aufgebaut haben, organisieren ihr restliches unternehmensrelevantes Netzwerk ebenfalls überregional. Anders ausgedrückt, erfordert offensichtlich der Export von Informationsdienstleistungen einen überregional organisierten Import von Wissen und Informationen zur Dienstleistungserstellung. Zwar haben moderne Informations- und Kommunikationstechnologien die weiträumige Kommunikation erleichtert, doch haben persönliche Kontakte aus Sicht der Unternehmen nicht an Bedeutung verloren. So geht ein weiträumig organisiertes Beziehungsnetz einher mit der Herausforderung des Aufrechterhaltens persönlicher Kontakte über die eigene Region hinaus. Möglichkeiten der Standardisierung der Interaktion, sichergestellt über schnellen Zugang zu überregional organisierten Verkehrsnetzen (Flug und Bahn) sowie sichere und leistungsfähige Telekommunikationsinfrastrukturen, gewährleisten die Bewältigung dieser Herausforderung.

Verkehrs- und Telekommunikationsinfrastrukturen sind allerdings nicht flächendeckend in gleicher Qualität verfügbar. Eine hohe Dichte leistungsfähiger weiträumig organisierter Netze ist nur in Metropolregionen zu finden, so dass nur dort eine volle Ausschöpfung des Standardisierungspotenzials der Interaktionen gewährleistet werden kann. Dieser Prozess der verstärkten Zentralisierung von Dienstleistungsfunktionen wird zusätzlich von der Prozessstandardisierung, die eine innerbetriebliche Arbeitsteilung voraussetzt, verstärkt.

Literatur

Blotevogel, H. H. (2002): Metropolregionen in Deutschland – Einige Thesen zur Begründung einer metropolenorientierten Politik von Bund, Ländern und Städten. Auftraggeber: Schäfer, R. im Rahmen des Modellvorhabens der Raumordnung „Netzwerk – Regionen der Zukunft“ Teilprojekt „Modellregionen“, gefördert durch das BBR im Auftrag des BMVBW. http://www.zukunftsregionen.de/modellregionen/pdfFolder/blotevogel.pdf

Blotevogel, H. H. (2000): Gibt es in Deutschland Metropolen? Die Entwicklung des deutschen Städtesystems und das Raumordnungskonzept der „Europäischen Metropolregionen". In: Matejovski, D. (Hrsg.): Metropolen – Laboratorien der Moderne. Schriftenreihe des Wissenschaftszentrums Nordrhein-Westfalen, Band 5. Frankfurt, New York, S. 139-167

Cairncross, F. (1998): The Death of Distance. How the Communications Revolution will change our Lives. London, 2. Auflage

Daniels, P. W. (1993): Service Industries in the World Economy. Oxford

Dunning, J. H. (1993): Multinational Enterprises and the Growth of Services: Some Conceptual and Theoretical Issues. In: Sauvant, K. P.; Mallampally, P. (Hrsg.): International Corporations in Services. London, New York, Bd. 12, S. 34-74

Esser, J.; Schamp, E. W. (Hrsg.) (2001): Metropolitane Region in der Vernetzung – Der Fall Frankfurt/Rhein-Main. Frankfurt/M.

Floeting, H. (2002): Stadtzukünfte zwischen Virtualisierung und neuen Raumstrukturen. In: Computergestützte Raumplanung 2002. Wien, S. 23-28. http://www.corp.at/corp2003/archiv CORP_1996_2002. htm

Fromhold-Eisebith, M. (1995): Das „kreative Milieu" als Motor regionalwirtschaftlicher Entwicklung. Forschungstrends und Erfassungsmöglichkeiten. In: Geographische Zeitschrift, 83. Jg., H 1, S. 30-47

Gepts, E. (2002): The Relation between ICT and Space. In: Computergestützte Raumplanung CORP 2002: Beiträge zum 7. Symposion zur Rolle der Informationstechnologie in der und für die Raumplanung. Wien. http://www.corp.at/archiv/corp2002.htm

Grabher, G. (2002): The Project Ecology of Advertising: Talents, Tasks, and Teams. In: Grabher, G. (Hrsg.): Production in Projects. Economic Geographies of Temporary Collaboration. Regional Studies – Special Issue, Vol. 36, Nr. 3, S. 245-262

Haas, H.-D.; Lindemann, S. (2003): Wissensintensive Dienstleistungen als regionale Innovationssysteme. In: Zeitschrift für Wirtschaftsgeographie, Jg. 47 (2003), H. 1, S. 1-14

Häußermann, H. (2000): Es muss nicht immer Metropole sein. In: Matejovski, D. (Hrsg.): Metropolen – Laboratorien der Moderne. Schriftenreihe des Wissenschaftszentrums Nordrhein-Westfalen. Band 5. Frankfurt, New York, S. 67-79

Helbrecht, I. (1998): The Creative Metropolis. Services, Symbols, and Spaces. In: International Journal of Architectural Theory 3, H. 1

Jansen, D. (2004): Networks, Social Capital and Knowledge Production. In: FÖV Discussion Papers, Nr. 8. Speyer

Kawka, R.; Komar, W.; Ragnitz, J.; Rosenfeld, M.: Stellung und Perspektiven Sachsen-Anhalts in der New Economy. In: Sonderhefte des Instituts für Wirtschaftsforschung Halle, 6/2003, S. 1-204

Koschatzky, K. (Hrsg.) (2003): Innovative Impulse für die Region – Aktuelle Tendenzen und Entwicklungsstrategien. Stuttgart

Lo, V. (2001): Zwischen regionalen und globalen Beziehungen: Wissensbasierte Netzwerke im Finanzsektor. In: Esser, J.; Schamp, E. W. (Hrsg.): Metropolitane Region in der Vernetzung – Der Fall Frankfurt/Rhein-Main. Frankfurt/M., S. 131-153

Malmberg, A.; Power, D. (2004): On the Role of global Demand in Local Innovation Processes. In: Fuchs, G; Shapira, P. (Hrsg.): Rethinking Regional Innovation and Change. Path Dependency or Regional Breakthrough? New York, S. 273-290.

Matthiesen, U.; Bürkner, H.-J. (2003): Wissensmilieus – Zur sozialen Konstruktion und analytischen Rekonstruktion eines neuen Sozialraum-Typus. In: Matthiesen, U. (Hrsg.): Stadtregion und Wissen. Analysen und Plädoyers für eine wissensbasierte Stadtpolitik. Wiesbaden, S. 65-90

Park, S. O. (2000): Knowledge-Based Industry and Regional Growth. In: IWSG Working Papers 02-2000. Frankfurt/M.

Rimmer, P. J. (1998): Transport and Telecommunication among World Cities. In: Lo, F.; Yeung, Y. (Hrsg.): Globalization and the World of Large Cities. Tokyo, New York, Paris, S. 433-470

Sassen, S. (2000): Die Auswirkungen der neuen Technologien und der Globalisierung auf die Städte. In: Matejovski, D. (Hrsg.): Metropolen – Laboratorien der Moderne. Schriftenreihe des Wissenschaftszentrums Nordrhein-Westfalen, Band 5. Frankfurt, New York, S. 29-50

Schamp, E. W. (Hrsg.) (2001): Metropolitane Region in der Vernetzung – Der Fall Frankfurt/Rhein-Main. Frankfurt/M.

Teil 3
Empirische Befunde – Wandel der Binnenstruktur von Metropolregionen

Anke Matuschewski

10. Dresden auf dem Weg zum IT-Cluster?

1 Einleitung

Mit der erfolgreichen Ansiedlung zweier großer Halbleiterwerke am Standort Dresden Mitte der 1990er Jahre keimte nicht nur bei Politikern und in der Bevölkerung die Hoffnung auf einen wirtschaftlichen Aufschwung in Ostsachsen auf. Auch das Forschungsinteresse an den regionalwirtschaftlichen Folgen der Werksansiedlungen wuchs. Schnell wurde von der (Wieder-)Geburt eines IT-Clusters geredet, der die Region Dresden zu einem „Silicon Saxony" machen und eine zukunftsträchtige Wirtschaftsstruktur bescheren werde (vgl. Landeshauptstadt Dresden: 2001; Schulz-Dorst 2000; Röhl 2001). Den Nachweis der notwendigen wirtschaftlichen Strukturen und unternehmerischen Verflechtungen, um tatsächlich von einem räumlichen Cluster sprechen zu können, bleiben die Autoren jedoch schuldig. Denn, im Gegensatz zu einer bloßen Agglomeration von Unternehmen im Sinne eines „*industrial districts*", zeichnen sich Cluster durch Unternehmensbeziehungen untereinander und zu ihrem unternehmerischen Umfeld aus.

Der folgende Beitrag widmet sich der Frage, ob es sich bei der Region Dresden tatsächlich um ein IT-Cluster handelt. Welche Elemente eines Clusters sind bereits vorhanden, welche sind zur Zeit in Entwicklung, und welche Aspekte fehlen möglicherweise? Der Beitrag basiert auf den Ergebnissen eines Forschungsprojektes in der Region Dresden-Oberes Elbtal im Zeitraum 2000-2003.[1]

[1] Das Projekt wurde im Rahmen eines DFG-Habilitationsstipendiums gefördert (vgl. auch Matuschewski 2002).

2 Ausgangspunkt

Als regionales Cluster werden räumliche Ballungen von Unternehmen einer Branche oder eines Wirtschaftszweiges verstanden, die funktional miteinander verflochten und durch Interaktionen gekennzeichnet sind. Dazu gehören z.B. Zulieferbeziehungen, gemeinsame Technologien, gemeinsame Beschaffungs- oder Verteilungskanäle oder gemeinsame Arbeitsmärkte. Es handelt sich also um ein räumlich konzentriertes Industriecluster (vgl. Enright 1996; Porter 1998; Anderson 1994). Dagegen gibt es auch Beispiele für regionale Branchenkonzentrationen, in denen die Kontakthäufigkeit und die funktionalen Verflechtungen zwischen den Unternehmen eher gering sind. Diese Beispiele können demnach nicht als Cluster bezeichnet werden, sondern sie basieren eher auf allgemeinen Agglomerationsvorteilen (vgl. Rehfeld 1999; Gordon, McCann 2000; Krätke 2002).

Räumliche Cluster haben unterschiedliche Wurzeln und Strukturen. Sie können um ein dominantes Großunternehmen durch die Ansiedlung von Zulieferbetrieben und Ausgründungen entstehen (so genanntes fokales Unternehmen, vgl. Schamp 2000). Sie können aus einem Netz von kooperierenden KMU gebildet sein oder auch durch Unternehmensansiedlungen und Ausgründungen an Universitäts- und Forschungsstandorten entstehen (vgl. Porter 1998). Markusen (1996) unterscheidet bei synonymer Verwendung des Begriffes „*industrial district*" folgende vier Typen: „*Marshallian districts*" bestehen aus einer Vielzahl kleiner, lokaler Firmen, die durch langfristige Verträge eng miteinander verflochten sind, über eigene, lokale Arbeitsmärkte und eine spezifische lokale Unternehmenskultur verfügen; „*hub-and-spoke-districts*" werden von einem oder wenigen nicht lokal verankerten, international agierenden Großunternehmen mit einem regionalen Zulieferernetz dominiert, die aber auch eine eigene Unternehmenskultur und Infrastruktur entwickeln können. Demgegenüber entstehen „*satellite industrial platforms*" um Zweigwerke großer, extern gesteuerter Unternehmen, die nur gering mit dem lokalen Umfeld verflochten sind, keine längerfristigen Verträge eingehen, durch externe Steuerung und eine geringe lokale Identität gekennzeichnet sind. Nach Krätke weisen solche Cluster oft asymmetrische Beziehungen auf und werden von den Unternehmen gezielt als lokale Knoten in einem weiträumigen Produktionsnetz aufgebaut, um die positiven Effekte regionaler Produktionscluster zu nutzen (Krätke 2002: 34). Der „*state anchored district*" hingegen hat seinen Ursprung in großen staatlichen Einrichtungen wie Universitäten, Forschungseinrichtungen oder Militärstützpunkten, die durch ein Netz lokaler Zulieferer, Dienstleister und Kunden ergänzt werden (vgl. Markusen 1996: 298 f.; ähnlich Rösch 1998).

Wichtiges Merkmal von Clustern ist die Art der Beziehungen zwischen den beteiligten Unternehmen, die aus Käufer-, Zulieferer-, Wettbewerbs- und Kooperationsbeziehungen sowie gemeinsamen Ressourcen bestehen (vgl. Anderson 1994). Die Unternehmen sind dabei in ein soziales Umfeld eingebettet, das sich aus Konkurrenten, kooperierenden Unternehmen, Zulieferern, Kunden, Politikern und Verwaltung sowie Forschungseinrichtungen zusammensetzt. Ihr Handeln erfolgt nicht autonom, sondern ist durch ihr Umfeld beeinflusst; d.h., nicht nur Austauschbeziehungen am Markt und unternehmensinterne hierarchische Beziehungen, sondern auch Zwischenformen wie informeller Informationsaustausch, gemeinsames Marketing, Unteraufträge, gemeinsame FuE-Projekte, *Joint Ventures* und strategische Allianzen bestimmen das unternehmerische Handeln. Cluster werden somit als räumliche Netzwerke verstanden.

Trotz der Fülle an Literatur über Cluster und einer Vielzahl an regionalen und sektoralen Beispielen gibt es noch keine systematische Untersuchung zur Region Dresden. Dennoch wurde der Clusterbegriff nicht nur in der Tagespresse, sondern auch von Fachleuten recht schnell auf die Region übertragen. Die bloße Existenz von IT-Betrieben und -Arbeitsplätzen rechtfertigt aber noch nicht die Verwendung des Clusterbegriffs. Denn dieser suggeriert eine aktive Zusammenarbeit zwischen den Akteuren, die zu gemeinsamen Lernprozessen, Innovationen und infolgedessen zu Wirtschaftswachstum in der Region führen können. Sind die wirtschaftlichen Verflechtungen der Informationswirtschaft in der Region Dresden-Oberes Elbtal derart ausgeprägt oder handelt es sich bei den großen Halbleiterwerken um geschlossene Inseln ohne lokalen Bezug? Dann wären auch die positiven regionalwirtschaftlichen Effekte und die Berechtigung der massiven Subventionen in Frage zu stellen.[2]

---

[2] Nach Angaben des DIW beträgt die Fördersumme, die bis 2003 in die Mikroelektronikbranche Dresdens geflossen ist, 1,2 Mrd. EURO (BMBF 2003).

Zur IT-Wirtschaft in der Region Dresden liegen bislang nur wenige Veröffentlichungen vor. So präsentiert Schulz-Dorst (2000) in seiner Kosten-Nutzen-Analyse der SIMEC/Infineon-Ansiedlung ein insgesamt positives Ergebnis aufgrund der geleisteten Investitionen, der Anzahl der Arbeitsplätze, der Nachfrage nach Vorleistungen und der Steuereinnahmen. Auch Röhl (2001) beschäftigt sich mit den wirtschaftlichen Effekten der Großansiedlungen und Neugründungen in diesem Wirtschaftsbereich, geht aber nicht auf die regionalen Netzwerkstrukturen ein. Darüber hinaus liegen Studien über Innovations- und Forschungsaktivitäten in Sachsen (vgl. Scherzinger 1996; Fritsch et al. 1997), allgemeine Veröffentlichung zur Wirtschaftsentwicklung, Publikationen des Landes und der Stadt Dresden sowie graue Literatur vor.

3 Methodischer Rahmen und Datengrundlage

Der vorliegende Beitrag basiert auf den Ergebnissen einer Studie zur räumlichen Verankerung der Informationswirtschaft in den Regionen Dresden-Oberes Elbtal, Hamburg und Karlsruhe.[3] Die Informationswirtschaft umfasst dabei die Branchen Hard- und Software, Telekommunikation, Medien, Graphik, Druck und Werbung. Für die Untersuchung wurden Sekundärdaten zur Unternehmens- und Beschäftigtenentwicklung ausgewertet und eine zweistufige empirische Erhebung durchgeführt: Eine mündliche Unternehmensbefragung und Leitfadengespräche mit Experten aus dem unternehmerischen Umfeld. Insgesamt wurden in der Region Dresden-Oberes Elbtal 48 Interviews mit Unternehmensvertretern[4] und 15 Gespräche mit Vertretern von Verbänden, Hochschulen, Bildungseinrichtungen, Behörden und regionalen Initiativen durchgeführt. Die Unternehmensbefragung basiert auf einem teilstandardisierten Fragebogen, der

[3] Die Region Dresden-Oberes Elbtal entspricht der Raumordnungsregion Oberes Elbtal-Osterzgebirge.

[4] Die Beteiligung betrug 33 Prozent. Gesprächspartner in den Unternehmen waren meist Vertreter des Vorstandes, der Geschäfts- oder Betriebsleitung. Die Interviews dauerten im Durchschnitt 70 Minuten und lieferten z.T. sehr ausführliche Auskünfte. Bei den Leitfadengesprächen wurden 25 Einrichtungen angeschrieben, womit die Beteiligung dort sogar bei 60 Prozent lag.

Fragen zu Unternehmensursprung und -entwicklung, Kooperations- und Lieferbeziehungen, Unternehmensumfeld und eine Standortbewertung enthält. In den anschließenden Leitfadengesprächen wurden einzelne Aspekte der Unternehmensbefragung vertieft und Einschätzungen zu den regionalen wirtschaftlichen Verflechtungen erfragt.

Die Existenz eines Clusters soll konkret anhand folgender Merkmale überprüft werden:

– *Geschäfts- und Kooperationsbeziehungen*: räumlicher Arbeitsmarkt, Bezug unternehmensbezogener Dienstleistungen, Unternehmens- und Forschungskooperationen;
– *soziale Verankerung, Milieu:* Einschätzung des Unternehmensklimas, Wahrnehmung regionaler Einrichtungen, Existenz und Bedeutung informeller Kontakte, Einbindung in unternehmensbezogene Netzwerke;
– *räumliche Identifikation:* Einschätzung der regionalen Standortfaktoren, Wahrnehmung einer regionalen Identität.

4 Ergebnisse

4.1 Struktur und Herkunft der Firmen

Mit Ausnahme der großen Halbleiterwerke handelt es sich bei den befragten Firmen im Wesentlichen um kleine und mittlere Unternehmen (KMU). Zwei Drittel der befragten Firmen haben weniger als zehn Beschäftigte, nur knapp ein Viertel kommt auf 20 oder mehr Beschäftigte. Die geringe Unternehmensgröße korrespondiert auch mit dem Unternehmensalter, denn mehr als zwei Drittel der Unternehmen sind erst nach der Wende entstanden.

80 Prozent der befragten Unternehmen haben ihren Ursprung in der Region Dresden-Oberes Elbtal. Nur zehn Unternehmen, überwiegend aus dem Hardwarebereich, wurden nicht dort gegründet, jedes zweite von ihnen hat jedoch seinen (deutschen) Hauptsitz in die Region gelegt. Meist kommen auch die Firmengründer aus der Region. Rund ein Viertel der Firmen ist unter westdeutscher Beteiligung oder ausschließlich von West-

deutschen gegründet worden, und nur drei Unternehmen sind ausländischen Ursprungs. Die meisten regionalen Gründungen erfolgten am eigenen Wohnstandort oder aufgrund persönlicher Beziehungen im näheren Umfeld. Auch ausgegründete Firmen haben ihren Standort häufig beim Mutterunternehmen angesiedelt oder aus DDR-Zeiten beibehalten. Darüber hinaus waren Kundennähe und die Erschließung von Märkten Gründe für die Standortwahl, so z.B. die günstige Lage zu den osteuropäischen Märkten. Für die großen Halbleiterwerke waren dagegen die IT-Tradition, die Verfügbarkeit qualifizierter Arbeitskräfte und die öffentliche Förderung standortentscheidend (vgl. Schulz-Dorst 2000: 13).

Bei zwei Dritteln der Unternehmen handelt es sich um Neugründungen. Jedes vierte Unternehmen ist als Ausgliederung oder Spin-Off aus einer anderen Firma nach der Wende entstanden, und nur zwei Unternehmen wurden aus Forschungseinrichtungen ausgegründet. Dennoch haben deutlich mehr Unternehmen dadurch einen Bezug zur regionalen Forschungslandschaft, dass sie von Absolventen regionaler Hochschulen oder bewusst in deren Nähe gegründet wurden, um qualifizierten Nachwuchs rekrutieren zu können.

4.2 Arbeitsmarkt

Vier von fünf Unternehmen haben ihren gesamten Mitarbeiterstamm aus der Region rekrutiert. Nur bei fünf Unternehmen liegt der Anteil regionaler Mitarbeiter unter 50 Prozent. Der hohe regionale Mitarbeiteranteil ist nicht nur Folge des großen Arbeitsangebotes in den neuen Bundesländern, sondern zeigt auch, dass die Unternehmen fachlich geeignetes Personal vor Ort finden. Die regionale Beschäftigungswirkung ist demnach als hoch einzuschätzen (vgl. auch Schulz-Dorst 2000).

Auch nach der Wende konnte die Region Dresden-Oberes Elbtal ihren Facharbeitsmarkt für die Mikroelektronikbranche aufrecht erhalten. Zwar fanden nur relativ wenige Arbeitskräfte eine Anschlussbeschäftigung, denn durch die Auflösung von Robotron und Entlassungen im Forschungszentrum Mikroelektronik, dem heutigen Zentrum für Mikroelektronik Dresden, waren viele ehemalige Beschäftigte gezwungen, sofort einen neuen Arbeitsplatz zu finden. Dies führte zu einer Reihe von Aus- und

Neugründungen, aber erst durch die Standortentscheidungen von SIMEC/Infinoen und AMD Mitte der 1990er Jahre wurden wieder verstärkt Arbeitsplätze geschaffen. Infolgedessen wurden zunächst von öffentlicher Seite Ausbildungs- und Umschulungsangebote in den Bereichen Mechatronik, Programmierung und IT-Technik sowie eine Stellenvermittlung geschaffen. Auch die Unternehmen selbst sowie die Universitäten, die Berufsakademie und private Bildungseinrichtungen sind aktiv in die Fachausbildung eingestiegen. So hat Infineon ein eigenes Rekrutierungsbüro in der Dresdner Innenstadt eröffnet, bietet in der hauseigenen Berufsakademie Aus- und Fortbildungen an und hat mit der „Dresden Design Academy" ein eigenes Ausbildungsmodell entwickelt, um die Flexibilität und Qualität der Berufsausbildung zu erhöhen. Hinzu kommen Kooperationen mit lokalen Sprachenschulen, die spezielle Englischkurse für die Mitarbeiter von Infineon und AMD anbieten. Und nicht zuletzt der als „strategisch" bezeichnete Ausbau von Kontakten beider Halbleiterwerke zu den Universitäten und Forschungseinrichtungen der Region dient der Personalrekrutierung und Qualifizierung (vgl. Kap. 4.3). Die zunehmenden Aktivitäten der Unternehmen resultieren zum einen aus dem quantitativen Bedarf an Arbeitskräften, der trotz Halbleiterkrise stärker als geplant ausfiel, zum anderen aber auch aus negativen Erfahrungen mit der Anwerbung auswärtiger Arbeitskräfte nach Dresden, so dass man ver stärkt auf das regionale Potenzial angewiesen ist.

4.3 Geschäfts- und Kooperationsbeziehungen

Mit Ausnahme von vier Firmen nehmen alle im Sample vertretenen Unternehmen externe *Dienstleistungen* in Anspruch. 87 Prozent der Firmen beziehen diese regelmäßig aus der Region, knapp ein Viertel auch bundesweit, und nur ein Unternehmen nutzt ausländische Dienstleister. Auf räumliche Nähe zu Dienstleistern legt knapp die Hälfte der befragten Unternehmen (sehr) großen Wert. Begründet wird dies sowohl mit dem Wunsch nach kurzer Reaktionszeit, kurzfristiger Verfügbarkeit und einem z.T. intensiven Kommunikationsbedürfnis als auch mit der Maßgabe, die Aufwandskosten zu minimieren. Dabei wird eingeräumt, dass Dienstleister auch über Distanz in Anspruch genommen werden können, vor Ort aber viel angenehmer seien, weil man aufgrund der Informationsvorteile vor Ort besser einschätzen könne, „wer gut und an uns interessiert ist“ (Gesprächspartner aus Internetfirma).

Etwas weniger als zwei Drittel der Unternehmen haben in den vergangenen drei Jahren mit *Forschungseinrichtungen* kooperiert. Dabei handelt es sich vor allem um Firmen aus den Bereichen Hard- und Software, die besonders forschungsintensiv sind und häufig eigene FuE-Aktivitäten verfolgen.[5] Die Zusammenarbeit umfasst in erster Linie gemeinsame Projekte, die Betreuung von Diplom- oder Seminararbeiten und die Personalrekrutierung. Der Aspekt, Zugang zu qualifiziertem Nachwuchs zu finden, nimmt dabei einen hohen Stellenwert ein, sei es über Praktika, Hiwi-Verträge oder über Empfehlungen von Hochschullehrern.

Dieser Aspekt ist zugleich einer der wichtigsten Gründe für die Bevorzugung regionaler Forschungseinrichtungen, denn die meisten Firmen nennen als wichtigste Kooperationspartner regionale Hochschulen oder Institute (vgl. Tab. 1). Dies gilt auch für die großen Halbleiterwerke, die strategisch Kontakte und Forschungskooperationen mit regionalen Forschungseinrichtungen aufgebaut haben. Fast alle Firmen haben mindestens einen ihrer wichtigsten Partner in der Region, bei einem Drittel sind es sogar mehrere. Auch die überregionalen Forschungspartner befinden sich fast ausschließlich in Sachsen oder Ostdeutschland.[6] Neben dem Zugang zu qualifiziertem Personal werden als Gründe angegeben, „weil das Spezialwissen hier sitzt“ (Gesprächspartner aus Softwarefirma), wegen „eines intensiven Austauschs und der Nutzung der technischen Ausstattung“ (Gesprächspartner aus Hardwarefirma) oder „um persönliche Kontakte halten zu können“ (Gesprächspartner aus Softwarefirma). So zählt die Nähe zu Ausbildungs- und Forschungseinrichtungen auch zu den am besten bewerteten Standortfaktoren in der Region.[7]

---

[5] Hier bestätigt sich der aus anderen Studien bekannte positive Zusammenhang zwischen eigener FuE-Tätigkeit und Forschungskooperationen (vgl. Arndt 1999; Sivitanidou 1999; Koschatzky 2001).

[6] Damit werden Ergebnisse einer Studie zur Reichweite von Forschungskooperationen bestätigt, wonach ostdeutsche Firmen deutlich mehr regionale Forschungsangebote nutzen als westdeutsche Firmen (vgl. Beise, Stahl 1999).

[7] Die Befragten sollten eine Liste von 24 Standortfaktoren auf einer Skala von 1 (sehr gut) bis 6 (unbefriedigend) bewerten.

Einrichtung	**Anzahl**
TU Dresden	25
HTW Dresden	5
Berufsakademie Dresden, Riesa	3
Fraunhofer Institut in Dresden	3
Fachhochschulen in Dresden, Zittau, Görlitz, Mittweida	5
Andere Forschungseinrichtungen in der Region	2
Summe Region	**43**
FuE-Einrichtung in NBL	8
FuE-Einrichtung in ABL	8
Ausländische FuE-Einrichtung	1

Quelle: Eigene Erhebung

Tabelle 1: Wichtigste Forschungs- und Ausbildungspartner der befragten Unternehmen in Dresden-Oberes Elbtal (maximal drei Nennungen)

Jedes dritte Unternehmen neigt zu einem Ausbau seiner Forschungskooperationen. Ein Drittel dieser Firmen hat dabei Präferenzen für regionale Einrichtungen, weil sich lokale Universitätskooperationen bewährt haben oder weil die Vorteile räumlicher Nähe für persönliche Treffen geschätzt werden. Von den befragten Experten werden allerdings Defizite bei den Kontakten zwischen KMU und Forschungseinrichtungen gesehen. Während die Hochschulen als weitgehend offen gegenüber Unternehmenskontakten gelten, werden von Seiten der Unternehmen Zugangsbarrieren gesehen (vgl. Kap. 4.6).

Fast alle befragten Firmen arbeiten mit anderen *Unternehmen* zusammen. Nur sieben Interviewpartner gaben an, bislang keine Unternehmenskooperationen zu haben. Räumliche Nähe zu den Partnerunternehmen wird dabei nur von einem Drittel der Gesprächspartner als wichtig angesehen. Fast genauso viele halten die Entfernung für unwichtig. Das Sample teilt sich insgesamt in zwei Gruppen auf: Während die größeren Unternehmen aus der Hard- und Softwarebranche eher international ausgerichtet sind, steht ihnen eine Gruppe kleinerer Unternehmen gegenüber, deren Kooperationen überwiegend regional angelegt sind. Diese sind entweder ohnehin stark auf den regionalen Markt ausgerichtet, oder sie haben aufgrund von Informationsvorteilen und Kontakten ihre Partner in der Region gefunden. Bei den Großunternehmen der Halbleiterbranche hingegen nehmen strategische Partnerschaften einen hohen Stellenwert ein. Sie verfolgen gezielte Kooperationsstrategien mit den weltweiten Markt- und Technologieführern oder über fachliche Kontakte von Mitarbeitern. Diese strategischen Kooperationen sind langfristig angelegt, vertraglich vereinbart und fast ausschließlich überregional. Ausnahmen bilden lediglich einige Zulieferer, die regionale Standorte aufgebaut haben, oder gemeinsame Gründungen wie das neue Maskenzentrum von Infineon, AMD und DUPont Photomasks (vgl. Sächsische Zeitung vom 17.05. 2002). Bei den übrigen Firmen laufen längerfristige Kooperationen eher informell und werden seltener schriftlich fixiert. Voraussetzung dafür ist, dass die Partner sich gut kennen und das gegenseitige Vertrauen hoch ist. So sind viele regionale Kooperationen durch alte Studien- oder Berufskontakte zustande gekommen; „man kennt sich" oder die Beziehungen sind über gemeinsame Projekte und Aufträge mit der Zeit gewachsen. Diese Zweiteilung mit unterschiedlichen Mustern der Unternehmensverflechtung ist typisch für sogenannte *„hub-and-spoke-cluster"*.

Trotz der eher geringen Bedeutung, die die Unternehmensvertreter generell dem Faktor Nähe für Forschungs- und Unternehmenskooperationen beimessen, zeigt sich, dass mit Ausnahme der großen Halbleiterwerke- die Kooperationspartner in der Praxis häufig in der Region zu finden sind. Die Region bietet also offensichtlich eine Vielzahl potenzieller Unternehmenspartner und geeigneter Forschungseinrichtungen. Dabei spielen persönliche Kontakte und die Einbindung in branchenspezifische oder berufsbezogene Netzwerke besonders für kleinere Firmen eine große Rolle, da sie Informationsvorteile und Vertrauen schaffen können. Wichtig sind vor allem Kontakte zu ehemaligen Arbeitskollegen aus der DDR-Zeit und Studienkontakte. Bei den größeren, international ausgerichteten Unternehmen hingegen treten räumliche Nähe und damit auch das regionale Umfeld für Kooperationen deutlich in den Hintergrund. Für diese sind fachliche Kriterien, technisches Know-how, Marktposition und Markenstärke der potenziellen Partner ausschlaggebend.

4.4 Netzwerke und unternehmerisches Umfeld

Nahezu alle Befragten bestätigen, dass sie über persönliche berufliche Kontaktnetze verfügen. Lediglich neun Interviewpartner verneinen dies oder bezeichnen ihr persönliches Kontaktnetz als unterentwickelt. Diese Beziehungen sind überwiegend in der Region verankert und werden durch überregionale Kontakte ergänzt. Für jeden zweiten Befragten nehmen solche persönlichen berufsbezogenen Netzwerke eine hohe bis sehr hohe Bedeutung ein. Zwei Gesprächspartner aus Softwarefirmen schätzen sie sogar als „lebenswichtig“ oder „das Wichtigste überhaupt“ ein. Der Nutzen liegt vor allem in der Abschätzung von Markt- und technologischen Entwicklungstrends, Insiderinformationen, Kontaktvermittlungen, indirekter Kundenakquise und der „Vereinfachung der praktischen Arbeit vor Ort“ (Gesprächspartner aus Hardwarefirma). Auch die Möglichkeit, Probleme zu besprechen, die Weitergabe von Tipps und Brancheninformationen werden als weitere Vorteile genannt.

Darüber hinaus werden von knapp zwei Dritteln der Unternehmen organisierte Netzwerke genutzt, um Informationen über die Region, Märkte oder Branchen zu erhalten, aber auch als Kontaktbörse, für Lobbyarbeit und indirekte Kundenwerbung. Dabei muss man berücksichtigen, dass sich in den neuen Bundesländern das unternehmerische Umfeld nach der Wende völlig neu entwickelt hat (vgl. Scherzinger 1996:187). Viele Organisationsformen waren in der ehemaligen DDR weder vorhanden noch bekannt. Eine Ausnahme stellt der Bildungs- und Forschungsbereich dar, welcher nach der Wende teilweise erhalten oder neu organisiert wurde. Mit der Übertragung des westdeutschen Wirtschaftssystems auf die neuen Bundesländer wurden auch die organisatorischen Strukturen übernommen, zum einen durch die Gründung regionaler Teilverbände von westdeutschen Organisationen, zum anderen durch eigene Netzwerkbildung.

Mittlerweile ist das unternehmerische Umfeld in Dresden sehr vielfältig. Neben öffentlichen Einrichtungen wie der landesweiten und städtischen Wirtschaftsförderung, mehreren Technologie- und Gründerzentren, Innovationsagenturen und der Sächsischen Entwicklungsgesellschaft für Telematik (SET) gehören dazu Wirtschafts- und Branchenverbände, Hochschulen, außeruniversitäre Forschungseinrichtungen und zahlreiche private Bildungsträger (vgl. Tab. 2). Hinzu kommt eine Reihe von Initiativen und Vereinen auf lokaler oder regionaler Ebene wie z.B. Dresden exists, Silicon Saxony, SAX-IT oder die Wirtschaftsinitiative Sächsische Schweiz (WIN).

Einrichtungen	**Anzahl**
Technologietransferstellen	9
Technologie- und Gründerzentren	11
Spezielle Beratungseinrichtungen, Innovationsagenturen	6
Hochschulen [ohne An-Institute]	3
Berufsakademien	3
Fraunhofer Gesellschaft (FhG)	9
Max-Planck-Gesellschaft (MPG)	4
Leibniz-Wissenschaftsgemeinschaft	4
Behörden, Kammern	9
Regionale Brancheninitiativen	4

Quelle: Eigene Zusammenstellung nach Landeshauptstadt Dresden 2001, Sächsisches Ministerium für Wissenschaft und Kunst 1999, IHK Dresden 2000 und Internetrecherchen

Tabelle 2: Unternehmerisches Umfeld der Informationswirtschaft in Dresden-Oberes Elbtal

Insbesondere der Bildungs- und Forschungssektor zeichnet sich durch eine Vielzahl an Einrichtungen aus. Der Regierungsbezirk Dresden weist zugleich die höchste Forscherdichte Sachsens auf (vgl. Scherzinger 1996: 182). Auch im Bereich Technologietransfer und Beratung haben sich zahlreiche Einrichtungen etabliert, zu denen neben Technologiezentren auch Transferstellen an Hochschulen und Forschungseinrichtungen gehören.

Die befragten Unternehmen nutzen am häufigsten regionale Fach- und Berufsverbände, gefolgt von regionalen Initiativen und Vereinen, wobei jedoch keine Organisation besonders hervorsticht. Die Firmen scheinen sich in überschaubaren Kreisen mit einem engen räumlichen oder fachlichen Bezug zu orientieren. Diese Ergebnisse dokumentieren einerseits die vielfältigen Aktivitäten der meisten Firmen, können andererseits aber auch Hinweise darauf geben, dass es noch an etablierten, zentralen Netzwerken mangelt, die als Vermittler über engere Branchen- oder Gemeindegrenzen hinweg fungieren können. So sehen die befragten Experten diese Lücke als eine Folge der unterentwickelten Kooperationsneigung der KMU an. Aus der Sicht der Unternehmen dagegen scheint das regionale Kontaktnetzwerk gut entwickelt zu sein, denn dieser Aspekt erhielt bei der Standortbewertung eine gute Durchschnittsnote.

Die meisten regionalen Einrichtungen erhielten von ihren jeweiligen Nutzern eine positive Beurteilung als wichtige Ansprechpartner und Impulsgeber. Außerdem wurden die beiden Unternehmen AMD und Infineon recht häufig in diesem Zusammenhang erwähnt. Von den Vertretern der Hardwareindustrie und einigen anderen Unternehmen, die in den Genuss von Förderung kamen, wird die Landespolitik und das Engagement einzelner städtischer Akteure als sehr wirtschaftsfreundlich und engagiert hervorgehoben. Insgesamt wird die Ausstattung der Region mit öffentlichen Beratungsstellen mit einer Durchschnittsnote von 2,4 bewertet. Vertreter von Hard- und Softwareunternehmen bewerten diesen Standortfaktor sogar deutlich besser als die Vertreter der übrigen Branchen. Dies gilt auch für die Standortfaktoren „Nähe zur eigenen Branche", „Kooperationsbereitschaft der Verwaltung" und „Innovationsklima der Region". Die Hard- und Software-Unternehmen scheinen also am ehesten günstige Standortbedingungen und ein unternehmensfreundliches Milieu vorzufinden.

4.5 Regionale Einbindung der Mirkoelektronik-Großunternehmen

Aus beiden Befragungen wird deutlich, dass die regionalen Kontakte und Geschäftsbeziehungen der Großunternehmen aus der Mikroelektronik noch begrenzt sind. Lediglich eine geringe Zahl regionaler Unternehmen profitiert bislang von der Ansiedlung. Dabei handelt es sich vor allem um Anbieter einfacher Dienstleistungen (z.B. Catering, Reinigung, Wachdienste), einige wenige höherwertige Dienstleister, technische Anlagenbetreuung und -wartung sowie Zulieferer. Zu den regionalen Forschungseinrichtungen wurden von den Halbleiterwerken dagegen systematisch Kontakte aufgebaut, die sich im Laufe der Zeit verstetigt haben.

Insgesamt gibt es nach Ansicht der Befragten bei den Großunternehmen noch immer erhebliche Informationsdefizite über die regionale Unternehmensstruktur und das, was die Unternehmen zu bieten haben. Die mitgebrachten weltweiten Verbindungen aufzubrechen und in die Geschäftsbeziehungen der Unternehmen hineinzukommen, fällt auch deshalb vielen regionalen Firmen schwer, weil sie sehr klein und spezialisiert sind und selten über das notwendige Management- und Marketing-Know -how verfügen. Um von den Großunternehmen überhaupt wahrgenommen zu werden, bedarf es nach Einschätzung der befragten Experten jedoch eigener Initiative und eines professionellen Auftretens. Insbesondere ein funktionierendes Management wird als Schlüssel für den Zugang zu den Unternehmen angesehen.

4.6 Probleme und Entwicklungsbedarf

Die erwähnten Informationsdefizite zwischen den Großunternehmen und lokalen KMU abzubauen und die regionalen Firmen bei Ihrer Kontaktaufnahme mit der Halbleiterindustrie zu unterstützen, hat eine ganze Reihe von Einrichtungen zu ihrer Aufgabe gemacht. Dafür werden Informationsveranstaltungen und Vortragsreihen organisiert, in denen sich regionale Betriebe präsentieren können und KMU werden zu den wichtigsten Messen eingeladen und dabei unterstützt. Ziel der städtischen Wirtschaftsförderung ist es, die Branche am Standort zu stabilisieren und durch weitere Gründungen zu einer kritischen Masse zu kommen, um sich im internationalen Standortwettbewerb der Halbleiterbranche zu behaupten. Vertreter aus Forschungs- und Bildungseinrichtungen werten vor allem den Ausbau der Forschungskapazitäten in den Dresdner Halbleiterwerken als positives Zeichen im Hinblick auf weitere Forschungsaufträge und -kooperationen sowie für die generelle Etablierung des Standortes.[8]

Vorherrschend ist jedoch die Einschätzung, dass die Möglichkeiten regionaler Kooperationen und Geschäftsbeziehungen mit den Großunternehmen begrenzt sind. Der Bedarf an zusätzlichen Lieferanten und Dienstleistern bei den Unternehmen wird eher gering eingestuft. Es sind daher vor allem die indirekten Wertschöpfungseffekte, die der Region zugute kommen, wie z.B. die regionalen Beschäftigungseffekte, die Erhöhung des Steueraufkommens und der Kaufkraft, das Ausbildungsangebot und -niveau sowie Neu- und Ausgründungen, Forschungsaufträge und -kooperationen und ein positiver Imageeffekt.

Während die Kontakte zwischen den Großunternehmen und den regionalen Forschungseinrichtungen als gut, intensiv und systematisch bezeichnet wurden, sehen die meisten befragten Experten Defizite bei den Kontakten zwischen KMU und Forschungseinrichtungen. Ursachen werden vor allem in den mangelnden Personal- und Finanzkapazitäten von KMU, in Zeitnot aufgrund der Einbindung in das Tagesgeschäft sowie in einer zu zögerlichen, abwartenden, resignativen Haltung und Scheu vor der Bürokratie bei gemeinsamen Forschungsprojekten gesehen. Allerdings werden Unterschiede eingeräumt zwischen Unternehmern, die enge Beziehungen zu Hochschulen aus der Ausbildungszeit pflegen, und solchen, die nicht auf diese Kontakte zurückgreifen können. Eine ganze Reihe von Einrichtungen bemühen sich daher um die Kontaktvermittlung zwischen Wissenschaft und KMU. Neben den ausgewiesenen Technologietransferstellen (IHK Dresden 2000) bieten verschiedene Verbände, Initiativen, das Technologiezentrum Dresden oder die BTI Technologieagentur Veranstaltungen und Services für Kontaktvermittlungen an. Auch die TU Dresden verfügt seit kurzem mit der Gesellschaft für Wissens- und Technologietransfer (GWT) über eine eigene Technologietransferstelle und bietet

[8] Inzwischen hat AMD den Bau eines zweiten Werkes am Standort Dresden beschlossen, und mit öffentlicher Förderung werden die F&E-Kapazitäten am Standort ausgebaut (vgl. BMBF 2003).

konkrete Zugangsmöglichkeiten zu Studierenden und Absolventen an, wie z.B. über Schwarze Bretter, Praktikantenbörsen, Diplomarbeiten, Bonding-Messen, Vorträge und die Beteiligung an den gemeinsam mit Infineon und AMD organisierten „*summer schools*". Weitere Möglichkeiten sind das Innovationsassistentenprogramm[9] der Sächsischen Landesregierung, die kooperative Ingenieursausbildung an der FH Zittau und Angebote der Berufs- und Wirtschaftsakademien.

Auch die Kooperationsneigung unter den sächsischen Unternehmen wird von den befragten Experten als noch zu zurückhaltend bezeichnet. Kooperationen kämen eher auf Druck als freiwillig zustande, und dies gilt insbesondere für Kontakte zu westdeutschen Firmen. Als Barrieren werden Informationslücken und mangelnde Kontakte, eine mangelnde Aufgeschlossenheit gegenüber Vermarktungs- und Angebotsgemeinschaften, eingefahrene Vertriebswege und Schwierigkeiten, in westdeutsche Märkte und Netzwerke einzudringen, aber auch schlechte Erfahrungen mit der Ausnutzung von Kooperationen für Preisreduktionen, Sicherheitsdenken und „Nischenverhalten" genannt. Viele KMU verlassen nach Einschätzung der Experten ungern ihre Rolle als Spezialanbieter in einem Nischenmarkt, um sich der Konkurrenz größerer Märkte zu stellen.

Ein wichtiger Faktor für erfolgreiche regionale Cluster ist die Kapitalverfügbarkeit für die Finanzierung von Forschung, für die Umsetzung von innovativen Geschäftsideen und für Gründungsaktivitäten. Darin sehen die Befragten jedoch eine der größten Schwächen der Region Dresden-Oberes Elbtal. Obwohl ein generelles Problem in Deutschland seit dem Zusammenbruch des „Neuen Marktes", stehen die ostdeutschen Firmen vor besonderen Finanzierungsproblemen, da die Eigenkapitaldecke oft sehr dünn oder gar nicht vorhanden ist. Da sich die überregionalen Banken und Finanzdienstleister nahezu vollständig aus der Finanzierung von Gründungen zurückgezogen und private Venture-Capital-Geber den Standort Dresden erst sehr spät entdeckt haben, sind die regionalen Kapitalmittel sehr begrenzt. Eine Verbesserung der Finanzierungsmöglichkeiten

[9] Das Innovationsassistentenprogramm fördert die Beschäftigung von hochqualifiziertem Personal aus Universitäten, Fachhochschulen und Forschungseinrichtungen zur Bearbeitung von innovativen technologieorientierten Projekten. Das Programm läuft bis Ende 2004 und wird über die Sächsische Aufbaubank (SAB) abgewickelt (vgl. http://www.saxxess.com).

ist mit der bevorstehenden Umsetzung des Basel II-Abkommens und durch die Finanzengpässe der öffentlichen Hand nicht zu erwarten.

Relativ viele Unternehmensvertreter beklagen einen regionalen Fachkräftemangel aufgrund der Abwanderung nach Westdeutschland und der regionalen Konkurrenz durch die Großunternehmen. Verbesserungen bei der Ausbildung und Qualifizierung werden daher als sehr dringlich angesehen. Dazu gehören nicht nur höhere Absolventenzahlen an den Universitäten, Fachhochschulen und Berufsbildungsstätten, sondern auch eine Qualitätsoffensive im Umschulungsbereich der Arbeitsämter. Außerdem müssen die Verbindungen vor allem von KMU zu den Ausbildungseinrichtungen intensiviert werden, um den Absolventen über Praktika frühzeitig Berufsperspektiven in der Region aufzuzeigen.

5 Fazit

In der Region Dresden-Oberes Elbtal sind zwar Ansätze funktionaler Verflechtungen zwischen den neu angesiedelten Großunternehmen der Halbleiterindustrie und den überwiegend kleinen Unternehmen der Informationswirtschaft in der Region zu erkennen. Sowohl die Liefer- als auch die Kooperationsbeziehungen sind jedoch ausbaufähig, was nach Ansicht der befragten Experten nur in einem längerfristigen Prozess zu realisieren ist. Untersuchungen zu den Kooperationsbeziehungen von Hightech-KMU bestätigen diese Einschätzungen, da sie sich ihre Reputation und Wahrnehmung durch große Firmen erst erarbeiten müssen (vgl. During, Oakey 1998). Von daher weist das Dresdner Cluster typische Merkmale eines „*satellite-platform-clusters*“ auf.

Deutlich stärker ausgeprägt sind dagegen die Beziehungen der Halbleiterindustrie zu den regionalen Forschungs- und Ausbildungseinrichtungen, mit denen strategische Forschungskooperationen oder Qualifizierungsmaßnahmen aufgebaut wurden. Außerdem hat sich ein regionaler Facharbeitsmarkt entwickelt, so dass die Zuordnung in die Typisierung von Markusen relativiert werden muss.

Aufgrund des geringen Alters und der geringen Größe der meisten Unternehmen ist die Gründungsdynamik innerhalb des Clusters verhalten. Hinzu kommen eine oft extrem geringe Eigenkapitalbasis und eine eher pessimistische oder vorsichtige Zukunftseinschätzung der Unternehmer, die sich negativ auf die regionale Branchenentwicklung auswirken kann.

Das unternehmerische Umfeld ist sehr vielseitig und den Anforderungen eines jungen Clusters angepasst. Insbesondere Fördereinrichtungen, aber auch Wirtschaftsverbände und lokale Vereine werden von den Unternehmen häufig beansprucht und erhalten eine gute Beurteilung. Eine stärkere Zusammenarbeit und Bündelung der verschiedenen Initiativen und Netzwerke scheint aber aufgrund von Parallelangeboten, dem Bedürfnis nach branchenübergreifenden Kontakten, der Schwierigkeiten vieler KMU, Zugang zu den Großunternehmen zu bekommen und der Forderung nach einem besseren Regionalmarketing sinnvoll zu sein.

Die Ausgangsfrage kann also mit Einschränkungen positiv beantwortet werden. Es handelt sich um ein junges, noch in der Aufbauphase befindliches Cluster von Unternehmen der Informationswirtschaft. Ansätze zur Clusterbildung zeigen sich vor allem im Forschungsbereich, im Arbeitsmarkt, im unternehmerischen Umfeld und teilweise auf Zuliefererebene. Dabei haben sich die großen Halbleiterwerke bislang einen Großteil ihrer regionalen Partner „selber geschaffen", sei es durch Ausgründungen oder durch regionale Zweigstellen ihrer (internationalen) Zulieferer. Die regionalen Bezüge haben sich jedoch im Laufe der Jahre sowohl intensiviert als auch ausgeweitet, wie z.B. bei der Ausbildung, der Forschung oder durch das Engagement in regionalen Initiativen wie Silicon Saxony. Sollte es nicht durch eine anhaltende Branchenkrise in der Halbleiterindustrie zu einem Produktions- und Beschäftigtenrückgang kommen, kann nach dem Stand der Untersuchung davon ausgegangen werden, dass sich die regionalen Bezüge der Großunternehmen und mithin auch die Clusterstrukturen konsolidieren werden.

Literatur

Anderson, G. (1994): Industry Clustering for Economic Development. In: Economic Development Review 12, S. 26-32

Arndt, O. (1999): Sind intraregional vernetzte Unternehmen erfolgreicher? Eine empirische Analyse zur Embeddedness-These auf der Basis von Industriebetrieben in zehn europäischen Regionen. University of Cologne. Workingpaper No. 5

Beise, M.; Stahl, H. (1999): Public Research and Industrial Innovations in Germany. In: Research Policy 28 (4), S. 397-422

BMBF (2003): Entscheidung für Dresden als Standort für zweite Halbleiterfabrik von AMD. Pressemitteilung 214 vom 20. November 2003. Berlin

During, W.; Oakey, R. (1998): High Technology Small Firms: Entrepreneurial Activity and the Co-Operation Process. In: During, W.; Oakey, R. (Hrsg.): New Technology-Based Firms in the 1990's, Vol. IV, London, S. 1-9

Enright, M. J. (1996): Regional Clusters and Economic Development: A Research Agenda. In: Staber, U. et al. (Hrsg.): Business Networks. Prospects for Regional Development. Berlin, New York, S. 190-213

Fritsch, M.; Bröskamp, A.; Schwirten, C. (1997): Öffentliche Forschung im Sächsischen Innovationssystem – Erste empirische Ergebnisse. Freiberger Arbeitspapiere 97/12. Freiberg

Gordon, I. R.; McCann, P. (2000): Industrial Clusters: Complexes, Agglomeration and/or Social Network? In: Urban Studies 37 (3), S. 513-532

Industrie- und Handelskammer (IHK) Dresden (2000): Wegweiser Technologietransfer. Einrichtungen für Technologietransfer und Innovationsförderung im Kammerbezirk Dresden. Ausgabe 2000. Dresden

Koschatzky, K. (2001): Räumliche Aspekte im Innovationsprozess. Ein Beitrag zur neuen Wirtschaftsgeographie aus der Sicht der regionalen Innovationsforschung. Münster

Krätke, S. (2002): Netzwerkanalyse von Produktionsclustern. Das Beispiel der Filmwirtschaft Potsdam/Babelsberg. In: Zeitschrift für Wirtschaftsgeographie 46 (2), S. 107-123

Landeshauptstadt Dresden (2001): Wirtschaft und kommunale Wirtschaftsförderung 2001. Dresden

Markusen, A. (1996): Sticky Places in Slippery Space: A Typology of Industrial Districts. In: Economic Geography 72 (3), S. 293-313

Matuschewski, A. (2002): Regional Embeddedness of Information Economy Enterprises in Germany. Paper presented at the ERSA 2002 Conference. Dortmund

Porter, M. E. (1998): Clusters and the New Economics of Competition. In: Porter, M. E. (Hrsg.): On Competition. Boston, S. 77-90

Rehfeld, D. (1999): Produktionscluster. Konzeption, Analysen und Strategien für eine Neuorientierung der regionalen Strukturpolitik. München, Mering

Röhl, K.-H. (2001): Bildet das Dresdner Cluster der IuK-Wirtschaft die Grundlage für ein Innovatives Milieu? In: ifo Dresden berichtet 8 (5), S. 44-54

Rösch, A. (1998): Der Beitrag kreativer Milieus als Erklärungsansatz regionaler Entwicklung – dargestellt am Beispiel des Raumes Coburg. Arbeitsmaterialien zur Raumordnung und Raumplanung H. 179. Bayreuth

Sächsisches Ministerium für Wissenschaft und Kunst (1999): Forschung in Sachsen. 3. Auflage. Dresden

Sächsische Zeitung vom 17.05.2002: Neue Dresdner Fabrik für 500 Millionen Euro. AMD, Infineon und DuPont bauen Maskenzentrum auf

Schamp, E. (2000): Vernetzte Produktion. Industriegeographie aus institutioneller Perspektive. Darmstadt

Scherzinger, A. (1996): Forschung und Entwicklung (FuE) in den ostdeutschen Agglomerationen Jena und Dresden. In: DIW Vierteljahreshefte zur Wirtschaftsforschung H. 2, S. 172-189

Schulz-Dorst, M. (2000): Regionale Auswirkungen der Ansiedlung von Siemens Microelectronics in Dresden. In: Danielzcyk, R.; Müller, B.; Priebs, A.; Wirth, P. (Hrsg.): Sanierung und Entwicklung in Ostdeutschland – regionale Strategien auf dem Prüfstand. IÖR-Schriften Bd. 32. Dresden, S. 11-27

Sivitanidou, R. (1999): The Location of Knowledge-Based Activities: The Case of Computer Software. In: Fischer, M. F.; Suarez-Villa, L.; Steiner, M. (Hrsg.): Innovation, Networks and Localities. Berlin, S. 109-154

Marie Bachmann

11. Raus aus der Innenstadt? – Standortwettbewerb von Dienstleistungsunternehmen in europäischen Metropolen[1]

1 Hintergrund und Problemstellung

Mit dem wirtschaftlichen Strukturwandel und dem damit verbundenen Bedeutungsgewinn unternehmensorientierter Dienstleistungen rücken diese auch ins Zentrum raumwissenschaftlicher Untersuchungen. Dieser Bedeutungsgewinn ist verbunden mit dem wachsenden Einfluss der Dienstleistungswirtschaft auf Raumentwicklungsprozesse. Auch Motzkus nimmt auf diese Prozesse Bezug und erklärt den Bedeutungszuwachs der höherwertigen unternehmensorientierten Dienstleistungen mit einer zunehmenden Spezialisierung und Intensivierung der Wirtschaft im Rahmen der nationalen und internationalen Arbeitsteilung. Nach seiner Darstellung resultiert die Konzentration von höherwertigen unternehmensorientierten Dienstleistungen in Metropolregionen aus spezifischen Standortanforderungen, wie räumliche Nähe zu Nachfragern aus Industrie und Dienstleistungssektor, „face-to-face"-Interaktionen, hochrangige Verkehrsinfrastruktur und hochrangiges Informationswesen, z.B. Messe, Forschung und Entwicklung, hochqualifizierte Arbeitskräfte, urbanes soziokulturelles Milieu sowie hohe Wohn- und Lebensqualität (Motzkus 2000: 266 f.).

[1] Die nachfolgenden Ausführungen beruhen zum Teil auf einem Vortrag der Autorin auf der IRS-Fachtagung „Knoten im Netz" im Februar 2003. Da zum Zeitpunkt des Vortrages die Unternehmensbefragung noch nicht abgeschlossen und ausgewertet war, werden die mittlerweile vorliegenden Ergebnisse in dieser Veröffentlichung ergänzend vorgestellt.

2 Standortansprüche und Standortwahl von Dienstleistungsunternehmen

Durch den Bedeutungsgewinn und die zunehmende Spezialisierung der Dienstleistungsunternehmen werden die Standortansprüche differenzierter. Daher nimmt die innerregionale Konkurrenz zwischen den metropolitanen Innenstädten und den Rändern bzw. dem Umland der großen Städte immer mehr zu, was sich auch in der zunehmenden Suburbanisierung von Dienstleistungsunternehmen niederschlägt. Gleichzeitig vollzieht sich im Rahmen der Umstrukturierung zur Dienstleistungswirtschaft eine wachsende Spezialisierung der Großstädte, um im Standortwettbewerb der Metropolen untereinander bestehen bzw. sich profilieren zu können (Finanzmetropole, Medienmetropole etc.).

Die Suburbanisierung von Dienstleistungen kann durch verschiedene, teilweise parallel ablaufende Prozesse verursacht werden, z.B. durch den Nachzug zur suburbanisierten Bevölkerung oder den wachsenden Flächenbedarf aufgrund von Expansion und Auslagerung („back offices" wandern in den suburbanen Raum ab, während „head office"-Funktionen sich in den Zentren konzentrieren). Karsten und Usbeck bezeichnen die verstärkte Suburbanisierung von Dienstleistungen in den 90er Jahren als funktionale Anreicherung der Suburbanisierung (Karsten, Usbeck 2001: 71).

Die verschiedenen Push-Faktoren (Platzmangel, Bodenpreise, Konflikte, Verkehrsprobleme, Parkplatzprobleme etc.), die zu einer Abwanderung aus den Innenstädten führen, werden durch Pull-Faktoren (z.B. günstige Mieten, Nähe zu Arbeitnehmern, ausreichendes Platzangebot) am Stadtrand bzw. im Umland verstärkt. Da am Ballungsrand attraktive Standortbedingungen bestehen, wie Verfügbarkeit gewerblicher Bauflächen, Parkplätze, gute verkehrliche Anbindung, geringe Stauwahrscheinlichkeit, ist der verstärkte Trend zur Dezentralisierung von Produktion und Dienstleistungen aber auch ein eigendynamischer Prozess. Diese Standortfaktoren sind insbesondere für den Einzelhandel und die Freizeitindustrie wichtige Kriterien (Hesse, Schmitz 1998: 438 f.).

Es sind parallel Konzentrations- und Dekonzentrationstendenzen zu beobachten:

1. Höherwertige unternehmensorientierte Dienstleistungen konzentrieren sich zunehmend auf die Zentren in den Schlüsselstädten mit herausragender nationaler und internationaler Einbindung in das globale Wirtschaftsgeflecht.
2. Demgegenüber zeigen sich Ausbreitungstendenzen der persönlichen und distributiven Dienstleistungen auf den suburbanen Raum sowie mittelgroße Städte (Kulke 1998: 194). Durch Innovationen im Bereich der Mikroelektronik kann die Dekonzentration der Arbeitsplätze begünstigt werden (leistungsfähige Datennetze, Telearbeit). Routinetätigkeiten ohne Kundenkontakt werden im Dienstleistungssektor insbesondere von Banken und Versicherungen („back office activities") zunehmend aus den teuren City-Standorten in den suburbanen Raum verlagert.
3. Ein dritter Prozess ist gekennzeichnet durch die künstliche Inszenierung von Standorten. Zwar bleiben großstädtische Agglomerationen Standorte hochrangiger Dienstleistungsarbeitsplätze, doch sind Verlagerungen an Standorte zu beobachten, an denen Innenstadtqualitäten simuliert werden, wodurch Nachteile der bisherigen Zentren umgangen werden können (schlechte Erreichbarkeit mit dem PKW, hohe Büromieten). Beispiele hierfür sind „Airport-Cities" in der Nähe bedeutender Flughäfen oder Nebencities, wie z.B. City Nord in Hamburg (Zehner 2001: 158 f.). Häußermann und Siebel bezeichnen diese neuen Dienstleistungsstädte auch als „Instant-Cities", die sich mit einer postmodernen Architektur präsentieren (z.B. Amsterdam) (Häußermann, Siebel 1997: 41).
4. An den Rändern der Metropolen bestimmen neben den bereits etablierten Einkaufs- und Freizeitgroßeinrichtungen, Logistikzentren und ausgelagerten „back offices" neuerdings aber auch höherwertige unternehmensorientierte Dienstleistungen das Erscheinungsbild (Technologieparks, Gewerbeparks mit unternehmensorientierten Dienstleistungen, Standorte der Headquarter-Economy etc.). Nach Motzkus erfolgt die Ansiedlung in verkehrsgünstigen Lagen im Umfeld der Flughäfen und Autobahnkreuze, und es entstehen neue eigenständige Wachstumszentren. Als Beispiel für eine band- bzw.

gürtelähnliche Kristallisation wird Frankfurt/Main angeführt, wo ein Ring von Bürostandorten, Distributionszentren und Office Parks entstanden ist, der als „verdichteter City-Gürtel" bzw. „Software- und Datenverarbeitungsgürtel" bezeichnet wird (Motzkus 2000: 273). Diese Wachstumsräume im Umland bzw. in städtischen Teilräumen weisen eine Konzentration bestimmter Funktionen oder Nutzungen auf und können als „Räume funktionaler Spezialisierung" bezeichnet werden (Burdack 2001: 192).

Bei den unternehmensorientierten Dienstleistungen wird eine Abwägung zwischen den lokalen Standortfaktoren Bodenpreis, Flächenverfügbarkeit, Kontakte, Image, Prestige und Umfeld vollzogen. Dies führt dazu, dass die Standortwahl auch nach Besucherfrequenzen und Image bzw. Repräsentationsfunktion vorgenommen wird (z.B. wird das Rechenzentrum an den Stadtrand verlegt, aber die Zentrale bleibt im Zentrum). Insbesondere die höherwertigen unternehmensorientierten Dienstleistungen brauchen gute Verkehrs- und Kommunikationsanbindungen sowie hochqualifiziertes Personal. Ähnliche Standortanforderungen von bestimmten Unternehmensgruppen führen dann zu funktionalen Clustern mit gleichartigen Dienstleistern und nachfragenden Unternehmen (Kulke 1998: 190 f.).

Die Standortwahl wird in zunehmenden Maße auch von subjektiven, nicht vorhersehbaren Ursachen beeinflusst. Ein nicht zu unterschätzender Standortfaktor ist dabei die Standortpersistenz von Unternehmen. Gerade die höherwertigen unternehmensorientierten Dienstleistungen sind häufig kleinbetrieblich strukturiert und aufgrund der zunehmenden Ubiquität („footloose") einzelner Standortfaktoren wird die Standortwahl dieser Dienstleistungen immer mehr von privaten Motiven beeinflusst. Beim Gründungsgeschehen hat dann der Wohn-/Heimatort einen Vorteil (gutes Eigenimage, Präferenzvorsprung etc.). Stabilisierende Wirkungen führen zu einer Fortschreibung der Strukturen und es bestehen nur sehr geringe Verlagerungstendenzen/-bewegungen (Enxing 1999: 13 f.).

Anhand der spezifischen Standortanforderungen von unternehmensorientierten Dienstleistungen lässt sich die Standortwahl innerhalb des Stadtgebietes nachvollziehen. Diese Standortanforderungen lassen sich gut anhand des Spezialisierungsgrades und der Kooperationsmodi der Dienstleister unterscheiden. So wählen die gering standardisierten, spezialisierten Unternehmen die Nähe zu anderen Dienstleistern an zentralen, integrierten Standorten (Netzwerkbeziehungen, „face-to-face"-Kontakte). Mikrostandorte in peripheren städtischen Lagen kommen hingegen für die eher standardisierten, routinisierbaren Dienstleistungen in Frage, da für diese die Nähe zu anderen Dienstleistern nur von geringer Bedeutung ist (Grabow 1997: 190).

3 Das Projekt Competitive Metropolises (COMET)

3.1 Ziele der Untersuchung

In dem von der EU geförderten Forschungsprojekt COMET[2] werden die Tertiärisierungstendenzen und ihre räumlichen Auswirkungen in den sieben europäischen Metropolen Amsterdam, Barcelona, Berlin, Brüssel, Kopenhagen, Straßburg und Wien untersucht. Diese sieben sehr unterschiedlichen Metropolen, in denen der unternehmensorientierte Dienstleistungssektor z.T. bereits stark positioniert ist, bilden verschiedene metropolitane Konstellationen der Dienstleistungsspezialisierung ab:

- Amsterdam ist die größte Stadt sowie wichtigstes wirtschaftliches und kulturelles Zentrum der Niederlande und eine der führenden europäischen Dienstleistungsmetropolen. Durch die günstige geographische Lage sowie die Anbindung an überregionale Verkehrswege (Hafen, Flughafen) stellt die Stadt eine wachsende Drehscheibe für Unternehmen, Industrie und Tourismus dar.
- Barcelona ist eine führende europäische (Städte-)Tourismusregion, aber noch stark vom industriellen Sektor geprägt. Durch die Olym-

[2] Der vollständige Projekttitel lautet: „Competitive Metropolises – Economic Transformation, Labour Market and Competition in European Agglomerations". COMET wird koordiniert vom Institut für Stadt- und Regionalforschung, Österreichische Akademie der Wissenschaften, Wien (Koordinator: A. Borsdorf, Wissenschaftliche Direktorin: M. Paal); finanzielle Unterstützung durch die Europäische Kommission, Generaldirektion Forschung, 5. Rahmenprogramm der EC „The City of Tomorrow and Culture Heritage" (Projektnummer EVK4_CT_2001_00050. Mehr dazu unter http://www.comet.ac.at). Das wissenschaftliche Konzept wurde von M. Paal gestaltet. COMET wurde von A. Borsdorf, M. Paal und A. Pöckl entwickelt und hat eine Laufzeit von Ende 2001 bis Ende 2004.

pischen Spiele im Jahr 1992 wurde die Innenstadt starken Veränderungsprozessen unterworfen.
- Berlin macht als neue deutsche Hauptstadt einen umfassenden Stadtumbau und Funktionswandel nach der politischen Wende 1989 durch. Im neu gewonnenen suburbanen Raum haben Ansiedlungsprozesse begonnen, die auch die Entwicklung von neuen Dienstleistungsstandorten einschließen.
- Brüssel ist Standort zentraler Institutionen der EU. Obwohl der Dienstleistungssektor an Bedeutung gewonnen hat, haben nur wenige Unternehmenszentralen ihren Sitz in der Metropolregion gewählt.
- Kopenhagen hat, um die internationale Wettbewerbsfähigkeit zu steigern, viele Anstrengungen im Infrastrukturbereich unternommen, u.a. Brückenverbindung nach Schweden.
- Straßburg ist Hauptsitz des Europäischen Parlamentes und des Europarates und Standort vieler internationaler Organisationen. Mit der besonderen Lage im nationalstaatlichen Grenzgebiet sind nicht nur Vorteile, sondern auch Nachteile im Wettbewerb als internationaler Wirtschaftsstandort verbunden.
- Wien ist für viele internationale Konzerne der Zugang zu Ost-, Zentral- und Südosteuropa. Ein hoher Suburbanisierungsgrad von Dienstleistungen und Handelseinrichtungen geht mit Problemen des wirtschaftlichen Verfalls in der Innenstadt einher.

Ziel des Forschungsprojektes ist es, den Fortschritt der Suburbanisierungs- und Spezialisierungsprozesse („edge cities“ etc.) am Beispiel der ausgewählten europäischen Metropolen zu benennen, die Bedingungen des Wandels sowie dessen räumliche Konsequenzen zu beschreiben und darzustellen, wie die (Stadt-)Planung auf diese Veränderungen reagiert. Der Vergleich der untersuchten Städte sowie eine tiefergehende Analyse der vorangegangenen quantitativen und qualitativen Untersuchungsergebnisse mit Hilfe von multivariaten statistischen Analysemethoden soll u.a. räumliche Muster der Tertiärisierung aufzeigen. Basierend auf den Untersuchungsergebnissen sollen verschiedene Entwicklungstypen der metropolitanen Suburbanisierung identifiziert und geeigneten Planungsmethoden/-ansätzen gegenübergestellt werden.

3.2 Methodisches Vorgehen

Räumliche Abgrenzung der Metropolregionen

Um die verschiedenen Untersuchungsschritte im Forschungsprojekt umsetzen und auch räumlich verorten zu können, wie z.B. die Ergebnisse der statistischen Datenrecherche und -analyse, ist die Abgrenzung des Agglomerationsraumes unabdingbar. Eine wesentliche Grundlage für eine vergleichende Analyse der sieben beteiligten Metropolen ist dabei eine Agglomerationsraumabgrenzung nach einheitlichen Vorgaben.

Die Abgrenzung der Agglomerationsräume erfolgte als Aktualisierung und Ergänzung der bereits vorhandenen europäisch einheitlich festgelegten Abgrenzungsmethode NUREC.[3] Diese Abgrenzung der Agglomerationsräume wurde bereits im Jahr 1994 nach morphologischen Kriterien für 330 europäische Städte durchgeführt. Da seit 1994 keine Aktualisierung erfolgte, wurden diese Karten mit Hilfe der Interpretation von Luft- und Satellitenbildern sowie Kartenwerken aktualisiert. Hierzu wurde für alle beteiligten Metropolen jeweils die Grenze der kontinuierlich bebauten Fläche (CBU = contiguous built up area) ermittelt. Zum CBU der Kernstadt und der angrenzenden Gemeinden wurden alle Gebäude, die innerhalb eines 200-Meter-Abstands liegen, hinzugerechnet. Zwischen Gebäuden, die mehr als 200 Meter auseinanderliegen, wird die Grenze des CBU festgelegt und digitalisiert, so dass eine zusammenhängende Fläche entsteht, innerhalb derer alle Gebäude einen Mindestabstand von 200 Meter aufweisen. Ausnahmen stellen Friedhöfe, Parkanlagen, Sportflächen etc. dar.

Der Vergleich der Agglomerationsabgrenzungen aus dem Jahr 1994 und der aktualisierten Abgrenzungen aus dem Jahr 2002 ermöglicht eine morphologische Analyse der Agglomerationsentwicklung in den sieben beteiligten Metropolen. Um die abgegrenzten Agglomerationsräume später mit statistischen Daten füllen zu können, war es in einem weiteren Schritt notwendig, diese morphologisch definierte Bebauungsgrenze mit den jeweiligen Gemeindegrenzen zu verschneiden, so dass eine morphologisch und administrativ definierte Agglomerationsraumabgrenzung gefunden wurde. Die Gemeindegrenzen wurden als kleinste administrative

[3] Network of Urban Research in the European Community – heute European Union

Einheit gewählt, da hier für alle beteiligten Metropolen statistisch relevante Daten recherchiert werden können.

Da in einigen der beteiligten Metropolen die NUREC-basierte Agglomerationsraumabgrenzung eine Abgrenzung ergab, die den Untersuchungsbedürfnissen nicht gerecht zu werden drohte, wurde ergänzend zu dieser NUREC-basierten Abgrenzung von allen Metropolen eine zusätzliche Abgrenzung vorgenommen. Diese zusätzliche erweiterte Randzone der Metropolen (Fringe) wurde mit Hilfe eines gleichmäßigen Puffers von zehn Kilometern ausgehend von der NUREC-Abgrenzung, der wiederum mit den Gemeindegrenzen verschnitten wurde, gebildet.

Innerhalb der Metropolen wurde von den Projektpartnern eine räumliche Klassifikation mit insgesamt vier räumlichen Zonen vorgenommen:
1. Zone: Innenstadt
2. Zone: restliches Stadtgebiet
3. Zone: suburbaner Raum (NUREC)
4. Zone: weiteres Umland (Fringe)

Am Beispiel der Metropole Berlin wird nachfolgend die in allen Metropolen einheitlich vorgenommene Agglomerationsraumabgrenzung aufgezeigt.[4] Bedingt durch die gegebenen Bezirksgrenzen ist die Innenstadt Berlins flächenintensiv und umfasst fünf Bezirke. Dies ist jedoch auch der speziellen historischen Berliner Situation mit zwei eigenständigen Innenstadtbereichen im ehemaligen Berlin-West und Berlin-Ost geschuldet.

Unternehmensbefragung in ausgewählten Schlüsselbranchen des Dienstleistungssektors

Das Ziel der Unternehmensbefragung war die Untersuchung des Standortwahlverhaltens des Dienstleistungssektors bzw. ausgewählter Schlüsselbranchen des Dienstleistungssektors. Im Mittelpunkt stand ein Vergleich

[4] Auf der Homepage des EU-Forschungsprojektes COMET sind die Agglomerationsraumabgrenzungen aller Metropolen dargestellt: http://www.comet.ac.at/FS_news.htm

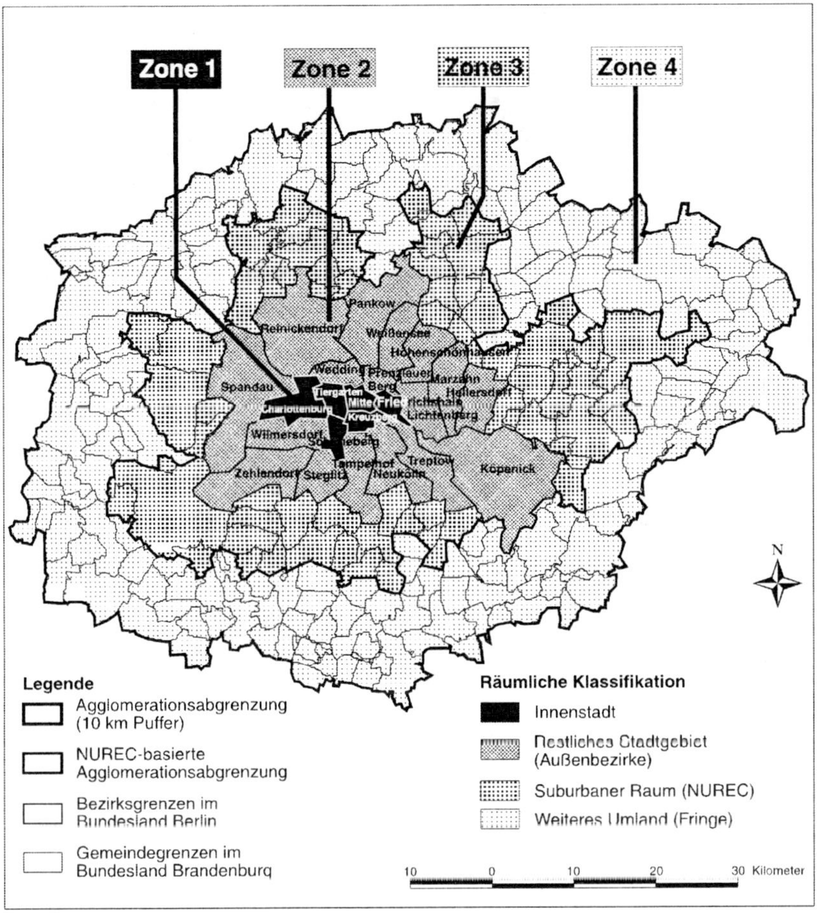

Quelle: eigene Darstellung

Abbildung 1: Agglomerationsraum Berlin mit räumlicher Klassifikation

der Bewertung der Standortfaktoren in den untersuchten Metropolenregionen sowie zwischen den befragten Unternehmen in den verschiedenen Stadtzonen und Schlüsselbranchen. Dazu wurden zehn Schlüsselbranchen[5] definiert und aus der europäischen Wirtschaftsklassifikation NACE (entspricht der deutschen WZ 93) ausgewählt, deren Vertreter exemplarisch befragt wurden. Die Fokussierung auf höherwertige unternehmensorientierte Dienstleistungen ist zu erklären mit der Annahme bzw. Beobachtung, dass die höherwertigen unternehmensorientierten Dienstleistungen die zukunftsträchtigen, raumprägenden und auch metropolenrelevanten Dienstleistungen darstellen. Aufgrund der veränderten Bedürfnisse des verarbeitenden Gewerbes (z.B. Zunahme externer Dienstleistungen wie Beratung, FuE etc.) weisen die unternehmens- und produzentenorientierten Bereiche des Dienstleistungssektors starke Expansionsprozesse auf.

Die Unternehmensbefragungen erfolgten durch Telefon- oder Einzelinterviews, die mit einem einheitlichen und standardisierten Fragebogen durchgeführt wurden. Zentrale Inhalte des Fragebogens waren: Unternehmensangaben, Standortwahlverhalten, Standortverlagerungen, Kooperationen/Netzwerke. Hierzu wurden bei einem ersten Telefonat die Gesprächspartner aus der Geschäftsführung oder einer strategisch orientierten Unternehmensabteilung gewonnen und nach Zusendung des Fragebogens per E-Mail oder Fax das Interview zu einem vereinbarten Termin durchgeführt.

Grundsätzlich erfolgte die Auswahl der zu befragenden Unternehmen zwar nach dem Zufallsprinzip, aber es gab für alle beteiligten Metropolen konkrete Vorgaben für die Unternehmensauswahl hinsichtlich der jeweiligen Schlüsselbranchen und der metropoleninternen Unternehmensstandorte: In allen Metropolen wurde die aktuell bestehende absolute Anzahl und Verteilung der Unternehmen in den Schlüsselbranchen und den jeweiligen räumlichen Zonen ermittelt. Diese Gesamtmenge der re-

---

[5] 1. Forschung & Entwicklung (WZ93: 73.1-73.2), 2. Hochwertige unternehmensbezogene Dienstleistungen (WZ93: 74.1; 74.4), 3. Architektur- und Ingenieurbüros, technische Dienstleistungen (WZ93: 74.2; 74.3), 4. Überwiegend einfachere unternehmensbezogene Dienstleistungen (WZ93: 74.5-74.8), 5. Kreditinstitute & Versicherungen (WZ93: 65.1; 65.2; 66.0; 67.1; 67.2), 6. Grundstücks- und Wohnungswesen (WZ93: 70.1-70.3), 7. Telekommunikation, Datenverarbeitung & Datenbanken (WZ93: 64.2; 72.1-72.6), 8. Presse & Medien (WZ93: 92.1; 92.2; 92.4; 22.1), 9. Kultur & Unterhaltung (WZ93: 92.3; 92.7), 10. Interessenvertretungen sowie kirchliche & sonstige Vereinigungen (WZ93: 91.1-91.3)

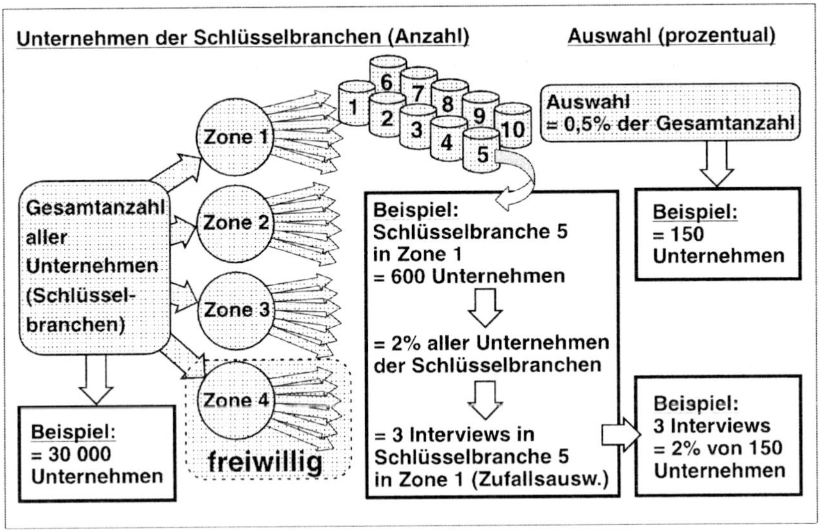

Quelle: eigene Darstellung

Abbildung 2: Methode zur Auswahl der befragten Unternehmen (fiktives Beispiel)

levanten Unternehmen wurde in Berlin beispielsweise mit Hilfe der im Aufbau befindlichen Unternehmensregister der Statistischen Landesämter Berlin und Brandenburg ermittelt. Von dieser Gesamtmenge wurde dann in allen Metropolen ein prozentualer Anteil von 0,5 Prozent per repräsentativer Zufallsstichprobe ausgewählt. Anhand dieses Verteilungsschlüssels wurden anschließend die Adressen der Unternehmen bei den Industrie- und Handelskammern erworben. Die Abbildung verdeutlicht mit einem fiktiven Beispiel das Auswahlverfahren (Abbildung 2).

Insgesamt wurden in allen beteiligten Metropolen zusammen 1.232 telefonische bzw. persönliche Befragungen durchgeführt.[6] In Abhängigkeit von der Größe der jeweiligen Metropole bzw. der jeweiligen Anzahl der relevanten Dienstleistungsunternehmen variierte auch die Anzahl der

---

6 Die Anzahl der durchgeführten Interviews bezieht sich auf die befragten Unternehmen in den räumlichen Zonen 1-3. Die beiden Metropolen Kopenhagen und Brüssel haben zusätzliche Befragungen in der ergänzenden Zone 4 durchgeführt, die separat ausgewertet wurden.

befragten Unternehmen in den beteiligten Metropolen: Amsterdam (226), Barcelona (200), Berlin (252), Brüssel (138), Kopenhagen (153), Straßburg (129) und Wien (134). Die Analyse der Unternehmensbefragung erfolgte dabei rein deskriptiv. Weitergehende multivariate statistische Analysen erfolgen im nachfolgenden Projektmodul, wenn die Gesamtdatenlage seit 1970 erhoben ist, so dass Aussagen auch verifiziert werden können.

Ergänzend zur quantitativen Unternehmensbefragung wurden im Anschluss an die Befragung in allen beteiligten Metropolen zusätzlich Experteninterviews durchgeführt. Ziel war eine ergänzende qualitative Einschätzung bzw. Ermittlung von Hintergrundwissen von Experten der einzelnen Metropolen. Mit Hilfe eines einheitlichen Gesprächsleitfadens wurden insgesamt 64 Leitfadeninterviews durchgeführt, die von den jeweiligen Teams der Metropolen ausgewertet und zusammenfassend aufbereitet wurden.

4 Empirische Ergebnisse

Im Folgenden werden zusammenfassend Ergebnisse der Unternehmensbefragung und der Experteninterviews vorgestellt.

4.1 Standortverlagerungen innerhalb der Metropolregionen

Von den insgesamt 1.232 befragten Unternehmen in allen sieben Metropolen haben innerhalb der letzten zehn Jahre 477 Unternehmen eine Standortverlagerung vorgenommen, also immerhin knapp 40 Prozent der Unternehmen.[7] Dabei zeigt sich, dass der überwiegende Teil der Unterneh-

[7] Von diesen 477 befragten Unternehmen haben allerdings 142 Unternehmen angegeben, dass sie zwar eine Standortverlagerung vorgenommen haben, aber keine Angaben zum vorherigen Standort machen können (Informationsverlust wegen Personalwechsel etc.). Somit verbleiben 335 Standortverlagerungen, die ausgewertet werden können. Zu bedenken ist ferner, dass die Unternehmen, die innerhalb der letzten zehn Jahre ihren Standort nach außerhalb der Untersuchungsgebiete verlagert haben, bei dieser Befragung nicht erfasst werden konnten. Somit besteht kein Wissen über die Anzahl der Unternehmen, die eine Standortverlagerung aus den Untersuchungsgebieten heraus in das weitere Umfeld oder andere Städte vollzogen haben.

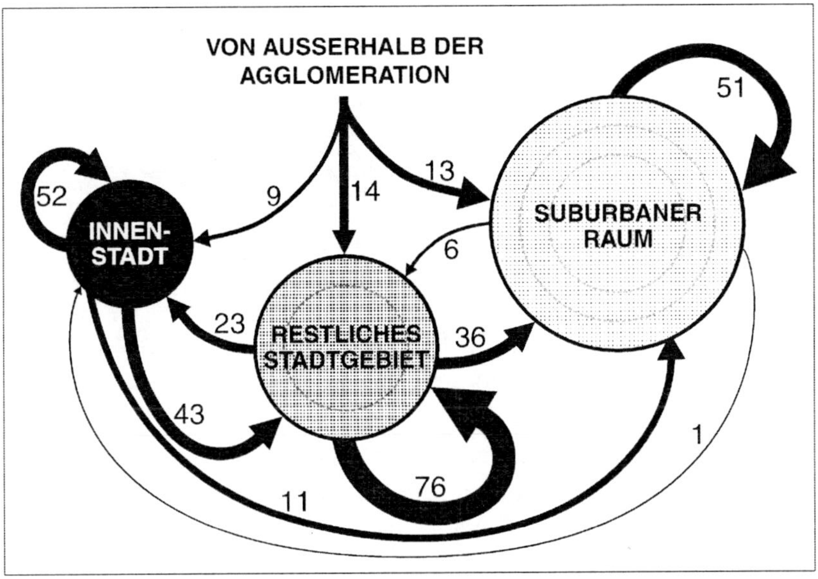

Quelle: eigene Darstellung

Abbildung 3: Anzahl der Standortverlagerungen in den sieben Metropolräumen (1993-2003)

men, die eine Standortverlagerung vorgenommen haben, keine bedeutende Entfernung zurückgelegt hat, da in der Regel ein Standort in der Nähe ihres bisherigen Standortes gewählt wurde (Abb. 3). Dies bedeutet, dass die Unternehmen sehr selten oder gar nicht ihren Standort zonenübergreifend verlagert haben. Es waren daher wahrscheinlich eher individuelle Entscheidungen, beeinflusst durch Standortfaktoren wie Miethöhe, Flächenbedarf etc. oder Unzufriedenheiten mit dem Mikrostandort, die ausschlaggebend für eine Standortverlagerung waren. Unzufriedenheit mit dem Meso- und/oder Makrostandort scheinen eher seltener die ausschlaggebende Rolle gespielt zu haben. Ein weiterer Aspekt für diese innerzonalen Standortverlagerungen und die relative Standortpersistenz der Unternehmen könnte darin liegen, dass die Unternehmen mit ihrem näheren Umfeld intensiv verbunden sind (Geschäftsbeziehungen, Arbeitskräfte, eigener Wohnstandort etc.).

In allen drei vordefinierten Zonen lassen sich Standortverlagerungen nachweisen. Betrachtet man zunächst die reinen Salden der Zu- und Abwanderungen in den einzelnen Zonen der Metropolräume, so wird deutlich, dass in der Innenstadt ein Abwanderungsüberschuss besteht und im „restlichen Stadtgebiet" sowie im „suburbanen Raum" jeweils die Zuwanderungen überwiegen. Insbesondere das „restliche Stadtgebiet" ist durch vergleichsweise große Wanderungsgewinne gekennzeichnet, vor allem aus der Innenstadtzone und von Regionen außerhalb der Metropolregion. Interessant ist auch, dass der „suburbane Raum" zu Lasten des „restlichen Stadtgebietes" deutliche Zuwanderungsgewinne verzeichnet. Damit deutet sich eine generelle Tendenz zur Standortverlagerung in die nächstgelegene zentrumsfernere Zone an.

Neben diesen interzonalen Standortverlagerungen sind aber auch die innerzonalen Standortverlagerungen von großem Interesse. Eine bedeutende Anzahl der befragten Unternehmen hat sich zwar für eine Verlagerung entschieden, aber den neuen Standort wieder innerhalb der gleichen Zone gewählt (innerzonale Standortverlagerung). Dies verdeutlicht, dass die jeweilige Zone bewusst nicht verlassen wird, so dass dies auch als eine Entscheidung gegen eine Abwanderung, d.h. eine zonenübergreifende Verlagerung (interzonale Standortverlagerung) verstanden werden kann. Insgesamt wird somit deutlich, dass zwar durchaus Suburbanisierungstendenzen zu beobachten sind, aber gleichzeitig auch eine deutliche Standortpersistenz besteht.

Für die befragten Unternehmen verlieren vor allem die Innenstädte der Metropolen an Bedeutung als Unternehmensstandort (mit Ausnahme von Amsterdam). Das „restliche Stadtgebiet" verzeichnet im untersuchten Zeitraum in den einzelnen Metropolen mehr Zu- als Abwanderungen, d.h. Gewinne aus den Standortverlagerungen (mit Ausnahme von Amsterdam und Kopenhagen). In allen Metropolen ist der reine Saldo im „suburbanen Raum" jedoch am höchsten, d.h. die Standortverlagerungen der Unternehmen in diese Zone sind am stärksten ausgeprägt, so dass von einer Suburbanisierung gesprochen werden kann. Betrachtet man nun aber die Innenstadt und das „restliche Stadtgebiet" (abgegrenzt durch die administrativen Außengrenzen der Städte) als eine räumliche Einheit, so wird deutlich, dass die Bilanz für die städtischen Gebiete der Metropolräume insgesamt nicht schlecht ist: 30 Zuwanderungen, 47 Abwanderungen, 194 innerzonale Verlagerungen.

Betrachtet man nur den Austausch zwischen den einzelnen Zonen, so lässt sich deutlich ein Trend zur Dezentralisierung beobachten. Die Wanderungsbewegungen konzentrieren sich jeweils am stärksten auf die nach außen angrenzende Zone zu Lasten der näher am Zentrum liegenden Gebiete. Eine Ausnahme stellt hier allerdings Amsterdam dar, da hier die Standortverlagerungen stärker vom „restlichen Stadtgebiet" in die Innenstadt gerichtet waren.

Verglichen mit den anderen Untersuchungsregionen kann in der Metropolregion Berlin eine höhere Anzahl an Standortverlagerungen von Unternehmen von außerhalb der Region nachgewiesen werden. Bei der Interpretation der innerzonalen Standortverlagerungen als ergänzende Gewinne für eine Zone ist festzustellen, dass der gesamte Gewinn aus Standortverlagerungen in den beiden äußeren Zonen in Berlin weniger stark als in den anderen Metropolen ausgeprägt ist. Dies kann als Anzeichen für den vergleichsweise undynamischen Suburbanisierungsprozess in Berlin interpretiert werden.

Zusammenfassend lässt sich demnach auf Basis der Unternehmensbefragung festhalten, dass Standortverlagerungen innerhalb der letzten zehn Jahre durch folgende Prozesse gekennzeichnet sind:

1. überwiegend Standortverlagerungen innerhalb einer Zone,
2. Standortverlagerungen eher zwischen benachbarten Zonen,
3. Trend zur Dezentralisierung (konzentrische Migration) und
4. Wanderungsgewinne in den Zonen außerhalb der Innenstadt.

Bedingt durch die zu geringen Fallzahlen in den einzelnen Metropolen ist eine detaillierte Auswertung der Standortverlagerungen nach Branchen leider nicht möglich.

4.2 Standortanforderungen aus der Sicht der Unternehmen

Im Rahmen der Unternehmensbefragung wurden die Unternehmen darüber hinaus gebeten, vorgegebene Standortanforderungen[8] hinsichtlich ihrer Bedeutung für die bereits getroffene Standortwahl zu bewerten. Die Auswertung der Durchschnittswerte aller befragten Unternehmen in allen Metropolen[9] erbrachte folgendes Ergebnis:

(sehr) bedeutend	**(sehr) unbedeutend**
- Nahverkehrsanbindung (Straße) - Parkplätze - Nähe zu Kunden - Nahverkehrsanbindung (Bus/Bahn) - Fernverkehrsanbindung (Straße) - Prestige/Image des Standortes - Immobilien-/Grundstückspreise - Marktzugang/Absatzmarkt	- Fördermittel/Subventionen - Soziale Einrichtungen (z.B. Kindergarten). - Nähe zu Forschungseinrichtungen - Nähe zu Universitäten

Quelle: eigene Darstellung

Tabelle 1: Faktoren für Standortentscheidungen

---

8 Die Standortfaktoren wurden in 5 Gruppen unterteilt. Hierzu zählen: 1. Flächen: Immobilien-/Grundstückspreise, Gewerbe-/Büroflächenverfügbarkeit, räumliche Erweiterungsmöglichkeiten; 2. Verkehr: Fernverkehrsanbindung (Flughafen), Fernverkehrsanbindung (Schiene), Fernverkehrsanbindung (Straße), Nahverkehrsanbindung (Bus/Bahn), Nahverkehrsanbindung (Straße), Parkplätze, 3. Arbeitskräfte: Qualifizierte Arbeitskräfte, Lohnniveau, Nähe zu Forschungseinrichtungen, Nähe zu Universitäten, Aus-/Weiterbildungsmöglichkeiten; 4. Markt/Umfeld: Marktzugang, Absatzmarkt, Nähe zu Kunden, Nähe zu Zulieferern/Lieferanten, Nähe zu Kooperationspartnern, Zusammenarbeit (Gemeinde-)Verwaltung, kommunale Steuern und Abgaben, Fördermittel/Subventionen; 5. Weiche Standortfaktoren: persönliche Gründe (z.B. eigener Studienort), Prestige/Image des Standortes, Wohnflächenverfügbarkeit, Kultur-/Freizeitangebot (z.B. Theater), soziale Einrichtungen (z.B. Kindergarten), Umweltqualität (z.B. Luftverschmutzung).

9 Alle hier aufgeführten Ergebnisse beziehen sich immer – wenn es nicht ausdrücklich anders benannt wird – auf die Durchschnittsergebnisse aller sieben beteiligten Metropolen. Im umfassenden Projektbericht sind die Ergebnisse auch jeweils für die einzelnen Metropolen dargestellt und analysiert.

Die Rangfolge macht deutlich, dass die Standortfaktoren aus der Faktorengruppe der Verkehrsanbindung anscheinend eine übergeordnete Rolle bei der Standortentscheidung besitzen. Auch hier treten regionale Unterschiede zwischen den Untersuchungsregionen hervor: In den Städten Barcelona und Straßburg werden von der Mehrzahl der befragten Unternehmen teilweise abweichende Bewertungen der Standortfaktoren vorgenommen. So werden in Barcelona beispielsweise die Standortfaktoren „Zusammenarbeit (Gemeinde-)Verwaltung“, „Kommunale Steuern und Abgaben“ sowie „Fördermittel/Subventionen“ von den Unternehmen als bedeutender als von Unternehmen der anderen Städte eingestuft, was sich mit nationalen Differenzen erklären lässt. Hingegen sind in Straßburg insbesondere die „Fernverkehrsanbindungen (Flughafen, Schiene)“, die „Nähe zu Zulieferern/Lieferanten“ sowie die „Nähe zu Kooperationspartnern“ für die dort befragten Unternehmen bedeutender als in den anderen beteiligten Städten. In Berlin ist für die Mehrzahl der befragten Unternehmen die Verkehrsanbindung von oberster Priorität für ihre Standortwahl. Neben der Nähe zu Kunden und dem Marktzugang bzw. der Existenz eines bestehenden Absatzmarktes stellt die Verfügbarkeit von qualifizierten Arbeitskräften und Gewerbe- und Büroflächen einen bedeutenden Standortfaktor dar, der im Vergleich mit den anderen Städten in Berlin etwas höher bewertet wird (vgl. Tabelle 2).

Unterschieden nach der zonalen Zuordnung der befragten Unternehmen in den Metropolregionen zeigen sich keine nennenswerten Unterschiede hinsichtlich der Bewertung der Standortfaktoren. Es ist lediglich festzustellen, dass die Unternehmen in der Innenstadt (Zone 1) den Standortfaktor „Prestige/Image des Standortes“ als etwas bedeutender einschätzen als Unternehmen der anderen Untersuchungszonen. Folgerichtig schätzt im Kontrast zur Innenstadt die Mehrzahl der Unternehmen mit einem Standort im suburbanen Raum (Zone 3) die Standortfaktoren „Nahverkehrsanbindung (Bus/Bahn)“, „Prestige/Image des Standortes“ sowie „Kultur-/Freizeitangebot (z.B. Theater)“ für ihre Standortwahl als weniger bedeutsam ein.

Auch die Differenzierung der befragten Unternehmen nach den einzelnen Schlüsselbranchen macht deutlich, dass die Bewertung der Standortfaktoren nahezu übereinstimmend vollzogen wird. Es gibt jedoch drei branchenspezifische Abweichungen:

- Besonders in der Schlüsselbranche Forschung & Entwicklung werden einige Standortfaktoren anders bewertet, da von den hier befragten Unternehmen die Standortfaktoren „Nähe zu Forschungseinrichtungen“, „Nähe zu Universitäten“ sowie „Fördermittel/Subventionen“ als bedeutender bewertet werden, wohingegen die Standortfaktoren „Immobilien-/Grundstückspreise“, „Nahverkehrsanbindung (Straße)“, „Marktzugang/Absatzmarkt“, „Nähe zu Kunden“ sowie „Prestige/Image des Standortes“ eine geringere Rolle spielen.
- Die Unternehmen der Schlüsselbranche Architektur- und Ingenieurbüros, Technische Dienstleistungen bewerten die Standortfaktoren „Immobilien-/Grundstückspreise“, „Qualifizierte Arbeitskräfte“, „Nähe zu Universitäten“ und „Persönliche Gründe (z.B. eigener Studienort)“ als bedeutender. Dagegen werden die Standortfaktoren „Marktzugang/Absatzmarkt“ sowie „Kultur-/Freizeitangebot (z.B. Theater)“ von den Unternehmen dieser Schlüsselbranche als weniger bedeutend angesehen als vom Durchschnitt aller befragten Unternehmen.
- Für die Unternehmen der Schlüsselbranche Telekommunikation, Datenverarbeitung & Datenbanken haben hingegen die Standortfaktoren „qualifizierte Arbeitskräfte“, „Nähe zu Universitäten“, „Fördermittel/Subventionen“ und „soziale Einrichtungen (z.B. Kindergarten)“ eine höhere Bedeutung.

Die Differenzierung der befragten Unternehmen nach der Betriebsgröße, d.h. der Anzahl der Beschäftigten, zeigt hinsichtlich der Bewertung der Standortfaktoren kaum Auffälligkeiten. Lediglich die drei größeren Betriebsgrößengruppen (250-499, 500-999 und mehr als 1.000 Beschäftigte je Unternehmen) zeigen leichte Abweichungen bei der Bewertung der Standortfaktoren. Auch der Einfluss der Flächengröße, d.h. der verfügbaren Bürofläche je Unternehmen, stellt anscheinend keinen Einflussfaktor in Bezug auf die Bewertung der Standortfaktoren dar. Es kann allerdings festgestellt werden, dass die Unternehmen mit mehr als 5.000 qm Bürofläche einige Standortfaktoren geringfügig anders bewerten. Aufgrund der jedoch relativ geringen Fallzahlen an befragten Unternehmen

	Vergangene Standortentscheidung	Zukünftige Standortentscheidung
Alle Städte (Durchschnitt)	1. Nahverkehrsanbindung (Straße) 2. Parkplätze 3. Nähe zu Kunden 4. Nahverkehrsanbindung (Bus/Bahn) 5. Fernverkehrsanbindung (Straße) 6. Immobilien-/Grundstückspreise	1. Immobilien-/Grundstückspreise 2. Qualität der Büros/Ausstattung 3. Parkplätze 4. Höhe der Nebenkosten 5. Nahverkehrsanbindung (Straße) 6. Telekommunikationsinfrastruktur
Amsterdam	1. Nahverkehrsanbindung (Straße) 2. Parkplätze 3. Fernverkehrsanbindung (Straße) 4. Nahverkehrsanbindung (Bus/Bahn) 5. Persönliche Gründe 6. Umweltqualität	1. Nahverkehrsanbindung (Straße) 2. Fernverkehrsanbindung (Straße) 3. Höhe der Nebenkosten 4. Qualität der Büros/Ausstattung 5. Parkplätze 6. Telekommunikations-Infrastruktur
Barcelona	1. Prestige / Image des Standortes 2. Kommunale Steuern und Abgaben 3. Wohnflächenverfügbarkeit 4. Nahverkehrsanbindung (Bus/Bahn) 5. Nähe zu Kunden 6. Umweltqualität	1. Immobilien-/Grundstückspreise 2. Kommunale Steuern und Abgaben 3. Parkplätze 4. Aus-/Weiterbildungsmöglichkeiten 5. Telekommunikations-Infrastruktur 6. Prestige/Image des Standortes
Berlin	1. Nahverkehrsanbindung (Straße) 2. Nahverkehrsanbindung (Bus/Bahn) 3. Nähe zu Kunden 4. Parkplätze 5. Qualifizierte Arbeitskräfte 6. Marktzugang/Absatzmarkt	1. Immobilien-/Grundstückspreise 2. Nahverkehrsanbindung (Bus/Bahn) 3. Höhe der Nebenkosten 4. Nahverkehrsanbindung (Straße) 5. Telekommunikationsinfrastruktur 6. Räumliche Erweiterungsmöglichkeiten
Brüssel	1. Fernverkehrsanbindung (Straße) 2. Parkplätze 3. Immobilien-/Grundstückspreise 4. Nahverkehrsanbindung (Straße) 5. Nähe zu Kunden 6. Nahverkehrsanbindung (Bus/Bahn)	1. Immobilien-/Grundstückspreise 2. Qualität der Büros/Ausstattung 3. Telekommunikationsinfrastruktur 4. Parkplätze 5. Fernverkehrsanbindung (Straße) 6. Nahverkehrsanbindung (Straße)
Kopenhagen	1. Parkplätze 2. Nähe zu Kunden 3. Prestige/Image des Standortes 4. Gewerbe-/Büroflächenverfügbarkeit 5. Marktzugang/Absatzmarkt 6. Fernverkehrsanbindung (Straße)	1. Qualität der Büros/Ausstattung 2. Parkplätze 3. Telekommunikationsinfrastruktur 4. Prestige / Image des Standortes 5. Fernverkehrsanbindung (Straße) 6. Höhe der Nebenkosten
Straßburg	1. Fernverkehrsanbindung (Straße) 2. Nähe zu Kunden 3. Nahverkehrsanbindung (Straße) 4. Marktzugang / Absatzmarkt 5. Immobilien-/Grundstückspreise 6. Nähe zu Kooperationspartnern	1. Höhe der Nebenkosten 2. Parkplätze 3. Nähe zu Kunden 4. Immobilien-/Grundstückspreise 5. Fernverkehrsanbindung (Flughafen) 6. Fernverkehrsanbindung (Straße)
Wien	1. Nahverkehrsanbindung (Straße) 2. Parkplätze 3. Nahverkehrsanbindung (Bus/Bahn) 4. Nähe zu Kunden 5. Qualifizierte Arbeitskräfte 6. Immobilien-/Grundstückspreise	1. Immobilien-/Grundstückspreise 2. Höhe der Nebenkosten 3. Parkplätze 4. Qualität der Büros/Räumlichkeiten 5. Expansion des Unternehmens 6. Nahverkehrsanbindung (Bus/Bahn)

Quelle: eigene Darstellung

Tabelle 2: Veränderte Standortanforderungen bei potenziellen Standortverlagerungen

in den oberen Betriebsgrößengruppen bzw. mit einer höheren Flächengröße sollten diese Abweichungen nicht überbewertet werden.

Ein weiterer Untersuchungsaspekt konzentrierte sich auf die Frage, ob sich die Standortanforderungen der Unternehmen im Zeitverlauf verändert haben. Hierzu wurde ergänzend zu der Bewertung der bereits getroffenen Standortentscheidung auch danach gefragt, wie die Unternehmen – im Falle einer geplanten Standortverlagerung – die einzelnen Standortfaktoren für zukünftige Standortentscheidungen bewerten würden. Der Vergleich der Bewertungsergebnisse zeigt, dass es zu keiner umwälzenden Verschiebung in der Bewertung der Standortfaktoren kommt (vgl. Tabelle 2). Für die zukünftige Standortentscheidung sind allerdings die beiden Standortfaktoren „Immobilien-/Grundstückspreise" und „Räumliche Erweiterungsmöglichkeiten" etwas bedeutender als für die bereits getroffene Standortentscheidung. Der Vergleich macht darüber hinaus deutlich, dass den Standortfaktoren „Aus-/Weiterbildungsmöglichkeiten", „Persönliche Gründe (z.B. eigener Studienort)", „Nähe zu Kunden", „Marktzugang/Absatzmarkt", „Umweltqualität (z.B. Luftverschmutzung)", „Wohnflächenverfügbarkeit" sowie „Lohnniveau" für zukünftige Standortentscheidungen eine geringere Bedeutung beigemessen wird.

4.3 Standortfaktoren aus der Sicht der Experten

Um die Bewertungen der Unternehmen bezüglich ihrer Standortanforderungen besser einschätzen zu können, wurden ergänzend zur Unternehmensbefragung Experteninterviews mit Vertretern aus Verbänden, Wirtschaftsförderung, Verwaltung sowie mit Immobilienmaklern, Investoren und Unternehmensberatern durchgeführt. Zum einen lassen sich hieraus gegebenenfalls Rückschlüsse auf die Ausrichtung der Stadt- und Regionalplanung und des Standortmarketings ziehen, zum anderen können dadurch aber auch die subjektiven, unternehmensbezogenen Einschätzungen durch die eher eine Gesamtsicht einnehmenden Interviewpartner überprüft und eventuell in übergeordnete Kontexte eingefügt werden.

Die Interviewpartner wurden gebeten, die drei Standortfaktoren zu benennen, die für die Schlüsselbranchen in der jeweiligen Metropole aus ihrer Sicht den stärksten Einfluss auf Standortentscheidungen haben. Die

Ergebnisse dieser Interviews erbrachten dabei eine deutlich von der Unternehmensbefragung abweichende Einschätzung. Die Interviewpartner schätzten vor allem die „strategische geographische Position“ bzw. die „externe Erreichbarkeit der Region“ als entscheidende Standortkriterien für ihre Region ein. Diese wurden im Gegensatz dazu von den Unternehmen eher als nachrangig bewertet (entsprechende Standortfaktoren sind Fernverkehrsanbindung per Flughafen oder Schiene). Auch die Standortfaktoren „(qualifiziertes) Arbeitskräfteangebot“ und „Kostensituation/niedrige Preise“ wurden von der überwiegenden Zahl der Interviewpartner als sehr bedeutsam eingeschätzt. Während in den meisten Metropolräumen von den Unternehmen der Standortfaktor „Parkplätze“ unter die ersten vier Plätze eingestuft wird, ist dieser Standortfaktor von keinem der Experten als bedeutsam angesehen worden. Ähnlich verhält es sich mit dem Standortfaktor „Kundennähe“, der in allen Städten bei der Auswertung der Unternehmensbefragung unter die ersten sieben Plätze gelangt ist, aber von keinem der Experten genannt wurde.

Eine Erklärung für die unterschiedliche Einschätzung könnte darin liegen, dass sich die Experten in ihren Ausführungen eher auf größere und international agierende Unternehmen beziehen, für die diese Standortfaktoren natürlich von erheblicher Bedeutung sind. Die von den Experten häufig genannten Standortfaktoren „strategische geographische Position“ und „externe Erreichbarkeit der Region“ sind nur für sehr große Unternehmen oder für Unternehmen mit überregionalem Aktionsradius von Bedeutung. Die befragten Unternehmen setzen sich jedoch überwiegend aus kleinen oder mittleren Unternehmen zusammen, deren wirtschaftliches Verhalten offensichtlich eher regional orientiert ist. Eine weitere Erklärung für die unterschiedliche Bewertung könnte sein, dass die Unternehmen eher dazu tendieren, ihre endgültige Standortentscheidung von sehr kleinräumigen lokalen Faktoren beeinflussen zu lassen, da die Unternehmen ihre Standortentscheidung für eine Stadt oder einen bestimmten Teil der Stadt bereits im Vorfeld getroffen haben und die Faktoren für diese Entscheidung nicht mehr in die Bewertung einbeziehen. Die Experten hingegen beschreiben eher den Prozess der Standortfindung und Standortentscheidung vor einer nationalen oder globalen Auswahl an Standorten.

Im Vergleich der sieben beteiligten Metropolen zeigen sich jeweils auch spezifische Besonderheiten, die von den Experten in ihre Einschätzung von Standortfaktoren einfließen. So werden von den Experten in Barcelona die Standortfaktoren „(qualifiziertes) Arbeitskräfteangebot" und „Kostensituation/niedrige Preise" als weniger wichtig eingestuft. In den Städten Brüssel und Straßburg werden von den Experten die „EU-Institutionen/-Funktionen" als wichtigster Standortfaktor hervorgehoben, worin sich ihre Sondersituation als zentrale Standorte von EU-Einrichtungen wiederspiegelt. Barcelona und Straßburg stechen auch in der besonderen Betonung von Standortfaktoren wie „internationale Ausrichtung" (Barcelona) oder „Nähe zu F&E-Einrichtungen" (Straßburg) heraus. Der in Wien unterstrichene Standortfaktor „Lebensqualität (Kultur- und Freizeitangebote, aber auch Sicherheit)" entspricht dem Standortfaktor „gutes Image/Prestige des Standortes", der auch von den Interviewpartnern in Amsterdam und Berlin als bedeutsam bewertet wurde.

Speziell in Berlin wurde von den meisten Experten darauf hingewiesen, dass innerhalb der letzten zehn Jahre eine Veränderung hinsichtlich der Bewertung einzelner Standortfaktoren zu beobachten ist. Insbesondere der Kostenfaktor (Büroflächen, Wohnraum, Löhne) wird als zunehmend wichtiger bewertet, da die Kostensituation im Standortwettbewerb ein klarer Standortfaktor für die Metropole Berlin ist. Dies ist natürlich der nachholenden Entwicklung in Berlin geschuldet, da die Kostensituation trotz der massiven politischen Veränderungen in Berlin immer noch als vergleichsweise günstig zu beurteilen ist.

Die Berliner Experten betonten auch die relativ geringe Bedeutung der 3. und 4. Zone als Ansiedlungsfläche für den Dienstleistungssektor bzw. für die in diesem Projekt ausgewählten Schlüsselbranchen. Grundsätzlich wird die gesamte Marktsituation in Berlin als zu schwach bewertet, besonders aber im suburbanen Raum, der noch sehr ländlich geprägt ist. Als ein wesentlicher Aspekt für die anscheinend geringe Attraktivität des Umlandes für den Dienstleistungssektor wird häufig auch der fehlende Abwanderungsdruck aus den Berliner (Innen-)Stadtbezirken genannt. Da in den beiden inneren Zonen ein ausreichendes Flächenangebot zur Verlagerung oder Ausdehnung zur Verfügung steht, besteht für viele Unternehmen kein Anreiz, den Standort in das Umland zu verlagern. Die neu angesiedelten Unternehmen im Berliner Umland sind häufig Neugründungen oder Ansiedlungen von außerhalb der Region. Die meisten Standortverlagerungen finden innerhalb der 1. und 2. Zone statt. Einige Experten sind sogar der Auffassung, dass es einen leichten Trend zu Standortverlagerungen vom Umland in die inneren beiden Zonen gibt. Die ausschlaggebenden Faktoren für solche Rückverlagerungen sind das derzeit reichliche Angebot an Büroflächen sowie das qualifizierte Arbeitskräfteangebot innerhalb Berlins. Darüber hinaus dürften sich für einige Unternehmen die erwarteten positiven Entwicklungen im Umland nicht erfüllt haben, so dass die Standortvorteile der inneren Stadt und des restlichen Stadtgebietes wieder stärker ins Bewusstsein rücken (vgl. auch Beyer, Schulz 2001: 146 ff.).

5 Zusammenfassung und Fazit

Zusammenfassend lässt sich feststellen, dass von den befragten Dienstleistungsunternehmen innerhalb des letzten Jahrzehnts mehr als 1/3 der befragten Unternehmen eine Standortverlagerung vollzogen hat, wobei die neuen Standorte aber überwiegend in der Nähe der alten gewählt wurden. Diese relative Standortpersistenz ist sicherlich der bestehenden Einbindung und Vernetzung höherwertiger unternehmensorientierter Dienstleistungsunternehmen in ihr Umfeld geschuldet. Eine nähere Betrachtung der Wanderungsbewegungen zeigt aber auch, dass vor allem die Innenstädte leicht an Bedeutung verlieren. Weiterhin ist ein Trend zur zonenweisen Dezentralisierung – sozusagen eine konzentrische Migration – festzustellen, da die Unternehmen tendenziell ihren Standort in eine weiter außerhalb gelegene Zone verlagern.

Hinsichtlich der Standortfaktoren wird deutlich, dass insbesondere die Faktoren aus dem Bereich Verkehrserschließung/-anbindung eine herausragende Rolle für die befragten Dienstleistungsunternehmen spielen. Für die Standortwahl bzw. die Zufriedenheit mit dem Standort sind weiterhin die Nähe zu Kunden, das Prestige/Image, die Immobilien-/Grundstückspreise sowie der Marktzugang/Absatzmarkt von hoher Bedeutung. Bemerkenswert ist auch, dass die Nähe zu Forschungseinrichtungen und zu Universitäten von den befragten Dienstleistungsunternehmen als unbedeutend bewertet werden. Eine Ausnahme stellen hier lediglich die Unternehmen der Schlüsselbranche Forschung & Entwicklung dar. Bemerkenswert ist ferner, dass die befragten Experten als Standortfaktoren der Metropolenräume eher die überregionale Funktion der Räume betonten, während die Unternehmen eher die innerregionalen Faktoren hervorhoben.

Es kann somit zusammengefasst werden, dass es, ungeachtet der festgestellten Dezentralisierungstendenzen, keinen starken Trend in Richtung „Raus aus der Innenstadt" bei den höherwertigen unternehmensorientierten Dienstleistungsunternehmen in den untersuchten europäischen Metropolen gibt. Der Standortwettbewerb innerhalb der Metropolen um diese zukunftsträchtigen und metropolenrelevanten Unternehmen ist somit für die Innenstädte noch nicht verloren. Wesentliche Standortfaktoren, wie Prestige/Image oder die Nähe zu den Kunden, werden im suburbanen Raum nicht in einer hinreichenden Qualität angeboten. Höherwertige unternehmensorientierte Dienstleistungsunternehmen haben einen höheren Spezialisierungsgrad sowie eine ausgeprägte Kooperationsneigung und weisen daher spezifische Standortanforderungen auf, die nur an speziellen Standorten wie den Innenstädten gegeben sind.

Literatur

Beyer, W.; Schulz, M. (2001): Berlin - Suburbanisierung auf Sparflamme? In: Dangschat, J. S.; Brake, K.; Herfert, G. (Hrsg.): Suburbanisierung in Deutschland: Aktuelle Tendenzen. Opladen, S. 123-150

Burdack, J. (2001): Die städtische Peripherie zwischen „suburbanen" und „posturbanen" Entwicklungen. In: Berichte zur deutschen Landeskunde, Heft 2/3, S. 188-204

Enxing, G. (1999): Die Standortwahl höherwertiger unternehmensorientierter Dienstleistungen. In: Duisburger Geographische Arbeiten, Bd. 19. Dortmund

Grabow, B. (1997): Die Zukunft des Dienstleistungssektors in der Stadt. In: Henckel, D., Floeting, H., Grabow, B.: Entscheidungsfelder städtischer Zukunft. Stuttgart, Berlin, Köln, S. 173-207

Häußermann, H.; Siebel, W. (1997): Tendenzen der De- und Rezentralisierung der Städte. In: Krämer-Badoni, T.; Petrowsky, W. (Hrsg.): Das Verschwinden der Städte. Universität Bremen (KUA). Bremen, S. 39-49

Hesse, M.; Schmitz, S. (1998): Stadtentwicklung im Zeichen von „Auflösung" und Nachhaltigkeit. In: Informationen zur Raumentwicklung, Heft 7/8, S. 435-453

Karsten, M.; Usbeck, H. (2001): Gewerbesuburbanisierung – Die Tertiärisierung der suburbanen Standorte. In: Brake, K.; Dangschat, J. S.; Herfert, G. (Hrsg.): Suburbanisierung in Deutschland. Aktuelle Tendenzen. Opladen, S. 71-80

Kulke, E. (1998): Unternehmensorientierte Dienstleistungen. In: Kulke, E. (Hrsg.): Wirtschaftsgeographie Deutschland. Gotha, Stuttgart, S. 183-198

Motzkus, A. (2000): Zur Bedeutung der höherwertigen unternehmensorientierten Dienstleistungen für die Entwicklung der Metropolregionen Westdeutschlands. In: Raumforschung und Raumordnung, Heft 4, S. 265-275

Zehner, K. (2001): Stadtgeographie. Gotha, Stuttgart

Weitere Informationen zum EU-Forschungsprojekt auf der Homepage: www.comet.ac.at

Kerstin Büttner/Bastian Lange

12. Jena – Frankfurt/Oder re-started? Wissen – Milieus – Raum in Schrumpfungskontexten Ostdeutschlands

1 Einleitung

Unter fortdauerndem strukturellen Krisendruck haben in den vergangenen Jahren zahlreiche ostdeutsche Städte auf das leitbildartige Entwicklungsmodell einer wissensbasierten Stadtentwicklung gesetzt. Oftmals durch industriehistorische Vorprägungen bedingt, werden systemisch unterschiedliche Innovations- und High-Tech-basierte Trägergruppen in die wissenspolitischen Entwicklungslinien einer Stadt eingebunden. Perspektivisch wird mit unterschiedlichem Erfolg an einer Verknüpfung von Ökonomie, Raum, Kultur und Wissenschaft gearbeitet. Diese symbolischen Leitlinien und ihre faktischen Verräumlichungen sollen Ankoppelungspunkte für spezifische Arbeitskräfte einer zumeist hochdynamischen und transnational operierenden Wissensökonomie und deren sozialräumlichen und standörtlichen Anforderungen erzielen.

Innovative Milieus scheinen in diesem Zusammenhang die leitende Losung darzustellen, deren Vorhandensein Garant für regionale Wettbewerbsfähigkeit ist. Das Zustandekommen möglicherweise als innovativ zu bewertender Akteurskonstellationen sowie die Qualität ihrer regionalen wie überregionalen Verflechtungsbeziehungen werden aber weiterhin kontrovers diskutiert (Maresch, Weber 2002). Im Folgenden wird anhand der Standorte Jena und Frankfurt/Oder nach dem Zusammenspiel von sozialräumlichen und physischen Variationsmustern dieser wissenspolitischen Vorgabe gefragt. Dabei wird auf die Prozesse der Netzwerkbildung von ökonomischen FuE-basierten Startup-Unternehmern, ihre relevanten Strategien der (trans-)lokalen Bindungspraktiken im Kontext vor Ort sowie die sich dabei einstellenden spezifischen Pfadvarianten der beiden ostdeutschen Städte fokussiert.

2 Diskussionskontext

Aus der Perspektive der Analyse von High-Tech-basierten regionalen Innovationsprozessen und ihren räumlichen Ausprägungsspielarten stehen sich mehrere Erklärungsansätze konträr gegenüber. Grundsätzlich stehen zwei Annahmen zur Disposition, auf die hier nur knapp verwiesen wird:

Zu nennen ist zum einen eine positive entwicklungsdynamische und technikgeleitete Kontratieff'sche Grundannahme, bei der von einem Zusammenhang zwischen technologischer Innovation und wirtschaftlicher Prosperität ausgegangen wird. Folgerichtig scheint ein globaler „space of flows" neue Geographien und Raummuster sowie neue, möglicherweise, hybride lokale „space-of-place"-Bedingungen zu erzeugen. In diesem Netz der Technologie-, Güter- und (Arbeits-)Migrationsströme entstehen neue nodale Raumstrukturen, denen zum einen ein lokalisierbares Zentrum fehlt und für die zum anderen relativ unklar ist, welche Formierungs- und Konstituierungsprozesse ihre Entstehung begleiten. Dieses Technikparadigma kann letztlich die Dimension von regionalkulturellen Pfadabhängigkeiten sowie die handlungsspezifischen Anordnungsprozesse von sozialen Gütern und Menschen in seiner regionalen Differenzierung nicht beantworten.

Außerdem scheinen sich durch die Produktionsbedingungen und -organisationen des fluiden und von kurzen Halbwertzeiten betroffenen Gutes „Wissen" neue Bewertungslogiken sowie noch unbekannte Organisationsprozesse und Verkopplungssituationen zwischen verschiedenen sozialen und eben auch räumlichen Gütern (Freizeit, Lebensstil, Wohnen) einzustellen (z.B. Matthiesen 2002). Innerhalb eines solchen kulturalistisch-raumwissenschaftlichen Ansatzes wird der Anspruch formuliert, differenziert nach konkreten empirischen Wissens-, Handlungs- und Strukturkontexten zu fragen. Geleitet wird diese Forschungsintention von empirischen Analysen, die, entgegen der „Entankerungsthese", auf die zwingende Relevanz von konkreten Orten in ihren neuen, eigentümlich-regionalkulturellen Mischungsverhältnissen gerade bei innovativen wissensbasierten Produktentwicklungen verweisen.

Da der Fokus „Wissen" Bewertungs- und Selektionsprozesse voraussetzt, wendet er sich explizit gegen das Paradigma des quantitativen Durchflusses von Informationen. Dadurch werden qualitative Aspekte des lokalen „settings" wichtiger, und neue Fragen nach der Konstituierungsweise von „places".

Wird der ersten Grundannahme gefolgt, stellen sich Schwierigkeiten (dieser auch methodisch grobmaschigen Analysepraxis) ein, wenn nach den Relevanzkriterien der vernachlässigten konkreten sozialen und eben auch physischen Orte gefragt wird (z.B. Castells 2000). Zudem zeigt sich dabei oftmals ein subsummierendes Verständnis der zentralen Kategorie „Information", bei der zwischen relevanten Wissensformen („Daten – Information – Wissen – Lernen") oft nur ungenügend differenziert wird. Typologisch im Sinne von Willke (2002: 17) zwischen Daten – Information – Wissen – Lernen zu differenzieren, verpflichtet, rückwirkend die Dimensionen Raum (Ort) und Zeit (Prozess) in die Analyse zu integrieren. In den letzten Jahren kommt dieser mehrdimensionalen Forschungsperspektive insofern eine neue Bedeutung zuteil, als die technikgläubige Annahme permanenter geographischer und sozialräumlicher Entankerungsprozesse zunehmend haltloser wurde (vgl. u.a. Bryson et al. 2000). Diesen Annahmen entgegengesetzt zeigte sich vielmehr eine Bedeutungszunahme des durch spezifische Qualitäten geprägten Ortes sowie seiner Produktions- und Konstituierungsbedingungen.

Vor dem Hintergrund der konträren Positionen ergeben sich gerade durch die Verschränkung von „Raum" und „Wissen" neue Herausforderungen für die sozialwissenschaftliche Raumforschung. Sie bestehen zum einen darin, die komplexen Prozesse einer zunehmenden Wissensbasierung selbst zu verstehen, und zum anderen auch darin, neue Tendenzen im Relationsprozess von „Wissen" und „Raum" zu erkennen. Verknüpft mit diesen forschungsstrategischen Anforderungen stellt sich die Frage, mit welchen Logiken und Strukturformationen die Stadtregionen als „Knoten im Netz" ausgestattet sind. Die Metapher vom „Knoten im Netz" verweist in Anlehnung an das Castell'sche Paradigma des informationstechnisch-technokratischen Daten- und Informationsflusses („space of flows") auf qualitativ und quantitativ unterschiedliche Verflechtungsbeziehungen. Die Fokussierung auf überregionale Kooperations- und Informationsbeziehungen bildet aber nur einen Teil der Debatte um die mögliche Herausbildung einer sich erst in Umrissen abzeichnenden Wissensgesellschaft. Willke (2002: 13) stellt z.B. fest, dass durch den eingeschränkten Blick auf globale Infrastruktursysteme der Telekommunikation und der Verkehrstelematik der Platz, von dem aus man kommuniziert, bagatellisiert wird. Vor dem Hintergrund der erstarkten Debatte um die Formierungsweise von Places stellen wir deshalb dem Begriff des „placemaking“ (vgl. Healey 1997) den Begriff „emplacement strategies“ zur Seite. Entgegen des vorschnell statisch anmutenden Fixpunktes „placemaking“ verweist der Begriff „emplacement strategies“ (dt. Verortungsstrategien) deutlicher auf den offenen, konstitutiven und prozessualen Charakter neuer „placeformations“ hin.

Im Kontext der wissenspolitisch lancierten Innovationscluster werden im Folgenden die Zusammenhänge zwischen Wissen und Raum auf einer breiteren Basis skizziert sowie die spezifischen Pfadbedingungen an Hand der beiden ostdeutschen Städte Frankfurt/Oder und Jena diskutiert.

3 Wissen – Innovationsprozesse – Raum

3.1 Modi der Wissensproduktion

Durch eine Differenzierung der Wissenserzeugung im Zuge der Ausbreitung der Kommunikationstechnologie und des damit einhergehenden Wandels zu Kommunikations- bzw. Informationsgesellschaften hat sich gemäß Gibbons/Nowotny in den kapitalistischen Industriegesellschaften ein grundlegend neuer Modus der Wissensproduktion mit institutionellen Konsequenzen herausgebildet (Gibbons et al. 1994; Nowotny, Scott, Gibbons et al. 2001). Dieses Aufkommen einer neuen Form der Wissenserzeugung gilt inzwischen häufig als Indikator für einen grundlegenden gesellschaftlichen Strukturwandel (Bender 2001; 2004). Seit Mitte der 1990er Jahre wird dieser Prozess des Strukturwandels mit dem Begriffspaar Mode 1 und Mode 2 zu beschreiben versucht. Während Mode 1 Problemlösungen kontextlos, disziplinär, in hierarchischer Organisationsform erarbeitet und damit als ein vom Rest der Gesellschaft getrenntes Subsystem „Wissenschaft“ institutionalisiert ist, geht Mode 2 spezifisch, transdisziplinär, heterarchisch, anwendungsbezogen und reflexiv vor. Mode 2 operiert zudem mit lokal orientierten Problemdefinitionen. Mode 1 erzeugt räumlich klar definierte Organisationen und Institutionen und gilt damit als traditionelle Form der Wissensproduktion, während Arbeitsprodukte in der neuen Konstellation Mode 2 nicht primär in institutionellen Kanälen kommuniziert werden, sondern zwischen Individuen auch außerhalb fester Organisationsstrukturen. In zeitlich befristeten Organisationsformen im Mode 2 arbeiten hochspezialisierte Projektteams unter starkem Ressourcendruck, die zusammen im Verbund von innovativen Wissenschaftlern und technologischen Spezialisten systematisch erweitert durch „symbolic analysts", Betriebswirte, „consultants" und Patentanwälte sowie durch Planer und Politiker an „hochkonkurrenten" Entwicklungen arbeiten. Damit werden Menschen als Kompetenzträger zur Hauptressource von Modus 2-artigen Prozessen (Bender 2004).

Von diesen Erkenntnissen lassen sich die besonderen Eigenschaften von Wissen ableiten: Wissen unterliegt schnell abnehmenden Halbwertszeiten, ist nicht dinghaft, sondern personengebunden und damit ortsveränderlich. „Es wandert mit den Trägern des jeweiligen Wissens und ihren Netzwerken zu oder ab" (Matthiesen, Bürkner 2004). Wissen definieren wir dabei als „Bewertung und strukturierte Selektion von Informationen", während Informationen „unter Relevanzkriterien" betrachtet werden müssen und damit vom Relevanzsystem einer bestimmten Personengruppe abhängig sind. Wissen kommt erst durch Vergleiche, Urteile und Intuitionen, einem auf „bewährter Praxis" basierenden Sinnverständnisses entsprechend, und damit als „Resultat von Lernprozessen" zustande. Wissen bezeichnet im Gegensatz zu Daten, die zunächst nur „beobachtbare Unterschiede" sind, „eine kognitive Operation mit einer sehr viel anspruchsvolleren Selektivität" (vgl. ebd.).

3.2 Wissen und Raum

Aufgrund des zunehmenden Standortwettbewerbs, bei dem ein hochqualifizierter Arbeitnehmerpool eine Garantie für regionale Wettbewerbsfähigkeit zu sein scheint, wird die Ressource „Wissen" zum entscheidenden Standortfaktor (Meusburger 2000). Doch aufgrund der global ungleichen Verteilung von Wissensquellen erfährt neben der Anzahl und Qualität von wissenschaftlichen Einrichtungen wie Universitäten, Forschungsinstituten, Fachhochschulen etc. die Frage des Zugangs zu Wissen und damit die Frage der Einbettung von Wissensträgern in ihren lokalen Kontext sowie ihre soziale Interaktion eine neue Bedeutung.

Lokale Akteure verfügen durch ihr Eingebundensein in lokale, regionale und globale Netzwerke über Erfahrungen, „wie etwas vor Ort funktioniert" (implizites Wissen). Sie wissen somit, wie und in welcher Akteurskonstellation Problemstellungen anzusprechen und „anzupacken" sind. Durch den Austausch mit anderen und letztlich die Anwendung und Umsetzung dieses Erfahrungswissens kommt es zum Wissens-Spillover. Unter Bedingung von Mode 2-Wissenserzeugung scheinen folglich Gelegenheitsstrukturen vor Ort als Anknüpfungspunkte für intensive „face-to-face"-Kommunikation unabdingbar zu sein. Durch Netzwerkkommunikation können dann Akteurskonstellationen entstehen, in denen es geschickten Akteuren gelingt, Marktnischen aufzutun und effizient zu besetzen – ein entscheidender Schritt in Richtung Anbindung an global zirkulierende Innovationstrends.

3.3 Wissensmilieus als analytischer Forschungsansatz

Die theoretische Diskussion über das Zusammenspiel von lokalen Lernformen, Politik und Handeln und den jeweiligen Akteuren regionaler Institutionen wird mit Hilfe des analytischen Konzeptes der Wissensmilieus genauer untersucht und zu beschreiben versucht. Allgemein definieren wir soziale Milieus als relativ homogene soziale Beziehungsformen mit erhöhter Binnenkommunikation, deren Grundlage gemeinsames implizites Wissen in vielen Bereichen bildet. Einerseits sind soziale Milieus damit „Ausdruck der regionalen Kultur" (Ache 2004), andererseits prägt das Umfeld wiederum ihre wesentlichen Elemente. Wissensmilieus stellen dann eine spezifische Ausprägung von sozialen Milieus dar. Die Trägergruppen solcher Milieus strukturieren in unterschiedlichen Formen und Funktionen – beruflich, im Intermediärbereich, privat durch ihre konkreten Handlungsvollzüge hindurch – eine zunehmende Wissensbasierung gesellschaftlicher Entwicklungsprozesse mit und sind somit der „Inkubator von Innovationen und innovativen Unternehmen in einer Region" (Ache 2003: 4). Inwiefern sie dabei explizit und faktisch, teilweise aber auch aufgrund der Kultivierung und Generierung spezifischer Lebensstile implizit eigene Raumbedarfe artikulieren bzw. welche Einflussgrößen und Steuerinstrumente zur Erhöhung der Attraktivität von Stadtregionen eingesetzt werden (Matthiesen, Bürkner 2004), sind Fragestellungen, die auf stadtpolitischer Ebene empirisch zu überprüfen sind.

3.4 Wissensmilieus, Raumbedarfe und Raumentwicklungen

Von besonderem Interesse im Zusammenhang mit wissensbasierten Formen der Stadtentwicklung sind so genannte „sticky knowledge places" (Markusen 1996). Da sich Akteurskonstellationen vorwiegend über gemeinsame Problemstellungen zusammenfinden, spielt der lokale Ort als Gelegenheitsstruktur für neue Vergemeinschaftungsformen eine nicht zu unterschätzende Rolle. Konkrete Räume (Kultur-, Kneipenszenerie, institutionalisierte Netzwerkforen, Konferenzen etc.) werden zu Zwischen- oder translokalen Räumen für Wissensmilieus, die sich für eine begrenzte Zeit vor Ort bilden, um später neue Akteurskonstellationen evtl. andernorts einzugehen. Gleichzeitig allerdings ist die Anbindung an überregionale Netzwerkstrukturen im globalen Wettbewerb von Bedeutung und damit eine mögliche Unabhängigkeit der Akteure von konkreten lokalen Orten zu überprüfen.

Der von uns verwendete Milieubegriff fokussiert damit auf eine einbettende Strukturebene zwischen der globalen und lokalen Ebene, einer Mesoebene also. Er kann somit als analytische Kategorie konzeptionell informelle und formelle Interaktions- und Kommunikationszusammenhänge im Kontext sozial relevanter Tätigkeiten bündeln. Raum zeigt in diesem Sinne eine große geographische und soziale Sensibilität. Aufbauend auf diesen Erkenntnissen ergeben sich einige interessante Neubewertungen:

- von lokalen Bindungs- und Einbindungskräften,
- von konkreten sozialen Interaktionsprozessen und
- von der Bildung kritischer Massen.

In unserem Beitrag interessieren uns daher die jeweiligen Trägergruppen des Wissens, das soziale Milieu, welches ortsgebundenes Wissen (Wissen über Handlungszusammenhänge, Akteure, Netzwerkstrukturen) für

Innovationen zu nutzen versteht. Ausgehend von diesen Trägergruppen wird zum einen nach neuen, weitgehend unbekannten Raumbedarfen an und in stadtregionalen Räumen gefragt. Zum anderen wird in der Gegenrichtung nach den Effekten einer zunehmenden stadtregionalen Wissensbasierung gefragt, zudem nach Effekten, die von assoziierten Institutionen ausgehen.

3.5 Anwendungskontext des Wissensmilieu-Konzeptes

Unseren analytischen Ansatz der Wissensmilieus wollen wir anhand beispielhaft ausgewählter Fälle unter Einbeziehung zweier Städte, die das Leitbild „Wissensstadtentwicklung" in das Zentrum gerückt haben, verdeutlichen. Hierbei verfolgen wir die Absicht, Entwicklungspfade als mögliche Lernprozesse für innovative Entwicklungen aufzuzeigen. Dabei wird die These des Wandels von einer Mode 1- zu einer Mode 2-Gesellschaft einer kritischen empirischen Überprüfung unterzogen. Weiter gehen wir der Frage nach, wie räumliche Strukturen die Handlungs- und Lernfähigkeit lokaler Akteure (Wissensmilieus) beeinflussen und damit letztlich zu wissensintensiven Innovationen mit neuen Raumwirkungen führen.

„Lernende-Regionen-Ansätze" betonen die neuen Lernanforderungen der ökonomischen Akteure. Um sich an wechselnde regionale und globale Situationskontexte anpassen zu können, weisen diese Ansätze darauf hin, dass spezifische Interaktionsprozesse, Netzwerkkommunikationen, eine interdisziplinäre Mischung von Wissensträgern in einer vertrauensbildenden Konstellation als Innovationsstimulanz wirken. Damit erfährt die lokale Ebene gerade auch durch zunehmende globale Herausforderungen eine entscheidende und zunehmende Bedeutung. Auf der lokalen Ebene werden die globalen Herausforderungen durch Netzwerke in gemeinsame Leitbilder und letztlich lokale Aktionen und Strategien übersetzt. Im lokalen und regionalen Kontext können auf diese Weise Kräfte gebündelt werden, um im Wettbewerb der Regionen (BioRegio, Euregio etc.) erfolgreich zu sein. Der ökonomische Erfolg wird durch das implizite Wissen der Netzwerkakteure über die „Chemie des Ortes" oder darüber, wie etwas vor Ort funktioniert, zunächst auch vor Ort bestimmt. Da sich in Innovationsprozessen vormals verfestigte Kategorien wie Arbeit versus Freizeit, Privatheit versus Öffentlichkeit aus der Sicht des Individuums prozesshaft überlagern und vermischen, rückt die Frage nach der Verräumlichung dieser temporären Vergemeinschaftung unabweisbar wieder in den Vordergrund. Einzig und alleine auf die „regionale Einbettung" zu verweisen, erklärt nicht die ebenso pro-aktiv von neuen Trägergruppen (Startup-Akteuren oder -Gemeinschaften) oder institutionellen Vertretern geschaffenen „places". Zudem bleibt unklar, inwiefern Unternehmer mit innovativen Produkten wiederum rückwirkend Ortsbindungen in Ermangelung geeigneter Orte herstellen und entwickeln („re-embedding oder re-inventing of region"). Insbesondere die FuE-Unternehmensgründer in den neuen Bundesländern werden mit dem Problem eines neuerlich anhaltenden Abwanderungsverhaltens sehr gut ausgebildeter Spezialisten und damit verknüpfter struktur- und stadtpolitischer Fragen konfrontiert. Das gefährdet massiv die Tragfähigkeit von lokalen Bindungskräften.

Durch die kurze Halbwertszeit von Wissen, ökonomische Schwankungen und unterschiedliche Anbindungsmöglichkeiten von Institutionen und Personen an globale/lokale Entwicklungen bedingt, stellen sich unterschiedliche Anforderungen an den Raum. Mit den global-lokalen Entwicklungen einhergehend bzw. aufgrund persönlicher lebensstilspezifischer Entscheidungen diskontinuierlich zu diesen Entwicklungen verlaufend, sind persönliche Verhaltens- und Handlungsmuster von „neu" im städtischen Feld operierenden unternehmerischen Akteuren der FuE-High-Tech-Branche als biographische Lebensverläufe schließlich in der empirischen Untersuchung mit in Betracht zu ziehen. Vor dem Hintergrund sich schnell verändernder Muster der Lebensführung von Personen und sich in ihrer Form verändernder Institutionen ist nach den Chancen für eine dauerhafte Etablierung dieser Milieus vor Ort und damit nach den lokalen Anknüpfungspunkten für die jeweiligen Lebensabschnitte zu fragen. Hieraus ergeben sich wiederum Fragen nach der Gestaltbarkeit von Orten und der Einflussmöglichkeit bzw. Handlungsfähigkeit relevanter Akteure in diesem Gestaltungsprozess.

4 Pfadabhängigkeiten – Raumstruktur der FuE-Organisation in der DDR

Kontextsensitiv aus der Sicht von Unternehmensgründern nach deren berufsbiographischen Strukturmustern, ihren handlungsrelevanten Vorprägungen und daraus heute ableitbaren und zu beobachtenden lokalen An-Ordnungsprozessen von sozialen Gütern und Menschen zu fragen, zwingt zu knappen Erläuterungen der prägenden beruflichen und räumlichen Sozialisationsbedingungen. Dabei wird der modernisierungstheoretischen Grundannahme „Individualisierung" nicht widersprochen, aber auch nicht der idyllischen Verklärungen einer „Delegitimierung von Biographien" (Wolfgang Engler) gefolgt. Vielmehr ist zu vermuten, dass soziokulturelle Voraussetzungen, spezifische Handlungsdispositionen und sozialräumliche Sozialisationsprozesse heutige wertrationale Entscheidungen prägend mitsteuern (Woderich 1996).

Sozialkulturelle und lebensweltliche FuE-Bedingungen von Ingenieuren in der DDR verweisen auf den Stellenwert der abhängigen Erwerbsarbeit als nahezu einzige Einkommensquelle, den Betrieb als lebensbegleitendes sozialpolitisches Zuteilungszentrum, aber auch als Disziplinierungs- und Erziehungsinstanz sowie Kommunikationsort und „kollektive ‚Wir'-Festung der Arbeitenden vor politischen Zumutungen" (Schwarz, Valerius 2000: 2). Entgegen der Annahme, dass die plötzlich hereinbrechende Individualisierungsaufforderung die Ostdeutschen zu einer ausgeprägten Ich- und Entscheidungsschwäche geführt hat, die es ihnen erschwert, flexibel auf die neuen Erfordernisse in Wirtschaft und Gesellschaft zu reagieren, eigene selbstbestimmte Lebensentwürfe zu erfinden und zu verfolgen, weisen Transformationsstudien auf die erhebliche Bandbreite der zu beobachtenden – und nicht einer Bewertung ausgesetzten berufsbiographischen (Lebens-)Entwürfe (Thomas 1997). Gerade im Kontext von Schrumpfungs- und Transformationsdynamiken stellen sich daher über das Normalmaß hinaus komplexe Anforderungen an Unternehmensgründer im FuE-basierten Feld der Produktion von Wissen.

Welche Strategien und Organisationsformen lassen sich auf der unternehmerischen Ebene darstellen, um den Produktionsbedingungen der FuE-Branche in der spezifischen städtischen Situation Ostdeutschlands zu entsprechen? Wie gestaltet sich das Verhältnis von lokaler Ein- wie

Anbindung an bestehende Institutionen (Stadt, Verbände, Universitäten, Schulen, Verwaltung) gegenüber regionalen und überregionalen und/oder sogar transnationalen Ein- wie Anbindung neuer Wissensmärkte?

Jena und Frankfurt/Oder werden in den folgenden Ausführungen prototypische Referenzfälle darstellen, anhand derer nach den spezifischen Netzwerkbildungen gefragt wird, die in die spezifischen Wissensökonomien der FuE-Innovationsprozesse eingewoben sind. Es wird herausgearbeitet, welche Startup-Prozesse sich in beiden Fällen aufzeigen lassen und in welcher Form die leitbildartig formulierten Stadtprogrammatiken („Wissensstadt") erste auch räumliche Ausprägungen erfahren haben. Die neuen Unternehmer im Bereich der Forschung und Entwicklung von Halbleitertechnologien werden nach ihrer Einschätzung der unternehmerischen Handlungsressourcen und -strategien gefragt sowie nach deren Einbettungsmustern und Interaktionsstrukturen mit und in der „Stadt". Durch die Rekonstruktion des Entwicklungspfades eines Unternehmens werden Strukturen der Stadt-, Wirtschafts- und Gesellschaftsentwicklung nachgezeichnet, die darüber Aufschluss geben, welche Strategien ein junges Startup-Unternehmen in Frankfurt/Oder und Jena entwickelt, um sich im Kontext der von „oben" implementierten High-Tech-Entwicklung mehr oder weniger erfolgreich zu positionieren. Es wird weiter gefragt, inwiefern dieses traditionell verankerte Leitbild mit eigenen Ansätzen ausgestattet oder neu geformt bzw. verworfen wird.

5 Fallanalyse Frankfurt/Oder und Jena

5.1 Vergleichende Strukturparameter Frankfurt/Oder und Jena

Trotz einer hohen Rate an beschäftigten Ingenieuren zu Wendezeiten 1989/90 weist Frankfurt/Oder im Jahr 2000 mit 12,6 Prozent eine im Vergleich zu Technologieregionen wie Jena (29,0 Prozent) und beispielsweise dem Bodenseekreis (48,1 Prozent) niedrige Rate von beschäftigten Ingenieuren auf (vgl. Prognos 2002). Genauer betrachtet weist Frankfurt/Oder mit 4,6 Prozent der hochqualifizierten Beschäftigten an der Gesamtanzahl der Beschäftigten in technologieorientierten Wirtschaftszweigen sogar im Vergleich zu Jena (33,6 Prozent) und dem Bodenseekreis (90,8 Prozent) einen signifikant niedrigen Wert auf. Diese beiden Indikatoren korrelieren eng u.a. auch mit der geringen Anzahl technologieorientierter Unternehmensgründungen in Frankfurt/Oder (1,7), während Jena mit 4,6 und beispielsweise Darmstadt mit 13,3 höhere Werte verzeichnen (Prognos 2002).

5.2 Frankfurt/Oder

5.2.1 Wirtschaftentwicklung und -konzeption

Die DDR-spezifischen Alleinstellungsmerkmale von Frankfurt/Oder – Halbleiterwerk, Betriebs- und Transitstandort der Deutschen Reichsbahn sowie Verwaltungsapparat der Bezirkstadt – waren, neben dem DDR-typischen Mangelbestand an privatem Handwerk, die entscheidenden Ansatzpunkte für die weitere wirtschaftliche Entwicklung nach der Wende. Konzeptionell wurde auf einen sektoralen Ausbau von Wissenschaft gesetzt (Institut für Halbleiterphysik, Viadrina Universität) und auf Transfereinrichtungen (Business and Innovation Center/World Trade Center).

Als regionales Entwicklungszentrum in einem deutsch-polnischen Verflechtungsraum wurde hier der Versuch unternommen, einen „attraktiven Wirtschaftsstandort für Industrie, Gewerbe, Handel und Dienstleistung" zu entwickeln. Diese undeutlichen Alleinstellungscharakteristika finden zwar ein überregionales Merkmal („Lage im Grenzraum"), wenngleich die Verortung an der Transitachse Berlin – Warschau – Moskau eben auch die Gefahr birgt, vom Transitverkehr als Durchgangsort ignoriert zu werden. Zudem unterlässt es das städtische Wirtschaftskonzept, integrierte Lösungen und Modelle für querschnittsorientierte Bedarfe des anvisierten neuen Dienstleistungssegmentes „Wissenschaft" und ihre Trägergruppen vorzugeben. „Kultur" wird in den Kulturwirtschaftsplan verwiesen und scheint dort sinnfälligerweise dauerhaft „verankert" zu sein. Über den Umweg „Tourismus" wird „Attraktivitätssteigerung", d.h. letztlich eine Aufwertung des Stadtbildes zwar symbolisch ausgeflaggt, aber kaum realisiert, so dass die konzeptionell notwendigen Querverbindungen zwischen neuen wissensbasierten Trägergruppen, ihren Raumbedarfen und neuen Nutzungsmustern auf der Ebene des Wirtschaftskonzeptes nur in standardisiert-ästhetisierender Form zur Geltung kommen.

5.2.2 Fallrekonstruktion

Das Halbleiterwerk, welches zu DDR-Zeiten im äußersten Osten an der Oder aufgebaut wurde, stellte *das* Rückgrat der Stadt Frankfurt/Oder dar, war sogar „Stadt" schlechthin. Staatsplanerisch von oben dirigiert, wurde seit den 1950er Jahren an perspektivisch konkurrenzfähigen Halbleiterelementen gearbeitet. Als Perle einer Kette von Großkombinaten zwischen Schwedt und Guben entlang der Grenze zu Polen – weit weg vom Klassenfeind! – wurde in der DDR der Standort von „oben" industriepolitisch lanciert. Somit wurde auch ein Innovationsverständnis gewissermaßen in die Region implementiert, das hilfesuchend „nach oben", d.h. nach Berlin oder Potsdam blickte. Während die Erwartungen eines international wettbewerbsfähigen Produktes nie erfüllt werden konnten, erfolgte doch eine institutionelle und sozialräumliche Prägung durch das Halbleiterwerk bis in die heutige Zeit. Nach 1990 fand dies seinen Niederschlag im Beharrungsvermögen des von Unternehmensgründern und Neu-Bürgern Frankfurt/Oders als innovationsresistent eingestuften Interaktionsklimas der Stadt: Es wird auch als eine Mischung aus „Gummi und Beton" beschrieben. Institutionelle Lernfähigkeit leidet hier unter der bekannten „weakness of strong ties".

Eine differenziertere Betrachtung kann passgenaue Aufschlüsse geben über die möglichen Entwicklungspotenziale von zukünftigen wissensbasierten Unternehmensentwicklungen wie deren Koppelungen an parallel verlaufende Stadtentwicklungsprozesse. Danach zeigt sich der Fall Frankfurt/Oder 13 Jahre nach der Wende als permanent gewordenes Krisenszenario. Nachdem die ehemalige DDR-Industriebasis Frankfurts in Form des Halbleiterwerks mit ca. 8.000 Arbeitsplätzen Anfang der 1990er Jahre weggebrochen war, sind Teile der alten „Halbleitermilieus" in stadträumliche Institutionen wie der Verwaltung der Stadt und Universität eingewandert. Aus den entstehenden städtischen Strukturmustern lässt sich die These ableiten, dass sich in und zwischen den Verwaltungen der Stadt Konflikte zwischen traditionellen (Mode 1) und avancierten (Mode 2) Modellen der Innovation zeigen. Lokale Neugründungen von Institutionen werden auf diese Weise von älteren Wissensformen (Mode 1) und ihren Trägern weitgehend unterbunden. Zugleich kam es mit der Unterstützung des Landes zur Wiederansiedlung von Hochtechnologie-Forschungsinstitutionen sowie eines zugeordneten Clusters von mittelständischen innovativen Mikrochip-Herstellern und Startups. Diese lagerten sich in ehemaligen Industriearealen am Rand des fragmentierten Stadtgebietes an. Insbesondere das Institut für Halbleiterphysik IHP sorgte überregional für mediale Furore.

Der Fall, der hier genauer dargestellt werden soll, ist ein mittelständischer Unternehmer und Startup-Gründer, der anwendungsspezifische Schaltkreise auf Mikro-Chips entwickelt und produziert und ca. 30 Beschäftigte hat. Er war zur DDR-Zeit Techniker in der Halbleiterproduktion, gegen Ende Gruppenleiter. „Dis-embedded" aus dem Halbleitermilieu gründet dieser Unternehmer im Herbst 1990 eine eigene Firma. Bei der Suche nach Fördermitteln wendet er sich hilfesuchend an die Landesregierung, findet aber hier keine gefestigten Strukturen. Letztlich findet er Kooperationspartner im Westen, die ihm helfen. Grund und Boden für sein Gebäude erhält er als einer der ersten Unternehmensgründer gegen den Widerstand der, wie er sagt, differenziert zu betrachtenden Verwaltung im suburbanen Umland. Alte Halbleiter-Connections in der Verwaltung wollten offensichtlich keine mögliche Konkurrenz aufkommen lassen. Dieses untereinander stark vernetzte Akteursnetz unterbindet, so scheint es, regelrecht die Entwicklung von Mode 2-Praxen innerhalb eines lokalen Kontextes.

Während sich die städtische Ansiedlungspolitik – traditionsgemäß – auf Großprojekte versteift, zeigen sich parallel dazu Reaktionsmuster auf vielschichtige Krisenphänomene: Überdimensionierte und unentschiedene Großinvestitionen, Abwanderung gerade der gut Ausgebildeten, Fremdenfeindlichkeit und Wohnungsleerstand sind Eckpunkte eines Strukturmusters, das „kritische Massen", regionale Lernprozesse und institutionelle Kooperationsbereitschaft nur äußerst schwach entstehen lassen. Als Reaktion auf diese krisenhafte Institutionszuschreibung, auf hohe Fluktuationsgefahren von kompetenten Beschäftigten und Verflüssigung von sozialen Beziehungen aufgrund der Mode 2-Bedingungen, entwickelt unser Protagonist notgedrungen neue Strategien gegen den Brain Drain. Die fehlende lokale Koppelung zwischen Lern- und Ausbildungsträgern sowie wissensintensiven FuE-Unternehmen manifestiert sich bei ihm durch zaghafte Headhunter-Aktivitäten. Als Einzelkämpfer akquiriert er schon in der mathematisch-technisch orientierten Schule vor Ort

Interessierte, bindet sie an sein Unternehmen, vergibt Diplomarbeiten an die Technische Universität Cottbus, mit dem Ziel, sie möglichst früh einzubinden und gewissermaßen milieuspezifische Traditionen und Vergemeinschaftungen neu entstehen zu lassen. Regionale Lernprozesse werden gleichsam post-traditional abseits der örtlichen Institutionen neu etabliert. Diese Aktivitäten dehnen sich bei seinen Angestellten in den privaten Lebensbereich hinein aus: Wohnbauland, Wohnungen, Freizeit- und sozialkulturelle Aktivitäten werden über das Unternehmen organisiert. Der Vergleich zur sozialen Funktion der DDR-Industriekombinate wäre naheliegend, doch erkennen wir hier den Versuch, abseits der Stadt neue Formen der Sässigkeit – im Zeitalter einer hochmobilen Wissenselite – zu installieren.

Dieses Beispiel zeigt: Innovative Startups aus dem Halbleitermilieu bilden sich in diesem Kontext weitestgehend unabhängig von der Universität oder anderen Institutionen und leiden selbst an den starren Strukturen der Verwaltung. Die suburbane Lage des Unternehmens sowie der Wohnstandorte fast aller Beschäftigten ist als Reflex auf eine definitiv institutionell nicht erwünschte Einbindung in die Gelegenheitssituationen anbietende Stadt zu lesen (Stichwort: Entwicklungskorridor): Die Stadt wird aufgegeben, ein emphatischer Bezug etwa zur Kernstadt fehlt weitestgehend. Dagegen zeigen sich etwas zugespitzt in diesem Fall erste Strategien „Stadt ohne Stadt“ zu entwickeln. Die Simulation von sozialer Integration, dünnen institutionellen Austauschprozessen, Gelegenheitsstrukturen deuten – abseits der zerbröselnden Knoten in der Stadt Frankfurt/Oder – eben auch auf neue „emplacement“-Strategien, bei denen der Unternehmer zum Milieubildner und Garanten sozialer Kohäsion avanciert. „Sozialer Raum“ wird wieder erfunden. Der postsozialistische Unternehmer erkennt, dass ein Mindestmaß an kritischer Masse, sozialer Dichte und attraktiver lebensweltlicher Einbindung herzustellen ist, greift aber nicht mehr auf die Ressource „Stadt“ zurück, sondern entwickelt – überspitzt gesagt – „Suburbia“ weiter in der neuen Form von privater Edge City oder als „Stadt ohne Stadt“. So forciert er eine Fortsetzung der räumlichen Fragmentierungsprozesse. Es ist ein paradoxer Versuch, im Kontext von Schrumpfungsdruck, Leerstand und unattraktiver Innenstadtkodierung an neuen Orten ein Mindestmaß an kritischer Masse, sozialer Dichte, Gelegenheitsstrukturen sowie neuen Traditionen herzustellen.

5.3 Jena

5.3.1 Wirtschaftentwicklung und -konzeption

Zu DDR-Zeiten durch das Großkombinat Carl-Zeiss bekannt, setzt die Stadt Jena nach der Wende auf eine geschickte Fokussierung und Arrondierung gründerzeitlicher Kernkompetenzen. Damit scheint die Stadt die Transformation von einer monostrukturellen Konzentration zu einer technologisch avancierten, auch auf globaler Ebene agierenden Produktions- und Dienstleistungslandschaft der Optoelektronik, Feinmechanik und Biotechnik gut bewältigt zu haben.

Im Zuge der Umstrukturierungsprozesse während der Wende, wie insbesondere der Auflösung des Zeiss-Kombinates, fallen koordinierte Aktivitäten zwischen der Wirtschaftsförderung und der Stadtplanungsebene bei der Entwicklung gemeinsamer Leitbilder positiv ins Gewicht. Vorhandene Potenziale zu stärken und damit die Ansiedlung von Akteuren aus Wirtschaft, Wissenschaft sowie Handel und Dienstleistung insbesondere in der Innenstadt zu fördern, war und ist Hauptziel aller planerischen Aktivitäten. „Die als funktionierend erlebte Mischung von hochinnovativen Industrien und industrieller F&E" in Verbindung mit anwendungsorientierter Forschung und damit „dienstleistungsorientierter Produktion und produktionsorientierter Dienstleistung" (Fichter, Jähnke, Knorr-Siedow 2004) bereits zu DDR-Zeiten, bildeten dabei günstige Vorstrukturen zur Anknüpfung an dieses traditionelle und in allen Köpfen noch tief verankerte Leitbild der „Technologieregion Jena". Dieses Image wiederzubeleben und dabei gleichzeitig dem aktuellen Zeitgeist anzupassen, bildet den Ausgangspunkt des aktuellen Wirtschaftskonzeptes für die Stadt Jena und ihre Umlandregion. Die Rolle von Lothar Späth als Antreiber dieser Entwicklungsprozesse harrt nichtsdestotrotz einer differenzierten Betrachtung. Zur Umsetzung des Masterplans für die Region Jena/Saale-Holzland wurden integrierte Lösungen für eine Stärkung der Technologieregion „JenArea21" entwickelt. Dabei ist das Ziel, die Innenstadt durch Ausweisung von Schlüsselstandorten, insbesondere für Existenzgründer, weiter zu entwickeln, während die Umlandregionen zur Ansiedlung von Großunternehmen und Handwerksbetrieben zur Verfügung stehen sollen. Die wissensbasierte Stadtentwicklung voranzutreiben, wird einerseits über infrastrukturelle Instrumente wie Ausweisung von Gründer- und Technologieparks in der Innenstadt als auch durch Angebote an lebensweltliche Bedürfnisse der Wissensmilieus entsprochen. Adäquate Ausbildungs-, Qualifikations- und kulturelle Angebote sind weitere Versuche, Wissensmilieus anzuwerben und an die Innenstadt zu binden. So gibt es ein vielfältiges Angebot an Studiengängen und Forschungseinrichtungen, gleichzeitig an Spezialisierungsmöglichkeiten in den traditionellen (Optoelektronik und Feinmechanik) als auch neuen Kompetenzfeldern (Biotechnologie), wobei eine anwendungsbezogene Forschung und die Kooperation von Wissenschaft und industrieller Fertigung im Vordergrund steht.

Mit unter anderem drei Max-Planck-Instituten und einem Fraunhofer Institut, der Friedrich-Schiller-Universität und einer Fachhochschule verfügt die Stadt insgesamt über elf innovative Forschungs- und Bildungseinrichtungen in zentraler Lage. Das Wirtschaftskonzept beinhaltet neben der weiteren Förderung der besonderen regionalen Technologiekompetenz durch die Bereitstellung technologieorientierter Infrastruktur (Gründerzentren, Technologie-/Mietfabriken als Labor-, Forschungs- und Büroflächen) außerdem eine Aufforderung zur Netzwerkbildung, welches sich unter dem Motto „Dynamisches Wachstum durch Vernetzung" an alle Akteure von Wirtschaft, Wissenschaft, Planung, Politik und die breite Öffentlichkeit wendet.

5.3.2 Fallrekonstruktion

Anhand einer beispielhaften Fallrekonstruktion wollen wir nachfolgend zeigen, wie die ab Mitte der 1990er Jahre ausgerufene Programmatik einer wissensbasierten Stadtentwicklung in Jena – trotz dynamischer Schrumpfungsprozesse und Abwanderungsbestrebungen von hochqualifizierten „knowledge workern" in viele neue Länder – im einzelnen greifen konnte. Weiterhin wollen wir der Frage nachgehen, welche Wissensmilieupraxen in Jena ihren direkten Niederschlag finden, die letztlich zu einer Gründermentalität in der Biotech- und Computerbranche, der Optik- und Laser-Industrie führten, so dass heute vom „Spirit of Jena" vielerorts die Rede ist.

Durch die Rekonstruktion des Entwicklungspfades eines Unternehmens der optoelektronischen Branche wollen wir Strukturen der Stadt-, Wirtschafts- und Gesellschaftsentwicklung Jenas nachzeichnen, um darüber Aufschluss zu geben, welche Strategien ein junges Startup-Unternehmen in Jena entwickelt, um sich im Kontext der von „oben" implementierten High-Tech-Entwicklung mehr oder weniger erfolgreich zu positionieren, und inwiefern dieses traditionell verankerte Leitbild mit eigenen Ansätzen ausgestattet oder neu geformt bzw. verworfen wird. Durch die Erfahrung einzelner Unternehmer bekamen wir Hinweise über wichtige Anschlussmöglichkeiten für Unternehmen in Jena bzw. über Ausschlusskriterien und Fehlentwicklungen, die beispielsweise durch gegenläufige Machtapparate verursacht werden. Damit erfuhren wir etwas über die lokalen Strukturen des „tacit knowledge" – darüber, wie etwas in einer Stadt tatsächlich funktioniert.

Die 33 Jahre alte Mitbegründerin des mittelständischen High-Tech-Unternehmens studierte Betriebswirtschaftslehre an der Uni Jena sowie zeitweise in Bremen und Leipzig und ist heute für den Finanzbereich des mittlerweile global agierenden Betriebes zuständig. Anstoß zur Gründung des Unternehmens der Optoelektronik im Jahr 2000 gab den jungen Wissenschaftlern vom Fraunhofer Institut und der Friedrich-Schiller Universität ein an der Uni organisiertes Gründerseminar. Hier arbeiteten Naturwissenschaftler und Betriebswirte des heutigen Teams erstmals zusammen. Als Spin-Off des Frauenhofer Instituts für angewandte Optik und Feinmechanik spezialisiert sich das junge Unternehmen mit heute 20 Mitarbeitern auf die Herstellung miniaturisierter Diodenlasersysteme.

Der Universität und dem „System Späth" ist es zu verdanken, dass ihr Unternehmen heute an dieser Stelle steht. Späths Geschick, Fördermittel für die Stadt einzuwerben, auf diese Weise Gewerbegebiete mit der nötigen Infrastruktur auszuweisen bzw. leer stehende Gebäude der Firma Carl-Zeiss in der Innenstadt für die Ansiedlung von Gründern umzuwidmen und anschließend Netzwerke zu gründen, wird von Unternehmerseite als sehr positiv betrachtet. Hierzu die Unternehmerin: *„Sehr viel, was gesagt wird, hat er aus meiner Sicht auch bewirkt. Er hat einen Grundstein dafür gelegt, dass Jena, glaube ich, heute an diesem Standpunkt steht."* Späth findet durch die Koordination wirtschaftlicher Zusammenhänge Hochachtung bei diesem Unternehmen, das durch seine Spezialisierung auf die Kooperation mit Firmen der gleichen Branche angewiesen ist. Die Unternehmerin sieht ihre eigene Firma als *„deutliches Beispiel dafür"*, dass durch Ausgründungen und Umstrukturierungen des Zeiss-Konzerns adäquate Infrastrukturen geschaffen werden konnten, weshalb Startups wie sie selbst in Jena überhaupt ihr Standbein gefunden hätten. Späths Vorbildcharakter als „Macher" bzw. „Stimmungsmacher" habe bei diesem Unternehmen *„einiges auf dem Weg getan"*, so dass es sich *„sein Streben danach, Gründungen zu unterstützen"*, nun auf die eignen Fahnen schreibt, indem es durch Angebote an Praktika und wissenschaftliche Mitarbeit für studentische Hilfskräfte eine frühe Netzwerkbildung in die nächste Generation hinein anstrebt und in anderen Kooperationen durch Vorträge den aktiven Wissensaustausch fördert.

Wichtigste Anknüpfungspunkte bei der Suche nach hochqualifizierten Arbeitskräften bilden für das Unternehmen neben der Universität und dem Fraunhofer Institut die schon zu DDR-Zeiten etablierten Netzwerke zwischen Jena, Ilmenau und Schmalkalden. Durch Spezialisierung auf einen kleinen Sektor der High-Tech-Industrie bildet das Zeiss-Netzwerk für das Unternehmen eine notwendige Technologiebasis, auf der es für weitere Entwicklungen aufbauen kann. Für eine noch bessere Kooperation müssten allerdings vorhandene Vorurteile gegenüber den „Zeissianern", die sie als *„zwar super genau arbeitende, sich durch wirkliches technisches Können und Wissen auszeichnende, aber von der menschlichen Seite her etwas verbohrte"* Charaktere beschreibt, abgebaut werden.

Daneben bildet vor allem das Kompetenznetzwerk „OptoNet" für das angesprochene Unternehmen eine wichtige Kommunikationsplattform für Strategiegespräche mit anderen Firmen der Optik und Lasertechnik sowie mit potenziellen Finanziers. Hier haben sich Akteure aus Unternehmen, Universitäten, Forschungsinstitutionen, Banken, Kommunen und regionalen Einrichtungen aus Jena und zum kleinen Teil auch aus Ilmenau, Schmalkalden und anderen Regionen mit einem Schwerpunkt in Optoelektronik zusammengeschlossen, um unter anderem bedarfsgerechte Aus- und Weiterbildung im Bereich Optoelektronik/Feinmechanik zu fördern. OptoNet bietet ihnen die Möglichkeit Vorträge zu halten, über Produkte- und Marktentwicklungen zu sprechen und durch die Anwesenheit von Risikokapitalgebern Barrieren hinsichtlich der Einwerbung von Fördergeldern zu senken. Klar erkennbar sind in diesem Netz wichtige Mode 2-Elemente enthalten.

Neben institutionalisierten Einrichtungen erachtet die Unternehmerin die vielfältigen Gelegenheitsstrukturen, die sich durch die räumliche Kompaktheit der Stadt ergeben, für eine gesamtstädtische Entwicklung und damit auch für erfolgreiche Unternehmenskooperation als äußerst bedeutsam. Das Zeiss-Kombinat als „Cluster" eines staatlich geförderten Zusammenspiels von Hochschulforschung, Risikokapital und beruflicher Bildung bildet für die Weiterentwicklung einer funktionalen Mischung aus räumlicher Nähe und Dichte ideale Ausgangsbedingungen. Seine Lage in der Innenstadt schuf das Rückgrat für eine weitere Innenstadtentwicklung. Auf dem ehemaligen Betriebsgelände entwickelte der Ex-Ministerpräsident und Unternehmer Lothar Späth das Einkaufszentrum „Goethe-Galerie", das heute ein neues wichtiges innerstädtisches Zentrum bildet. 1995 bezog die Friedrich-Schiller-Universität Gebäude, die von Jenoptik im Jenaer Hauptwerk saniert wurden. Eine Mischung von Kultur, Kneipenszenerie, Fachtagungen, Veranstaltungen von Unternehmen und Forschungseinrichtungen, Essen, Trinken und Talking auf engstem Raum in der Innenstadt, wo man viele kennt, ist eine wichtige Basis für „face-to-face"-Kontakte wie für das weitere Florieren von beruflichen Netzwerken. Zufällige Gelegenheiten „*private Kontakte aufbauen zu können, um sich über das Berufliche hinaus etwas besser zu verstehen*", ergeben sich einerseits durch den Wohnort vieler Gründer, die bevorzugt in den Gründerzeitquartieren der Innenstadt die räumliche Nähe zum Arbeitsort suchen, andererseits durch das vielfältige Angebot von Stadt und Privatwirtschaft.

Anhand dieser knapp umrissenen Fallrekonstruktion lassen sich neue Strategien der situativen und räumlichen Positionierung von Startups in einer „Stadt im Umbruch" aufzeigen: Für die jungen Gründer bieten sich in Jena zahlreiche Möglichkeiten, mit ihrem Wissen (tacit knowledge) an erfolgreiche Entwicklungen anzuknüpfen und dieses durch den Austausch mit anderen zu „explizieren" und damit letztlich die technologische Entwicklung durch Innovationen der Region weiter voranzutreiben. Durch das Aufgreifen günstiger Gelegenheiten, wie beispielsweise die Teilnahme an Gründerseminaren – die wiederum durch die Initiative von Professoren und deren Wissen um die Bedeutung anwendungsorientierter Forschung entstanden sind – gelang den jungen Forschern der Sprung in die Selbstständigkeit. Vertrauen als wichtigste Basis für Netzwerkbildungen (alle Gründer kannten sich bereits aus Seminaren und durch Forschung an der Universität bzw. am Fraunhofer Institut) weisen auf Mode 2-Elemente hin. Flexible Arbeitszeiten und die Möglichkeit der Heimarbeit ergänzen diese Mode 2-Form der Unternehmensgründung genauso wie die heterarchische Organisationsform, wobei jeder Mitarbeiter entsprechend seiner individuellen Kenntnisse gleichgestellt ist. Gelegenheiten zum kommunikativen Austausch, welche sich durch die räumliche Kompaktheit der Stadt ergeben, tragen zum Image eines „kreativen Innovationsklimas" bei. In den Kneipen wie auch auf offiziellen Veranstaltungen werden Kontakte geknüpft und personengebundenes Wissen kommuniziert, wodurch letztlich neue Kooperationen angestoßen und neue Geschäftsideen entwickelt werden. Die Weiterentwicklung der anwendungsbezogenen Forschung mit der Folge eines aktiven Austausches zwischen Wissenschaft und Forschung sind sicherlich ein Grund für die Identifikation der Bürger mit dem Leitbild der „Technologieregion Jena".

6 Zusammenfassung/Diskussion/Ausblick: Jena – Frankfurt/Oder „re-started"?

Die beiden Fälle zeigen, dass sich unter der Vorgabe einer – auf der einen Seite zart, auf der anderen Seite vehement formulierten – wissensbasierten Stadtentwicklung ganz unterschiedliche Raum- und Ortsbindungen im Zusammenhang von Forschung und Entwicklung ergeben. Sie zeigen zudem, dass die skizzierten sozialräumlichen und physischen Ausprägungsformen nicht ungesteuert, ungeplant und strukturlos ablaufen, sondern vielmehr, dass die Trägergruppen fallspezifische Formen von Wissensmilieus bilden.

Im Fall Frankfurt/Oder zeigt sich, dass der Unternehmer als Milieubildner und „place-maker" auftritt und somit als ein erster Garant von sozialräumlichen Milieus anzusprechen ist. Dieses, über das klassische Verständnis eines kleineren und mittleren Unternehmers hinausgehende stadtentwicklungspolitische Verhalten ist auch als ein Reflex auf die relativ isolierten Formen der Wissensproduktion zu lesen, wie es am augenscheinlichsten zwischen der Universitäts- und der Stadtentwicklung zu Tage tritt. Der einzelne Startup-Unternehmer erfindet nachgerade heroisch und trotz der fragmentierten sozialräumlichen Kontexte für kompetente Wissensträger lokale Sässigkeitsstrategien. Der Fall an der deutsch-polnischen Grenze präsentiert sich im Kontrast zur erfolgreichen Selbstorganisation der High-Tech-Produktionsszenerien in Jena (s.u.) eher als Krisenszenario (allerdings auch hier mit unzweifelhaften Lerneffekten der örtlichen Akteure). Seine Grundstruktur kann als ein Aufeinandertreffen älterer (Mode 1-artiger) und neuer Milieustrukturen (Mode 2) rekonstruiert werden. Die kleinen, Mode 2-artigen Wissensmilieukerne und ihre raumbezogenen Aktivitäten müssen sich dabei gleichzeitig mit weiter wirkenden lokalen Netzwerkeffekten der sozialistischen Ära (Lerneffekte auch hier!) sowie mit dramatischen Schrumpfungsdynamiken im Rahmen der postsozialistischen Stadtentwicklung auseinandersetzen. Des Weiteren zeigt das Fallbeispiel, wie stadtregionale Firmenstrategien zum Ausgleich der fehlenden Attraktivität der Kernstädte mindestens einen doppelten Milieukontext benötigen, um erfolgreich sein zu können. Zum einen ist betrieblich eine enge soziale Kohäsion nach Mode 2 auf der Basis der professionellen Tätigkeit der Akteure im Unternehmen und mit extrafunktionalen Fürsorglichkeitsverpflichtungen durch den Gründer-Unternehmer erforderlich. Zum anderen müssen zusätzliche Vergemeinschaftungsangebote entwickelt und überzeugend vorgelebt werden, die durchaus auf ältere Sässigkeitsformen, Kooperationsstrukturen und Wissenstypen (Mode 1-ähnlich) zurückgreifen können. Erst so wird unter Schrumpfungsbedingungen der schwierige Prozess des „re-embedding" im Sinne von Giddens (1997), also etwa die Wiedereinbettung, Neudefinition und Rekonstruktion von sozialen Orten alltagskultureller Praxen möglich, die den letalen „brain drain" stoppen können.

Das junge Startup-Unternehmen in Jena zeigt einen zu Frankfurt/Oder gegensätzlichen Fall. Durch die Bemühungen der Stadt, ökonomische, kulturelle und personale Ressourcen entsprechend integrierter Wirtschaftsentwicklungskonzepte innerstädtisch zu bündeln und dabei gleichzeitig auf Traditionen zurückzugreifen, findet die vorgestellte Unternehmerin zur Gründung eines Startups im High-Tech-Bereich in Jena vergleichsweise günstige Ausgangsbedingungen vor. Durch die lange Tradition als Wissensstadt ergeben sich für die Unternehmerin Anknüpfungspunkte, die im Vertrauen in die Kompetenzen ihrer Kollegen, die sie aus gemeinsamen Projekten an der Universität bzw. am Fraunhofer

Institut vor Ort kennt, zum Ausdruck kommen und die Basis der Unternehmensgründung bilden. Weitere Mitarbeiter werden vorwiegend durch existierende regionale Kompetenznetzwerke rekrutiert, die seit DDR-Zeiten existieren. Die räumliche Nähe von Bildungs- und Forschungseinrichtungen sowie zu Unternehmen der gleichen Branche begünstigt die Entstehung von Kommunikationsforen und die Bildung von institutionellen Netzen als wichtige Bestandteile sowohl für Wissensaustausch als auch Imagetransfer.

Gründungsaktivitäten werden letztlich durch die in Jena vorhandene Mischung aus Expertenwissen, Vertrauen und institutioneller Unterstützung (Fördermittel, infrastrukturelle Mittel) begünstigt. Dabei kommt Vertrauen durch langjährige gemeinsame Erfahrungen und durch das Wissen der Akteure über ihre persönlichen – sowie „in der Region verankerten" – Kompetenzen zustande. Die Stärkung der vorhandenen Ressourcen mit finanziellem und personellem Kapital sowie die Bündelung entsprechend eines Leitbildes erfolgt hier nach Mode 1-Manier „von oben" gesteuert und dient in diesem Fall als sozialer Kitt für auf Vertrauen basierende, heterarchisch organisierte Unternehmensformen. Im Gegensatz zum Fall Frankfurt/Oder kann die Unternehmerin auf bereits vorhandenes Milieuwissen zurückgreifen, um sich im Unternehmenswettbewerb zunächst auf regionaler Ebene erfolgreich zu positionieren und sich letztlich für einen globalen Wettbewerb stark zu machen.

Mode 2-artige Formen von Wissensaustausch finden hier sowohl in einem institutionellen als auch informellen Rahmen statt, werden dann aber als exklusives Wissen behandelt, sobald größere Firmen auf den Plan treten, welche durch ihr Mehr an Kapital innovative Ideen schneller umzusetzen vermögen und deshalb eine mögliche Konkurrenz darstellen. Die Verbesserung des Wissensaustausches und der Kommunikationskultur erachtet die Unternehmerin zwar als insgesamt wichtig, um auch anderen Startups auf den Weg zu helfen, der Erfolg des eigenen Unternehmens scheint jedoch bei allen Überlegungen und Handlungen im Vordergrund zu stehen.

In Zusammenarbeit mit der Stadt wurde Späth in Jena als Akteur aktiv, dem es gelang, die vorhandenen Potenziale der Stadt zu bündeln und auf das Leitbild „Technologieregion Jena" hin zu justieren, um es nach außen hin zu propagieren und die Stadt damit für den Wettbewerb der Regionen „fit" zu machen. Mit „Spirit of Jena" wird heute Gründermentalität, Unternehmergeist und letztlich wirtschaftlicher und unternehmensbezogener Erfolg assoziiert. Durch die geschickte Vermarktung des „High-Tech-Images" von Jena wird jedes Unternehmen mit dieser Ausrichtung selbst zum symbolischen Kapital für die Innovationsfähigkeit der Stadt sowie auch in umgekehrter Richtung die Vermarktung des Images „High-Tech-Region" – zumindest indirekt – zu einem Erfolgsfaktor für die Unternehmen. Mit der Losung: „Ich starte, also bin ich" werden Startups zum Identitätsvehikel für gesellschaftlich-ökonomische Selbstdarstellung. Die Lothar Späth zugetragene Rolle des „Machers" bzw. „Stimmungsmachers" zeigt sicher personengebundene Fähigkeiten. Andererseits stünde ein Macher ohne existierende sozialräumliche, personengebundene und institutionsgebundene Potenziale der Stadtentwicklung nur im Wege – vor allem, wenn sich seine Aktivitäten und Interessen nicht mit denen der Stadtverwaltung und Bürgerschaft deckten. Späth hat jedoch geschickt auf ältere Vorstrukturen zurückgegriffen, die unter den veränderten Entwicklungsbedingungen neu gewichtet und auf globale Anschlussfähigkeit hin justiert worden sind, so dass sich die Startup-Szenerie zumindest bis zur Krise der New Economy erfolgreich vermarkten ließ – zu diesem Zeitpunkt bevorzugte es Späth, sich nach neuen lukrativen Betätigungsfeldern umzusehen.

Jena und Frankfurt/Oder differenzieren sich demnach, unter der Vorgabe sicherlich unterschiedlicher historischer Entwicklungspfade. Unter dem Vorzeichen strukturell relativ ähnlicher Makrodaten zeigt sich, dass sich insbesondere in Form und Verwendung des symbolischen Kapitals, der Entwicklung akteurszentrierter Handlungsstrategien, deren Reanimierung, Formierung und realpolitischem Kontext unterschiedliche Ausprägungen ergeben. Städten wie Jena und Frankfurt/Oder kommt dabei die Rolle zuteil, Bilder zu verwenden und zu artikulieren, die als kulturelle Phänomene Atmosphären, Spannungsfelder und örtliche Gelegenheitsstrukturen bereitstellen (oder eben nicht), die den unterschiedlichsten Lebensstilen und vor allem den wissensbasierten Trägergruppen unternehmensbiographische und lebensweltliche Anknüpfungsmöglichkeiten bieten. Die divergenten Entwicklungspfade der beiden Fälle verweisen in ihren Strukturlogiken zudem auf strategisch neue, aber zugleich auch alte Ortsanbindungsprozesse. Die suburbane sozialräumliche Konzentrierung von FuE-Startups in Frankfurt/Oder ist insofern neu, als ein post-sozialistischer Typus abseits der Stadt, bedingt durch undurchlässige Halbleitermilieus in den Institutionen der Stadt, zum Garanten sozialer Kohäsion mutiert. In Jena werden hingegen vorhandene Standorte von Bildungs- und Forschungseinrichtungen als Technologie- und Gründerzentren weiter ausgebaut bzw. innerstädtische Industriebrachen zu Gewerbestandorte für Startups umgewidmet, womit die Entwicklung der Innenstadt als Wissensstandort weiter vorangetrieben wird.

Diese vorgestellten Ergebnisse sind somit auch als ein erstes Indiz für heterogene und divergente „emplacement strategies" zu lesen. Sie können somit auch ein Gegengewicht zu den gängigen Globalisierungs- und Virtualisierungsdiagnosen darstellen, bei denen längere Zeit ein Trend zur Übergeneralisierung von funktionalen räumlichen Verflechtungen zu beobachten war. Es obliegt daher gerade der Stadtpolitik und -entwicklung, sich mit den neuen Raumbedarfen und Raumwirkungen neuer Trägergruppen verstärkt auseinander zu setzen.

Literatur

Ache, P. (2004): Handlungsfähigkeit von Stadtregionen durch innovative Milieus? Unveröffentliches Manuskript, Dortmund

Bender, G. (2001): Neue Formen der Wissenserzeugung. Frankfurt/M., New York

Bender, G. (2004): Mode 2 – Wissenserzeugung in globalen Netzwerken? In: Matthiesen, U. (Hrsg.): Stadtregion und Wissen. Analysen und Plädoyers für eine wissensbasierte Stadtpolitik. Wiesbaden, S. 149-158

Bryson, R. R. et al. (2000): Knowledge, Space, Economy. London, S. 103-119

Castells, M. (2000): The Information Age: Economy, Society, and Culture. Oxford: Blackwell

Fichter, H; Jähnke, P.; Knorr-Siedow, T. (2004): Governance Capacity für eine wissensbasierte Stadtentwicklung. In: Matthiesen, U. (Hrsg.): Stadtregion und Wissen. Analysen und Plädoyers für eine wissensbasierte Stadtpolitik. Wiesbaden, S. 309-336

Gibbons, M.; Limoges, C.; Nowotny, H. et al. (1994): The New Production of Knowledge. The Dynamics of Science and Research in Contemporary Societies. London, Thousand Oaks, New Delhi

Healey, P. (1997): Collaborative Planning: Shaping Places in Fragmented Societies. London

Maresch, R.; Werber, N. (2002) (Hrsg.): Raum, Wissen, Macht. Frankfurt/M.

Markusen, A. (1996): Sticky Places in Slippery Slopes. Economic Geography 72 (3), S. 293-313

Matthiesen, U. (2002): Zur Methodik sozialräumlicher Milieuanalysen. In: Deilmann, C. (Hrsg.): Zukunft – Wohngebiet. Berlin, S. 119-136

Matthiesen, U.; Bürkner, H.-J. (2004): Wissensmilieus – Zur sozialen Konstruktion und analytischen Rekonstruktion eines neuen Sozialraum-Typus. In: Matthiesen, U. (Hrsg.): Stadtregion und Wissen. Analysen und Plädoyers für eine wissensbasierte Stadtpolitik. Wiesbaden, S. 65-90

Meusburger, P. (2000): The Spatial Concentration of Knowledge: Some Theoretical Considerations. Erdkunde 54, S. 352-364

Nowotny, H.; Scott, P.; Gibbons, M. (2001): Re-Thinking Science: Knowledge and the Public in an Age of Uncertainty. Cambridge

Prognos (Hrsg.) (2002): Technologieatlas 2002. Basel

Schwarz, A.; Valerius, G. (2000): Spiegelbilder erwerbsbiographischer Transformation: Deutungsmuster ostdeutscher Ingenieure. Frankfurter Institut für Transformationsstudien, Nr. 03/00. Frankfurt

Thomas, M. (1997): Selbständige – Gründer – Unternehmer. Passagen und Passformen im Umbruch. Berlin

Willke, H. (2002): Dystopia. Studien zur Krisis des Wissens. Frankfurt/M.

Woderich, R. (1996): Exemplarische Belege biographischer Analyse ostdeutscher Erfinder. In: Lindig, D. (Hrsg.): Erfinder im Transformationsprozeß – Strukturen, Wege und Brüche. Eine regionale Fallstudie im Raum Berlin(-Ost) und Brandenburg. Forschungsbericht des DFG-Projekts (Ltg. R. Woderich). Brandenburg-Berliner Institut für Sozialwissenschaftliche Studien (BISS) e.V. Berlin, S. 91-115

Robert Rudolph

13. Wissenschaftsstädte der Moskauer Region – hochspezialisierte F&E-Standorte oder Industrieruinen? Postsowjetische Entwicklungspfade sowjetischer Technologiezentren

1 Einleitung

Seit den 1930er Jahren entstanden vor dem Hintergrund der „Stalinschen Industrialisierung" in der Sowjetunion hochspezialisierte Städte, in denen große forschungs- und technologieintensive Produktionskomplexe, etwa der Luft- und Raumfahrt, der Nuklearforschung, der Elektronik oder Biotechnologie, angesiedelt wurden. Diese so genannten „Wissenschaftsstädte" stellten eine besondere räumliche Organisationsform der sowjetischen Forschung und Technologie dar. Ihnen kam eine spezifische Funktion innerhalb des sowjetischen Modernisierungskonzepts zu, vor allem für die Entwicklung der Rüstungsindustrie. Die Siedlungen bestanden zumeist aus großen Forschungsinstituten und technologieintensiven Produktionsbetrieben mit den dazugehörenden Wohnsiedlungen; sie hatten in der Regel einen „geschlossenen" bzw. „halbgeschlossenen" Status und waren einem speziellen administrativen Regime unterworfen. Die so genannten „städtebildenden Betriebe"[1] bestimmten maßgeblich das gesamte ökonomische und gesellschaftliche Leben der jeweiligen Stadt. Ihnen unterstanden auch die Wohngebiete sowie die kommunale und soziale Infrastruktur. Die Städte waren direkt in die Hierarchie der in Moskau angesiedelten Branchenministerien eingebunden und losgelöst von den ökonomischen Zusammenhängen auf regionaler Ebene. Insofern waren sie häufig, wie der russische Geograph Kaganskij (2001) schreibt, „Strukturen des Zentrums innerhalb der Peripherie".

[1] In der russischen Stadtgeographie werden derartige Industrieunternehmen, von der die Entwicklung einer Stadt oder Siedlung abhängt, auch als „städtebildende Unternehmen" (*gradoobrazajuščee predprijatie*) bezeichnet.

Diese Siedlungen sind nicht ausschließlich als spezifisch sozialistische Strukturen zu interpretieren, vielmehr zeigen sich bei ihrer Entstehung Entwicklungslinien, die auf länger zurückliegende Traditionen der russischen Gesellschaft verweisen und mit der historischen Kontinuität autokratischer Herrschaftsformen bzw. der Tradition der Modernisierung „von oben“ durch herrschaftlichen Gründungswillen verbunden sind. Die Wissenschaftsstädte waren aufgrund ihrer Entstehungsgeschichte und ihrer ökonomischen und sozialen Funktion nicht repräsentativ für die sowjetischen Städte, sie wiesen jedoch charakteristische Mechanismen der sowjetischen Herrschafts- und Sozialorganisation auf. Sie verkörperten ein Leitbild der Modernisierung sowjetischen Typs. Die Bewohner der Wissenschaftsstädte repräsentierten die wissenschaftlich-technische Elite des Landes und lebten unter vergleichsweise privilegierten Bedingungen.

Der staatliche Zerfall der Sowjetunion am Anfang der 1990er Jahre, die politischen und ökonomischen Veränderungen, die strukturelle Schwäche der formellen staatlichen Institutionen, die Öffnung des Landes und die zunehmende Integration Russlands in die Weltwirtschaft führten zu einem völligen Wandel der Existenz- und Entwicklungsbedingungen für die Wissenschaftsstädte. So wirkte sich der Rückgang der staatlichen Finanzierung der Forschung und Entwicklung auf einen Bruchteil (fünf bis zehn Prozent) der während sowjetischer Zeit bereitgestellten Mittel unmittelbar auf die Wissenschaftsstädte aus. Durch den Zusammenbruch der Investitionen sind die Städte von existenziellen Krisen betroffen, die mit schwerwiegenden Problemen für die Bewohner verbunden sind und einen ausgeprägten Strukturwandel zur Folge haben.

Der postsowjetische Wandel der Wissenschaftsstädte und die sich abzeichnenden differenzierten Entwicklungspfade dieser Städte eröffnen ein Forschungsfeld, das die Problematik der generellen Pfadabhängigkeit lokaler Entwicklungen unter den Bedingungen neu entstehender institutioneller Organisationsformen berührt. Im Folgenden sollen die wichtigsten mit den postsowjetischen Umbrüchen verbundenen Entwicklungen der Wissenschaftsstädte aufgezeigt werden, wobei der ökonomische und soziale Strukturwandel im Zentrum der Betrachtung steht. Eine weitere Analysedimension ergibt sich durch die hohe Konzentration der Wissenschaftsstädte in der Moskauer Region.[2] Die Städte sind Teil eines ausgeprägten metropolitanen Zentrum-Peripherie-Systems, wodurch sich die Frage des postsowjetischen Wandels der Wissenschaftsstädte mit der Diskussion um konvergente bzw. divergente Entwicklungen großer Metropolregionen unter den Bedingungen der Globalisierung verbindet. Die analytische Perspektive zweier Fallbeispiele aus der Moskauer Region (die Stadt Chimki und die Moskauer Exklave Zelenograd) orientiert sich daher an den Diskursen um ökonomische Wachstumsprozesse an den Rändern von Metropolregionen.

2 Die Moskauer Region als wissenschaftliche und technologische Basis des Landes

Die Moskauer Region entwickelte sich ab den 1930er Jahren zu einem einzigartigen Konzentrationsraum der Forschung und technologieintensiven Produktion (Rudolph 2002). Unter dem Einsatz gewaltiger Ressourcen wurden prioritäre Technologiebereiche entwickelt, wobei den rüstungsrelevanten Technologien höchste Bedeutung zukam. Die politische Führung verfolgte die Strategie, durch die räumliche Konzentration der Investitionen und des Humankapitals möglichst effizient das Ziel einer schnellen technischen Entwicklung zu erreichen. Daher wurden neue Städte und Siedlungen gegründet, in denen jene Ressourcen konzentriert wurden. Gleichzeitig ließ sich durch die Neugründung die gebotene Geheimhaltung und Geschlossenheit leichter umsetzen.

Der Aufbau großer Forschungs- und Technologiekomplexe und der dazugehörenden Siedlungen dominierte die regionale Investitionspolitik in der Moskauer Region. Für die Konzentration eines derartigen Potenzials lassen sich folgende Gründe benennen (Agirrecu, Kuznecov 2000):

- Die viele Jahrzehnte andauernde Herausbildung des Forschungs- und Technologiekomplexes der Region war mit dem Aufbau entsprechender Forschungs- und Bildungseinrichtungen, Institute und Konstruk-

[2] Unter „Moskauer Region" wird im Folgenden die Stadt Moskau und das Moskauer Gebiet (*Moskovskaja oblast*) verstanden, zwei verschiedene administrative Subjekte der Russischen Föderation.

tionsbüros in Moskau verbunden. Moskau als politisches Zentrum des Landes war gleichzeitig der Standort der administrativen Strukturen der Wissenschaft, Forschung und Bildung (Unionsministerien, Akademie der Wissenschaften mit ihren Instituten und Filialen, Universitäten). Außerhalb Moskaus wurden vor allem großdimensionierte Einrichtungen angesiedelt, deren Unterbringung in dichter besiedelten Gebieten nicht möglich war, wie etwa Kernreaktoren, Start- und Landebahnen, Windkanäle und andere Testanlagen. Die vorhandenen Agglomerationsvorteile begünstigten die Ansiedlung weiterer Institute sowie forschungs- und technologieintensiver Produktionsbetriebe. Die Einrichtungen in der Moskauer Oblast' waren in administrativer Hinsicht zumeist Teile von Strukturen, deren Hauptstandort in Moskau lokalisiert war, etwa als Filialen von Moskauer Instituten.

- Die infrastrukturellen Voraussetzungen waren in der Moskauer Region vergleichsweise gut entwickelt. Der Aufbau der Forschungs- und Produktionskomplexe und die Gründung der Siedlungen erforderte im Vergleich zu anderen Regionen die geringsten Erschließungskosten.
- Das administrative Regime der Zuzugsbeschränkung (*propiska*) nach Moskau blockierte einen problemlosen Zuzug von wissenschaftlichen Fachkräften aus anderen Regionen der Sowjetunion. Dies begünstigte das Siedlungswachstum im Moskauer Umland, wobei die Stadt Moskau, die im Vergleich zu den übrigen Städten und Regionen des Landes das höchste Lebens- und Versorgungsniveau aufwies, immer noch erreichbar war.
- In den Wissenschaftsstädten wurden wichtige Forschungs- und Technologieprojekte realisiert, die für die politische Führung von außerordentlicher Bedeutung waren. Daher musste trotz des teilweise „geheimen" Status der Städte eine schnelle Erreichbarkeit und Kontrollmöglichkeit für die Führungsebenen der Macht gewährleistet sein.

Typologisch lassen sich die Wissenschaftsstädte keinem einheitlichen Modell zuordnen, weder in wirtschafts- oder siedlungstypologischer Hinsicht, noch in Bezug auf ihren administrativen Status oder ihre Branchenstruktur. Im Sprachgebrauch wie auch in der wissenschaftlichen Literatur werden die in der „Union zur Entwicklung der Wissenschaftsstädte“ vereinigten Städte und Siedlungen als „Wissenschaftsstädte“ bezeichnet.[3]

Danach wurden 2001 in der Russischen Föderation 65 Wissenschaftsstädte gezählt, davon 29 im Moskauer Gebiet (Agirrecu 2001). Allerdings haben nicht alle in der Union vereinigten Orte den administrativen Status eines Subjektes der kommunalen Selbstverwaltung. Teilweise sind die Siedlungen den jeweiligen Kreisen unterstellte „Städte“ ohne eigene Selbstverwaltungsaufgaben.[4]

Einige Städte, wie Dubna oder Obninsk, weisen eine starke Branchendiversität und eine ausgeprägte vertikale Integration der ansässigen Unternehmen und Organisationen auf. Weitere Wissenschaftsstädte, wie Zelenograd, sind zwar durch die Dominanz einer Branche gekennzeichnet, jedoch ist hier eine vertikale Integration durch die Existenz von Instituten der Grundlagen- und angewandten Forschung, von Betrieben der Serienproduktion sowie Hochschulen gegeben. Andere Städte, wie Zukovskij, sind stark monostrukturiert; hier finden sich mehrere so genannte „städtebildende Betriebe“ einer prioritären Technologie. Daneben gibt es Siedlungen, wie etwa Obolensk, die völlig von der Existenz eines einzigen großen Instituts abhängig sind. Den Wissenschaftsstädten war jedoch unter sowjetischen Bedingungen gemein, dass sie Teil des jewei-

---

3 1991 wurde auf Initiative der kommunalen Oberhäupter und Direktoren der Forschungs- und Produktionsbetriebe die „Union zur Entwicklung der Wissenschaftsstädte“ gegründet, die sich in der Folgezeit zu einem Interessenverband der Wissenschaftsstädte gegenüber den Regierungen der Föderation und der Föderationssubjekte (Republiken, Gebiete) entwickelte. 1999 wurde ein Gesetz auf der Ebene der Föderation über den Status der Wissenschaftsstädte verabschiedet. Als Wissenschaftsstädte auf gesetzlicher Grundlage waren im Jahr 2002 nur Obninsk (Kalugaer Gebiet), Korolëv und Dubna (Moskauer Gebiet) anerkannt, die Zuweisung des Status ist für weitere Städte in Vorbereitung.

4 Die Träger der kommunalen Selbstverwaltung sind in der Russischen Föderation die Kreise (rajony) und kreisfreien Städte. Die Städte der untersten Kategorie, die den Kreisverwaltungen unterstellt sind (gorod rajonnogo podčinenija) haben zwar einen „Stadtrat“ (gorsovet), doch sie verfügen weder über einen eigenen Haushalt noch über kommunales Eigentum, auch nicht an Grund und Boden.

ligen übergeordneten technologischen Systems[5] und einer besonderen administrativen Ordnung unterworfen waren, die sich von derjenigen der umliegenden Region unterschied.

Die Wissenschaftsstädte konnten sich unter sowjetischen Bedingungen relativ unabhängig von ihrem regionalen und lokalen Umfeld entwickeln, da sie stark in den Organisationszusammenhang des jeweiligen technologischen Systems integriert waren. Die Struktur des jeweiligen technologischen Systems entsprach derjenigen einer hierarchisch aufgebauten Bürokratie, innerhalb derer die Akteure (Betriebe, Institute) operierten. Die Begrenzung der Kommunikation außerhalb der Systemgrenzen, die Dominanz der zentralstaatlichen Regulation und das strenge administrative Regime ermöglichten lediglich eingeschränkte Entwicklungspfade, wobei deren grundlegende Entwicklungsbedingungen, Entwicklungsrichtung und Entwicklungsgrenzen durch die staatliche Ebene gesteuert wurden. Insgesamt entwickelte sich während der sowjetischen Zeit ein wissenschaftliches und technisches Know-how in der Moskauer Region, das vor allem in Moskau und in den Wissenschaftsstädten räumlich verankert war.

3 Wissenschaftsstädte der Moskauer Region und postsowjetische Transformation

In einer Anzahl von Regionalstudien der Transformationsforschung waren die Stadt Moskau und die Moskauer Region unter verschiedenen Fragestellungen Gegenstand von Forschungsarbeiten. Der vielschichtige Wandel schloss tiefgreifende Entwicklungsbrüche und strukturelle Kontinuitäten ein. Die ökonomische Entwicklung der Moskauer Region war während der 1990er Jahre durch eine starke Deindustrialisierung, eine schnelle Tertiärisierung und eine außerordentlich dynamische Entwicklung des kleinbetrieblichen Sektors geprägt. Der Zerfall der großen

[5] Der Begriff „technologisches System“ bezeichnet im Sinne von Carlsson u. Stankiewicz (1995) Netzwerke von Akteuren, die in einen spezifischen Interaktionszusammenhang eingebunden sind, der durch eine bestimmte Technologie gebildet wird, d.h. es existiert eine institutionelle Infrastruktur für die Erzeugung, Ausbreitung und Nutzung dieser Technologie.

Industriestrukturen und der Bedeutungsverlust formeller gesellschaftlicher Institutionen stellen wichtige Entwicklungsbrüche dar. Demgegenüber wirkt sich die Persistenz eines Gewebes sozialer Zusammenhänge stabilisierend auf die Entwicklung neuer Interaktionsbeziehungen und neuartiger institutioneller Organisationsformen aus. Vorhandene Netzwerke und informelle Kommunikationsstrukturen funktionieren auch unter den Bedingungen gravierender makroökonomischer und staatlich-institutioneller Defizite und tragen zur Lösung ökonomischer Regulationsprobleme bei.

Die Moskauer Region war hinsichtlich ihrer ökonomischen und sozialen Entwicklung während der 1990er Jahre durch räumliche Differenzierungs- und Polarisationsprozesse auf verschiedenen Maßstabsebenen gekennzeichnet. Die Polarisierung vollzog sich sowohl innerhalb der Stadtregion zwischen Stadtzentrum und Peripherie, zwischen den verschiedenen Teilen der Stadtregion als auch auf der nationalen Ebene, wobei die Hauptstadtregion eine im Vergleich zu den übrigen russischen Regionen äußerst dynamische Entwicklung erfuhr (vgl. Brade, Rudolph 2001; Rudolph 2002). Verschiedene Formen der Deindustrialisierung, der industriellen Diversifizierung und Tertiärisierung führten innerhalb der Stadtregion zu einer räumlich selektiven Investitionsdynamik, die gegenwärtig andauert. Die gesamte innere Stadt ist von der außerordentlich schnellen Herausbildung einer international orientierten Geschäftsinfrastruktur, von der Entwicklung neuer Bürostandorte und Geschäftsstraßen, der Entstehung von Zonen des gehobenen Konsums der neuen Eliten und Mittelschichten geprägt („*high-level*" Sektor). Das dynamische Wachstum des Dienstleistungssektors ist mit einem schnellen Wandel des Stadtzentrums und zunehmend auch des Innenstadtrandbereichs verbunden. Dem privilegierten Raum steht eine Peripherie gegenüber, die von vielfältigen Formen des Niedergangs gekennzeichnet ist, jedoch auch äußerst vitale Entwicklungen „improvisierter" kleinbetrieblicher Standorte (offene Märkte, kleine Produktionsstätten) aufweist, die mit einem geringen Kapitalaufwand entstanden sind und charakteristische „Transformationsstrukturen" darstellen („*low-level*" Sektor). Erst mit der allmählichen ökonomischen Konsolidierung der Russischen Föderation seit dem Ende der 1990er Jahre kommt es zu einer räumlichen Diffusion der Investitionen, zu einer neuen Restrukturierung der Peripherie der Stadtregion und zu einer Verschiebung der Anteile des „*low-level*" und „*high-level*" Sektors zugunsten des letzteren. Seit dem Ende der 1990er Jahre sind auch an der Peripherie der Stadtregion dynamische Investitionsentwicklungen erkennbar, wobei neue Standorte entstehen, die eine zunehmende räumliche Arbeitsteilung der Moskauer Region sichtbar werden lassen. Die seit dem Ende der 1990er Jahre an der Peripherie entstehenden Gewerbestandorte, die auf langfristigen, strategischen Investitionen großer Unternehmen beruhen, deuten auf die Entwicklung eines stabileren Ordnungsrahmens hin. Damit verliert der spezifische Aspekt des *postsozialistischen* Wandels, der Ökonomie des Übergangs, an Bedeutung. Zunehmend beginnen global wirksame ökonomische Mechanismen und global eingebundene Handlungsstrategien die Entwicklung der Moskauer Region zu prägen. Neben den fortschreitenden Deindustrialisierungsprozessen, dem Niedergang des Forschungs- und Technologiesektors und der Tertiärisierung setzte am Ende der 1990er Jahre in der Moskauer Region ein Reindustrialisierungsprozess ein.

Die Restrukturierung ökonomischer Netzwerke in der Moskauer Region ist auch eine der wichtigsten Triebkräfte der regionalen Integration der Wissenschaftsstädte. Im Rahmen dieses Prozesses sind seit dem Ende der 1980er Jahre die großen Forschungs- und Produktionskomplexe der Wissenschaftsstädte in der Moskauer Region von schwerwiegenden Produktionsrückgängen und Auflösungserscheinungen betroffen (vgl. Agirrecu 1999, 2001; Kuznecov 2000). Bis heute sind die meisten Forschungsinstitute und Produktionsunternehmen schwierigen Anpassungsprozessen ausgesetzt. Im Zusammenhang mit der Loslösung der Wissenschaftsstädte aus ihren starken Abhängigkeiten von den zentralstaatlichen Ministerien vollzieht sich eine funktionale Differenzierung der bisher verbundenen politischen und ökonomischen Systeme. Mit der Verteilung von Ressourcen (Privatisierung) und der Bildung lokaler Organisationsstrukturen (Entwicklung der kommunalen Selbstverwaltung, Kommunalisierung) entstehen neue Interessengruppen innerhalb der Städte, die sich entweder dem politischen oder ökonomischen Bereich zuordnen lassen. Die kommunalen Vertreter sind erstmals gehalten, eigene kommunale Interessen zu formulieren und gegebenenfalls im Konflikt mit den Vertretern der Unternehmen durchzusetzen.

Für die Wissenschaftsstädte eröffnen sich damit Optionen neuer langfristiger Entwicklungspfade. Der Wandel der Forschungs- und Produktionskomplexe vollzieht sich vor allem durch eine Loslösung einzelner Teile aus dem organisatorischen Zusammenhang des technologischen Systems. Die Betriebe gründen eine Vielzahl von Tochterunternehmen für spezifische Aufgaben, die mit dem technologischen Profil des Unternehmens verbunden bleiben. Die Fragmentierung der großen Organisationen geschieht vor allem auch durch eine Trennung der nicht unmittelbar produktionsorientierten Dienstleistungsbereiche mit lokalen Reichweiten (Bau- und Transportbetriebe, Versorgungseinrichtungen, soziale Dienste) durch Privatisierung und Kommunalisierung. Kleine technologieorientierte Unternehmen entstehen durch Ausgründungen der großen Institute. Neben dem Festhalten an forschungs- und technologieorientierten Entwicklungen deuten sich jedoch auch neue Entwicklungspfade der Wissenschaftsstädte der Moskauer Region an. Einige Städte partizipieren seit der 2. Hälfte der 1990er Jahre an neuen gewerblichen Ansiedlungen vor allem in importsubstituierenden Branchen, wie etwa der Lebensmittel- oder Baustoffindustrie.

Der neue, kleinbetriebliche Sektor ist hinsichtlich seiner Branchenstruktur, seiner institutionellen Organisationsformen und seiner Vernetzungsintensität äußerst heterogen. Hierbei finden sich sowohl einfache Dienstleistungsbetriebe mit lokalen Reichweiten als auch technologieorientierte Unternehmen, die langfristige Unternehmensstrategien entwickeln und sich auf ihrem ursprünglichen Arbeitsgebiet zu profilieren versuchen. Die Persistenz konsistenter, sozial und kulturell eingebundener Interaktions- und Kommunikationszusammenhänge ermöglicht eine spezifische *Transformation der ökonomischen Systeme auf der lokalen und regionalen Ebene*. Papenheim (2002) hat etwa in einer empirischen Untersuchung zur Softwareentwicklung in der Moskauer Region auf die Bedeutung von „*spin-off*"-Gründungen für die Konzentration von IT-Unternehmen hingewiesen und die Wirksamkeit informeller Netzwerke hervorgehoben. Die schnelle Ausbreitung der neuen kleinbetrieblichen Strukturen war eine wichtige Grundlage des sich konstituierenden Organisationsrahmens einer postsowjetischen Ökonomie.

Im Folgenden sollen die postsowjetischen Entwicklungen zweier Wissenschaftsstädte vor dem Hintergrund des Entstehens lokal differenzierter Entwicklungspfade in der Moskauer Region dargestellt werden.

4 Chimki und Zelenograd – zwei Städte der nordwestlichen Siedlungsachse der Moskauer Stadtregion

Sowohl Chimki als auch Zelenograd liegen an der Leningrader Chaussee, der überregionalen Straßenverkehrsverbindung nach St. Petersburg innerhalb der nordwestlichen Siedlungsachse der Moskauer Region. Die Nordwestachse ist eine der zehn von der kompakten Stadt ausgehenden Siedlungszonen, die sich in radialer Richtung entlang der jeweiligen Hauptverkehrstraßen weit in das Moskauer Gebiet erstrecken.

Die Leningrader Chaussee ist eine Fortsetzung der innerstädtischen Twerer Straße (Tverskaja ulica), der ersten Geschäftsstraße Moskaus, und des Leningrader Prospekts, der noch innerhalb der administrativen Grenze Moskaus liegt (Abb. 1). Beiderseits des Prospekts entwickelten sich die städtischen Strukturen ab den 1950er Jahren: Wohngebiete, Hafenanlagen am neuen Moskwa-Wolga-Kanal und Industriegebiete, darunter Betriebe der forschungsintensiven Rüstungsindustrie. Die Industrieentwicklung an dieser Achse stand im Zeichen eines der gewaltigen technischen Modernisierungsprojekte der Stalinzeit: der Entwicklung der Luftfahrt. Dazu gehörten unter anderem Konstruktionszentren der Flugzeugindustrie (MiG-Militärflugzeuge im Stadtteil Sokol). Hinter dem Autobahnring, der zu großen Teilen der administrativen Stadtgrenze Moskaus entspricht, verläuft die Leningrader Chaussee durch Chimki (ca. 135.000 Einwohner im Jahre 2000), einer Wissenschaftsstadt der Luft- und Raumfahrtindustrie, die administrativ zur Moskauer Oblast' gehört. Unmittelbar östlich der Leningrader Chaussee und nördlich von Chimki befindet sich der internationale Flughafen Seremetjevo, das wichtigste Luftkreuz des postsowjetischen Raumes. Die Leningrader Chaussee führt weiter nach Nordwesten durch die Stadt Zelenograd, einer administrativen Exklave Moskaus. Die Stadt, die 18 Kilometer vom Autobahnring entfernt in der Moskauer Oblast' liegt, ist ein eigenständiger Stadtbezirk Moskaus mit etwa 208.000 Einwohnern (Mosgorkomstat 2001). Die 1958 gegründete Siedlung wurde in den 1960er Jahren aufgrund eines Regierungsbeschlusses ein Teil Moskaus und zum Zentrum der mikroelektronischen Forschung und Produktion aufgebaut.[6]

Der so genannte Zelenogradsko-Chimkinskij Komplex ist gemäß einer Systematisierung der sowjetischen Regionalgeographie der jüngste von drei großräumigen Wissenschafts-, Technologie- und Produktionszonen in der äußeren Peripherie der Stadtregion Moskau (Baburin, Gorlov, Šuvalov 1991).[7] Obwohl etwa Betriebe des Flugzeugbaus schon seit dem Ende der 1930er Jahre in Chimki errichtet wurden, erhielt dieser territoriale Komplex seinen stärksten Entwicklungsschub in den 1960er Jahren.

4.1 Chimki

Chimki war eine der ersten Städte, die im Zusammenhang mit der Entwicklung der Luftfahrt ab dem Ende der 1930er Jahren als Wissenschaftsstadt an der nordwestlichen Peripherie Moskaus entstand. Die Stadt entwickelte sich als „Werkssiedlung" zusammen mit zwei großen Unternehmen der Luft- und Raumfahrt sowie der forschungsintensiven Rüstungstechnik: „Lavockin" und „Energomas". Später kamen weitere Betriebe hinzu.[8] Wie viele dieser Städte unterlag auch Chimki einem gewissen

[6] Der Grund für die administrative Zuordnung der Stadt zu Moskau war die Möglichkeit der schnellen Gewinnung hochqualifizierter Arbeitskräfte, da der begünstigte Status als „Moskauer" mit einer Reihe von Vorteilen verbunden war. Dagegen blieben andere, eng mit Moskau verbundene und angrenzende Industriestädte administrativ Teile der Oblast'.

[7] Die beiden anderen großräumigen Strukturen sind der im Südosten gelegene Ljubereckij Komplex um die Städte Ljubercy, Dzerzinskij und Zukovskij sowie der im Nordosten gelegene Mytiščinsko-Ščelkovskij Komplex um die Städte Mytišci, Korolëv und Ščelkovo. Beide Zonen sind vor allem in den frühen 1950er Jahren entstanden und eng mit der Luft- und Raumfahrt verbunden.

[8] „Lavockin" wurde in den 1930er Jahren als Entwicklungs- und Konstruktionszentrum der Luftfahrt gegründet. In den 1960er Jahren wurde das Unternehmen aktiv in die Raumfahrt (Satellitentechnologie) einbezogen und zu einem der größten Unternehmen des militärisch-industriellen Komplexes. „Energomaš" entwickelte sich seit den 1940er Jahren zu einem der wichtigsten Hersteller von Triebwerken und von Komponenten für Trägerraketen, Satelliten und Raumstationen (Bocarova, Afanas'eva 1997).

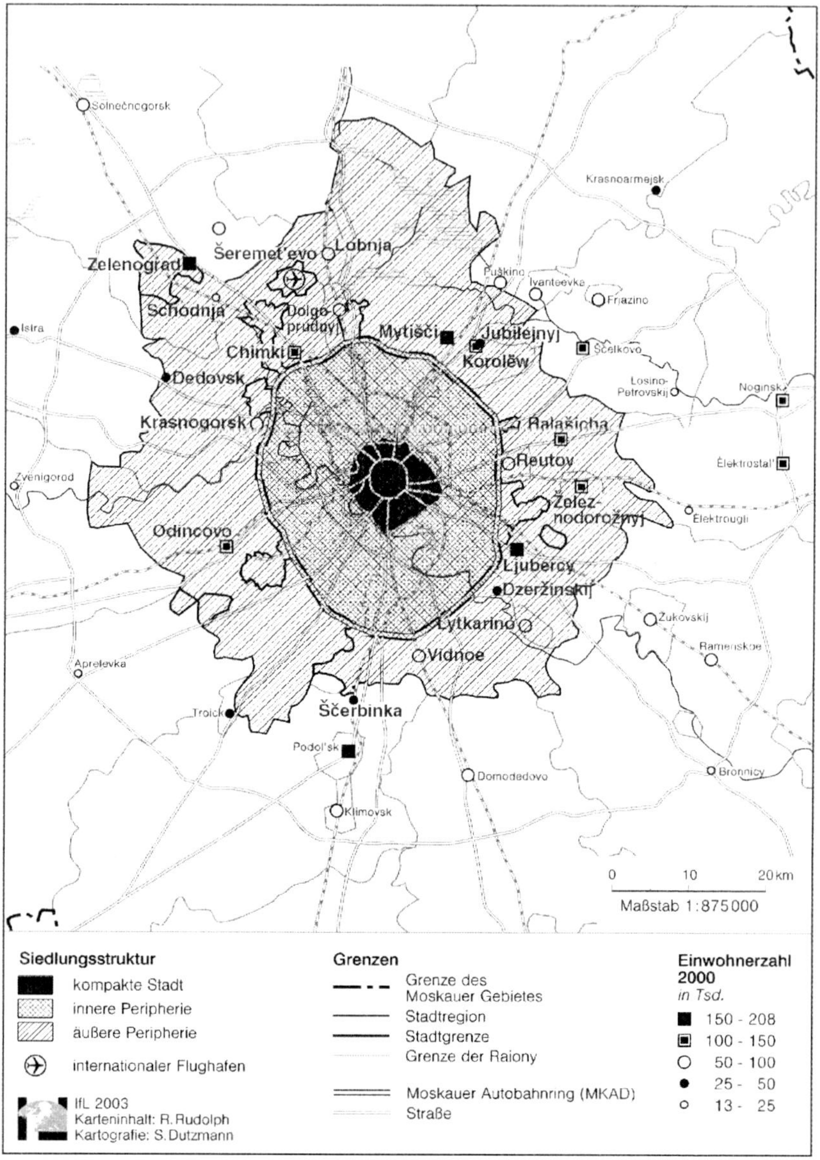

Quelle: Burdack et al. 2002

Abbildung 1: Moskau und das angrenzende Umland: administrative Gliederung und siedlungsstrukturelle Raumkategorien zur Abgrenzung von Kernstadt und Peripherie

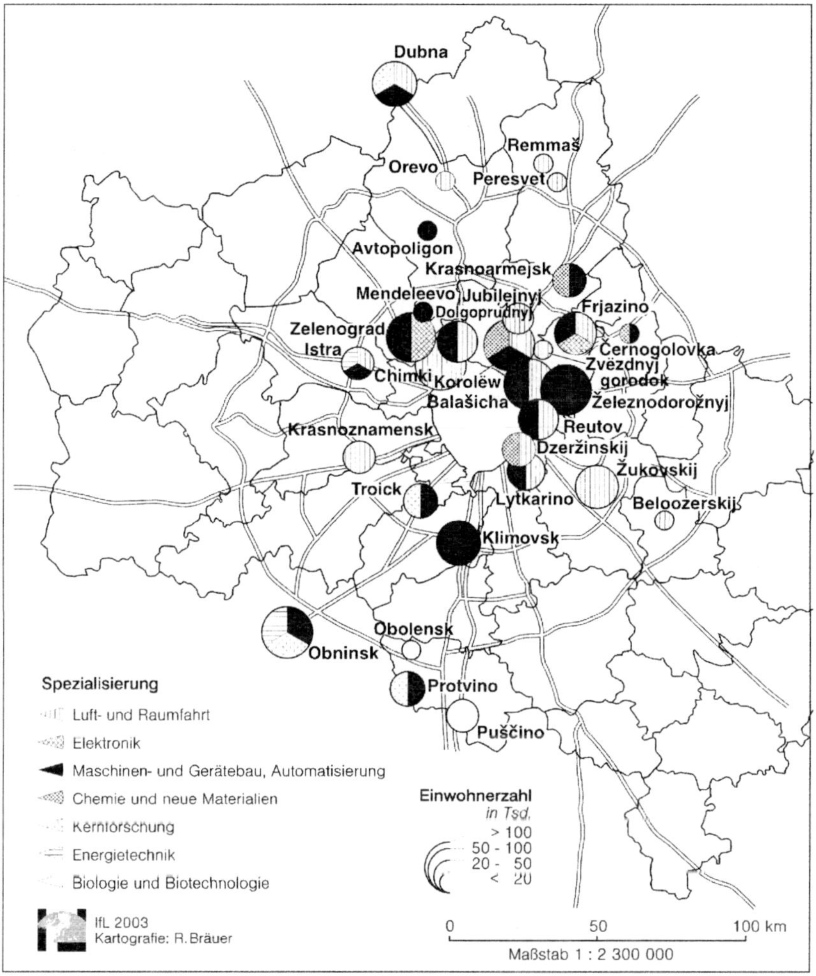

Quelle: Agirrecu 2001

Abbildung 2: Wissenschaftsstädte der Moskauer Region

Geheimhaltungsstatus: Für Ausländer war der Zugang zu dieser Stadt generell geschlossen. Charakteristisch für die Siedlungsentwicklung derart monostrukturierter Städte war die außerordentlich starke Abhängigkeit der Siedlung von den großen Betrieben und deren Verfügungsgewalt über alle kommunalen Einrichtungen. Auf den Betriebsflächen befanden sich die sozialen Einrichtungen, Krankenhäuser, Geschäfte und kommunalen Betriebe.

Die Betriebe in Chimki waren während der 1990er Jahre von starken Produktions- und Beschäftigungsrückgängen betroffen, doch eröffneten sich für die Unternehmen unterschiedliche ökonomische Perspektiven. Einige technologieorientierte Kernbereiche bleiben derzeit erhalten. So produziert das Unternehmen „Energomas" Triebwerke für die amerikanische Atlas-Rakete.[9] Die langfristigen Aussichten solcher Unternehmen wie „Lavockin" sind jedoch äußerst ungewiss. Auf der östlichen Seite der Leningrader Chaussee befinden sich die ausgedehnten Flächen der großen Industrie- und Forschungskomplexe, die teilweise an neue Unternehmen mit lokalen oder regionalen Reichweiten (Bauunternehmen, Speditionen) verpachtet werden.

In der zweiten Hälfte der 1990er Jahre setzten im Umfeld der Leningrader Chaussee, insbesondere im Kreis Chimki und um den Flughafen Sheremetjevo, neue Gewerbeentwicklungen ein, die bis zum Jahre 2003 die Herausbildung einer neuen, großräumigen Standortkonzentration erkennen ließ. Der Investitionsboom großflächiger Einzelhandelskomplexe erfolgte zunächst durch die Ausbreitung großer Möbel- und Einrichtungshäuser russischer Investoren im Umfeld des Moskauer Autobahnringes. Die beginnende Erschließung der Peripherie durch neue Shoppingcenter, Super-, Hyper- und Baumärkte führte zur Entstehung jener „Doppelstruktur" von *„low-level"* Standorten, d.h. offenen Märkten, Kioskmärkten und Handelskomplexen mit einem niedrigen Investitionsniveau, sowie neuen, investitionsintensiven, an globalen Vorbildern orientierten Gewerbeclustern. Ab dem Jahre 2000 begannen mehrere große internationale Einzelhandelsunternehmen, sich an der Erschließung neuer Standorte am

---

[9] Das Unternehmen „Energomas" gewann eine internationale Ausschreibung für die Herstellung der Triebwerke. Als eines der größten Probleme erwies sich die Zugehörigkeit des Staatsunternehmens zum Rüstungsbereich, die mit einer strengen Geheimhaltung verbunden ist und eine internationale Zusammenarbeit außerordentlich erschwert. Offensichtlich konnte die Aussicht, mit Hilfe internationaler Kooperation wichtige Kernbereiche des Unternehmens zu stabilisieren und wieder „echte Gehälter" auszuzahlen, Bedenken hinsichtlich der Offenlegung militärtechnischen Know-hows zertreuen (Simakov 2000).

Autobahnring zu beteiligen. Beiderseits des Ringes, sowohl auf der Seite Moskaus als auch auf der Seite der Moskauer Oblast' wurden von Seiten der jeweiligen Administrationen große Territorien als Rohbauland für die Gewerbeentwicklung zur Verfügung gestellt. Die Dynamik der Entwicklung großflächiger Standorte dauerte auch im Jahre 2003 an. Immobilienanalysten erwarten bis zum Jahre 2004 eine Verdopplung des Flächenbestandes der großen Shoppingcenter auf 43 Quadratmeter pro Einwohner im Jahre 2002 (JLL 2002). Neue gewerbliche Standortagglomerationen entstanden vorwiegend an den Kreuzungspunkten des Autobahnringes mit den radial verlaufenden Fernverkehrsstraßen, wobei vor allem die Leningrader Chaussee hervortritt. Auf der Moskauer Seite entstanden große Super- bzw. Cash & Carry-Märkte in Größenordnungen von 20.000 bis 30.000 Quadratmeter Nutzungsfläche, auf der Seite von Chimki große Möbel- und Einrichtungshäuser sowie eine Mall. Diese Standorte liegen auf dem Territorium der „Chimki-City", ein Entwicklungsprojekt zur Ansiedlung von Einzelhandels-, Hotel- und Freizeitnutzungen auf einer Fläche von etwa 50 Hektar. Das Projekt wird durch eine Aktiengesellschaft gesteuert, zu der neben der lokalen „Chikon-Gruppe", einer in Chimki ansässigen Investmentgesellschaft, auch die Administrationen der Stadt Chimki und der Moskauer Oblast' gehören.[10]

Die „Chikon-Gruppe" ist auch der russische Partner der wohl bisher spektakulärsten ausländischen Einzelhandelsinvestition in der Moskauer Oblast', der Ansiedlung des Möbelhauses „IKEA" an der Leningrader Chaussee, das im März 2000 eröffnet wurde. Längerfristige Planungen sehen die Weiterentwicklung des Standorts auf einer Fläche von 55 Hektar vor, wobei das Unternehmen als Projektentwickler auftritt und im so genannten „Mikrorajon IKEA" die Errichtung von Supermärkten, Spezialgeschäften, Restaurants und eines Kinos plant. Die Administration von Chimki gewährte Befreiungen von lokalen Steuern, im Gegenzug investierte das Unternehmen in die kommunale Infrastruktur, etwa in den Ausbau der Strom- und Wasserversorgung. Auf diese Weise erfolgte eine direkte Finanzierung kommunaler Aufgaben auf der Grundlage von Absprachen zwischen der Gemeinde und dem Unternehmen.

[10] Interview mit Igor' P. Goncarenko, Direktor der „Chikon"-Gruppe, Chimki (Moskauer Oblast'), März 2000.

Die Realisierung des IKEA-Projekts war die erste Großinvestition eines bedeutenden internationalen Einzelhandelsunternehmens in der Peripherie der Moskauer Region. Das Projekt rief ein ungewöhnliches Medieninteresse hervor, die Eröffnung von IKEA galt als Etablierung einer neuen Form des Einzelhandels in Russland, die mit einer konsumorientierten Alltagskultur der Mittelklasse verbunden wurde. Der unerwartete Erfolg des Möbelhauses führte zur Umsetzung großer Bauvorhaben ausländischer Unternehmen am Autobahnring und innerhalb Moskaus (Selivanova 2000; Lukjanova, Chasbiev 2001). Aus der seit 1992 bestehenden Zusammenarbeit zwischen IKEA und der „Chikon-Gruppe" resultiert zudem ein lokal vorhandenes, professionelles Know-how bei der Kooperation mit internationalen Partnern zur Standortentwicklung, das sich auch für nachfolgende Projekte auszahlte.

Die hervorragende geographische Lage von Chimki ist ein wesentlicher Standortfaktor für die Entstehung großflächiger, investitionsintensiver Einzelhandelsstandorte, die entscheidend zur Diversifizierung der lokalen Ökonomie und zum Strukturwandel der Stadt beitragen. Chimki ist eine der wenigen Moskauer Umlandgemeinden, die in bedeutendem Umfang Arbeitspendler aus Moskau und anderen Städten und Kreisen der Moskauer Oblast' aufweist (Mosoblkomstat 2000). Die lokalen Akteure in Chimki haben sehr schnell die Lagevorteile der Stadt erkannt und zu nutzen gewusst. Die Standortstrukturen an den Peripherien westeuropäischer Metropolregionen dienten dabei als Leitbild für die Entwicklung eigener Konzepte und Strategien (Granin 1997).

4.2 Zelenograd

Auch in Zelenograd entstanden mit dem Zusammenbruch der staatlichen Finanzierung der Technologieentwicklung ähnliche strukturelle Probleme. Anfang der 1990er Jahre arbeitete die Hälfte der etwa 83.000 Beschäftigten in den Betrieben und Organisationen, die dem spezifischen technologischen Profil der Stadt zugerechnet werden konnten: Elektrotechnik, Mikroelektronik, Informations- und Kommunikationstechnologien (Stepanov 1997; Mosgorkomstat 2001). Der Stadt kommt, obwohl sie eine vergleichsweise starke Monostruktur im Bereich der Elektronik aufweist, vor allem die vertikale Integration ihrer Institute und Unternehmen zugute: Neben Einrichtungen der Grundlagen- und angewandten Forschung befinden sich hier Betriebe für die Serienproduktion sowie Hochschulen.[11] Darüber hinaus ist Zelenograd eine sehr beliebte Wohngegend. Die Stadt ist stark durchgrünt, liegt in relativ sauberer Umgebung und besitzt eine technische Infrastruktur, die dem Moskauer Standard entspricht.

Von 1991 bis 1998 nahm die Zahl der Arbeitsplätze in Zelenograd um 14 Prozent ab, während die Wohnbevölkerung im gleichen Zeitraum um 21 Prozent zunahm (Mosgorkomstat 2001). Vor allem in den Technologieunternehmen, Instituten und Hochschulen kam es während der 1990er Jahre zu einem außerordentlich starken Beschäftigungsrückgang. Die starke Nachfrage nach IT-Spezialisten in den führenden globalen Technologieregionen führte zur Abwanderung von Spezialisten ins Ausland (Rossijskije vesti 1997). Auf der anderen Seite gelangten auch bedeutende Veränderungen in den betrieblichen Strukturen der Institute und Unternehmen. Neben der Trennung der dienstleistenden Unternehmensbereiche von den großen Organisationen durch Privatisierung und Kommunalisierung sowie der Entwicklung eines lokal orientierten kleinbetrieblichen Sektors entstanden kleine technologieorientierte Unternehmen, die durch ehemalige Mitarbeiter der großen Institute gegründet wurden. Einige ausländische Direktinvestitionen international bedeutender Technologieunternehmen wurden im IT-Bereich getätigt, etwa in die Einrichtung von Designzentren für Schaltkreise oder in Anlagen zur Herstellung von Speicherchips und Compact Disks. Große westliche Unternehmen errichteten eigene Entwicklungslabors. 1999 erfolgte erstmals während der 1990er Jahre ein Anstieg der Arbeitskräfte in den

[11] Zu den wichtigsten Unternehmen und Organisationen in Zelenograd zählen etwa das Forschungsinstitut für hochreine Materialien (NIIOSChM), das Forschungsinstitut für Molekularelektronik (NIIME), das Moskauer Institut für Elektronik (MIET), das Forschungsinstitut für physikalische und radiotechnischen Messungen, weiterhin große Produktionsunternehmen, darunter Halbleiterproduzenten wie „Angstrem", „Mikron" oder „Pulzar", die heute eigenständige Aktiengesellschaften sind (Reichel 1997; Stepanow 1997).

technologieorientierten Betrieben Zelenograds.[12] Durch die hohe Konzentration technologieorientierter Betriebe und Institute mit sich gegenseitig ergänzenden Arbeitsfeldern blieb die positive Wirkung der lokalen Agglomerationseffekte auch unter den Bedingungen des schwierigen Strukturwandels bestehen. Im Jahre 2003 wurde die Fertigung von Volvo-Lastkraftwagen an einem neu entwickelten Standort in Zelenograd aufgenommen.[13] Damit deutet sich eine Diversifizierung der lokalen Ökonomie an, die langfristig neuartige lokale Entwicklungsoptionen bereithält.

Die administrative Zugehörigkeit Zelenograds zu Moskau erleichtert eine Kompensation des ökonomischen und sozialen Niedergangs sowie der kommunalen Finanzkrise, da die Finanzierung der öffentlichen Aufgaben aus dem Moskauer Haushalt erfolgt. Weiterhin wurden von Seiten der Moskauer Administration, die enge Verbindungen zu Unternehmen der Telekommunikationsbranche hat, an Zelenograder Betriebe Aufträge zur Erarbeitung von Technologien für die Kommunalwirtschaft erteilt, etwa für neue Netzstationen. Die Moskauer Administration unternahm seit Anfang der 1990er mehrere Versuche, durch besondere rechtliche Regelungen die ökonomische Entwicklung Zelenograds zu fördern. Der Versuch der Einrichtung einer „freien ökonomischen Zone" mit einem bestimmten Maß an Steuerbefreiungen blieb zunächst ohne Folgen. Später wurde mit der Zuweisung eines speziellen rechtlichen Status an Zelenograd durch die Stadt Moskau, der mit bodenrechtlichen Vereinfachungen sowie Steuer- und Zollvergünstigungen für Unternehmen verbunden ist, die kommunale Wirtschaftsförderung weiterentwickelt (Stepanov 1998; Ogilko 2000).

5 Fazit: Wissenschaftsstädte der Moskauer Region und neue Entwicklungspfade

Der ökonomische Strukturwandel sowohl in Chimki als auch in Zelenograd ist seit dem Ende der 1990er Jahre mit einer erfolgreichen Investitions-

[12] Zisk 1994; Ioffe, Nefedova 2000; Interview mit Elena N. Istratova, Abteilungsleiterin der Abt. Ökonomie des Stadtbezirks Zelenograd, März 2000.

[13] www.moskau.ru, 21.03.2003 (Nachrichtenmeldung der Agentur UFO).

entwicklung verbunden und führt zu einer zunehmenden Integration der lokalen Ökonomie in neue regionale und überregionale Zusammenhänge, die außerhalb der bisher dominierenden technologischen Systeme stehen. Zwar deutet sich in beiden Städten eine Weiterentwicklung einiger forschungs- und technologieorientierter Aktivitäten an, doch erscheint durch die Diversifizierung der lokalen Branchenstruktur eine Verschiebung des technologieorientierten Entwicklungspfades möglich, die langfristig zu einer Stabilisierung der ökonomischen und sozialen Entwicklung der Städte beitragen kann.

Der wirtschaftliche Niedergang der „städtebildenden Unternehmen" führte notwendigerweise zu ökonomischen Strukturveränderungen. Die Ausweitung der informellen Ökonomie, der sich außerordentlich schnell entwickelnde „*low-level*"-Sektor war eine Voraussetzung für die Konstituierung und Stabilisierung eines neuen ökonomischen Regulationssystems auf lokaler und regionaler Ebene. Die Entstehung neuer, großflächiger Einzelhandelskomplexe und Gewerbegebiete in der Peripherie Moskaus, die internationalen Vorbildern folgen, repräsentieren eine neue Generation gewerblicher Standorte in der Moskauer Stadtregion, die mit einem funktionalen Wandel und einer Aufwertung der Peripherie verbunden sind. In der ehemals durch Unternehmen der Luft- und Raumfahrt geprägten Stadt Chimki an der nordwestlichen Peripherie der Stadtregion siedeln sich großflächige Einzelhandelskomplexe an, die die Struktur der lokalen Ökonomie zunehmend bestimmen und eine Gewichtsverschiebung zu Lasten des technologieorientierten Entwicklungspfades vermuten lassen. Die neuen Standorte in Chimki lassen sich als Angleichungsprozesse global gültiger Leitbilder metropolitaner Peripherien interpretieren. Dagegen wird die ökonomische Struktur von Zelenograd weiterhin stark von technologieorientierten Großbetrieben und Instituten bestimmt. Dort sind die Voraussetzungen für die Ansiedlung neuer technologieorientierter Produktionsbetriebe, die allerdings nicht zu den traditionellen lokalen Branchen gehören, vergleichsweise gut.

Die technologieorientierten Entwicklungen sowohl in Chimki als auch in Zelenograd greifen zwar Entwicklungslinien auf, die durch die sowjetische Erschließungs- und Siedlungspolitik der Urbanisierung durch Forschung und Technologie vorgegeben waren, doch erweist sich vor allem die räumliche und organisatorische Nähe zu Moskau als ein entscheidendes Kriterium für die ökonomisch erfolgreiche Entwicklung, die eine stärker diversifizierte Wirtschaftsstruktur entstehen lässt. Die vormals hochspezialisierten Städte des Moskauer Umlandes bilden stärkere regionale Verflechtungen aus, wobei die ökonomische Integration dieser Städte vor allem auf der Nähe zur Kernstadt Moskau beruht. Doch zeigt sich gerade am Beispiel von Chimki, dass die Ausgestaltung institutioneller Organisationsformen durch lokale Akteure spezifische Entwicklungspfade prägen kann. Daher sind die beiden Fallbeispiele auch nicht repräsentativ für die Wissenschaftsstädte der Moskauer Region. Das besondere Potenzial der Wissenschaftsstädte liegt jedoch in der vergleichsweise guten Infrastruktur und der lokal vorhandenen technischen Kompetenz.

Trotz der zunehmenden Entwicklungsdynamik an Standorten in der Peripherie der Moskauer Region zeigen die gegenwärtigen Tendenzen eine vorrangige räumliche Orientierung an der vorgegebenen Infrastruktur, die das axiale Grundmuster der Stadtregion verstärken. Zunehmende Differenzierungen entstehen eher zwischen den verschiedenen Städten und Siedlungsachsen der Peripherie, wobei die generelle Orientierung auf die kompakte Stadt erhalten bleibt. Eindeutige ökonomische Wachstumsräume in der äußeren Peripherie lassen sich derzeit nicht abgrenzen. Die Konzentration des Technologiesektors im Moskauer Umland bietet zwar Ansätze einer künftigen technologieorientierten Entwicklung im Sinne funktionaler Cluster, doch sind derartige Überlegungen derzeit eher hypothetischer Art, da der Technologiesektor während der 1990er Jahre vorrangig von Deinvestitionsprozessen betroffen war und bisher nur wenige „ökonomische Leuchttürme“ im Moskauer Gebiet zu finden sind.

Literatur

Agirrecu, A. A. (1999): Naukogrady Rossii: osobennosti vozniknovenija i razvitija. (Wissenschaftsstädte in Russland. Besonderheiten der Entstehung und Entwicklung). In: Rossijskij Akademii nauk et al. (Hrsg.): Geografija na rubeze vekov: problemy regional'nogo razvitija. Materialy mezdunarodnoj naucnoj konferencii 22.-25. sentjabrja 1999 goda. Kursk, S. 114-117

Agirrecu, A. A. (2001): Naukogrady Rossii. (Wissenschaftsstädte in Russland). In: Geografija, 25

Agirrecu, A. A.; Kuznecov, S. M. (2000): Naukogrady v sisteme rasselenija Moskovskogo regiona. (Wissenschaftsstädte im Siedlungssystem der Moskauer Region). In: Municipal'nyj Mir – Informacionno-analiticeskij zurnal, 2, S. 25-28

Baburin, V. L.; Gorlov, V. N.; Šuvalov, V. E. (1991): Problemy razvitija Moskovskogo naucno-proizvodstvennogo kompleksa. (Probleme der Entwicklung des Moskauer Wissenschafts-Industriekomplexes). In: Vestnik Moskovskogo universiteta, 2, S. 15-22

Bocarova, E.; Afanas'eva, L. (1997): Znakomtes': Chimki-Siti. (Lernen Sie Chimki-City kennen). In: Ekonomika i Zizn, 19.06.1997

Burdack, J.; Brade, I.; Herfert, G.; Tzschaschel, S. (2002): Räumliche Entwicklungstendenzen der Peripherie europäischer Großstädte: Forschungsprojekt am Institut für Länderkunde Leipzig

Brade, I.; Rudolph, R. (2001): Global City Moskau? Die russische Hauptstadt an der Schwelle zum 21. Jahrhundert. In: Osteuropa, 9, S. 1067-1086

Carlsson, B.; Stankiewicz, R. (1995): On the Nature, Function and Composition of Technological Systems. In: Carlsson, B. (Hrsg.): Technological Systems and Economic Performance. The Case of Factory Automation. London, S. 21-56

Granin, J. (1997): Chozjajn Rajona Jurij Korablin. (Der Hausherr des Rajons Jurij Korablin, Interview mit dem Chef der Administration des Chimkinskij Rajon). In: Rossijskaja federacija, 5 (20), S. 1-2

Ioffe, G.; Nefedova, T. (2000): The Environs of Russian Cities. Lewiston, Queenston, Lampeter

JLL (Jones Lang LaSalle) (2002): The Moscow Fortnight November 4th 2002 – November 17th 2002. Moskau. (Immobiliennachrichten)

Kaganskij, V. (2001): Kulturnyj landšaft i sovetskoe obitaemoe prostranstvo. (Die Kulturlandschaft und der sowjetische Siedlungsraum). Moskau

Kuznecov, M. I. (2000): Problemy i perspektivy razvitija naukogradov Moskovskogo regiona. (Probleme und Perspektiven der Entwicklung der Wissenschaftsstädte in der Moskauer Region). In: Munizipal'nyj Mir – Informacionno-analiticeski zurnal, 2, S. 19-23

Lukjanova, E.; Chasbiev, A. (2001): „Ikea“ strojtsja. („IKEA“ wird gebaut). In: Ekspert, 19.02.2001

Mosgorkomstat (Moskovskij komitet gosudarstvennoj statistiki) (2001): Administrativnyje okruga g. Moskvy v 2000 godu (Die administrativen Bezirke Moskaus 2000). Moskau

Mosoblkomstat (Moskovskij oblastnoj komitet gosudarstvennoj statistiki) (2001): Social'no-ekonomiceskoe polożenie gorodov i rajonov Moskovskoj oblasti – 2000 god (Soziale und ökonomische Lage der Städte und Raions des Moskauer Gebietes im Jahre 2000). Moskau

Ogilko, I. (2000): Stolicny „offšor“ dlja oboronšcikov. (Die hauptstädtische „offshore“-Zone für die Verteidigungsindustrie). In: Izvestija, 06.04.2000

Papenheim, D. (2002): Regionalentwicklung durch Offshore Development? Moskau als Standort der Softwareindustrie. Marburg. (Diplomarbeit am Fachbereich Geographie der Universität Marburg)

Rossijskie vesti (1997): Mer Iscuk upravljaet sputnikom. (Der Bürgermeister Iszuk verwaltet die Satellitenstadt). 12.07.1997

Reichel, R. (1997): Zur Lage der Mikroelektronik und ausgewählter Anwendungsbereiche in Osteuropa. http://www.iid.de/informationen/me-oe/me_6.html (Internetveröffentlichung)

Rudolph, R. (2002): Die Moskauer Region zwischen Planung und Profit – Postsowjetische Faktoren und Prozesse der Raumentwicklung. In: Brade, I. (Hrsg.): Die Städte Russlands im Wandel – Raumstrukturelle Veränderungen am Ende des 20. Jahrhunderts. (Beiträge zur Regionalen Geographie, 57) Leipzig, S. 224-254

Selivanova, V. (2000): Prizvanie varjagov. (Die Mission der Waräger). In: Ekspert, 03.04.2000

Simakov, D. (2000): Rossijskij dvigatel' k amerikanskim raketam. (Russische Triebwerke für amerikanische Raketen). In: Ekspert, 20.03. 2000

Stepanov, J. (1997): Zelenograd – „kremnievaja dolina“ Rossii. (Zelenograd – das „Silicon valley“ Russlands). In: Ekonomika i Zizn, 9

Zisk, K. M. (1994): The Russian Military – Industrial Sector and Conversation: A Comment. In: Post-Soviet Geography, 9, S. 522-525

Teil 4
Metropolitane Handlungsfähigkeit – Aufgaben, Institutionen, Akteure

Michael Arndt/Angelika Pauli

14. Rückgewinnung der Planungskompetenz in Metropolregionen

1 Einleitung

Städtische Agglomerationen werden im Allgemeinen je nach Ausdehnung unterschiedlichen Klassifikationen wie Kleinstadt, Großstadt, Metropole und Megastadt zugeordnet. Diese Bezeichnungen weisen jedoch nicht nur auf die unterschiedliche Ausdehnung der Städte hin, sondern stehen gleichzeitig für Räume unterschiedlicher Komplexität. Die verschiedenartige Komplexität äußert sich beispielsweise in der Anzahl und der sozialen Mischung der Bevölkerung, der Ausstattung mit kommunaler Infrastruktur, dem kulturellen Angebot und nicht zuletzt der Wirtschaftsstruktur. Neben dieser lokalen Ebene der Komplexität weisen auch die Ausstrahlung einer Stadt auf das Umland – etwa durch Pendlerverflechtungen und Verkehrsströme – auf den Komplexitätsgrad eines städtischen Gebildes hin. Schließlich äußert sich der Komplexitätsgrad einer Stadt durch Verflechtungen und Vernetzungen im globalen Maßstab, etwa durch die Anbindung an internationale Verkehrsnetze sowie an Kapital- und Güterströme.

Gerade in Bezug auf diese letzte, die globale Ebene, wird den Metropolen eine Fülle von Funktionen primär wirtschaftlicher Art zugerechnet. Sie werden als „Knoten im Netz“ transnational verflochtener Wirtschaftsbeziehungen bezeichnet und fungieren als „gateways“, über die Prozesse der Globalisierung und Europäisierung ablaufen“ (Kujath 2002a: 291). Mit dieser Fülle von Funktionen sind gleichzeitig hohe Anforderungen an die Metropolen verbunden: Sie sollen nicht weniger leisten als die gesellschaftliche, wirtschaftliche, soziale und kulturelle Entwicklung Deutschlands und Europas voranzutreiben (Blotevogel 2002: 345).

Trotz dieser bedeutsamen, teils stark normativ geprägten Zuschreibungen lässt sich das Konstrukt einer Metropole analytisch kaum fassen. Bislang ist noch nicht geklärt, ob die Metropolräume sich zu genuin neuen

Raumstrukturen jenseits von Nationalstaaten und national gebundenen Stadtregionen entwickeln werden oder ob sie in den sich globalisierenden Beziehungssystemen nur Übergangsformen zu gänzlich anderen Raumkonfigurationen sind. Vor diesem Hintergrund stellen sich insbesondere Fragen in Bezug auf den Bedarf an öffentlichen Steuerungsaufgaben in Metropolen unter den Bedingungen zunehmender weltwirtschaftlicher Integration und damit verbundenen neuen gesellschaftlicher Fragmentierungen zwischen Nutznießern dieses sich entwickelnden ökonomischen Systems und jenen, die an seinem Rande leben oder von ihm ausgeschlossen sind. Hiermit eng verknüpft sind Fragen nach einer zukunftsfähigen Planung des metropolitanen Raumes sowie nach einer, diesen Raum gestaltenden politischen Handlungsfähigkeit.

Eine Annäherung an das Thema soll in vier Schritten erfolgen. Im Folgenden werden zuerst die Metropolen und ihre sich im Laufe der Zeit wandelnden Raumbezüge näher betrachtet. Hieraus ergeben sich Aufschlüsse darüber, inwieweit die Metropolen Ausdruck sich entwickelnder neuer Raumstrukturen sind. Daraufhin erfolgt eine Beschreibung des Systems der Dienstleistungsökonomie und ihrer Akteure sowie deren herausragender Bedeutung für die Metropolen. Im Anschluss hieran werden Fragen der Steuerung (governance) von Metropolregionen unter den Bedingungen neuer Raumbezüge und einer dominierenden Rolle der Dienstleistungsökonomie behandelt. Abschließend erfolgt eine Darstellung von Aspekten einer metropolitanen „governance“, so dass sich in einem Fazit mehrere Thesen zur Raumplanung und Handlungsfähigkeit von Metropolregionen aufwerfen lassen.

2 Metropolitane Raumbezüge

Historisch betrachtet bezeichnete der vormoderne Begriff der Metropole die Orte, in denen sich die Macht und Zentralgewalt eines Landes konzentrierten. In der Moderne zeichnete sich eine Metropole vor allem durch ihre Ausstrahlung als kulturelles und gesellschaftliches Zentrum aus. Paris gilt in diesem Sinne als erste Metropole der Moderne. Heute dominiert eine wirtschaftsgeographische Bestimmung des Metropolenbegriffs: Städte qualifizieren sich durch ihre Größe und funktionale Reichweite sowie die Konzentration von sozialen, wirtschaftlichen und politischen Institutionen als Metropolen (Häußermann 2000). Allerdings bleibt diese Definition, die sich vor allem aus der Abgrenzung eines Zentrums gegenüber der umliegenden Peripherie ergibt, unbefriedigend und für räumliche Analysen zu unscharf.

Herausbildung neuer Raumbezüge

Dies gilt umso mehr, als sich nach Castells (1996) eine neue Form von Raum herausbildet: der *„space of flows"*. Dieser unterscheidet sich von den historisch determinierten, ortsbezogenen Raumkonstrukten mit ihren ordnungsstrukturellen Merkmalen. Im Zuge des sozialen und technologischen Wandels ergibt sich nicht nur eine Lockerung der Bindungen von menschlichen Tätigkeiten an den Raum, sondern auch der Raum selbst verändert sich. Durch neue Transport- und Kommunikationstechnologien lösen sich Starrheiten im Raum auf. Wirtschaftsräumlich vermindern sich – gestützt auf die neuen Technologien – z.B. die regionalen Wertschöpfungsanteile. Im Zuge der Internationalisierung von Märkten, Finanz- und Güterströmen entstehen neue räumliche Zuordnungen und räumliche Interdependenzen. Die Entwicklung scheint sogar zur Herausbildung transterritorialer Zentren zu führen, die sich im Grenzfall vom physischen Raum lösen und sich in einem elektronisch erzeugten Raum positionieren (vgl. Sassen 2001: 85).

Die Herausbildung neuer Raumbezüge ist historisch nicht ohne Beispiel: Mit dem Übergang vom vormodernen Wirtschafts- und Gesellschaftssystem zur Industriegesellschaft löste sich das mittelalterliche Städtesystem zunehmend auf. Die ökonomischen Mauern der mittelalterlichen Stadt behinderten die Ausbreitung von Massenproduktion und -konsum und fielen daher. Maßgeblich befördert wurde diese Entwicklung durch die Mechanisierung der Industrie und die Einführung raumüberwindender kollektiver Transportstrukturen. In der Folge nahmen Nationalstaaten die traditionellen Aufgaben der Städte wahr: Schutz gegenüber Bedrohungen von Außen sowie wirtschaftliche und gesellschaftliche Organisation im Inneren. Die Institutionen und Normen des Nationalstaates galten fortan als Bindeglied und dienten zur Ordnung und damit Selbstregulation der Gesellschaft. Erst mit der Entstehung von Nationalstaaten kann von Metropolen im politischen Sinne gesprochen werden, wobei zentralistische Nationalstaaten durch eine deutliche Dominanz der Hauptstadt am eindeutigsten Metropolen herausbildeten (Häußermann 2000, S. 68).

Die technologische Entwicklung macht allerdings vor diesem System souveräner Territorialstaaten genauso wenig halt wie vor dem mittelalterlichen Städtesystem. Moderne Informations-, Kommunikations- und Transportsysteme überwinden Staatsgrenzen und führen zu Steuerungs- und Kontrollverlusten der staatlichen Institutionen. Der Bedeutungsverlust nationaler Transaktionsbarrieren und damit räumlicher wirtschaftlicher Schutzfunktionen führt zur Entstehung neuer Strukturen und Marktgebiete jenseits von Nationalstaaten. Dies hat zur Folge, dass auch die bisher nationalstaatlich geprägten Politiken der verschiedenen Raumebenen vor der neuen Herausforderung stehen, ihre Aufgabenbereiche in einer tendenziell entgrenzten Welt neu zu bestimmen. Im diesem Zusammenhang wird immer öfter auf die Bedeutung von Metropolen als ökonomische Kristallisationspunkte und zugleich räumliche Ordnungsfaktoren der transnationalen wirtschaftlichen Beziehungssysteme verwiesen. Von einigen werden sie als regionale Plätze oder Schaltstellen einer globalen Wirtschaft angesehen, von denen aus Spielräume einer „neuen Geographie der Macht“ (Sassen 1999) ausgelotet werden.

Diese neue Geographie ist nicht mehr überwiegend territorial, sondern vor allem funktional definiert. Nach Castells (1996) definiert sich der gesellschaftliche Raumbezug durch strukturbildende institutionelle und organisatorische Arrangements, jenseits von Stadtterritorien und Nationalstaaten, neu. In dieser neuen, funktional-räumlichen Form, dem „space of flows“, spiegeln sich die sozialen Praktiken wider, die in der Netzwerkgesellschaft dominant sind. Dabei manifestiert sich der „space of flows“ auf mindestens drei Ebenen:

- der Ebene elektronischer Impulse und Netze;
- der Ebene der Knoten, bestehend aus Kommunikationsknoten (hubs) und Netzknoten (nodes), in denen sich strategisch wichtige Funktionen konzentrieren;
- der Ebene der räumlichen Organisation von dominanten, kosmopolitischen Eliten, die den „space of flows“ nach ihren Interessen formen.

Die Metropole verändert in den globalen interaktions- und Kommunikationsnetzen grundlegend ihre Form. Sie wird durch eine strukturelle Vorherrschaft des „space of flows" geprägt. Dies bedeutet jedoch nicht, dass der „space of place" gänzlich verschwindet. Der Raum der Ströme ist nicht ortlos, in ihm werden vielmehr spezifische Orte miteinander verbunden, die kulturelle, physische und funktionale Charakteristika besitzen. Selbst die am stärksten in das Netz globaler Ströme eingebundenen Metropolen sind immer auch territoriale Orte, die für die lokale Bevölkerung Arbeitsplätze, Wohnungen und Freizeitmöglichkeiten bereitstellen (Taylor 2003). Der „space of flows" ist auch nicht die einzige, wohl aber die derzeit dominante räumliche Logik in Metropolen. Werden diese Orte vom Netzwerk des „space of flows" abgekoppelt, droht zwangsläufig ihr wirtschaftlicher und sozialer Niedergang. Denn in ihm schlagen sich die räumlichen Logiken der über den globalen Raum verteilten dominierenden wirtschaftlichen und gesellschaftliche Funktionen sowie Interessen nieder. Castells (1996) nennt beispielhaft die Funktion von Kommunikations- und Koordinationszentren, die für die reibungslose Interaktion aller im Netzwerk verorteten Elemente sorgen, oder die Funktion von Entscheidungen fällenden und kontrollierenden Knoten innerhalb eines Netzwerkes von Produktionsstätten und -orten. Entsprechend dieser Funktionen wird der Raum der Flüsse, von diesen Zentren aus vor allem von einer Akteursgruppe organisiert und kontrolliert: den international agierenden Unternehmen aus dem Finanz- und Produktionsdienstleistungsbereich. Sie konzentrieren sich in den metropolitanen Zentren, weil diese ihnen in unterschiedlichem Maße Ressourcen für die Ausübung dieser dominanten Funktionen bieten. Sie strukturieren diese aber gleichzeitig nach ihren Bedürfnissen um, d.h. sie tragen dazu bei, dass das Umfeld den leitenden Funktionen angepasst wird z.B. durch Schaffung entsprechender Kommunikations- und Transportinfrastrukturen, unterstützende Dienstleistungen, die das benötigte Wissen bereitstellen, einen spezialisierten Arbeitsmarkt, aber auch durch ein symbolisches Umfeld, das die Orte als besondere hervorhebt (Sassen 1991; Hall 1993; Cappelin 1991).

3 Das metropolitane Binnensystem

Die räumliche Organisation dieser global vernetzten Metropolregionen unterscheidet sich in ihrer Komplexität erheblich von den Großstadtstrukturen der national eingebetteten Industriegesellschaft. Wallis (1994) beschreibt diesen Wandel als eine Abfolge dreier Stufen, welche zunächst von Kernstädten zu konzentrischen Siedlungsringen führt. In der nächsten Stufe entwickelt sich diese Form zu einem polyzentrischen System oder verschiedenen spezialisierten (industriellen) Schwerpunktorten entlang der Hauptverkehrsachsen. Gegenwärtig befinden wir uns, so Wallis, in der postindustriellen Phase, in der die wirtschaftlichen Aktivitäten räumlich noch weiter verstreut, aber gleichzeitig durch Kommunikations- und Verkehrsnetze noch komplexer integriert werden. Die auseinandergedehnten wirtschaftlichen Aktivitäten führen jedoch nicht nur zu einer Vergrößerung des räumlichen Betrachtungssystems, sondern auch zu deren Ausdifferenzierung in eine exponentiell wachsende Anzahl von Akteuren mit unterschiedlichen Interessenlagen. Dies lässt sich an der Entwicklung der metropolitanen Zentren und ihrer Einbettung in die regionalen Zusammenhänge nachweisen.

Neue Formen der Zentralität

Betrachten wir zunächst die Zentren der Metropolregionen, sind sie in ihrer inneren Strukturierung in starkem Maße geprägt durch ihre spezifischen koordinierenden, kontrollierenden aber auch wirtschaftliche und technologische Innovationen generierenden Funktion, die sie in den überregionalen Netzwerken spielen. Ein maßgeblicher Faktor der gegenwärtigen räumlichen Strukturierung der Metropolregionen ist der dortige Bedeutungszuwachs wissensbasierter Informationsproduktion und Dienstleistungen im ökonomischen Wertschöpfungsprozess. Da wissensbasierte Wirtschaftsprozesse sich besonders in informationsdichten und informationsstrukturierenden Räumen entfalten, die ein spezifisches Maß an Vielfalt und chaotischer Selbstorganisation (Andersson 1995: 13) aufweisen, bieten Metropolregionen besonders gute Standortvoraussetzungen für die neuen Dienstleister und Informationsproduzenten. Kommunikationsdichte Räume bieten das Potenzial vielfältiger formeller und informeller, geplanter und ungeplanter Kontakte (Ellger 1988: 95; Glaeser 1998: 149) und somit die Voraussetzung für die Generierung und Ausdifferenzierung immer neuer Formen wirtschaftlicher Aktivitäten.

Um allerdings eine permanente Transformation von Wissen in Innovationen und wiederum in wirtschaftliche Anwendungen zu erreichen, bedarf es noch weiterer notwendiger Bedingungen. Unstrittig ist, dass Wirtschaften unter (globalen) Konkurrenzbedingungen die (internationale) Arbeitsteilung befördert und zur Spezialisierung auf bestimmte Aktivitäten (vgl. Krugman 1998) und/oder auf bestimmte Wirtschaftsräume und Standortqualitäten zwingt (Hall 1993). Um neue Märkte zu erschließen sind transnationale Unternehmen folglich angehalten, unterschiedliche sozialräumliche Bedingungen und Variablen (Rechtssystem, Finanzierungsgewohnheiten, sozialkulturelle Eigenarten etc.) in ihre Produktionsfunktionen zu integrieren. Die Kernbereiche der Metropolräume scheinen dabei in besonderer Weise als Standorte, Schaltstellen oder Hauptsitze international agierender Unternehmen geeignet zu sein (Sassen 1994; Camagni 1990), da sie über das notwendige Faktorangebot und eine global, regional und lokal wirkende Infrastruktur verfügen. Die Akteure der metropolitanen wissensbasierten Dienstleistungswirtschaft stützen sich dabei auf regionsspezifische Funktionen wie Universitäten, Forschungseinrichtungen, Flughäfen und transnationale Kommunikationsstrukturen.

Neue wirtschaftsräumliche Konfiguration der Region

Das Faktorangebot der Metropolen wirkt jedoch nicht nur auf ihren Kernbereich, sondern auch darüber hinaus. In der Regionalökonomie wird zunehmend die Bedeutung von Regionen als Produktionsräume, in deren Mittelpunkt regionale Unternehmenscluster und -netzwerke stehen, diskutiert. Wirtschaftscluster sind Spezialisierungen innerhalb einer Region oder zwischen Wirtschaftsräumen auf lokaler oder gar globaler Ebene. Nach Kloostermann können sie aus den Wurzeln traditioneller Industrien oder aus dem Einfluss der Globalisierung resultieren. So werden vorhandene räumliche Spezialisierungen durch den Einfluss der Globalisierung verstärkt bzw. neue Spezialisierungen erzeugt (Kloostermann/Lambregts 2001). Das ökonomische Feld wird erweitert und somit der wirtschaftliche Aktionsraum vergrößert.

Dieses Verhältnis von wirtschaftlicher Spezialisierung und räumlicher Differenzierung wird von Blotevogel (1998) und vom DIW (1999) im Bereich der Dienstleistungswirtschaft nachgewiesen. Sie kommen zu dem Ergebnis, dass nicht nur die Metropolen (Kernstädte) selbst, sondern der Metropolenraum insgesamt als Wertschöpfungssystem betrachtet und gesteuert werden muss, da sich im weiten Umland der Zentren ebenfalls hohe Dienstleistungsdichten entwickelt haben. Nach Storper (1997) ist eine Ursache hierfür in der Reduzierung räumlicher Transportkosten zu sehen, beispielsweise aufgrund neuer Informations- und Kommunikationstechnologien oder neuer Verkehrsinfrastrukturen. Die wirtschaftlichen Aktivitäten dieser Unternehmen sind zwar in gewissem Umfang auf das Faktorangebot einer Metropole angewiesen, aber dennoch räumlich nicht starr gebunden. Außerhalb der metropolitanen Kernräume finden sie günstigere Produktionsvoraussetzungen vor und/oder können sich dem ökonomischen Einfluss etablierter (internationaler) Unternehmen und damit verbundener sozialer und institutioneller Rigiditäten (Flächenkosten, Transaktionskosten) entziehen. Benötigte Arbeitskräfte und andere Produktionsfaktoren werden importiert (Storper 1997: 221-259). Folgt man Sassen (2001) ist ein Kennzeichen dieser räumlichen Struktur die Ausdehnung des Zentrums in den metropolitanen Raum, die ein innerregionales Netzwerk intensiver Wirtschaftsaktivitäten erzeugt. Dieses sei nicht vergleichbar mit der in konventioneller Sicht verbreiteten Auffassung von Suburbanisierung, sondern Ausdruck einer neuen Geographie metropolitaner Zentralität, in der die Dualität von Kernstadt und suburbanem Raum aufgehoben wird.

Somit entwickeln sich räumlich verstreute Wachstumszentren mit einer selbstorganisatorischen Ausdehnung, die zu einer fraktalen Ausformung des metropolräumlichen Binnensystems und zu neuen funktionalen Raumbeziehungen führen. Während die Wirtschaftsaktivitäten im Kernbereich der Metropolen sich auf die interregionalen Verflechtungen orientieren, haben die Aktivitäten im Umland eher intraregionalen Vorleistungscharakter (vgl. hierzu die Beiträge von Schmidt, Wolke und Jähnke in diesem Band). Voraussetzung für die Realisierung von Exporterfolgen ist eine starke Verflechtung beider Ebenen (Porter 1998). Auch Orte außerhalb der Agglomerationen können somit nicht mehr als regionalökonomisches Hinterland betrachtet werden. Vielmehr sind sie eingebunden in ein komplexes System „der wechselseitigen Komplementarität und der Arbeitsteilung" (Thierstein 2002). Dies impliziert aber auch, dass Orte der metropolitanen Region, die sich nicht in dieses System einbinden lassen, tendenziell in eine periphere Rolle abdriften.

Zusammenfassend zeigt sich der spezifische Charakter von Metropolen für hochwertige unternehmensorientierte Informationsdienstleistungen darin, dass sie Agglomerationsvorteile und komplementär hierzu eine wirtschaftliche Plattform für regionale Netzwerke bieten. Darüber hinaus stellen sie einen Knoten sich überlagernder Netzwerke dar (Sassen 1996; Storper 1997; Taylor, Walker 2001: 23), was die überregionale Erreichbarkeit von Absatz-, Beschaffungs- und Arbeitsmärkten gewährleistet und die Grundlage für globale Netzwerke schafft. Dies zeigt aber auch, dass die neue Komplexität der Metropolregionen eine spezifische Raumplanung bzw. Steuerungsstruktur benötigt. Diese sollte, anders als die traditionelle, territorial orientierte Raumordnung, vor allem auch die intra- und interregionalen funktionalen Verflechtungen der Metropolen berücksichtigen.

4 Entgrenzung und neue Steuerungsbedarfe

Glokalisierung und Entgrenzung

Die Gleichzeitigkeit von funktionalen und territorialen Räumen in Metropolregionen spiegelt sich in der Glokalisierungsthese wider. Dabei wird Glokalisierung verstanden als „die zunehmende Überlappung und Durchdringung örtlicher Verhältnisse durch Prozesse, die sich im globalen Referenzrahmen vollziehen" (Kohler-Koch 1998, S. 13). Im Rahmen des Glokalisierungsprozesses kommt es zu zahlreichen Interaktionen zwischen einem „space of place", den territorialen Orten, auf der einen und dem „space of flows" aus globalen Strömen auf der anderen Seite. Die räumliche Glokalisierung ist somit gekennzeichnet durch drei wesentliche Faktoren:

- die Durchdringung und Überwölbung lokaler Gegebenheiten durch globale Strukturen und Prozesse;
- die Gebundenheit globaler Strukturen und Prozesse an lokale Strukturen und Prozesse;
- die Relativität der letzteren Bindung und daraus folgend die Diffusion der räumlichen Grenzen des „Lokalen" (Albert 1998).

Die Raumstrukturen der Metropolregionen sind in besonders starkem Maße von Glokalisierungsprozessen betroffen und somit einer kontinuierlichen Veränderung unterworfen. Bezugseinheiten und Bezugsräume verändern sich ständig, territoriale und funktionelle Räume klaffen tendenziell immer weiter auseinander.

Kohler-Koch führt in diesem Zusammenhang den Begriff der „Entgrenzung" ein, und verweist auf „den Prozesscharakter der Aufhebung, Verschiebung und Umdeutung von Grenzen (...), im Zuge dessen sich die Bezugsräume politischen Handelns stetig verändern." (Kohler-Koch 1998:12) Dies bedeutet nicht, dass keine Grenzen mehr vorhanden sind, sondern dass sich die bisherigen Begrenzungen wandeln. „Funktionale Differenzierungen und neuartige Exklusionsmechanismen übernehmen in verschiedenen Lebensbereichen die Kontroll- und Regulativfunktionen territorialer Grenzen" (Albert 1998: 51). Der Begriff der Entgrenzung beschreibt somit die Schwächung von Kontrollfunktionen der alten, territorialen Grenzen und die Entstehung von neuartigen Grenzen.[1] Diese Entgrenzung von Räumen findet, zumindest in Europa, das hier als Bezugsrahmen dient, in allen relevanten Bereichen statt:

- im wirtschaftlichen Bereich durch die zunehmende Globalisierung von Waren-, Güter-, Transport- und Informationsströmen;
- im politischen Bereich durch die fortschreitende europäische Integration und die damit verbundene Einbindung in ein europäisches Mehrebenensystem;
- im gesellschaftlichen Bereich durch kulturelle Angleichungsmechanismen und eine Erweiterung der individuellen Bezugssysteme durch neue Kommunikationstechniken.

Selbstorganisatorische Vernetzungsstrategien

Metropolen sind durch die Dominanz von wissens- und technikintensiven Dienstleistern und ihre Funktion als Netzknoten von lokalen, regionalen und globalen Transaktionen und Interaktionen, in besonderem Maße von

---

[1] Der Begriff der Entgrenzung postuliert somit nicht das „Ende des Nationalstaates" (Ohmae 1995). Nationalstaaten behalten auch unter Glokalisierungsbedingungen wichtige Funktion, da sie z.B. institutionelle Rahmenbedingungen für das Wirtschaften herstellen.

Entgrenzungsprozessen betroffen. Auseinandergedehnte wirtschaftliche Aktivitäten führen nicht nur zu einer Vergrößerung des räumlichen Betrachtungssystems, sondern auch zu einer exponentiell wachsenden Anzahl von Beteiligten mit unterschiedlichen Interessenlagen. Neue Koordinationsbedarfe entstehen in all ihren inhaltlichen (räumlichen, sachlichen und zeitlichen) sowie strategischen Ausformungen (Fürst 1991). Die Steuerung von Metropolregionen muss sich somit an der Gleichzeitigkeit von territorialen und funktionalen Raumbezügen und der damit verbundenen Akteursfülle orientieren. Während im Territorialstaat der Industriegesellschaft die Logik der Hierarchie als Steuerungsmechanismus sowohl in der wirtschaftlichen als auch der politischen Steuerung vorherrschend war, werden in den entgrenzten Räumen einer wissensbasierten Dienstleistungsgesellschaft angesichts der Vielfalt der Interessenlagen zunehmend neue nicht hierarchische – netzwerkförmige – Steuerungsformen entwickelt. In einer Wirtschaft, in der die Zusammenführung und der Austausch von Wissen und von Informationen im Vordergrund stehen, lässt sich Effizienz nicht mehr durch hierarchische Kontrolle in den wirtschaftlichen wie in den politischen Regulationsformen, sondern eher durch kooperative Arrangements und Allianzen herstellen (vgl. Kujath in diesem Band).

So greifen Unternehmen, denen die Transaktionskosten hierarchischer Organisation aber auch traditioneller adminstrativ-territorialer Steuerung zu hoch und zu zeitaufwendig sind, immer häufiger auf selbstorganisatorische Vernetzungsformen am Staat vorbei zurück, um die wirtschaftliche und räumliche Komplexität in ihren inner- und überregionalen Beziehungen zu reduzieren. Ziel ist es, die lokalen Produktionsnetzwerke von der Einbindung in globale Wissensströme profitieren zu lassen und gleichzeitig global agierenden Unternehmen regional gebundenes Wissen zur Verfügung zu stellen. Auch Wissenstransfers zwischen verschiedenen Branchen, hauptsächlich auf der regionalen Ebene, können zum gegenseitigen Vorteil organisiert werden. Allerdings ist dieser Prozess nicht „kostenlos". Er bedarf spezifischer Vernetzungsstrategien, einer effizienten Lastenverteilung und Kostenminimierung. Dies können Agenturen bzw. Intermediäre aus dem Bereich der wissensbasierten Dienstleistungen leisten, die wie alle Systeme der privaten Leistungserstellung meist funktional orientiert sind (Thierstein, 2002). Sie unterliegen nicht den administrativ-territorialen Beschränkungen, sondern agieren räumlich ungebunden und haben die wirtschaftliche Funktion, die Träger mit spezifischem Wissen zu finden und mit Unternehmen, Verwaltungen und politischen Institutionen in Verbindung zu bringen (Schwengel 1994). Auf diese Weise kann

- dem Lock-in lokaler Netzwerke vorgebeugt werden (Malecki, Tödtling 1995: 288);
- Wissen zwischen verschiedenen Unternehmen, Regionen und Branchen übertragen werden (Bryson 1997: 97; Coffey, Polèse 1989: 15; Humbert 1998: 104);
- können Subsysteme durch „überraschende" Verbindungen miteinander verknüpft werden, so dass sich die Leistungsfähigkeit der vorher getrennten Netzwerke multiplikativ erhöht (Andersson 1995: 17f.; Mela 1995: 87).

Neue regionale Steuerungsbedarfe und -formen

Während private Akteure somit auch in entgrenzten Räumen ihre Ziele auf der Basis von Verknüpfungs- und Vernetzungsprogrammen realisieren können, tut sich die hierarchisch-territoriale raumbezogene Politik und Planung schwer. Für diese Art räumlicher Politik und Planung wird es immer schwieriger, ihrer räumlichen Integrationsfunktion gerecht zu werden. Z.B. bleibt die Zielsetzung der traditionellen raumbezogenen Politik, den Zielkonflikt zwischen der „Stärkung des Wettbewerbsprinzips" einerseits und der „Bewahrung der räumlichen Kohäsion" andererseits vor dem Hintergrund einer sich global integrierenden Wirtschaft mit den traditionellen Instrumenten hoheitlichen Eingriffs zu lösen, immer öfter wirkungslos. Durch die Schwächung der nationalstaatlichen Schutzfunktionen stehen die Regionen, Städte und Räume vielmehr in einem verschärften Wettbewerb um wirtschaftliche Aktivitäten, Arbeitsplätze, Infrastrukturen, was tendenziell zur Auflösung der nationalen räumlichen Kohäsion beiträgt. Die Ausgestaltung einer Regionen übergreifenden gemeinsamen Raum- und Regionalpolitik wird immer schwieriger. Findet eine solche jedoch nicht statt, bleibt es allein dem Markt überlassen, welche Standorte Schwerpunkte der Siedlungsentwicklung werden, wo Industrien entstehen und in welcher Form Schrumpfungsprozesse im Raum stattfinden.

Deutlich wird dies nicht nur an der Entwicklung von neuen ökonomischen Zentren und Peripherien im nationalen Raum, sondern vor allem auch an dem Unvermögen der einzelnen Regionen, ein abgestimmtes Angebot an öffentlichen Gütern bereitzustellen. Der Konkurrenzkampf u.a. um Flughafen-, Wohn- und Gewerbestandorte oder um Großereignisse verschärft sich zunehmend. Die Folge ist eine quantitative und qualitative Reduzierung von „collective consumption" (Castells 1983). Es kommt zur Zerstörung kollektiver Güter, wie zur Überlastung der Verkehrsinfrastruktur oder zu einer unkontrollierten Zersiedlung der Landschaft und damit verbundenen Zerstörung von Naturflächen. Vor dem Hintergrund dieser Entwicklung besteht auch die Gefahr von Wertschätzungs- und Legitimationsverlusten staatlichen Handelns, durch die Wirkungsmöglichkeiten der Politik weiter eingeschränkt werden. Schon gegenwärtig führt die Verschiebung von Planungskompetenzen auf private Akteure zu einem Bedeutungsverlust wichtiger integrativer Funktionen der traditionellen Raumplanung, gegen die sich die Logiken des Produktions- und Dienstleistungssystems und/oder die Logiken der Träger und Betreiber großräumiger Infrastrukturen im Raum durchsetzen. Die Rolle des Staates wird auf ergänzende Funktionen wie z.B. auf die Einwerbung von Finanzressourcen und die Raumplanung auf die Definition von Fördergebietskulissen reduziert.

Um weiteren Bedeutungsverlusten staatlichen raumwirksamen Handels und den damit verbundenen negativen (externen) Effekten in der Entwicklung der Metropolregion vorzubeugen, wird mit neuen innovativen Steuerungsformen auf lokaler und regionaler Ebene experimentiert, die versuchen, die Logiken des global orientierten privaten Systems mit der Logik des lokal und regional gebundenen politischen Systems wieder zu harmonisieren. In diesem Zusammenhang wurde in den Vereinigten Staaten der Begriff der „Urban Governance" geprägt. Nach Heinz (2000) stellt dies eine neue Form des politischen Agierens in Ballungsräumen dar. Danach ist „governance" die „Gesamtheit der zahlreichen Wege, auf denen Individuen sowie öffentliche und private Institutionen ihre gemeinsamen Angelegenheiten regeln (...). Der Begriff umfasst sowohl formelle Institutionen und mit Durchsetzungsmacht versehene Herrschaftssysteme als auch informelle Regelungen" (Commission on Global Governance 1995). „Governance" lässt sich am besten in Abgrenzung zu „government" bestimmen: Mit dem Begriff „governance“ wird zum Ausdruck gebracht, dass das herkömmliche Modell der staatlichen Regierung oder Steuerung (government) teilweise ersetzt wird durch ein Modell, bei dem Steuerung durch eine im Einzelfall zu bestimmende Konstellation staatlicher und privater Akteure erfolgt (Lefèvre 2001). Dabei bestimmen sich die Zusammensetzung der Akteure und die Reichweite von Entscheidungen eher nach funktionalen als nach territorialen Kriterien.

„Governance“ findet sich auf allen Ebenen, auf der globalen ebenso wie auf der regionalen. Für die regionale Ebene lässt sich „governance“ als eine regionsspezifische Mischung der drei Grundformen von Steuerung – Markt, Hierarchie und Netzwerke – definieren. Hieraus ergibt sich ein kontextgebundener Mix, der für eine pfadabhängige, jeweils spezifische „governance“-Entwicklung der einzelnen Regionen sorgt (Fürst 2001). Jede Metropolregion weist somit ein eigenes, besonderes Arrangement der „governance“ auf, das sich aus dem Zusammenspiel von staatlichem Rahmen in Kombination mit historischen und kulturellen regionalen Besonderheiten erklären lässt. Wesentliche Elemente einer metropolitanen „governance“-Struktur sind zum einem die Vernetzungsarrangements von Unternehmen, die unter marktwirtschaftlichen Gesichtspunkten geschlossen werden sowie zum anderen die staatlich induzierten regionalen Steuerungsarrangements, beispielsweise in der Raumplanung. Sie sind Teil eines neuen Planungsverständnisses (Knieling, Fürst, Danielzyk 2001), das sich u.a. auf konkrete Projekte statt auf abstrakte Programmstrukturen konzentriert und mittelfristige statt langfristige Zeithorizonte anvisiert.

Territorial ungebundene Steuerungsarrangements basieren zum einen auf New-Public Management und Public-Choice-Konzepten (Benz, Scharpf, Zintl 1992) und zum anderen auf systemischen Vernetzungsstrategien. Besonders regionales „networking“ findet in räumlichen Umstrukturierungsprozessen Verwendung. Die informelle Struktur wird deutlich durch eine lockere (horizontale) Koppelung der Netzteilnehmer, die als relativ selbstständige Einheiten (Mayntz 1995) kommunizieren und operieren. Da derartige Netzstrukturen, wie das individuelle System, räumlich-funktional agieren, kommt ihnen bei regionalen und überregionalen Planungen und Projekten, die sich über mehrere Gebietskörperschaften erstrecken, eine spezifische Steuerungsfunktion zu.

Funktional orientierte Planungen sind an dieser Stelle notwendig, damit Metropolen ihre Rolle als Knoten des Austauschs und als Sammelpunkt regionaler und internationaler Dienstleistungsaktivitäten ausüben können. Für die globale Anbindung der Gesamtregion bedarf es einer verbindenden Infrastruktur durch Flughäfen, Häfen, transnationale Kommunikationsstrukturen etc., welche wiederum ein Teilsegment eines globalen Netzes bilden. Zusätzlich sorgt ein arbeitsteiliges Binnennetz in der Metropolregion für einen Austausch innerhalb der Kernstadt sowie zwischen Kernstadt und Umland. Priebs (1999) beschreibt das komplementäre Verhältnis von Kernstadt und Umlandkommunen wie folgt: „Die Region braucht die Kernstadt. Diese ist der entscheidende Imageträger der Region, sie hat das größte und differenzierteste Arbeitsplatzangebot, (...) sie bietet urbanes Handeln und stellt Dienstleistungs-, Kultur- und Freizeitangebot zur Verfügung. Und so beeindruckend die kommunalen Leistungen der kleineren Kommunen am Rande der Großstadt sind – es ist die Nähe zur Kernstadt, die ihr Wachstum und ihre Entwicklung ermöglicht hat. Aber auch die Kernstadt braucht die Region. Die Leistungsfähigkeit und die Außendarstellung einer Region ist die Summe der Potenziale aller Kommunen“. Wenn die verschiedenen Bestandteile der Metropolregion also als ein aufeinander bezogenes Subsystem der globalen Wirtschaft behandelt werden muss, bedarf es nicht nur der Zusammenarbeit zwischen verschiedenen regionalen Akteuren für die Bereitstellung von Infrastrukturen für den globalen Austausch, sondern auch einer komplexen Kooperationsstruktur, die fähig ist, für den regionalen Zusammenhalt die notwendigen Rahmenbedingungen bzw. kollektiven Güter zu schaffen.

5 Aspekte einer metropolitanen „governance“

Neue Ziele räumlicher Steuerung

Die Bedingungen für eine kooperative „Metropolregion“ lassen sich jedoch weder verordnen, noch in Gutachten beschwören, sondern entwickeln sich erst mit der Zeit in der Praxis der Zusammenarbeit. Dies gilt insbesondere dort, wo mehrere, miteinander verflochtenen Kompetenzebenen der Planung sowie eine Vielzahl von Akteuren vorhanden sind, die erst in den Routinen der Zusammenarbeit nach und nach eine gemeinsame Sprache und gemeinsame Regeln, kurz, gemeinsame Handlungskontexte entwickeln. Auch mit noch so ausgefeilten Vernetzungsstrategien ergeben sich hier „Probleme funktionaler Koordination (...), die sich nicht einfach im Wege der institutionellen Anpassung differenzierter Repräsentations- und Kontrollmechanismen an ein politisches Mehrebenensystem beheben lassen.“ (Kohler-Koch 1998: 13). Die Bedeutung dieser Kooperationsansätze wird verständlich, wenn die veränderten Ziele regionaler Zusammenarbeit berücksichtigt werden. So reicht es unter den Bedingungen der Entgrenzung nicht aus, nur die traditionellen Allokations- und Distributionsziele zu verfolgen, wie eine bestmögliche und gleiche Versorgung unter der Bedingung knapper Ressourcen, möglichst geringe Verzerrungen von Präferenzen und Kostenstrukturen und die Internalisierung der positiven Differenzen zwischen sozialen und privaten Nettogrenzproduktivitäten über Steuern und Subventionen zu erreichen. Im Vordergrund steht vielmehr auch das gemeinsame, Gebietskörperschaften übergreifende Anliegen, institutionelle Restriktionen innerhalb einer Metropolregion abzubauen, um Handlungsspielräume zu erhalten und zu erweitern. Darin manifestiert sich die Erkenntnis, dass eine Metropolregion nicht aus in Konkurrenz zueinander stehenden Wirtschaftsräumen besteht, sondern eine komplementäre arbeitsteilige Struktur bildet. Um eine gleichgewichtige Entwicklung des Ganzen und seiner Teilräume zu erzielen, bedarf es einer auf die Region ausgerichteten, die Grenzen der Gebietskörperschaft überschreitenden Stadtpolitik, die gleichzeitig soziale, wirtschaftliche und ökologische Belange integriert. Die Bewältigung der mit einer solchen Aufgabenstellung verbundenen komplexen Steuerungsprobleme setzt einen in die Interaktions- und Kommunikationszusammenhänge eingebetteten Lernprozess der einzelnen handelnden Personen voraus.

Deutlich wird diese veränderte Akzentsetzung der Raumpolitik von Ritter (1995) hervorgehoben. Er fordert eine räumliche Integrationspolitik, die die Städte im Kontext ihres regionalen „environment“ betrachtet. Er weist aber auch auf die regionsübergreifenden Aufgaben hin. So müsse Stadtpolitik „auf das funktionsteilig gegliederte Städtesystem eingehen und mit ihm arbeiten, sie muss zugleich Stadtsystempolitik sein.“ (Ritter 1995). Hier zeigt sich die doppelte Vernetzungsaufgabe, vor der die Metropolenpolitik steht: einerseits die intraregionale räumliche Integration von Stadt und Umland, andererseits die interregionale Integration der Metropolregion in das nationale und europäische Städtesystem. Nach diesem Konzept haben weniger die geographischen Koordinaten einer Stadt Gewicht, sondern vielmehr die Anordnung der transnationalen und interregionalen Fortbewegungsmöglichkeiten, ihre räumliche Verteilung und Zugänglichkeit in zeitlicher Nähe, in finanzieller oder auch statusmäßiger Hinsicht. So werden durch technologische Innovationen wie neue Informations- und Kommunikationstechniken (Glasfasernetze), die Verbreitung von neuen Produktionstechniken, Produktions- und Logistikkonzepten und sowie die Beschleunigung der Transporttechniken durch Hochgeschwindigkeitszüge und Intensivierung des Flugverkehrs Raumdistanzen überwunden und gleichzeitig Dichte als Grundlage einer arbeitsteiligen Ökonomie produziert. Ehemals unabhängige Stadträume werden miteinander vernetzt und sind angehalten zu kooperieren. Dies ist schwierig, denn überregionale (internationale) politische Transaktionen beinhalten das Aushandeln von konstitutionellen und operationalen Regeln. So geht es um die Definition, die Garantie und die Übertragung politischer oder wirtschaftlicher Verfügungsrechte von territorial legitimierten an funktional operierende Akteure (Richter 1996: 464).

Formen der Kooperation und Koordination in der Metropolregion

Auf der Ebene der Metropolregionen kann der Grad der Formalisierung bzw. Institutionalisierung von Vernetzungsprozessen Aufschluss über deren Legitimität geben. Neben den informellen Ansätzen wie Arbeitskreisen, Regionalkonferenzen oder Foren bestehen drei Gruppen von Ansätzen formeller Kooperation zwischen kommunalen Gebietskörperschaften (Heinz 2001):

- Erstens besteht die Möglichkeit, durch Neustrukturierung von Großstädten und ihrem Umland, Einrichtungen mit dem Status von Gebietskörperschaften zu bilden.
- Zweitens können Regional- und Umlandverbände, bestehend aus mehreren Gebietskörperschaften, gebildet werden. Diese sind teilweise unmittelbar demokratisch legitimiert und für eine größere Zahl von Aufgaben zuständig.

- Das dritte Mittel sind Kooperationsverträge und institutionelle Arrangements mit anderen Gebietskörperschaften. Vertraglich geregelte Vereinbarungen sind meistens sektoral begrenzt, sie umfassen oft nur die an einer bestimmten Problemlösung interessierten Gebietskörperschaften. Ziel hierbei ist es, über die Schaffung von Garantien bzw. die Übertragung politischer oder wirtschaftlicher Verfügungsrechte die Handlungsspielräume der Bürger zu stützen und abzusichern.

Während die beiden ersten Kooperationsansätze territorial orientiert sind, handelt es sich bei Vertragslösungen um einen funktionalen oder aufgabenorientierten Ansatz (Heinz 2001: 195 f.). Bei allen drei Formen müssen die drei Haupthindernisse kooperativen Verhaltens – Autonomieverlust gegenüber sich neu bildenden Ebenen, Unsicherheit über die Endverteilung von sozialem Nutzen und Kosten sowie Free-rider-Verhalten bei der Erstellung von kollektiven Gütern wie Infrastrukturen – überwunden werden. Ein gravierender Unterschied besteht jedoch darin, dass bei der Bildung einer formellen Kooperation die Aufgabenbewältigung und Problemlösung weitgehend durch Koordination erfolgt, während bei der dritten Möglichkeit eine vertragliche Festlegung stattfindet. Die Auswirkungen dieses Unterschiedes sind erheblich. Während die Vertragslösung dazu beiträgt, dass die beteiligte Akteursebene ihre volle Autonomie und somit die volle Souveränität beibehält, beinhaltet die Gründung einer gemeinsamen Institution die teilweise Aufgabe von Autonomie und die Abtretung von Souveränitätsrechten an „Dritte". Die Folge sind unterschiedliche Identitätsangebote und Legitimitätsebenen, die unweigerlich zu neuen Koordinierungsproblemen führen. Beispiele aus der Praxis zeigen, „dass die neue Einrichtung im institutionellen Nebeneinander verschiedener Gebietskörperschaften und Ebenen nur für wenige Aufgaben die Alleinzuständigkeit besitzt oder dass sich die jeweiligen Mitglieder – wie zum Beispiel beim Umlandverband Frankfurt – weigern, einzelne, dem Verband zustehende Aufgaben diesem auch tatsächlich zu übertragen" (Heinz 2001: 249). Als letzter Ausweg bleiben dann wiederum nur die Entscheidungen der „Hierarchie".

Vor diesem Hintergrund wird diskutiert, ob die Raumpolitik stärker als bisher funktional orientierte Vertragslösungen in ihr Steuerungskalkül einbeziehen sollte. Zudem bieten Vertragslösungen, schon aufgrund einer geringeren Anzahl von Akteuren und ähnlichen Interessen, schnellere Realisierungsmöglichkeiten. Sie können darüber hinaus die Haupthindernisse kooperativen Verhaltens – Autonomieverlust, Verteilungsunsicherheiten und Free-rider-Verhalten – effizient abbauen. Allerdings haben Vertragslösungen oft aufgrund mangelnder Transparenz und Offenheit den Nachteil fehlender demokratischer Legitimation.

Deutlich wird dieser Sachverhalt, wenn man die deutschen Metropolregionen betrachtet. Hier finden wir zwei unterschiedliche Typen vor: Metropolregionen mit monozentrischem und solche mit polyzentrischem Charakter. Die erste Form (Berlin, München, Hamburg, etc.) zeichnet sich durch eine einzelne, dominante Kernstadt und eine relativ geringe Anzahl von umliegenden Städten aus, die in einem direkten komplementären (manchmal auch hierarchischen) Verhältnis zueinander stehen. Die Motivation der intraregionalen Zusammenarbeit fußt auf einer gegenseitigen, ressourcenbedingten Abhängigkeit. Die Vernetzung derartiger Raumstrukturen beruht nicht notwendigerweise auf einer freiwilligen Grundlage, sondern kann auch durch die unterschiedliche Wirtschaftskraft der Teilnehmer bedingt sein. Ein Beispiel für derartige symbiotische Abhängigkeiten stellt die Sicherung der Lebensfähigkeit der Kernstadt dar: Die Ver- und Entsorgung des Metropolenkerns durch die umliegenden Räumen ist im eigenen Interessen des Umlandes zu gewährleisten. Die Interaktionen in diesen Metropolregionen sind direkt und werden häufig institutionalisiert. Zu nennen sind in diesem Zusammenhang insbesondere die Regional- und Umlandverbände wie z.B. der „Verband Region Stuttgart", der über eine direkte demokratische Legitimation durch eine gewählte Regionalversammlung verfügt.

Anders sieht dieser Sachverhalt in polyzentrischen Metropolregionen aus. Sie entsprechen eher der Struktur einer „Netzwerkstadt". Hierbei handelt es sich um lose verkoppelte Städte, die in einer eingeschränkten Weise füreinander Umwelt sind. Die Verknüpfungen basieren auf symbiotischen Raumcodes psychologischer, moralischer, funktioneller oder kultureller Art. Ein typisches Beispiel hierfür ist die deutsche Metropolregion Rhein-Ruhr. Entscheidend ist jedoch, dass sich auch in einer historisch eher fragmentierten, aus mehreren Großstädten bestehenden Metropolenregion eine eigenständige und gemeinsame Handlungsrationalität entfalten kann (Schreyögg 1998: 388 ff.). Als Mittel zu diesem Zweck werden gemeinsame Projekte initiiert, die den Aufbau arbeitsteiliger Strukturen erleichtern. Gemeinsam bietet sich so die Möglichkeit, die Zahl der Entwicklungsoptionen („economies of scope") unabhängig von der hierarchischen Position der verschiedenen Städte zu erhöhen. Eine Formalisierung der Kooperation ist aufgrund der diffusen Raumstruktur allerdings kaum möglich. Polyzentrische Metropolregionen sind informell und/ oder funktional organisiert, wodurch Verhandlungen und Vereinbarungen an die Stelle von majoritären oder hierarchischen Entscheidungen treten.[2] Intermediäre Strukturen und Akteure (Städtenetze, Regionalkonferenzen, strategische Allianzen und projektbezogene Initiativen) eröffnen die Möglichkeit (regional) angepasster Problemlösungen auf verschiedenen Ebenen (Ritter 1995).

Für beide Typen von Metropolregionen gilt jedoch, dass der Regionsbegriff nicht statisch zu definieren ist, sondern durch die Beweglichkeit der Netzwerke ständigen Veränderungen unterworfen bleibt: „Die in der jeweiligen Situation zu lösende Aufgabe sucht das der Lösung gemäße Gebiet und zwar für eine Zeitspanne, die sie zur Lösung braucht. So gesehen ist für die Region nicht die territoriale Grenzziehung konstitutiv, sondern die räumliche Reichweite politischer und sozialer Prozesse". (Ritter 2003) Aus diesem Grund stoßen monozentrische Metropolregionen, die ihre Interaktionsbeziehungen institutionalisiert haben, häufig an ihre Grenzen, da sie nicht flexibel genug auf veränderte, funktionale Abgrenzungen reagieren können. Die flexiblere und vermutlich effizientere Organisationsform der polyzentrischen Metropolregionen hingegen ist nicht demokratisch legitimiert, die Entscheidungsstrukturen sind häufig intransparent. Ein Ausweg aus diesem scheinbaren „demokratischen Dilemma" wonach Effektivität nur auf Kosten von Partizipation zu erreichen ist und umgekehrt (Dahl 1994) ergibt sich möglicherweise durch gezielte Regionalisierungsstrategien der Metropolregionen.

---

2 Man unterscheidet hierbei zwischen „Zwangsverhandlungen" (wenn die Akteure beispielsweise zur Problemlösung auf gemeinsames Handeln angewiesen sind) bzw. freiwilligen Verhandlungen (wenn die Akteure zur Problemlösung auch unabhängig agieren können) (Scharpf 1992).

6 Metropolen im Regionalisierungsprozess

Die Entwicklung zu einer wissensbasierten Gesellschaft befördert neue (auch individuell gestaltbarere) Zeit-Raumnutzungen, die sich in verstärkter wirtschaftlicher und gesellschaftlicher Mobilität ausdrücken. Kennzeichen hierfür ist nicht nur die Entkopplung von Dienstleistungs- und produktiven Tätigkeiten und ein Mehr an dispositiven Zeitbudgets, sondern auch die Ausformung neuer Raumstrukturen. So entfalten sich zwischen den einzelnen Kommunen in den Metropolregionen und zwischen den Metropolregionen vielfältige intensive und gleichzeitig diffizile Wirkungs- und Verflechtungsbeziehungen, die zu einer Ausweitung der Handlungsräume von Haushalten und Unternehmen führen. Sowohl die (staatliche) hierarchische Planung als auch marktorientierte Deregulierungsmaßnahmen und Privatisierungsstrategien können die neue Raumkomplexität nur unzulänglich bewältigen.

Angesichts der mangelnden Problemlösungskompetenz von Markt und Hierarchie erfolgt der Rückgriff auf Netzwerke als dritte Steuerungslogik. Insbesondere in den Metropolregionen werden Regionalisierungsprozesse initiiert, um den negativen sozialräumlichen Konsequenzen, der Entstehung territorial ungebundener Formen von Herrschaft vorzubeugen und die Vorrangstellung der Politik bei der Strukturierung des Raumes zu wahren. Anlog zu den Vernetzungen wirtschaftlicher Akteure, beispielsweise durch Wissensdienstleister, werden formelle und informelle Netzwerkbildungen befördert, um die verschiedenen Interessen der Unternehmen, Kommunen und Institutionen zu bündeln. Derartige Netzwerke sind territorial flexibel, agieren in der Nähe, aber unabhängig von politisch-administrativen Ebenen und sind nicht auf die Versorgung von Territorien, sondern auf die Durchsetzung von räumlichen Entwicklungsvorstellungen sowie die Bewältigung damit verbundener Probleme ausgerichtet.

In unserem Fall geht es darum, die Interessen von wissensbasierten Unternehmen und administrativen Institutionen – regionale High-Tech-Firmen, Forschungsinstitute, Projektteams und die verschiedenen Gebietskörperschaften einer Metropolregion – zu verschiedenen „Knoten" zusammenzuführen und in einen kollektiven Wissens- und Vernetzungsprozess einzubetten. Der gemeinsame Output wäre ein spezifisches neues

Wissen, welches sich zu einer bedeutenden Ressource „Regionalwissen“ entfalten könnte. Hierdurch eröffnen sich den traditionellen regionalen Ressourcen (Boden, Arbeit, Kapital) neue Wertschöpfungsoptionen. Dieser Zusammenhang verdeutlicht, dass derartige Regionalisierungsstrategien nicht durch wirtschaftliche Akteure alleine bewältigt werden können, sondern auch staatliche Akteure hier eine maßgebliche Verantwortung haben.

Allerdings gibt es für die Produktion einer Wissensregion keine Patentrezepte. Regionalisierungsprozesse benötigen Zeit, um die Vielzahl und Vielfalt der Interessen und Wertvorstellungen staatlicher und nichtstaatlicher, steuerungsrelevanter Akteure zu koordinieren. Gleiches gilt für den Prozessverlauf der Regionalisierung selbst. Regionalisierungsprozesse sind zu allererst Kommunikations- und Lernprozesse mit dem Ziel, jenseits traditioneller Strukturen und Handlungsroutinen gemeinsame Probleme zu lösen. Derartige (Lern)prozesse lassen sich nicht „von oben“ verordnen, sondern sie entfalten sich „von unten“. Erst im Zeitverlauf werden Unsicherheiten minimiert, Vertrauen produziert und der Regionalisierungsprozess befördert. Allerdings benötigen derartige „bottom up“ Steuerungen immer eine graduelle Unterstützung „von oben“, da kooperatives Verhalten sich oft nur im „Schatten der Hierarchie“ entfaltet. Das Verhalten der staatlichen Planung auf allen Ebenen sollte dem eines „ideational entrepreneurs“ entsprechen, der einen „bottom-up policy learning process“ initiiert. Für die Wahrnehmung einer solchen Initiativfunktion sind folgende Prinzipien, die die Kooperationsmotivation erhöhen und stabilisieren, unumgänglich. Es bedarf

1. der Entwicklung einer Vision, um die Region auf eine gemeinsame Zukunft auszurichten, d.h. die unterschiedlichen technologischen Initiativen und Projekte zu bündeln;
2. einer räumlichen Koordinierung, d.h. der Definition von Rahmenbedingungen und/oder der Bereitstellung finanzieller Anreize bei der Widmung und Abgrenzung von Gebieten oder Flächen sowie bei der Erstellung einer wissensbasierten Infrastruktur;
3. der Aufteilung von Erträgen und Kosten, einschließlich der Definition von räumlichen Verfügungsrechten und Zugangsregelungen zwischen den lokalen und privaten Akteuren und

4. einer angemessenen Institutionalisierung des Regionalisierungsprozesses selbst.

Der vierte Punkt ist für die regionale Perspektive wichtig. Aus der Kooperationsforschung lässt sich zwar ableiten, dass Bestandssicherheit und Effektivität einer Kooperation erst über deren Formalisierung dauerhaft gewährleistet werden kann. Andererseits zeigen Erfahrungen aus neueren Ansätzen des „new regionalism" auf, dass letztendlich politische Projekte und Koalitionen in der Region über den Grad der Steuerungskapazität entscheiden. Die institutionelle Form der Kooperation ist daher nach Kübler sekundär (2003). Das Prinzip „form follows function" ist angemessen, da zum einen die deutschen Metropolregionen keine korporativen (und damit institutionell legitimierten) Akteure sind, die jenseits traditioneller Strukturen autonom agieren könnten. Zum anderen ist in den Metropolregionen das Spannungsverhältnis zwischen regionalen und lokalen Eigeninteressen sowie nationalen und regionalen Instanzen sehr unterschiedlich ausgeprägt. Welche Ausformung ein Regionalisierungsprozess hat, wird daher nicht zuletzt vom Entwicklungspfad, dem institutionellen Umfeld sowie den Transaktionsregeln einer Region abhängen, in denen Städte, Kommunen und auch private Akteure in der Vergangenheit agierten (Kujath 2002b).

Unabhängig davon empfiehlt es sich, in einer perspektivischen Wissensregion einen regionalen „organisatorischen Kern" zu schaffen, der sowohl die Unverbindlichkeit offener Netzwerke als auch die Rigidität hierarchischer Strukturen vermeidet. Originäres Ziel im Regionalisierungsprozess sollte nicht die Produktion einer neuen Institution sein, sondern die Gewinnung eines höheren Maßes an Handlungsautonomie. Wichtig wäre, dass sich eine Metropolregion die Vorteile ‚härterer' Institutionalisierung und ‚weichere' Formen der problemadäquaten Organisation durch geeignete Kombination sichern kann. Eine ‚Kerninstitution' (z.B. ein Regionalbüro oder eine Regionale Entwicklungsgesellschaft), die als ‚Spielmacher' die problemadäquate Kooperation von Akteuren der Region organisiert, könnte dabei hilfreich sein (Benz et al. 1999: 127 f.).

Literatur

Albert, M. (1998): Entgrenzung und Formierung neuer politischer Räume. In: Kohler-Koch, B. (Hrsg.): Regieren in entgrenzten Räumen. In: Politische Vierteljahresschrift, Sonderheft 29, S. 49-75

Andersson, Å. E. (1995): Creation, Innovation and Diffusion of Knowledge: General and Specific Economic Impacts. In: Bertuglia, C. S.; Fischer, M. M.; Preto, G. (Hrsg.): Technological Change, Economic Development and Space. Berlin, Heidelberg, New York, Tokyo, S. 13-33

Benz, A. et al. (1999): Regionalisierung: Theorie – Praxis – Perspektiven. Opladen

Benz, A.; Scharpf, F. W.; Zintl, R. (1992): Horizontale Politikverflechtung. Zur Theorie von Verhandlungssystemen. Frankfurt/M., New York

Blotevogel, H. (1998): Europäische Metropolregion Rhein-Ruhr. Theoretische, empirische und politische Perspektiven eines neuen raumordnungspolitischen Konzepts. ILS-Schriften 135. Bonn

Blotevogel, H. (2002): Deutsche Metropolregionen in der Vernetzung. In: Informationen zur Raumentwicklung. Heft 6/7, S. 345-351

Bryson, J. R. 1997: Business Service Firms, Service Space and the Management of Change. In: Entrepreneurship and Regional Development, Jg. 9, Nr. 2, S. 93-111

Camagni, R.; Pompili, T. (1990): Competence, Power and Waves of Urban Development: an Italian Example. In Nijkamp, P. (Hrsg.): Sustainability of Urban Systems: A Cross-National Evolutionary Analysis of Urban Innovations. Aldershot, S. 37-86

Cappelin, R. (1991): International Networks of Cities. In: Camagni, R. (Hrsg.): Innovation Networks – Spatial Perspectives. London

Castells, M. (1983): The City and the Grassroots: A Cross-Cultural Theory of Urban Social Movements. Berkeley

Castells, M. (1996): The Rise of the Network Society. Volume I of the Trilogy: The Information Age: Economy, Society and Culture. Oxford

Coffey, W. J.; Polèse, M. (1989): Producer Services and Regional Development: A Policy-Oriented Perspective. In: Papers of the Regional Science Association, Jg. 67, S. 13-27

Commission on Global Governance (Hrsg.) (1995): Nachbarn in einer Welt. Bonn

Dahl, R. A. (1994): A Democratic Dilemma: System Effectiveness versus Citizen Participation. In: Political Science Quarterly 1/1994, S. 23-34

Ellger, C. (1988): Informationssektor und räumliche Entwicklung – dargestellt am Beispiel Baden-Württembergs. In: Tübinger Geographische Studien, Bd. 99

Fürst, D. (1991): Stadt und Region in Verdichtungsräumen. In: Blanke, B. (Hrsg.): Stadt und Staat. Opladen, S. 93-112

Fürst, D.; Schubert, H. (1998): Regionale Akteursnetzwerke. Zur Rolle von Netzwerken in regionalen Umstrukturierungsprozessen. In: Raumforschung und Raumordnung. Heft 5/6, S. 352-361

Fürst, D. (2001): Regional Governance – ein neues Paradigma der Regionalwissenschaften? In: Raumforschung und Raumordnung, Heft 5/6, S. 370-380

Glaeser, E. L. (1998): Are Cities Dying? In: The Journal of Economic Perspectives, Jg. 12, Nr. 2, Spring, S. 139-160

Hall, P. (1993): Forces Shaping Urban Europe. In: Urban Studies 30(6), S. 883-898

Häußermann, H. (2000): Es muss nicht immer Metropole sein. In: Matejovski, D. (Hrsg.): Metropolen: Laboratorien der Moderne. Frankfurt/M., New York, S. 67-79

Heinz, W. (2001): Interkommunale Kooperation in Stadtregionen: Das Beispiel der Bundesrepublik Deutschland. In: Ders. (Hrsg.): Stadt und Region – Kooperation oder Koordination? Ein internationaler Vergleich. Stuttgart, S. 171-274

Humbert, M. (1998): The Glocalization of Technology. In: Johnson, B.; Nielsen, K. (Hrsg.): Institutions and Economic Change: New Perspectives on Markets, Firms and Technology. Cheltenham, Northampton, S. 84-108

Kloostermann, R.; Lambregts, B. (2001): Clustering of Economic Activities in Polycentric Urban Regions: The Case of the Randstad. In: Urban Studies. Vol. 38, S. 117-132

Knieling, J.; Fürst, D.; Danielzyk, R. (2001): Warum „kooperative Regionalplanung“ leicht zu fordern, aber schwer zu praktizieren ist. In: DISP 145, S. 41-50

Kohler-Koch, B. (1998): Einleitung. Effizienz und Demokratie: Probleme des Regierens in entgrenzten Räumen. In: Dies. (Hrsg.): Regieren in entgrenzten Räumen. In: Politische Vierteljahresschrift, Sonderheft 29, S. 11-25

Kübler, D. (2003): ‚Metropolitan Governance' oder: die unendliche Geschichte der Institutionenbildung in Stadtregionen. In: Informationen zur Raumplanung, Heft 8/9, S. 535-541

Krugman, P. (1998): What's New about the New Economic Geography? In: Oxford Review of Economic Policy. 14(2), S. 7-17

Kujath, H. J. (2002a): Die Logiken internationaler und nationaler ökonomischer und politischer Verflechtungen zwischen Metropolräumen. In: Informationen zur Raumentwicklung. Heft 6/7, S. 289-300

Kujath, H. J. (2002b):Aktuelle Perspektiven der Regional- und Regionalisierungspolitik in der EU. In: vhw FW 4 Aug.-Sept. 2002, S. 212-216

Lefèvre, C.(2001): Metropolitan Government Reform in Europe: Current Trends and Challenges. In: Swiss Political Science Review. 7(3), S. 16-21

Malecki, E. J.; Tödtling, F. (1995): The New Flexible Economy: Shaping Regional and Local Institutions for Global Competition. In: Bertuglia, C. S.; Fischer, M. M.; Preto, G. (Hrsg.): Technological Change, Economic Development and Space. Berlin, Heidelberg, New York, Tokyo, S. 276-294

Mayntz, R: (1995): Föderalismus und die Gesellschaft der Gegenwart. In: Bentele, K. H.; Reissert, B.; Schekatt, R. (Hrsg.): Die Reformfähigkeit von Industriegesellschaften. Fritz Scharpf-Festschrift zu seinem 60. Geburtstag. Frankfurt/M., New York, S.131-144

Mela, A. (1995): Innovation, Communication and Urban Milieus: A Sociological Approach. In: Bertuglia, C. S.; Fischer, M. M.; Preto, G. (Hrsg.): Technological Change, Economic Development and Space. Berlin, Heidelberg, New York, Tokyo, S. 75-91

Ohmae, K. (1995): The End of the Nation State. The Rise of Regional Economics. New York

Porter, M. E. (1998): Clusters and the New Economics of Competition. In: Harward Business Rev, Nov.-Dec., S.77-90

Priebs, A. (1999): Die Region ist die Stadt! Ein Plädoyer für dauerhafte und verbindliche Organisationsstrukturen für die Stadtregionen. In: Informationen zur Raumentwicklung. Heft 9/10, S. 617-628

Richter, R. (1996): Neue Institutionenökonomik. Tübingen

Ritter, E. H. (2003): Europafähigkeit der Regionen als Voraussetzung für einen Wettbewerb der Regionen in Europa. Manuskript, S. 7

Ritter E. H. (1995): Raumpolitik mit Städtenetzen. In: Die öffentliche Verwaltung. 48. Jg., Heft 10, S. 393-403

Sassen, S. (2001): Global Cities and Global City-Regions: A Comparison. In: Scott, A. (Hrsg.): Global City-Regions. Trends, Theory, Policy. Oxford, S. 78-95

Sassen, S. (1999): Kontrollverlust? Der Staat und die neue Geographie der Macht. In: Gewerkschaftliche Monatshefte, Heft 7/8, 50. Jg.

Sassen, S. (1996): Metropolen des Weltmarkts: Die neue Rolle der Global Cities. Frankfurt/M., New York

Sassen, S. (1994): Cities in a World Economy. Thousand Oaks

Sassen, S. (1991): The Global City: New York, London, Tokyo. Princeton

Scharpf, F. W. (1992): Koordination durch Verhandlungssysteme: Analytische Konzepte und institutionelle Lösungen. In: Benz, A. et al. (Hrsg.): Horizontale Politikverflechtung. Zur Theorie von Verhandlungssystemen. Frankfurt/M., New York

Schreyögg, G. (1998): Organisation. Grundlagen moderner Organisationsgestaltung. Wiesbaden

Schwengel, H. (1994): Networking ohne Netz. In: Stadtforum Nr. 14, Berlin

Storper, M. (1997): The Regional World: Territorial Development in a Global Economy. New York, London

Taylor, P. J. (2003): Recasting World-Systems Analysis: City Networks for Nation-States. In: Dunaway, W. A. (Hrsg.): Emerging Issues in the 21st Century World-System. Vol. II: New Theoretical Directions for the 21st Century World-System. Westport (CN), S. 130-40

Taylor, P. J.; Walker, D. R. F. (2001): World Cities: A First Multivariate Analysis of their Service Complexes. In: Urban Studies, Jg. 38, Nr. 1, S. 23-47

Thierstein, A. (2002): Von der Raumordnung zur Raumentwicklung: Modeerscheinung oder Ausdruck neuer Akteure und Trends? In: DISP 148, S. 10-18

Wallis, A: (1994): Evolvine, Structures and Challenges of Metropolitan Region. In: National Civic Review, zitiert nach: Jones, E. T: Intraregionale Kooperation zwischen Kernstädten und ihrem Umland in den USA. In: Heinz, W: (Hrsg.) (2001): Stadt und Region – Kooperation oder Koordination? Ein internationaler Vergleich. Stuttgart, S. 61-109

Wolfgang Knapp

15. Metropolitane „Organisationsfähigkeit“ und die neue Ökonomie der Wettbewerbsvorteile

1 Einleitung

Seit den 80er Jahren des letzten Jahrhunderts ist eine verschärfte Konkurrenz metropolitaner Regionen um mobile Investitionen, Wachstum, „erwünschte“ Einwohner, öffentliche Mittel, Flagship-Projekte, große Infrastrukturen etc. zu beobachten, die im Kontext weltweiter ökonomisch-sozialer Restrukturierungsprozesse und einer veränderten großräumigen Arbeitsteilung (Stichworte: Post-Fordismus, Glokalisierung) sowie einer Neubewertung des in überregionale Verwertungszwänge und Konkurrenzbeziehungen eingebundenen stadtregionalen sozialökonomischen Wirkungsfeldes (Stichwort: regionale Ebene als Handlungsfeld und Akteur) steht.

2 Territoriale Wettbewerbsfähigkeit – „gefährliche Besessenheit“ oder theoretisch und praktisch sinnvolles Konzept?

Auf der theoretischen Ebene wurde gleichzeitig kontrovers diskutiert, ob es neben dem Wettbewerb zwischen Unternehmen überhaupt so etwas wie einen territorialen Wettbewerb geben könne (vgl. Gordon 1999; 2001). Die einen sehen darin eine „gefährliche Besessenheit“ der Politik und behaupten, dass Territorien nicht wie Unternehmen im Wettbewerb stehen, die ja als dessen Ergebnis vom Markt verschwinden können (Krugman 1995; 1996). So würden etwa Länder den überwiegenden Teil ihrer Produkte an sich selbst verkaufen und somit mache mit Blick auf das Wohlfahrtsniveau die inländische Produktivität und nicht die externe Wettbewerbsfähigkeit den Unterschied. Hierbei wird allerdings einseitig aus der Sicht des großen amerikanischen Binnenmarktes argumentiert und die Rolle, die die Größe eines Territoriums und seine Offenheit für den internationalen Handel spielt, vernachlässigt. Gegen die Sicht eines nationalen Wettbewerbs wird weiter eingewandt, dass Volkswirtschaften zwar miteinander konkurrierende Güter verkaufen, gleichzeitig aber auch Exportmärkte und Anbieter von Importgütern für andere Länder seien und dass Exporte hauptsächlich zur Finanzierung von im Inland nicht zu den gleichen Bedingungen herstellbaren, wohlfahrtsteigernden Importen dienten. Im Rahmen der räumlichen Arbeitsteilung sind nun aber die „terms of trade“, also die relativen Preise, zu welchen die Güter ausgetauscht werden, höchst relevant und deshalb ist die Effizienz oder Wettbewerbsfähigkeit des Exportsektors und damit auch dessen jeweiliges lokales Umfeld sowie eine Reihe damit verknüpfter strategischer Determinanten von Bedeutung. Dem aus der Sicht der Modelle des internationalen Handels gewonnenen weiteren Einwand, demzufolge Gewinne aus dem Außenhandel aus der Spezialisierung der nationalen Produktion auf Güter mit komparativen Kostenvorteilen, also aus wechselseitig nützlichen Transaktionen resultierten, kann nicht nur entgegengehalten werden, dass im interregionalen Kontext räumlicher Austausch die Regel ist, sondern auch, dass im nationalen oder im Rahmen einer internationalen Währungsunion keine unterschiedlichen (regionalen) Währungen und Wechselkurse existieren und Bewegungen von Produktionsfaktoren stattfinden. Schließlich können natürlich Versuche, die eigene Wettbewerbschwäche mit Hilfe selektiver, strategischer Politiken zu beseitigen, im Neo-Merkanilismus und in einer Fehlallokation von Ressourcen enden. Es gibt aber auch immer die Alternative umfassender, z.B. auf die allgemeine Qualität der Produktionsfaktoren und deren Zusammenspiel gerichteter Politiken. Wettbewerb muss nicht in einem zerstörerischen Prozess enden, wenn die Verbesserung territorialer Qualitäten oder der Effizienz öffentlicher Leistungen der gesamten urbanen Ökonomie zugute kommt, metropolitane Synergien geschaffen werden und komplementäre Spezialisierungen in komplementären territorialen Kontexten entwickelt werden können (Camagni 2002: 19 f.).

Inzwischen wird denn auch zunehmend hervorgehoben (z.B. von Porter 1996, 2001; Camagni 2001, 2002), dass angesichts von Postfordismus und Glokalisierung und der damit verbundenen stärkeren „Verortung“ der Problematik der Wettbewerbsfähigkeit und der entsprechenden Politiken auf der mikroökonomischen und subnationalen Ebene Unternehmen in ihrem territorialen Umfeld gesehen werden müssen und Territorien über die Schaffung kollektiver Strategien zu dessen Gestaltung im Wettbewerb stehen.

Unternehmen kooperieren zunehmend mit anderen lokalen Unternehmen und anderen Akteuren der Region, um die Versorgung mit ausgewählten für sie wichtigen externen Aktiva und „spezifischen Ressourcen" sicherzustellen. Mit der Dichte von zwischenbetrieblichen Interaktionen oder sog. „untrated interdependencies" (Storper 1997) zusammenhängende besondere territoriale Bedingungen können die Kooperation zwischen Unternehmen und gesellschaftlichen Akteuren erleichtern, Lernprozesse in Gang bringen und die Innovations- und Wettbewerbsfähigkeit des lokalen territorialen Systems stärken. Lokale Territorien/urbane Milieus und insbesondere Städte als Cluster öffentlicher Güter und Externalitäten, als Verstärker von Interaktionen und lokalen Synergien und mit ihrer politischen Legitimation konkurrieren und kooperieren miteinander, indem sie ihre eigenen komparativen Wettbewerbsvorteile schaffen. Zunehmend mobilere Unternehmen nutzen schließlich Standorte als Wettbewerbsinstrument zur Kostenoptimierung. Diese sind aber andererseits keine passiven Objekte unternehmerischer Wahl, sondern Gemeinschaften ökonomischer Akteure, die die Qualität ihrer Angebote auch durch Maßnahmen erhöhen können, die die Gemeinschaft (den Ort) und kollektive bzw. öffentliche Akteure einbeziehen. Standorte werden gekauft und verkauft.

Die *Möglichkeit* territorialen Wettbewerbs ist aber mit einer Reihe von Fragen verbunden, wie der nach der aktuellen Notwendigkeit und/oder Nützlichkeit von Wettbewerbspolitiken, den möglichen Zielen und Instrumenten solcher Politiken oder wie der nach der Möglichkeit von Null-Summenspielen und Beggar-my-neighbour Verhalten (Cheshire, Gordon 1998). Insbesondere muss sich die Möglichkeit territorialen Wettbewerbs dem Spannungsverhältnis zwischen einer wachstumsorientierten Wettbewerbspolitik und den Prinzipien einer nachhaltigen stadtregionalen Entwicklung, zwischen der Stadtregion als Standort komplexer Produktionsaktivitäten, Knoten internationaler Kapital-Reproduktion und Tauschwert für Wachstumskoalitionen und als Ort der individuellen und sozialen Reproduktion aller Bewohner, als Gebrauchswert der stadtregionalen Gesellschaft stellen (Gordon 2001).

Im Gegensatz zur Auffassung Porters (1996), der behauptet, dass alle Regionen gute Chancen hätten, von einer qualifizierten Wettbewerbspolitik zu profitieren, führt diese im Ergebnis auch zu räumlich „ungleichen" Entwicklungen. Territorialer Wettbewerb wird nicht auf einem gemeinsamen Spielfeld ausgetragen, weil z.B. „Orte" in jeweils spezifische nationale und regionale Kontexte, Regulationssysteme etc. eingebunden sind, sich pfadabhängig entwickeln und die übergeordnete Politik bewusst (Metropolregionen als „ökonomische Motoren"!) oder unbeabsichtigt differenzierende Auswirkungen auf der lokalen Ebene hat (Leitner, Sheppard 1998; Sheppard 2000).

3 Die neue Ökonomie der Wettbewerbsvorteile

Natürlich haben Städte schon immer konkurriert (und auch kooperiert). Neuerdings scheinen sich aber die Art dieses Wettbewerbs, die Quellen der Wettbewerbsfähigkeit und die Prinzipien der Wirtschaftspolitik geändert zu haben. Porter (2001: 139 ff.) hat diese neue Ökonomie des Wettbewerbs und die prominente Rolle, die Stadtregionen hierbei spielen, anhand von sechs Verschiebungen der Sicht auf Wettbewerb, Wettbewerbsfähigkeit und Wettbewerbspolitik zu charakterisieren versucht (Abb. 1).

Je mehr mikroökonomische Gesichtspunkte neben die weiterhin wichtige makroökonomische Politik treten, im Unternehmensumfeld eine Quelle der Innovations- und Wettbewerbsfähigkeit gesehen wird, auf Kompetenzfelder, Cluster oder innovative Milieus gesetzt wird und ein eher integrativer, vor allem soziale Gesichtspunkte einbeziehender Politikansatz verfolgt wird, desto mehr rückt die lokale und stadtregionale Ebene ins Zentrum des Interesses, wenn diese auch in ein Multi-Ebenen-Geflecht eingebunden und entsprechenden Zwängen und Restriktionen unterworfen bleibt.

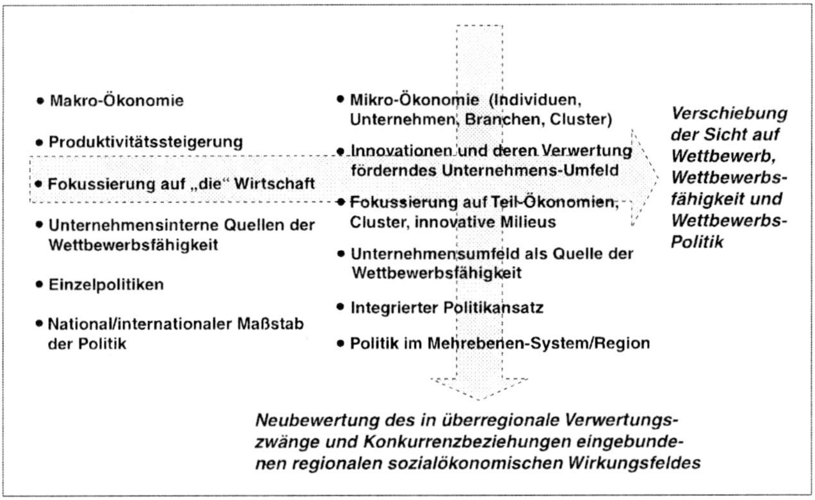

Quelle: W. Knapp (nach Porter 2001)

Abbildung 1: Stadtregion und die neue Ökonomie der Wettbewerbsvorteile

3.1 „Erfolgreiche“ metropolitane Standortkomplexe

Vereinfacht ausgedrückt ist Wettbewerbsfähigkeit heute eine Funktion ökonomischer Determinanten wie Qualität der Produktionsfaktoren, Standortqualitäten, Struktur der stadtregionalen Wirtschaft oder urbanes Umfeld *und* strategischer Determinanten wie einer stadtregionalen Strategie, kooperativem Verhalten aller entscheidenden regionalen Akteure, institutioneller Flexibilität oder Effektivität des politisch-administrativen Handelns. Wettbewerbsfähigkeit ist ein multidimensionales Phänomen (Kresl 1995). Deas und Giordano (2001: 1413 ff.) unterscheiden zwischen verschiedenen Quellen der Wettbewerbsfähigkeit, deren Ergebnissen und den intervenierenden „Management“- oder Governanceprozessen, die vorhandene Potenziale in eine bestimmte „performance“ transformieren und Wettbewerbsressourcen pflegen bzw. neue Potenziale oder Aktiva schaffen (Abb. 2).

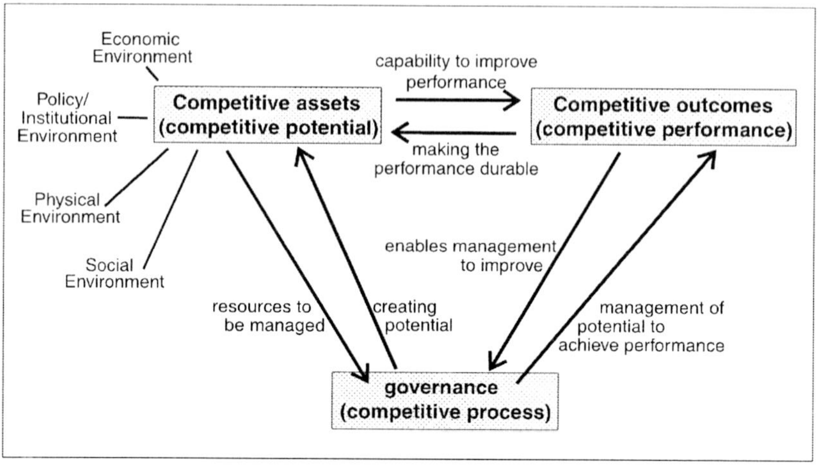

Quelle: Knapp (nach Deas, Giordano 2001: 1413, verändert)

Abbildung 2: Dimensionen der Wettbewerbsfähigkeit

„Erfolgreiche" metropolitane Standortkomplexe lassen sich demnach entwickeln, wenn es auf der Grundlage vorhandener Potenziale gelingt, die territorial wirksamen kommunikativen und sozialen Interaktionen so zu gestalten, dass daraus im Ergebnis ein Beitrag zur Effizienzsteigerung der stadtregionalen Ökonomie und Wettbewerbsfähigkeit resultiert. Das setzt zunächst eine *ausreichende Größe* der regionalökonomischen Interaktionsstrukturen voraus. Funktional abgegrenzte metropolitane Regionen überschreiten aber normalerweise die Grenzen einzelner administrativer Einheiten. Die in der Stadt- oder Städteregion vorhandenen komplementären Standortofferten müssen dann mit Hilfe einer umfassenden *intraregionalen Kooperation* aller relevanten Akteure sowie *interner Koordinationsstrukturen* zu einem komplexen regionalen System von „action settings" weiterentwickelt werden. Mit *neuen Interaktionsformen* und *effizienten regionalen Institutionen* können Potenziale zur Rationalisierung und Effizienzsteigerung ausgeschöpft und die Stadtregion als innovatives Milieu qualifiziert werden. Profilierung und (gemeinsame) Außendarstellung lassen sie schließlich im Wettbewerb sichtbar werden.

3.2 Bausteine metropolitaner „Organisationsfähigkeit"

Metropolitane Regionen müssen zur Bewältigung ihre spezifischen Herausforderungen „institutionelle" oder „Organisations-" Fähigkeiten ausbilden. Nach Healy (1997; 2001) umfasst die Schaffung einer neuen regionalen „institutional capacity" drei Aufgaben:

1. „mobilisation", d.h. die Entwicklung von Fähigkeiten zur Schaffung neuer Beziehungsgeflechte und Allianzen und von Potenzialen des politischen Agenda settings;
2. „institutional design", womit die Schaffung neuer Handlungsarenen, Handlungsregeln und Praxisweisen gemeint ist;
3. „mainstreaming", d.h. die „Normalisierung" dieser neuen Beziehungen und Netzwerke sowie der neuen Agenden in der Alltagsroutine und deren Einbettung in die übrigen Governance-Aktivitäten.

   „The result of the accomplishment of all these three tasks is that the new regional capacity significantly alters the way resources are allocated, the structure and practice of regulatory activity and the frames of reference that are deployed" (Healy 2001: 5).

Ähnlich fordern van Den Berg und Braun (1997; 1999) die Schaffung von regionalen „organizing capacities", worunter sie die Fähigkeit verstehen, alle relevanten Akteure in die gemeinsame Entwicklung neuer Ideen und Politiken einzubeziehen, die zu einem nachhaltigen Wachstum in metropolitanen Regionen führen. Solche (selbst-) organisatorischen Fähigkeiten umfassen das Zusammenspiel von verschiedenen Faktoren: das vorhandene formale politisch-administrative Institutionengerüst bzw. die Einstellung seiner Akteure; eine strategische Netzwerksteuerung innerhalb und zwischen öffentlichem Bereich und privatem Sektor; Schlüsselpersonen und Organisationen zur Ausschöpfung von Netzwerkpotenzialen; räumlich funktionale (hinderliche/förderliche) Bedingungen; Vorstellungen metropolitaner Entwicklung und entsprechende strategische Projekte zu deren Implementierung; politisch/finanzielle Unterstützung regionaler Kooperation und Koordination; gesellschaftliche Unterstützung (Abb. 3).

Die administrative und institutionelle Landschaft metropolitaner Regionen ist üblicherweise durch ein Nebeneinander und Überlappen ver-

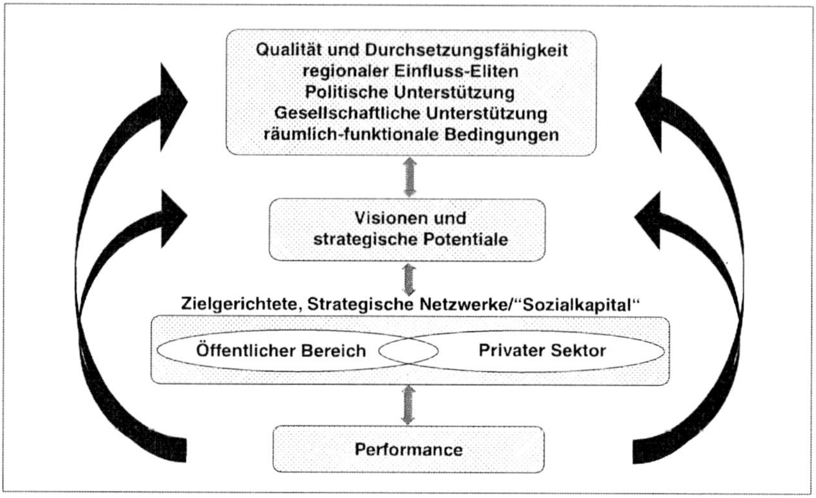

Quelle: Knapp

Abbildung 3: „Organizing capacity" metropolitaner Regionen

schiedenster Institutionen und Organisationen gekennzeichnet. Diese existierenden politisch-institutionellen Strukturen sind im Zusammenhang mit der möglichen Entwicklung einer regionalen „organizing capacity" insofern von besonderer Bedeutung, als diese eine Haltung der etablierten Akteure erfordert, die offen ist für Zusammenarbeit über administrative und fachliche Grenzen hinaus und bereit, private und organisierte Interessen einzubeziehen. Alle Akteure müssen sich bewusst sein, dass unterschiedliche Aufgaben unterschiedliche Allianzen oder Netzwerke mit unterschiedlichen Kompetenzen und Lebenszeiten erfordern. Auch wenn über die Nützlichkeit solcher Strukturen grundsätzlich Einvernehmen besteht, bleibt allerdings die Umsetzung einer solchen Mehrebenen-Governance in die Praxis ein komplexes Unterfangen. Neben der Frage der Einstellung seiner Akteure ist die bestehende formale institutionelle Struktur auch insofern von Bedeutung als offen ist, inwieweit sie Spielräume für regionales Handeln lässt und nicht zu statisch und hierarchisch ist, um in dem nicht nur räumlich mehrdimensionalen „Spielfeld" stadtregionaler Dynamiken mitwirken zu können und erst entsprechende (z.B. gesetzliche oder Kompetenz umverteilende) Anpassungen erfolgen müssen.

Zunehmend wichtiger wird auch der Aufbau strategischer Netzwerksteuerungen innerhalb und zwischen dem öffentlichen und privaten Bereich und in diesem Zusammenhang das Vorhandensein von Schlüsselpersonen und Organisationen, die Netzwerkpotenziale ausschöpfen helfen. Während in allen metropolitanen Regionen inzwischen neue Formen der Regionalisierung territorialer Politik und eine Zunahme des „networking" über verschiedene räumliche Ebenen hinweg unter Einschluss einer Vielfalt von Akteuren zu beobachten sind, ist „leadership", die in spezifischen Kompetenzen von Schlüsselfiguren und intermediären Institutionen oder auch im Charisma öffentlicher oder privater Persönlichkeiten begründet sein kann, weniger häufig erkennbar. Bei der Entwicklung gemeinsam geteilter Interessen der Stadtregion und bei der darauf aufbauenden Koordinierung von Netzwerken sind solche Formen der „leadership" aber unverzichtbar.

Metropolitane Regionen sind „socio-spatial conflict zones for the articulation of multiple interests, identities and cultural differences" (Albrechts 2001: 734). Die Ausbildung von „organizing capacity" wird aber umso wahrscheinlicher, je mehr sie auf einer gewissen räumlichen Logik oder funktionalen Rationalität und trotz der potenziell nicht mit einander harmonierenden multiplen Identitäten und kulturellen Differenzen auf einer gewissen regionalen Identität und einem regionalen Bewusstsein der Bewohner aufbauen kann.

Ein Blick auf die räumlich-funktionale Dimension metropolitaner Regionen in Nordwest Europa zeigt, dass diese zunehmend zu einem „urban field" für sich regionalisierende und gleichzeitig disperser werdende Aktivitäten unterschiedlicher Akteure wie Unternehmen, Pendler oder Haushalte werden. Die räumliche Ausdehnung funktionaler Märkte insbesondere für Arbeit, Einkaufen, kulturelle und Freizeit-Aktivitäten nimmt zu, auch wenn sie oft nicht die gesamte Stadtregion umfassen. Die wirtschaftliche Basis einer metropolitanen Region konzentriert sich nicht mehr auf die traditionellen Zentren, sondern ergibt sich aus einem komplexen Netzwerk von Standorten, die sich über die gesamte Region verteilen. Dabei kommt es zu einer räumlichen Differenzierung von Funktionen und Nutzungen, die sich in einer Spezialisierung von Räumen bzw. Teilräumen und letztlich auch einer Polarisierung und Fragmentierung der Region äußert. Metropolitane Regionen sind tendenziell offene und vielschichtige Komplexe von Knoten oder Zentralitäten, Netzwerken, Strömen und Interaktionen auf der globalen, nationalen, regionalen und lokalen Ebene, weshalb die räumliche Reichweite und Orientierung der Interaktion zwischen Orten nicht ausschließlich mit der metropolitanen Region zusammenfallen. Die für die Entwicklung von „organizing capacity“ als förderlich angesehene funktionale Rationalität hebt aber auch nicht auf Stadtregionen als ein einziges, kompaktes, funktional kohärentes und „geschlossenes“ System ab. Darüber hinaus existieren mehr oder weniger große intraregionale Disparitäten z.B. der demographischen und ökonomischen Wachstumsraten oder mit Blick auf die Verteilung von Arbeitslosigkeit und Armut oder die räumliche Attraktivität für bestimmte Nutzungen, die die regionale Zusammenarbeit erst einmal erschweren. Aber wie die Realität immer wieder zeigt, sind einzelne Akteure dennoch fähig, regionale Interessen zu definieren, insbesondere wenn externe Anreize gesetzt werden.

Ein weiterer Baustein für mehr „organizing capacity“ sind Vorstellungen über künftige metropolitane Entwicklungen und strategische Projekte um diese zu implementieren. Sie sollten letztlich das Ergebnis offener regionaler Diskurse sein, die als regionale Bürgerforen, flexible Denkfabriken innovativer Akteure aus Wissenschaft und Praxis oder Initiativkreise an ihrer Region interessierter Unternehmer gestaltet werden können. Die strategische Kapazität, eine mehrdimensionale Konzeption von „Stadtregion“ zu entwickeln, die eindimensionale Konzepte wie die „wettbewerbsfähige Stadt“ oder „die kompakte Stadt“ überwindet und die Vielfalt und Komplexität metropolitanen Lebens angemessen wiedergibt, kann wie Healy (2002) für Städte zeigte, auch eine wichtige Rolle in der Steuerung von stadtregionaler Entwicklung spielen. „Any city is many cities“ (Healy 2002: 1782). Unterschiedliche Erfahrungen mit der Vielfalt einer metropolitanen Region können zu unterschiedlichen Bildern von ihr führen. Es kommt daher darauf an, welche dieser Bilder politisch verfügbar gemacht und genutzt werden und wie dies geschieht. Die Schaffung einer Idee von „metropolitaner Region“ ist somit „not so much a work of analysis, but of imagination, of ‚calling up‘ the City into consciousness“ (ebd.). Nur durch eine Art „collective mental work“ kann ein wirkungsvolles Bild „der Stadtregion“ geschaffen werden, das das Handeln der Bewohner und regionalen Akteure beeinflusst und Ressourcen für identitätsbildende Prozesse bereit stellt. Strategische Akteure sollten dabei helfen, die Bedingungen zu schaffen, in denen sich Debatten über die vielfältigen Vorstellungen von Stadtregionen entfalten und in integrative öffentliche Ressourcen verwandeln können, die Governance-Diskurse und entsprechende Praktiken formen.

Politische Unterstützung als weiterer Faktor zur Entwicklung von „organizing capacity" setzt ganz allgemein die Bereitschaft zur Erneuerung des Politiksystems voraus. Zwischen der fachlichen und zum Teil auch politischen Problemwahrnehmung und den Bemühungen um eine Problembewältigung besteht aber offensichtlich eine große Diskrepanz. Obwohl in der politischen Rhetorik die Notwendigkeit verstärkter stadtregionaler Kooperation hoch im Kurs steht und gerade in den spezifischen Formen des „Wettbewerbs der Regionen" und seinen Konsequenzen eine zwingende Begründung für die Forcierung der regionalen Handlungsebene gesehen wird, stehen entsprechenden praktischen Schlussfolgerungen allzu oft noch interinstitutionelle Animositäten, Blockaden und Konkurrenzdenken, vermeintlich wohlbegründete Eigeninteressen, die Furcht vor Verschiebungen der Macht-Geographie, sowie eine Reihe realer, vermeintlicher oder nur vorgeschobener Hemmfaktoren entgegen. Solange es aber nicht zu einem Umdenken in den Köpfen kommt und Änderungen insbesondere auf Seiten der lokalen Politik aber auch auf der föderalen oder zentralstaatlichen Ebene wirklich politisch gewollt werden, fehlt ein wesentlicher Baustein beim Aufbau von regionaler „organizing capacity" oder es wird immer wieder nur zu suboptimalen Lösungen kommen.

Gesellschaftliche Unterstützung schließlich, setzt vor allem voraus, dass das Konstrukt (funktionale) metropolitane Region in die soziale Kommunikation einfließt und das Regionalisieren einen Bezug zur lebensweltlichen Wirklichkeit hat. Der Prozess der „Regionswerdung" umfasst deshalb auch die Entwicklung einer symbolischen Gestalt, womit die Entwicklung von an gewisse Raumausschnitte gebundenen Symbolen gemeint ist, die oft recht vage Ideen oder Images mit dem „Regionalbewusstsein" der Bewohner einer Region, aber auch bei Regionsexternen, verbinden. Von Bedeutung sind Identifikationen im Sinne von Orientierungshilfen im Alltag (mental maps, path-finding), als Bewusstsein davon, dass regionsinternes Handeln auch von außen wahrgenommen wird

(Images, Statuszuschreibungen) und schließlich als Identifikation mit dem Projekt „metropolitane Region“ (corporate identity). Emotionale Bindungen und Motivationen zur Mitarbeit entstehen dabei vornehmlich über „Raumbilder“ im Sinne von Ipsen (1997), d.h. über das Zusammenspiel gesellschaftlicher Entwicklungskonzepte und Regulationsprozesse (aktuell des postfordistischen Umbruchs), Erscheinungsformen des metropolitanen Raums und der vorfindlichen Raumnutzung sowie der Raumwahrnehmung und Symbolisierung. Die Identifizierung mit einer Region verläuft über die Wahrnehmung und Symbolisierung von Raumeigenschaften einerseits und andererseits der sozialen Verhaltensmuster in diesem Raum. Dabei stellen sich räumliche Realitäten und Raumbild in einem dynamischen Prozess immer wieder aufeinander ein. Die Frage ist also, wie sich die die Identifikationsprozesse beeinflussenden Eigenschaften des metropolitanen Raumes beeinflussen lassen und wie sie im Wahrnehmungsprozess zum „Raumbild“ verarbeitet werden, das letztlich den Anker von Regionalbewusstsein darstellt. Dabei geht es nicht um die Notwendigkeit des Begreifens des gesamten stadtregionalen Raumes, sondern um die Möglichkeit der Einbindung des persönlichen Lebens und der Orte, an denen es gelebt wird, in einen regionalen Geisteszusammenhang.

Wie nun aus diesen einzelnen Faktoren regionale „organizing capacity“ entsteht, bleibt im Einzelfall zu untersuchen. Auf jeden Fall wird die Entwicklung unterschiedlich verlaufen, weil sie in jeweils spezifische Kontexte und Entwicklungspfade eingebettet ist. Der niemals endende Prozess des Aufbaus und der „Pflege“ stadtregionaler Handlungsfähigkeit gestaltet sich, wie die abschließend dargestellten Beispiele zeigen, höchst unterschiedlich, wenn sich auch die dabei auftretenden Probleme vielfach ähneln und die jeweilige Vorgehensweise durchaus den einen oder anderen positiven oder negativen Hinweis zum Nachdenken in anderen Regionen bietet.

Es kann dabei auf Ergebnisse zweier im Rahmen des Interreg IIc Programmes der EU geförderter Projekte zurückgegriffen werden (GEMACA 2002; Ipenburg, Lambregts 2001; Meijers, Romain, Hoppenbrower 2003), die sich unter anderem auch mit Fragen der regionalen Governance in sog. Functional Urban Regions (FUR) in Nordwesteuropa befasst haben. FURs sollen die stadtregionale Ökonomie, die regionalisierte Welt der Bewohner und realistische (Ko-)Operationsräume für stadtregionale Politik möglichst genau abdecken und metropolitane Regionen erst eigentlich international vergleichbar machen. Vereinfacht gesagt, bilden die aneinander grenzenden Gemeinden, „wards“ oder „communes“ mit mindestens 20.000 Beschäftigten oder einer Beschäftigtendichte von sieben oder mehr pro ha den (oder die) ökonomischen Kern(e) der Agglomerationsräume und zusammen mit ihrem Hinterland, dessen Grenze dort verläuft, wo mindestens zehn v. H. der Auspendler den (die) Beschäftigungskern(e) als Arbeitsort angeben, eine FUR (vgl. im Einzelnen GEMACA 2002:18).

4 London, Randstad und Paris: Auf dem steinigen Weg zur metropolitanen „organizing capacity“

4.1 Greater London, „abgetrenntes“ Hinterland: fragmentierte Governance

Die FUR London erstreckt sich über eine Fläche von fast 13.000 km² mit 13,2 Millionen Einwohnern und 6,35 Millionen Arbeitsplätzen am Wohnort (GEMACA 2002: 76). Greater London als Kern der Region South-East umfasst 1.580 km² mit aktuell 7,4 Millionen Einwohnern. Die Region London und der Stadtraum London sind charakterisiert durch eine ungleiche räumliche Entwicklung mit deutlichen ökonomischen und sozialen Unterschieden (vgl. Allen et al. 1998; Buck et al. 2002). Während die Bevölkerung Londons innerhalb des sog. „green belts“ bis in die 1980er Jahre als Folge der Suburbanisierung abnahm, nimmt die Bevölkerung hauptsächlich als Folge der zunehmenden Migration seit den 1990er Jahren wieder zu, bei weiterhin anhaltender Suburbanisierung in die Region. Die Nachkriegs-Entwicklung der ökonomischen Struktur der Region lässt sich ebenfalls durch Dezentralisierungsprozesse des industriellen Sektors in die „new towns“ und alten Siedlungen jenseits des „green belt“, einen starken Rückgang der im verarbeitenden Gewerbe Beschäftigten und durch ein enormes, auf zentrale Bereiche Londons konzentriertes Wachstum insbesondere der Unternehmens- und Finanzdienstleistungen, aber auch der Bereiche Kultur, Unterhaltung, Design, Tourismus und Handel kennzeichnen. Die Zentralregierung hat die Entwicklung des Südostens im Allgemeinen und der World City London im Speziellen favorisiert und gleichzeitig versucht, die periodische Überhitzung der regionalen Ökonomie und die wachsende Wohnungsnachfrage zu managen. Während sich der Entwicklungsdruck der letzten Jahrzehnte vor allem auf das Zentrum, einen westlichen Korridor über Heathrow nach Reading und auf eine Reihe kleinerer Städte in South East konzentrierte, versucht die Politik neuerdings, beginnend mit der Umwandlung der London Docklands, diesen Druck in die zurückgefallenen und ökonomisch schwachen Räume im Osten der Region umzulenken (Thames Gateway, Korridor London-Cambridge, Medway Towns, Ashford in Kent).

Auch wenn schon der Greater London Plan von 1944 London und South East als miteinander verflochtene Räume herausstellte und das Aufeinanderangewiesensein von Wachstumskern und Hinterland betonte, wurden bis heute keine die FUR London oder South East umfassenden „government"- und „governance"-Strukturen entwickelt.

Im Zuge ihrer Dezentralisierungspolitik hat die 1997 erstmals ins Amt gewählte New Labour Regierung inzwischen den zwölf Regionen des Vereinigten Königreiches mit der Schaffung von Regional Development Agencies (RDAs) Ende der 1990er Jahre eine neue „regionale Stimme" und einen „schärferen regionalen Focus" (Department of Environment, Transport and the Regions) gegeben, deren Handlungsspielraum aber zugleich durch die Vorgabe ihres Aufgabenspektrums und weitgehend zentralstaatlich bestimmte Budgets stark beschränkt (vgl. zum Folgenden Roberts, Loyd 2000; Gough 2003). Die nach dem Willen der Regierung stark unternehmensorientierten RDAs, deren Vorstände aus legitimatorischen Gründen aber auch Universitäts- und Gewerkschaftsvertreter und andere Persönlichkeiten der Region enthalten, sollen in erster Linie die Wettbewerbsfähigkeit ihrer Region, ihre Innovationskraft und Attraktivität für Investitionen stärken und umfassende regionale Entwicklungsstrategien entwickeln. Die RDAs werden von Regionalkammern beaufsichtigt, die sich aus Mitgliedern der lokalen Ebene, des Unternehmensbereichs und freiwilliger Organisationen zusammensetzen und sich nach den – allerdings nicht immer eindeutigen – Vorstellungen der Regierung eines Tages zu direkt gewählten Regionalversammlungen wandeln können.

Mit der Zersplitterung der Region South East in drei Teile und der Schaffung der South East RDA, die das Gebiet westlich und südlich von London umfasst, der das nordöstliche Hinterland Londons umfassenden East RDA und der neuen London Development Agency (LDA) für Greater London wurde zudem die FUR London mehr denn je fragmentiert. Überdies wurden asymmetrische Machtstrukturen geschaffen, insofern London mit seinem gewählten Bürgermeister und seiner gewählten Stadtverordnetenversammlung sowie einer in diese politischen Strukturen eingebundenen LDA nunmehr dem Rest von South East gegenübersteht mit in die komplexen Interaktionen verschiedener „quangos“ und lokaler Akteure einbezogenen RDAs und demokratisch nicht legitimierten Regional Chambers. Eigentlich müssten die benachbarten RDAs im Interesse einer erfolgreichen ökonomischen „governance“ zusammenarbeiten. Einer möglichen Kooperation steht aber die Gründungsphilosophie der RDAs, nämlich die englischen Regionen ökonomisch wettbewerbsfähiger machen zu wollen, im Weg (vgl. Herrschel, Newman 2002: 152 ff.). Die bisherigen strategischen Aussagen laufen in allen drei Regionen darauf hinaus, eine „world class region“ werden bzw. bleiben zu wollen, die regionale Wettbewerbsfähigkeit fördern, das regionale Wachstum erhöhen und die Lebensqualität der Bewohner verbessern zu wollen (ebd.: 152). Im Wettbewerb um Investitionen nimmt London als ökonomischer Kern der Region natürlich die stärkste Position ein, während die Regionen des Hinterlandes an der Abwesenheit einer klaren politischen Verfasstheit oder mangelnder räumlicher Kohärenz leiden. So dürfte interregionale Kooperation eher zwischen den „Regional Planning Boards“ der Planer als zwischen den an der ökonomischen Entwicklung orientierten und unternehmensgeführten RDAs mit ihrer inhärenten Wettbewerbsorientierung wahrscheinlich sein. Im Übrigen sind auch die staatlichen „Government Offices“ der Regionen (GOR) in erster Linie an der Stärkung der jeweiligen regionalen Wettbewerbsfähigkeit interessiert. In den neuesten „Regional Planning Guidances“ (RPG) ist nur ansatzweise ein Verständnis von London und seinem Hinterland, etwa mit Blick auf den für erforderlich gehaltenen Wohnungsbau, zu erkennen.

Während also die regionale Landschaft der FUR horizontal durch eine Fülle lokaler und regionaler Institutionen (einschließlich der neuen RDAs) und „quangos“, durch die Aufteilung von South East in drei Regionen und vertikal durch eine komplexer gewordene Mehrebenenpolitik weiter fragmentiert wurde, wobei die Zentralregierung nicht nur durch die Vorgabe eines verbindlichen Handlungsrahmens in ihren RPGs weiterhin die dominante Rolle spielt (Thornley 2003: 46), wurde mit der Schaffung der „Greater London Authority“ (GLA) versucht, im Kern der FUR die nach der Abschaffung des „Greater London Councils“ (GLC) entstandene fragmentierte und zunehmend undurchsichtiger gewordene Organisationsstruktur Londons neu zu ordnen.

Die 1997 ins Amt gekommene New Labour-Regierung schuf mit dem „Greater London Authority Act“ von 1999 erstmals einen Bürgermeister als Exekutive und eine Stadtverordnetenversammlung für London, für deren Wahl zuvor in einem 1998 durchgeführten Referendum eine Mehrheit der Wahlberechtigten, die ihre Stimme abgegeben haben, gestimmt hatte. Im Mai 2000 wählten die Londoner den ehemaligen GLC-Chef Ken Livingstone zum Bürgermeister und eine aus 25 Mitgliedern bestehende Assembly. Neben dieser demokratischen Legitimation bezieht die neue GLA (Abb. 4) ihre Stärke vor allem aus der Übernahme der Aufgaben existierender „quangos“, hingegen nur begrenzt aus der weiteren Dezentralisierung der Zentralregierung, die die Kontrolle über die Gesetzgebung behält, Regularien des Handelns vorschreibt und einen Großteil des Budgets zuweist (vgl. Tomaney 2001; Hambleton 2000; Simmons 2000). Die Verantwortlichkeiten der 32 „boroughs“ und der „City Corporation“ (der besonderen Verwaltungseinheit der City of London) blieben im bisherigen Umfang bestehen. Der Bürgermeister soll die Politik formulieren und Strategien, die Greater London insgesamt betreffen, im Einklang mit den nationalen Vorgaben entwickeln, die Spitzen der neuen Verwaltungseinrichtungen der GLA benennen und ein Budget aufstellen, in das aber, wie gesagt, nur zum geringen Teil eigene Ressourcen (Stauabgabe, Parkgebühren) einfließen. Überwacht werden diese Aktivitäten von der Assembly, die Vorschläge des Bürgermeisters und das Budget billigen muss.

Neu geschaffene (funktionale) Einrichtungen im Transportwesen, im Polizei- und im Feuer- und Notfall-Bereich (FfL, MPA und LFEPA) sollen zusammen mit der neuen Entwicklungsagentur (LDA) die Verwaltung Greater Londons reorganisieren und effektivieren. Im Gegensatz zu den übrigen RDAs ist die LDA rechtlich eine lokale Einrichtung, die vom

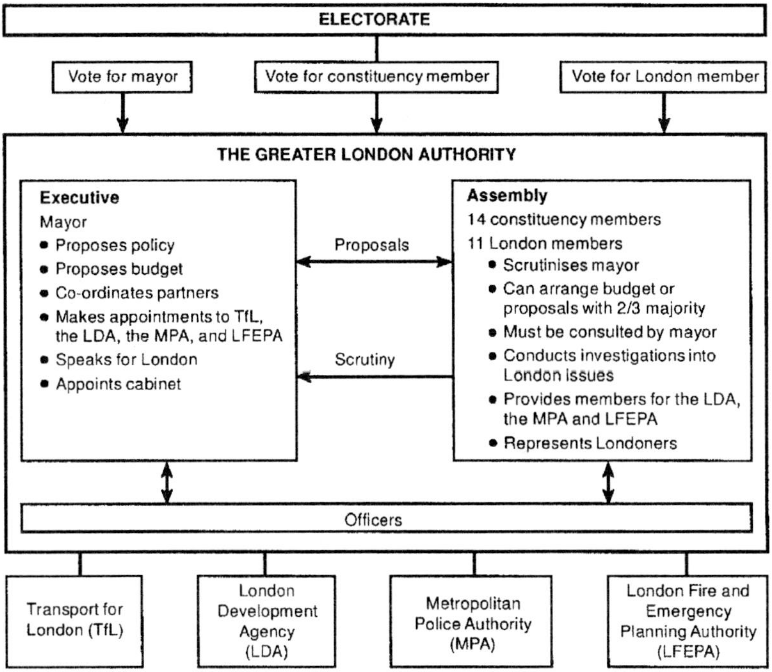

Source: Hambleton (2000)

Abbildung 4: Struktur der Greater London Authority

Bürgermeister kontrolliert wird, der die Führungsspitze und (auf Vorschlag der Assembly) die Mitglieder des Verwaltungsrats ernennt und (nicht wie sonst der Minister für die Regionen) deren ökonomische Entwicklungsstrategie billigen muss. Über den Bürgermeister und die Assembly ist die LDA somit indirekt in gewisser Weise demokratisch legitimiert. Ihre Politik ist aber ansonsten den gleichen Restriktionen wie die aller RDAs unterworfen. Wie diese muss auch die LDA in einem Mehrebenengeflecht ihre Politik partnerschaftlich mit einer Fülle von Institutionen und Akteuren zu implementieren versuchen (vgl. Syrett, Baldock 2003).

Ihrem Auftrag entsprechend hat die LDA 2001 unter dem Titel „Success Through Diversity" ihre ökonomische Entwicklungsstrategie für

London vorgelegt (vgl. LDA 2001), die Londons ökonomisches Wachstum als World City im Rahmen einer ausgewogenen regionalen Ökonomie verfolgt, London als lernende Region und Stadt des Wissens entwickeln will, seine Erneuerung als lebendige, kulturell und sprachlich vielfältige aber dennoch inklusive Stadt und natürlich auch seine nachhaltige Entwicklung fördern will (ebd.: 9). Ein näherer Blick zeigt jedoch, dass letztlich ein auf die Finanz- und Unternehmensdienstleistungen sowie den Mediensektor abgehobenes Wachstumsmodell als World City verfolgt werden soll, dessen Auswirkungen in einem gewissen Spannungsverhältnis, wenn nicht im Widerspruch zu den anderen genannten Zielen stehen (vgl. Massey 2001).

Inzwischen hat auch der Bürgermeister seine eigene „Spatial Development Strategy" veröffentlicht, die als neue Plan- und Steuerungsform die „Unitary Development Plans" der boroughs aktualisieren und integrieren und zugleich ein Monitoring für die Implementierung bilden und die von der Zentralregierung produzierten „Planning Guidance" für London ersetzen soll. Im Rahmen staatlich vorgegebener Aufgabenstellungen versucht der „draft London Plan" (Mayor for London 2002) soziale, ökonomische und umweltbezogene Aspekte in eine räumliche Entwicklungsstrategie für die nächsten 15-20 Jahre zu integrieren und eine Grundlage für die Abstimmung mit den „boroughs" und den Konsultationsprozess mit der Öffentlichkeit und weiteren wichtigen Akteuren zu liefern. Wie schon seine LDA setzt auch die Vision des Bürgermeisters auf die Entwicklung Londons als exemplarische, nachhaltige World City „based on three interwoven themes: strong, diverse long term economic growth; social inclusivity to give all Londoners the opportunity to share in London's future success; and fundamental improvements in London's environment and use of resources" (ebd.: xii). In der Fachwelt wurde der neue London Plan einerseits begrüßt, zugleich aber auch (Buck et al. 2002: 388 ff.) für seine Wachstumsorientierung bzw. -abhängigkeit, seine stark auf die Ökonomie der Global City abzielende Strategie, seine als zu ehrgeizig empfundene und finanziell nicht abgesicherte Strategie der Verlagerung künftiger Entwicklung in die östlichen Teile der Region (auf der Grundlage neuer Flächen und verbesserter Verkehrsanbindungen) und seine „'Little London' attitude to the wider (functional, W. K.) region" kritisiert. Als die „big question" aber wird hervorgehoben „wether the plan can be implemented, when crucial levers are in the hands of central government, the boroughs and the privat market“ (ebd.: 392).

Betrachtet man abschließend noch einmal die neuen Governance-Strukturen in der FUR London, fällt somit auf, dass die Zentralregierung weiterhin eine dominante Rolle in der Region spielt, während sie in ihrem Kern einiges an Macht an die GLA abgegeben hat. Verbliebene Machtvorbehalte des Zentralstaats, seine Kontrollmöglichkeiten durch das Setzen von Handlungsregularien und Finanzzuweisungen und die nach der Abschaffung des GLC gestärkte Stellung der „boroughs“, deren Befugnisse kaum beschnitten wurden, bergen die Möglichkeit von Konflikten zwischen der GLA und den „boroughs“ und zwischen der GAL und der Zentralregierung, die jederzeit aufbrechen können, wenn der Bürgermeister seine politische und symbolische Macht dazu nutzt, größeren Einfluss oder mehr Ressourcen zu erhalten. Künftige Konflikte zwischen dem Bürgermeister, der Assembly und der LDA sind ebenfalls nicht ausgeschlossen. Die Schaffung weiterer Institutionen auf der Greater London Ebene in einer ohnehin schon überfüllten institutionellen Landschaft akzentuieren die bestehenden Koordinierungsprobleme und schaffen gleichzeitig neue Kooperationsanforderungen. Räumlich muss die Politik über die lokalen Ebenen (SDS/UDS der „boroughs“), die subregionale Ebene (London), die Ebene Greater London, und die FUR-Ebene (Greater London/Hinterland) sowie über die nationale Ebene (Entwicklung der Global City London/Überhitzung Londons und der Region South East und Vernachlässigung anderer englischer Regionen) integriert werden. Die aktuelle „third way“-Rhetorik mit ihrer Betonung von Zusammenarbeit, Partnerschaft und Konsens spielt hier eher die unterschiedlichen Interessen herunter, die über verschiedene räumliche Dimensionen und in vielfältigen Arenen operieren.

Herrschel und Newman (2002: 158) sehen als Folge der zentralstaatlichen Fokussierung auf den regionalen Wettbewerb um Investitionen und die Dreiteilung der FUR London eine Aufteilung der Stadtregion in entsprechende Interessensphären als wahrscheinlich an und sehen die Zentralregierung als Mediator und Unterstützer regionaler Kooperation herausgefordert. Buck et al. (2002: 372 ff.) halten es ebenfalls für unwahrscheinlich, dass die neu geschaffenen subregionalen Governance-Institutionen die für die Bewältigung der anstehenden stadtregionalen Aufgaben erforderlichen strategischen Fähigkeiten und politische Führungskraft entwickeln können. Da die FUR London aber schlicht zu groß ist (gemessen an ihrer Fläche, Bevölkerungszahl oder ihrem Anteil am nationalen BIP) und von zu großer symbolischer Bedeutung für die Zentralregierung, dürfte diese kaum die Bildung einer autonomen regionalen politischen Einheit anstreben. In der Stadtregion selbst sind bis heute auch nur schwache Zeichen regionaler Governance-Kapazitäten zu erkennen wie das im Jahr 2001 eingerichtete „Pan-Regional Advisory Forum on Regional Planning" der GLA und der Regional Assemblies der Regionen South East und East. Die Autoren plädieren deshalb für eine stärkere Rolle der Zentralregierung in der FUR, deren Führungsrolle ohnehin bei schwierigen Entscheidungen gefordert sei, und denken dabei an ein Super-Regional Office für South East England mit einem Präfekten oder Minister als Direktor, das das politische Gewicht hat, um zwischen dem Bürgermeister Londons und den RDAs schlichten, koordinieren und Ressourcen zuweisen zu können. Innerhalb Greater Londons sollten ausserdem informelle subregionale Strukturen geschaffen werden, in deren Rahmen die GLA mit Gruppen von „boroughs" kommunizieren kann und die das Problem, Kooperation benachbarter Räume in einem von Wettbewerb geprägten Umfeld fördern zu müssen, lösen könnten.

4.2 Randstad: Zwei Flügel oder eine integrierte Delta Metropolis?

Die FUR der sich hufeisenförmig über die vier wichtigsten Städte der Niederlande in der westlichen Ecke des Landes erstreckenden Randstad umfasst eine Fläche von rund 6.000 km² mit fast 7 Millionen Einwohnern und 3,09 Millionen Arbeitsplätzen am Wohnort (GEMACA 2002: 76). Die Städte dieser polyzentrischen Städteregion ohne dominanten Kern haben sich spezialisiert und ergänzen sich zunehmend komplementär. Insbesondere in dem aus den Städten Amsterdam und Utrecht und einer Reihe kleinerer Städte gebildeten Nordflügel der Randstad haben diese Komplementaritäten zu einer ökonomischen Vernetzung des Transportwesens, der Finanzdienste, spezialisierter Dienstleistungssektoren sowie der Medienbranche zwischen Leiden, Haarlemmermeer (Flughafen Schiphol), Amsterdam, Almere, Utrecht und Amersfoort geführt. Die Beziehungen zwischen den Verwaltungs- und Justizleistungen, den traditionellen Industrien und den Hafenaktivitäten im Raum Rotterdam/Den Haag, der das städtische Rückgrat des Südflügels der Randstad bildet, sind dagegen weniger komplementär (vgl. Van Wijk 2003). Wie in anderen Verdichtungsräumen haben sich auch in der Randstad die Interaktionen regionalisiert und sind gleichzeitig disperser geworden, auch wenn sie sich nur selten über die gesamte Randstad erstrecken. Die Arbeits- und Wohnungsmärkte Rotterdams und Den Haags überlappen sich zunehmend und im Nordflügel haben sich neben der sich intensivierenden Pendlerverflechtung funktionale Unternehmensnetzwerke zwischen verschiedenen Orten entwickelt (Salet 2003: 175).

Angesichts der ökonomisch ungleichen Entwicklung und der bislang nur schwachen Verflechtungen der beiden Flügel erscheint die Frage nicht unberechtigt, ob sich die Randstad nicht zunehmend in zwei unterschiedliche Teilräume mit jeweils eigenem Profil und Potenzialen differenziert: in den ökonomisch starken Raum Amsterdam-Utrecht im Nordosten der Randstad und die schwächere Region Rotterdam-Den Haag im Süden. Die Möglichkeit einer solchen Entwicklung wird um einiges wahrscheinlicher, wenn man das fragmentierte politische System der Gemeinden und Provinzen mit jeweils eigenen Zuständigkeitsbereichen und die fehlende regionale Governance der Randstad mit berücksichtigt.

Der Nord- und der Südflügel der Randstad scheinen zunehmend eigene Subsysteme der Politik in getrennten Handlungsräumen auszubilden (Kreukels 2003: 198). Die Akteure des Südflügels zögern, Politiken und institutionelle Strukturen oberhalb des Niveaus von Rotterdam und Den Haag zu entwickeln. Im Gegensatz zum Norden ist kaum Bereitschaft zu einem mehr kooperativen Verhalten auszumachen und die Provinz Süd Holland fördert beispielsweise auch keine interkommunalen Kooperationen.

Während der letzten Jahrzehnte wurden in den Niederlanden zwar etliche Anläufe unternommen, einen überlokalen Rahmen für Kooperationen zu schaffen. Das traditionelle, aus Zentralregierung, Provinzen und Gemeinden bestehende Drei-Ebenen-System erwies sich bisher aber als ziemlich veränderungsresistent (vgl. zum Folgenden Hoppenbrouver et al. 2000; Meijers, Romein 2003). Die meisten Initiativen wollten eine formelle oder informelle vierte Ebene zwischen den Gemeinden und Provinzen etablieren. Der neueste Versuch zielt auf die Bildung von offiziellen Stadtregionen. In der Zwischenzeit scheint aber eher das Netzwerk-Paradigma an Einfluss zu gewinnen, verbunden mit der Hoffnung auf neue Impulse für spontane, flexible und innovative kooperative Arrangements auf den verschiedenen räumlichen Ebenen.

Im „Vierten Memorandum zur Räumlichen Planung" betonte die Zentralregierung zum ersten Mal die Notwendigkeit einer Randstad umgreifenden Verwaltungskooperation bzw. einer Zusammenarbeit der wichtigsten Städte. Anfang der 1990er Jahre mündete diese Diskussion in die Idee „Stadtprovinzen" (heute „Stadtregionen" genannt) zu kreieren. Von den im ganzen Land geplanten sieben Stadtprovinzen sollten vier in der Randstad entstehen mit Amsterdam, Rotterdam, Den Haag und Utrecht als Kern. Die Idee war, die Aufgaben der Provinzen und einige strategisch wichtige Bereiche der Gemeinden auf die Stadtprovinzen zu verlagern, die gleichzeitig intraregionale Disparitäten ausgleichen und die Wettbewerbsfähigkeit der Region sichern sollten. Nach zehn Jahren Diskussion wurde jedoch noch keine einzige Stadtprovinz (Region) geschaffen. Die Problematik des innerregionalen Ausgleichs ist offensichtlich nur schwer mit der gewünschten Zusammenarbeit in Übereinklang zu bringen. So wollten z.B. Amsterdam und Rotterdam starke Stadtprovinzen zur Förderung des innerregionalen Ausgleichs und zur Entwicklung regionaler Entwicklungsprogramme schaffen und waren hierfür bereit, ihre Stadt in die einzelnen Stadtviertel aufzulösen, um den umliegenden Gemeinden die Furcht vor der übermächtigen Kernstadt zu nehmen. Diese waren zwar zur Zusammenarbeit bereit, nicht jedoch an einer regional ausgeglichenen Stadtprovinz interessiert. Die schließlich gefundenen inkonsistenten Kompromisse wurden von der Bevölkerung in Mitte der 1990er Jahre durchgeführten Referenden abgelehnt.

In der zweiten Hälfte der 90er Jahre wurde der Gedanke der Netzwerk-Stadt in den Debatten zur Raumentwicklung aufgegriffen. Der Bericht „De Ruimte van Nederland" (1999) identifizierte sechs Städtenetze in den Niederlanden drei davon in der Randstad (Region Amsterdam, Central Utrecht, Südflügel mit Rotterdam), die sich zunehmend zu einem Amalgam verschiedener Zentren und Knoten mit einem Arbeits- und Wohnungsmarkt entwickelten. Die Regionale Koalition Amsterdam (RSA) spiegelt exemplarisch die mit dem neuen Konzept der Netzwerk-Region verbundenen Vorstellungen, insofern sie keine Verwaltungseinheit ist, sondern ein Forum, auf dem sich die verschiedenen Parteien treffen und wechselnde Partner freiwillig zusammen gemeinsame Aufgaben zu lösen versuchen. Solche Arenen für Konsultationen, Konfliktlösungen und Verhandlungen entsprechen den Aversionen der etablierten Administration gegenüber neuen Verwaltungsstrukturen.

Neben diesen Zeichen subregionaler Zusammenarbeit sind neuerdings mit dem „Bureau Regio Randstad“ und der „Vereniging Deltametropool“ auch zum ersten Mal wieder seit den Tagen der 1985 von den Randstad-Provinzen gegründeten „Randstad Overleg Ruimtelijke Ordening“ (RORO) und der von dieser 1987 vorgelegten Vision der Randstad Institutionen entstanden, die die funktionale Region Randstad insgesamt weiterentwickeln wollen. Beide sind Früchte der in den 1990er Jahren geführten Metropolen Debatte, die sich mit der Frage befasste, inwiefern die Randstad eine international bedeutsame Metropolregion ist oder doch werden könnte. Das seit 1999 aktive „Bureau Regio Randstad“ – ein Produkt der Zusammenarbeit zwischen den vier Provinzen, den vier großen Städten und den vier Stadtregionen Amsterdam, Rotterdam, Den Haag und Utrecht – soll gemeinsame Vorstellungen darüber entwickeln, wie die Ökonomie der Randstad im internationalen Zusammenhang weiterentwickelt werden kann und die Qualität des Raumes, die innerregionale Mobilität und internationale Erreichbarkeit sowie die Siedlungsstruktur verbessert werden können. Die 1998 ins Leben gerufene „Vereniging Deltametropool“, eine informelle Einrichtung städtischer Repräsentanten, Vertretern der Wasserwirtschaft, der Industrie- und Handelskammern sowie einer Vielfalt halböffentlicher und privater „stakeholder“, denkt ebenfalls darüber nach, wie die Randstad zu einer wettbewerbsfähigen europäischen Metropolregion entwickelt werden kann.

Hauptanliegen dieses „think tank“ ist die Lobbyarbeit, die aus der inkohärenten Städteregion eine kohärentere urbane Region machen soll. Das von der Vereinigung inzwischen vorgelegte Konzept einer Delta Metropolis sieht deshalb vor, die Randstad als „Delta“, ein grün-blaues Netzwerk natürlicher Biotope, und als „Metropolis“, einen dynamischen verstädterten Raum, zu qualifizieren. Die treibenden Kräfte hierfür werden in einer erhöhten „Diversität“, d.h. der Erweiterung und Vertiefung sozialer, ökonomischer und kultureller Aktivitäten, im „Wettbewerb“, der zu einer nachhaltigen Wohlfahrtssteigerung führen soll, und in „Synergie"-Effekten gesehen (vgl. Bureau Regio Randstad 2001; de Regt, van der Burg 2000). Implementiert werden soll dieses Konzept mit einer Vielzahl von Projekten, die von den verschiedenen Akteuren eingebracht wurden, aber von der Zentralregierung gebilligt und vor allem finanziert werden müssen. Das Delta Metropolis-Konzept war auch Bestandteil des inzwischen verworfenen Entwurfs eines fünften Memorandums zur räumlichen Planung (2001). Es wurde dort allerdings weit weniger ehrgeizig interpretiert und nurmehr auf die ökonomische Schlüsselrolle der Delta Metropolis fokussiert.

Es kann somit zusammenfassend festgehalten werden, dass verglichen mit den Kooperationen zu Beginn des vergangenen Jahrzehnts die in den letzten Jahren zu beobachtende Zusammenarbeit nunmehr alle drei Regierungsebenen umfasst, eine Pluralität von Akteuren einbezieht und auch vielfältigere Ziele verfolgt. Neuerdings hat sich auch der Fokus von der Perspektive unverbundener Stadtprovinzen zur Perspektive der Randstad insgesamt erweitert. Der tatsächliche Einfluss aller dieser Bemühungen und Institutionen ist jedoch begrenzt und ihr Instrumentarium bleibt auf Consulting, Beratung, Informationsangebote und Studien beschränkt. Eine mächtige regionale Randstad-Organisation mit eigenen Befugnissen ist nicht in Sicht. Die Zentralregierung, die Provinzen, die Gemeinden und der „dezentralisierte Einheitsstaat" Niederlande sind so verfestigt, dass jede Änderung nur schwer machbar erscheint. Derzeit scheint es deshalb am aussichtsreichsten, die „intermediäre" Rolle der vier Provinzen der Randstad und die Zusammenarbeit zwischen ihnen zu stärken (anstatt weiter auf die Entwicklung von Stadtprovinzinzen zu hoffen) und die formalen Strukturen der Provinzregierungen und Gemeinden mit flexibleren Strukturen der Zusammenarbeit zu „verknüpfen" (Salet 2003: 186 f.). Da die Randstad aus verschiedenen Gründen bisher auch keine identitätsstiftenden Kräfte entwickelt hat, sind darüber hinaus auch Investitionen in ein neues Randstad-Bewusstsein dringlich, wenn die politische und gesellschaftliche Unterstützung für mehr regionsweite Governance erhöht werden soll.

4.3 Region Paris: ein neuer Raum kollektiver Handlungen und (?) eine neue territoriale politische Führung

Die FUR Paris bedeckt eine Fläche von fast 20.000 km² mit 11,8 Millionen Einwohnern und 4,89 Millionen Arbeitsplätzen am Wohnort (GEMACA 2002: 76). In den letzten Jahrzehnten war die Region Paris durch enorme Veränderungen der Bevölkerungs- und Wirtschaftsstruktur und deren innerregionale Verteilung gekennzeichnet. Der Kernstadtbereich ist in den letzten Jahrzehnten vor allem aufgrund starker Migrationsdefizite durch abnehmende Bevölkerungszahlen gekennzeichnet. Während bis in die 70er Jahre die Départements des inneren Rings (petite couronne) Nutznießer dieser Abwanderung waren, sind es inzwischen die Randbereiche im äußeren Ring (grande couronne). Für diese Verlagerung ist u.a. die Anlage von fünf Neuen Städten (Villes Nouvelles) um Paris ein wichtiger Grund, aber auch der Strukturwandel, in dessen Folge viele Betriebe des sekundären Sektors im Innenstadtbereich verschwanden, um sich – im Sinne eines Dekonzentrationvorganges – in den Außenbezirken neu anzusiedeln. Die Verluste an gewerblich-industriellen Arbeitsplätzen sind jedoch durch Ausweitungen im tertiären Sektor überkompensiert worden. Mehr als zwei Drittel der gesamten regionalen Beschäftigung sind inzwischen in der Zentralstadt und im inneren Ring angesiedelt. Darunter fallen insbesondere auch die hochqualifizierten Arbeitsplätze, die vor allem im Westen und hier wiederum im Département Hauts-de-Seine konzentriert sind, wo auch das größte Dienstleistungszentrum des Landes, die Bürostadt La Défense liegt. Die Dekonzentrationsprozesse in den äußeren Ring verliefen ebenfalls räumlich ungleich, schon weil sog. „pôles d'excellence“ rund um den Flughafen Roissy-Charles de Gaulle im Norden, das Plateau de Saclay im Süden und die Neuen Städte Marne la Vallée im Osten und Cergy Pontoise im Nord-Westen entwickelt wurden. Der industrielle und städtische Niedergang hat einige Gebiete wie Seine-Saint-Denis im Norden von Paris besonders betroffen. Das traditionelle West-Ost Gefälle besteht weiterhin, d.h. die höherqualifizierten Arbeitsplätze und die Bevölkerung mit höherem Einkommen sind nach wie vor im Westen anzutreffen.

Die Zeit des industriellen Umbruchs war begleitet von Reformen der Territorialstruktur als Folge der Dezentralisierungspolitik des französischen Staates seit den frühen 1980er Jahren. Ein wesentliches Resultat war die Aufwertung der Region als eine den Gemeinden und Départements gleichgestellte Gebietskörperschaft. Bis dahin war sie nur eine Gebietskörperschaft öffentlichen Rechts. Der zwischen Zentralstaat und Départements neu eingeschobenen Gebietskörperschaftsebene wurde neben den Kompetenzen für Wissenschaft und Forschung, Umweltschutz und Kulturpflege auch die Zuständigkeit für die Planung sowie für die regionale Struktur- und Wirtschaftspolitik anvertraut. Planverträge zwischen Staat und Region (contrat de plan) sollten die Abstimmung zwischen beiden in der Struktur-, Wirtschafts- und Infrastrukturpolitik gewährleisten. Die Regionen wurden aber nur relativ bescheiden personell und finanziell ausgestattet und auch nur schwach legitimiert, insofern der Conseil Régional im Gegensatz zu den Räten der Gemeinden und Departements nicht direkt gewählt wird. Eine Region umfasst mehrere Départements, die die „mächtigsten" Gebietskörperschaften darstellen und mit der Reform ihre eigenen gewählten Präsidenten erhielten und nicht mehr länger direkt vom Präfekten als dem lokalen/regionalen Repräsentanten des Staates abhängen. Der Präfekt nimmt nun eine intermediäre Rolle ein, unterstützt die lokale Ebene bei der Übernahme nationaler Politiken und versucht die Aktivitäten der staatlichen Verwaltung auf der Regions- und Départements-Ebene zu koordinieren.

Seit 1986 hat auch die Île-de-France, die mehr oder weniger die FUR Paris abdeckt, einen gewählten Präsidenten und einen Regionalrat. Aufgrund der politischen und ökonomischen Bedeutung der Hauptstadtregion wurde die schon generell als begrenzt und ambivalent kritisierte Dezentralisierung (vgl. W. Brücher 1987) jedoch in der Region Paris restriktiver als im übrigen Frankreich implementiert (vgl. zum Folgenden Lefèvre, Roméra 2001; Lefèvre 2003). Wichtige Politikbereiche wie die Regionalplanung und der Transportbereich blieben unter zentraler Kontrolle. Während in den anderen metropolitanen Regionen Masterpläne von den lokalen Gebietskörperschaften (Gemeinden, Départements und Region) erarbeitet und implementiert wurden, behielt sich die Regierung die Billigung des aktuell gültigen „Schéma Directeur de la Region Île-de-France" (SDRIF) vor, das den lokalen Gebietskörperschaften 1994 aufgezwungen wurde, obwohl sie alle dagegen votiert hatten. Mehr denn anderswo blieb die Raumordnungspolitik mittels Kontrolle der Contrat de Plan Etat-Region (CPER) auch auf regionaler Ebene zentrale Angelegenheit, nicht zuletzt auch deswegen, weil der Conseil Regional dé Île-de-France (CRIF) bis in die jüngste Zeit keine eigenen Politiken definierte oder priortäre Aufgaben benannte. Entsprechend konnte er auch nicht die Rolle eines Mediators zwischen der staatlichen Ebene und den anderen lokalen Gebietskörperschaften übernehmen. Dem Staat fiel die Regierung seiner Hauptstadtregion auch deshalb leicht, weil hier die lokale Ebene lange Zeit besonders zersplittert blieb und interkommunale Kooperationen bis in die jüngste Zeit nicht zustande kamen. Insbesondere die die Region dominierende Stadt Paris verweigerte jegliche Kooperation mit anderen Gemeinden der Region oder mit den Départements.

In den letzten Jahren mehren sich jedoch die Zeichen, dass die Île-de-France zu einem Raum kollektiver Aktionen geworden ist und politische Entscheidungen mehr und mehr das Ergebnis kooperativer Prozesse zwischen einer Vielzahl regionaler „stakeholder" sind (Abb. 5). Die Zentralregierung bleibt zwar der stärkste Akteur und behält eine wesentliche Rolle, insbesondere über die Finanzierung der Investitionsprogramme und die direkten Interventionen einzelner Ministerien und des regionalen Präfekten. Sie agiert nun aber weniger zentralistisch, weniger interventionistisch und sucht statt dessen verstärkt die Kooperation mit anderen Akteuren. Neben der zunehmenden interkommunalen Zusammenarbeit in der Region ist der zunehmende Einfluss und die aktivere Rolle des Regionalrates am bemerkenswertesten. Die Region ist nun Mitglied in wichtigen regionalen Einrichtungen, aus denen sie bisher gesetzlich ausgeschlossen war. Schließlich hat sie einige, freilich noch bescheidene, Fähigkeiten darin entwickelt, ökonomische und gesellschaftliche Akteure für regionale Projekte zu mobilisieren.

Im Gegensatz zu den ersten zentralstaatlich dominierten CPER wurde der aktuelle Planvertrag der vierten Generation (2000-06) in einem offenen Prozess zusammen mit dem CRIF ausgehandelt. Der Regionalrat argumentierte zum ersten Mal auf der Grundlage regionalplanerischer Vorstellungen und mit einer Liste spezifischer Aktivitäten für die künftige Entwicklung der Region, die aus Diskussionen zwischen den lokalen Gebietskörperschaften hervorgegangen waren. Die bevorstehende Revision des SDRIF soll durch den CRIF erarbeitet und von der Region gebilligt werden. Der CRIF ist nunmehr Mitglied des neu geschaffenen „Syndicat des Transports de l'Île-de-France" (STIF).

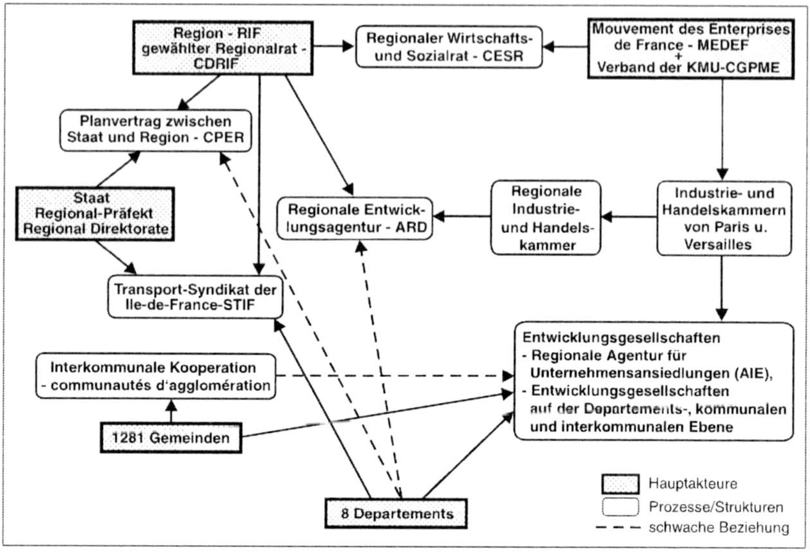

Quelle: GEMACA, Knapp

Abbildung 5: Regionale Governance der Île-de-France (2002)

Der Zentralstaat behält zwar den Vorsitz im STIF-Vorstand und verfügt über 50 Prozent der Stimmen und er bleibt auch über die regionalen Aktivitäten des Präfekten im Spiel, wenn es um die Erstellung des neuen regionalen Masterplans geht. Der Regionalrat scheint dennoch mehr und mehr Autonomie zu gewinnen und ein aktiver und ernst zu nehmender Partner für die Zentralregierung zu werden. Der jüngste Transfer von Kompetenzen auf die Ebene der lokalen Gebietskörperschaften, vor allem auf die Regionen, in den Bereichen der Qualifikation und Bildung und die Einrichtung einer Regionalen Entwicklungsagentur im Jahr 2001 sind hierfür weitere Belege. Die „Agence Régionale de Dévelopment" (ARD) wurde als Partnerschaft zwischen dem CRIF und den Industrie- und Handelskammern gegründet und hat mittlerweile auch sieben der acht Départements der Region einbezogen. Der CRIF, der 95 Prozent des Budgets zur Verfügung stellt, will die ARD zu einem strategischen Akteur auf dem Feld der regionalen ökonomischen und sozialen Entwicklung aufbauen.

Inzwischen hat auch das Gesetz über die Stärkung und Vereinfachung der interkommunalen Kooperation von 1999 die Landschaft der Verwaltungsgemeinschaften und Stadt-Umlandverbände neu geordnet (vgl. Uterwedde 2001: 221 f.). Es gibt nun drei Kategorien von Gemeindeverbänden, die sich nach der Einwohnergröße richten. Vor allem die hier interessierenden städtischen Stadtverbände, die „communauté urbaine“ für Ballungsräume mit über 500.000 Einwohnern und die „communauté d'agglomération“ für zusammenhängende Siedlungsräume über 50.000 Einwohner und einer Kernstadt mit mindestens 15.000 Einwohnern, wurden mit einer Reihe obligatorischer Kompetenzen ausgestattet, die die Stadtentwicklung und Flächenplanung, die Wirtschaftsförderung oder das soziale Gleichgewicht im Wohnungsbau betreffen. Eine einheitliche Gewerbesteuer (taxe professionnelles unique) in den Gemeindeverbänden dient als Finanzierungsquelle der Verbände und soll Konkurrenz zwischen den beteiligten Kommunen abbauen. Im Gefolge dieser Änderungen wurden nunmehr auch in der Pariser Region bis 2002 ungefähr zehn „communautés agglomération“ ins Leben gerufen, die als neue Akteure die regionale Governance anreichern und zugleich komplexer machen.

Alles in allem haben viele der beschriebenen Änderungen das Potenzial, der Region zu einer echten regionalen „organizing capacity“ zu verhelfen. Politisch unterstützt wird eine stärkere regionale Zusammenarbeit vor allem durch den staatlichen Repräsentanten in der Region (Präfekt) und den Regionalrat, während die Départements und ihre ökonomischen Entwicklungsagenturen, auch wenn das nicht öffentlich zugegeben wird, (noch) eher zurückhaltend sind, was den Aufbau einer regionalen Governance betrifft. Das sich entwickelnde System ist noch weitgehend eine Angelegenheit öffentlicher Institutionen, auch wenn sich der CRIF im Rahmen der Diskussion regionaler Entwicklungsstrategien um die Mitwirkung der Kammern, Unternehmensverbände und Gewerkschaften bemüht. Gesellschaftliche Unterstützung kommt bislang hauptsächlich von der nationalen Ebene und hebt auf die Hauptstadtfunktion und die Rolle von Paris als „global city“ ab. Die Bewohner der Region haben bisher kaum regionales Bewusstsein entwickelt und fühlen sich eher als Pariser.

Das Auftauchen neuer Akteure und neuer Interaktionsstrukturen hat zu einem Governance-System geführt, das gegenwärtig insofern als instabil zu kennzeichnen ist, als keiner der Akteure die nötige Legitimation und Ressourcenausstattung hat, um die Führung in diesem System zu übernehmen. Nach dem teilweisen Rückzug des Staates bzw. mit dem geänderten Stil staatlicher Politik müssen die lokalen Gebietskörperschaften neue, stabile Strukturen aufbauen, in denen die Region und die interkommunale Kooperation als neue Kräfte die ehemalige Rolle des Staates teilweise übernehmen. Die weitere Entwicklung scheint somit vor allem eine Frage der territorialen Führung zu sein, wobei hier verschiedene Szenarien denkbar sind. Abgesehen von der weiteren, reformierten staatlichen Kontrolle, könnte die FUR Paris ein fragmentierter Raum bleiben, in dem interkommunale Strukturen und einzelne erstarkte Départements dominieren und die Île-de-France als Bezugsrahmen politischen Handelns und kollektiver Handlungsraum wieder verschwindet. Es ist aber auch nicht unwahrscheinlich, dass der CRIF verstärkt versucht, die verschiedenen Netzwerkaktivitäten in der Region zu koordinieren oder gar anstrebt, der zentrale Akteur der Region zu werden und die regionale Führungsrolle zu übernehmen. Netzwerkmanagement erscheint politisch weniger risikoreich als die Übernahme der regionalen Führungsrolle, weil die Autonomie und die Balance zwischen den existierenden Institutionen weitgehend erhalten bliebe. Der Regionalrat könnte künftig aber auch versuchen, die intermediäre und die strategische Rolle in gewissem Umfang zu kombinieren. Auf jeden Fall scheint die Zukunft des derzeit noch instabilen Governance-Systems in der FUR Paris wesentlich davon abzuhängen, welchen Weg der CRIF gehen wird.

Alle drei Fallbeispiele zusammen betrachtet zeigen, dass überall der potenzielle Nutzen stadtregionaler „organizing capacity", wenn auch nicht von allen relevanten Akteuren erkannt wurde. Metropolitane Reformen stehen derzeit auf der internationalen Agenda. Die Beispiele zeigen aber auch, dass die bisherigen Bemühungen, verglichen mit dem Idealmodell der „organizing capacity" einer Region, die drei FURs faktisch noch nicht sehr weit vorangebracht haben auf dem Weg zu mehr regionaler Handlungsfähigkeit.

Literatur

Albrechts, L. (2001): How to Proceed from Image and Discourse to Action: As Applied to the Flemish Diamond. In: Urban Studies 38 (4), S. 733-45

Allen, J. et al. (1998): Rethinking the Region. London, New York

Brücher, W. (1987): Frankreich – Dezentralisierung oder Persistenz des Zentralismus? In: Geographische Rundschau 39, S. 668-674

Buck, N. et al. (2002): Working Capital. Life and Labour in Contemporary London. London, New York

Camagni, R. (2001): The Economic Role and Spatial Contradiction of Global City-Regions: The Functional, Cognitive, and Evolutionary Context. In: Scott, A. J. (Hrsg.): Global City Regions: Trends, Theory, Policies. New York, S. 96-118

Camagni, R. (2002): On the Concept of Territorial Competitiveness – Sound or Misleading? Paper für den 42nd Congress of the European Regional Science Association August 27th-31st 2002 in Dortmund

Cheshire, P. C.; Gordon, I. (1998): Territorial Competition – Some Lessons for Policy. In: The Annals of Regional Science 32, S. 321-346

De Regt, A.; Van der Burg, A. (2000): Randstad Holland – The Delta Metropolis. In: Informationen zur Raumentwicklung, 11/12, S. 691-703

Deas, I.; Giordano, B. (2001): Conceptualising and Measuring Urban Competitveness in Major English Cities – An Exploratory Approach. In: Environment and Planning A, 33, S. 1411-1429

GEMACA (2002): Economic Performance of the European Regions, Cahiers De L'institut D'amenagement Et D'urbanisme De La Region D'Ile-De-France (IAURIF) Nr. 135, Paris

Gordon, I. (2001): Unpacking‚Competitiveness' as a Governance Issue for London. In: Syrett, S.; Baldock, R. (Hrsg.): Governing London: Competitiveness and Regeneration for a Global City. London, S. 23-34

Gordon, I. (1999): Internationalisation and Urban Competition. In: Urban Studies 36, S. 1001-1016

Gough, J. (2003): The Genesis and Tensions of the English Regional Development Agencies. Class Relations and Scale. In: European Urban and Regional Studies 10 (1), S 23-38

Hambleton, R. (2000): Modernising Political Management in Local Government. In: Urban Studies 37 (5/6), S. 931-950

Healey, P. (1997): Collaborative Planning – Shaping Places in Fragmented Societies. London

Healey, P. (2001): Spatial Planning as a Mediator for Regional Governance. Paper for the Euro-Conference on Regional Governance: New Modes of Self-Government in the European Community in Hannover, 19-21 April

Healey, P. (2002): On Creating the 'City' as a Collective Resource. In: Urban Studies 39 (10), S. 1777-1792

Herrschel, T.; Newman, P. (2002): Governance of Europe's City Regions. Planning, Policy and Politics. London, New York

Hoppenbrouwer, E.; Meijers, E.; Romein, A.; Lambretgs, B. (2000): Polycentric Urban Regions in the North Western Metropolitan Area – Regional Report on the Randstad. Unpublished Paper Produced within the Framework of EURBANET, OTB Delft

Ipenburg, D.; Lambregts, B. (2001): The Randstad. In: Ipenburg, D.; Lambregts, B. (Hrsg.): Polynuclear Urban Regions in North West Europe. A Survey of Key Actors Views. In: Housing and Urban Policy Studies 18, Delft: DUP Science. S. 7-30

Ipsen, D. (1997): Raumbilder. Kultur und Ökonomie räumlicher Entwicklung. Pfaffenweiler

Kresl, P. K. (1995): The Determinants of Urban Competitiveness – A Survey. In: Urban Affairs Annual Review 44, S. 45-67

Kreukels, A. (2003): Rotterdam and the South Wing of the Randstad. In: Salet, W. et al. (Hrsg.): Metropolitan Governance and Spatial Planning. London, New York, S. 189-201

Krugman, P. R. (1995): Development, Geography and Economic Theory. Cambridge

Krugman, P. R. (1996): Pop Internationalism. Cambridge

LDA (London Development Agency) (2001): Success through Diversity: London's Economic Development Strategy. London

Lefèvre, C. (2003): Paris-Ile-De-France Region. In: Salet, W. et al. (Hrsg.): Metropolitan Governance and Spatial Planning. London, New York, S. 287-300

Lefèvre, C.; Romèra, A. M. (2001): La gouvernance en Ile-De-France dans le domaine economique: contexte et evolution. Report for the GEMACA, IAURIF. Paris

Leitner, H.; Sheppard, E. (1998): Economic Uncertainty, Interurban Competition and the Efficacy of Entrepreneurialism. In: Hall, T.; Hubbard, P. (Hrsg.): The Entrepreneurial City. London, S. 285-308

Massey, D. (2001): Opportunities for a World City. Reflections on the Draft Economic Development and Regeneration Strategy for London. In: City 5 (1), S. 101-105

Mayor for London (2002): The Draft London Plan. Greater London Authority, London

Meijers, E.; Romein, A. (2003): Realizing Potential: Building Regional Organizing Capacity in Polycentric Urban Regions. In: European Urban and Regional Studies 10 (2), S. 173-186

Meijers, E.; Romein, A.; Hoppenbrouwer, E. (Hrsg.) (2003): Planning Polycentric Urban Regions in North West Europe: Value, Feasibility and Design. Housing and Urban Policy Studies 25, Delft

Newman, P.; Thornley, A. (1997): Fragmentation and Centralisation. In: the Governance of London – Influencing the Urban Policy and Planning Agenda. In: Urban Studies 34, S. 967-988

Porter, M. E. (1996): Competitive Advantage, Agglomeration Economics and Regional Policy. In: International Regional Science Review, Nr. 19, S. 85-90

Porter, M. E. (2001): Regions and the New Economics of Competition. In: Scott, A. J. (Hrsg.): Global City Regions: Trends, Theory, Policies. New York, S. 139-157

Roberts, P. W.; Greg Loyd, M. (2000): Regional Development Agencies in England – New Strategic Regional Planning Issues? In: Regional Studies, 34 (1), S. 75-79

Salet, W. (2003): Amsterdam and the North Wing of the Randstad. In: Salet, W. et al. (Hrsg.): Metropolitan Governance and Spatial Planning. London, New York, S. 175-188

Sheppard, E. (2000): Competition in Space and between Places. In: Sheppard, E.; Barwas, T. J. (Hrsg.): A Companion to Economic Geography. Oxford, S. 169-186

Simmons, M. (2000): The New London Government and its Spatial Development Strategies. In: Informationen zur Raumentwicklung 11/12, S. 671-677

Storper, M. (1997): The Regional World. New York, London.

Syrett, S.; Baldock, B. (2003): Reshaping London's Economic Governance. The Role of the London Development Agency. In: European Urban and Regional Studies 10 (1), S. 69-86

Thornley, A. (2003): London-Institutional Turbulence but Enduring Nation-State Control. In: Salet, W. et al. (Hrsg.): Metropolitan Governance and Spatial Planning. Compared Case Studies of European City-Regions. London, New York, S. 41-56

Tomaney, J. (2001): The New Governance of London. A Case of Post-Democracy? In: City 5 (2), S. 225-248

Uterwedde, H. (2001): Frankreich – Die Ambivalenz der Dezentralisierung. In: Jahrbuch des Föderalismus 2001, herausgegeben vom Europäischen Zentrum für Föderalismus Forschung Tübingen. Baden-Baden, S. 217-225

Van Den Berg, L.; Braun, E. (1999): Urban Competitiveness, Marketing and the Need for Organizing Capacity. In: Urban Studies 36 (5-6), S. 987-999

Van Den Berg, L.; Braun, E.; Van Der Meer, J. (1997): The Organizing Capacity of Metropolitan Regions. In: Environment and Planning C: Government and Space, Vol. 15, S. 253-272

Van Wijk, M. (2003): Cityports and Globalizing City-Regions. A Regional Economic Analysis of the Randstad – Deltametropolis. Paper für den 3. gemeinsamen ACSP-AESOP Kongress in Leuven

Rainer Danielzyk

16. Strukturwandel und Reorganisation der Metropolregion Rhein-Ruhr

1 Einleitung[1]

Die Europäische Metropolregion Rhein-Ruhr wurde Mitte der 1990er Jahre durch die Ministerkonferenz für Raumordnung (MKRO 1995) und die nordrhein-westfälische Landesplanung (LEP NRW 1995) definiert. Sie hat bis heute allerdings nicht die fachliche und öffentliche Aufmerksamkeit wie z.B. die Metropolregionen Hamburg oder Frankfurt/Rhein-Main erlangen können. In diesem Beitrag sollen zunächst aktuelle Strukturen und Entwicklungen der Metropolregion Rhein-Ruhr kurz vorgestellt werden (Kap. 2). Anschließend wird untersucht, inwieweit innovative Cluster und eine moderne, strategische, auf Cluster und Kompetenzfelder orientierte Strukturpolitik in der Metropolregion an Bedeutung gewonnen haben (Kap. 3). Im darauf folgenden Teil geht es um die Frage, ob und inwieweit die bislang fehlende regionale Kooperation im Sinne einer „Selbststeuerungsfähigkeit" in dieser komplexen und durch vielfältige Kooperationsstrukturen gekennzeichneten Metropolregion etabliert werden kann (Kap. 4).[2]

---

[1] Überarbeitete Fassung des Vortrages vom 27.02.2003 in Erkner bei Berlin. Ich danke Wolfgang Knapp für die wertvollen Anregungen bei der Vorbereitung des Beitrages.

[2] Grundlagen dieses Beitrages sind zum einen Forschungsergebnisse einer im Rahmen des INTERREG II C - Programms der EU geförderten Untersuchung der Group for European Metropolitan Areas Comparative Analysis (GEMACA 2002), an der das ILS beteiligt war und die sich mit der Wettbewerbsfähigkeit europäischer Metropolregionen in Nordwest-Europa befasst hat. Insbesondere wird dabei auch auf eine in diesem Zusammenhang entstandene Studie des Institutes Arbeit und Technik (IAT 2001) zurückgegriffen. Zum anderen wird auf Beiträge und Ergebnisse zweier größerer Konferenzen zu dieser Thematik Bezug genommen, die das ILS mit Ausrichtung auf die regionalen politischen und gesellschaftlichen Akteure 2002 durchgeführt hat (vgl. ILS 2002 a,b).

2 Metropolregion Rhein-Ruhr: Strukturen und Entwicklungen

Die Metropolregion Rhein-Ruhr ist ein „Kunstprodukt", das im Jahr 1995 durch eine entsprechende Ausweisung im Landesentwicklungsplan des Landes NRW (LEP NRW 1995) erstmals landesplanerisch definiert wurde. Dieses geschah in einer für politisch-administrative Vorgänge geradezu „spontanen" Weise (Blotevogel 2002: 111), was unter anderem daran zu erkennen ist, dass sie in den Entwurfsfassungen des LEP noch gar nicht vorgesehen war. Ein wichtiges Motiv war sicher die damalige raumplanerische Diskussion auf europäischer und bundesdeutscher Ebene, durch die auch hierzulande die Bedeutung der „Europäischen Metropolregionen" als „Motoren" der wirtschaftlichen und sozialen Dynamik zunehmend in den Blickpunkt des planerischen und politischen Interesses geraten war (vgl. z.B. MKRO 1995).

Gemäß landesplanerischer Definition erstreckt sich die Europäische Metropolregion Rhein-Ruhr von Bonn im Süden und Mönchengladbach im Westen bis Hamm im Nordosten. Die Intention war und ist, diese Region als Funktionalregion zu entwickeln und international zu profilieren. Mangels abgesicherter Kriterien und empirischer Untersuchungen wurde die Region seiner Zeit aber nach der Bevölkerungsdichte abgegrenzt. Die so rechtsgültig abgegrenzte Region umfasst ca. 6.400 km^2, auf denen knapp 10 Mio. Menschen leben.[3]

Die als Funktionalregion zu verstehende Metropolregion Rhein-Ruhr weist keines der Merkmale vieler anderer Regionsbildungen auf, wie z.B. eine gemeinsame Geschichte, einen unterscheidbaren Landschaftstyp, eine einheitliche politisch-administrative Organisationsform o.ä.. Insoweit ist die Metropolregion Rhein-Ruhr „in den Köpfen" der Akteure und der Bevölkerung nicht präsent (Blotevogel 2002: 112; Schmitt, Knapp 2001). Aus regionalwissenschaftlicher und planerischer Sicht sind verschiedene Teilräume hervorzuheben: Das Ruhrgebiet, wobei hier noch einmal zwischen dem Kernraum des Ruhrgebietes und seiner Peripherie zu unterscheiden wäre, das Rheinland mit den Städten der sog. Rheinschiene

[3] Wenn man empirische Verflechtungen, z.B. Pendelbeziehungen, als Kriterium heranziehen würde, käme man auf eine funktionale Städteregion von 11.500 km^2 mit einer Bevölkerung vom 11,7 Mio. Einwohnern; vgl. GEMACA 2002: 30, 76.

(Düsseldorf, Köln, Bonn) und seinen Randbereichen im Osten und Westen sowie das Bergische Land.

Im Hinblick auf die Siedlungsstruktur ist darüber hinaus zu betonen, dass es sich bei der Metropolregion Rhein-Ruhr – im Gegensatz zu monozentrischen Agglomerationen wie London und Paris – um eine polyzentrale Region handelt, in der es, von Größe und politischem Status her, keine ausgeprägte Hierarchie der Städte gibt. Insoweit handelt es sich um eine „echte" interurbane Polyzentralität, was zumindest analytisch von der heute im Zusammenhang mit Fragen der Stadtentwicklung viel diskutierten Auflösung der Hierarchie von Zentrum und Peripherie in Städten bzw. Stadtregionen zu unterscheiden ist (intraurbane Polyzentralität). Die Betrachtung einiger weniger Indikatoren kann einen Eindruck von der Heterogenität und inneren Differenzierung der Metropolregion Rhein-Ruhr vermitteln:

Zunächst zeigt eine Analyse der räumlich differenzierten Entwicklung der Bevölkerung in NRW in den letzten 25 Jahren das zu erwartende Muster, d.h. Verluste in den (meisten) Kernstädten der Metropolregion und ein Wachstum des suburbanen Raumes und großer Teile weiter entfernter ländlicher Räume. Eine auf einer amtlichen Prognose basierende Schätzung der künftigen Bevölkerungsentwicklung bis 2015 zeigt ein differenziertes Bild und einige unerwartete Entwicklungen. Hauptverlierer werden danach der Kernraum des Ruhrgebietes, aber auch das Bergische Land und sogar Teile des ersten suburbanen Ringes sein, während der Rheinschiene z.T. eine positive Entwicklung vorhergesagt wird (vgl. Abb. 1).

Differenziert war auch der Verlauf der Beschäftigungsentwicklung während der 1990er Jahre. Verlierer waren hierbei vor allem der Kernraum des Ruhrgebietes, aber, was viel seltener wahrgenommen wird, auch das Bergische Land. Beschäftigungswachstum verzeichneten demgegenüber das südliche Rheinland und – noch viel stärker! – andere Teile von NRW, insbesondere im Münsterland.

Die besondere Problematik der Beschäftigungsentwicklung im Ruhrgebiet zeigt sich bei einem Vergleich mit anderen westdeutschen Agglomerationen (vgl. Bade, Kiehl 2002). Vor allem das Ruhrgebiet, aber auch das Bergische Land hatten in den letzten 25 Jahren eine sehr ungünstige Entwicklung der Erwerbstätigkeit aufzuweisen (ebd.: 9). Hauptgrund dafür

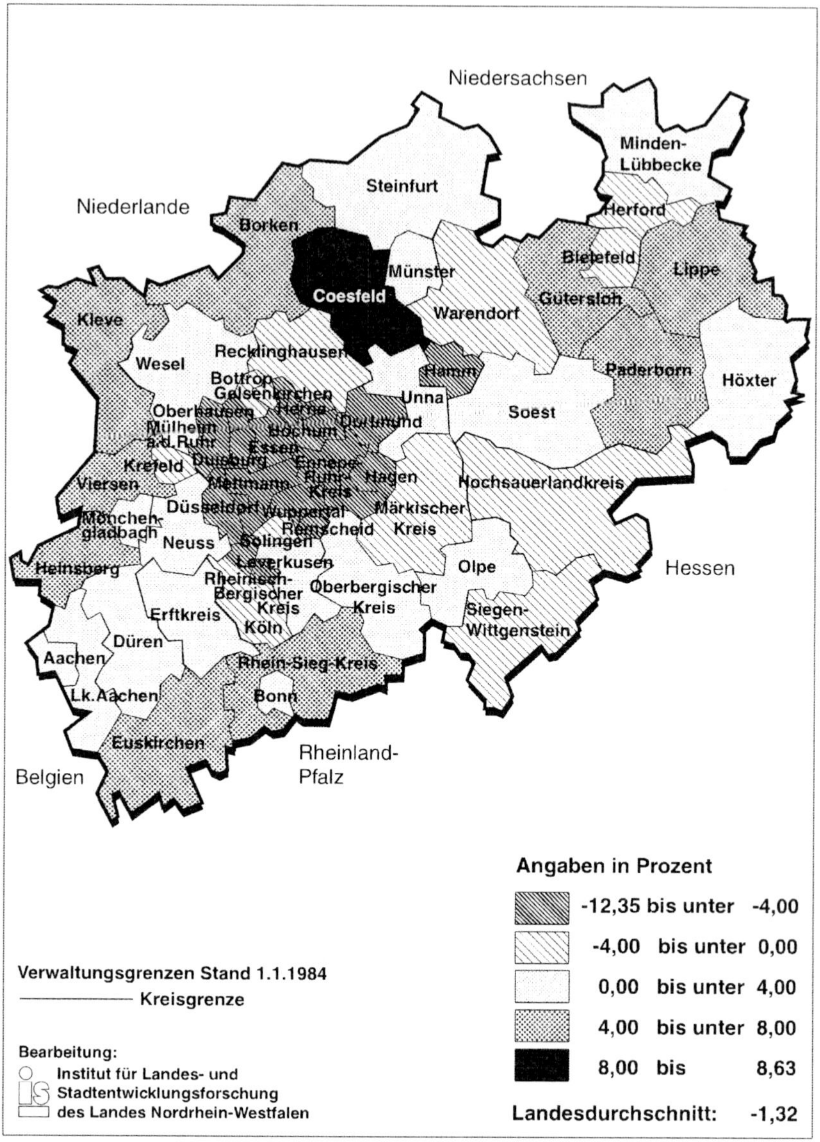

Quelle: Eigene Darstellung

Abbildung 1: Bevölkerungsprognose für NRW 2000 bis 2015

war die Entwicklung der Erwerbstätigkeit im produzierenden Gewerbe (ebd.: 18), die im Ruhrgebiet mit deutlichem Abstand am ungünstigsten ausfiel. Besonders nachdenklich muss aber stimmen, dass auch im Dienstleistungssektor das Ruhrgebiet (wie auch wieder das Bergische Land) sehr ungünstige, weit unterdurchschnittliche Entwicklungen zu verzeichnen hat, während die Rheinschiene zumindest etwas oberhalb des Durchschnittes der westdeutschen Verdichtungsräume zu finden ist (ebd.: 21). Daran wird einerseits die Schärfe der Problematik im Ruhrgebiet (und im Bergischen Land), andererseits wiederum die innere Differenziertheit der Metropolregion deutlich. Letztere kann auch mit Hilfe eines Vergleichs der Beschäftigungsprofile der wichtigsten Städte der Region veranschaulicht werden (vgl. IAT 2001: 6).

Vergleicht man die Metropolregion Rhein-Ruhr mit anderen nordwesteuropäischen Agglomerationen, dann fällt deren ökonomische Performance eher schlecht aus (vgl. GEMACA 2002: 73 ff., 166 f.). Bei einigen entwicklungsrelevanten Indikatoren findet sich die Metropolregion Rhein-Ruhr auf den hinteren Plätzen oder gar auf dem letzten Platz der 14 verglichenen Metropolregionen wieder. Derartige Ergebnisse sollten politisch „aufrütteln", geben aber die innere Vielfalt der Metropolregion nicht angemessen wieder.

3 Cluster, Kompetenzfelder und Entwicklungsstrategien

Als eine wichtige Grundlage für die erfolgreiche Gestaltung regionalen Strukturwandels gilt heute vielfach die Existenz bzw. die Entwicklung innovativer, wettbewerbsfähiger Cluster im Rahmen einer modernen, strategischen Strukturpolitik, die sich zunehmend von einer Ausrichtung auf einzelne Sektoren oder Branchen weg und stärker auf Verbundkomplexe sowie auf ihnen aufbauende Netzwerke hin orientiert. Inwieweit Anzeichen hierfür in der Metropolregion Rhein-Ruhr vorhanden sind, untersuchte das IAT (2001) im Auftrage von GEMACA. Dabei handelt es sich um die aktuellste regionalökonomische Studie zur Metropolregion Rhein-Ruhr, die ansonsten – im Gegensatz etwa zum Ruhrgebiet! – bislang recht wenig empirisch untersucht wurde.

Strukturpolitik sowie kommunale und regionale Wirtschaftsförderung haben sich in den vergangenen Jahrzehnten grundlegend verändert und dabei nicht nur ihr Aufgabenspektrum ausgeweitet, sondern sich auch ausdifferenziert. Inhaltlich versuchen Struktur- und Wirtschaftsförderungspolitik einen Rahmen zu setzen, der auf eine strategische Bündelung unterschiedlicher Konzepte und Aktivitäten abzielt und auf Cluster, Kompetenzfelder und regionale Netzwerke setzt. Der Vorteil besteht unter anderem darin, dass aus dem Zusammenwirken verschiedener Ressourcen eine Dynamik entstehen soll, die dazu beitragen könnte, dass Innovationen in einer Region häufiger stattfinden als in anderen Regionen.

Cluster, Kompetenzfeld und regionales Innovationssystem sind zwar theoretisch unterscheidbare Begriffe, lassen sich in der Praxis aber nicht klar trennen. Das IAT (2001: 9) versteht unter „Cluster" regionale Konzentrationen von Produktionsketten, stellt also die sektorale Betrachtung in den Mittelpunkt. „Kompetenzfelder" thematisieren diese regionalen Konzentrationen von ihren Grundlagen und Vernetzungen her und heben neben den sektoralen auch auf individuelle, zwischenbetriebliche und sich aus dem Zusammenspiel der Akteure ergebende regionale Kompetenzen ab. Cluster und Kompetenzfelder müssen nicht innovativ sein, weshalb daneben noch „regionale Innovationssysteme" unterschieden werden, bei deren Betrachtung Innovationsfähigkeit und Wachstum in den Mittelpunkt rücken. Das IAT (2001) hat nun folgende Cluster untersucht: Informations- und Kommunikationstechnologien, „Kreativindustrien", Biotechnologien und pharmazeutische Industrie, Umwelttechnik, Logistik, altenorientierte Dienste. An dieser Stelle wird zunächst auf die beiden erstgenannten eingegangen. Anschließend werden einige vergleichende Aussagen gemacht, die auch die Entwicklungen der anderen Cluster einbeziehen.

Ein Problem bei der Analyse des I+K Sektors sind die nur unzulänglich verfügbaren statistischen Daten.[4] Des Weiteren ist zu beachten, dass es in der jüngsten Vergangenheit gerade in diesem Sektor einige „Einbrüche" gegeben hat, die in der hier referierten Untersuchung noch nicht berücksichtigt werden konnten. In der zweiten Hälfte der 1990er Jahre

[4] Hier werden dazu in der NACE Klassifikation die Gruppen 30.0, 31.30, 32, 33.2, 33.3, 51.64, 64.2, 71.33 und 72 gerechnet.

war der I+K-Sektor im Rhein-Ruhr-Raum von einer deutlichen Wachstumsdynamik gekennzeichnet: Die Zahl der Firmen stieg von 7.721 (1994) auf 10.257 (1999), die Zahl der Beschäftigten von ca. 120.000 (1995) auf ca. 162.000 (2000) (vgl. hierzu und zum Folgenden IAT 2001: 10 ff.). Schwerpunkte der Entwicklung waren die Arbeitsamtsbereiche Düsseldorf, Köln, Bonn, aber auch Essen und Dortmund im Ruhrgebiet.

Ein Beispiel für eine räumliche Clusterbildung eines Teils des I+K Sektors ist die Software-Entwicklung in Dortmund. In dieser Stadt, die früher als Produktionsstandort für Kohle, Stahl und Bier bekannt war, arbeiten inzwischen ca. 13.000 Beschäftigte in 900 Unternehmen der Software-Branche, wobei im Mittelpunkt anwendungsorientierte Software steht. Ein wesentlicher Entwicklungsfaktor ist dabei, dass sich die größte Informatikfakultät der Bundesrepublik an der Universität Dortmund befindet. Ein Teil der Unternehmen ist in einem sehr dynamisch wachsenden Technologiepark in der Nähe der Universität angesiedelt. Die Stadt Dortmund unterstützt diese Entwicklungen massiv mit Hilfe des sog. „Dortmund-Projects". Allerdings ist auch festzustellen, dass (noch?) ein großer Teil der Absolventen der Informatik Dortmund und die Region mangels geeigneter oder attraktiver Arbeitsplätze verlässt.

Insgesamt ist festzuhalten, dass mit Ausnahme der Herstellung von Büromaschinen und Computern die Rhein-Ruhr-Region ein bedeutendes Zentrum der I+K-Branche ist. Neben dem erwähnten Software-Cluster Dortmund sind Bonn und Düsseldorf als Standorte international bedeutsamer Telekommunikationskonzerne und darauf bezogener Dienstleistungen zu erwähnen.

Mindestens ebenso schwierig wie der I+K Sektor sind die sog. „Kreativindustrien" empirisch zu erfassen.[5] Dieser Sektor ist in der Rhein-Ruhr-Region von knapp 38.000 Firmen (1994) auf knapp 41.000 Firmen (1999) gewachsen. Noch deutlicher nahm die Beschäftigung zu: Von knapp 280.000 (1995) auf über 420.000 (2000) (vgl. hierzu und zum Folgenden IAT 2001: 22 ff.). Dabei sind z.T. deutliche lokale und teilregionale Spezialisierungen zu beobachten. Während Düsseldorf eine recht breit gefä-

[5] Hier werden dazu vor allem die Werbung, die Musikindustrie, das Verlagswesen, Film-, TV- und Radio-Produktionen sowie damit verbundene Software-, Computer- und technische Aktivitäten gerechnet.

cherte Struktur im Bereich der Kreativindustrien aufzuweisen hat, stehen in Köln das Verlagswesen sowie der Film-, TV- und Radio-Sektor im Vordergrund. Essen und vor allem Dortmund haben demgegenüber Schwerpunkte z.B. bei den technischen Beratungsdienstleistungen.

Als Beispiel für eine räumliche Clusterbildung sei hier Köln erwähnt, das als Standort von WDR und RTL sowie aufgrund seines traditionell breiten kulturellen Angebotes in diesem Bereich eine internationale Bedeutung hat. Ein wesentlicher Katalysator für diesen Prozess war zweifelsohne die Deregulierung im Rundfunk- und TV-Bereich Ende der 1980er und Anfang der 1990er Jahre. Politische, auf den Standort bezogene Initiativen des Landes und der Stadt hatten hier allenfalls unterstützende Wirkungen. Fraglich ist, inwieweit es ausgeprägte Kooperationsstrukturen gibt. Die räumliche Nähe zahlreicher privater und öffentlicher Einrichtungen sowie die Existenz entsprechender Ausbildungsstätten führen aber immerhin zur Herausbildung eines differenzierten Arbeitsmarktes in diesem Bereich, gerade auch für qualifizierte Arbeitskräfte.

Zweifelsohne ist die Metropolregion Rhein-Ruhr einer der wichtigsten Schwerpunkte der „Kreativindustrien" in Deutschland und Westeuropa. Gerade hier zeigt sich aber die regionale Differenzierung. Die Kommunen am nördlichen Rand des Ruhrgebietes haben mit diesen Entwicklungen so wenig zu tun wie Köln mit Steinkohlezechen.

Unter Einbeziehung der Clusterentwicklung in den hier nicht dargestellten Bereichen lässt sich nun zusammenfassend mit Blick auf die entwicklungsbestimmenden Faktoren feststellen: Wichtig war in allen Fällen der allgemeine politische Trend zur Privatisierung, Deregulierung und Liberalisierung von Märkten, was gerade für den I+K Bereich, die Kreativindustrien und für die Umwelttechnik gilt. Zum zweiten spielte die Restrukturierung von Konzernen, die in den 1990er Jahren zur Konzentration auf sog. Kerngeschäfte und zum Outsourcing am Rande liegender Funktionen führte (die Entwicklung des Logistiksektors ist hierfür vielleicht das beste Beispiel), eine wesentliche Rolle. Zum dritten sind Veränderungen der Nachfrage und der vielzitierte „Wertewandel" zu erwähnen, was sich etwa für die Umwelttechnik positiv auswirkte, während die Folgerungen für die Biotechnologie noch unklar sind.

Eine Bewertung der Entwicklungen und vor allem eine Vorhersage künftiger Trends ist sehr schwierig. Eine vergleichende Einschätzung führt zu dem Eindruck (IAT 2001: 82), dass die meisten Sektoren bzw. Cluster weiterhin wachsen, lediglich der Logistikbereich sehr differenzierte Entwicklungen aufweist und die umwelttechnische Industrie zumindest auf dem deutschen Markt stagniert. Vergleichsweise sicher ist demgegenüber eine weitere regionale Spezialisierung innerhalb der Metropolregion vorherzusagen (ebd.: 83). Davon dürften vor allem die großen Städte, insbesondere an der Rheinschiene, profitieren. Wichtige Faktoren, die den künftigen Strukturwandel der genannten Sektoren bzw. Cluster in der Metropolregion beeinflussen, sind dabei:

- die Polyzentralität der Agglomeration: Diese ermöglicht auf der einen Seite eine Vielfalt von Entwicklungen, regionalen Spezialisierungen und Diversifizierungen, kann auf der anderen Seite aber auch zu einer problematischen Konkurrenz um knappe Ressourcen und zu unzureichender Wahrnehmbarkeit auf globalisierten Märkten führen;
- Dichte und Zahl von Bevölkerung und Unternehmen: Sie konstituieren einen bemerkenswert großen „Heimatmarkt", was Entwicklungen, z.B. durch große Kundennähe, ermöglichen, aber auch zu einer unzureichenden Außen-, d.h. Exportorientierung führen kann.

Seit den 1990er Jahren wird darüber diskutiert, inwieweit vorhandene Ansätze von Clusterbildungen durch entsprechende politische „Begleitung" unterstützt und ausgebaut werden können. Dabei besteht weitgehend Einigkeit darüber, dass es nicht möglich ist, Cluster oder Kompetenz felder aus dem Nichts aufzubauen, deren Entwicklung und Unterstützung vielmehr an den vorhandenen Wirtschaftsstrukturen ansetzen und die vorhandenen Stärken unterstützen muss. Die grundlegenden Vorraussetzungen sind jedoch umstritten und dürften in Abhängigkeit von Faktoren wie Alter und regionale Bedeutung der Branche, Betriebsgrößenstruktur oder vorhandenem Vertrauen und geteilten Normen variieren. Hohe Erwartungshaltungen seitens der Politik stehen vielfach im Widerspruch dazu, dass konkrete Wirkungen erst langfristig zu erwarten sind und durch konjunkturelle bzw. strukturelle gesamtwirtschaftliche Entwicklungen überlagert werden. Erste Eindrücke aus dem Ruhrgebiet und dem Rheinland zeigen, dass die Entwicklungen und die Vernetzung innerhalb der einzelnen

Kompetenzfelder sehr unterschiedlich erfolgt. Engpässe scheinen momentan vor allem die begrenzte Einbindung von Unternehmen, die mangelnden Erfahrungen und institutionellen Orientierungen der für die Umsetzung relevanten Akteure (vor allem der kommunalen und regionalen Ebene) sowie die weiter vorhandenen Orientierungen an bisherigen Konzepten, wie z.B. der Ansiedlungspolitik, zu sein (IAT 2001: 87 ff.).
Die strukturpolitische Unterstützung des Strukturwandels im Allgemeinen und bestimmter Kompetenzfelder im Besonderen ist bisweilen nicht einfach zu überschauen. Auf Landesebene gibt es in NRW zahllose Initiativen (ca. 50!), unter anderem zur Förderung der gerade skizzierten Sektoren bzw. Cluster (vgl. ebd.: 90). Auf der Ebene der Metropolregion Rhein-Ruhr gibt es überhaupt keine strukturpolitische Organisationsform. Am weitesten sind die konzeptionellen Ansätze für ein Clustermanagement mittlerweile im Ruhrgebiet, wo es seit 2000 die „Projekt Ruhr GmbH", eine „Tochtergesellschaft" der Landesregierung von NRW, in deren Gremien unter anderem alle Hauptverwaltungsbeamten des Ruhrgebietes vertreten sind (vgl. Brauser 2002), gibt. Diese widmet sich seit einiger Zeit stärker der Entwicklung einzelner Kompetenzfelder. Auch unterhalb dieser Ebene finden sich zunehmend Einrichtungen der Wirtschaftsförderung oder der Kammern, die spezielle Strukturen für ein Management von Kompetenzfeldern aufbauen.

Die Arbeit der Projekt Ruhr GmbH ist auf 12 Kompetenzfelder ausgerichtet: Informationstechnologien, Logistik, Mikrostrukturtechnik, Medizintechnik, Design, Wasserwirtschaft, Maschinenbau, Tourismus und Freizeit, Energiewirtschaft, neue Werkstoffe, Bergbautechnik und neue Chemie. Dabei gibt es innerhalb des Ruhrgebietes teilräumliche Schwerpunktsetzungen. Die Projekt Ruhr GmbH als „Entwicklungsagentur" steht allerdings deutlich „neben" dem bisher schon recht differenzierten System von Verwaltungen, Planungen und Fördereinrichtungen im Ruhrgebiet.

Auch im Rheinland wurde, ausgehend von verschiedenen Clustern, mit der „Regio Rheinland" ein gemeinsamer organisatorischer Rahmen formuliert. Clustermanagement ist aber eher das Ergebnis sektoraler bzw. lokaler Aktivitäten (so etwa die Biotech-Initiative, die zunächst als Kölner Initiative gegründet wurde). Unter den Stichworten „Werkstoffe und ihre Anwendung", „Mobilität" und „Health Care" wurden besondere Kompetenzen der Regio zusammengefasst. Daneben gibt es Entwicklungen wie den Gesundheitsstandort Bonn und Initiativen zur Seniorenwirtschaft im Rheinisch-Bergischen Kreis (vgl. Grote Westrick, Rehfeld 2003).

Cluster- bzw. Kompetenzfeldpolitik hängt von aktiven Beiträgen vieler unterschiedlicher Beteiligter ab und wird eher als Katalysator für die Interaktion wirtschaftlicher und öffentlicher Akteure gesehen. Strukturpolitisch steht dabei der Gedanke der von gemeinsamen Zielen und Leitbildern getragenen Kooperation im Mittelpunkt. Mit Blick auf die Innovationsfähigkeit geht es darum, einen optimalen Rahmen für eine sich selbst verstärkende Innovationskonkurrenz zu gestalten. Dabei sind nicht in allen Teilräumen der Metropolregion die Vorraussetzungen für eine Profilierung gegeben. So geht es auch eher um eine Gratwanderung zwischen der für die Entwicklung von Städten notwendigen Dichte und der großräumigen, Stadt und Umland einbeziehenden Vernetzung komplementärer Kompetenzen. Bisherige Erfahrungen bei der Umsetzung legen es schließlich nahe, künftig Standards zu setzen, z.B. bezüglich der Vorraussetzungen und realistischen Ziele einer derartigen Politik, der Prozessgestaltung oder der Vorraussetzungen für eine Unterstützung mit öffentlichen Mitteln. Hierbei könnte Landesplanung und Landesentwicklungspolitik eine Orientierungsfunktion zukommen. Dies gilt auch für die arbeitsteilige bzw. komplementäre Entwicklung von Kompetenzfeldern in einer funktionalen Region wie Rhein-Ruhr.

4 Re-Organisation der Metropolregion?

In verschiedenen Phasen des vergangenen Jahrhunderts nahmen das Ruhrgebiet und Nordrhein-Westfalen eine wichtige Vorreiterrolle bei der Initiierung und Umsetzung planungs- und strukturpolitischer Innovationen und neuer Kooperationsformen ein. Erinnert sei beispielsweise an die Etablierung der modernen Regionalplanung im Ruhrgebiet (mit dem Siedlungsverband Ruhrkohlenbezirk im Jahre 1920), die Einrichtung von Regionalkonferenzen mit einem breiten Spektrum entwicklungsrelevanter Akteure zur Dezentralisierung und Flexibilisierung strukturpolitischer Ansätze (in den 1980er Jahren), vor allem aber auch an die IBA Emscherpark, womit erstmals das Instrument der Bauausstellung für eine regionale strukturpolitische Initiative genutzt wurde (1989-1999). Gerade die beiden letztgenannten strukturpolitischen Innovationen (vgl. Danielzyk, Wood 2003) haben aber nur ansatzweise dauerhafte Veränderungen der Politik- und Planungskultur und der Kooperationsfähigkeit in der Region bewirken können. Auch die seit über zehn Jahren in vielen deutschen und westeuropäischen Stadtregionen diskutierten und z.T. umgesetzten Initiativen zur Verbesserung der Zusammenarbeit und des Lastenausgleiches zwischen Kernstadt und Umland haben in NRW – zumindest bis vor kurzem – kaum Resonanz gefunden (so die neuen stadtregionalen Organisationsformen z.B. in Stuttgart, Frankfurt/Rhein-Main, Hannover; vgl. Danielzyk, Priebs 2001).

Die Metropolregion Rhein-Ruhr hat nach ca. neun Jahren Existenz (Ausweisung im LEP NRW 1995) noch keine organisatorische Ausdrucksform gefunden. Auch in der aktuellen Diskussion über die Reform des Landesplanungsrechtes und die Neuaufstellung des LEP in NRW gibt es dafür keine Vorschläge von Seiten maßgeblicher Akteure, etwa auf der Ebene des Landes oder der Kommunen. Angesichts der Feststellung, „dass andere Länder und Regionen in der Konzentration ihrer Kräfte inzwischen ein ganzes Stück weiter sind (Berlin, Bremen, Hamburg, Hannover, Frankfurt/Main, München) und dass für den größten deutschen Ballungsraum deutlicher politischer Nachhol- und Handlungsbedarf besteht" (Ritter 2002: 157), muss hier wohl ein wichtiger Wettbewerbsnachteil der Metropolregion Rhein-Ruhr gegenüber anderen deutschen und westeuropäischen Metropolregionen gesehen werden. Denn es steht außer Zweifel, dass „Selbststeuerungsfähigkeit" ein wesentliches Merkmal der Konkurrenzfähigkeit von Stadtregionen ist. Diese müssen sowohl nach Außen (z.B. im Bereich von Standortmarketing) wie auch nach Innen (im ganzen Spektrum von „harter" Raumordnung bis zu netzwerk-orientierten strukturpolitischen Initiativen) handlungsfähig sein können (vgl. grundsätzlich Fürst 1999). Bislang gibt es in der Rhein-Ruhr-Region aber erst „relativ wenig Bereitschaft zur Kooperation" (Blotevogel 2002: 114). Diese scheint – vielleicht eine Folge der Schärfe des Strukturwandels – gegenwärtig im Ruhrgebiet besser ausgeprägt zu sein als im Rheinland.[6] Nur

[6] „Die Stadt Köln ist bekannt dafür, dass sie seit langem meint, sie sei überhaupt die einzige Stadt, die global bekannt ist – der Rest von Rhein-Ruhr sei Umland oder sogar Hinterland" (Blotevogel 2002: 114).

bei wenigen herausragenden Einzelprojekten, wie z.B. der (gescheiterten) Bewerbung um die Olympischen Spiele 2012, ist es bislang zu einer intensiveren Kooperation im Gesamtraum der Metropolregion gekommen. Insofern gilt: „The Rhine-Ruhr region is still more a matter of fiction than fact". (Knapp et al. 2003; Knapp, Schmitt 2003) Dabei dürfte klar sein, dass ohne ein „Bewusstsein für die Region" eine angemessene Form der Institutionalisierung kaum möglich ist.

Die Fülle von Organisations- und Kooperationsformen im Raum der Metropolregion verlangt nach einer Konzentration bzw. einer (zentralen) Moderation, wenn die Metropolregion als Region handlungsfähig werden soll. So gehören gegenwärtig z.B. zur Metropolregion Rhein-Ruhr: 20 kreisfreie Städte, zehn Kreise (manche nur in Teilen), vier Regierungsbezirke (ebenfalls jeweils nur in Teilen) mit ihnen zugeordneten Regionalräten, zwei Landschaftsverbände für die historisch gewachsenen Kulturräume Rheinland und Westfalen, zehn Regionalkonferenzen der regionalisierten Strukturpolitik, der Kommunalverband Ruhr, die Projekt Ruhr GmbH und andere teilräumlich orientierte Entwicklungsagenturen (vgl. ILS 2003, Kap. 3, und Abb. 2).

Angesichts der Fülle von Organisations- und Kooperationsformen und der Größe der Metropolregion stellt sich aber auch die Frage, inwieweit es überhaupt erstrebenswert und vor allen Dingen realistisch ist, den nach allen bisherigen Erfahrungen mit Regionalisierungsansätzen notwendigen „organisatorischen Kern" zu konzipieren und zu etablieren. Außer Frage steht dabei, dass viele Aufgabenstellungen, nicht zuletzt auch im Bereich der rechtlich verbindlich die Bodennutzung regelnden räumlichen Planung, nur für Teilräume sinnvoll zu bearbeiten sind. Dennoch gibt es einige Handlungsfelder, für die auf der Ebene der Metropolregion Aktivitäten organisiert werden müssten:[7]

- Standortmarketing, das bekanntlich sowohl ein Außen- als auch ein Binnenmarketing umfassen muss, wenn überzeugend „Produkte" präsentiert werden sollen;
- die Organisation der inneren und äußeren Erreichbarkeit, wobei im Hinblick auf den Zugang von Außen die internationalen Flughäfen

[7] Vgl. die Themen in ILS 2002a; sowie Blotevogel 2002; Ritter 2002 und ILS 2003, Kap. 5.

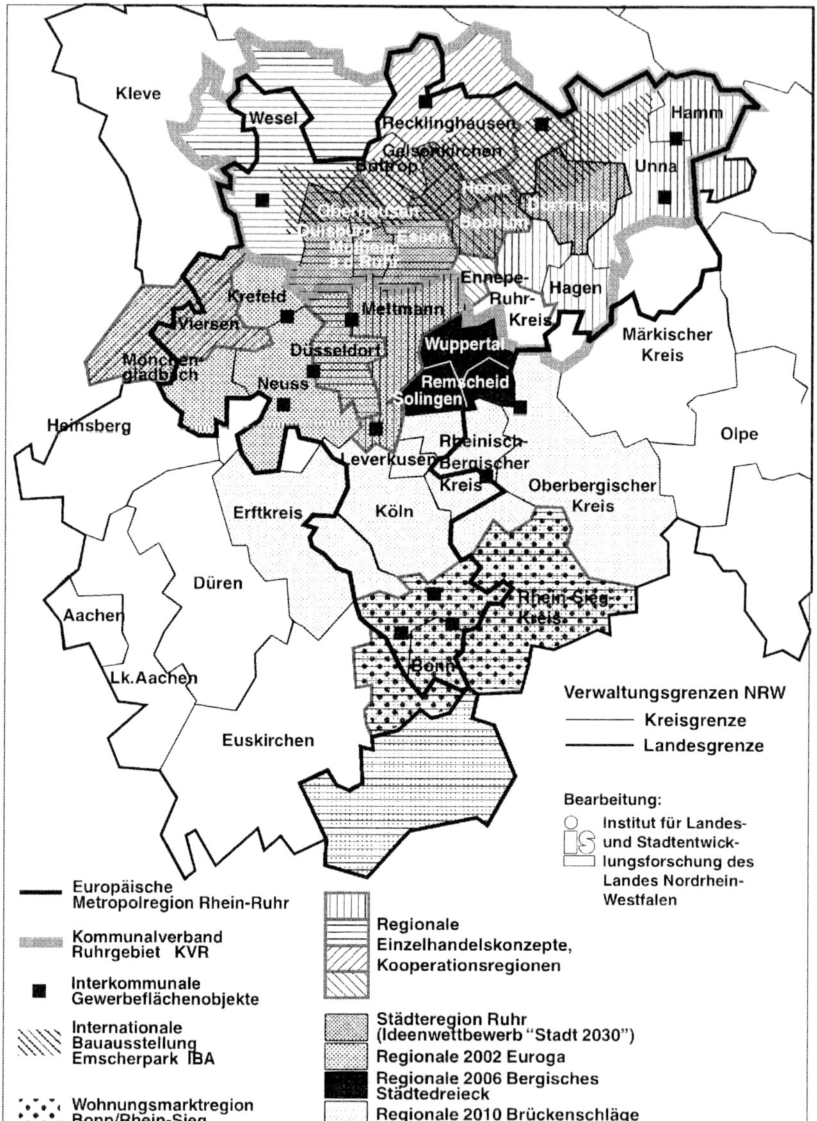

Quelle: Eigene Darstellung

Abbildung 2: Interkommunale und regionale Zusammenarbeit in der Metropolregion Rhein-Ruhr

in Düsseldorf und Köln, die Schnellbahnstrecken sowie die Häfen am Rhein eine entscheidende Rolle spielen, während die innere verkehrliche Erschließung in einem Mehr-Ebenen-System konzipiert werden muss, zu dessen Realisierung aber überhaupt erst einmal ein gemeinsamer ÖPNV-Raum zu schaffen wäre (dabei scheint sich in jüngster Zeit Düsseldorf als übergeordnetes verkehrliches Zentrum der Metropolregion, insbesondere im Hinblick auf die Binnenverkehre, gemäß seiner funktionalen Bedeutung herauszustellen);

- die Definition und Förderung von Kompetenzfeldern, die der Vielzahl von Förderprogrammen und -initiativen aller Ebenen eine Orientierung geben und entsprechende Abstimmungen erfordern würden;
- die Unterstützung einer metropolitanen Wissensökonomie, wobei vor allem die Abstimmung im Bereich der Hochschulen und Forschungsinstitute sowie deren Verknüpfungen mit der regionalen Ökonomie vielfach noch zu wünschen übrig lassen.

Zur Orientierung der Aktivitäten auf den verschiedenen Ebenen und in den verschiedenen Teilräumen könnte ein „Leitbild" bzw. Regionales Entwicklungskonzept oder „Strukturplan" hilfreich sein, dem eine gründliche Stärken-Schwächen-Analyse und möglichst auch die breite Diskussion alternativer Szenarien bzw. Profilbildungen für die Zukunft vorausgehen sollte (vgl. Ritter 2002: 152). Dieses Leitbild müsste sowohl eine räumliche Komponente haben, d.h. attraktive, Orientierung vermittelnde Raumbilder erzeugen, als auch für die wichtigsten Handlungsfelder inhaltliche Aussagen, etwa zu Prioritäten der Förderpolitik, treffen. Insoweit würde es sich um ein Beispiel für eine Planung selektiver und differenzierter Intensität handeln. Unterhalb dieser Planungen für die Gesamtregion sind für Teilräume gemeinsame oder regionale Flächennutzungspläne und strukturpolitische Aktionsprogramme vorstellbar.

Um die Handlungsfähigkeit der, wie beschrieben, sehr komplexen Metropolregion zu sichern, wäre ein differenziertes Handlungssystem zu etablieren, das nicht von vornherein auf Konkurrenz zu den überkommenen Organisations- und Kooperationsstrukturen angelegt sein darf, sondern diese vielmehr einbinden muss. Dem funktionalen Verständnis der Metropolregion würde dabei eine netzwerkartige Struktur entsprechen.[8] Dieses Handlungssystem müsste in zweifacher Hinsicht ausdifferenziert sein: Zum einen müssten teilräumliche Kooperationsschwerpunkte definiert werden, so etwa für das Ruhrgebiet und sein engeres Umland, den Teilraum Düsseldorf/Mittlerer Niederrhein und den Teilraum Köln/Bonn. Zum anderen wären aber auch themenspezifisch, so z.B. für die oben genannten Handlungsfelder, Organisationsformen eher informeller oder lockerer privatrechtlicher Art einzurichten.

Da dieses differenzierte Kooperations- und Handlungssystem angesichts der vielfältigen konkurrierenden Akteure weder die Form einer „harten" institutionellen Organisation noch einer zur Unverbindlichkeit tendierenden, rein freiwilligen und informellen Zusammenarbeit annehmen sollte, bietet sich der Modus einer „gesteuerten Zusammenarbeit" an (Ritter 2002: 146 ff.). Damit ist gemeint, dass die vorhandenen Akteursstrukturen zunächst nicht angetastet werden sollten, sondern vielmehr in vorsichtiger Weise einige ergänzende Strukturen zu schaffen sind, so z.B. ein „organisatorischer Kern" in Form eines Regionalbüros oder einer „Agentur Rhein-Ruhr". Deren Arbeit könnte durch eine breit angelegte Rhein-Ruhr-Konferenz unter Einbeziehung vielfältiger entwicklungspolitisch relevanter Akteure politisch legitimiert und von einer kleinen, hochrangig besetzten Lenkungsgruppe politisch gesteuert werden. Für die Bearbeitung spezifischer Aufgabenstellungen auf den oben genannten Handlungsfeldern wären dann „Tochtergesellschaften" z.B. in privatrechtlicher Form einzurichten. Insgesamt ergäbe sich so eine Art „Holding-Struktur" (vgl. Baumheier, Danielzyk 2002: 75 f.). Die Etablierung einer derartigen, komplexen Kooperations- und Handlungsstruktur ist ohne Anreize von Seiten des Staates, etwa in Form des „goldenen Zügels", d.h. der Mittelvergabe gemäß kooperativ verabredeter Prioritätensetzungen, kaum vorstellbar.

Die aktuellen Diskussionen in NRW deuten nicht daraufhin, dass derartige Strukturen für die Metropolregion Rhein-Ruhr in absehbarer Zeit entstehen könnten. Im Mittelpunkt steht vielmehr eine intensive, aus raumplanerischer Sicht auch notwendige Diskussion zur PLanungs- und

8 Vgl. auch Blotevogel 2002: 118 ff.; Ritter 2002: 152 ff.; Knapp et al. 2003.

Organisationsreform im Ruhrgebiet. Dabei geht es darum, die seit über 25 Jahren bestehende Aufteilung des Ruhrgebietes auf drei Regierungsbezirke mit jeweils eigener Regionalplanungskompetenz (Gebietsentwicklungsplanung) zu überwinden.

Zu diesem Zweck soll den von einem aus dem bisherigen KVR hervorgehenden Regionalverband Ruhr – entweder für den Kernraum oder für den gesamten Verbandsraum – „Masterpläne“ zur Regelung der wichtigsten raumplanerisch relevanten Sachverhalte erarbeitet werden. Unterhalb dieser Ebene sollen für Teilräume des Ruhrgebietes regionale Flächennutzungspläne erstellt werden, die die übergeordneten Vorstellungen des Gesamtraumes berücksichtigen müssten. Ein Konzept dieser Art wird von den acht größten Städten des Ruhrgebietes im Rahmen des Forschungsprojektes „Städteregion Ruhr 2030“ diskutiert (vgl. Städteregion Ruhr 2030; 2003: 12 f.). Ähnliche Vorstellungen finden sich in einem Mitte Februar 2003 in den Landtag von NRW eingebrachten Gesetzentwurf der Koalitionsfraktionen (vgl. LT NRW-Drs. 13/3538 v. 11.02.2003). Außerdem gibt es Diskussionen zur Stadt-Umland-Kooperation im Düsseldorfer Raum, zu einer „Metropolregion Köln“ und zur Fortentwicklung der Zusammenarbeit im Raum Bonn/Rhein-Sieg. Bemerkenswert ist dabei, dass in diesen Zusammenhängen die empirisch feststellbaren funktionalen Verflechtungen auf der Ebene der Metropolregion Rhein-Ruhr kaum eine Rolle spielen.

5 Schlussbemerkungen

Die in Wissenschaft, Politik und Planungspraxis in den letzten Jahren intensiv geführte Diskussion über die Selbststeuerungsfähigkeit von Stadtregionen hatte in der jüngeren Vergangenheit in Nordrhein-Westfalen nur begrenzt Resonanz gefunden. Um so erfreulicher ist es, dass in jüngster Zeit die Diskussion zur Verbesserung der struktur- und planungspolitischen Handlungsfähigkeit im Hinblick auf die Verdichtungsräume des Landes NRW an Intensität deutlich zugenommen hat. Eine Vielzahl innovativer Ideen und Initiativen lässt darauf hoffen, dass es in absehbarer Zeit zu einer deutlichen qualitativen Verbesserung in diesem Bereich kommen kann. Dabei spielt allerdings die Ebene der Metropolregion Rhein-Ruhr kaum eine Rolle. Das mag mit Größe, Komplexität und Heterogenität dieses Gebildes zusammenhängen. Auch wenn die öffentliche Wahrnehmung der Metropolregion und insbesondere das (kommunal-)politische Interesse an ihr begrenzt sind, so sind jedoch die funktionalen Verflechtungen auf dieser Ebene nicht zu übersehen. Daher wird es von entscheidender Bedeutung sein, wie mit diesem Spannungsverhältnis zwischen der geringen öffentlichen und politischen Aufmerksamkeit und der „Realität" der funktionalen Verflochtenheit im Sinne einer strukturpolischen Gestaltungsmöglichkeit umgegangen werden kann. Nicht nur die Unterstützung von Clustern bzw. Kompetenzfeldern bedarf einer von den überkommenen territorialen Gliederungen gelösten, an funktionalen Verflechtungen orientierten Perspektive. Die Bedeutung der Leistungsfähigkeit der Metropolregion Rhein-Ruhr für die Stellung des Landes NRW im interregionalen Wettbewerb erfordert insgesamt eine stärkere Aufmerksamkeit für diese Thematik.

Literatur

Bade, F. J.; Kiehl, M. (2002): Benchmarking – Studie zur Erwerbstätigen- und Produktivitätsentwicklung des Ruhrgebietes im überregionalen Vergleich. Unveröffentlichtes Arbeitspapier. Dortmund

Baumheier, R.; Danielzyk, R. (Hrsg.) (2002): Stadt – Staat – Region: Regionale Zusammenarbeit im Bereich der Stadtstaaten Bremen und Hamburg. ARL-Arbeitsmaterial 289. Hannover

Blotevogel, H. H. (2002): Text im Rahmen der abschließenden Podiumsdiskussion. In: ILS (Hrsg.): Rhein-Ruhr: Vom Ballungsraum zur Metropolregion. Diskussionsforum zur Weiterentwicklung der Landesplanung in NRW. Dortmund, S. 110-120

Brauser, H.-L. (2002): Vernetzung nach innen und außen: Die Aufgabe der Projekt Ruhr GmbH zur Profilierung des Ruhrgebiets. In: ILS (Hrsg.): Rhein-Ruhr: Vom Ballungsraum zur Metropolregion. Diskussionsforum zur Weiterentwicklung der Landesplanung in NRW. Dortmund, S. 55-61

Danielzyk, R.; Priebs, A. (2001): Suburbia und stadtregionale Kooperation. In: Brake, K.; Dangschat, J.; Herfert, G. (Hrsg): Suburbanisierung in Deutschland – Aktuelle Tendenzen. Opladen, S. 261-269

Danielzyk, R.; Wood, G. (2003): Innovative Strategien der politischen Regionalisierung in Nordrhein-Westfalen. In: Heineberg, H.;Temlitz, K. (Hrsg.): Strukturen und Perspektiven der Emscher-Lippe-Region im Ruhrgebiet. Siedlung und Landschaft in Westfalen 32. Münster, S. 19-31

Fürst, D. (1999): „Weiche Kooperationsstrukturen" – eine ausreichende Antwort auf den Kooperationsbedarf in Stadtregionen? In: Informationen zur Raumentwicklung 9/10, S. 609-615

GEMACA (Group for European Metropolitan Areas Comparative Analysis) (2002): Economic Performance of the European Regions. (Cahiers de L'Institut D'Amenagement et D'Urbanism De la Region D'Île-de-France (IAURIF) Nr. 135). Paris

Grote Westrick, D.; Rehfeld, D. (2003): Cluster – Standortverbünde in der Regio Rheinland. Gelsenkirchen

IAT (Institut Arbeit und Technik im Wissenschaftszentrum Nordrhein-Westfalen) (2001): Clusters and Cluster Policy in the Metropolitan Region Rhine-Ruhr, bearb. Nordhause-Janz J.; Ötz, F.; Rehfeld, D.: (Unveröffentlichte Studie im Auftrag des ILS im Rahmen des INTERREG II C-Projektes GEMACA). Gelsenkirchen

ILS (Institut für Landes- und Stadtentwicklungsforschung des Landes NRW) (2002a): Rhein-Ruhr: Vom Ballungsraum zur Metropolregion – Diskussionsforum zur Weiterentwicklung der Landesplanung in NRW. Dortmund

ILS (Institut für Landes- und Stadtentwicklungsforschung des Landes NRW) (2002b): Europäische Metropolregionen im Wettbewerb: Rhein-Ruhr in Nordwest-Europa. Diskussion der Ergebnisse der GEMACA-Studie. Dortmund

ILS (Institut für Landes- und Stadtentwicklungsforschung des Landes NRW) (Hrsg.) (2003): Das Ruhrgebiet – ein besonderer Teil der Rhein-Ruhr-Region. Bericht für die Sitzung des ILS-Beirates am 10.07.2003 in Duisburg. (Manuskript) Dortmund

Knapp, W.; Schmitt, P. (2003): Re-structuring Competitive Metropolitan Regions in Northwest Europe: On Territory and Governance. In: European Journal of Spatial Development (im Erscheinen)

Knapp, W.; Kunzmann, K. R.; Schmitt, P. (2003): A Co-operative Spatial Future for Rhein-Ruhr. In: European Planing Studies 11 (Spezial Issue: Territorial Governance in Polynuclear Urban Regions in Northwest Europe) (im Erscheinen)

LT NRW-Drs. 13/3538 vom 11.02.2003: Gesetzentwurf der Fraktion der SPD und der Fraktion Bündnis 90/Die Grünen: Gesetz zur Stärkung der regionalen und interkommunalen Zusammenarbeit der Städte, Gemeinden und Kreise in Nordrhein-Westfalen. Düsseldorf (=Landtag Nordrhein-Westfalen, Drucksache 13/3538 vom 11.02. 2003)

MKRO: Ministerkonferenz für Raumordnung (Hrsg.) (1995): Raumordnungspolitischer Handlungsrahmen. Bonn

Schmitt, P.; Knapp W. (2001): The Rhein-Ruhr Area. In: Ipenburg, D.; Imbregts, B. (Hrsg.): Polynuclear Urban Regions in North West Europe. A Survey of Keyactors Views. OTB Delft, Housing and Urban Policy Studies 10. Delft, S. 78-100

Ritter, E.-H. (2002): Metropolregion als interaktive Strategie. In: ILS: Institut für Landes- und Stadtentwicklungsforschung des Landes NRW (Hrsg.): Rhein-Ruhr: Vom Ballungsraum zur Metropolregion. Diskussionsforum zur Weiterentwicklung der Landesplanung in NRW. Dortmund, S. 145-158

Städteregion Ruhr 2030 (Hrsg.) (2003): Unendliche Weite! Dokumentation der Leitbildmesse vom Februar 2003 in Essen. Essen

Klaus Brake

17. Wissensstadt: Entwicklungspolitische Strategien

1 Neue Herausforderungen für große Städte

Im Thema Wissen und Stadtentwicklung kreuzen sich zwei Diskussionslinien: zum einen diejenige über die Bedingungen einer erfolgreichen ökonomischen Entwicklung vor Ort und zum anderen diejenige über die Bedeutung der „Wissensgesellschaft" für die räumliche Entwicklung. Beide Diskussionslinien konkretisieren sich vor allem in den großen Städten, gleichgültig, ob es sich um „Metropolen" handelt oder gar um „global cities" – auf jeden Fall fokussiert die Diskussion zur Bedeutung von Wissen und Stadtentwicklung auf die großen Agglomerationsräume und die sie tragenden Entwicklungskräfte.

Große Städte – zumal in Europa – stehen seit einiger Zeit vor schwerwiegenden Herausforderungen. Der aktuelle, weltweit wirkende, epochale ökonomische, soziale und kulturelle Strukturwandel betrifft große Städte in besonderer Weise: Ein neuer Schub von Globalisierung der Aktionssphären, verknüpft mit der Flexibilisierung überkommener fordistisch geprägter Reproduktionsmodi und flankiert von einer Deregulierung gewohnter staatlicher Aufgabenwahrnehmung hat vor allem für diese Städte eine Schwächung, wenn nicht gar Infragestellung angestammter Entwicklungspotenziale zur Folge. Die „Infrastruktur" dieses Strukturwandels in Gestalt IT-gestützter Kommunikation und Vernetzung verstärkt dies noch, indem sie die Standortungebundenheit vieler bisher an die Großstädte geknüpfter Tätigkeiten entscheidend erhöht. Das gilt insbesondere auch für Dienstleistungen.

Bislang, d.h. in den vorangegangenen Phasen des Strukturwandels, hatten die Städte eine Restrukturierungsfähigkeit in dem Maße, wie sie Standorte waren, die weniger auf Rohstofflagern und auf naturbedingter Lagegunst basierten und demgemäss stärker in die „Veredelung", d.h. Verfeinerung bzw. Weiterverarbeitung von Vorprodukten, integriert waren. Eine entsprechende Dienstleistungsökonomie im weitesten Sinne, wie sie sich zum Teil bereits aus dem Mittelalter heraus entwickelt hat, bestimmte deren Entwicklungs- und Wandlungsmöglichkeiten. Nach der Auswanderung von Industrien aus den Stadtregionen der hochentwickelten Länder können sich große Städte nun aber auch der Dienstleistungen als Quelle wirtschaftlichen Wachstums nicht mehr uneingeschränkt sicher sein. Das kulminiert im Verlust der „Motor"-Funktion großer Städte, womit vor allem der Verlust spezieller (innovativer/dispositiver) wirtschaftlicher Tätigkeiten, aber auch von Versorgungs- und vor allem Einflussräumen gemeint ist. Entsprechende Bedeutungsverluste zeigen sich etwa in ihrem vergleichsweise nachlassenden Beitrag zur Wirtschaftstätigkeit oder in ungewohnt hohen Anteilen arbeitsloser oder bedürftiger Wohnbevölkerung in den Städten. Interpretatorisch findet all dies seinen Niederschlag in Thesen von einer „Auflösung" oder gar einem „Verschwinden" der Städte (vgl. Bose 1997; Krämer-Badoni 1997).

Die Unsicherheit über die zukünftigen Entwicklungsparameter von Städten bzw. die tendenzielle Entwertung bisher gültiger städtischer Standortvorteile erzwingt bei den städtischen Akteuren eine grundlegende Revision ihres Selbstverständnisses. Notwendig wird eine umfassendere Vergewisserung über die städtischen Entwicklungsmöglichkeiten als dies bisher auf der Tagesordnung stand, in der es eher um modifizierende Anpassungen an sich verschiebende Gewichte innerhalb der durch „fordistische" Strukturen geprägten Formationsepoche ging. Für die großen Städte tritt als ein wesentlich neues Moment vor allem der Wettbewerb untereinander hinzu, der nun nicht mehr nur eine ergänzende Rolle spielt, sondern systematisch angelegt ist. Vor Ort wird ein produktiver Umgang mit derartigen Veränderungen notwendig, die zudem beschleunigt und zugleich weltweit wirken. Ein solcher produktiver Umgang bedeutet zweierlei: Zum einen die Bewältigung grundlegender zentraler Herausforderungen, die sich generell, insbesondere aber auch auf städtischer Ebene stellen, wie insbesondere die Schaffung von neuer Arbeit für mehr Menschen, die Sicherung sozialer Kohäsion, die Aufrechterhaltung kultureller Vielfalt und nicht zuletzt die Schaffung einer Wettbewerbsordnung, die gepaart ist mit Partizipation und Zukunftsverantwortung (vgl. BerlinStudie 2000; Hall, Pfeiffer 2000). Zum anderen bedeutet er, sich in dieser weltweit angelegten Arena als Akteur zu verankern und als Standort zu positionieren.

Insofern steht für die großen Städte eine ganz neue Rolle zur Diskussion. Bezogen auf die externen Beziehungen, d.h. die Kommunikation mit der Welt, heißt das vor allem, der Ubiquität vieler Standortfaktoren im Wettbewerb die individuelle besondere Leistungsfähigkeit als einen „absoluten" Standortvorteil entgegenzustellen. Städte müssen als besonders begabte Orte identifizierbar sein. Dazu sind ihre spezifischen Potenziale langfristig zu qualifizieren und entsprechend zu vermarkten. Bezogen auf die stadtinternen Beziehungen, d.h. die Kommunikation vor Ort, müssen sich Städte als Gemeinwesen – und zwar in stadtregionaler Kulisse – neu konzipieren, sich über ihr Profil verständigen, auf neue Qualitäten orientieren, für neue Aktionsformen ertüchtigen und mit sich als Ort identifizieren. Das insgesamt ist gemeint, wenn davon gesprochen wird, dass die Städte sich als Standort und als Gemeinwesen zur Entfaltung ihrer Potenziale „neu aufstellen" müssen.

2 Neue Aufgaben

Aus dieser Herausforderung leiten sich neue Aufgaben für die Entwicklung der großen Städte ab, die sich auf zwei wesentliche Dimensionen beziehen.

Zum einen geht es um die Schaffung einer Basis für neue, historisch „angemessene" (Motor-) Funktionen von großen Städten. Es müssen Antworten darauf gefunden werden, was diesem Strukturwandel und seinen prägenden Merkmalen adäquat ist. Folgt man dem Erklärungsmuster des „Post-Fordismus", so ist in diesem Strukturwandel eine Tendenz zur Heterogenisierung, d.h. weniger zu hierarchischen als zu vernetzten Strukturen angelegt (vgl. z.B. Ronneberger, Keil 1993). Für große Städte bedeutet das, ausgewählte statt umfassende Kompetenzen zu entwickeln, die sich in Kooperationsbeziehungen noch verstärken lassen, und sich hierfür als geeignete Knoten(punkte) zu profilieren. Der Erklärungs-Topos einer „Wissensgesellschaft" bietet hier ein Angebot: Er rekurriert auf eine Bedeutungszunahme von Wissensgenerierung und -implementierung in wirtschaftlich verwertbare Produkte als Folge kürzer werdender Halbwertzeiten von Wissen und auf eine Vertiefung der Tertiärisierung im Sinne einer Verschränkung von Dienstleistungen und Fertigung. Aus diesem Blickwinkel stellt sich die Aufgabe, diejenigen Tätigkeiten zu identifizieren, für die große Städte als Standorte besonders geeignet sind – vor allem bei ubiquitärer Informationsverfügung.

Zum anderen geht es um die Schaffung einer Arena für den Umgang mit den neuen Herausforderungen und für die Kultivierung neuer Funktionen großer Städte. Heterogenisierung auch von Lebensstilen, mehr eigeninteressierte gesellschaftliche Verantwortung und die Bedeutungszunahme von Human-Kompetenz bilden den Hintergrund für eine breit angelegte Ertüchtigung aller individuellen und institutionellen Akteure und Strukturen eines Gemeinwesens im zivilgesellschaftlichen und nachhaltigen Sinne. In diesem Zusammenhang stellt sich die Aufgabe, sich entsprechende partizipatorische Verständigungs-, Regulierungs- und Vollzugsmodelle anzueignen. Beispielhafte in diese Richtung zielende Aktivitäten sind unter anderem Diskurse, wie sie z.B. in den Modellvorhaben „Stadt 2030“ des BMBF (vgl. Göschel 2003) angeregt werden, oder strategische Entwicklungskonzepte (in Differenz zu Stadtentwicklungsplänen) wie sie etwa die BerlinStudie erarbeitet hat (vgl. Brake 2000).

Beide Dimensionen sind vielfach miteinander verschränkt. Die Klärung von Basis und Arena ist für die Diskussionen, welche die neue Rolle von „Metropolregionen“ für die Wirtschafts- und Raumentwicklung in Europa zu klären versuchen, von größter Relevanz (vgl. Blotevogel 2001 bzw. Beitrag Kujath in diesem Band). So ist Wissen einerseits immer wichtiger als Entwicklungsbasis der Stadtregionen, andererseits aber auch eine Quelle der Ertüchtigung zur Profilstärkung einer Stadt. Beide Seiten von Wissen erfahren eine Verknüpfung etwa im neuen Wettbewerb „Stadt der Wissenschaft“, den der Stifterverband der deutschen Wirtschaft jetzt jährlich auslobt. Verbindende Entwicklungsphilosophie ist die des produktiven Umgangs mit den spezifischen eigenen Potenzialen. Damit ist nicht eine endogene (oder gar autonome), sondern eine auf die Kultivierung von Begabungen für wirtschaftliches Handeln abzielende Entwicklung gemeint, die sich zwar im Austausch von Anregungen aus aller Welt ergibt, aber im spezifischen Milieu von Erfahrungen vor Ort verarbeitet wird (vgl. Läpple 2004). Derartige Qualitäten von Standort und Gemeinwesen haben den „Vorteil“, sich nicht ohne weiteres aus den örtlichen Zusammenhängen abzulösen, weil sie wesensmäßig ein durch Menschen und deren Interaktion gebildetes Milieu darstellen und insofern eine starke lokale „Bodenhaftung" entwickeln.

3 Wissen und Stadtentwicklung

Ein charakteristisches – und zugleich ein besonders zukunftsfähiges – Potenzial für die Entwicklung großer Städte ist Wissen. Das hängt historisch-genetisch mit dem Prozess der Tertiärisierung zusammen, die seit jeher eine Entmaterialisierung von Produktion, die Verselbstständigung und Professionalisierung derjenigen Tätigkeiten, welche der Fertigung vor- und nachgelagert sind, bedeutet. Tertiäre Wirtschaft operiert insbesondere mit der Reflexion über Vorgänge und verwertet Erfahrungen zu neuen Erkenntnissen. Sie bietet Kommunikationsleistungen im weitesten Sinne an: die Beratung von Gesellschaft, Politik und Wirtschaft und ihrer Akteure. Das Spektrum reicht von Prozessgestaltung (spätestens seit dem Übergang vom Handwerk zur Manufaktur) über Markterschließung (wie im Mittelalter bereits mit Messen, Banken etc.) und Transport oder Gebäudebewirtschaftung bis zu Forschung und Philosophie. Der aktuelle und radikale Schub weiterer Tertiärisierung hängt auf das engste mit der Beschleunigung und Globalisierung der Wirtschaftstätigkeiten und der Verkürzung der Halbwertzeiten von (Er-)Kenntnissen zusammen. Die Pflege von Know-how bzw. von Know-why wird selbst als Kompetenz noch wichtiger und entsprechend professionell gehandhabt. Wissensmanagement, Lern-Qualifikationen, Erfahrungswissen etc. spielen nun eine zentrale Rolle.

Die schnelle Umwertung von Standortvorteilen, deren überall fast beliebige Verfügbarkeit und die damit zusammenhängende Volatilität von lokalen Standortqualitäten machen eine – auch standörtliche – Monopolisierung von Know-how weniger dauerhaft. Dies wird nicht zuletzt durch die Entwicklung der spezifischen digitalisierten Informations- und Kommunikations-Infrastruktur im Rahmen des aktuellen Strukturwandels beschleunigt. Sie trägt insbesondere dazu bei, dass Informationen nun praktisch flächendeckend verfügbar sind und der Umgang mit ihnen überall möglich ist, d.h. in bisher ungeahnter Weise unabhängig von ihren „Produktions"-Orten. Das hat Folgen für diese Orte (traditionell sind das insbesondere Städte) und für die Produktion von Wissen – verstanden als Kenntnisse, die in begrenztem Maße transportabel bzw. kommunizierbar sind, solange sie noch nicht kodifiziert und expliziert sind.

Wir müssen uns also nochmals neu vergewissern, wie Wissen, das über das bereits bekannte (und als Information verbreitete) hinausgeht, generiert und wirtschaftlich verwertet werden kann. Die Generierung neuen Wissens hängt auf das engste mit der Interpretation von Informationen und der Inwertsetzung impliziten Wissens zusammen. Beides bedarf der personengebundenen Interaktion und einer Art offener Kommunikation, wie sie hinreichend vorurteilslos und spontan und insofern anregungsreich insbesondere an Orten möglich ist, die durch eine hohe Kommunikationsdichte und -vielfalt strukturiert sind. Wo immer diese Qualitäten gegeben sind, bestehen günstige Bedingungen der Wissensproduktion. Nicht nur die historische Erfahrung zeigt, dass entsprechende Akteurs- und Nutzungsstrukturen vor allem diejenigen gesellschaftlichen Aggregate darstellen, die wir als Städte und Stadtregionen – zumal „europäischen“ Typs – kennen. Hinzu kommt – je nach Größe mehr oder weniger ausgeprägt – die Offenheit dieser Städte für Fremde(s) und Neues. Zusammen mit der größeren Verfügbarkeit von Ressourcen (Arbeitsmarkt, Kultur, Dienstleistungen) und mit einem „Entrepreneur-Klima“ (van den Berg 1987) sind sie attraktiv für eine „kreative Szene“ (Florida 2000) und können insofern als „Fabrik“ für Innovationen angesehen werden. Von daher sind (große) Städte auch prädestiniert als Orte der Generierung neuen Wissens (vgl. auch Castells 2001).

Insofern können sie auch ihren historischen Entwicklungspfad der Tertiärisierung weiter kultivieren. Im Sinne ihrer spezifischen „Veredelungs“-Ökonomie können sie mit der Generierung neuen Wissens und seiner sozioökonomischen Anwendung auch denjenigen Bedingungen eines Standortes aktiv entsprechen, die systematisch mit hohen strukturellen Qualifikationen und entsprechenden Kosten verbunden sind. Sie grenzen sich damit grundsätzlich von Strategien ab, die auf niedrigen Qualifikations- und Kostenstrukturen des Wirtschaftens und Lebens, der Produktion und der Reproduktion aufbauen.

In gleicher Weise aber, wie (große) Städte prädestiniert sind für die Generierung neuen Wissens, sind sie auch darauf angewiesen, wenn sie den Strukturwandel produktiv für sich bewältigen wollen. Unter Wettbewerbsaspekten sowohl für Akteure als auch für Standorte geht es strategisch nochmals verschärft darum, sogar Wissensvorsprünge zu erzeugen (vgl. auch Stiglitz 1999). Damit stellt sich die Frage, welche Faktoren auf der städtischen Ebene eine wesentliche Rolle spielen, um die Optionen einer erfolgreichen ökonomischen Entwicklung vor Ort zu entfalten. Antworten hierauf sind zugleich Antworten auf die Frage, was die „Wissensgesellschaft“ auch konkret für die räumliche Entwicklung bedeutet.

4 Das Beispiel Berlin

4.1 Berlin als Standort-Typ

Berlin ist ein ausgeprägter Typ derjenigen Art von (europäischer) Stadt, deren Entwicklung auf das engste mit der Ressource Wissen zusammenhängt. Historisch – neben Handwerks- und Ackerbauernstadt – vor allem eine Handels- und Residenzstadt, trug sie die wesentlichen Motoren für die Herausbildung von Dienstleistungen als erste wissensbasierte Tätigkeiten in sich: „Wirtschaftsberatung“ (Vertrieb (Messen), Transport, Versicherungen etc., Bankwesen, Wissenschaften und schöne Künste. Als „Labor“ von Ideen und Kenntnissen entfaltete sich Berlin dann in der zweiten Hälfte des 19. Jahrhunderts als fortschrittlichste (und größte) Industriestadt Europas, in der Wissen, Ideen, Initiativen und Umsetzungsinfrastruktur (Politik/Finanzen) gebündelt wurden. Berlin entwickelte sich zu diesem Typus von Stadt auf der Grundlage spezieller Urbanisationsvorteile statt naturbedingter Vorteile. Berlin ist auch heute ein Standorttyp mit vergleichsweise hohen Qualifikationen, aber auch hohen Kosten. Die Stadt ist folglich darauf angewiesen, dass der Wirkungszusammenhang zwischen diesen Potenzialen und einer wissensbasierten, dienstleistungsbezogenen Wirtschaft zur Entfaltung kommt.

Die aktuelle Situation Berlins hingegen ist geprägt durch eine Wirtschaft, die entschieden zu wenig Arbeit generiert, weil sie nicht hinreichend wettbewerbsfähig ist; und durch eine Leistungsschwäche, die durch Schulden im Umfang von über 50 Mrd. Euro zusätzlich gelähmt wird. Diese Entwicklungssituation Berlins ist daher an vierfachen Herausforderungen gebunden:

- Berlin muss den aktuellen und zugleich epochalen Strukturwandel gestalten wie jede andere große Stadt; dabei spielt der wirtschaftliche Wandel hin zu weniger industriellen Fertigung eine besondere Rolle.
- Berlin muss den – überraschenden – Wiedereinstieg in die Marktwirtschaft meistern wie alle Städte der früheren DDR.
- Berlin muss das (Nach-)Wirken zweier Gesellschaftssysteme im gemeinsamen Stadtgebiet produktiv bewältigen wie sonst keine Stadt.
- Mit alledem verknüpft muss Berlin einen Mentalitätswandel schaffen von einer – historisch erklärbaren – Subventions- und Versorgungsstadt hin zu einer zukunftsorientierten „Initiativen-Stadt" (BerlinStudie 2000).

Wie für alle großen Städte geht es auch für Berlin im Zuge fortschreitender Tertiärisierung um „Veredelung", d.h. um eine Verfeinerung bzw. Individualisierung bereits aufbereiteter Rohstoffe und Vorprodukte. Dazu gehörten vor allem,

- das im weitesten Sinne in Kultur, Technik, Naturwissenschaften, Sozialwissenschaften lebende Wissen, sowie
- das in Menschen, Institutionen und Strukturen aufgehobene Erkenntnis-, Erklärungs-, Erfahrungs-, Orientierungs- und Anwendungswissen.

Für eine Stadt(-Region), die sich in der Situation Berlins befindet, bedeutet Veredelung hier, neues Wissen für Ideen im Hinblick auf Leistungen und Produkte zu generieren, mit denen auf Bedürfnisse reagiert werden kann, wie sie im aktuellen Strukturwandel aufkommen: Entsprechende Ideen sind zu wirtschaftlich verwertbaren Produkten oder Leistungen in arbeitsteiligen Austauschbeziehungen umzuformen, die auf dem (Welt-) Markt wettbewerbsfähig sind und insofern auch zu neuer Arbeit am Standort ihrer Produktion (in Berlin – und nicht anderswo) beitragen. Um diesen Zusammenhang der Generierung von Tätigkeiten und dem Umgang mit Wissen geht es zugespitzt und im Kern für jede größere Stadt. Für Berlin ist die intensive Wissensorientierung allerdings insofern von besonderer Bedeutung, als der Entwicklungsrahmen für eine neue Positionierung als Standort und Gemeinwesen für eine wissensbasierte Entwicklung erst ansatzweise existiert. Sowohl die Wirtschaft der Stadt als auch die politischen Verhaltensmodi und das kulturelle Selbstverständnis sind nach wie vor geprägt durch die nicht verarbeitete „Wende", d.h. den Start (oder besser: den Sturz) einer Subventions-Stadt in die Marktwirtschaft.

4.2 Strukturbruch und neue Entwicklungsoptionen

Diese „Wende" in der Stadtentwicklung ist aber nicht nur Belastung für die Stadt, sondern erzeugt als Resultat (oder als Chance) auch eine grundsätzliche Offenheit, die vielfältige Möglichkeiten der Gestaltung eines neuen Entwicklungspfades aufzeigt. Kontinuitäten, auf die gesetzt werden kann, gibt es dabei nicht: kein Nachholen des ansonsten üblichen Strukturwandels, denn dafür fehlen hier die Zwischenstufen und deren Elemente; kein Zurückholen früherer Akteure, denn sie beleben inzwischen anderswo das föderale Deutschland; kein Wiederholen früherer Erfolgsstories wie die der „größten Industriestadt Europas" etwa (woraus Berlin aber als „Labor" lernen könnte) oder die der „goldenen 20er Jahre" (woraus die Stadt Weltoffenheit lernen könnte). Berlins Sozialökonomie muss sich im Grunde also noch einmal ganz neu und von unten her aufbauen, und zwar zunächst durch Aktivierung seiner (eigenen) Potenziale – auch als Grundlage intensiveren Austauschs mit der Außenwelt bzw. für – ebenso ökonomische wie auch politische – Engagements von außen. Die Potenziale sind im Wesentlichen in folgenden Schwerpunkten zu sehen:

- Wissensreichtum,
- Hauptstadtfunktion,
- ausgewählte Kompetenzschwerpunkte (in Technologien, Medien und Kultur),
- Urbanität (Anregungs-Milieu/Treffpunkt),
- kompakte Stadt/Region (Kulturlandschaft),
- Ost- und West-Austausch,
- Menschen und Kulturen (vgl. Brake et al. 2004).

Gerade für die „Veredelung" verfügt Berlin im Wesentlichen auch „nur" über die Ressource Wissen, was Wissenschaft und Forschung sowie Kultur einschließt. Mit diesem Entwicklungspotenzial ist Berlin zwar reichhaltig und exzellent ausgestattet, jedoch wirkt es bisher zu wenig synergetisch und sozioökonomisch zu unergiebig. Eine Verbesserung des qualifizierten Einsatzes seiner Wissensressourcen kann sich grundsätzlich auf zwei Felder beziehen:

1. Das eine ist die lokale/regionale „Stadtwirtschaft“ mit allen Kreislaufaktivitäten der Versorgung der Stadt und ihrer Akteure (Bewohner und Gewerbetreibende) mit Gütern und Dienstleistungen. Hier geht es um Infrastrukturangebote im weitesten Sinne, um unternehmensbezogene Funktionen und um haushaltsorientierte Dienste, und zwar ganz unabhängig von ihren eher marktmäßigen oder informell-kooperativen Austauschformen.
2. Das andere ist die Teilnahme Berlins an der exportorientierten (Welt-) Marktwirtschaft und die Lenkung von Kaufkraft in die Stadt.

Für beide Felder spielt die Aktivierung von Wissen eine entscheidende Rolle: für die regionale – zumal haushaltsorientierte – Stadtwirtschaft insbesondere das Alltags- und Erfahrungswissen, für die exportorientierte Marktwirtschaft in starkem Maße das Expertenwissen. Diese zweite Wissensform bildet im Folgenden den Hintergrund weiterer Überlegungen. Denn speziell bei diesem Wissen geht es um den Aufbau und die Erhaltung von „Wissensvorsprüngen“ zur Generierung von Ideen für neue Leistungen und Produkte aus Berlin. Gerade dieses für die Exportwirtschaft essentielle Expertenwissen ist für die Stadtentwicklung von besonderem Wert, denn es liefert die entscheidenden Ansatzpunkte für die Stabilisierung eines neuen wirtschaftlichen Wachstumspfades und für die Schaffung von zusätzlicher Arbeit für die Stadt.

5 Agenda einer Stadt des Wissens

5.1 Orientierung auf Wissensanwendung

Wesentliche Entwicklungsmöglichkeiten für Berlin ergeben sich also durch neue Wissensanwendungen. Was dies strategisch bedeutet, lässt sich in den folgenden drei Losungen für die Zukunftsentwicklung zusammenfassen (vgl. BerlinStudie 2000) :

- Arbeit für mehr Menschen – als Orientierung und als Ziel aller Aktivitäten für Berlin. Es geht um Arbeit, verstanden als Quelle von „Wohlstand“ im weitesten Sinne, aber es geht nicht primär um „Arbeitsplätze für alle“ – ganztags und lebenslang etwa, und zudem noch in der produzierenden Wirtschaft. Das wäre angesichts des Wesens des allgemeinen aktuellen Strukturwandels historisch unrealistisch, wäre politisch romantisch und wenig hilfreich für zukunftsfähige Strukturen.
- Stadt des Wissens – als Potenzial und Ressource für mehr Arbeit. Der Entwicklungskontext und die Berliner Spezifika bieten einen Reichtum an Wissensressourcen wie kaum eine andere Stadt.
- Initiativen-Stadt – als Medium und Arena für die Umformung von Wissen in Arbeit. Das konterkarriert die überkommene Subventions- und Versorgungsmentalität gerade dieser Stadt und orientiert auf bürgerschaftliches Engagement und auf ein anderes Verhältnis zum Staat. Für alle – individuellen und institutionellen – Akteure und Strukturen geht es damit um Ertüchtigung, Selbstständigkeit und Risikobefähigung.

Diese Losungen bilden einen strategischen Zusammenhang, den man zu dem zentralen Motto „Wie man aus Wissen Arbeit macht“ zusammen fassen kann. Konzeptionell folgt daraus, dass für die Entwicklung Berlins Aktivitaten in Gang gesetzt werden müssen, die diesem Motto verpflichtet und darauf gerichtet sind, den produktiven Umgang mit Wissen zu befördern bzw. Anwendungshemmnisse abzubauen.

Dementsprechend bedarf es eines dezidiert integrativen Ansatzes, der alle Gestaltungsvorhaben – gleich von wem angestoßen – auf die Optimierung der Wissensgenerierung und -anwendung ausrichtet. Dabei sind alle wesentlichen Prozesse in den Blick zu nehmen, die jeweils spezifisch den Wirkungszusammenhang einer Stadt des Wissens konstituieren und ihn nur gemeinsam realisieren. Im Hinblick auf die Voraussetzungen für die Konstituierung einer lokalen Wissensgesellschaft bzw. Stadt des Wissens geht es um ihre Wissensbasis, ökonomische Struktur, Lebensqualität, Offenheit, ihre Vielfalt und soziale Kohäsion. Im Hinblick auf den Umgang mit Wissen geht es um die Produktion und die Anwendung (Vermarktung) von Wissen, verbunden mit der Kommunikation und der

Verbreitung von Wissen. Egal, wieweit Städte im Umgang mit Wissen erfolgreich dastehen (wie etwa München) oder sich noch anstrengen müssen (wie etwa Berlin): Das Zusammenwirken von Wissensproduktion und -anwendung ist das wesentliche Kriterium – die Exzellenz ihrer Akteure in ihrem jeweiligen Feld vorausgesetzt. Insofern können Überlegungen in Richtung Wissenschaft/Kultur bzw. Wirtschaft/Betriebe als solche hier ein Stück weit zurückgestellt werden, indem deren jeweilige Qualifizierung mitgedacht ist.

5.2 Kommunales Wissensmanagement

Mit Blick auf das Zusammenwirken von Wissensproduktion und -anwendung wird ein „kommunales Wissensmanagement" zu einem zentralen Aktionsfeld in dem Sinne, dass es sich – in Variation zum längst bekannten betrieblichen/institutionellen Wissensmanagement – auf ein territoriales Gebiet bezieht (Gemeinwesens, Stadtregion o.ä.). „Kommunal" heißt jedoch nicht, dass es ein Instrument der Kommune ist, weder für sie als Institution noch in ihrer (ausschließlichen) Trägerschaft. Eingebettet in eine umfassende Wissenspolitik, was auch den Grad ihrer zivilgesellschaftlichen Verfasstheit anbelangt, sind Instrumentierung und Trägerschaft des Wissensmanagements eher das Ergebnis offener konzeptioneller Diskussion als auch örtlicher Verabredungen. Ein dergestalt weit gefasstes, offenes „kommunales" Wissensmanagement orientiert sich hier an einer Situation, die sich mit dem Motto umschreiben lässt, „wenn Berlin wüsste, was es weiß – und wie es damit umgehen soll". Für ein solches „kommunales" Wissensmanagement lassen sich ein Kernprozess und unterstützende Aktionsfelder benennen.

Kernprozess

Die Nutzung von Wissen für wirtschaftliche Tätigkeiten wird allgemein als Wissenstransfer bezeichnet. Damit verbindet sich ein lineares Verständnis, bereits fertige Ergebnisse des Wissensprozesses in die Wirtschaft zu überführen. In einer solchen „Einbahnstraße" geht jedoch zu viel von dem verloren, was Tüftler, Forscher und andere Kreative auf dem Hauptweg ihrer jeweiligen Vorhaben auch an Nebengleisen noch angelegt haben, und erst recht was Unternehmenslustige an Ahnungen im Hinblick auf Bedarfe für entsprechende Leistungen und Produkte noch im Hinterkopf haben. Gerade auch schlummernde Ideen, deren Potenziale ungeahnt sind, müssen gehoben und kommunizierbar werden, d.h. „stillschweigendes" („tacit") Wissen ist auf die Ebene eines bewusst wahrgenommenen expliziten Wissens zu heben. Im Oszillierungsfeld von Wissensangeboten und Wissensbedarfen ist also entschieden differenzierter und sensibler zu agieren, dieses systematisch auf Ideen für Leistungen und Produkte abzuklopfen und damit Potenziale viel frühzeitiger und professioneller aufzuspüren als es lineare Innovationsmodelle nahe legen. Schließlich hat kommunales Wissensmanagement die praktische Umsetzung von Wissen in die Leistungserstellung vor Ort, d.h. in Berlin, zu fördern, um zu vermeiden, dass Berliner Ideen anderswo realisiert werden. Es geht also um das wechselseitige und gemeinsame Aufspüren von umsetzungsfähigen Wissensangeboten und von umsetzungsorientierten Wissensbedarfen. Die Ausgestaltung des Wissensmanagements auf kommunaler Ebene wird damit zu einem subtilen, im wahrsten Sinne des Wortes tiefgreifenden und vertrauensvollen Prozess.

Ein solcher Prozess der Ideengenerierung und Umsetzung lässt sich möglicherweise auf dreifache Weise unterstützen und systematisieren:

1. *Internet-Informationsaustausch*
   In diesem Medium lassen sich Bedarfe und Angebote, die schon ziemlich konkret, d.h. schriftlich kommunizierbar sind, austauschen; derartige Ansätze gibt es vielfach bereits.
2. *„Börse" face-to-face*
   Auf einer derartigen Plattform lassen sich Bedarfe und Angebote, die stichwortartig schon benannt sind, im Gespräch erläutern und präzisieren. Auch solche Strukturen gibt es in Ansätzen bereits z.B. in Form von „jour fixe"- oder „open space"- Treffpunkten.
3. *Individuelle Exploration*
   Für ein solches ambitioniertes Vorhaben gibt es bisher kaum unterstützende Strukturen. Am ehesten entspricht es noch in Ansätzen dem Modell der Steinbeis-Stiftung in Baden-Württemberg, das allerdings bereits artikulierbare Ideen auf beiden Seiten aufgreift und sich zum Ziel setzt, Möglichkeiten einer Umsetzung von Ideen in innovative, wettbewerbsfähige Produkte und Dienstleistungen voranzutreiben.

Für die systematische Generierung von Ideen, die sich in neue wettbewerbsfähige Leistungen und Produkte umsetzen lassen, d.h. für die Beförderung von Innovationen, ist zweifellos die unter 3. dargestellte explorative Kommunikation neuer Ideen am vielversprechendsten. Sie verläuft dabei umso ergiebiger, je fachkundiger im jeweiligen Feld (Wissen bzw. Anwendung) recherchiert wird, je besser deren Materie verstanden und deren Befunde interpretatorisch kommuniziert werden. Es bietet sich deshalb an, diesen Prozess professionell zu begleiten, z.B. Fährtensuche („über die Schulter sehen") zu unterstützen, die Vermittlung gewonnener Eindrücke zu beschleunigen oder die Tragfähigkeit von Ideen auszuloten und die Kommunikation von Fachinhalten zu moderieren. Eine derartige Unterstützung gelingt umso besser, je neutraler sie praktiziert wird. Hierfür werden Personen gebraucht, die als „Trüffelschweine" (vgl. BerlinStudie) bzw. „Scouts" und als Berater tätig sind, wobei deren Arbeit technisch unterstützt werden kann, etwa mit Hilfe von Systemen intelligenter interaktiver Suchmaschinen (siehe eine entsprechende Konzeption im Rahmen eCity-Berlin).

Die Effektivität und Effizienz aller systematischen Maßnahmen, die geeignet sind, Prozesse der Ideenfindung zu befördern sowie aus neuen Ideen marktfähige Produkte und damit auch neue Erwerbsmöglichkeiten zu schaffen, hängt auch davon ab, inwieweit es gelingt, alle in einen solchen Prozess involvierten Akteure für eine Aktivierung von Wissen und die Zufuhr und Umsetzung neuer Ideen zu gewinnen. Dazu gehören unter anderem die Ertüchtigung der Wissenschaft im Hinblick auf die Erkundung von Umsetzungsmöglichkeiten ihrer Erkenntnisse, die Mobilisierung der Wirtschaft, sich auf einen Innovationswettbewerb einzulassen (mit Hilfe von Innovationsassistenten etc.), die Herstellung eines stärkeren Berufs- und Unternehmungsbezugs in der Ausbildung, aber auch die Ausrichtung der Wirtschaftsförderung auf die Generierung und wirtschaftliche Umsetzung von neuem Wissen (mit Gründer-/Innovations-Hilfen i.w.S.).

Unterstützende Aktionsfelder

Der Kernprozess interaktiver Ideengenerierung ist in ein Geflecht weiterer Aktivitäten als Elemente eines kommunalen Wissensmanagements einzubetten, die ihn erst zur Entfaltung kommen lassen.

Soll die Generierung neuen Wissens vor Ort einen allgemeinen Anreiz erhalten, so sind darin alle potenziellen Akteure von Unternehmern bis hin zu Kindern und Senioren zu unterstützen. Für die konkreten Aktionen und Prozesse des Wissensumgangs – insbesondere, was die Verbreitung und den Austausch von Wissen anbelangt – spielen eine Reihe von Identifizierungs-, Verfügungs- und Kommunikations-Mitteln eine Rolle. Eine derartige „Infrastruktur" kann aus verschiedenen Elementen des Wissensmanagements im engeren Sinne bestehen. Zu den wesentlichen zählen:

- **Senior-Experten-Systeme** zur Aktivierung von Erfahrungswissen, insbesondere in Zeiten überstürzter Aussonderung älterer Mitarbeiter aus Betrieben und Institutionen, sowie Wissensnetzwerke zur Förderung des Austauschs gemeinsam interessierenden Wissens.
- Von Bedeutung sind darüber hinaus auch **Wissenslandkarten** (zum Identifizieren und Verfügbarmachen von Wissensressourcen) und intelligente Agenten (zur Organisation von Wissensnachfrage).
- Alle diese Wissensprozesse stützenden Infrastrukturen sollten darüber hinaus auch mit sog. **Future-Centers** (zur Strukturierung von Entwicklungsperspektiven), Wissens-Fernsehen (zur Unterfütterung des Umgangs mit Wissen), Online-Bibliotheken (zur Verbesserung des Zugriffs auf Wissensbestände) oder Wissensbilanzen (zur Bewertung des Wissens einer Organisation) verzahnt werden.

Allerdings ist es zur Organisation von regionalen Wissensvorsprünge unumgänglich, in einigen Bereichen auch Spitzenleistungen in der Anwendung professionellen Wissens zu erbringen. So ist nicht nur ein „attraktives Klima" zu befördern, sondern auch ein möglichst breites lokales Reservoir an Begabungen zu erzeugen, das sich in die Wissensdiskurse einbringen kann. Förderlich für eine „Stadt des Wissens" ist daher die Stimulierung einer Grundstimmung von Neugierde auf (neues) Wissen als eine, weite Kreise der städtischen Bevölkerung erfassende Haltung. Insbesondere mittels Kampagnen, Wettbewerben etc. lässt sich eine breit angelegte Motivierungs- und Anerkennungskultur vor Ort, und zwar auch im Hinblick auf ein aktivierendes lokales und regionales Wissensmilieu erzeugen. Eine „Stadt des Wissens" muss vor Wissensneugierde vibrieren.

6 Städtische Wissensorte

6.1 Typen und Standorte von Wissensorten

In diesem Zusammenhang übernehmen innerhalb der Stadt ausgewählte „Wissensorte" eine wichtige Funktion. Damit sind Orte des intensiveren Umgangs mit Wissen gemeint, die sich als Katalysatoren von Wissensneugierde im Hinblick auf den produktiven Umgang mit Wissen profilieren. Im Konzept einer „Stadt des Wissens" interessiert zum einen, welche Konzeptionen derartigen Orten zugrunde liegen und zum anderen auch, wo diese standörtlich angesiedelt sind. Wissensorte können unterschiedlichen Typen zugeordnet werden, wie allein schon Beispiele aus Berlin zeigen. Als Mikrostandorte sind sie zahlreich in der Stadt zu finden, und zwar in drei Varianten:

- Es gibt „organisierte" Wissensstandorte, die einer Konzeption folgen; wie in Berlin etwa die mit einem breiten Wissensspektrum ausgestatteten Hochschulen oder der Wissenschaftsstandort Adlershof mit seinem dezidierten Transferansatz, die bisweilen auch thematisch fokussiert sind wie z.B. Buch, Golm oder Wannsee. Dann gibt es eher „naturwüchsige" Wissensstandorte, die wie eine – allerdings auch nur auf den ersten Blick – eher zufällige Versammlung vieler unterschiedlicher Wissensproduzenten und -agenten erscheinen (wie z.B. die Spandauer Vorstadt).
- Als Mischformen gibt es ferner Ballungen von Wissensinstitutionen, die sich nach dem Gesetz der Lokalisationsvorteile mit denjenigen Akteuren bilden, welche die Nähe ihresgleichen suchen. Hierzu gehören z.B. der Spreebogen rund um das Thema Verkehrs-System-Technologien, das Gebiet um die Tor- und Kochstraße für Software bzw. Babelsberg für Medien (vgl. Krätke 2002) oder Steglitz für Medizintechnik. Ähnliche Ballungen ergeben sich auch des öfteren um Gründer- und Technolgiezentren. Bei allen drei Ausprägungen von Wissensorten haben wir es mit „Clustern" zu tun.
- Schließlich gibt es aber auch die unendlich vielen Einzelorte, an denen mit Wissen umgegangen wird. Sie stellen individuelle – ebenso öffentliche wie auch private – Institutionen und Betriebe dar, liegen eher isoliert und sind wenig vernetzt. Es sind die Wissensorte der

Kultur, Forschung, Beratung, Wissenschaft, Medien, Bühnen, Museen, Künste, Bibliotheken, Politik, Ausbildung, Archive etc. Sie sind nicht minder interessant im Gefüge und Konzept einer Stadt des Wissens, erweitern sie doch das klassische Wissensspektrum und begegnen wir ihnen doch überall und ständig und wissen oft nicht so recht, was sie darstellen bzw. was sie uns in unserer Wissensneugierde bieten und nützen können.

Wissensorte sind sowohl in Berlin als auch im Brandenburger Umland lokalisiert und finden sich ebenso im innerstädtisch Umfeld wie in ländlicher Idylle. Derartige Standortdifferenzierungen sind nicht zufällig und verweisen auf zweierlei: Erstens haben wir es hier – ähnlich, wie auf den Feldern von Wirtschaft und Arbeitsmarkt – mit einer stadtregionalen Entwicklung zu tun. Zweitens haben Orte des Wissensumgangs offenbar eine je spezifische eigene Standortorientierung, zumindest spezifische Umfeldaffinitäten. Die Diskussion hierüber befindet sich noch in den Anfängen und sollte nicht frühzeitig systematisieren oder sich den üblichen, vielfach subjektiven Standortwahl-Kriterien verpflichtet fühlen, sondern sich vorrangig der Frage annehmen, in welchem Aktionsmodus Wissen generiert wird (vgl. Matthiesen 2004). Dabei spielen zwei Aspekte eine Rolle: zum einen der Grad an „Organisiertheit“ des Prozesses der Wissensgenerierung und -anwendung, zum anderen der Grad der „Definiertheit“ seiner Entwicklungspfade. Thesenhaft lässt sich ein Typ der Wissensgenerierung abgrenzen, der über meist international wirkende Erfolgs- und Vorgehenskriterien relativ eindeutig strukturiert ist und der insofern sowohl die Binnenkommunikation als auch die mit der (ganzen) Welt relativ unabhängig vom seinem Umfeld regeln kann. Dieser kann seinen Standort vermutlich überall in der Stadtregion, tendenziell auch im Außenbereich von Städten wählen. Die Wissensgenerierung und der produktive Umgang mit Wissen ist insgesamt eher professionalisiert und in Routinen eingebettet, was dem „Mode 1“-Typ von Wissensgenerierung nahe kommt (vgl. Bender 2004). Der zweite Typ der Wissensgenerierung ist dagegen, was seine Erfolgs- und Vorgehenskriterien anbelangt, tendenziell offen, kalkuliert eher mit spontanen Kommunikationen und legt insofern auf ein anregungsreiches unmittelbares Umfeld besonderen Wert, was dem „Mode 2“-Typ nahe kommt (vgl. Bender 2004). Er wählt seinen

Standort daher auch recht spezifisch, in der Tendenz im „urbanen“ eher innerstädtischem Umfeld, wo die Bedingungen für eine kreative Gestaltung und „non-routine“ bei der Wissensgenierung und produktiven Nutzung eher günstig sind. Die Standortfrage hat für diesen Typ der Wissensgenerierung und -anwendung auf jeden Fall etwas mit Aspekten von Milieu einer Wissensstadt zu tun und ist Gegenstand auch ihrer Gestaltungspolitik.

6.2 Anreizwirkung von Wissensorten

Für alle Wissensstandorte gilt, dass sie Elemente ihrer „Stadt des Wissens“ sind und sich nach außen – in die Stadt hinein – in einem Wirkungsgeflecht befinden. Sie leben von dieser Verflechtung ebenso wie sie auch als Katalysatoren für die Wissensneugierde (in) der Stadt zu verstehen sind. Gerade zu letzterem können sie auch aktiviert werden und damit latente Neugierde anregen sowie zum konkreten Schauen hinter ihre Mauern anregen: Was also findet an diesen Orten konkret statt? Was wird dort produziert? Was gibt es Neues, das ich noch nicht weiß? Und was auf dem Gebiet, an dem ich gerade tüftele? Um Wissensneugierde zu entsprechen bzw. zu aktivieren, müssen diese Orte informativ sein, und sie müssen wahrnehmbar sein, d.h. im öffentlichen Raum als Botschaften vermitteln, welches die Themen und Aufgaben des Wissensumgangs jeweils sind, was von hier aus schon alles in die Wissensgesellschaft vermittelt worden ist (Patente, Erfindungen, Nobel-Preise etc.), woran gerade gearbeitet wird, was auf der Agenda steht, worüber nachgedacht wird, was zu erwarten sein wird etc.

Um diese Anreizwirkung erzielen zu können, müssen die Orte einladend sein, d.h. den Eindruck vermitteln, dass es spannend sein könnte, sich mit diesem Ort oder Gebäude näher zu beschäftigen. Dies zu gewährleisten ist auch eine architektonische Aufgabe. Sie müssen zugänglich sein, d.h. nicht nur nicht abweisend wirken, sondern auch Einlass – wenigstens in ein Foyer – ermöglichen, das ist (außer einer rechtlichen) auch eine bauliche Aufgabe. Sie müssen kommunikativ in dem Sinne sein, dass (etwa im Foyer) interaktive Informationsangebote bereitgehalten werden, um genauer zu erfahren, was sich thematisch hinter einer

Botschaft verbirgt und wie man darüber mehr erfahren kann. Das ist vor allem eine technische und organisatorische Aufgabe von Öffentlichkeitsarbeit. Die Entwicklung einer derartigen Kommunikationsfähigkeit von Wissensorten ist für die „isolierten" Standorte insbesondere wichtig. Sie begegnen einem unverhofft in der Stadt und werden aus eben diesem Grund häufig auch leicht übersehen.

In diesen Bereich gehört auch, dass es ein anregendes Umgebungsmilieu an vielen Orten in der Stadt geben muss, das als Treffpunkt des Wissens- und Informationsaustauschs mit anderen Wissensakteuren anziehend wirkt. Die Attraktivität solcher Orte ist zum einen von der organisatorischen und institutionellen Gestaltung abhängig, zum anderen aber auch von ihrer städtebaulichen Gestalt. Solche Orte ziehen sowohl die lokalen Akteure als auch Experten von außerhalb an, die insbesondere im Zusammenhang mit der Hauptstadtfunktion Berlins in die Stadt als Ort politischer Entscheidungen und ihrer Vorbereitung kommen. An solchen Orten lassen sich Austauschmöglichkeiten organisieren, bei denen Anregungen von anderen Zeitgenossen – von woanders her aus aller Welt – aufgegriffen werden können, sowie neue Ideen entstehen, die letztlich auch zu neuen Leistungen und Produkten führen. Derartige Treffpunkte sind für anregende, vertiefende und weiterführende Diskussionen, Seminare etc. zu nutzen. Angebote gibt es bereits, etwa seitens der wissenschaftlichen „Agenturen" der Politikberatung (Aspen etc.), der Entwicklungshilfe (gtz etc.), der Kulturarbeit (DAAD etc.), der Stipendiaten (American Academy, Wissenschaftskolleg etc.). Ihre Angebote zu optimieren, wie z.B. mit „Nachlese"-Angeboten des Einstein-Forums, ist eine Aufgabe des kommunalen Wissensmanagements.

Die Stimulierung von Wissensneugierde durch die attraktive Ausgestaltung der Wissensorte und Treffpunkte sind unterstützende Aktionsfelder des Kernprozesses der Wissensgenerierung auch in dem Sinne, dass sie in unterschiedlicher Weise zu einem Wissensmilieu beitragen können, das eine potenzielle Stadt des Wissens erst zu einer realen macht.

7 Folgerungen

Der produktive Umgang mit Wissen ist von eminenter Bedeutung für die Bewältigung des aktuellen sozioökonomischen Strukturwandels und für die Entwicklung großer Städte und ihrer Innovationskraft. Er wird von der Notwendigkeit getragen, vor Ort Wissensvorsprünge zu organisieren, und mit den konzeptionellen Möglichkeiten eines kommunalen Wissensmanagements unter dem Motto „wie man aus Wissen Arbeit macht“ in den Städten neue Erwerbsmöglichkeiten zu kreieren. Bei der Umsetzung eines so verstandenen Konzepts einer „Stadt des Wissens“ spielen verschiedene Aspekte eine wichtige Rolle, die abschließend kurz hervorgehoben werden sollen.

Im Zentrum des Konzepts steht Wissen, das sehr viel mehr ist als Wissenschaft. Damit geht es um ein endogenes Potenzial besonderer Art. Dieses ist zum einen sehr eng mit den Menschen vor Ort und mit deren Gestaltungskompetenzen verbunden. Menschen sind die Träger des Wissens und die Akteure des Umgangs mit Wissen, das über bloße Informationen und Informationsvermittlung hinausweist. Zum anderen ist Wissen mit einem Milieu am Ort der Interaktion verbunden, mit vielfältiger und dichter Kommunikation (städtische Vielfalt), mit Offenheit und Kreativität für neue Ideen. Damit sind wesentliche Umfeldbedingungen angesprochen, die wir auch mit dem Begriff Urbanität assoziieren. Sie können einen anregenden Kommunikationszusammenhang vermitteln und als Humus dienen, auf dem die Innovationen der Wissensökonomie gedeihen können.

Damit korrespondiert eine besondere Art der Politikgestaltung. Ideen für Leistungen und Produkte zu generieren und dem Marktwettbewerb zugänglich zu machen, erfordern besondere Kompetenzen, nämlich eigene Initiative und Selbstständigkeit beim Umgang mit Wissen sowie die Bereitschaft, Verantwortung bei der Anwendung von Wissen zu übernehmen. Zur neuen Qualität einer Wissens-Stadt des hier konzipierten Typs gehören also ein „Entrepreneur“-Klima, die Ertüchtigung der Menschen und Institutionen und der Strukturen ihres Interagierens für die Aktivierung des endogenen Wissenspotenzials und nicht zuletzt Risikobereitschaft. Dies bedeutet, individuell zu Risiken ebenso bereit zu sein, wie sozial dafür qualifiziert zu sein. Für eine derartige Kultur des „wer mal verliert, hat zunächst gewagt“ bedarf es jedoch eines breiten gesellschaftlichen Konsenses und einer Übereinkunft des Gemeinwesens (als Teil eines „Stadtvertrags“). Die Verständigung hierüber gehört zu einem Diskurs, der insgesamt und gerade dann geführt werden muss, wenn es um derart endogene Ertüchtigungsstrategien wie in einer Wissens-Stadt geht. Dieser Diskurs muss sich von der Orientierung auf das Leitbild der Wissens-Stadt bis zu den Verabredungen entsprechender Maßnahmen spannen. Das Praktizieren einer Strategie der Stadtentwicklung ist dabei die eine Seite, eine neue Balance zu finden im Verhältnis Bürger und Staat die andere, um Zivilgesellschaft ebenso wie „good governance“ auf einer allgemeinen Legitimationsgrundlage einzuüben.

Zugleich ist mit bestimmten Begleiterscheinungen umzugehen, die den aktuellen Strukturwandel zur Wissens-Stadt prägen, und die vor Ort zu gestalten sind. Es stellt sich in diesem Zusammenhang die Frage, welche Wirkungen von einer Sozialökonomie auf die städtische Gesellschaft ausgehen, die sich auf wissensbasierte Leistungen und Produkte konzentriert, die für den (Welt-)Markt erbracht werden sollen. Zu berücksichtigen ist, dass diese Sozialökonomie im Wesentlichen nur ein begrenztes Segment der städtischen Wirtschaft, nämlich das der „wissensintensiven“ Prozesse abdeckt, d.h. Tätigkeiten entwickelter Tertiärisierung im Zuge einer zunehmenden Bedeutung aller die Fertigung umgebenden Tätigkeiten (deren Output ja keineswegs abnimmt). Es handelt sich zum einen um strategische beratende Dienstleistungen, die inzwischen durchaus auch exportfähig sind, und zum anderen um „individualisierte“ Fertigungen, um „prototypische“ oder „maßgeschneiderte“ Produkte mit einem sehr hohen Wissensanteil. Diese Wissensökonomie bzw. wissensbasierten Tätigkeiten bilden einen selektiven Zugang zur Generierung von Arbeit für eine lokale oder regionale Gesellschaft, nämlich über das spezifische Segment der hochqualifizierten Tätigkeiten. Welche Rolle spielen dann aber die anderen Segmente, die anderen Menschen bzw. auch die Stadtgebiete, die nicht zu deren ersten Adressen zählen? Es scheint so, als würden unsere großen Städte im Zuge einer Spezialisierung auf Wissensökonomie keineswegs ihren Drang zu Selektion, Segregation oder Polarisierung verlieren (vgl. auch Zweimüller 2000; Zöpel 2002). Die Städte befinden sich dabei in einem Dilemma, denn die für die Wissensökonomie spezifischen Polarisierungstendenzen scheinen gerade für ihre Entwicklung als

Wissens-Stadt kontraproduktive Wirkungen zu haben (vgl. Hall, Pfeiffer 2000). Als Reaktion hierauf könnte sich die Orientierung auf soziale Kohäsion als besonders zielführend erweisen. Damit ist unter anderem eine Ertüchtigung im Sinne sozialer Kompetenz gemeint, die in ihrem Kern eine ebenso umfassende wie auch lebenslange allgemeine Bildung als wichtige (Haus-)Aufgabe einer Wissens-Stadt in den Mittelpunkt rückt.

Anmerkungen

(1) „Wissens-Stadt", „Stadt des Wissens" und deren Entwicklungsvoraussetzungen werden hier nur sehr fokussiert behandelt, nämlich mit Blick darauf, wie in Städten der Umgang mit Wissen gehandhabt werden sollte. Andere Dimensionen, wie z.B. das Grundverhältnis Wissensökonomie-Stadtentwicklung (wie eingangs durch Kujath) oder die grundsätzlichen (ökonomischen, sozialen, kulturellen, politischen) Voraussetzungen für urban knowledge-based development werden hier nicht weiter thematisiert.

(2) Erfahrungen in/mit Berlin sind die Grundlage dieses Beitrages. Sie resultieren daraus, die These, dass Berlin für seine weitere Entwicklung vor allem als Stadt des Wissens verstanden werden muss, umsetzbar auszugestalten. Dies hat insbesondere die BerlinStudie in das Zentrum ihrer „Strategien für die Stadt" gestellt, deren Sprecher der Autor ist. Im Zuge dieser Umsetzungsaktivitäten hat insbesondere eine Reihe von „zivilgesellschaftlichen" Initiativen eine Rolle gespielt: die „Initiative Wissen schafft Wohlstand für Berlin" bzw. – in deren Nachfolge – die „Plattform Berlin – Stadt des Wissens: konkret". Auch beginnt inzwischen eine Vernetzung von Städten (in Europa), die sich dieser Strategie ebenfalls, wenn auch oft unterschiedlich akzentuiert, annehmen. Insofern ist dieser Beitrag auch so etwas wie ein „Werkstatt-Bericht".

Literatur

Bender, G. (2004): mode 2 – Wissenserzeugung in globalen Netzwerken? In: Matthiesen, U. (Hrsg.): Stadtregion und Wissen. Analysen und Plädoyers für eine wissensbasierte Stadtpolitik. Wiesbaden, S. 149-157

Berg, L. van den (1987): Urban Systems in a Dynamic Society. Hampshire

BerlinStudie: Die BerlinStudie – Strategien für die Stadt. (Hrsg.: Reg. Bürgermeister von Berlin), (Bearbeiter: K. Brake et al.). Berlin 2000

Blotevogel, H. H. (2001): Die Metropolregionen in der Raumordnung Deutschlands – ein neues strategisches Raumbild? In: Geographica Helvetica Vol. 26.3, S. 157-168

Bose, M. (Hrsg.) (1997): Die unaufhaltsame Auflösung der Stadt in die Region? Hamburger Berichte zur Stadtplanung, Bd. 9. Hamburg

Brake, K. (2000): Strategische Entwicklungskonzepte für Großstädte. In: Archiv für Kommunalwissenschaften, II. Halbjahresband, S. 269-288

Brake, K.; Iversen, S. (2004): Ideen für Berlin – Synopse strategischer Entwicklungs-Vorschläge für die Stadt. Hrsg. von Brake, K.; Hassemer, V.; Iversen, S.; Kreibich, R.; Richter, S. mit der Konrad Adenauer-Stiftung. Berlin

Castells, M. (2001): Der Aufstieg der Netzwerkgesellschaft. Das Informationszeitalter, Teil I. Opladen

eCity-Berlin (2003): 2. Kongress (04.12.03)/Workshop „Wissensmetropole" / Präsentation „Wissens-Scout" (Brake, Bremm) (Senatskanzlei Berlin) www.berlin.de

Florida, R. (2000): The Economic Georgraphy of Talent. Pittsburgh

Göschel, A. (2003): Stadt 2030: Zukunft – Planung – Politik. Zwischen aktueller Politik und langfristiger Planung. In: Der Städtetag, H. 4, S. 10-13

Hall, P.; Pfeiffer, U. (2000): Urban Future 21: A Global Agenda for Twenty-First Century Cities. London

Krämer-Badoni, T. (1997): Das Verschwinden der Städte – eine Einführung. In: Krämer-Badoni, T.; Petrowski, W. (Hrsg.): Das Verschwinden der Städte. Dokumentation des 16. Bremer Wissenschaftsforums. Bremen, S. 2-4

Krätke, S. (2002): Medienstadt. Urbane Cluster und globale Zentren der Kulturproduktion. Opladen

Läpple, D. (2004): Thesen zur Renaissance der Stadt in der Wissensgesellschaft. In: Gestring, N.; Glasauer, H.; Hannemann, C.; Pertowsky, W.; Pohlan, J.(Hrsg.): Jahrbuch StadtRegion 2003, Schwerpunkt: Urbane Regionen. Opladen, S. 61-77

Matthiesen, U. (Hrsg.) (2004): Stadtregion und Wissen. Analysen und Plädoyers für eine wissensbasierte Stadtpolitik. Wiesbaden

Prigge, W. (1998): Vier Fragen zur Auflösung der Städte. In: Prigge, W. (Hrsg.): Peripherie ist überall. Frankfurt am Main, New York, S. 6-12

Ronneberger, K.; Keil, R. (1993): Frankfurt: Tendenzen der räumlichen Regulation auf dem Weg in den Postfordismus. In: Kreibich, V. et al. (Hrsg.): Rom-Madrid-Athen: Die neue Rolle der städtischen Peripherie. Dortmund, S. 229-246

Stiglitz, J. E. (1999): Public Policy for a Knowledge Economy. London

Zöpel, C. (Hrsg.) (2002): Brandenburg 2025 in der Mitte Europas. Potsdam

Zweimüller, J. (2000): Schumpeterian Entrepreneurs Meet Engel's Law: The Impact of Inequality on Innovation-Driven Growth. In: Journal of Economic Growth 5 (June), S. 185-206

Gerhard Mahnken

18. Marketing für Metropolregionen

„Die weltstädtischen Zentren,
die auch die Orte des Glanzes sind,
gleichen sich mehr und mehr einander an.
Ihre Unterschiede vergehen."
Siegfried Kracauer

1 Einleitung

Dem räumlichen (Standort-) Marketing wird vor allem deshalb eine wichtige raumpolitische Funktion im zunhemenden Wettbewerb der Regionen beigemessen, weil durch die steigende Bedeutung der mobilen Produktionsfaktoren Kapital und spezialisierter Informationsquellen regionalspezifische Standortqualitäten herausgearbeitet werden können. Vor dem Hintergrund des in letzter Zeit viel zitierten Europas der (Metropol-) Regionen kommen z.B. Esser und Schamp (2001) zu der Auffassung, „die neue Qualität der ökonomischen Integration innerhalb Europas, vorangetrieben durch das Projekt des Europäischen Binnenmarktes, der Europäischen Währungsunion sowie den Einbau Mittel- und Osteuropas in das kapitalistische Weltsystem" bringe für die seitherigen nationalen Stadtsysteme eine veränderte und sich verschärfende Wettbewerbssituation „um die Gewinnung globalisierender und europäischer Funktionen" mit sich. Bisherige „*Selbstbildnisse*" über die Rolle der Großstadtregionen müssten deshalb in Frage gestellt werden (Esser, Schamp 2001: 11 f.; siehe auch Arndt, Pauli in diesem Band).

Amin und Thrift weisen schon Mitte der neunziger Jahre auf einen mit der Integration Europas verknüpften Aspekt hin, der das Selbstverständnis der Großstadtregionen grundlegend verändert: auf die zunehmende Bedeutung einer wissensbasierten Wirtschaft. „In especially the knowledge-based industries such as telecommunications, aerospace, pharmaceuticals and financial services, the development of microelectronics applications has enormously quickened the diffusion of standards and know-how“ (Amin, Thrift 1995: 93 f.). Das Aufkommen der Wissensökonomie und die Spezialisierung der metropolitanen Wirtschaft auf solche Branchen, die besondere Ansprüche an die lokalen Ressourcen stellen, haben Amin und Thrift zu Folge den Standortwettbewerb zwischen den großen Stadtregionen verstärkt: So suchten die wirtschaftlichen Akteure in diesen Regionen nicht nur spezialisierte Zulieferer, Kooperationspartner, hochqualifizierte und spezialisierte Wissensarbeiter und Zugänge zu einer Informationsvielfalt, die ungeplante Kombinationen von Informationen und Wissen ermöglichen. Für sie seien darüber hinaus auch spezifische Qualitäten mit symbolischem und kulturellem Wert, so genannte weiche Faktoren wie kulturelle und wissensbasierte Images und auch Mythen von großer Bedeutung.

Für regionale Marketingakteure besteht die Herausforderung deshalb immer mehr darin, angesichts ubiquitärer Standortfaktoren die Akteursgruppen und Individuen in Städten, Kommunen und Regionen zu ermuntern, sich intellektuell an dynamisch veränderte Raumentwicklungen und -bilder anzupassen (vgl. auch Kotler 1994: 33). Die Notwendigkeit eines raumkulturell orientierten Regionalmarketings, das die Region mittels eines besonderen Images hervorhebt, wäre demnach für Metropolregionen eine Grundvoraussetzung, um sich von konkurrierenden Räumen abzusetzen, um internationale Finanzströme abzufangen und wirtschaftsräumlich zu binden. Amin und Thrift verweisen darauf, dass „place-marketing around carefully selected images of local unity is now a recognised practice by the local development agencies to attract international investment … that is, the ability of a city to reign over the national or international imagination, such that is not only a place which is well imagined, but also a place where innovation occurs, tastes are defined and models of management style constructed. Such dominance will rest in a part on the willingness of actors in other cities and regions to concede that the ideas/images formulated in such a city or region are credible. That is, a city or region must have *cultural authority*“. (Amin, Thrift 1995: 93 ff.)

Ein solches „Place-marketing“ setzt „Placemaking“ voraus, d.h. neben der physischen Gestalt der Region das regionale Kaleidoskop von Bildern, Geschichten, Mythen und *Symbolen*, die je nach Situation und

Interesse der beteiligten Akteursgruppen aktualisiert und inszeniert werden können, ins Bewusstsein zu heben und zum Gegenstand bewusster Reflexionen zu machen. Derart kodierte Ortsbildungen enthalten „zwei wesentliche Strukturmerkmale: die Fähigkeit, heterogene Elemente zeiträumlich zusammenzufügen, und die Fähigkeit, Menschen im Raum kulturell zu platzieren, kulturelle Spuren zu bilden“. (Keim 2003: 85) Vor dieser sozial- und wirtschaftsräumlichen Hintergrundfolie ist zu vermuten, dass unterschiedliche Akteure, Strategien und Instrumente für die Ausformulierung eines glaubhaften und dominierenden regionalkulturellen Selbstbildes integriert werden müssen (vgl. auch Matthiesen 2002).

Am Beispiel der metropolitanen Region Brandenburg-Berlin soll in diesem Beitrag der zentralen Frage nachgegangen werden, welche raumpolitischen Grundlagen – aber auch Schwierigkeiten – zu beachten sind, wenn die regionale Außenpositionierung mit der Innenpositionierung kompatibel sein soll. Es geht dabei um eine strategische Kommunikation, genauer gesagt um ein *Kommunikationsmanagement* für Regionen, mit dessen Hilfe die vielfach nur beiläufig registrierten sozial-, wirtschafts- und kulturräumlichen Entwicklungen an die Oberfläche gebracht werden. Nach dem kurzen Entwurf eines theoretischen und methodischen Rahmens für ein integriertes metropolitanes Regionalmarketing wird anschließend exemplarisch auf die besondere Situation der Fallregion eingegangen. Auf der Basis des methodischen Bezugsrahmens eines integrierten Unternehmensmarketings (Bruhn 2001) sowie systemtheoretischer Applikationen (Luhmann 1996, Nitschke 1996, Camagni 2001) und anhand einer halbstandardisierten empirischen Befragung werden schließlich einige raumpolitische Vorschläge entwickelt, die sich – zum Teil mit einem bewusst normativ gewählten Duktus – sowohl an die Praxis als auch an die sozial- und wirtschaftsräumlich orientierte Wissenschaftsgemeinde richten.[1]

[1] Auf der Basis eines halbstandardisierten Fragebogens wurden vom Leibniz-Institut für Regionalentwicklung und Strukturplanung (IRS) 200 Mitglieder der Deutschen Public Relations Gesellschaft (DPRG) der Landesgruppe Berlin/Brandenburg zu Kommunikationsaspekten im Untersuchungsraum befragt.

2 Theoretischer Rahmen: Die Metropolregion als Symbol-Ebene

Die Diskussion um den raumstrategischen Steuerungs-Terminus „Regionalmarketing“ (als begriffliche Unterscheidung zum „Stadtmarketing“) bezieht sich bisher meist auf ländliche Perspektiven, mithin auf kulturlandschaftliche Teilräume und weniger auf metropolitane Regionen (Mahnken 2003). Insofern soll hier der Versuch unternommen werden, „Regionalmarketing“ räumlich auf metropolitanes Marketing zu erweitern. Dabei wird von folgender Arbeitshypothese ausgegangen: Wenn eine metropolitane Region ihre Außenwahrnehmung durch räumliches Marketing verbessern will, dann müssen die Akteure auch die Binnenwahrnehmung der regionalen Bevölkerung mit berücksichtigen, die maßgeblich dazu beiträgt, ein dauerhaftes und konsensfähiges regionales Image zu kreieren, das autochthone (ansässige) und allochthone (nicht ansässige) Ziel- oder besser Dialoggruppen gleichermaßen erreicht. Anders gesagt: Das Innenbild der Region muss mit dem angestrebten Außenbild zusammenpassen. Mehr noch, es muss tauglich sein, die verschiedenen Dimensionen der ökonomischen und sozialen Regionsbildung *symbolisch* zu integrieren. Für diesen Zusammenhang ist Camagnis Unterscheidung zwischen *spatial logic* (territorial approach/network approach) und *cognitive logic* (functional approach/symbolic approach) hilfreich. „ (1) A spatial logic, distinguishing two theoretical approaches: the territorial approach, interpreting the city as a ‘place’ in a two dimensional space, and the network approach, interpreting the city as a node in a global network of transterritorial relationschips. (2) A *cognitive logic*, reffering to the various forms of rationality involved in the behavior of economic agents …“. (Camagni 2001: 103)

In Camagnis System ist vor allem der *symbolische* Zugang für die Fragestellungen des regionalen Marketings von Bedeutung. Er hebt zum einen die Bedeutung von städtischen und regionalen Milieus hervor, die er als Unsicherheit reduzierende Kontexte beschreibt, in denen „fremde“ Informationen transkodiert werden können, weil hier bessere Voraussetzungen für kollektives Lernen zu vermuten seien. Für das metropolitane Kommunikationsmanagement ist der *Symbolbegriff* vor allem deshalb relevant, weil er im Sinne der sich gegenwärtig verdichtenden Debatten um *Regional Governance* sowohl die semantische Verortung eines

		Spatial Logic	
		Territorial Approach	**Network Approach**
Cognitive Logic	**Functional Approach**	**City as Cluster** - diversification and specialization of activities - concentration of externalities - density of proximity contacts - reduction of transaction costs	**City as Interconnection** - city as a node in multiple and interacting transport , economic and communication networks - city as interconnection between place and node
	Symbolic Approach	**City as Milieu** - uncertainty-reducing operator through: • transcoding of information • ex-ante coordination of private decisions (collective action) - substratum for collective learning	**City as Symbol** - city as overcoming time and space - city as symbol to territorial control - city as producer of symbols, codes, and language

Nach Camagni 2001: 103

Tabelle 1: The Economic Role and Spatial Contradictions

wirtschafts- und sozialräumlichen Gefüges als auch dessen methodische Einheitsbildung bezeichnet. Der symbol-begriffliche Bezugsrahmen impliziert sowohl die Generierung des Raumbildes bzw. des regionalen Images als auch den dynamischen Verlauf des Zustandekommens solcher Raumsymbole durch symbolische Untereinheiten, die von den beteiligten Akteursgruppen einbebracht und zusammengefügt bzw. integriert werden können. So gesehen vollzieht sich metropolitanes Marketing in einer selbstreferenziellen Kommunikationsarena aus der heraus Teil-Symbole entstehen, die von innen und außen fassbar werden können und die auf lokaler, regionaler und überregionaler Ebene dekodierbar werden. Nach dem Systemtheoretiker Luhmann etwa handelt es sich für unseren Zusammenhang darum, dass „eine Mehrheit einer Einheit zugeordnet und durch sie symbolisiert wird ... Eine Handlung ist danach nur durch symbolisch-generalisierende Identifikation der Einheit des Zusammenhangs ihrer Komponenten möglich. Sie ist schon als Element von Systembildungen ein emergentes Phänomen, das nur durch Symbolgebrauch zustandegebracht werden kann." (Luhmann 1996: 135 f.) Auf die raumwissenschaftliche Sicht bezogen, lässt sich hier an die Regionalisierungsdiskurse der neunziger Jahre anknüpfen, die als kollektives Moment für die Initiierung von Regionalisierungsprozessen Machtinteressen und raumprogrammatische Intentionen unterschiedlicher Akteurskonstellationen vermuten. Auch die metropolitane Region ist „somit nichts Akzidentelles, was einem einfach zu- oder einfällt, sondern sie kommt zustande – und zwar mit einer mehr oder weniger deutlich zu verzeichnenden (kollektiven) Absicht und Bestimmung". (Nitschke 1996: 290) Für das Marketing in Metropolregionen rückt vor dieser theoretischen Hintergrundfolie der kommunikative Prozesscharakter mit seiner strategischen Steuerungsfunktion in den Vordergrund. Die Faktoren „Prozess – Gruppe – Raum – Zeit – Erfahrung" führen dabei nach Nitschke zu einer kulturellen Identität: „Identität versus Differenz sind damit maßgebliche Deutungseinheiten für die regionale Selbstbestimmung. Insofern ist es folgerichtig, in und mit der Region das spezifisch Kulturelle als ein Symbolsystem für die eigene spezifische Identität anzusehen, denn der Identitätskern wird von der Kultur geprägt". (Nitschke 1996: 291) Die strategischen und taktischen Voraussetzungen sind somit unter komplexen Rahmenbedingungen zu entwickeln, da im räumlichen Marketingprozess metropolitaner Regionen immer heterogene Dialogpartner mit unterschiedlichen Symbolen, Erfahrungen und Logiken zusammen kommen. Metropolitane Regionen fungieren gewissermaßen als sozialräumlicher Schmelztiegel, dessen Bewohner und Akteure auf unterschiedlichen – auch dispersen – regionalen Entwicklungspfaden ungleiche Vorstellungen und Wahrnehmungsmuster von „Gewinnern" und „Verlierern" aufweisen (Matthiesen 2002).

Das strategische Terrain der globalisierten Ökonomie wird im raumwissenschaftlichen Diskurs vor allem in den Großstädten und deren Umgebung gesehen, weil sich hier konkrete wirtschaftliche Vorgänge abspielen, die Sassen nach zwei Arten unterscheidet: „(1) Mit Blick auf die wirtschaftliche Globalisierung und die Raumproblematik fungieren Städte als strategische Orte, an denen sich die Steuerungsfunktionen, die globalen Märkte und ... die Dienstleistungen konzentrieren. (2) Mit Blick auf den Arbeitsalltag im Bereich des führenden Wirtschaftkomplexes – des Finanz- und spezialisierten Dienstleistungsgewerbes – sahen wir ... , dass ein Großteil der damit zusammenhängenden Jobs, die vielfach von Frauen und Immigranten erledigt werden, niedrig bezahlt und manueller Art ist. Obwohl diese Beschäftigungsgruppen und diese Arbeitsplätze nirgends als Teil der globalen Ökonomie dargestellt werden, gehören sie in Wirklichkeit ebenso zur wirtschaftlichen Globalisierung wie das internationale Finanzgewerbe". (Sassen 1996: 165) Auch werde deutlich, wie sich in der globalisierten Ökonomie metropolitaner Räume Vielfalt konzentriere, die nicht nur durch vorherrschende Unternehmenskulturen bestimmt sei, „sondern via Einwanderung auch von einer Vielfalt anderer Kulturen und Identitäten". (Sassen 1996: 166) Im metropolitanen Kommunikationsmanagement geht es daher immer auch um die Frage der Integration von Individuen aus heterogenen Arenen in das Konstrukt einer gemeinsamen sozial- und wirtschafträumlichen Interaktionsebene. Metropolitanes Kommunikationsmanagement folgt somit idealerweise einem Steuerungsansatz, der wirtschafts- und sozialräumliche Entwicklungsprozesse auch vor dem Hintergrund von *„soft structures"* im Sinne einer integrierten regionalen ‚Entwicklungspolitik' versteht, die über redundante, austauschbare Positionierungsmuster wie etwa „Eine Region im Herzen Europas", das soundsovielte „Silicon Valley der ..." oder die unzähligen „Regionen des Wissens" begrifflich und bildlich hinausweisen müssen.

Metropolitane Regionen müssen wegen ihrer weltweit relativ geringeren Zahl beim räumlichen Marketing sorgfältiger auf überzeugende Symbole und Images achten, weil die öffentliche Aufmerksamkeit hier viel höher ist als gegenüber den häufiger vorkommenden Agglomerationsräumen mittleren oder unteren Ausmaßes. Sie fallen auch wegen ihrer intensiveren medialen Präsenz im öffentlichen Bewusstsein mehr auf und geraten dadurch leichter ins Feld der Kritik. Metropolräume treten im Kampf um die mediale Ressource Aufmerksamkeit schneller in Konkurrenz zu vergleichbaren bzw. ähnlichen Regionen.

Obwohl die Entwicklung *intraregionaler Images* im Standortwettbewerb und im Marketing für Regionen aufgrund ihrer integrativen und persuasiven Potentiale eine Schlüsselstellung einnimmt, wird dem regionalen Binnenmarketing auch in dem hier zu behandelnden Referenzraum Brandenburg/Berlin bisher kaum Beachtung geschenkt. Wenn hier von Regionalmarketing die Rede ist, steht meist die Erreichung eines ‚glänzenden' Außenbildes einer Teilregion im Vordergrund, das notwendigerweise auf die Gewinnung von Investoren oder Neubürgern abzielt. Seit einiger Zeit kommt aber noch eine andere Sicht ins Spiel: „Damit rücken Aktionsfelder wie das Image in den Mittelpunkt des Interesses, die für den ökonomischen Erfolg sehr maßgeblich sind, in den vorherrschenden Theorien regionaler Entwicklung aber zu wenig beachtet werden". In diesem Zusammenhang werde es zunehmend deutlicher, dass „intraregionale Kooperation zu interregionalen Wettbewerbsvorteilen führt". (Manschwetus 1995: 318; vgl. auch Deutsches Seminar für Städtebau und Wirtschaft 2001: DSSW-Leitfaden Marketing für Kommunen) Die Strategie, durch Zusammenarbeit auf möglichst vielen zivilgesellschaftlichen Ebenen konsensuelle Sichtweisen zu erzielen, scheint der Annahme zu folgen, dass die Umsetzung regionaler Marketingideen nur dann erfolgreich verlaufen kann, wenn die ‚kundenfreundliche' Binnensicht autochthoner Personengruppen mit der angestrebten positiven Außensicht allochthoner Personengruppen korrespondiert.

3 Methodischer Bezugsrahmen

Auf die Frage, wie unter diesen Ausgangsbedingungen ein integratives, strategisches Marketing entstehen kann, können Überlegungen zur integrierten Unternehmenskommunikation Antworten geben (Bruhn 2001). Dieser Ansatz geht davon aus, dass unterschiedliche Dialog- oder Zielgruppen und unterschiedliche Kommunikationsinstrumente zu einem „Integrationsbedarf der Kommunikationsaktivitäten" führen, „damit kein diffuses und widersprüchliches Erscheinungsbild des Unternehmens entsteht ... Unter integrierter Unternehmenskommunikation wird ein Prozess der Planung und Organisation verstanden, der darauf ausgerichtet ist, aus den differenzierten Quellen der internen und externen Kommunikation ein für die Zielgruppen der Unternehmenskommunikation konsistentes Erscheinungsbild über das Unternehmen zu vermitteln. (Bruhn 2001: 245) Für Akteure des regionalen Marketings ist dieser Ansatz möglicherweise wertvoll. Er bietet eine konzeptionelle Orientierung, die gerade hier wichtig ist, weil einzelne Teilregionen, zum Beispiel Landkreise, gerne eigenen Vorstellungen im Hinblick auf kulturräumliche Positionierungen und Alleinstellungsmerkmale folgen, die dann in der Gesamtsicht auf die metropolitane Region kein einheitliches Raumbild abgeben können.

In den letzten Jahren sind die Unterschiede zwischen regionalem Marketing und Produkt- oder Unternehmensmarketing ausgiebig diskutiert worden (vor allem Manschwetus 1995: 94). Stadt- und Regionalmarketing unterscheiden sich demnach erheblich vom Unternehmensmarketing. Letzteres folgt einem Mix von Produkt-, Preis-, Distributions- und Kommunikationspolitik. In einem Unternehmen haben Kommunikationsprofis zwar die Aufgabe, für unterschiedliche Marketingpolitiken Schwerpunkte und Adressaten zu identifizieren. Während hier jedoch meist ein gewohntes und akzeptiertes Beteiligungs- und Weisungsgefüge vorhanden ist, ist dies in einer Stadt oder Region bei strategischen Marketingprozessen weniger der Fall. Hier funktioniert Kommunikation vor allem auf freiwilliger Basis vor Ort und durch das Zusammenspiel von bürgergesellschaftlichem Engagement sowie koordinierte Aktionen von Wirtschaft, Kultur, Verwaltung und nicht zuletzt Politik. Ein erfolgreiches Stadt- und Regionalmarketing kann so gesehen langfristig nur von unten wachsen. Es kann sich unter komplexen regionalpolitischen Rahmenbedingungen weniger aus Macht- und Weisungsbeziehungen, sondern eher in offenen Diskursen zwischen unterschiedlichen Akteursgruppen erst allmählich entwickeln. Die Abstimmungsprozesse sind deshalb ungleich komplizierter als unter unternehmerischen Kontextbedingungen. Regionalmarketing braucht folglich einen langen Atem und kann ein kohärentes Selbstbild von der Region nicht von heute auf morgen erzeugen. Von besonderer Bedeutung für das Regionalmarketing sind die unternehmerischen Kontexte, die für die wirtschafts- und sozialräumliche Entwicklung hohe Relevanz besitzen. Sie müssen auf regionaler Ebene in der Auseinandersetzung um ein Bild von der Region für die Menschen deutlich gemacht werden, damit Identifikationsprozesse und gemeinsame kulturräumliche Kodierungen befördert werden können.

Zum Teil werden Stadt- und Regionalmarketing in ihrer raumpolitischen Steuerungsqualität kritisch gesehen, weil befürchtet wird, sie könnten sich negativ auf die Demokratie auswirken, da gut organisierte Bevölkerungsgruppen gegenüber Minderheiten ihre Interessen durchsetzen und an Macht gewinnen könnten (Meyer 1999: 57). Gleichwohl lässt sich beobachten, dass Kommunen und Länder, Marketingansätzen der freien Wirtschaft folgend, zunehmend als staatliche Unternehmen gesehen werden, die ihre krisenhaften Erscheinungen angesichts knapper Ressourcen selbst in die Hand nehmen.

Gewinnt das Konzept des integrierten Kommunikationsmanagements vor diesem Hintergrund an Bedeutung? Eignet es sich womöglich, um das Besondere einer Region oder Stadt besser zu entschlüsseln und um das Unverwechselbare zu definieren? So gesehen wäre räumliches Marketing von gelegentlich unterstellten Simplifizierungen wie „Werbung" oder „Schönfärberei" freizusprechen. Es könnte als Integrations- und Regionalisierungskonzept fungieren.

4 Besondere Ausgangslage der metropolitanen Region Berlin-Brandenburg

Unter der Metropolregion Berlin/Brandenburg wird im Folgenden, mit einem Fokus auf die oben skizzierte mögliche Entwicklung eines regionskonstituierenden Kommunikationsmanagements, der Stadtstaat Berlin und das umliegende Flächenland Brandenburg verstanden. Auffällig an diesem Fallbeispiel sind die besonders disparitären, die ungleichmäßigen Entwicklungen des Wirtschaftraumes, die auch eine realistische Wahrnehmung und Einbeziehung autochthoner Bevölkerungsteile in den benachteiligten peripheren Teilräumen notwendig macht, damit diese sich stärker in Identifizierungsprozesse einbinden können: „Derzeit weisen die berlinfernen Teilregionen Brandenburgs nur schwache funktionale Beziehungen zum Metropolraum Berlin auf; sie sind also von der wirtschaftlichen Dynamik abgekoppelt. Anders als in den Agglomerationsräumen der westlichen Bundesrepublik sind die peripheren Gebiete Brandenburgs nicht in den Sog der metropolitanen Umstrukturierungen einbezogen. Der engere Verflechtungsraum bietet genügend räumliche Reserven, um sämtliche Dienstleistungszentren, Gewerbeparks, Güterverkehrszentren und suburbane Wohnsiedlungen aufzunehmen". (Keim 2002: 205) Trotz gegensätzlicher Interessen und raumwirtschaftlicher Ausgangslagen gibt es zwischen den Teilregionen funktionale Verflechtungen und gleiche Schicksale, die ein gemeinsames regionales Marketing sinnvoll, wenn nicht sogar notwendig erscheinen lassen.

Was könnte angesichts dieser besonderen Situation das – nach innen *und* außen wirkende – regionale Alleinstellungsmerkmal als Grundlage für die Entwicklung einer belastbaren Marketingstrategie sein? Lässt sich eine regionale Marke für diesen heterogenen metropolitanen Raum überhaupt entwickeln? Wie sich in den vergangenen Jahren gezeigt hat, sind die erhofften Imageeffekte und die Sogwirkung durch den Regierungsumzug ausgeblieben. Das brandenburgische Umland kann bislang auf einen wirtschaftsräumlichen Aufwärtstrend allenfalls im viel zitierten „Speckgürtel" (engerer Verflechtungsraum) zurückblicken. Doch dieses teilregionale Bild wird unterdessen schon ironisch korrigiert und durch die Metapher der „Speckwürfel" ausgetauscht, die auch hier die ungleichmäßige Regionalentwicklung veranschaulichen soll (Matthiesen 2002: 17 ff.). Eine weitere Schwierigkeit wird in der den Transformationsprozess begleitenden teilregionalen Tendenz zur Xenophobie, in fremdenfeindlichen Übergriffen sowie in kulturellen Schließungsprozessen (Matthiesen 2002: 36 f.) gesehen, die in den neunziger Jahren dem Image der Hauptstadtregion Schaden zugefügt hätten. Insgesamt betrachtet, bleibt die Region auch für Kleger et al. nach wie vor „eine europäische Region unter vielen. Sie sieht sich damit grundsätzlich den gleichen Herausforderungen durch die Globalisierung der Wirtschaft, durch die Polarisierung der Gesellschaft und die Fragmentierung des metropolitanen Raumes ausgesetzt wie jede andere Stadtregion". (Kleger 1996: 127) Mit Blick auf die regionalen Imagepotentiale der metropolitanen Region Berlin/Brandenburg wird vor allem für die, von Mecklenburg-Vorpommern mittlerweile eingeholte, Tourismusindustrie zwar der „Dualismus von hochurbanem Zentrum einerseits und relativ dünn besiedelter, wald- und seenreicher Kulturlandschaft andererseits" gesehen (Saupe 2002: 527). Gleichwohl sei auch zu vermerken, dass, im Gegensatz zur aktuell positiven Tourismusentwicklung in Berlin, längere Aufenthalte in Brandenburg eher die Ausnahme sind, „die Betten in Hotels, Gaststätten und Kultureinrichtungen sind lediglich zu einem Drittel ausgelastet. Die Tourismusentwicklung scheint seit Jahren zu stagnieren. Zusätzliche Attraktionen wie Freizeitparks, Landgasthöfe oder der ... Lausitzring vermögen noch keine stabile Nachfrage aus Berlin zu binden". (Keim 2002: 207)

Ein Entwicklungspotential für die Region sieht Kleger jedoch „aufgrund ihrer geopolitischen Lage als Osten des Westens und Westen des Ostens Europas" mit einem spezifischen „Potential gegenüber konkurrierenden Regionen, nämlich die Möglichkeit als Transferknotenpunkt zwischen West- und Osteuropa zu fungieren. Dieser Standortvorteil kann (und soll) zur Stärke der Region entwickelt werden. Berlin könnte in dieser Perspektive als Nervenzentrum Europas zur Stadt der europäischen Zukunft, zu einer Metropole neuen Typs werden". (Kleger 1996: 128) Zu diesem Versuch der Identifizierung eines belastbaren Alleinstellungsmerkmals respektive eines „unique selling proposition (USP)" (Balderjahn 1996) hat Kujath darauf hingewiesen, die Kooperationsbeziehungen der regionalen Akteure in der Hauptstadtregion mit ostmitteleuropäischen Partnern zu verbessern, auch, weil hier schon regionale Mitbewerber wie Frankfurt am Main respektive das Bundesland Hessen deutliche Vorteile erzielt hätten. (Leibniz 01/2003: 7) Balderjahn kommt Mitte der neunziger Jahre ebenfalls zu der Einschätzung, die Stärken Brandenburgs in der geographischen „Nähe zu Berlin und osteuropäischen Märkten sowie den Freizeit- und Erholungsmöglichkeiten" zu sehen. Gleichwohl beklagt er, das Image der Region sei sowohl auf der emotionalen Ebene als auch in der sachlich rationalen Dimension wenig ausgeprägt, „so dass eine grundsätzliche Feststellung dessen, wofür dieses Land (Brandenburg, Anm. d. Verf.) eigentlich steht, was es will und was es darstellen möchte, dringend erforderlich ist". (Balderjahn 1996: 132) Kunzmann schätzt die Profilierung der Metropolregion ähnlich kritisch ein: „Die Metropole Berlin hat kein wirtschaftliches starkes urbanes Hinterland. Ihr Umfeld ist vorwiegend ländlich, mit einigen zentralen Orten, die aber nur begrenzte Wirtschaftskraft haben. Berlin ist also eine Metropole im Wartestand ..." Dementsprechend sei auch der Gehalt an sichtbaren Symbolen in der Region gering, da diese von den Medien vorwiegend in Berlins Hauptstadtfunktion und in seiner imposanten Architektur gesehen würden. Weiterhin sei Berlin vor allem für Amerikaner „ein Symbol des kalten Krieges, ein Symbol des Sieges über den Sozialismus, ein Symbol der Demokratie". (Kunzmann 2002: 196f.)

In jüngster Zeit mehren sich die Einschätzungen, der Raum Berlin/ Brandenburg ließe sich künftig mit einem wissensbasierten Raumimage entwickeln (vgl. hierzu auch den Beitrag von Kujath in diesem Band sowie Kunzmann 2002: 199 und Matthiesen 2004). Unübersehbar ist jedoch die Unsicherheit des politisch-administrativen Raumes, ein tragfähiges Raumbild (Ipsen 1997) zu entwerfen, um das sich wissensbasierte, wirtschaftliche und kulturelle Grundmuster sowie ein entsprechendes, gemeinsames regionales Bewusstsein gruppieren. Hier arbeiten beide Länder zwar schon punktuell zusammen, es besteht aber angesichts der schwierigen wirtschaftsräumlichen Situation, der oben skizzierten Irritationen im Hinblick auf die Entwicklung einer regionalen Marketingstrategie und nicht zuletzt auch vor einem inzwischen eher unwahrscheinlichen nächsten Fusionsanlauf der Länder Brandenburg und Berlin Entscheidungsbedarf. Denn die mehrheitliche Ablehnung der Fusion durch die Bevölkerung im Jahr 1996 und die neuerliche landespolitische Skepsis bzw. Ablehnung in Brandenburg ist nach Kujath aus ökonomischer, planungs- und verwaltungswissenschaftlicher Sicht irrational: „Natürlich wäre es vorteilhaft, wenn zwischen dem äußeren Entwicklungsraum Brandenburgs und dem engeren Verflechtungsraum ein intensiver Austausch von Gütern, Produktionsfaktoren und Informationen stattfände und dieser Raum darüber hinaus auch politisch und administrativ eine Einheit bildete". (Kujath 1997: 42) Für diesen Zusammenhang ist anzumerken, dass auf dem Mediensektor mittlerweile eine Fusion der öffentlichen Fernsehsender Ostdeutscher Rundfunk Brandenburg (ORB) und Sender Freies Berlin (SFB) realisiert wurde (rbb/Rundfunk Berlin-Brandenburg). In jedem Fall besteht die Herausforderung darin, selbst wenn es auf absehbare Zeit zu keiner Länderfusion kommen sollte, weiter an einem gemeinsamen, tragfähigen Raumbild für Berlin und Brandenburg zu arbeiten.

5 Empirische Befunde

5.1 Untersuchungsdesign

Die im Folgenden vorgestellten empirischen Befunde stützen sich auf eine am IRS 2002 durchgeführte schriftliche Befragung im Forschungsbereich „Regionalisierungsstrategien: Wirtschaftsräume und Mobilitätswirkungen". Das Projekt ging vor einer binnenkommunikativen Hintergrundfolie der Frage nach, *wie Kommunikationsfachleute vorhandene regionale Binnenmarketingstrukturen bewerten* und welche Politikfelder für eine dauerhafte Marketingstrategie in der Region zu priorisieren seien. Auf der Grundlage eines teilstandardisierten Fragebogens wurden dazu zweihundert Mitglieder der Deutschen Public Relations Gesellschaft (DPRG) der Landesgruppe Berlin/Brandenburg zu raumrelevanten

Kommunikationsproblemen in der Hauptstadtregion befragt. Die Rücklaufquote lag bei über 50 Prozent und bietet damit eine valide Basis. Bei der DPRG handelt es sich um einen insgesamt etwa 2000 Mitglieder umfassenden Berufsverband von Kommunikationsfachleuten (strategische Berater, Konzeptioner, Kontakter, Pressesprecher etc.), der in der Bundesrepublik neben dem Journalistenverband das größte Netzwerk dieser Art darstellt.

Die Mitglieder der Landesgruppe Berlin/Brandenburg wurden deshalb befragt, weil sie als *Intermediäre* das regionale Image der Hauptstadtregion aus einer professionsbedingten, intrinsischen Motivation heraus in ihren alltagsweltlichen Interaktionen mit berücksichtigen müssen, damit sie als Dienstleister in Pressestellen und PR-Abteilungen von Unternehmen, Verbänden (die sich in letzter Zeit in Berlin konzentrieren), Behörden, wissensbasierten Einrichtungen und Agenturen im Kommunikationsmarkt erfolgreich bestehen können. Dabei verfolgte die Befragung eine doppelte Zielsetzung: Es sollten zum einen Einschätzungen des wirtschafts- und sozialräumlichen Images der metropolitanen Region eruiert werden und zum anderen sollte dieser spezielle Typus metropolitaner Dienstleistungen hinsichtlich seiner reflexiven Kompotenz für das Binnenmarketing genauer in den Blick genommen werden. Schließlich orientiert sich die Befragung an dem eingangs formulierten Erkenntnisinteresse, wie die befragten Kommunikationsprofis das Akteursumfeld (Entscheidungsträger, Meinungsführer) und das Verhältnis von regionalem Innen- und Außenbild bewerten.

Für die Fragestellung nach der Wahrnehmung des Verhältnisses von regionalem Innen- und Außenbild in der Metropolregion Berlin/Brandenburg muss zunächst berücksichtigt werden, dass über zwei Drittel der befragten Kommunikationsprofis in Berlin tätig sind. Diejenigen, die im Land Brandenburg oder außerhalb der Region arbeiten, stellen die deutliche Minderheit dar. Die meisten Befragten kommen aus Unternehmen und Agenturen oder sie sind selbständig. Den geringsten Anteil stellen diejenigen befragten PR-Profis dar, die auf dem kulturellen Sektor tätig sind. Ebenfalls gering ist die Anzahl derer, die auf den Arbeitsfeldern Wissenschaft und Forschung, öffentlicher Dienst sowie Verbände tätig sind. Der berufsalltägliche Blick ist also in sozialräumlicher Hinsicht stärker auf die Stadt, als auf das so genannte Umland gerichtet, eine Tatsache, die bei den folgenden Beobachtungen und Folgerungen zu berücksichtigen ist. Der Altersdurchschnitt der Befragten liegt bei knapp 40 Jahren. Dies lässt auf eine relativ langjährige professionelle Erfahrenheit der Befragten schließen.

5.2 Einschätzung von Binnen- und Außenmarketing

Auf die für die Markentingstrategien relevante Frage nach dem Verhältnis zwischen Binnen- und Außenmarketing im Tätigkeitsbereich der Befragten, wird von der Mehrheit die Bedeutung des Innenbildes (mit seinen Akteurskonstellationen, situativen Kontextbedingungen sowie sozialräumlichen Wahrnehmungs- und Handlungsmustern) der Region nicht in gleicher Weise für wichtig befunden wie die Bedeutung des Außenbildes. Aus den Befunden geht hervor, dass die Befragten das regionale Außenmarketing priorisieren. Während 94,8 Prozent Außenmarketing für „sehr wichtig" und „wichtig" halten, trifft dies nur für 74,2 Prozent in Bezug auf die Bedeutung des Binnenmarktings zu. In diesem Zusammenhang wird jedoch die Einbindung der Bevölkerung in ein regionales Binnenmarketing – und damit die Sensibilisierung der Einwohner – als weniger bedeutend eingeschätzt (nur 22,7 Prozent der Befragten schätzen die Sensibilisierung der Bevölkerung als „sehr wichtig" ein, während die Einbeziehung der Bevölkerung in das Außenmarketing von 60,4 Prozent als „sehr wichtig" angesehen wird, um die Region als attraktiven Standort nach außen darzustellen). Damit ist klar, dass die Kommunikationsagenturen das Image oder Selbstbildnis ihrer Region vor allem unter dem Aspekt der Außendarstellung und -wirkung diskutieren. Der im methodischen Teil erörterte Zusammenhang zwischen der Binnensicht und Außensicht sowie der spezifischen regionalen Kontextabhängigkeit der Imagebildung wird von den Kommunikationsdienstleistern offensichtlich in starkem Maße selektiv und unter dem Gesichtspunkt der Außenvermittlung eines vorhandenen oder latenten regionalen Bildes diskutiert. Dass eine solche – offenkundig befangene – Sichtweise für eine Region wie Berlin/ Brandenburg, die dabei ist, ihre Binnen- und Außendarstellung systematisch mit neuen, häufig negativen Erfahrungen zu besetzen (sozialer und ökonomischer Niedergang, Finanzkrise, Vergreisung, Verblödung, Fremdenhass usw.), möglicherweise wenig geeignet ist, positiv auf die Imagebildung der Region einzuwirken, wird an Hand der folgenden Befragungsergebnisse deutlich.

5.3 Image der Region – Beurteilung von Stärken und Schwächen

Verhältnis Binnen- und Außenmarketing

Ein weiterer Fragenkomplex befasst sich mit dem Image der metropolitanen Region und dessen Beurteilung von verschiedenen Akteursgruppen aus Sicht der Kommunikationsfachleute. Dabei wurde der Frage nachgegangen, inwieweit die Länder Berlin und Brandenburg an einem gemeinsamen Image arbeiten oder getrennte Wege bei der Imagebildung gehen sollten. Im Ergebnis zeigt sich, dass knapp mehr als die Hälfte der Befragten (56 Prozent) die Erarbeitung eines gemeinsamen regionalen Images für Brandenburg und Berlin für wichtig halten, während die Entwicklung jeweils eigener Images von (einer allerdings sehr starken) Minderheit als sinnvoll erachtet wird. Dies weist darauf hin, dass bei der Mehrheit der Kommunikationsfachleute, ungeachtet des Nebeneinanders der beiden Länder und der großen Unterschiede zwischen der hochverdichteten, dynamischen Stadt sowie dem eher ländlichen Brandenburg der regionale Zusammenhang als Perspektive mehrheitlich wahrgenommen und auch gewollt wird. Es weist aber auch darauf hin, dass die Meinungen gespalten sind, was nach wie vor auf sehr unterschiedliche Wahrnehmungen des Zusammenhangs zwischen den beiden Teilräumen verweist.

Wahrnehmung der Region von außen

Darüber hinaus wurden die Befragten gebeten, die äußere Wahrnehmung der Region Berlin/Brandenburg aus dem Blickwinkel des übrigen Bundesgebietes einzuschätzen. Die Antworten sind mehrheitlich negativ. Diese negativen Reflexionen des Bildes von der Region, die regionsexternen Kommunikationsprofis unterstellt werden, besagen zum einen, dass Berlin und Brandenburg es bisher nicht verstanden haben, sich als insgesamt attraktiver Standort zu vermarkten. Sie besagen zum anderen, dass die Berliner Kommunikationsdienstleister offensichtlich nicht in der Lage sind, ein positives, starkes Image der Region überzeugend zu vermitteln oder dieses nach außen nicht überzeugend kommunizieren können. Hieraus lässt sich folgern, dass sie selbst distanziert zu ihrer Region stehen bzw. sich selbst ein negatives Bild von der Region machen oder selbst ein Spiegel des regionalen Selbstbildnisses sind. Diese Haltung zur Region wird in den Beurteilungen ihrer Stärken und Schwächen weiter konkretisiert. Im Ergebnis werden zwar Stärken, respektive Potentiale für die Region in den Bereichen Kultur, Freizeit, Gastronomie, Tourismus und Natur gesehen (Abbildung 1). Schwächen werden jedoch in der Leistungsfähigkeit der Landes- und Kommunalverwaltungen, im Arbeitsmarkt sowie im Engagement der Bürgerschaft und in der Identifikation der Bevölkerung mit der Region ausgemacht. So wie sie selbst das vorhandene Qualitätsprofil der Region sehr zurückhaltend bewerten, so wird auch bei der Bevölkerung ein unterentwickeltes Regionalbewusstsein bzw. eine recht geringe Identifikation mit der Region angenommen. Dementsprechend wird das bürgergesellschaftliche Engagement eher als „ausreichend" oder „ungünstig" charakterisiert.

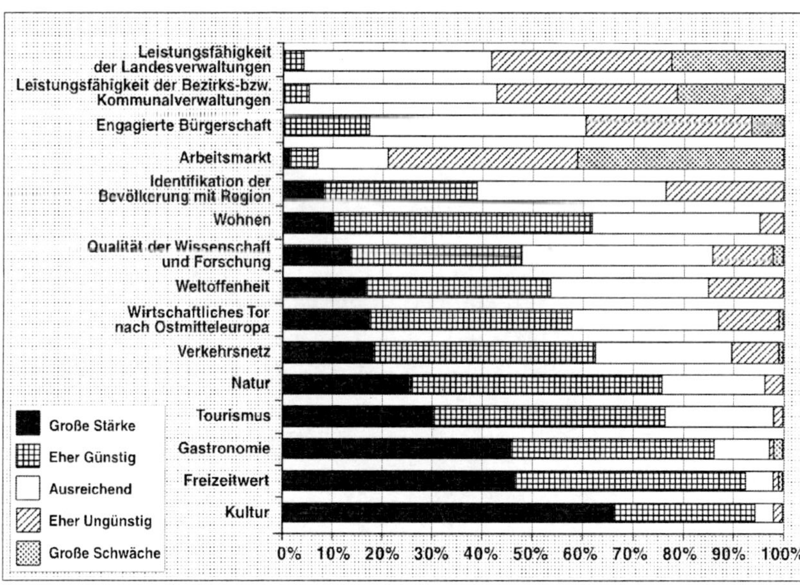

Quelle: eigene Darstellung

Abbildung 1: Einschätzung der Stärken der Region

Bei den Kommunikationsfachleuten der Region dominiert eine eher pessimistische Grundhaltung, als große Stärke wird lediglich die „Kultur" genannt, während die in Europa objektiv vorn liegende Forschungs- und Wissenschaftslandschaft der Region in der subjektiven Beurteilung von weniger als 15 Prozent der Befragten als Stärke hervorgehoben wird. Ähnliches gilt für die einmalige Seenlandschaft der Region oder Berlins Platz als touristischer Magnet. Dies erscheint verwunderlich, denn die landschaftliche Einbettung der Region (Wald- und Seenlandschaft) in Kombination mit der extrem vielfältigen Kulturszene, den damit verbunden Freizeitmöglichkeiten und dem Kultur-Tourismus lassen die Region von außen betrachtet als einmalig in Europa erscheinen (vgl. Kunzmann 2001).

5.4 Beurteilung des Engagements der regionalen Akteure

Images und Einschätzungen zu den Stärken und Schwächen einer Region basieren auf den faktischen Realitäten einer Region und der Art, wie diese kommuniziert werden. Vor dem Hintergrund des insgesamt noch relativ grauen Bildes von der Region ist von Interesse, welche Akteursgruppen aus der Sicht der Kommunikationsakteure sich mehr im Sinne eines positiven Bildes für die Region engagieren und welche weniger. Hierbei wird der sich oben andeutende pessimistische Grundtenor jedoch noch stärker unterstrichen: So wird die Tourismusbranche mit etwa 25 Prozent der Nennungen als Akteursgruppe eines intensiven Engagements zugunsten eines positiven Images genannt, gefolgt von Wirtschaft, Handel und Industrie mit 12,5 Prozent. Öffentliche Akteure dagegen, Kultureinrichtungen, Agenturen, Kommunal- und Landesbedienstete sowie Pressestellen, aber auch die wissenschaftlichen Einrichtungen schneiden dagegen sehr schlecht ab, d.h. sie werden nicht als positive Imageträger der Stadtregion betrachtet. Vernichtend ist die Beurteilung für die Kommunal- und Landesbediensteten sowie die wissenschaftlichen Einrichtungen, denen nur wenige positive Impulse für die Region zugetraut werden.

Diese Einschätzung wird noch einmal durch die Medien verstärkt, die wesentlich zur Imagebildung der Region beitragen und offensichtlich auch prägend auf das Regionsbild der Kommunikationsprofis wirken. Nach deren Einschätzung reflektieren auch die Medien ihre Sicht, wonach die privaten Akteure insgesamt eher positiv wahrgenommen werden, während mit den öffentlichen Akteuren negative Assoziationen verbunden werden. Private Akteure werden im Spiegel der Medien aus der Sicht der Befragten als aufgeschlossen, kooperativ und weltoffen, gleichzeitig aber auch als unerfahren angesehen.

Insgesamt wird damit die negative Einschätzung zur Region deutlich, die sich besonders auch im Verhalten der (öffentlichen) Akteure widerspiegelt und über die Medien eine zusätzliche Bestätigung findet (Abbildung 2). Damit deutet sich an, dass in der Region Berlin-Brandenburg zwar ein sich kommunikativ verstärkender Prozess der internen und externen Image-Bildung stattfindet – der aber bisher leider nur ein negatives Bild von der Region in den Köpfen der Menschen (auch der kommunikativen Dienstleister) verfestigt und damit negativ auf die reale Regionsentwicklung zurückwirkt.

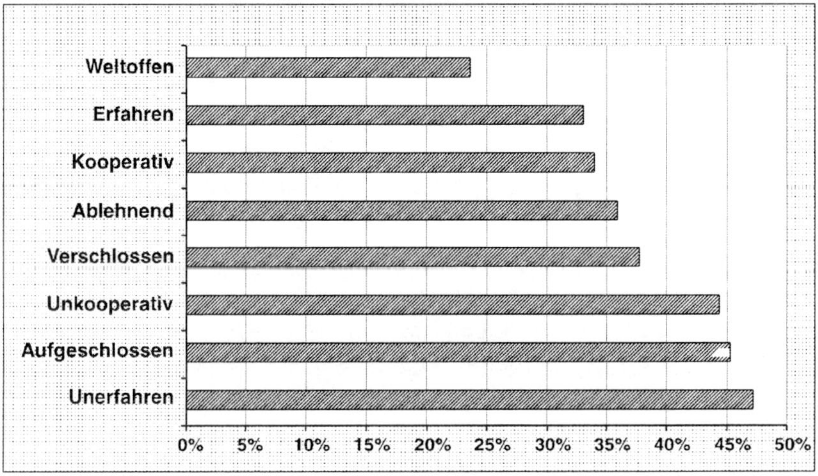

Quelle: eigene Darstellung

Abbildung 2: Wahrnehmung der öffentlichen Akteure durch die Medien aus der Sicht der Befragten

5.5 Aufgaben und Schwierigkeiten des metropolitanen Marketing unter Bedingungen eines negativen regionalen Images

Wenn die Kommunikationsakteure das gegenwärtige Selbstbild der Region und das Engagement der regionalen Akteure in Bezug auf die Selbstdarstellung der Region so negativ einschätzen, drängt sich die Frage auf, welchen Ausweg sie als regionale Kommunikationsprofessionals aus diesem Dilemma suchen. Da sie selbst Bestandteil des regionalen Kommunikationskontextes sind, stellt sich damit auch die Frage, auf welche Weise sie glauben, ihre eigene pessimistische Grundhaltung, bzw. das von ihnen selbst mitgetragene negative Regionsimage überwinden zu können.

In dem hierauf bezogenen Fragenkomplex stehen als erstes die Akteurs- und Organisationskonstellationen im Vordergrund, die den Kommunikationsbeauftragten geeignet und hilfreich erscheinen, regionales Marketing zu verbessern. Als sehr hilfreich wird angesehen, Regionalmarketing für die Hauptstadtregion in den Landesregierungen zur Chefsache zu erklären, eine Arbeitsgruppe mit Kommunikationsprofis aus der Region zu gründen und die Zusammenarbeit der Städte und Gemeinden zu verbessern, mit dem Ziel, ein gemeinsames regionales Image zu entwickeln. Diese Einschätzung spiegelt mit umgekehrten Vorzeichen das Stärken- und Schwächenprofil, in dem die Leistungsfähigkeit der Landesregierungen und der Bezirks- bzw. Kommunalverwaltungen negativ bewertet worden ist. Es wird also erwartet, dass auf allen politischen Ebenen Fragen des Regionalmarketings einen größeren Stellenwert erhalten und die politisch-adminstrativen Akteure sich auf diesem Gebiet ertüchtigen. Ihre eigene Rolle sehen die PR-Professionals dabei als Dienstleister, die in Zusammenarbeit mit der Politik und Verwaltung am Regionalmarketing beteiligt werden. Als überwiegend hilfreich bzw. sehr hilfreich wird auch die Erarbeitung eines Konzeptes durch eine Agentur angesehen, die von den Landesregierungen beauftragt wird. Weniger günstig werden ehrenamtliche Engagements und die Einbeziehung des Bundes gewertet. Möglichkeiten einer zivilgesellschaftlichen Verankerung des Diskurses über das regionale Selbstbild werden also als vergleichsweise wenig hilfreich eingeschätzt (vgl. Abbildung 3).

Diese Sicht korrespondiert mit der eingangs formulierten Einschätzung, dass Binnenmarketing im Vergleich zum Außenmarketing weniger

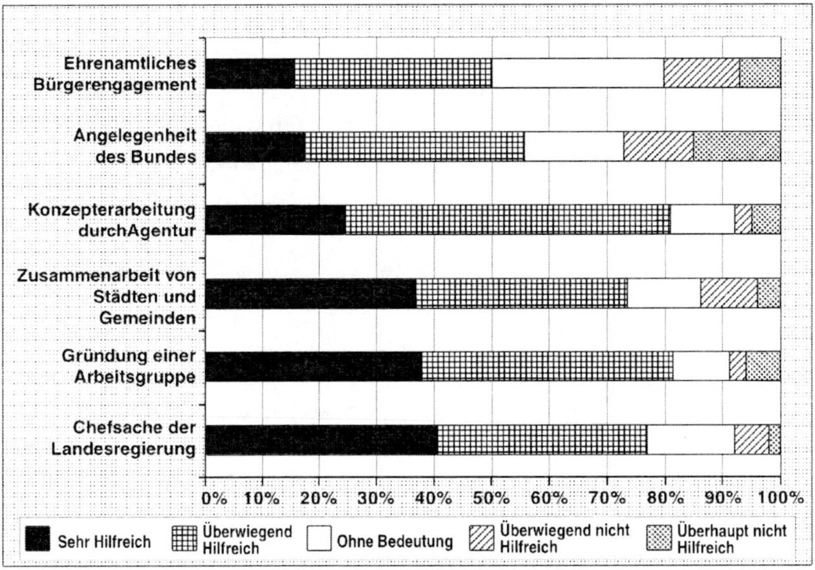

Quelle: eigene Darstellung

Abbildung 3: Bewertung der möglichen Kooperations- und Organisationsformen für Regionalmarketing

wichtig sei. Sie zeigt, dass sich diese Dienstleistungsbranche zwar auf das lukrative Geschäft des Außenmarketings konzentriert, die Binnenkommunikation als Basis für eine gezielte Kommunikation des Selbstbildnisses der Region nach außen aber als nachrangig betrachtet und anderen überlässt. Das ist den PR-Professionals wahrscheinlich weniger kritisch anzurechnen, als vielmehr ihren potentiellen politischen Auftraggebern, welche regionales Marketing möglicherweise als „Werbekampagne", Ideen für „Slogans" und „Reklame" missverstehen und – im Unterschied zu anderen neuen Bundesländern (z.B. Sachsen, Mecklenburg Vorpommern) – somit wenig zur regionalen Identitätsbildung beitragen.

In den Fragen nach den vordringlichen kommunikativen Aufgaben, die in den nächsten drei Jahren anstehen, werden sowohl Sachaufgaben als auch Aspekte symbolischer Politik angesprochen. Dabei wird die Schaffung eines für die Existenz einer Metropolregion in der Tat wichtigen weltoffenen und fremdenfreundlichen Images als vordringlichste Aufgabe von der Mehrheit der Antwortenden hervorgehoben, gefolgt von der Förderung der Außenkommunikation. In diesen Antworten kommt einerseits die Einsicht zum Ausdruck, dass etwas getan werden müsse, um der negativen Außenwahrnehmung entgegenzuwirken, jedoch vergleichsweise wenig Gewicht auf die Binnenkommunikation gelegt wird, was die Beobachtung stützt, dass in der Wahrnehmung der Akteure das Außenbild der Region nicht im Innern erzeugt wird. Andere deutsche Metropolregionen, die besonders stark in internationale Bezüge eingebunden sind, z.B. Frankfurt/Main, belegen, dass die Herstellung von Weltoffenheit im Innern und die Integrationsfähigkeit fremder Kulturen durch die städtische Gesellschaft Voraussetzungen sind, um die Region in den Außenkontexten positiv erscheinen zu lassen.

Gefragt nach den Schwierigkeiten der Umsetzung des als wichtig befundenen Aufgabenspektrums wird darauf verwiesen, dass die regiona-

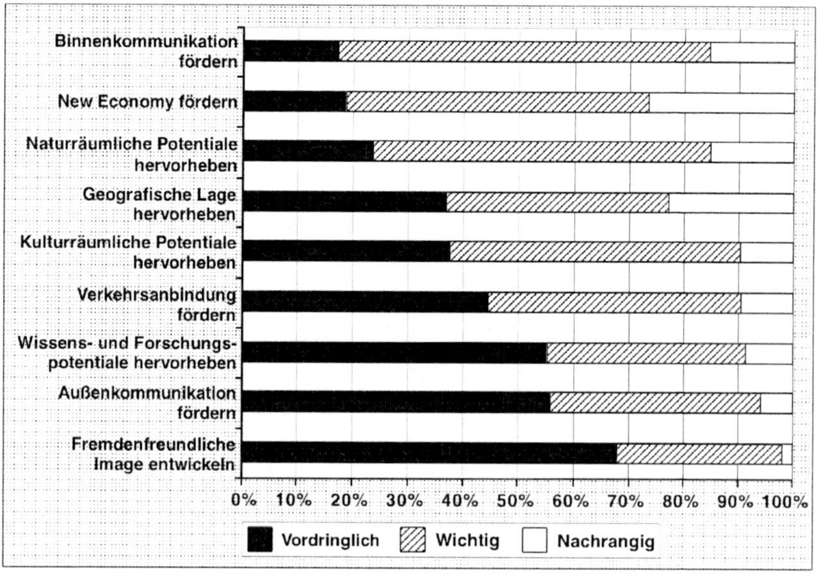

Quelle: eigene Darstellung

Abbildung 4: Zukünftige kommunikative Aufgaben der Politik aus der Sicht der Befragten

len Akteure die Bedeutung von strategischer Kommunikation unterschätzen. Das gleiche gelte für die Außenwahrnehmung, aber auch die Entwicklung eines gemeinsamen Images generell. Hiermit schließt sich der Argumentationskreis: Image-Bildung ist notwendig, die hierfür wichtigen Akteure sind identifiziert, aber diese sind unfähig oder nicht bereit, die Wichtigkeit dieser Aufgabe zu sehen. Im Ergebnis bestätigen die Kommunikationsfachleute damit, dass sie zwar in der Lage sind, Bilder über die Region zu vermitteln – vor allem nach außen, dass sie sich aber dem Entwicklungstrend eines regionalen Kommunikationskontextes nicht entziehen können. Da in Berlin/Brandenburg gegenwärtig ein sich verstärkendes Bild des sozialen und wirtschaftlichen Niedergangs auffällt und gepflegt wird und dieses nicht nur durch die regionalen, sondern auch durch die überregionalen Medien immer wieder bestärkt wird, haben es Kommunikations- und Marketingakteure, die ihre Aufgabe in der Vermittlung von positiv besetzten Bildern sehen, besonders schwer (Abbildungen 4 und 5).

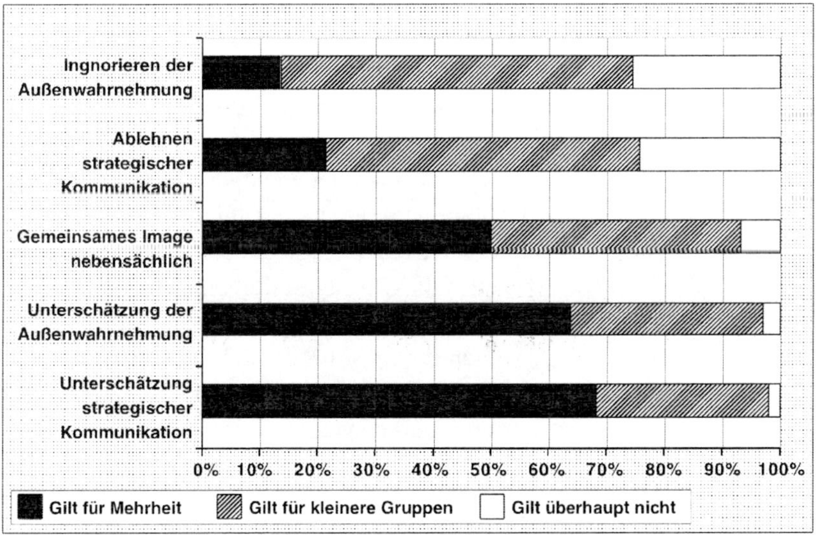

Quelle: eigene Darstellung

Abbildung 5: Zukünftige mögliche Schwierigkeiten der Generierung eines positiven regionalen Image aus der Sicht der Befragten

6 Resümee

Die spezielle Sicht aus dem kommunikativen Blickwinkel hat gezeigt, dass der andauernde Wettbewerb unter den europäischen Metropolräumen diesen zunehmend überzeugende Alleinstellungsmerkmale und tragfähige, nach außen vermittelbare Raumbilder (Images) abverlangt. Für metropolitane Akteure hat in diesem Zusammenhang sozialräumliches und regionalkulturelles Kontext- und Orientierungswissen, aus dem erst gemeinsame Sichtweisen und Symbole für die Region resultieren, einen besonders hohen Stellenwert. Es kann Entscheidungsträgern und Meinungsbildnern, mehr als bisher angenommen, dabei helfen, die wirtschaftsräumliche Entwicklung und Stabilisierung ihrer Region wirkungsvoller zu steuern, weil es die Stärkung der regionalen Identität, die Dynamik regionaler Lernprozesse, die Fähigkeit, externe Informationen zu transkodieren und nicht zuletzt die Fähigkeit, gemeinsame (kollektive) regionale Raumbilder zu erzeugen, unterstützt. Ein integriertes regionales Kommunikationsmanagement kann derartige Raumbindungsprozesse systematisch fördern. Es sollte dabei die binnenkommunikativen Aufgaben gegenüber den außenkommunikativen nicht in den Hintergrund geraten lassen, da die Binnenkommunikation Identifikationsangebote sowohl für ‚Ortsansässige' als auch ‚Ortsfremde' fördern kann. Weil in metropolitanen Regionen verstärkt ungleiche wirtschafts- und sozialräumliche Raumentwicklungen vermutet werden (Nebeneinander von prosperierenden und marginalisierten Teilregionen), kann die Binnenkommunikation auch leisten, dass nicht nur potentielle ‚Gewinner', sondern die regionale Gesellschaft insgesamt, also auch die ‚Problemfälle' einbezogen werden. Die seitherigen, in Regionalmarketingprozessen vorwiegend auf begrenzte Segmente der Region bezogenen Bilder sollten durch integrative Strategien erweitert werden, die disparitäre Entwicklungen nicht tabuisieren, sondern proaktiv kommunizieren und konzeptuell verknüpfen.

In der Region Berlin/Brandenburg scheint, so die empirischen Ergebnisse, ein Defizit an derartigem Kontext- und Orientierungswissen und an übergreifenden Raumsymbolen zu bestehen, die unter anderem auch die Generierung von intern und extern integrativen Raumbildern befördern könnte. Es ist deutlich geworden, dass diese Defizite nicht nur bei Politikern oder Verwaltungsfachleuten existieren, sondern auch bei den ansässigen Kommunikationsfachleuten. Die Herausforderung liegt dabei anscheinend weniger darin, flächendeckend kommunikative „Überzeugungsfeldzüge“ durchzuführen; sie liegt eher darin, durch ein übergreifendes professionelles Kommunikationsmanagement unterschiedliche Teilregionen und Dialogebenen mit Fingerspitzengefühl kommunikativ zusammenzuführen und ihnen Angebote für sozialräumliche Symbole zu unterbreiten. Allerdings fehlt in der Region bisher ein dauerhaftes, länderübergreifendes und strategisches Kommunikationsmanagement. So werden die Chancen der Symbol- und Image-Generierung (Dualismus von Naturraum auf der einen Seite sowie auf der anderen Wissens- und Kulturraum/interkultureller Knotenpunkt nach Ostmitteleuropa) auf der politischen und administrativen Ebene viel zu wenig reflektiert und auf Kosten teilregionaler Egoismen und Froschperspektiven letztlich verspielt.

Es ist zudem erkennbar, dass die in der Region ansässigen Kommunikationsprofis als Dienstleister nur unzureichend in sozial- und wirtschafträumliche Entwicklungskontexte eingebunden sind. Der ansonsten verbreitete Steuerungsansatz der integrierten Kommunikation findet im Untersuchungsraum im Hinblick auf das binnenregionale Marketing keine sichere Anwendung und stößt auf kausales Unverständnis: Dies lässt sich daran ablesen, dass der regionalen Binnenkommunikation von den ansässigen Kommunikationsfachleuten kein adäquater Stellenwert eingeräumt wird.

Vor dem Hintergrund der den Untersuchungsraum prägenden Migrations- und Pendlerverflechtungen insbesondere mit den Ländern Ostmitteleuropas könnte die *Zielsetzung* eines strategischen Marketings für die Hauptstadtregion – im Sinne einer kommunikativen Dachstrategie für die Länder Brandenburg und Berlin – künftig darin bestehen, nach innen und nach außen eine offenere sozialräumliche Atmosphäre zu befördern, die den seither strapazierten und im gegenwärtigen Europa problematisch gewordenen „Toleranz“-Begriff ablöst, weil der hiermit verbundene Anspruch auf sozial- und wirtschaftsräumliche Offenheit als selbstverständlich zu sehen ist. Die Betonung von „Toleranz“ birgt das Problem der Selbstrechtfertigung in sich und es ist zu vermuten, dass dies auch von außen so gesehen werden könnte. Es besteht im Untersuchungsraum nach wie vor die Notwendigkeit zur Erzeugung eines *fremdenfreundlichen* und Offenheit vermittelnden Selbstbildes. Ein solches wirtschafts- und

sozialräumliches Bild könnte einerseits regionale Symbole und Besonderheiten aufzeigen. Andererseits könnte es dazu beitragen, eine Raumwahrnehmung in der Öffentlichkeit zu fördern, die den Menschen in der Region eine Gleichzeitigkeit von regionalkultureller Vertrautheit und Aufgeschlossenheit gegenüber ‚dem Fremden' ermöglicht.
Ein solches Kommunikationsmanagement könnte auch die so genannten Randgebiete der Region integrieren, d.h. auf Dauer den Schrumpfungsproblemen begegnen, indem über die Generierung und Bindung von Humankapital sozialräumliche Grundlagen für neue, wissensbasierte Ökonomien entwickelt werden. Damit dies gelingen kann, wäre es dringend erforderlich, dass die politischen und gesellschaftlichen Akteure – gemeinsam mit ortskundigen Kommunikationsfachleuten – ein besseres Verständnis für die wirtschafts- und sozialräumlichen Zusammenhänge entwickeln. Ein gemeinsames Symbol für Metropole und Peripherie, für Stadt und Land könnte als strategische Zielsetzung das kollektive Raumverständnis verbessern. Gleichwohl sollte bei diesem integrativen Anspruch nicht geleugnet werden, dass die Kernstadt Berlin in wirtschaftlicher, kultureller und sozialer Hinsicht weiterhin der zugkräftigere Imageträger mit entsprechender Sogwirkung in der Region Berlin/Brandenburg sein wird.

Das Besondere des Untersuchungsraumes Brandenburg-Berlin ist für Einheimische und (noch) ‚Fremde' nach wie vor die wertvolle Mischung, der Dualismus von naturräumlichen Potentialen und hoch verdichteten, urbanen Raumqualitäten mit ihrer enormen Fülle an kulturellen und wissensgesellschaftlichen Arenen. Ein räumliches Alleinstellungsmerkmal ist also vorhanden, es wird bisher aber nicht kommunikativ entwickelt, weil an zu vielen verschiedenen Symbol-Strängen gezogen wird, die nicht zusammen gefügt werden. Für das strategische Marketing der metropolitanen Region Berlin/Brandenburg liegen in der Bündelung dieser natur- und kulturräumlichen respektive wissensgesellschaftlichen Symbole hervorragende, bisher ungenutzte, Entwicklungschancen.

Die in diesem Beitrag angestellten Überlegungen zum Marketing für Metropolregionen haben überdies gezeigt, dass es sich bei der Generierung metropolitaner Symbole und Images um längere Prozessverläufe handelt. Tragfähige Symbole und Bilder können nicht auf Knopfdruck entstehen, sie entwickeln sich, wenn überhaupt, nur mittel- und langfristig im Dialog und nicht, wie häufig angenommen, auf der Grundlage genialer Einfälle und persuasiver Steuerungsansätze (Kampagnen). Damit ein solcher dialogischer Entwicklungsprozess gelingen kann, nenne ich zum Schluss *drei konzeptuelle Kriterien*, die den Dialog zwischen professionellen Kommunikatoren und den metropolitanen Teilöffentlichkeiten aus Politik, Kultur, Verwaltung, Wirtschaft und last but not least zivilgesellschaftlichen Akteursgruppen verbessern können:

– Das öffentliche Verständnis für das ‚Produkt' Metropolraum mit seinen besonderen wirtschafts- und sozialräumlichen *Symbolgehalten* muss über wissensbasierte Einrichtungen, die in der Region verankert sind, gefördert werden. Das kann zum Beispiel über entsprechende Lehrangebote in den ansässigen Universitäten der Fall sein: Hier könnte metropolitanes Marketingwissen generiert und relativ zeitnah in die wirtschafts- und sozialräumliche Ebene rückgekoppelt werden.
– Metropolitanes Raummarketing muss als Teilinstrument der *regionalen Governance* im politischen Raum künftig ernster genommen und in *einer* raumpolitischen Arena (etwa nach dem Vorbild der Regionalforen, Kompetenzzentren etc.) inszeniert werden, die den dauerhaften Dialog zwischen professionellen (im Hinblick auf kommunikationsstrategische Fähigkeiten) und semiprofessionellen Teilöffentlichkeiten aus der politischen, kulturellen, administrativen und ökonomischen Ebene ermöglicht, damit die institutionellen Voraussetzungen für die Entwicklung glaubwürdiger metropolitaner Symbole gegeben sind.
– Die Entwicklung eines metropolitanen Unique Selling Proposition/ USP muss *im Sinne eines raumsymbolischen Alleinstellungsmerkmals* in den strategischen und taktischen Überlegungen der beteiligten Akteursgruppen priorisiert werden. Teilregionale Egoismen müssen zugunsten eines nachhaltigen metropolitanen Placemarketings in den Hintergrund treten.

Es geht im Marketing für Metropolregionen weniger denn je um kleinräumige und austauschbare Standardlösungen aus der kommunikativen Schublade. Letztlich geht es um die dauerhafte, selbstreferenzielle *Modellierung von Raumsymbolen* und um deren professionelle Verbreitung in der Region selbst sowie im Netz der europäischen Metropolen. So verstanden ist metropolitanes Marketing nicht auf Finalität angelegt. Viel eher dagegen als Lernprozess, der interne und externe Dialoggruppen integriert, damit sich ihre Symbolanteile zu einem gemeinsamen Raumbild zusammenfügen lassen.

Literatur

Amin, A.; Thrift, N. (1995): Globalisation, Institutional „Thickness" and the Local Economy. In: Healey, P. et al. (Hrsg.): Managing Cities: The New Urban Context. West Sussex, S. 91-108

Camagni, R. (2001): The Economic Role and Spatial Contradictions of Global City-Regions: The Functional, Cognitive and Evolutionary Context. In: Scott, A. J. (Hrsg.): Global City-Regions: Trends, Theory, Policy. Oxford, New York, S. 96-118

DSSW (Deutsches Seminar für Städtebau und Wirtschaft) (2001). DSSW-Leitfaden: Marketing für Kommunen. DSSW Schriften 39. Berlin

Esser, J.; Schamp, E. W. (Hrsg.) (2001): Metropolitane Regionen in der Vernetzung. Der Fall Frankfurt/Rhein-Main. Frankfurt/M.

Balderjahn, I. (1996): Die Wirtschaftregion Brandenburg: Grundlagen für ein Standortmarketing. Potsdam

Bruhn, M. (2001): Marketing. Grundlagen für Studium und Praxis. Wiesbaden

Ipsen, D. (1997): Raumbilder. Pfaffenweiler

Keim, K.-D. (2003): Das Fenster zum Raum. Traktat über die Erforschung sozialräumlicher Transformation. Opladen

Keim, K.-D. (2002): Periphere Gebiete in Brandenburg – abhängig und unabhängig von Berlin. In: Zöpel, C. (Hrsg.): Brandenburg 2025 in der Mitte Europas. Berlin, S. 203-218

Kleger, H. (1996): Berlin-Brandenburg auf dem Weg zur regionalen Handlungsfähigkeit. Amsterdam

Kotler, P. et al. (1994): Standortmarketing. Düsseldorf, Wien, New York, Moskau

Kracauer, S. (1987): Analyse eines Stadtplans. In: ders.: Straßen in Berlin und anderswo. Berlin

Kujath, H. J. (1997): Regionalwirtschaftliche Lage und regionalpolitische Handlungsoptionen in Berlin-Brandenburg nach der gescheiterten Fusion. In: ARL (Hrsg.): Die gescheiterte Fusion Berlin-Brandenburg. Regionalpolitische Rahmenbedingungen und Konsequenzen. Arbeitsmaterial Nr. 241 der Akademie für Raumforschung und Landesplanung. Hannover, S.42-59

Kunzmann, K. R.(2002): Die Stadtregion Berlin-Brandenburg im Netz europäischer Metropolen. In: Zöpel, C. (Hrsg.): Brandenburg 2025 in der Mitte Europas. Berlin, S. 193-203

Leibniz Journal 01/2003. Bonn 2003

Luhmann, N. (1996): Soziale Systeme. Grundriss einer allgemeinen Theorie. Frankfurt/M.

Mahnken, G. (2003): Grundwissen Stadt- und Regionalmarketing. Lehrtext PR-Kolleg Berlin

Manschwetus, U. (1995): Regionalmarketing. Wiesbaden

Matthiesen, U. (Hrsg.) (2004): Stadtregion und Wissen. Analysen und Plädoyers für eine wissensbasierte Stadtpolitik. Wiesbaden

Matthiesen, U. (Hrsg.) (2002): An den Rändern der deutschen Hauptstadt. Opladen

Meyer, J.-A. (1999): Regionalmarketing. München

Nitschke, P. (Hrsg.) (1996): Was heißt regionale Identität im heutigen Europa. In: Brunn, G. (Hrsg.): Region und Regionsbildung im neuen Europa. Konzeptionen der Forschung und empirische Befunde. Baden-Baden

Sassen, S. (1996): Metropolen des Weltmarks. Die neue Rolle der Global Cities. Frankfurt/M., New York

Saupe, G. (2002): Tourismus und Regionalentwicklung in Brandenburg. In: Zöpel, C. (Hrsg.): Brandenburg 2025 in der Mitte Europas. Berlin, S. 523-537

Autorinnen und Autoren

Michael Arndt
Dr.; stellvertretende Leiter der Abteilung „Regionalisierung und Wirtschaftsräume" am Leibniz-Institut für Regionalentwicklung und Strukturplanung. Forschungsschwerpunkte: Regionale Strukturpolitik, Stadtentwicklung, Wertschöpfungsstrategien, Europäische Raumentwicklung. (ArndtM@irs-net.de)

Marie Bachmann
Wissenschaftliche Mitarbeiterin am Institut für Geographische Wissenschaften an der Freien Universität Berlin. Forschungsschwerpunkte: Stadt-/Metropolenforschung, Dienstleistungssektor/Tertiärisierung, Wirtschaftsverkehr/Logistik, Raumplanung, Stadt- und Regionalplanung, Regionale Schwerpunkte Berlin und Brandenburg. (bachmann@geog.fu-berlin.de)

Klaus Brake
Prof. Dr.; selbstständig für Forschung, Entwicklung und Beratung in Berlin tätig. Forschungsschwerpunkte: Wirtschafts-/Raumstrukturwandel, Dienstleistungen, aktuelle Leitbilder der Stadt- und Regionalplanung, Siedlungsstrukturen, Stadtzentren, Arbeitsstättenflächenbedarf, strategische Stadtentwicklung/Stadt des Wissens. (klaus.brake@berlin.de)

Kerstin Büttner
Wissenschaftliche Mitarbeiterin in der Abteilung „Wissensmilieus und Siedlungsstrukturen" am Leibniz-Institut für Regionalentwicklung und Strukturplanung. Forschungsschwerpunkte: Wissensmilieuforschung und Raumentwicklung. (buettner@irs-net.de)

Rainer Danielzyk
Prof. Dr.; Direktor des Instituts für Landes- und Stadtentwicklungsforschung und Bauwesen des Landes Nordrhein-Westfalen sowie apl. Prof. am Institut für Politikwissenschaft der Carl von Ossietzky Universität Oldenburg. Forschungsschwerpunkte: Theorie und Empirie der Regionalentwicklung, Regionalpolitik, Raumordnung und Landesplanung, Planungstheorie. (ils@ils.nrw.de)

Kurt Geppert
Wissenschaftlicher Mitarbeiter im Deutschen Institut für Wirtschaftsforschung, Berlin, Arbeitsschwerpunkt: Stadt- und Regionalökonomik, Ökonomische Geografie, Unternehmensbezogene Dienstleistungen.
(kgeppert@diw.de)

Ilse Helbrecht
Prof. Dr.; Professur für Angewandte Geographie am Institut für Geographie der Universität Bremen. Forschungsschwerpunkte: Raum und Gesellschaft; Stadtforschung; Grundfragen der Sozialgeographie; Planungsmanagement in Stadt und Region. (ilse.helbrecht@uni-bremen.de)

Michael Hoyler
Wissenschaftlicher Mitarbeiter am Institut für Geographie der Loughborough University, in der Abteilung für Humangeographie. Arbeitsgebiete: Europäische Metropolregionen und Globalisierung, historische Stadt- und Regionalentwicklung in Europa, zeitgenössische Kulturgeographie in deutschen Städten. (M.Hoyler@lboro.ac.uk)

Petra Jähnke
Wissenschaftliche Mitarbeiterin in der Abteilung „Wissensmilieus und Siedlungsstrukturen" am Leibniz-Institut für Regionalentwicklung und Strukturplanung. Forschungsschwerpunkte: Stadt- und Regionalforschung, Urban Governance und Raumentwicklung, wissensbasierte unternehmensorientierte Dienstleistungen. (JaehnkeP@irs-net.de)

Wolfgang Knapp
Dr.; wissenschaftlicher Mitarbeiter am Fachbereich Raumordnung und Landesentwicklung des Instituts für Landes- und Stadtentwicklungsforschung des Landes Nordrhein-Westfalen. Forschungsschwerpunkte: Gesellschaftlicher und räumlicher Wandel, Internationale Aspekte/Europäische Raumentwicklungspolitik.
(wolfgang.knapp@ils.nrw.de)

Stefan Krätke
Prof. Dr.; Lehrstuhl für Wirtschafts- und Sozialgeographie an der Europa-Universität Viadrina, Frankfurt/Oder. Forschungsschwerpunkte: Analyse von Produktionsclustern, Kulturökonomie und Wirtschaftsgeographie, Metropolenforschung: wirtschaftlicher, sozialer und räumlicher Strukturwandel in europäischen Metropolen, Entwicklung des Stadt- und Regionalsystems. (wisogeo@euv-frankfurt-o.de)

Gerhard Krauss
Dr.; Maître de conférences associé, Institut de Sociologie, Université des Sciences et Technologies de Lille; Forscher am Centre Lillois d'Etudes et de Recherches Sociologiques et Economiques (CLERSE) UMR 8019 CNRS. Forschungsschwerpunkte: Innovations-, Wirtschafts- und Organisationssoziologie. (gerhard.krauss@univ-lille1.fr)

Hans Joachim Kujath
Prof. Dr.; Leiter der Abteilung „Regionalisierung und Wirtschaftsräume" am Leibniz-Institut für Regionalentwicklung und Strukturplanung. Forschungsschwerpunkte: Wirtschaftsraumanalysen, Regionalpolitische Netzwerkanalysen, Europäische Raumentwicklung. (KujathH@irs-net.de)

Claus-Friedrich Laaser
Dr.; Leiter der Forschungsgruppe „Infrastruktur, Institutionen und Integration" im Institut für Weltwirtschaft. Forschungsschwerpunkte: Verkehrs- und Infrastrukturpolitik; Einfluss von Transport- und Kommunikationskosten auf die Raumstruktur; Räumliche Implikationen von E-commerce; Europäische Integration, insb. im Ostseeraum; Rolle der Infrastruktur im Integrationsprozess. (cflaaser@ifw.uni-kiel.de)

Bastian Lange
Wissenschaftlicher Mitarbeiter in der Abteilung „Wissensmilieus und Siedlungsstrukturen" am Leibniz-Institut für Regionalentwicklung und Strukturplanung. Forschungsschwerpunkte: Transformationsforschung, Wissensmilieus. (Lange@irs-net.de)

Gerhard Mahnken
Wissenschaftlicher Mitarbeiter am Leibniz-Institut für Regionalentwicklung und Strukturplanung. Forschungsschwerpunkte: Wissenschaftsmarketing, Raum und Kommunikation. (MahnkenG@irs-net.de)

Anke Matuschewski
PD Dr.; Akademische Rätin am Geographischen Institut der Universität Kiel. Arbeitsschwerpunkte: Wirtschaftsgeographie, Stadtgeographie, Informationswirtschaft, Deutschland, Skandinavien.
(matuschewski@geographie.uni-kiel.de)

Angelika Pauli
Wissenschaftliche Mitarbeiterin in der Abteilung „Regionalisierung und Wirtschaftsräume" am Leibniz-Institut für Regionalentwicklung und Strukturplanung. Forschungsschwerpunkte: Regional Governance und Steuerungsfragen, Europäische Raumentwicklung. (PauliA@irs-net.de)

Suntje Schmidt
Wissenschaftliche Mitarbeiterin in der Abteilung „Regionalisierung und Wirtschaftsräume" am Leibniz-Institut für Regionalentwicklung und Strukturplanung. Forschungsschwerpunkte: Wirtschafts- und Sozialgeographie, Europäische Metropolenentwicklung, Regionalentwicklung.
(SchmidtS@irs-net.de)

Rüdiger Soltwedel
Prof. Dr.; Leiter der Forschungsabteilung „Raumwirtschaft" im Institut für Weltwirtschaft. Forschungsschwerpunkte: Arbeitsmarktfragen; Innovation und Clusterbildung; New Economy und räumlicher Strukturwandel; räumliche Aspekte der europäischen Integration; ordnungspolitische Aspekte der Liberalisierung im Bereich der Netzwerkinfrastruktur.
(soltwedel@ifw.uni-kiel.de)

Manuela Wolke
Wissenschaftliche Mitarbeiterin in der Abteilung „Regionalisierung und Wirtschaftsräume“ am Leibniz-Institut für Regionalentwicklung und Strukturplanung. Forschungsschwerpunkte: Wirtschafts- und Sozialraumanalysen, GIS, Clusteranalysen, Datenbanken. (WolkeM@irs-net.de)

Robert Rudolph
Dr.; Geograph, Redakteur; Mitarbeiter des Bibliographischen Institut GmbH. (Robert.Rudolph@bifab.de)

Stadt- und Regionalwissenschaften/ Urban and Regional Sciences

hrsg. vom /edited by
Institut für Regionalentwicklung und Strukturplanung/IRS (Erkner bei Berlin)

Caroline Heinrich;
Hans Joachim Kujath (Hg.)
Die Bedeutung von externen Effekten und Kollektivgütern für die regionale Entwicklung
Bd. 1, 2002, 184 S., 15,90 €, br.,
ISBN 3-8258-6102-3

Georg Dybe
Regionaler wirtschaftlicher Wandel
Die Sicht der evolutorischen Ökonomie und der „Neuen Wachstumstheorie"
Regionen sind zunehmend gefordert, ein eigenes Wirtschaftsprofil herauszubilden. Die regionale Wirtschaftspolitik steht dabei vor der Aufgabe, wirtschaftliche Veränderungen zu erfassen und im Rahmen ihrer Möglichkeiten zu beeinflussen. Der Autor diskutiert vor dem Hintergrund der evolutorischen Theorie und der neuen Wachstumstheorie regionale Entwicklungsprozesse und leitet daraus wirtschaftspolitische Strategien ab. Die Arbeit zeigt die Bedeutung systemischer Ansätze wie die Förderung von regionalen Verflechtungsstrukturen und die Berücksichtigung von regionalen Zahlungsbilanzkonstellationen.
Bd. 2, 2003, 400 S., 25,90 €, br.,
ISBN 3-8258-6766-8

Timothy Moss (Hg.)
Das Flussgebiet als Handlungsraum
Institutionswandel durch die EU-Wasserrahmenrichtlinie aus raumwissenschaftlichen Perspektiven
Was bringt ein erweitertes sozialwissenschaftliches Verständnis von Institutionen für die Umsetzung der EU-Wasserrahmenrichtlinie? Dieser Sammelband beleuchtet Prozesse der Institutionalisierung von Flussgebietsmanagement in Gegenwart und Vergangenheit aus unterschiedlichen raumwissenschaftlichen Perspektiven und macht auf den weitreichenden Änderungsbedarf bestehender institutioneller Arrangements auf lokaler und regionaler Ebene aufmerksam. Er richtet sich an alle, die mit strategischen Fragen der Umsetzung der Wasserrahmenrichtlinie befasst sind oder regionale Institutionen erforschen.
Bd. 3, 2003, 368 S., 25,90 €, br.,
ISBN 3-8258-6818-4

Wissenschaftliche Paperbacks

Wirtschaftswissenschaft

Walter Eucken
Wirtschaftsmacht und Wirtschaftsordnung
Londoner Vorträge zur Wirtschaftspolitik und zwei Beiträge zur Antimonopolpolitik. Herausgegeben vom Walter-Eucken-Archiv. Mit einem Nachwort von Walter Oswalt
Der Hauptteil dieses Buches besteht aus Walter Euckens letztem Werk: seinen Londoner Vorlesungen zur Wirtschaftspolitik (1950). Dazu kommen zwei bisher in Deutschland unveröffentlichte Beiträge zur Antimonopolpolitik (1947), in denen Eucken sein ordnungspolitisches Konzept auf den Punkt bringt: „Es sind also nicht die sogenannten Missbräuche wirtschaftlicher Macht zu bekämpfen, sondern wirtschaftliche Macht selbst". Walter Eucken, der als einer der wichtigsten Ökonomen des zwanzigsten Jahrhunderts gilt, zeigt als "Radikalliberaler" (Süddeutsche Zeitung) eine konsequente Alternative zum herrschenden Neoliberalismus. In einem ergänzenden Essay weist Walter Oswalt – an Hand von zum Teil unbekannten Dokumenten – nach, wie unter dem Etikett "Soziale Marktwirtschaft" Euckens Ordoliberalismus seit Ludwig Erhard für eine freiheitsfeindliche Politik missbraucht wurde. Dabei wird die Aktualität der euckenschen Konzeption im Zeitalter der Globalisierung sichtbar.
Bd. 1, 2001, 160 S., 17,90 €, br.,
ISBN 3-8258-4804-3